ÄRZTLICHES HAFTPFLICHTRECHT

SEINE GRUNDLAGEN UND SEINE BEDEUTUNG IM VERHÄLTNIS DES ARZTES UND DES KRANKENHAUSES ZUM PATIENTEN

VON

PROF. DR. A. HÜBNER UND DR. H. DROST
CHIRURG IN BERLIN
BUNDESRICHTER I. R., KARLSRUHE

SPRINGER-VERLAG BERLIN HEIDELBERG GMBH

1955

ISBN 978-3-662-24537-8 ISBN 978-3-662-26683-0 (eBook)
DOI 10.1007/978-3-662-26683-0

Vorwort.

Dieses Buch ist in erster Reihe für den Arzt und den Krankenhausinhaber geschrieben. Es soll ihnen einen Überblick darüber geben, unter welchen Voraussetzungen sie sich einen Schadensersatzanspruch des Patienten zuziehen können, und wie sie sich verhalten müssen, um derartige Ansprüche zu vermeiden.

In den Teilen A bis C ist die Rechtslage des Arztes und des Krankenhauses in großen Zügen zur Darstellung gebracht, während in Teil D eine erhebliche Zahl von Haftpflichtfällen ärztlicher Fehlbehandlung erörtert ist. Im Anhang sind zur näheren Erläuterung der Teile A bis D 34 Entscheidungen des Reichsgerichts und des Bundesgerichtshofes, größtenteils im Wortlaut, wiedergegeben, soweit dieser für den Arzt oder den Krankenhausträger von Interesse ist.

Nach dieser Anordnung des Buches wird auch der Jurist und der Versicherer, der in seiner beruflichen Tätigkeit einen Fall ärztlicher Haftpflicht zu bearbeiten hat, sich leicht über die Rechtsgrundsätze unterrichten können, die auf seinen Fall anwendbar sind.

Das Buch ist in einer Gemeinschaftsarbeit von Arzt und Jurist entstanden

A. Hübner und **H. Drost.**

Inhaltsverzeichnis.

Seite

A. Die rechtliche Stellung des Arztes und des Krankenhauses 1

I. Die öffentlich-rechtliche Stellung des Arztes 1

II. Beziehungen des Arztes und des Krankenhauses zum Patienten . . . 4
1. Vertragliche Beziehungen des Arztes 4
2. Vertragsähnliche Ansprüche aus Geschäftsführung ohne Auftrag . . 6
3. Krankenhaus und Patient 7
4. Öffentlich-rechtliches Verhältnis 9

B. Die Haftpflicht des Arztes und Krankenhauses im einzelnen 11
1. Vertrag 11
2. Haftung des Arztes und des Krankenhauses aus unerlaubter Handlung 17
3. Beweislast 24
4. Mitwirkendes Verschulden des Patienten 26

C. Nebenverpflichtungen des Arztes 28
1. Geheimhaltungspflicht 28
2. Aufklärungspflicht 33

D. Einzelne besonders zu beachtende Fälle 37
1. Infektion 37
2. Untersuchung 38
3. Verfehlte Diagnose 40
4. Röntgendiagnostik 45
5. Betäubungsverfahren 53
a) Narkose 53
b) Lokolanaesthesie 56
6. Allgemeine Behandlung 59
a) Instrumentarium 59
b) Heilverfahren 65
c) Einweisung in Krankenhausbehandlung 66
d) Injektionen 67
e) Unsachgemäße Behandlung 73
f) Unglücksfall bei Behandlung 79
g) Katheterismus 80
h) Serumanwendung 81
7. Operationen 82
a) Widerrechtliche Operation 82

b) Verspätete Operation 87
c) Verletzungen bei Operationen 92
d) Infektion nach Operation 95
e) Unnötige Operation 96
f) Unrichtige Operationsmethode 96
g) Ungünstiges Operationsergebnis 97
h) Schädigung durch Desinfektionsmittel 101
i) Beschwerden nach Operationen 102
k) Fehler bei Nachbehandlung von Operationen 104
l) Zufälle im Operationssaal 105
m) Zurückgelassene Fremdkörper 105
8. Physikalische Behandlung 126
a) Röntgenbestrahlung 126
b) Höhensonnenbestrahlung 127
c) Elektroschock 128
9. Apparate, Verbände 128
10. Besondere Erkrankungs- und Verletzungsformen 130
a) Auge 130
b) Ohr 132
c) Hernien 132
d) Gynäkologie, Geburtshilfe und Schwangerschaftsunterbrechung . 134
e) Gliedmaßen 139
α) Gelenkversteifung 139
β) Knochenbruch (Fraktur) 140
γ) Verrenkung 155
f) Nervenlähmung 156
g) Verbrennungen 156
h) Zahnärztliche Tätigkeit 169
i) Diabetes 169
k) Thrombose und Embolie 171
l) Narbenentstehung 171
m) Decubitus 171
n) Glassplitterverletzung 172
o) Haarausfall 172
p) Bluttransfusion 173
q) Operationsverweigerung 175

E. Anhang 177
a) Verzeichnis der im Anhang wiedergegebenen Entscheidungen des RG und des BGH 177
b) Die wichtigsten im Anhang enthaltenen Entscheidungen nach Sachgebieten geordnet 178
Sachverzeichnis 286

Verzeichnis der Abkürzungen.

BGBl.	=	Bundesgesetzblatt
BGB	=	Bürgerliches Gesetzbuch
RG	=	Reichsgericht
RGZ	=	Sammlung der Entscheidungen des RG in Zivilsachen
RGSt.	=	„ „ „ „ „ „ Strafsachen
BGHZ oder BGHSt.	=	Entscheidungen des BGH in Zivil- oder Strafsachen
z. B. 2, 51	=	Bd. 2, Seite 51
WarnRsp	=	Warneyer Rechtsprechung des RG in Zivilsachen
StGB	=	Strafgesetzbuch
HRR	=	Höchstrichterliche Rechtsprechung
JW	=	Juristische Wochenschrift
NJW	=	Neue Juristische Wochenschrift
DR	=	Zeitschrift für Deutsches Recht
MDR	=	Monatsschrift für Deutsches Recht
JR	=	Juristische Rundschau
RVO	=	Reichsversicherungsordnung
RVA	=	Reichsversicherungsamt
BB	=	Der Betriebsberater (Zeitschrift)
LMO	=	Landesmeldeordnung
RMO	=	Reichsmeldeordnung
VersR	=	Zeitschrift für Versicherungsrecht
WeimVerf.	=	Weimarer Verfassung
ErbgesGes	=	Erbgesundheitsgesetz
Ebermayer	=	Ebermayer „Der Arzt im Recht" 1930
Eb. Schmidt	=	Eberhard Schmidt „Der Arzt im Strafrecht" 1939
Goldhahn-Hartmann	=	Goldhahn-Hartmann „Chirurgie und Recht" 1937
Göbbels	=	Prof. Dr. Göbbels „Die Duldung ärztl. Eingriffe als Pflicht" 1950
Ponsold	=	Ponsold „Lehrbuch der gerichtl. Medizin" 1950
RGRK	=	Reichsgerichtsräte Kommentar zum BGB 10. Aufl.

A. Die rechtliche Stellung des Arztes und des Krankenhauses.

Die rechtliche Stellung des Arztes gehört sowohl dem öffentlichen wie dem privaten Recht an. Das öffentliche Recht ordnet in erster Reihe die Voraussetzungen, die der Kandidat der Medizin erfüllt haben muß, um die Berechtigung zur Ausübung ärztlicher Tätigkeit zu erlangen. Das Privatrecht behandelt die Pflichten und Rechte, die sich im Verhältnis des Arztes zum Patienten sowie zwischen Krankenhaus und Patient ergeben.

I. Die öffentlich-rechtliche Stellung des Arztes.

Die öffentlich-rechtliche Stellung des Arztes war bisher durch die Reichsärzteordnung von 1935 (RGBl. I, 1433) geregelt. Diese ist durch die Nachkriegsverhältnisse zum Teil gegenstandslos geworden, insbesondere sind die Bestimmungen über die berufsständischen Organisationen fortgefallen und zum größten Teil durch neue landesrechtliche Bestimmungen ersetzt[1].

Zur Zeit sind die Voraussetzungen, von denen das Recht zur Ausübung ärztlicher Tätigkeit abhängt, für das Gebiet der Deutschen Bundesrepublik, durch die Bestallungsordnung für Ärzte vom 15. September 1953, BGBl. I, 1334 geordnet. Nach deren § 1 wird die Bestallung als Arzt durch die zuständige Landesbehörde des Landes erteilt, in dem die ärztliche Prüfung abgelegt wurde. Im einzelnen regelt die Bestallungsordnung vom 15. September 1953 die Voraussetzungen für die Erteilung der Bestallung, die ärztliche Ausbildung und das ärztliche Prüfungswesen.

An weiteren Gesetzen zur Regelung der Rechtsstellung der Ärzte sind nach Errichtung der Deutschen Bundesrepublik das Gesetz über die Ausübung der Zahnheilkunde vom 31. März 1952 (GVBl. 221) und das Gesetz zur Bekämpfung der Geschlechtskrankheiten vom 23. Juli 1953 (GVBl. 700) ergangen. Eine Bundesberufsordnung für Ärzte fehlt noch. Für Bayern besteht eine Berufsordnung für Ärzte vom 26. Januar 1950 (Bayer. Ärzteblatt 50, S. 73), die sich zum Teil an die Reichsberufsordnung für Ärzte vom 13. No-

---

[1] Näheres über diese Gesetzgebung der Länder bei *Kant*, Arzt- und Apothekenrecht, Verlag C. H. Beck 1954, S. 2 und *Redeker*, JZ 1954, S. 625, Anm. 3.

vember 1937 anlehnt. Ob letztere zum Teil jetzt als gegenstandslos anzusehen ist, kann zweifelhaft sein, da die Bayr. Berufsordnung von 1950 diese Bestimmungen zum großen Teil wieder aufgenommen hat.

Von der Reichsärzteordnung des Jahres 1935 gilt auch jetzt noch u. a. deren § 1, wonach der Arzt zum Dienst an der Gesundheit des einzelnen Menschen und des gesamten Volkes berufen ist und eine durch das Gesetz geregelte öffentliche Aufgabe erfüllt.

Diese Bestimmung hat nicht etwa die Bedeutung, daß der Arzt wie ein Beamter öffentlich-rechtlich tätig wird. Vielmehr soll damit nur gesagt sein, was bereits viele Jahre vor der Reichsärzteordnung von 1935 die überwiegende Meinung der gebildeten Deutschen war, daß die ärztliche Tätigkeit ihrem inneren Wesen nach kein gewerbliches Unternehmen, sondern ein Beruf ist, bei dem es sich in erster Linie nicht um wirtschaftlichen Erwerb, sondern um die Betätigung geistiger Kräfte im Dienste des Gemeinwohls handelt.[1]

§ 1 der RÄO bedeutet auch nicht, daß der Arzt in jedem Falle, wenn ein Kranker es verlangt, dessen Behandlung übernehmen muß. Zwar wird man die Niederlassung als Arzt allgemein dahin aufzufassen haben, daß der Arzt sich dadurch der leidenden Menschheit zur Verfügung stellt. Damit erwächst auch für den Arzt die Pflicht, ärztliche Tätigkeit zu übernehmen, wenn gesundheitliche Nöte entstehen. Diese Pflicht trifft aber in aller Regel nur den praktischen Arzt, der Allgemeinpraxis betreibt. Er darf also nicht nach freiem Belieben entscheiden, ob und wem er helfen will, vielmehr hat er zufolge seiner öffentlich-rechtlichen Stellung im Rahmen der staatlich geordneten Gesundheitspflege grundsätzlich die *Pflicht* zu helfen, mindestens aber das zur ärztlichen Versorgung des Kranken zunächst Erforderliche zu tun (so *Eb. Schmidt* in Ponsolds Lehrbuch der gerichtlichen Medizin, S. 5 f.). Dagegen wird der Facharzt, der grundsätzlich nur in seiner Sprechstunde oder Klinik behandelt, sowie der angestellte Krankenhausarzt nur dann als verpflichtet anzusehen sein, Krankenhilfe zu leisten, wenn anderweite Ärzte mit allgemeiner Praxis nicht erreichbar sind und Gefahr im Verzuge besteht. Auch der praktische Arzt mit Allgemeinpraxis ist zur ärztlichen Hilfeleistung nur dann verpflichtet, soweit er nicht bereits durch anderweitige von ihm übernommene ärztliche Pflichten voll in Anspruch genommen ist.

Entspricht ein Arzt nicht dieser Pflicht zur Hilfeleistung und erleidet ein Kranker infolgedessen eine Verschlimmerung seines Zustandes oder stirbt er gar, so muß der Arzt, der pflichtwidrig seine Hilfe abgelehnt hat, unter Umständen damit rechnen, wegen fahrlässiger Körperverletzung oder fahrlässiger Tötung bestraft zu werden (§§ 222, 223 StGB, vgl. Ponsold a. a. O.).

Auf Grund der seit vielen Jahren bestehenden Anschauung, daß der Arztberuf kein Gewerbe, sondern ein freier mit besonderer Verantwortung verbundener Beruf ist, der stets unter Wahrung der ärztlichen Standesehre aus-

---

[1] Vgl. die bei *Ebermayer* „Der Arzt im Recht" S. 1/2 angeführten höchstrichterlichen Entscheidungen (RGZ 66, 145 und 90, 35 aus den Jahren 1907 und 1917).

geübt werden muß, hatten die preußischen und die reichsdeutschen Ehrengerichtshöfe für Ärzte und Rechtsanwälte bereits im Jahre 1900 die Auffassung vertreten, daß die Vereinbarung oder Zahlung einer Entschädigung für die Überlassung einer Praxis, sowie jede Vereinbarung, die irgendeine Beschränkung des Arztberufs zum Inhalt habe, gegen die guten Sitten verstoße und nichtig sei. Als Begründung für die Nichtigkeit des Verkaufs einer Arztpraxis war vom Ehrengerichtshof gesagt worden, „daß hierdurch der ideelle Wert des persönlichen Vertrauens in Geld umgesetzt werde" (RGZ 66, 146), und es war die Vereinbarung eines Konkurrenzverbotes als besonders „anstößig" angesehen und eindeutig erklärt worden: „Für Ärzte und Rechtsanwälte ist ein vertragsmäßiges Konkurrenzverbot an sich schlechthin gegen die guten Sitten. Diese Berufe müssen frei sein kraft der ihnen innewohnenden sittlichen Würde und im öffentlichen Interesse" (RGZ 68, 188).

In bezug auf die Veräußerung einer Arztpraxis hat die Rechtsprechung ihre ablehnende Haltung jedoch nur bis Ende der dreißiger Jahre dieses Jahrhunderts aufrecht erhalten. Es wurde, insbesondere, nachdem die Reichsärzteordnung in § 49 Abs. 3 eine Veräußerung der Arztpraxis mit Genehmigung der Reichsärztekammer grundsätzlich für zulässig erklärt hatte, auch vom Reichsgericht eine Veräußerung der Praxis, soweit sie nicht dem Übernehmer übermäßig drückende Bedingungen auferlegte, für zulässig erklärt (RGZ 153, 294). Dagegen wurde an dem Rechtssatz der Unzulässigkeit jeder einschränkenden Vereinbarung in bezug auf die ärztliche Berufsausübung bis in die letzten Jahre festgehalten. Erst durch Urteil des BGH vom 18. Dezember 1954 — II 76/54 — (BGHZ 16, 72 ff.) NJW 55, 307 ist auch diese Rechtsprechung aufgehoben worden. Anlaß hierzu bot ein Vertrag, durch den ein in Hamburg und ein in K. (Württemberg) wohnender Arzt ihre Praxis tauschten. Der Tausch wurde am 1. Juli 1952 vollzogen, wobei der in K. wohnende Arzt an diesem Tage nach Hamburg und der Hamburger Arzt nach K. in Württemberg verzogen, nachdem auf Antrag beider Ärzte die zuständigen Zulassungsstellen die Genehmigung des Vertrages erteilt hatten. Ein jeder der beiden Ärzte übernahm die Praxisräume des anderen und betrieb darin seine Praxis. Der früher in K. (Württemberg) wohnende Arzt erklärte im Januar 1953 durch ein Schreiben an seinen Vertragspartner die Anfechtung des Vertrages wegen arglistiger Täuschung und gab seine Absicht bekannt, in absehbarer Zeit in der Nähe seiner früheren Praxisräume in K. Praxis zu betreiben. Daraufhin erhob der früher in Hamburg wohnhaft gewesene, jetzt in K. (Württemberg) praktizierende Arzt Klage gegen seinen Vertragspartner auf Feststellung der Gültigkeit des Tauschvertrages und auf Verurteilung des Beklagten, die Rückkehr nach K. (Württemberg) und die Aufnahme einer ärztlichen Praxis dort zu unterlassen. Das Landgericht hat durch Teilurteil die Unterlassungsklage abgewiesen, das Berufungsgericht die Berufung zurückgewiesen. Die Revision des Klägers hatte Erfolg aus den im Anhang Nr. 31 wiedergegebenen Urteilsgründen.

II. Beziehungen des Arztes und des Krankenhauses zum Patienten.

Die privatrechtlichen Beziehungen des Arztes zum Patienten beruhen in der Mehrzahl der Fälle auf Vertrag. Sie können auch unabhängig von einem Vertrage dadurch entstehen, daß der Arzt schuldhaft und widerrechtlich das Leben, den Körper oder die Gesundheit eines Kranken verletzt und sich damit einer unerlaubten Handlung im Sinne der §§ 823 ff. BGB schuldig macht, die zum Schadensersatz verpflichtet. Schließlich können die Beziehungen zwischen Arzt und Patienten auf einem öffentlich-rechtlichen Verhältnis beruhen, insbesondere in den Fällen der sogenannten Zwangsbehandlung, wenn der Kranke durch einen Amtsarzt behandelt wird, der vom Staat oder einem anderen öffentlichen Hoheitsträger Beamtenstellung erhalten hat.

1. Vertragliche Beziehungen des Arztes.

In der überwiegenden Mehrzahl der Fälle beruhen die Beziehungen des Arztes zum Patienten auf bürgerlich-rechtlichem Vertrag, der von der herrschenden Meinung in Lehre und Rechtsprechung als *Dienstvertrag* (§ 611 ff. BGB) angesehen wird. Zwar ist es u. U. nicht ausgeschlossen, daß ein auf die Vereinbarung gewisser ärztlicher Leistungen gerichteter Vertrag unter die Bestimmungen des Werkvertrages (§ 631 ff. BGB) fällt. Gegenüber dem Dienstvertrag, der die Leistung von Diensten, also ein Wirken, verlangt, ist Kennzeichen des Werkvertrages die Vereinbarung eines bestimmten *Arbeitserfolges* (§ 631 BGB). Eine solche Vereinbarung ist zwar bei gewissen Operationen und Tätigkeiten des Arztes, insbesondere des Zahnarztes, möglich. Allein in aller Regel wird auch die Vereinbarung zwischen Arzt oder Zahnarzt und Patient über die Durchführung einer Operation als Dienstvertrag anzusehen sein, da bei der Mehrzahl aller Operationen niemals ein bestimmter Erfolg garantiert werden kann. Vielmehr ist der Arzt regelmäßig nur zur fachgemäßen Aus- und Durchführung der betreffenden Operation verpflichtet[1]. Das bloße Durchführen einer Operation, auch wenn sie fachgemäß erfolgt, wird man daher (entgegen *Nipperdey-Staudinger* Vorbem. 156 vor § 611 ff. BGB) nicht schon als Werkvertrag ansehen dürfen.

a) Der Vertrag zwischen Arzt und Patient kommt entweder durch unmittelbare Abrede zwischen beiden zustande, indem der Arzt auf ausdrückliches Ersuchen des Patienten dessen Behandlung übernimmt, oder dadurch, daß der Patient sich wenigstens stillschweigend mit der Behandlung durch den von dritter Seite herbeigerufenen Arzt einverstanden erklärt.

b) Wenn ein Ehemann den Arzt zur Behandlung seiner Ehefrau zuzieht,

---

[1] So *Ebermayer* „Der Arzt im Recht“ S. 72; *Palandt* BGB Einf. 6 vor § 611; *Enneccerus-Lehmann* „Schuldrecht“ 14. Aufl. § 150 I 2a; *Staudinger-Nipperdey* BGB Anm. 181 vor § 611.

so wurde vielfach in der Rechtsprechung angenommen, daß nur der Ehemann Vertragspartner des Arztes wird. Diese Annahme ist jedoch mit der heutigen Auffassung nicht mehr vereinbar. Vielmehr geht jetzt die überwiegende Meinung dahin, daß jedensfalls auch die Frau Vertragspartner des Arztes wird, da nur sie als die Patientin anzusehen ist, der gegenüber der Arzt in erster Reihe die Verpflichtungen zu erfüllen hat, die ihm gegenüber einem Patienten obliegen[1]. Der Ehemann wird also durch die Zuziehung des Arztes zur Behandlung seiner Ehefrau zwar vertraglich zu dessen Honorierung verpflichtet, die gleiche Verpflichtung liegt aber auch der Ehefrau ob.

Wird der Arzt von der Ehefrau selbst zu ihrer Behandlung zugezogen, so haftet neben ihr für das Honorar der Ehemann dem Arzt aus dem Rechtsgrunde der Geschäftsführung ohne Auftrag (§ 677 BGB), weil der Arzt durch die ärztliche Behandlung der Ehefrau zugleich die Unterhaltspflicht des Ehemannes erfüllt, zu der auch die Verschaffung ärztlicher Hilfe gehört. Ein abweichender Wille des Ehemannes ist in diesem Falle nicht beachtlich (§ 679 BGB). Aus dem gleichen Rechtsgrunde ist die vermögende oder erwerbsfähige Frau verpflichtet, das Arzthonorar für die Behandlung ihres Mannes zu bezahlen, wenn der Ehemann mittellos ist, da in diesem Falle die Frau dem Manne gegenüber unterhaltspflichtig wird (§ 1360 Abs. 2 BGB).

Wird der Arzt zur Behandlung eines minderjährigen Kindes von einem Elternteil zugezogen, so entstehen vertragliche Beziehungen nicht nur zwischen den Eltern, oder, falls die gesetzliche Vertretung von der Mutter ausgeübt wird, zwischen dieser und dem Arzt, sondern über § 328 BGB (Vertrag zugunsten Dritter) auch zwischen dem Kinde und dem Arzt (so RG in RGZ 152, 175 ff.). Mit dieser Entscheidung ist die frühere Auffassung des Reichsgerichts in dem Jahre 1914 RGZ 85, 183 aufgegeben, die bei Hinzuziehung des Arztes durch die Eltern des Kindes nur vertragliche Beziehungen des Arztes zu den Eltern angenommen hatte.

c) Der weitaus überwiegende Teil der ärztlichen Tätigkeit wird von den *Kassenärzten* ausgeübt, wobei zunächst ein Dienstvertrag zwischen Kassenarzt und Krankenkasse zustande kommt. Gleichzeitig tritt aber auch der Patient in das Vertragsverhältnis zum Arzt auf Grund § 328 BGB ein, d. h. der Patient erhält in einem solchen Falle nach den Vorschriften über den Vertrag zugunsten Dritter Anspruch auf Erfüllung des Arztvertrages, also vor allem auf sachgemäße Behandlung. Auch hier werden die unmittelbaren Vertragsbeziehungen des Kassenpatienten zum Arzt wie in dem oben erörterten Falle, daß Eltern den Arzt zur Behandlung ihres Kindes zuziehen, aus dem Zweck des Vertrages zwischen Krankenkasse und Arzt hergeleitet, die in erster Reihe den Interessen des Kassenpatienten dienen soll (BGHZ 1, 383 ff., Anh. Nr. 1).

[1] Vgl. *Heesen* „Die Haftung der Ehefrau für das Arzthonorar", Niedersächs. Ärzteblatt 1947, Nr. 4, S. 46 f., ferner besonders eingehend und klar: *Beitzke*, Monatsschrift für Deutsches Recht 1951, 262 f.

2. Vertragsähnliche Ansprüche aus Geschäftsführung ohne Auftrag.

Außer durch ausdrücklich oder stillschweigend geschlossenen Dienstvertrag können Ansprüche für und gegen den Arzt auch aus einem vertragsähnlichen Rechtsverhältnis entstehen, der sogenannten *Geschäftsführung ohne Auftrag* (§ 677 ff. BGB). Dieser Fall kann eintreten, wenn der Arzt z. B. bei Unglücksfällen hinzukommt und einem bewußtlosen Schwerverletzten Hilfe leistet, oder in Abwesenheit des unterhaltspflichtigen Ehegatten oder des gesetzlichen Vertreters des Kranken seine ärztlichen Dienste zur Verfügung stellt. Daß er in diesen Fällen Honorar für seine Tätigkeit beanspruchen kann, u. U. sogar, wenn er gegen den Willen des Geschäftsherrn (also des Kranken) tätig geworden ist, wurde schon oben zu b) Abs. 2 erwähnt.

Dabei ist der Arzt durch § 679 BGB weitgehend geschützt. Ein seiner Tätigkeit entgegenstehender Wille des Geschäftsherrn, hier also des Verunglückten, ist nach § 679 BGB unerheblich, wenn ohne die Hilfeleistung des Arztes eine Pflicht des Geschäftsherrn, die im öffentlichen Interesse liegt oder eine Unterhaltspflicht des Geschäftsherrn unerfüllt bleiben würde. Auch die Erhaltung des Lebens eines Selbstmordkandidaten liegt im öffentlichen Interesse. Zudem ist der mißglückte Selbstmordversuch stets als Unglücksfall zu werten, auch wird er sich dem Arzt regelmäßig als solcher darstellen. Der Arzt kann sich daher immer gemäß § 330c StGB zur Hilfeleistung verpflichtet fühlen. Er kann sich also in diesem Falle immer auf § 679 BGB berufen[1]. Eine Haftung kann den Arzt als Geschäftsführer ohne Auftrag dann treffen, wenn er schuldhaft gegen die ihm obliegende Pflicht zur sachgemäßen Behandlung verstößt (§ 276 BGB). Sofern aber die Hilfeleistung des Arztes die Abwendung einer drohenden dringenden Gefahr bezweckte, wie es bei Unglücksfällen meist und stets im Falle des § 330c StGB zutreffen wird, so beschränkt sich die Haftung des Arztes für eine bei der Hilfeleistung begangene Gesundheitsbeschädigung auf Vorsatz und *grobes* Verschulden (§ 680 BGB). Bloße Fahrlässigkeit des Arztes genügt in diesem Falle nicht, um seine Ersatzpflicht auszulösen.

§ 330c StGB stellt an sich keine besondere Arztpflicht auf[1]. Kommt es aber für die Erste Hilfe auf ärztliche Sachkunde an, so ist jeder Arzt, der in der Nähe des Verunglückten sich befindet, zur Hilfeleistung verpflichtet und macht sich strafbar, wenn er die ihm ohne eigene Gefahr und ohne Beeinträchtigung eigener Pflichten mögliche Hilfe verweigert. So der BGH in BGHSt. 2, 297 ff., Anh. Nr. 25.

---

[1] So jetzt die herrschende Meinung: *Palandt* BGB Bem. 2a zu § 679; *Ebermayer* S. 83; Schwarz StGB 17. Aufl. Anm. 1 zu § 330c; anders BGHSt. 2, 150. Diese Entscheidung ist jedoch durch Beschluß des Großen Senats des BGH vom 10. März 1954 (BGHSt. 6, 14) gegenstandslos geworden, worin der Große Strafsenat ausgesprochen hat, daß auch der mißglückte Selbstmordversuch ein Unglücksfall ist. Gegen diesen Beschluß des Großen Strafsenats neuestens Schweiger NJW 55, 816 ff.

§ 330c StGB lautet: Wer bei Unglücksfällen oder gemeiner Gefahr oder Not nicht Hilfe leistet, obwohl dies erforderlich und ihm den Umständen nach zuzumuten, insbesondere ohne erhebliche eigene Gefahr und ohne Verletzung anderer wichtiger Pflichten möglich ist, wird mit Gefängnis bis zu einem Jahre oder mit Geldstrafe bestraft."

Ein Unglücksfall im Sinne des § 330c StGB ist nach der Rechtsprechung des RG ein plötzlich eintretendes Ereignis, das erheblichen Schaden an Personen oder Sachen verursacht und weiteren Schaden zu verursachen droht (RGSt. 75, 68). Es braucht aber keineswegs immer ein äußeres Ereignis den Unfall hervorgerufen zu haben. Vielmehr gibt es Fälle im Rahmen der Krankheit, die gemäß § 330c StGB als Unglücksfall anzusehen sind. Die gleichen Grundsätze müssen nach der Entscheidung des RG vom 18. März 1941 D 752/40 RGSt. 75, 160ff. auch gelten, wenn die Fortentwicklung einer Schwangerschaft zu einem plötzlichen Ereignis mit Schadenfolge oder Schadensdrohung führt. Auch in einem solchen Fall ist ein Arzt zur Hilfeleistung verpflichtet. Lehnt er sie trotzdem ab, obwohl ihm die tatsächlichen Umstände, die das sofortige Eingreifen des Arztes erforderlich machen, mitgeteilt werden, so macht er sich ebenfalls nach § 330c StGB strafbar und könnte unter Umständen sogar wegen fahrlässiger Körperverletzung der Frau, oder wenn nachweisbar das Kind infolge Nichteingreifens des Arztes alsbald nach der Geburt stirbt, wegen fahrlässiger Tötung des Kindes bestraft werden. So die oben genannte Entscheidung des RG vom 18. März 1941 Anh. Nr. 27.

3. Krankenhaus und Patient.

Dienstvertrag im Sinne des bürgerlichen Rechts ist auch der Krankenhausaufnahmevertrag, also der Vertrag, der durch die Aufnahme eines Patienten in ein Krankenhaus entsteht.

Der Betrieb eines Krankenhauses ist unter Umständen Gewerbebetrieb im Sinne der Gewerbeordnung und daher konzessionspflichtig. Öffentliche Krankenhäuser, staatliche oder städtische oder von einer öffentlichen Körperschaft eingerichtete Krankenhäuser, sind ebenso wie die lediglich gemeinnützigen, wohltätigen oder wissenschaftlichen Zwecken dienenden Krankenanstalten nicht konzessionspflichtig. Dagegen bedürfen die Betriebe einer Privatkranken-, Privatentbindungs- oder Privatirrenanstalt einer behördlichen Konzession. Sie sind im Gegensatz zur Ausübung des Arztberufes als solchen gewerbliche Unternehmungen. Der Arzt wird aber nicht schon dadurch zum Gewerbetreibenden, daß seine auf Gewinnerzielung gerichtete ärztliche Tätigkeit die Unterhaltung einer Privatkrankenanstalt (z. B. die Klinik eines Chirurgen oder eines Augenarztes) notwendig macht. Als Unternehmer einer Privatkrankenanstalt ist der Arzt nur dann Gewerbetreibender, wenn die Anstalt als *selbständiges Mittel* zur Erzielung einer dauernden Einnahmequelle gehalten wird (so *Landmann-Rohmer* Kommentar zur Gewerbeordnung, 10. Aufl. 1952, Anm. 2 und 3 zu § 30).

Nicht genehmigungspflichtig sind auch die üblichen Ambulatorien, Polikliniken und Sprechzimmer des Arztes (vgl. *Landmann-Rohmer* a. a. O.).

Der Krankenhausaufnahmevertrag verpflichtet in aller Regel den Krankenhausinhaber gegenüber dem Patienten sowohl zur Gewährung von Unterkunft, Verpflegung und sachgemäßer Betreuung des Kranken, wie auch zur ärztlichen Behandlung durch den Krankenhausarzt (sog. totaler Krankenhausvertrag).

Läßt sich ein Kranker in ein Krankenhaus aufnehmen, der bisher von dessen Chefarzt oder einem anderen Arzt ambulant behandelt worden war, der ihn dann weiter in dem betreffenden Krankenhaus behandeln soll, so erstreckt sich ein solcher Vertrag mit dem Krankenhaus (sog. aufgespaltener Arzt-Krankenhausvertrag) nicht lediglich auf Unterkunft und Verpflegung, sondern auch darauf, daß dem Patienten alle erforderliche Heilbehandlung zuteil wird, insbesondere solche, die nicht durch den behandelnden Arzt selbst, sondern gewöhnlich nur mittels der personellen und sachlichen Einrichtungen eines Krankenhauses gewährt zu werden pflegt, z. B. Verabfolgung von Medikamenten, Injektionen und vieles andere mehr. Das Krankenhaus selbst entspricht dieser Erwartung, indem es solche Einrichtungen zur Verfügung stellt und die erforderlichen Maßnahmen durchführt und berechnet[1]. Zu derartigen Maßnahmen gehört auch z. B. eine Bluttransfusion[2], da die zu Bluttransfusionen notwendigen Apparate im allgemeinen nur in Krankenhäusern zur Anwendung gelangen (so das vorstehend genannte Urteil des BGHZ Bd. 5, S. 323). Wird durch eine Heilmaßnahme, die ein Assistenzarzt oder sonstiger Angestellter des Krankenhauses vornimmt, ein Patient schuldhaft verletzt oder sonst an seiner Gesundheit schuldhaft beschädigt, so hat dafür der Krankenhausinhaber gemäß § 276, 278 BGB einzustehen (Urteil des BGH in BGHZ Bd. 5, a. a. O. Anh. Nr. 3).

Wird ein Kassenpatient in ein Krankenhaus eingeliefert, so entstehen, wie beim Arztvertrag dargelegt, über § 328 BGB vertragliche Beziehungen zwischen Krankenhaus und Patient (vgl. oben 1b zu bb BGHZ 1, 386 Anh. Nr. 1).

---

[1] Der Krankenhausvertrag, durch den ein Ehemann seine Frau in einem Krankenhaus unterbringt, bewirkt jedoch keine Haftung des Krankenhauses für einen Unfall, den der Ehemann beim Besuch seiner Frau infolge mangelnder Verkehrssicherung des Krankenhauseinganges erleidet. Trotz der mietrechtlichen Bestandteile, die auch ein Krankenhausvertrag aufweist, können die Grundsätze, die die Rechtsprechung den Angehörigen eines Wohnungsmieters wegen nicht gefahrfreier Beschaffenheit der Mieträume zugebilligt hat, nicht auf den Krankenhausaufnahme*vertrag* übertragen werden (so Urteil des BGH in BGHZ 2, 94 ff. Anh. Nr. 5). Dagegen kann bei ungenügender Verkehrssicherung des Krankenhauseinganges sehr wohl ein Schadensersatzanspruch des verletzten Ehegatten aus unerlaubter Handlung gegen den Krankenhausinhaber geltend gemacht werden, wenn der Inhaber es schuldhaft unterlassen hat, für den verkehrssicheren Zustand des Eingangs Sorge zu tragen und dadurch ein Besucher des Krankenhauses Schaden erleidet.

[2] Näheres ergibt das im *Anh. Nr. 3* abgedruckte Urteil in BGHZ 5, 323 f.

Außer der Haftung für das Verschulden eines Arztes oder sonstiger Angestellter des Krankenhauses trifft den Krankenhausträger eine allgemeine Überwachungs-, Kontroll- und Unterweisungspflicht. Nach dieser Richtung hat das Reichsgericht sehr strenge Grundsätze, insbesondere für den Inhaber eines öffentlichen Krankenhauses aufgestellt (RGZ 112, 290ff. Anh. Nr. 4). In diesem Falle waren an Krätze Erkrankte, die in ein städtisches Krankenhaus eingeliefert waren, statt mit der üblichen Schwefelsalbe mit einem giftigen Chromgemisch eingerieben worden, das dem Krankenhaus von einer Apotheke als Schwefelsalbe geliefert worden war. Infolge der hohen Giftigkeit der Einreibung starben zwei Kranke, ein Dritter konnte erst nach langem Krankenlager seine Gesundheit wiedererlangen. Das Verschulden des Krankenhauses wurde nicht darin erblickt, daß die Salbe vor ihrer Ingebrauchnahme nicht untersucht worden war, insoweit nahm das Reichsgericht an, daß für die Zusammensetzung eines Medikaments nicht der Arzt oder Heilgehilfe des Krankenhauses, sondern der Apotheker verantwortlich sei. Dagegen sei die Stadtgemeinde auf Grund ihrer Fürsorgepflicht gegenüber den einzelnen Kranken zu einer sachgemäßen Leib und Leben nicht gefährdenden Behandlung verpflichtet gewesen. Danach habe aber der Stadt auch eine allgemeine Überwachungs- und Unterweisungspflicht obgelegen, für deren Verletzung, soweit sie verfassungsmäßigen Vertretern zur Last zu legen sei, die Stadtgemeinde aus §§ 31, 89 BGB hafte.

Im gegebenen Falle sei aus der Eigenschaft der Stadt als Fürsorgepflichtigen, der die unbemittelten Kranken ihre höchsten Güter, Gesundheit und Leben, anvertrauten, zu folgern, daß sie durch ihre verfassungsmäßigen Vertreter Vorschriften hätte erlassen müssen, die einerseits die Verpflichtung der Wärter festlegten, jede auffällige von den regelmäßigen Beobachtungen abweichende Wirkung eines Heilmittels sowie jede bei seiner Anwendung zutage tretende außergewöhnliche Erscheinung den Ärzten zu melden und andererseits die Verpflichtung der Ärzte regelten, bei solchen Meldungen unverzüglich geeignete Vorsichtsmaßregeln zu treffen. Damit sei jedoch der Aufgabenkreis der Stadt noch nicht erschöpft, sie sei vielmehr außer zu den vorgenannten Anordnungen verpflichtet gewesen, Vorsorge zu treffen, daß von Zeit zu Zeit in sachgemäßer Weise die Befolgung der Anordnung nachgeprüft würde.

Diese sehr weitgehenden Verpflichtungen eines Krankenhausinhabers sind seit dem Erlaß des Urteils RGZ 112, 293ff. (im September 1929) durch die Rechtsprechung nicht eingeschränkt worden. Der BGH hat in einem Urteil vom 10. Juli 1954 Abs. V ähnlich weitgehende Grundsätze aufgestellt (Anhang Nr. 16).

4. Öffentlich-rechtliches Verhältnis.

Außer durch bürgerlich-rechtlichen Vertrag können Beziehungen zwischen Arzt und Patient, sowie zwischen Krankenhaus und Patient auch auf Grund eines *öffentlich-rechtlichen Verhältnisses* eintreten.

Ein lediglich öffentlich-rechtliches Verhältnis liegt vor, wenn die Tätigkeit des Arztes am Patienten in Ausübung ihm übertragener Hoheitsrechte erfolgt, also insbesondere, wenn der Arzt in seiner Eigenschaft als Amtsarzt tätig wird. In diesem Falle gibt das Gesetz dem verletzten Patienten nur den sog. Amtshaftungsanspruch gegen den Staat oder den Hoheitsträger, der dem Arzt die Beamtenstellung gegeben hat. Das nahm man früher in der Regel dann an, wenn der Patient in ein Krankenhaus zur Behandlung eingeliefert wurde, dessen Ärzte Beamtenstellung hatten. Das hoheitliche Verhältnis der Klinik gegenüber den Kranken wurde in diesem Falle aus der dem Bereiche staatlicher Fürsorge dienenden Zielsetzung des Dienstes an Forschung und Lehre gefolgert. Letzteres war insbesondere in einem Beschlusse des Kammergerichts vom 5. Januar 1929 (JW 1929, 2287) nachdrücklich betont worden. Dort handelte es sich um die Behandlung von Kranken in einer Universitätsklinik, die als Maßnahme staatlicher Fürsorge angesehen worden war, so daß dem Patienten wegen falscher ärztlicher Behandlung ein Anspruch nur gegen den Staat aus Amtspflichtverletzung des beamteten Arztes, nicht aber auch unmittelbar gegen den Arzt gewährt wurde. Diese Auffassung gilt heute nicht mehr. Das RG nahm zwar bei Aufnahme eines Kranken in ein öffentliches Krankenhaus das Entstehen eines öffentlich-rechtlichen Verhältnisses zwischen Krankenhaus und Patient an. Bereits in RGZ 91, 263; 112, 290f., zuletzt in DR 1943 S. 854 hat das RG, sofern zugleich ein Rechtsverhältnis vorlag, das den Hoheitsträger zur Fürsorge verpflichtete, neben der Staatshaftung eine Haftung nach Vertragsgrundsätzen unter Anwendung des Rechtsgedankens des § 278 BGB (Haftung für Verschulden eines Erfüllungsgehilfen) für gegeben erklärt. Der III. Zivilsenat des BGH sagt über das Rechtsverhältnis des Patienten eines öffentlichen Krankenhauses in BGHZ Bd. 4, 152, daß von einem Unterordnungsverhältnis des Patienten gegenüber dem Krankenhaus, wodurch eine Amtshaftung des Krankenhausträgers begründet werden könnte, bei Durchführung der Behandlung in einem staatlichen oder städtischen Krankenhaus nicht die Rede sein könne. In einem solchen Falle entstehe zwar ein öffentlich-rechtliches Verhältnis zwischen dem unentgeltlich aufgenommenen Kranken und dem Krankenhausträger, wodurch Letzterer zur Gewährung von Krankenhilfe verpflichtet werde. Für ein Verschulden der Hilfsperson des Krankenhausträgers bei dieser Behandlung hafte der Krankenhausinhaber in entsprechender Anwendung des Rechtsgrundsatzes des § 278 BGB, der die Haftung des Schuldners für ein Verschulden jeder Person vorsieht, die der Schuldner bei der Erfüllung seiner vertraglichen Verpflichtung hinzugezogen hat. Noch klarer drückt dies der III. Zivilsenat in der Entscheidung BGHZ 9, 145ff. aus. Dort wird gesagt, daß für das Verhältnis der öffentlichen Krankenhäuser und auch der Universitätskliniken zu ihren Patienten nicht in erster Reihe die Zielsetzung der Forschung und Lehre, die öffentlich-rechtlicher Natur sei, als maßgebend angesehen werden könne, sondern die Art und Weise, wie die Organisation der betreffenden

Klinik im Hinblick auf die Zielsetzung als Krankenhaus gestaltet sei. Insofern bestehe aber kein wesentlicher Unterschied bei einer Universitätsklinik zu den anderen Krankenhäusern. „In der Universitätsklinik besteht, so heißt es in der angeführten Entscheidung, abgesehen von der allgemeinen Hausordnung, kein hoheitrechtliches Unterwerfungsverhältnis der Patienten.“ Der Umstand, daß bei der Pflege und Heilung der Patienten auch für Forschung und Lehre Nutzen gezogen wird, z. B. durch wissenschaftliche Auswertung der Krankengeschichten, ist nach Meinung des BGH auf die Rechtsnatur des Verhältnisses der Klinik und Ärzte zu den Patienten ohne Einfluß. Ebensowenig werde der privatrechtliche Charakter dieses Verhältnisses durch eine etwaige hoheitliche Gestaltung der Beziehungen des Staates zu den Beamten der Klinik oder zu den in ihr lernenden und arbeitenden Personen berührt. Vgl. BGH 9, 146 ff. im Anh. Nr. 5.

Es bleiben daher für die Annahme eines lediglich öffentlich-rechtlichen Hoheitsverhältnisses zwischen Arzt und Patienten nur die Fälle der sog. Zwangsbehandlung übrig, in denen ein Patient von einem Amtsarzt, d. h. einem Arzt in Beamtenstellung, gerade in dieser seiner Eigenschaft behandelt und verletzt wird; also z. B. die Tätigkeit des früheren (oder zukünftigen) Militärarztes, des Gefängnisarztes oder des Arztes am Gesundheitsamt oder des Vertrauensarztes in der sozialen Krankenversicherung oder, wenn ausnahmsweise die Krankenkasse den Kassenpatienten in ein von ihr selbst zur Erfüllung ihrer gesetzlichen Fürsorgepflicht geschaffenes Krankenhaus überweist, das *lediglich* der Durchführung der von der Krankenkasse geschuldeten ärztlichen Hilfe dient. Nur in diesen Fällen wird heute anzunehmen sein, daß ein Kranker lediglich auf den sog. Amtshaftungsanspruch aus § 839 BGB in Verbindung mit Art. 34 GrundG gegen den Staat oder diejenige öffentliche Dienststelle beschränkt ist, die den Amtsarzt mit hoheitlichen Befugnissen ausgestattet hat. Ein Anspruch gegen den Amtsarzt selbst ist in diesem Falle durch Art. 34 des GG ausgeschlossen. Näheres über den sog. Amtshaftungsanspruch ist unter B 2 b ausgeführt.

B. Die Haftpflicht des Arztes und Krankenhauses im einzelnen.

1. Verträge.

Grundlage der Haftpflicht des Arztes ist in aller Regel der mit ihm geschlossene *Dienstvertrag*, in Ausnahmefällen Geschäftsführung ohne Auftrag. Sie verpflichten den Arzt zur sachgemäßen Behandlung seines Patienten, wozu auch die sachgemäße Durchführung einer Operation gehört. Jede schuldhafte, d. h. vorsätzliche oder fahrlässige Schädigung des Patienten durch den Arzt löst die vertragliche Pflicht zum Schadensersatz aus (§ 276, § 249 BGB).

Fahrlässig handelt, wer die im Verkehr *erforderliche* Sorgfalt außer acht läßt. Dabei ist das Maß der vom Arzt zu beobachtenden Sorgfalt nach dem Durchschnittsmaßstab des gewissenhaften Berufsgenossen zu bestimmen und zu fragen, was ein ordentlicher Arzt in diesem Falle getan oder hätte tun müssen oder dürfen. Mit anderen Worten, es ist zu prüfen, welches Maß von Wissen, Können und Sorgfalt unter den gegebenen Verhältnissen von einem gewissenhaften Durchschnittsarzt zu verlangen war (*Ebermayer* S. 91). Dabei sind alle Umstände des einzelnen Falles zu berücksichtigen. Es dürfen z. B. an den Landarzt, der sich genötigt sieht, unter den ungünstigsten örtlichen Verhältnissen eine Operation auszuführen (z. B. weil der Zustand des Patienten einen Transport nach dem weit entfernten Krankenhaus nicht mehr gestattet), nicht die gleichen Anforderungen gestellt werden, wie sie von einem gewiegten Operateur in einem gut eingerichteten Krankenhaus erwartet werden können. Es muß auch stets geprüft werden, ob der Mißerfolg ausschließlich auf der Fahrlässigkeit des Arztes beruhte, oder ob etwa andere vom Arzte nicht zu vertretende Umstände den Eintritt des den Patienten schädigenden Erfolges herbeigeführt haben. Es kann nach den besonderen Umständen des Falles eine geringe Fahrlässigkeit des Arztes als entschuldbar angesehen werden. Das hat das Reichsgericht bereits im Jahre 1912 angenommen, als es in RGZ 78, 435 ausführte:

„Auch der geschickteste Arzt arbeitet nicht mit der Sicherheit einer Maschine; trotz aller Sorgfalt und Geschicklichkeit des Operateurs kann ein Griff, ein Stich, ein Schnitt mißlingen, der regelmäßig auch dem betreffenden Arzt selbst gelingt."

a) Schuldhaft handelt der Arzt stets dann, wenn er einen sog. *Kunstfehler* begeht. Als solchen sieht auch der Bundesgerichtshof in Übereinstimmung mit dem Reichsgericht ein Abweichen des Arztes von anerkannten Regeln der ärztlichen Wissenschaft an. *Eberhard Schmidt*, Der Arzt im Strafrecht, S. 137 f., will als Kunstfehler nur die tatsächliche Feststellung gelten lassen, „daß in einem bestimmten Einzelfalle etwas geschehen ist, was vom medizinischen Standpunkt aus unrichtig ist." *E. Metzger* in der Zeitschrift für die gesamte gerichtliche Medizin 1953, S. 370, will als Kunstfehler nur einen Eingriff beim Patienten ansehen, der nicht „lege artis" erfolgt. Im praktischen Ergebnis kommen diese Begriffsbestimmungen im wesentlichen auf das gleiche hinaus, da man etwas medizinisch Unrichtiges oder einen nicht „lege artis" erfolgten Eingriff ebenfalls als unvereinbar mit anerkannten Regeln der ärztlichen Wissenschaft wird ansehen müssen.

Kunstfehler und Verschulden decken sich jedoch nicht immer. In der Entscheidung BGHZ 8, 140 sagt der BGH (Anh. Nr. 7):

„Mag auch der Arzt, Zahnarzt oder Dentist regelmäßig nur dann schuldhaft handeln, wenn er von anerkannten Regeln der Wissenschaft abweicht, so kann doch im Einzelfall ein fahrlässiges Verschulden im Sinne von § 276 BGB auch dann gegeben sein, wenn kein ärztlicher Kunstfehler vorliegt. Dies gilt insbesondere dann, wenn die Ansichten der Fachkreise auseinandergehen, und die Regeln, gegen die verstoßen worden ist, noch keine allgemeine Anerkennung in der Wissenschaft gefunden haben. In derartigen Fällen, in denen die Meinungen der ärztlichen Wissenschaft und Praxis über die ordnungsgemäße Behandlungsweise auseinandergehen, dürfen zwar die Anforderungen an die Sorgfaltspflicht des Arztes nicht überspannt werden[1] (RGJW 38, 2203 Nr. 19). Herrscht aber Streit darüber, welches Maß von Vorsicht zur Verhütung von Schäden bei der Behandlung notwendig ist, so hat der Arzt im allgemeinen die größere Vorsicht zu beobachten, wenn er nicht fahrlässig handeln will. Denn der Kranke kann verlangen, daß der Arzt alle, auch entfernte Verletzungsmöglichkeiten in den Kreis seiner Erwägungen zieht und sein Verhalten bei der Behandlung des Patienten hiernach einrichtet (RGJW 23, 603)."

Mit sinngemäß gleicher Begründung hatte das Reichsgericht in einem Falle den Schadensersatzanspruch des Kranken gegen das Krankenhaus für berechtigt erklärt, der, obwohl er an einer offenen Wunde litt, im gleichen Raume untergebracht worden war, in dem ein an Gesichtsrose (Erysipel) erkrankter Patient lag und sich an ihm angesteckt hatte. Obgleich über die Zulässigkeit der Unterbringung beider Kranker in einem Raume die Meinungen zweier ärztlicher Autoritäten auseinander gingen, hat das RG der Schadensersatzklage stattgegeben und zur Begründung gesagt:

„Herrscht in der ärztlichen Wissenschaft Streit darüber, welches Maß von Vorsicht zur Verhütung einer Ansteckung notwendig ist, so hat der Arzt im allgemeinen die größere Vorsicht zu beobachten, wenn er nicht fahrlässig handeln will (RG HRR 32 Nr. 1828)."

b) Eine falsche *Diagnose* wird zwar häufig, braucht jedoch nicht stets auf einem Kunstfehler oder einem sonstigen fahrlässigen Verhalten des Arztes zu beruhen. Das ist u. a. in einer Entscheidung des Reichsgerichts vom 21. Juni 1940 III 134/39 (WarnRspr. Bd. 41, S. 30) ausgeführt[2].

In diesem Falle hatte ein Arzt bei einem Patienten, dessen linkes Bein, während er auf ebener Straße mit dem Fahrrad fuhr, plötzlich unter starken Schmerzen versagt hatte, die Diagnose auf Ischias gestellt. Erst nach zwei Wochen veranlaßte der behandelnde Arzt auf Drängen des Patienten eine Röntgenuntersuchung in einer benachbarten Klinik, wobei als Ursache der Schmerzen ein eingekeilter Oberschenkelhalsbruch links festgestellt wurde.

Die Fehldiagnose auf Ischias hatte das Berufungsgericht mit Billigung des Reichsgerichts nicht als schuldhaft angesehen, weil der Patient mit aller Bestimmtheit das Fehlen jeder Gewalteinwirkung auf seinen Oberschenkel behauptet hatte. Danach habe der Arzt keinen Anlaß gehabt, mit einem Knochenbruch zu rechnen, und habe nicht pflichtwidrig gehandelt, daß er verspätet eine Röntgenuntersuchung veranlaßte. Eine schuldhafte Pflichtverletzung des beklagten Arztes hat das Reichsgericht jedoch darin erblickt, daß der Beklagte nach Aufdeckung der Fehldiagnose nicht sofort die größte

[1] Eine gute Übersicht über Fälle überspitzter ärztlicher Sorgfaltspflicht bietet ein Aufsatz von Prof. Dr. med. *Heinz Lossen* in der Zeitschrift „Hippokrates" 1952, S. 197, 224, 254.

[2] Vgl. das im Anh. Nr. 6 wiedergegebene Urteil.

Sorgfalt angewendet habe, um durch die richtige Behandlung des Bruches den weiteren inzwischen erwachsenen Heilungshindernissen oder Heilungserschwernissen nach Möglichkeit zu begegnen. Alles Nähere ergibt die im Anh. Nr. 6 wiedergegebene Entscheidung des Reichsgerichts, die auch sehr bemerkenswerte Ausführungen über die Sorgfaltspflicht des Arztes und die Beweislast enthält, die ihn trifft, wenn er schuldhaft eine Gefahr gesetzt hat.

c) Ein Verschulden des Arztes, insbesondere des Krankenhausarztes kann auch bei sonst fehlerfreier Anordnung darin liegen, daß er es unterläßt, seine der Krankenschwester oder einem Krankenpfleger gegebene Weisung dahin zu überwachen, ob die Hilfsperson seine Anordnung richtig notiert hat. Das hat der V. Strafsenat des BGH in seinem Urteil vom 10. Juli 1952 (BGHSt. 3, 95)[1] in einem Falle ausgesprochen, in welchem der Arzt der Krankenschwester zur Verabfolgung einer Wurmkur aufgegeben hatte, 5 cm^3 Chloroform einzuspritzen. Die Schwester hatte 50 cm^3 notiert und diese gesamte Menge dem Patienten eingespritzt, der daraufhin verstarb. Der BGH sagt hierzu:

„Die Überwachung der Krankenschwester in dieser Beziehung bedeutet durchaus nicht, wie die Sachverständigen gemeint haben, eine Überspannung der an den Arzt zu stellenden Anforderungen. Es handelt sich dabei um eine sehr kleine Mühe. Von jedem praktizierenden Arzt wird verlangt, daß er alle seine Rezepte, gleichviel ob sie sich auf gefährliche oder ungefährliche Mittel beziehen, schriftlich gibt, ohne das bekommt sie der Kranke in der Apotheke nicht. Im übrigen handelt es sich nicht um eine Frage, zu deren Beantwortung irgendwelche besonderen Fachkenntnisse erforderlich wären. Vielmehr handelt es sich um eine Rechtsfrage, und zwar um eine sehr einfache. Denn es bedarf keiner ärztlichen Ausbildung und Erfahrung, um sich zu sagen, daß beim Diktieren eines Rezeptes Hör- und Schreibfehler vorkommen können, und daß daraus, wenn es sich um ärztliche Verordnungen handelt, die schwersten Folgen entstehen können. Es gibt also keine Entschuldigung dafür, daß der Angeklagte seine Verordnung sich nicht hat vorlesen oder wenigstens hat wiederholen lassen, wenn er sie schon nicht abzeichnete."

In gleicher Weise hat der III. Strafsenat des BGH im Urteil vom 1. Juli 1954 BGHSt. 6, 283[2] eine Verletzung der Sorgfaltspflicht des Krankenhausarztes in einem Falle angenommen, in dem der Arzt zwar zutreffend angeordnet hatte, ihm am folgenden Tage eine Mischspritze aus 10 cm^3 Protocid und 10 cm^3 Decholin vorzubereiten. Infolge eines Hörfehlers hatte die Schwester statt Decholin Cholin verstanden und demgemäß eine Spritze vorgelegt, die außer 10 cm^3 Protocid 10 cm^3 Cholin enthielt. Ihre Anwendung führte schon nach der Einspritzung von 7 cm^3 des Gemisches zu einem schweren Kreislaufkollaps des Patienten, der seinen Tod nach kurzer Zeit zur Folge hatte. Der BGH verneinte ein Verschulden der Krankenschwester, da es bei der allgemein üblichen Vorbereitung von Spritzen durch die Schwester grundsätzlich nicht zu den Aufgaben der Hilfsperson gehöre, die Verordnung des Arztes nachzuprüfen. Der BGH sah jedoch ein Verschulden des Arztes darin, daß er es unterlassen hatte, die im Krankenhaus übliche Handhabung, wonach mit der Spritze die leeren Ampullen mit ihrer Inhaltsbezeichnung vorgelegt wurden,

---

[1] Vgl. Anh. Nr. 23. [2] Vgl. Anh. Nr. 2.

darauf nachzuprüfen, ob die Spritze das richtige Medikament enthielt. Das Vorbringen des Arztes, die Verordnung von Decholin sei bei dem häufigen Krankheitsbild der Gallenblasenentzündung ein alltäglicher Vorgang im Krankenhaus, und er habe daher davon ausgehen dürfen, daß die Schwester auch im vorliegenden Falle die richtige Mischung hergestellt habe, wurde vom BGH als nicht erheblich angesehen, weil gerade in diesem Krankenhaus die Übung bestanden habe, die Spritze mit den leeren die Inhaltsangabe tragenden Ampullen dem Arzt vorzulegen, um ihn stets in die Lage zu versetzen, die Richtigkeit der Einspritzmittel nachzuprüfen. Die Unterlassung der Nachprüfung sei daher eine grobe Pflichtwidrigkeit des Arztes. Das Urteil des Landgerichts, das den Angeklagten wegen fahrlässiger Körperverletzung verurteilt hatte, ist auf die Revision der Staatsanwaltschaft aufgehoben und die Sache zur anderweiten Verhandlung und Entscheidung an die Vorinstanz zurückverwiesen worden. Der BGH hat dem Landgericht aufgegeben, die unterlassene Prüfung nachzuholen, ob der Angeklagte nicht doch im Falle einer Verwechslung oder unrichtigen Mischung der Spritze mit dem Tode des Patienten hätte rechnen müssen. In diesem Falle könne eine Verurteilung des Angeklagten nicht nur, wie geschehen, wegen fahrlässiger Körperverletzung, sondern wegen fahrlässiger Tötung in Frage kommen.

d) Die vorstehend wiedergegebenen Fälle zeigen bereits, wie wichtig es für jeden Arzt ist, bei der Ausschreibung von Rezepten die größte Vorsicht zu beachten und alles zu vermeiden, was die Krankenschwester oder den Apotheker irre zu führen geeignet sein könnte. Besonders lehrreich ist in dieser Beziehung der vom Reichsgericht in RGZ 125, 374ff. entschiedene Fall. Dort hatte ein Arzt zur örtlichen Betäubung bei einer Operation (Entfernung einer Halsgeschwulst) folgendes Rezept ausgestellt, das der Patient in einer Apotheke herstellen lassen und zur Operation mitbringen sollte:

> 1/2 % Novocain-
> Suprareninlösung
> 20,0
> zur Infiltrationsanaesthesie.

In vollständiger Form hätte das Rezept lauten müssen:

> „Novocain 0,1
> Sol suprarenin 1 : 1000 guttae 4
> Aqua dest ad 20,00
> Sol sterilisata
> D. S. für Infiltrationsanaesthesie."

Der Apotheker stellte auf Grund des Rezepts die Lösung so her, daß er 0,1 g Novocain in 20 g Suprareninlösung 1 : 1000 ohne Zusatz von Wasser auflöste, so daß das Medikament unbedingt tödlich wirken mußte und auch tatsächlich den Tod des Patienten herbeiführte. Das Berufungsgericht hatte angenommen, aus dem Rezept gehe jedenfalls hervor, daß der Arzt nicht 20 g Suprareninlösung, sondern eine aus Novocain und Suprarenin bestehende

Lösung hätte haben wollen, und daß die Zahl 20, die nicht neben das Wort Suprareninlösung, sondern in einem gewissen Abstand darunter geschrieben sei, deutlich erkennen lasse, daß diese Zahl nicht die zu verwendende Menge Suprarenin, sondern die Menge Wasser habe bezeichnen sollen, in der die beiden Mittel aufzulösen seien. Danach habe nur der Apotheker das Rezept nicht aufmerksam gelesen und deshalb die Bedeutung der Zahl 20 nicht erkannt. Das RG hob jedoch das Berufungsurteil auf. Es führte aus, der Apotheker sei dadurch, daß der Beklagte die Tropfenzahl der beizufügenden Suprareninlösung nicht angegeben, auch nicht kenntlich gemacht hätte, daß sich die Zahl 20 auf die Menge des der Lösung beizufügenden Wassers beziehen solle, zur Anfertigung des Medikaments in unverdünnter Gestalt veranlaßt worden. Dieser Sachverlauf habe nicht der allgemeinen Erfahrung widersprochen. Es habe nicht außerhalb des Bereichs der Erfahrung gelegen, daß ein minder erfahrener und sachkundiger Apotheker das Rezept falsch deuten und beim Fehlen einer Anordnung über den Zusatz von Wasser die Zahl 20 mit dem Worte Suprareninlösung in Verbindung bringen würde. Hieran sei auch nichts durch die Beifügung der Worte „zur Infiltrationsanaesthesie“ geändert worden. Denn diese Worte hätten keinen zwingenden Hinweis darauf enthalten, daß der Arzt die Lösung des Novocains in 20 g Suprareninlösung nicht im Auge gehabt haben könne, denn der Apotheker habe annehmen können, der Arzt wolle das Medikament zu mehrfachem Gebrauch verwenden und deshalb die im Einzelfalle nötige Verdünnung selbst vornehmen. Die vom Beklagten im Rezept gewählte Abkürzung habe somit nach dem regelmäßigen Gang der Verhältnisse die Gefahr in sich getragen, daß der Apotheker durch sie zur Herstellung des Medikaments in einer Stärke bestimmt wurde, die bei Verwendung in einem einzigen Falle tödliche Wirkung auslösen mußte. Daher sei die vom Arzt gewählte abgekürzte Bezeichnung der Zusammensetzung des Betäubungsmittels für den Schaden der Klägerin ursächlich gewesen. Auch das Verschulden des Beklagten sei zu Recht bejaht, da für den Beklagten die tödliche Wirkung des Medikaments bei Anwendung der verkehrserforderlichen Sorgfalt voraussehbar gewesen sei.

In einem anderen Falle hatte ein praktischer Arzt einem 3jährigen Kleinkind, das an einem Blasenleiden litt, das Medikament „Movellan“ verordnet, das in kleinsten Mengen Strychnin enthält. Er hatte dem Vater des Kindes jedoch unklare Weisungen hinsichtlich der Menge der dem Kinde zu gebenden Tabletten erteilt und zunächst nur gesagt, der Vater solle sich nach der Gebrauchsanweisung richten. In der ausführlichen Gebrauchsanweisung stand, daß Kinder im 4. bis 7. Lebensjahr ein bis dreimal je Tag eine Drittel-Tablette einnehmen sollten. Auf der kleinen, dem Glasröhrchen aufgeklebten Gebrauchsanweisung stand nur ganz allgemein: „1—3mal täglich eine Tablette“. Als der Vater am ersten Tage den Arzt fragte, ob man nicht auch höher gehen könne, hatte der Arzt nur erwidert: „Versuchen Sie doch erst das Mittel, man kann auch bis zu 3 Tabletten gehen.“ Darauf gaben die Eltern dem Kind 2 Tage lang täglich 3 Tabletten, so daß das Kind an den Folgen starb. Der Bundesgerichtshof billigte in seinem Urteil vom 6. Dezember 1951 III StR 813/51 die Verurteilung des Arztes wegen fahrlässiger Tötung.

Dem Urteil sind folgende Rechtssätze vorangestellt:

1. Bei Verschreibung gefährlicher Arzneimittel für ein Kleinkind hat der Arzt eine ganz klare und für den Anfang besonders vorsichtige Dosierungsvorschrift zu geben.

2. Er muß einen erkennbar zur Überdosierung neigenden Vater über deren Lebensgefährlichkeit aufklären und die allmähliche Steigerung der Dosierung durch Hausbesuche oder in sonstiger Weise in seiner ärztlichen Kontrolle halten.

3. Bei unklaren Dosierungsangaben darf sich der Arzt bei gefährlichen Medikamenten nicht darauf verlassen, daß der Vater des Kindes bei der Dosierung richtig verfahre.

(Mitgeteilt von Bundesanwalt *Kohlhaas* im „Arztrecht" S. 242 f.)

2. Haftung des Arztes und des Krankenhauses aus unerlaubter Handlung.

a) Der Arzt, der einen Patienten schuldhaft schädigt, haftet nicht nur wegen Verletzung seiner Vertragspflicht auf Schadensersatz, sondern auch nach den Vorschriften über unerlaubte Handlungen, insbesondere des § 823 BGB, der bestimmt:

„Wer vorsätzlich oder fahrlässig das Leben, den Körper, die Gesundheit, die Freiheit, das Eigentum oder ein sonstiges Recht eines anderen widerrechtlich verletzt, ist dem anderen zum Ersatz des daraus entstehenden Schadens verpflichtet.

Die gleiche Verpflichtung trifft denjenigen, welcher gegen ein den Schutz eines anderen bezweckendes Gesetz verstößt."

Schutzgesetz im Sinne des § 823 Abs. 2 ist nicht nur ein formelles Gesetz, sondern jede Rechtsnorm, also auch Verordnungen oder polizeiliche Vorschriften. Den „Schutz eines anderen" bezweckt eine Rechtsnorm, die nicht nur dem Schutz der Allgemeinheit und damit auch dem einzelnen dient. Vielmehr muß das Gesetz neben dem Schutze der Allgemeinheit auch den des einzelnen im Auge haben. Schutzgesetze sind daher auch §§ 223, 223a und b, § 222 und § 230 StGB, die fahrlässige Körperverletzung und fahrlässige Tötung behandeln.

Die Haftung aus unerlaubter Handlung trifft nach § 831 BGB auch denjenigen, der einen anderen zu einer Verrichtung bestellt, wenn der andere in Ausführung der Verrichtung einem Dritten widerrechtlich Schaden zufügt. § 831 BGB ist also sowohl auf den Einzelarzt wie insbesondere auf den Leiter eines Krankenhauses oder einer Klinik anwendbar, der in seinem Betrieb einen Arzt oder sonstige Pflegepersonen eingestellt hat, sofern eine von ihm angestellte Person in Ausführung der ihr übertragenen Verrichtungen widerrechtlich einem anderen Schaden zugefügt hat.

Rechtsgrund dieser Haftung ist *nicht ein Verschulden* des Gehilfen. Es genügt vielmehr, daß durch den Verrichtungsgehilfen der *objektive* Tatbestand einer unerlaubten Handlung verwirklicht wird, also daß er *widerrechtlich* die durch § 823 BGB geschützten Rechte oder Lebensgüter schädigt. Rechtsgrund der Haftung aus § 831 BGB ist vielmehr ein vom Gesetz vermutetes Verschulden des Geschäftsherrn bei der Auswahl oder Leitung der Verrichtungsgehilfen. Der Geschäftsherr kann sich jedoch von dieser Haftung durch den Nachweis befreien, daß sein vom Gesetz vermutetes Verschulden nicht vorliegt, d. h., daß er bei der Auswahl der bestellten Hilfspersonen und, sofern er Vorrichtungen oder Gerätschaften zu beschaffen oder die Ausführung der Verrichtung zu leiten hatte, bei der Beschaffung oder der Leitung die im Verkehr erforderliche Sorgfalt beobachtet hat, oder daß der Schaden auch bei Anwendung dieser Sorgfalt entstanden sein würde. Danach befreit selbst Deliktsunfähigkeit (Geisteskrankheit) des Gehilfen den Geschäftsherrn nicht von seiner Haftung aus § 831 BGB, sondern nur Deliktsunfähigkeit des Geschäftsherrn selbst.

Haftet eine öffentliche Körperschaft als Trägerin einer Universitätsklinik einem dort ambulant behandelten Patienten wegen Verschuldens eines Assistenzarztes, dem aus betriebsbedingten Notwendigkeiten (z. B. Überlastung des Chefarztes), die selbständige Leitung der Ambulanz anvertraut worden ist, so kann sich die Körperschaft nicht nach § 831 BGB entlasten. Vielmehr ist der mit der selbständigen Leitung der Ambulanz Betraute als besonderer Vertreter der Körperschaft gemäß § 31 BGB anzusehen, so daß die Körperschaft für das Versehen des Assistenzarztes wie für dasjenige eines gesetzlichen Vertreters einzustehen hat. Das Reichsgericht hat in der Entscheidung DR 1944, S. 287 in einem solchen Fall einen Organisationsmangel der Körperschaft angenommen, so daß diese sich nicht auf § 831 BGB berufen könne (ähnlich OLG Stuttgart Urteil vom 14. März 1951 NJW 51, 525).

Andererseits hat der BGH die Haftung aus § 831 BGB verneint, wenn der nichtärztliche Träger eines hygienischen Instituts einen Oberarzt sorgfältig ausgewählt und zum leitenden Arzt bestellt hat, gegen dessen Zuverlässigkeit keine Bedenken bestanden. Ein solcher leitender Arzt braucht grundsätzlich von dem nicht fachkundigen Träger des Instituts in seiner ärztlichen Tätigkeit nicht überwacht zu werden. Der Träger des Instituts ist auch nicht verpflichtet, den leitenden Arzt in der Richtung zu beaufsichtigen, ob er die Angestellten des Instituts hinsichtlich ihres Gesundheitszustandes ausreichend überwacht. Der Arzt ist nicht Verrichtungsgehilfe des Institutsträgers (BGH Urteil vom 7. Juni 1951 bei *Lindenmaier-Möhrung*, Nachschlagewerk des BGH Nr. 1 zu § 831 (Fc) — III ZR 85/50 — Anh. Nr. 32.

Voraussetzung eines Anspruchs aus unerlaubter Handlung ist, daß der Arzt oder derjenige, für dessen unerlaubte Handlung ein Krankenhausträger haften muß, vorsätzlich oder fahrlässig den Körper oder die Gesundheit des Patienten widerrechtlich verletzt oder gegen ein sogenanntes Schutzgesetz verstoßen hat. Diese Haftung tritt neben die vertragliche Haftung und geht erheblich weiter als die vertragliche Schadensersatzpflicht. Sie gibt nicht nur dem verletzten Patienten, sondern auch seinen Angehörigen, denen durch das Verhalten des Arztes ein gesetzlicher Unterhaltsanspruch gegen den Verletzten entzogen worden ist, Anspruch auf Schadensersatz (§ 844 BGB).

b) Darüber hinaus hat aber der Arzt, der sich durch schuldhaft widerrechtliche Verletzung des Körpers oder der Gesundheit des Patienten einer unerlaubten Handlung schuldig macht, auch die Verpflichtung, dem Patienten denjenigen Schaden zu ersetzen, der „nicht Vermögensschaden" ist (§ 847 BGB). Er wird in der juristischen Lehre und Rechtsprechung allgemein als *Schmerzensgeld* bezeichnet und bedarf näherer Erläuterung:

Schmerzensgeld kann neben dem Anspruch auf Ersatz des Vermögensschadens auch verlangt werden, wenn der Amtsarzt durch schuldhaft falsche Behandlung oder durch einen unberechtigten Eingriff den Körper oder die Gesundheit des Patienten beschädigt und dadurch eine Verletzung seiner Amtspflicht begangen hat (§ 839 BGB in Verbindung mit Art. 34 GrundG), weil die Amtspflichtverletzung vom BGB in die Vorschriften über die unerlaubte Handlung eingereiht ist. Gegen den Amtsarzt selbst ist in diesem Falle kein Anspruch gegeben, vielmehr richtet sich ein solcher nur gegen den öffentlichen Hoheitsträger, der den Amtsarzt mit seinen amtlichen Aufgaben betraut hat.

Wird die Verletzung der Pflichten des Amtsarztes nur auf Fahrlässigkeit gestützt, so kann der Hoheitsträger nur dann in Anspruch genommen werden, wenn der Verletzte, wie das Gesetz sagt, „nicht auf andere Weise Ersatz zu erlangen vermag". Das könnte z. B. zutreffen, wenn und soweit ein Verletzter aus einem Versicherungsvertrage oder aus der Sozialversicherung Ersatz des ihm entstandenen Schadens zu beanspruchen hätte (so RGZ 152, 20 ff.). Der Amtshaftungsanspruch ist also, wenn nur Fahrlässigkeit in Frage kommt, ein sogenannter subsidiärer Anspruch.

Das gilt jedoch nicht von demjenigen Betrage, den der aus Amtspflichtverletzung Klagende als sogenanntes Schmerzensgeld gemäß § 847 BGB gefordert hat. Nach dem Urteil des Reichsgerichts vom 24. September 1942 (RGZ 170, S. 39) bildet der Anspruch aus § 847 BGB als auf besonderen Voraussetzungen beruhend mit dem Ersatz des Vermögensschadens behandelnden §§ 842, 843 BGB keine rechtliche Einheit. Der Anspruch aus § 847 BGB soll dem Verletzten nicht etwas seinem Vermögen Entzogenes wieder zuführen, sondern ihm wegen der Verletzung persönlicher Rechtsgüter eine billige Entschädigung in Geld gewähren. Die Besonderheit dieses Anspruchs verbietet es daher, auf ihn die Grundsätze über die Anrechnung einer zum Ausgleich eines nur vermögensrechtlichen Schadens gewährten Entschädigung (§ 839 Abs. 1 Satz 2 BGB) anzuwenden (RGR Kommentar Anm. 1 zu § 847 BGB).

Der Anspruch auf Schmerzensgeld geht daher auch nicht auf den Sozialversicherungsträger nach § 1542 RVO über, weil die Sozialversicherung keinen Anspruch auf Ersatz nichtvermögensrechtlichen Schadens kennt.

Der zu ersetzende Nichtvermögensschaden bezieht sich nicht nur auf körperliche Schmerzen im engeren Sinne, er ist vielmehr weit zu fassen, und es sind dabei alle nachteiligen Folgen für die körperliche und seelische Verfassung des Verletzten zu berücksichtigen, also auch Kummer und Sorgen, Unbehagen und Bedrückung infolge Entstellung oder Beraubung der Lebensfreude u. dgl. Es muß aber berücksichtigt werden, daß der Verletzte auch bei richtiger Behandlung unter Umständen die gleichen Schmerzen hätte ertragen müssen. (Vgl. *Wussow*, Unfallhaftpflichtrecht, 5. Aufl. 1954 S. 414.)

Das Schmerzensgeld ist ein echter Schadensersatzanspruch. Daher sind die Vermögensverhältnisse des Verpflichteten bei Bemessung des Schmerzensgeldes, insbesondere der Umstand, daß der Ersatzpflichtige vermögenslos ist, nicht zu berücksichtigen (so das Urteil des BGH vom 29. September 1952 BGHZ 7, 223 ff., Anh. Nr. 8)[1]. Dieses Urteil hat von verschiedenen Seiten heftigen Widerspruch erfahren. Es wird insbesondere geltend gemacht, daß eine billige, d. h. nach den Grundsätzen der Billigkeit bemessene Entscheidung über die Höhe des Schmerzensgeldes nur möglich sei, wenn alle Umstände des Falles, also auch die etwaige schlechte Vermögenslage des Schädigers berücksichtigt würden. Demgegenüber hat das vorgenannte Urteil des BGH darauf abgestellt, daß die Berücksichtigung der schlechten Vermögenslage des Schuldners gegen § 279 BGB verstoßen würde, wonach auch der vermögenslose Schuldner zur Zahlung einer Geldschuld verurteilt werden müsse. Diese Streitfrage dürfte durch das vorbezeichnete Urteil des III. Zivilsenats noch nicht endgültig ausgetragen sein. Der VI. Senat des BGH hat nämlich in einem Urteil vom 10. April 1954, NJW 1954, S. 1034, sehr deutlich zum Ausdruck gebracht, daß er die Auffassung des III. Senats nicht teilt. Der VI. Senat sagt in diesem Urteil nicht nur, er habe den vom III. Senat aufgestellten Grundsatz, daß die Vermögenslage des Schädigers für die Bemessung des Schmerzensgeldes unerheblich sei, bisher noch nicht zur Grundlage einer Entscheidung gemacht, der VI. Senat spricht sogar davon, „daß in der Regel nur die Vermögensverhältnisse des Schuldners die Festsetzung des Schmerzensgeldes zu beeinflussen pflegten“. Nur weil für die Entscheidung des VI. Senats in dem ihm vorliegenden Falle die Vermögensverhältnisse des Schädigers nicht von entscheidender Bedeutung waren, konnte der VI. Senat von der Anrufung des Großen Zivilsenats Abstand nehmen. Es ist jedoch nach den vorstehend wiedergegebenen Bemerkungen des VI. Zivilsenats in seinem oben aufgeführten Urteil anzunehmen, daß dieser Senat, sofern er wiederum über einen Schmerzensgeldanspruch zu entscheiden haben würde, bei dem es

---

[1] Nähere Ausführungen zu diesem Urteil bei *Seydel* NJW 1954, 1017; *Böhmer*, Versicherungsrecht 1953, 103; *Ehrenzweig*, Versicherungsrecht 1953, 80.

Für das Urteil des BGH sprechen sich aus: *Gelhaar* NJW 1953, 1282, Deutsches Autorrecht 1954, 1 ff. *Bayer*, MDR 1954, 591. Neuestens *Schroot*, „Schmerzensgeld“, BB 1955, Heft 5, 144 ff. sowie *Förster* u. *Goldbach* „Über die Mitwirkung des Arztes bei der Festsetzung des Schmerzensgeldes“ in Ärztliche Mitteilungen vom 16. Oktober 1954, Heft 20.

auf die Frage ankommt, ob bei Bemessung des Schmerzensgeldes die schlechte Vermögenslage des Schädigers zu berücksichtigen ist, die Entscheidung des Großen Zivilsenats des BGH herbeiführen dürfte.

Das ist um so mehr zu wünschen, als das Urteil des III. Senats (BGHZ 7, 221 ff.) die Bemerkung enthält, es sei von den Gerichten bisher die Zweckbestimmung des Schmerzensgeldanspruchs nicht genügend berücksichtigt worden, was vielfach dazu geführt habe, das Schmerzensgeld auf oft recht ungenügende Beträge zu bemessen. Dieser Auffassung kann in solcher Allgemeinheit nicht zugestimmt werden.

Im Jahre 1943 hat *Wussow* in einem Aufsatz der Zeitschrift „Deutsches Recht" 1943, 831 hervorgehoben, daß schon in den letzten Vorkriegsjahren, besonders aber seit 1939, eine starke Tendenz der Gerichte zur Erhöhung des zugesprochenen Schmerzensgeldes in Erscheinung getreten sei. Er verweist hierzu auf eine Entscheidung des Reichsgerichts in DR 41, 1298, worin, wie *Wussow* sagt, „ein Schmerzensgeld von 50 000 RM ohne jedes Bedenken vom Reichsgericht bestätigt worden sei". Wenn man dieses Urteil liest, kann jedoch keinesfalls gesagt werden, daß das RG die Höhe des Schmerzensgeldes ohne jedes Bedenken gebilligt habe. Es hat vielmehr alle Voraussetzungen, die für die Bemessung des Schmerzensgeldes wesentlich sind, im einzelnen geprüft und ist zu dem Ergebnis gekommen, daß das Berufungsgericht alle diese Umstände, die in jenem Falle zu einer besonders schweren, für die Geschädigte jahrelang bedrückenden Verletzung geführt hätten, berücksichtigt habe, und daß daher die Revisionsinstanz die Höhe des zuerkannten Schmerzensgeldes als rein tatrichterliche Schätzung nicht beanstanden könne. Immerhin zeigt dieser Fall, daß man nicht ohne weiteres sagen kann, die Gerichte hätten bisher nur ungenügende Schmerzensgelder zugesprochen.

Wussow weist in seinem a. a. O. angeführten Aufsatz nicht mit Unrecht darauf hin, daß die schon vor 1943 ersichtliche Tendenz der Gerichte zur Erhöhung der zugesprochenen Schmerzensgelder auf schwere Bedenken stößt. Gegen die fortlaufende Erhöhung der Schmerzensgelder spreche außer den allgemeinen Preis- und Währungsfragen auch der Vergleich mit der strafrechtlichen Ahndung der Unfälle. Die üblichen Geldstrafen hielten sich in zahlreichen Fällen erheblich unter 1000 RM; in schweren Fällen, die eine Freiheitsstrafe erforderten, würden einige Monate Gefängnis verhängt. Dagegen könne nicht eingewendet werden, daß auch der Verletzte an den Unfallfolgen vielfach lebenslänglich zu leiden habe, denn, so sagt *Wussow:* Zweck des Gesetzes sei es nicht, zu einem Verletzten noch einen zweiten Menschen unglücklich zu machen. Als Normalsumme des Schmerzensgeldes nimmt *Wussow* einen Betrag von 4000 RM an, die in Fällen ganz besonders schwerer Verletzung und gegenüber einem vermögenden Schädiger auf etwa 12000 RM heraufgesetzt werden könnten[1].

---

[1] Hierzu der Aufsatz von *Dickertmann*, NJW 54, 1757.

Ob diese Ausführungen *Wussows*, die, wie nicht zu verkennen ist, in einer Zeit gemacht worden sind, in der sich bereits die Anzeichen eines Währungsverfalls bemerkbar machten, auch heute noch in allen Punkten beachtenswert sind, dürfte zweifelhaft sein. Richtig ist aber sicherlich, daß die Bemerkung des BGH in seinem Urteil BGHZ 7 a. a. O. nicht dazu führen darf, nun allgemein eine wesentliche Erhöhung der Schmerzensgeldansprüche anzustreben. Vielmehr wird das regelmäßig nur in besonders schweren Fällen eines eingetretenen Nichtvermögensschadens angebracht sein.

Auch die neuestens von *Schroot* im „Betriebsberater 1955", 144ff. gemachten Ausführungen sind nicht geeignet, *allgemein* eine wesentliche Erhöhung der als Schmerzensgeld zuzubilligenden Geldsummen zu begründen. *Schroot* gibt seinem Aufsatz eine Tabelle bei, die der Bundesfinanzminister im vergangenen Jahr als neue Richtsätze für Schmerzensgelder bei Besatzungsschäden herausgegeben hat. Zutreffend bemerkt *Schroot*, daß der Versuch, die in Tabelle 1 aufgeführten Urteile in die vom Bundesfinanzminister gebildeten 5 Klassen einzureihen, ein überraschendes Bild ergibt. Die Gerichte haben nur in Klasse 5, d. h. bei ganz ungewöhnlich schweren Verletzungen, die untere Grenze der fiskalischen Richtsätze bei einem Viertel unterschritten. In Klasse 3 bei 4/5 aller Beispiele und bei den übrigen Beispielen der Klasse 5 blieben die Gerichte überwiegend an der unteren Grenze. Nur in einem Falle der Klasse 4, offenbar im Hinblick auf den tödlichen Ausgang, und in 2 Fällen der Klasse 1 sind die oberen Grenzen überschritten. Es wäre jedoch verfehlt, aus den beigezogenen 58 Fällen ganz allgemein zu schließen, daß die Gerichte ungenügend hohe Schmerzensgelder zubilligten. Dazu ist die Zahl der 58 ausgesuchten Fälle im Verhältnis zu der sicherlich ein Vielfaches betragenden Zahl der in den letzten 3 Jahren zur Entscheidung gelangten Ansprüche auf Schmerzensgeld doch wohl zu gering. Der Bundesgerichtshof hat jedenfalls in seinem Urteil vom 8. Juli 1953 (JW 1953, 1626, VI 36, 1953, VersR 1953, 390) das vom Berufungsgericht zugebilligte Schmerzensgeld von 7000 DM auf 15 000 D-Mark heraufgesetzt und damit gezeigt, daß er auch in der Revisionsinstanz bei Verkennung des Rechtsbegriffs des billigen Ermessens zu helfen gewillt ist.

Im übrigen wäre es nicht richtig, wenn die Gerichte bei der Bemessung des Schmerzensgeldes grundsätzlich von den Ziffern ausgehen wollten, die der Bundesfinanzminister in der von ihm herausgebrachten Tabelle als „Richtsätze für Schmerzensgelder bei Besatzungsschäden" herausgegeben hat. Mit Recht weisen *A. Förster* und *H. I. Goldbach* in ihrer sehr aufschlußreichen Abhandlung „Über die Mitwirkung des Arztes bei der Festsetzung des Schmerzensgeldes" (Ärztl. Mitt. 1954, Heft 20) darauf hin, daß die „billige Entschädigung in Geld", die dem Verletzten nach § 847 BDB gewährt werden soll, schon deshalb eine besonders schwierige Aufgabe für die Gerichte bedeutet, weil Geld auf der einen und körperliche oder seelische Beeinträchtigungen auf der anderen Seite zwei völlig unvergleichbare Größen sind und bleiben, und daß sich deshalb die Geldentschädigung niemals wird exakt bestimmen lassen, sondern daß man immer nur auf Schätzen angewiesen sein wird. Zu diesem Zwecke aber wird der Richter, wie in dem vorgenannten Aufsatz zutreffend dargelegt wird, zunächst einmal vom ärztlichen Sachverständigen das Krankheitsgeschehen sich verdeutlichen lassen müssen, das zu dem Schmerzensgeldanspruch geführt hat. Der ärztliche Sachverständige wird sich hierbei eingehend über Art, Intensität und zeitliche Dauer der erlittenen Schmerzen zu äußern haben, und zwar nicht nur über Schmerzen im Sinne der medizinischen Terminologie, sondern auch über den seelischen Schmerz, über das dem Verletzten zugefügte Unbehagen, über die Beeinträchtigung seines Wohlbefindens und der Lebensfreude. Auch über die voraussichtliche Dauer des Fortbestehens der körperlichen oder seelischen Schmerzen wird der Arzt sich äußern müssen. Dagegen wird es mit Recht von *Förster* und *Goldbach* abgelehnt, den Arzt auch über die Höhe des zuzubilligenden Schmerzensgeldes zu hören. Die Schätzung der Höhe des immateriellen Schaden ist vielmehr ausschließlich Aufgabe des Richters, wie dies auch in dem Urteil des BGHZ Bd. 7, 224 ff. zum Ausdruck gelangt. Es ist daher sehr zu begrüßen, daß *Förster* und *Goldbach* ihrer Abhandlung nicht, wie der Bundesfinanzminister, Richtsätze in Geld für die in Frage kommenden Schmerzensgelder beigefügt haben, sondern ein reines Verletzungsschema, das in der Anlage beigefügt ist und das in 6 Stufen die in Betracht kommenden Fälle von den ganz leichten bis zu ungewöhnlich schweren Fällen zusammengestellt enthält, womit gute Richtlinien gegeben werden, nach denen die Schwere des in Betracht kommenden immateriellen Schadens vom Richter in Verbindung mit den ärztlichen Gutachten beurteilt werden kann.

Verletzungsschema[1]

1. *Ganz leichte* Fälle:
   Hautabschürfungen, Prellungen, Blutergüsse, Verstauchungen, kleine Schnitt- und Rißwunden u. ä.
2. *Leichte* Fälle:
   Quetschungen, einfache Biß-, Schnitt- und Rißwunden mit operativer Versorgung ohne Entstellung, Verlust einzelner Fingerglieder, Gelenkergüsse, Verrenkungen, einfache Knochenbrüche ohne Verschiebungen mit glattem Heilverlauf, Gehirnerschütterungen ohne Folgen, Trommelfellrupturen, Verlust von 1—2 Zähnen u. ä. höchstens 4 Wochen Krankenhausaufenthalt.
3. *Mittelschwere* Fälle:
   Brüche der langen Röhrenknochen außer Oberschenkel, schwere Verrenkungen mit Bänderrissen und Dauerschäden, Sudecksche Dystrophie, Rippenbrüche, Verlust eines einzelnen Fingers, Nasenbeinbrüche, Kieferbrüche, unkomplizierte Schädelbrüche, glatt heilende Laparatomien, Verlust einer Niere oder der Milz, Gehirnerschütterungen mit Dauerfolgen, Augenverletzungen ohne Dauerfolgen, Verlust von 3—5 Zähnen u. ä.
   Krankenhausaufenthalt über 8 Wochen.

[1] Entnommen dem Aufsatz von Prof. *A. Förster* und Dr. *Goldbach* in den „Ärztlichen Mitteilungen 1954, Heft 20.

4. *Schwere* Fälle:
Frakturen mit längerer Heilungsdauer, Luxationsfrakturen, Frakturosteomyelitis, Drahtextensionen, Oberschenkelbrüche, Gelenksteifen, Verkürzungen, Verlust mehrerer Finger, einfache Wirbelfrakturen, komplizierte Laparatomien, rezidivierender Ileus, Harnröhrenstrikturen, die laufender Behandlung bedürfen, komplizierte Schädelfrakturen, Augenverletzung mit dauernder Herabsetzung der Sehkraft eines Auges, Kehlkopffrakturen, Verbrennungen leichten Grades, Verlust von 6 und mehr Zähnen u. ä.
Krankenhausaufenthalt über 16 Wochen.

5. *Sehr schwere* Fälle:
Amputationen, Pseudarthrosen, Verletzungen mit schmerzhafter Nachbehandlung und mehrfachen Operationen, offene Brustkorbverletzungen, Anus praeter, Verlust der Potentia coeundi et generandi, Verlust eines Auges, dauernde Herabsetzung der Sehkraft beider Augen, schwere Verunstaltungen bei Mädchen und jüngeren Frauen, die sich als Blickfang auswirken wie Hinken, Haarverlust, Ohrmuschelverlust, Nasendefekte usw., Röntgen- und andere Verbrennungen schweren Grades u. ä.
Krankenhausaufenthalt über 26 Wochen.

6. *Ungewöhnlich schwere* Fälle:
Doppelamputationen Phantomschmerzen, Kausalgie, Verletzungen mit starken Schmerzen als Dauerzustand, Wirbelfrakturen mit Querschnittslähmung, völlige Erblindung oder Ertaubung u. ä.

3. Beweislast.

Die Beweislast ist beim Arztvertrag durch die Rechtsprechung anders geregelt als bei sonstigen Dienstverträgen. Zwar hat im allgemeinen grundsätzlich der Geschädigte die Beweislast für das schädigende Handeln des Vertragsgegners. Wenn aber der Geschädigte demgegenüber einen Sachverhalt beweist, der nach den Erfahrungssätzen des Lebens auf eine bestimmte Ursache hinweist und in einer bestimmten Richtung zu verlaufen pflegt (sog. typische Geschehensabläufe), die einen Beweis des ersten Anscheins begründen (prima facie-Beweis), so hat der Schädiger seinerseits diesen Anscheinsbeweis dadurch zu entkräften, daß er eine ernstlich in Betracht kommende Möglichkeit einer anderen Ursache oder eines anderen Tatsachenablaufs nachweist (RGZ 159, 239, 290). Im Falle eines Dienst-, Werk- oder Beförderungsvertrages hat der Dienstpflichtige nach der Rechtsprechung des RG sogar regelmäßig den Gegenbeweis zu führen, daß eine schuldhafte Schadenszufügung durch ihn nicht vorliegt (RGZ 160, 155; 169, 97).

Diese Regelung der Beweislast ist vom RG *für Arztvertragsverhältnisse* stets *abgelehnt* worden. Bereits in der Entscheidung vom 1. März 1912 (RGZ 78, 433) heißt es:

„Keinesfalls kann die Unmöglichkeit, die Ursache einer Verletzung des Kranken bei einer Operation sicher festzustellen, zu Lasten des Arztes gehen. . . .“

In den meisten Entscheidungen über den Anscheinsbeweis hat das Reichsgericht daher betont, die Regeln über den prima facie-Beweis hätten beim

Arztvertrage nur die Bedeutung, daß derjenige, gegen den der Verdacht eines Verschuldens besteht, Umstände darzutun hat, durch die der Verdacht entkräftet wird, mag auch die bloße Möglichkeit eines Verschuldens nicht ausgeschlossen sein. Indessen sei der prima facie-Beweis für ein Verschulden des Arztes schon dann als entkräftet anzusehen, wenn der Arzt auch nur die Wahrscheinlichkeit eines Gesamtherganges dartut, in dem kein ursächliches Verschulden auf seiner Seite zu erblicken ist. Diese Pflicht der Gegendarstellung erklärt das RG schon dann als erfüllt, wenn der Arzt nachweist, daß ein ungünstiger Erfolg auch ohne sein Verschulden eingetreten sein kann, und daß nach dem insoweit klargelegten Sachverhalt ein positiver Anhalt für ein Verschulden des Arztes nicht gegeben ist (so RGZ 165, 336ff., Anh. Nr. 9).

Einen besonders interessanten Fall zur Frage des Anscheinsbeweises behandelt das Urteil des BGH vom 14. Dezember 1953 in BGHZ 11, 227ff. In diesem Falle wurde bei einer Frau in der medizinischen Klinik einer Universität eine Bluttransfusion am 25. Juni 1942 vorgenommen. Bei dem Blutspender war am 11. Juni 1942 eine positive Wassermannreaktion festgestellt worden, die am 1. Juli 1942 in sein Krankenblatt eingetragen wurde, worin eine Blutspende nicht vermerkt war. Im Mai 1947 wurde bei der Frau, die am 25. Juni 1942 die Blutspende erhalten hatte, eine Wassermannreaktion vorgenommen, die positiv ausfiel. Die bei dem Ehemann der Frau und seinen beiden Söhnen vorgenommenen Wassermannreaktionen verliefen negativ. Die daraufhin vom Ehemann der Frau erhobene Klage auf Schadensersatz wegen des seiner Ehefrau durch die Bluttransfusion vom 25. Juni 1942 entstandenen Schadens hatte beim Landgericht Erfolg, das Oberlandesgericht wies die Klage ab. Das Berufungsgericht sah als festgestellt an, daß die Ehefrau des Klägers von L. Blut gespendet erhalten hat und auch, daß dieser damals an Lues im dritten Stadium erkrankt war. Es wies jedoch den Schadensersatzanspruch ab, weil nicht erwiesen sei, daß die Ehefrau des Klägers überhaupt an Lues erkrankt sei oder gewesen sei, und daß die Blutübertragung von L. die Ursache dieser Erkrankung gewesen wäre. Auf den Beweis des ersten Anscheins könne sich der Kläger nicht berufen, zumal auch bei einer Blutübertragung eines Lueskranken der Stufe III eine Ansteckung des Blutempfängers nur selten vorkomme und deshalb wenig wahrscheinlich sei. Daher könne eine solche Transfusion noch nicht als typische Ursache einer Ansteckung angesehen werden. Der Kläger habe vielmehr den Beweis dafür zu erbringen, daß seine Ehefrau lueskrank sei oder gewesen sei.

Der Bundesgerichtshof hat dieses Urteil aufgehoben und die Sache an die Berufungsinstanz zurückverwiesen. (BGHZ 11, 227ff., Anh. Nr. 10.)

Dem Urteil ist folgender Rechtssatz vorangestellt:

„Kann ein festgestelltes Krankheitsbild die Folge verschiedener Ursachen sein, liegen aber nur für eine dieser möglichen Ursachen konkrete Anhaltspunkte vor, so spricht der Beweis des ersten Anscheins für diese Ursache, selbst wenn sie im Vergleich zu den anderen möglichen Ursachen relativ selten ist und das festgestellte Krankheitsbild nur eine zwar mögliche, aber keine typische Folge dieser Ursache ist."

Die sehr interessante Begründung dieses Urteils, die den Anscheinsbeweis sehr weit faßt, ist im Anhang unter Nr. 10 nachzulesen.

Im übrigen ist der Grundsatz, daß, sofern sich bei einem operativen Eingriff der ursächliche Verlauf einer Schädigung des Kranken nicht aufklären läßt, der Arzt die Gefahr der Unaufklärbarkeit des Ursachenverlaufs nicht trägt, keineswegs starr anzuwenden. Im Einzelfall kann eine gerechte Interessenabwägung es erfordern, daß der Arzt sich wegen der Ursächlichkeit oder Mitursächlichkeit eines von ihm schuldhaft begangenen Fehlers entlasten muß (RGZ 171, 168f., Anh. Nr. 11). Der III. Zivilsenat des RG hat dies insbesondere in solchen Fällen angenommen, in denen der Arzt den Kranken durch unsachgemäße Behandlung bewußt oder leichtfertig einer Gefahr ausgesetzt hatte, die den äußeren Umständen nach gerade die Schädigung herbeiführen konnte, die dann eingetreten ist (vgl. WarnRsp. 1941, S. 33, Anh. Nr. 6). Der Arzt trägt also in aller Regel nur dann die Gefahr der Unaufklärbarkeit einer Schädigung des von ihm behandelten Kranken, wenn er durch einen Kunstfehler, also z. B. durch Unterlassen genauer Aufzeichnungen oder durch Unterlassen einer nach den Regeln der ärztlichen Kunst erforderlich gewesenen ärztlichen Maßnahme, z. B. einer Klinikbehandlung oder einer Röntgendurchleuchtung, die Ursache der nicht mehr möglichen Aufklärung selbst herbeigeführt hat. Der Arzt haftet somit im allgemeinen nach dem erbrachten Anscheinsbeweis nur dann, wenn er die Unaufklärbarkeit des eingetretenen Schadens selbst verschuldet hat.

b) Soweit der Schadensersatzanspruch gegen den Arzt auf unerlaubte Handlung gestützt wird (§§ 823ff. BGB), hat der Verletzte den Beweis, daß der Schaden auf einen vom Arzt zu vertretenden Umstand zurückzuführen ist, in vollem Umfang zu erbringen (*Palandt* BGB Vorbem. 8 vor § 249 BGB; RGZ 128, 121; 160, 156; 169, 97). Der Beweis des ersten Anscheins kommt hierbei dem Geschädigten gleichfalls zustatten (RGRKomm. 10. Aufl.). Doch genügt es, daß in diesem Falle der Arzt die Möglichkeit eines anderen Ursachenverlaufs beweist, sofern der Arzt sich nicht wegen der Ursächlichkeit oder Mitursächlichkeit eines von ihm begangenen Fehlers entlasten muß (vgl. hierzu das zu a) erwähnte Urteil des RG in RGZ 171, Anh. Nr. 11).

4. Mitwirkendes Verschulden des Patienten.

Auch wenn dem Arzt ein für den Schaden des Patienten ursächliches Verschulden nachgewiesen ist, kann der Arzt unter Umständen dem Patienten eigenes Verschulden gemäß § 254 BGB entgegenhalten, wenn bei der Entstehung des Schadens ein Verschulden des Patienten mitgewirkt hat, aber auch dann, wenn das Verschulden des Patienten sich darauf beschränkt, daß er es unterlassen hat, den Arzt auf die Gefahr eines ungewöhnlich hohen Schadens aufmerksam zu machen, den der Arzt weder kannte noch kennen mußte, oder daß der Verletzte es unterlassen hat, den Schaden abzuwenden oder zu mindern. In diesen Fällen ist der Umfang des zu leistenden Ersatzes je nach den Umständen des Falles insbesondere danach zu bemessen, inwieweit der Schaden vorwiegend von dem Arzt oder dem Patienten verursacht worden ist.

Der geschädigte Patient ist also grundsätzlich verpflichtet, einen ihm durch seinen Arzt zugefügten Schaden zu mindern, d. h. alles in seinen Kräften Stehende zu tun, was geeignet ist, den entstandenen Schaden nach Möglichkeit gering zu halten. Hierbei ist es nach der Rechtsprechung des Reichsgerichts ausreichend, daß das Verschulden des Geschädigten irgendwie und irgendwann bei der Entstehung des Schadens mitgewirkt hat.

Welche Mittel zur Vermeidung des Schadens dem Verletzten zumutbar sind, ist nach den Umständen des Einzelfalles auf Grund billigen Ermessens des Richters zu entscheiden (vgl. RGZ 60, 14). Hierbei entsteht vielfach die Frage, ob und unter welchen Voraussetzungen der Patient verpflichtet ist, zur Verringerung oder zur Behebung des Schadens sich einer Operation zu unterziehen[1]. Das Reichsgericht hat bereits im Jahre 1913 (RGZ 83, 15ff.) angenommen, daß eine solche Pflicht des Verletzten nur dann bestehe, wenn die dem Verletzten angesonnene Operation nicht mit nennenswerten Schmerzen verbunden, mit Sicherheit gefahrlos und erfolgversprechend sei, sowie wenn der Ersatzpflichtige sich zur Tragung der Operationskosten verpflichtet oder sie vorgeschossen hat. Das Reichsgericht hat jedoch damals (RGZ 83, 15) eine Operation unter Chloroformnarkose als unzumutbar bezeichnet. Im Jahre 1932 hat es seinen Standpunkt geändert und in der Entscheidung RGZ 139, 133 eine Operation mit Allgemeinnarkose für zumutbar erklärt. Wenn man jedoch zur Frage der Gefährlichkeit der Narkose, insbesondere der Chloroformnarkose, die Ausführungen von *Göbbels* a. a. O. S. 66—108 liest, erhält man immerhin den Eindruck, daß das letzte Wort über die Gefahrlosigkeit einer Chloroformnarkose noch nicht gesprochen ist. Man wird dem Reichsgericht zustimmen müssen, wenn es in der Entscheidung RGZ 139, S. 133 ausführt, daß die Zumutbarkeit eines operativen Eingriffs sich nur nach den gesamten Umständen des einzelnen Falles und vor allem unter Berücksichtigung der persönlichen Eigenschaften des Verletzten beurteilen läßt[2]).

Der BGH hat sich dieser Rechtsprechung des RG angeschlossen. Er hat in dem Urteil BGHZ 10, 18ff. vom 13. Mai 1953 ausgesprochen, daß der Verletzte, dem eine Operation nicht zumutbar ist, sich doch zur Minderung seines Erwerbsschadens gegebenen Falles auf einen anderen Beruf umschulen lassen muß. Zu dieser Umschulung ist der Geschädigte schon dann verpflichtet, wenn überhaupt Aussicht auf Erfolg besteht. Alles Nähere ergibt die angegebene Entscheidung des BGH, Anh. Nr. 34.

---

[1] Vgl. hierzu Näheres bei *Göbbels* „Die Duldung ärztlicher Eingriffe als Pflicht". Stuttgart: Georg Thieme-Verlag 1950, 28.

[2] Chloroformnarkosen sind im übrigen seit vielen Jahren nicht mehr üblich.

C. Nebenverpflichtungen des Arztes.

Außer der Pflicht zur sachgemäßen Behandlung des Patienten treffen den Arzt noch eine Reihe weiterer Pflichten.

1. Geheimhaltungspflicht.

Eine der vornehmsten Pflichten des Arztes ist die *Wahrung des Berufsgeheimnisses,* also die Pflicht zur Geheimhaltung dessen, was ihm in Ausübung seines Berufes anvertraut oder bekannt geworden ist. Diese Pflicht war bisher in § 13 der Reichsärzteverordnung geregelt. Dieser § der RÄO ist durch das Strafbereinigungsgesetz vom 4. August 1953 BGBl. I, 735 aufgehoben, und es ist jetzt die Geheimhaltungspflicht in § 300 StGB zusammengefaßt, der wie folgt lautet:

Wer unbefugt ein fremdes Geheimnis offenbart, das ihm in seiner Eigenschaft

1. als Arzt, Zahnarzt, Apotheker oder Angehöriger eines anderen Heilberufes, der eine staatlich geregelte Ausbildung erfordert,

2. ... anvertraut worden oder bekannt geworden ist, wird mit Gefängnis bis zu 6 Monaten oder mit Geldstrafe oder mit einer dieser Strafen bestraft.

Den in Absatz 1 Genannten stehen ihre berufsmäßig tätigen Gehilfen und die Personen gleich, die zur Vorbereitung auf den Beruf an der berufsmäßigen Tätigkeit teilnehmen. Dasselbe gilt für denjenigen, der nach dem Tode des zur Wahrung des Geheimnisses nach Abs. 1 Verpflichteten das von dem Verstorbenen oder aus dessen Nachlaß erlangte Geheimnis unbefugt veröffentlicht.

Handelt der Täter gegen Entgelt oder in der Absicht, sich von einem Dritten einen rechtswidrigen Vermögensvorteil zu verschaffen, oder jemanden einen Nachteil zuzufügen, so ist die Strafe Gefängnis, daneben kann auf Geldstrafe erkannt werden.

Die Verfolgung tritt nur auf Antrag ein.

Verpflichtet zur Wahrung des Berufsgeheimnisses sind also außer dem Arzt auch Zahnärzte, deren Verpflichtung bisher umstritten war, Apotheker, oder Angehörige eines anderen Heilberufes, der eine staatlich geregelte Ausbildung erfordert. Hierzu gehören die sogenannten Heilpraktiker nicht, da für sie eine staatlich geregelte Ausbildung nicht besteht (Heilpraktikergesetz vom 17. Februar 1939, RGBl. I, 251). Dagegen sind zur Wahrung des Berufsgeheimnisses Dentisten verpflichtet, für die eine gesetzlich geregelte Ausbildung vorgesehen ist (Gesetz über die Ausübung der Zahnheilkunde vom 31. März 1952, GVBl. 22 ff.). Nach diesem Gesetz haben Dentisten überdies hinsichtlich ihrer Berufsausübung die gleichen Pflichten wie die Zahnärzte (BGHZ 8, 138, Anh. Nr. 7).

I. Ein fremdes Geheimnis ist eine, nur einem beschränkten Personenkreis bekannte Tatsache, an deren Geheimhaltung eine Privatperson ein Interesse hat (so *Schönke-Schröder* Anm. II, 1 zu § 300 StGB), oder, wie *Eberhard Schmidt* a. a. O. S. 23 genauer formuliert:

„Von einem Geheimnis kann nur da gesprochen werden, wo es sich um Tatsachen handelt, an deren Geheimhaltung durch die zum Schweigen verpflichteten Personen ein von der Rechtsordnung zu respektierendes Interesse besteht."

Die Tatsache muß geheim, d. h. nur einem beschränkten Personenkreis bekannt sein, doch kann auch bei einer größeren Zahl von Mitwissern der Geheimnischarakter noch gewahrt sein, wenn sie zur Verschwiegenheit verpflichtet sind und dieser Pflicht nachkommen (RGSt. 74, 111). Wird dem Arzt bei seiner Berufstätigkeit ein fremdes Geheimnis bekannt, ohne daß eine besondere Mitteilung des Patienten erfolgt, so löst das ebenfalls die Verschwiegenheitspflicht aus, z. B. wenn der Arzt bei der Untersuchung eines erkrankten Staatsmannes in dessen Wohnung ein Telefongespräch mit anhört, wodurch er geheime politische Tatsachen erfährt, oder z. B. wenn der Arzt bei der Untersuchung des Kranken ein Krebsgeschwür entdeckt (*Schwarz* StGB 17. Aufl. Anm. Ba zu § 300).

Verboten und mit Strafe bedroht ist in § 300 StGB das unbefugte *Offenbaren.* Dazu genügt die Mitteilung an einen anderen. Dem anderen muß die mitgeteilte Tatsache noch neu sein, andernfalls liegt strafloser Versuch vor (*Schwarz* a. a. O. Anm. 4 zu § 300).

Nur das *unbefugte* Offenbaren ist strafbar. Die Befugnis kann aus mehreren Gründen gegeben sein:

a) bei Einwilligung des Geschützten, auch wenn der Täter im vermeintlichen Interesse und Einverständnis des Geheimnisgeschützten zu handeln glaubt, z. B. bei Mitteilungen an das Krankenhaus oder den Hausarzt.

b) Gesetzlich geboten kann die Offenbarung in einzelnen Fällen sein, es ist dann nach Grundsätzen der Pflichtenkollision zu entscheiden, ob die Pflicht zum Schweigen oder die zum Offenbaren die höhere ist. Das Gesetz gebietet z. B. in § 138 StGB, daß derjenige, der von dem Vorhaben eines Hochverrats, Verfassungsverrats, eines Landesverrats oder eines anderen gemeingefährlichen Verbrechens Kenntnis erlangt, verpflichtet ist, der Behörde Anzeige zu machen. Diese Pflicht würde dem § 300 StGB vorgehen (so *Schwarz* a. a. O. Anm. 4). Hierzu gehören auch §§ 12, 13 Gesetz zur Bekämpfung der Geschlechtskrankheiten vom 23. Juli 1953, BGBl. 53, S. 700, und alle Gesetze, die Meldepflichten des Arztes teils zur Bekämpfung ansteckender Krankheiten, teils zum Schutze der Bevölkerung vor möglicher Ansteckung festsetzen (vgl. die Zusammenstellung bei *Wollenweber-Hünerbein* „Der Arzt des öffentlichen Gesundheitsdienstes" 1950, S. 317 f.).

c) Einen schweren Einbruch in die Pflicht und das Recht des Arztes zur Wahrung des Berufsgeheimnisses enthalten die §§ 1502, 1543d der RVO. Danach ist der Arzt, der einen Verletzten behandelt, verpflichtet, dem Träger der Unfallversicherung Auskunft über die Behandlung und den Zustand des Verletzten zu erteilen. Diese Auskunftspflicht des Arztes wird, obwohl sie in § 1543d RVO ausdrücklich nur gegenüber dem Träger der Unfallversicherung festgelegt ist, auch gegenüber den sonstigen Versicherungsträgern, insbesondere den in § 225 RVO genannten Orts-, Land-, Betriebs- und Innungskrankenkassen als bestehend angenommen, d. h. sie wird von diesen Stellen als selbstverständlich vorausgesetzt, weil ohne eine solche Auskunftspflicht der Ärzte diese wichtigsten Versicherungsträger ihre Leistungspflicht weder dem Grunde noch der Höhe nach bestimmen könnten (so *Eberhard Schmidt* in der Schrift „Brennende Fragen des ärztlichen Berufsgeheimnisses“, München, Isar-Verlag: 1951, S. 10f.). Nach der auf § 368 RVO beruhenden Vertragsordnung in der Fassung der Bekanntmachung vom 5. April 1933 Amtl. Nachrichten des RVA 1933, S. 169, ist in deren §§ 21, 22 die ärztliche Auskunftspflicht noch näher dahin geregelt, daß der Arzt den Krankheitsbefund sowie den Verdacht oder die Möglichkeit eines Betriebs- oder sonstigen Unfalles oder einer Dienstbeschädigung oder eines Täuschungsversuchs des Kranken zu melden hat. Er hat ferner mitzuteilen, ob die Verletzung durch die Beteiligung des Patienten an einer Schlägerei entstanden ist.

Diese Durchbrechung der Schweigepflicht des Arztes durch die Sozialversicherungsgesetzgebung trägt aber ersichtlich *Ausnahmecharakter*. Als Ausnahmevorschriften sind sie daher eng auszulegen. Man wird also die Auskunftspflicht des Arztes gegenüber dem Sozialversicherungsträger z. B. nicht etwa soweit ausdehnen können, daß der Arzt auch zu Mitteilungen verpflichtet sei, ob die Verletzung des Kranken durch eine schuldhafte Beteiligung an einer Schlägerei entstanden ist, so daß nach § 192 Ziff. 2 RVO dem Kranken das Krankengeld versagt werden könnte. Ferner wird nicht vom Arzt verlangt werden können, daß er seine über die einzelnen Fälle angefertigten Krankengeschichten vorlegen müsse. Das läßt sich ohne weiteres daraus herleiten, daß nicht einmal der Vertrauensarzt nach den Bestimmungen der Vertragsordnung i. d. Fassung der Bekanntmachung vom 5. April 1933 (Amtl. Nachrichten des Reichsversicherungsamts 1933, S. 169) betreffend den vertrauensärztlichen Dienst vom behandelnden Arzt die Krankengeschichte anfordern darf. Denn nach Abschnitt III Ziff. 3 dieser Vorschriften geht die Befugnis des Vertrauensarztes nur dahin, daß er für die Durchführung seiner Aufgaben schriftliche oder mündliche Auskünfte des behandelnden Arztes anfordern und eine Untersuchung des Kranken im Beisein des behandelnden Arztes vornehmen darf. Daher wird man *Eberhard Schmidt* a. a. O. S. 12 zustimmen müssen, wenn er sagt, daß der behandelnde Arzt sich von seiner Schweigepflicht nur soweit entbunden zu fühlen braucht, als seine Auskünfte erforderlich sind, um dem Versicherungsträger die Feststellung seiner Leistungen nach Grund und Höhe zu ermöglichen, daß aber alles dasjenige, was ihm darüber hinaus von seinen Patienten anvertraut oder von ihm selbst beobachtet worden ist, weiter von seiner Schweigepflicht auch der Kasse gegenüber erfaßt bleibt.

Entsprechende Einschränkungen der gesetzlichen Auskunftspflicht auf Grund § 118 der Reichsabgabenordnung wird man jedoch nicht annehmen können. Der Reichsfinanzhof hat bereits im November 1925 (Bd. 17, 31, 37) ausgesprochen, daß Rechtsanwälte, auf die § 300 StGB ebenso wie auf Ärzte anwendbar ist, verpflichtet sind, ihre Bücher und Aufzeichnungen, sogar ihre Handakten vorzulegen, allerdings nur, soweit es zur Klarlegung der steuerlichen Verhältnisse notwendig ist. Aber da das Finanzamt selbst darüber bestimmt, wieweit die steuerlichen Belange die Vorlegung der anwaltlichen und demgemäß auch der ärztlichen Unterlagen zwecks Berechnung der zu versteuernden Einkommen erfordern, wird der Arzt häufig alle seine Aufzeichnungen vorlegen müssen (so *Ebermayer*, S. 55).

d) Neben der Auskunftspflicht gegenüber den Sozialversicherungsträgern und den Steuerbehörden sind noch Anmeldepflichten des Arztes auf Grund der sog. Meldeordnungen zu erwähnen. Das Deutsche Reich hat in § 23 Abs. 4 der Meldeordnung vom 6. Januar 1938 (RGBl. S. 13 ff.) den Leitern aller Krankenhäuser, Kliniken, Entbindungsanstalten, Kuranstalten, Sanatorien und Heilstätten die Pflicht auferlegt, alle Personen zu melden, die mit Schuß-, Stich- oder Hiebverletzungen oder in einem sonstigen Zustande eingeliefert sind, der auf eine strafbare Handlung hindeutet, und die gleiche Verpflichtung ist in § 22 Abs. 3 der Landesmeldeordnungen enthalten. Die Gültigkeit dieser sehr weitgehenden Durchbrechung des ärztlichen Berufsgeheimnisses ist von *Eberhard Schmidt* in einem Aufsatz DRZ 1950, S. 172 ff. sowie in seiner a. a. O. genannten Schrift mit überzeugender Begründung verneint worden. *Schmidt* weist mit Recht darauf hin, daß die Bestimmungen der Meldeordnungen in der reichsrechtlichen Ermächtigung zur Regelung des *Meldewesens*, die das Reichsgesetz vom 11. Mai 1937 dem Reichsinnenminister erteilt hatte, und die dann nach dem Jahre 1945 durch Landesgesetze den Landesregierungen übertragen waren, keine Stütze findet, weil § 23 RMO und § 22 LMOen ermächtigungslos eine a n d e r e Materie regeln, nämlich eine ausschließlich das Recht der Strafverfolgung betreffende Angelegenheit. Es kann zwar unter dem Gesichtspunkt des Meldewesens und der Aufenthaltspolizei von den Leitern der Krankenanstalten verlangt werden, daß sie die bei ihnen wohnenden Personen in einer ihre Identität erkennbar machenden Weise melden. Allein die von den Meldeordnungen verlangten Angaben (Krankheiten oder sonstige Anzeichen) mitzuteilen, die den Gemeldeten als Täter oder Opfer einer strafbaren Handlung verdächtig machen, liegt jenseits aller das Meldewesen betreffenden polizeilichen Angelegenheiten. Diese Vorschrift der genannten Meldeordnungen steht zudem im Widerspruch zu der reichsgesetzlichen Regelung des Strafprozeßrechts, das die Ermittelung von Straftaten nur den in der Strafprozeßordnung genannten Behörden auferlegt, das aber eine Denunziationspflicht nicht kennt. Die genannten Bestimmungen der Meldeordnungen stehen schließlich auch im Widerspruch zu dem in §§ 53, 53a StPO dem Arzte und seinem Gehilfen gewährten Zeugnisverweigerungsrecht. Sie sind daher als ungültig und für die ärztlichen Leiter der Krankenanstalten und ihre Gehilfen unbeachtlich anzusehen.

Im übrigen kann die Streitfrage im Sinne der hier vertretenen Auffassung jetzt als erledigt gelten. Der von dem hessischen Regierungsrat *Hoffmann* in DRZ 50, S. 463 unternommene Versuch, die Gültigkeit der beanstandeten Bestimmungen darzutun, ist unseres Erachtens durch den in der gleichen Nummer der DRZ erschienenen Aufsatz von Professor Dr. *Gönnenwein* S. 464 widerlegt. *Gönnenwein* weist überzeugend nach, daß die Bestimmungen des § 23 III RMO und § 22 III der Landesmeldeordnungen den *ärztlichen* Einlieferungsbefund mitgeteilt wissen wollen, weil eben nur der Arzt „die Art der Verletzungen" richtig angeben könne. Dann aber sind die beanstandeten Bestimmungen nur vollziehbar, wenn die ärztliche Schweigepflicht und das Schweigerecht des Arztes durchbrochen werden. Eine derart weitgehende Durchbrechung, d. h. Außerkraftsetzung gerade derjenigen Rechte und Pflichten des Arztes, auf denen sein Vertrauensverhältnis zum Patienten in erster Linie beruht, kann keinesfalls durch das Reichsgesetz vom 11. Mai 1937 als gedeckt angesehen werden.

e) Erlaubt ist das Offenbaren eines dem Arzte anvertrauten Geheimnisses auch dann, wenn es zur Erfüllung einer rechtlichen oder sittlichen Pflicht oder sonst zu einem nach allgemeinem Sittlichkeitsempfinden berechtigten Zwecke erfolgt, und wenn das bedrohte Rechtsgut überwiegt (*Eberhard Schmidt* „Der Arzt im Strafrecht" S. 36f.). So wird unter Umständen der Arzt, der bei einem Ehegatten ein schweres Leiden festgestellt hat, verpflichtet sein, davon den anderen Ehegatten oder erwachsene Söhne oder Töchter in Kenntnis zu setzen, auch wenn er dem Kranken selbst, um ihn zu schonen, nicht die volle Schwere der Erkrankung mitzuteilen für richtig hält (vgl. *Eberhard Schmidt* „Der Arzt im Strafrecht" S. 37). Befugt ist die Offenbarung schließlich noch bei Ausübung einer beruflich gebotenen Handlung, wie der Zuziehung eines Gehilfen. Ferner darf der Arzt zur Wahrung entgegenstehender aber vorgehender eigener Interessen z. B. bei Einklagung des ärztlichen Honorars oder zu seiner Verteidigung im Regreßprozeß oder im Strafprozeß ihm anvertraute Geheimnisse offenbaren, soweit es zur Selbstverteidigung erforderlich ist (BGHSt. 1, 367).

f) Die Offenbarung eines anvertrauten Geheimnisses wird aber nicht dadurch allein zu einer befugten, daß sie in einer Aussage in einem gerichtlichen Verfahren erfolgt. Dem Arzt ist vom Gesetz sowohl im Straf- wie im Zivilprozeß das Zeugnisverweigerungsrecht ausdrücklich gewährt worden (§ 53 StPO, § 383 ZPO). Aus den gleichen Gründen, aus denen der Arzt berechtigt ist, sein Zeugnis zu verweigern, darf er auch die Erstattung eines Gutachtens als Sachverständiger vor Gericht ablehnen (§ 76 StPO, § 408 ZPO). Er muß also, falls er trotzdem als Zeuge oder Sachverständiger vorgeladen werden sollte, sein Zeugnis oder die Abgabe eines Sachverständigengutachtens verweigern, sofern nicht einer der vorstehend aufgeführten Fälle die Offenbarung gestattet.

g) Wird der Amtsarzt oder ein anderer Arzt in einem gerichtlichen Verfahren oder von der Untersuchungsbehörde mit der Erstattung eines Gutachtens beauftragt, so entsteht zwischen dem Arzt und dem von ihm zu Untersuchenden kein Vertrauensverhältnis im Sinne des § 300 StGB. Vielmehr hat in diesem Falle der Arzt das Recht und die Pflicht, dasjenige, was er anläßlich der Untersuchung von der durch ihn zu begutachtenden Person erfährt, in seinem Gutachten zu erörtern. Das gilt nicht nur hinsichtlich der Schweigepflicht aus § 300 StGB, sondern es besteht auch kein Zeugnis- oder Gutachtenverweigerungsrecht nach §§ 53^2, 46 StPO, §§ 383^5, 400 ZPO. Der Wegfall der Schweigepflicht ist aber streng auf dasjenige beschränkt, was der Arzt im Rahmen des ihm aufgetragenen Gutachtens erfährt und gerade als Gutachter dem Gericht mitteilen soll. Eine andere Beurteilung der Sachlage kommt nach einem Urteil des RG in RGSt. 61, 384 in Frage, soweit es sich um Wahrnehmungen handelt, die sich auf solche Mitteilungen des Untersuchten beziehen, die mit dem Gutachten in keinem Zusammenhang stehen, sofern nach den Umständen die Annahme geboten ist, daß diese Mitteilungen unter der Voraussetzung der Geheimhaltung gemacht sind (*Eb. Schmidt* „Der Arzt im Strafrecht" S. 33). Will der Arzt solche vertrauliche, das Gutachten nicht berührende Mitteilungen vermeiden, so empfiehlt es sich für ihn, dem zu Untersuchenden zu erklären, daß er vertrauliche Mitteilungen unterlassen möge[1].

II. Nach dem Tode des Geheimnisträgers sind zur Geheimhaltung diejenigen verpflichtet, die vom Verstorbenen oder aus dessen Nachlaß das Geheimnis erfahren. Ihnen ist allerdings nur die *Veröffentlichung* verboten. Es genügt also in diesem Falle das bloße Offenbaren an einzelne nicht, nur Veröffentlichungen (etwa durch die Presse, Anschlag u. dgl.) werden bestraft.

2. Aufklärungspflicht des Arztes.

Eine der wichtigsten Pflichten des Arztes bei der Behandlung eines Kranken, insbesondere vor einem operativen Eingriff, ist seine Pflicht, den Patienten über die von ihm beabsichtigte Behandlung und die möglichen Wirkungen eines operativen Eingriffs in Kenntnis zu setzen. Sie gehört, streng genommen, zu der Pflicht des Arztes, zu sachgemäßer Behandlung. Hier drängt sich sofort die Frage auf, ob der Arzt den Patienten vorher auch über *alle* Gefahren des beabsichtigten Eingriffs aufklären muß. Dabei ist zu berücksichtigen, daß unvorhergesehene Zwischenfälle bei jeder medizinischen Behandlungsmethode eintreten können, besonders gilt dies auf chirurgischem Gebiet. Eine Pflicht zur umfassenden Belehrung des Patienten *über alle nur irgendwie möglichen Gefahren* der beabsichtigten Behandlung wird man nicht annehmen

[1] Näheres über die Frage, in welchen Fällen ein Vertrauensverhältns zwischen dem gerichtlichen mit einer Untersuchung beauftragten Arzt entstehen kann, enthält der Aufsatz von *Flor:* Ein Beitrag zur Frage: Amtsarzt und ärztliche Schweigepflicht in der Zeitschrift für das Gesamte Arztrecht 1952, S. 213 ff. (217).

dürfen. Das Reichsgericht hatte bereits in dem RGZ Bd. 78, 433 abgedruckten Urteil vom 1. März 1912 folgendes gesagt:

„Eine Verpflichtung des Arztes, den Kranken auf alle nachteiligen Folgen aufmerksam zu machen, die möglicherweise bei einer dem Kranken angeratenen Operation entstehen können, kann nicht anerkannt werden. Die Annahme einer derartigen Verpflichtung läßt sich weder aus der Übung der pflichtgetreuen und sorgfältigen Vertreter des ärztlichen Berufes, noch aus inneren Gründen herleiten. Eine umfassende Belehrung des Kranken über alle möglichen nachteiligen Folgen der Operation würde nicht selten sogar falsch sein, sei es, daß der Kranke dadurch abgeschreckt wird, sich der Operation zu unterwerfen, obwohl sie trotz der damit verbundenen Gefahren geboten oder doch zweckmäßig ist, sei es, daß der Kranke durch die Vorstellung der mit der Operation verbundenen Gefahren in Angst und Erregung versetzt und so der günstige Verlauf der Operation und der Heilung gefährdet wird."

Noch im Jahre 1920 hatte das Reichsgericht an diesem Standpunkt festgehalten (Urteil vom 4. Mai 1920 bei WarnRsp. des RG 1920, Nr. 109).

Später hat das Reichsgericht diesen für den Arzt günstigen Standpunkt verlassen. In einem Urteil vom 19. Mai 1931 = JW 1932, 3329, führt das Reichsgericht aus, der Patient müsse vor der Operation über alle möglichen Folgen und Nebenwirkungen der Operation eingehend belehrt werden und legt dem Arzt Fahrlässigkeit zur Last, wenn er, obwohl vom ärztlichen Standpunkt aus die Folgen einer Operation nicht völlig zu überblicken seien, sich trotzdem über die Folgen in einer solchen Weise äußert, daß der Patient mit dem gewünschten Erfolg des Eingriffs und dem Ausschluß von Nebenwirkungen rechnet. Es handelte sich bei dieser Entscheidung um einen Fall, daß der Arzt eine Operation an einer Frau wegen einer Neubildung an einem Bauchorgan vornehmen mußte und vorher die Kranke nicht darüber belehrt hatte, daß die Operation unter Umständen zur Entfernung der inneren Geschlechtsorgane der Klägerin führen könne. Während der Operation stellte sich heraus, daß zur Erhaltung der Gesundheit und des Lebens der Klägerin ein erheblich weitergehender Eingriff notwendig sei, und daß bei Unterlassung dieses weitergehenden Eingriffs die Klägerin mit ihrem Ableben würde rechnen müssen. Obwohl also nach dem bei der Operation zutage getretenen Befunde durch den vom Arzt vorgenommenen Eingriff der Klägerin das Leben gerettet wurde, machte das Reichsgericht dem Arzt zum Vorwurf, daß er die Klägerin nicht über den möglicherweise notwendig werdenden Eingriff vorher belehrt hätte und erklärte den Arzt für verpflichtet, der Klägerin den Schaden zu ersetzen, den die Klägerin dadurch erlitten habe, daß sie die Operation im Vertrauen auf die Angaben des Arztes an sich vornehmen ließ. Wörtlich heißt es in dem Urteil:

„Trotzdem kann nicht von vornherein verneint werden, daß der Klägerin durch die Ausführung der Operation ein Schaden entstanden ist. Zum mindesten hätte sie die Kosten für die Operation gespart."

Dieses Urteil hat nicht nur von seiten der Ärzte lebhaften Widerspruch gefunden. Mit Recht ist in den Bemerkungen zu dem vorgenannten Urteil in der JW a. a. O. gesagt, daß die Klägerin, der das Leben gerettet wurde, bei billiger Bewertung ihrer Interessen keinesfalls einen Schaden durch Verlust ihrer Gebärfähigkeit oder gar durch Bezahlung des Operationshonorars erlitten haben könne. Es ist weiter darauf hingewiesen worden, daß bis zu dieser Entscheidung sowohl Ärzte wie Laien es als hohe Aufgabe des Arztes angesehen hätten, neben dem Körper auch die Seele des Patienten zu behandeln und zu schonen. Der Arzt brauche den Kranken nicht über die Bösartigkeit seines Leidens zu täuschen, er brauche aber auch nicht brutal den Patienten selbst über die mögliche Bösartigkeit seines Leidens aufzuklären. Die Konsequenz dieser Entscheidung sei, daß der Arzt in jedem Falle darauf hinweisen müsse, es könne sich vielleicht um ein bösartiges Leiden handeln, „damit der Patient sich auf Grund dieser nach Ansicht des Reichsgerichts gebotenen ärztlichen Beratung darüber schlüssig machen könne, ob er die Kosten der Operation nicht lieber durch seinen schnellen Tod ersparen wolle". (Vgl. *Straßmann* und *Neukirch* JW 1932, S. 3329.)

Es wäre jedoch verfehlt, diese Entscheidung zu verallgemeinern, wenngleich das Reichsgericht auch später sehr strenge Grundsätze in bezug auf die Aufklärungspflicht des Arztes beibehalten hat.

Indessen ergibt die Gesamtrechtsprechung des RG nicht, daß der Arzt grundsätzlich und allgemein verpflichtet ist, den Patienten über alle nur möglichen Folgen der Operation aufzuklären. Das Reichsgericht hat zwar in einer Entscheidung, die in JW 1933, 2062 veröffentlicht ist, die Meinung vertreten, daß keinesfalls dem Kranken grundsätzlich eine lebensgefährliche Erkrankung verheimlicht werden dürfe, vielmehr habe der Kranke auch bei schwerer Erkrankung, wie z. B. Krebs, Interesse daran und Anspruch darauf, von dem Arzt, dem er sich anvertraut habe, wahrheitsgemäß über die Natur seines Leidens aufgeklärt zu werden. Dies sei auch notwendig, um dem Kranken die Ordnung seiner häuslichen und geschäftlichen Verhältnisse zu ermöglichen. Mit Recht ist demgegenüber darauf hingewiesen worden, daß eine solche rückhaltlose Aufklärung, wenn man sie verallgemeinert, Konsequenzen haben würde, die im Einzelfall gleichzeitig zur Schädigung des Patienten führen könnten. Spätere Entscheidungen des Reichsgerichts enthalten Einschränkungen der Aufklärungspflicht. Man wird auch berücksichtigen müssen, daß das Reichsgericht stets nur die besonderen Verhältnisse des einzelnen Falles beurteilt hat, und daß es nirgends eine generelle Verpflichtung des Arztes zu völliger und schonungsloser Aufklärung statuiert, sondern den Grad der Aufklärung durchaus von der Lage des Einzelfalles abhängig gemacht hat[1]. So insbesondere *Friedrich* „Die Aufklärungspflicht des Arztes im Versiche-

[1] Zum Beispiel sagt das RG im Dezember 1941 in RGZ 168 S. 213 Anh. Nr. 15: „Der Arzt ist grundsätzlich verpflichtet, bevor er einen Kranken um die Einwilligung zu einer Behandlungsart ersucht, die mit besonderen Gefahren für die Gesundheit des Kranken verbunden ist, diesen darüber zu unterrichten. Ob und inwieweit im Einzelfalle eine solche Belehrung erforderlich ist, ist Tatfrage. Es ist dabei zu berücksichtigen, daß eine eingehende Belehrung u. U. den beabsichtigten ungestörten Heilungserfolg beeinträchtigen kann" (Urteil vom 3. Dezember 1941).

rungsrecht 1954" S. 330 und S. 380ff. Man wird *Friedrich* darin zustimmen müssen, wenn er die bisherige Rechtsprechung und die einschlägige Literatur wie folgt zusammenfaßt a. a. O. S. 330:

„Grundsätzlich hat jeder Kranke, bei Kindern der gesetzliche Vertreter, Anspruch auf eine Aufklärung über das Ergebnis der ärztlichen Untersuchung. Wie diese Aufklärung zu erfolgen hat, muß den Umständen des Einzelfalles überlassen bleiben. Das gilt im Grundsatz auch, ja sogar im besonderen Maße bei schweren Erkrankungen, ohne daß allerdings insoweit allgemeingültige Regeln feststünden. Es wird weitgehend vom Einzelfall abhängen, ob dieser so schwer ist, daß genügend Gründe zum Verschweigen vorliegen."

Friedrich legt dann S. 380ff. Versicherungsrecht 1954 eingehend dar, in welchen Fällen der Arzt verpflichtet ist, den Kranken über die Behandlungsabsichten und damit etwa verbundene Gefahren aufzuklären. Abgesehen von dem Fall, daß der Patient den Arzt ausdrücklich befragt und deshalb auch entsprechend eingehende Aufklärung erwarten müsse, ist nach seiner Meinung die Aufklärungspflicht über therapeutische Absichten und Gefahren in engen Grenzen zu halten. Hierüber weist *Friedrich* noch auf eine Reihe von Entscheidungen hin.

Über die Aufklärung vor einer Operation vertritt er die zutreffende Meinung, es sei im Grundsatz daran festzuhalten, daß der Arzt keine Verpflichtung hat, bei einem ärztlich indizierten Eingriff auf *mögliche* Gefahren aufmerksam zu machen, wenn solche nach medizinischer Erfahrung nicht oder kaum in Betracht kommen, atypisch sind oder wenn sie bei richtiger Handhabung der Operationstechnik mit Sicherheit zu bannen sind. *Friedrich* verweist auf eine Entscheidung des Reichsgerichts aus dem Jahre 1936, JW 37, 927, wo es sich um eine regelmäßig ungefährliche Fingeroperation handelte. Hier wurde die Klage abgewiesen, indem das Reichsgericht betonte, es könne zwar unter ungünstigen Verhältnissen selbst der kleinste Eingriff zu einer Komplikation führen. Die Pflicht des Arztes zu einer Aufklärung über mögliche Folgen finde aber ihre Grenze, wo es sich um Schädigungen handele, mit deren Eintritt der Arzt nicht zu rechnen brauche. In jenem Falle hat das Reichsgericht noch auf die Feststellung des Berufungsgerichts hingewiesen, der Arzt hätte von der Patientin, einer ausgebildeten Klavierlehrerin, mit Recht annehmen dürfen, sie sei sich darüber klar gewesen, daß jeder operative Eingriff am Finger beim Eintritt nicht vorauszusehender ungünstiger Umstände eine Beeinträchtigung der Gebrauchsfähigkeit des Fingers nach sich ziehen könne, und daß sich deshalb ihre Frage nach der Möglichkeit von Komplikationen nicht auf diese Selbstverständlichkeit bezogen habe. Das Berufungsgericht habe weiter mit Recht in jenem Falle berücksichtigt, daß die Klägerin mit ihrem Bruder, einem ausgebildeten Arzt, ständig in Fühlung stand, und daß sie von diesem jedenfalls über allgemeine medizinische Fragen hinreichend unterrichtet war. Der BGH hat in dem Urteil vom 10. Juli 1954, VI ZR 45/54 zur Aufklärungspflicht des Arztes bei Elektroschockbehandlung eingehend Stellung genommen und dabei die bisherige Rechtsprechung des Reichsgerichts weitgehend herangezogen. Vgl. die im Anh. Nr. 16 abgedruckte Entscheidung des BGH. Zusammenfassend darf mit *Friedrich* a. a. O. Versicherungsrecht S. 385 gesagt werden, daß es notwendig sein dürfte, daß die Rechtsprechung mehr als bisher die Einwände der Ärzte gegenüber der vom Reichsgericht betonten uneingeschränkten Aufklärungspflicht zu würdigen haben wird. Nur so wird sich eine Synthese finden lassen, und nur so wird man von einer gefährlichen schematischen Betrachtung des Problems abkommen können.

D. Einzelne besonders zu beachtende Fälle.

1. Infektion.

Für jeden Arzt ist die Möglichkeit einer Störung des normalen Heilverlaufs eine selbstverständliche Tatsache, die auch trotz aller Vorsichtsmaßnahmen eintreten kann. So ist die *Wundrose* eine der häufigsten Wundinfektionskrankheiten, und gerade deshalb bieten 2 unserer Fälle ein besonderes Interesse in der Beziehung, daß bei Vorwurf eines Verschuldens umfangreiche und kostspielige Untersuchungen durchgeführt werden mußten.

In dem einen Fall war bei Behandlung eines Oberlippenfurunkels ein Erysipel aufgetreten; der Patient starb an Sepsis. Die Verhältnisse lagen vom medizinischen Standpunkte einfach; aber erst nach Beschreitung des Berufungsweges konnte die Klage endgültig abgewiesen werden.

Ein zweiter Fall von Erysipel im Anschluß an eine Bißverletzung, wobei ebenfalls gegen den behandelnden Arzt der Vorwurf unrichtiger Behandlung erhoben war, erforderte die Heranziehung mehrerer Gutachten, weil die Frage der Inkubationszeit von einer ärztlichen Seite aufgeworfen und als ausschlaggebend für die Beurteilung bezeichnet war. Der Obergutachter kam zu einer Verneinung der Schuldfrage unter folgender Begründung:

„Die Entscheidung über die Frage der zeitlichen Zusammenhänge ist nicht wichtig, da ja an der Diagnose der Wundrose kein Zweifel besteht. Eine Abwendung dieser Erkrankung ist, wie jeder erfahrene Arzt bestätigen kann, nicht möglich. Es gibt kein Vorbeugungsmittel gegen diese Erreger. Ferner ist darauf hinzuweisen, daß, wie *Lexer* in seinem Lehrbuch Bd. I hervorhebt, „die örtliche Behandlung der Wundrose, soweit sie die Erkrankung selbst bekämpfen will, ebenso mannigfach wie nutzlos ist. Es gibt kein Mittel, die Entzündung aufzuhalten." Die überwiegende Mehrzahl der Fälle geht in Heilung aus. Daß in dem vorliegenden Falle die Erkrankung zum Tode führte, ist immerhin eine seltene Erscheinung. Ein Verschulden ist aber Dr. X. nicht vorzuwerfen; denn es handelt sich ja nicht um Infektionserreger, bei denen man das Eindringen in die Wunde zeitlich bestimmen kann. Ebenso ist auch der Vorwurf ungerechtfertigt, daß durch zu langes Liegenlassen des Verbandes die Infektion begünstigt wurde."

Die Frage, ob eine Fahrlässigkeit seitens des Krankenhauses vorliege, wenn ein an *Gonorrhöe* erkrankter Patient nicht von anderen Kranken isoliert untergebracht wird, beschäftigte in einem Falle namhafte Gutachter. Die Klage wurde erst nach 4jährigem Streit durch das Urteil der Berufungsinstanz vom 27. April 1938 abgewiesen, weil der Beweis, daß die Klägerin durch Berührung seitens des mit Tripper behafteten Patienten angesteckt worden sei, nicht erbracht werden konnte. Daraus, daß das Berufungsgericht sehr umfangreiche, eingehende Beweise erhoben hat, geht hervor, daß es ein Verschulden des beklagten Leiters des Krankenhauses angenommen haben würde, wenn er, wie die Klägerin behauptete, es zugelassen hätte, daß zu ihrem am Magen operierten Vater in dasselbe Zimmer ein tripperkranker Patient gelegt wurde, und daß dort Besuche empfangen werden durften, ohne daß eine besondere Vorkehrung gegen eine Ansteckung der Besucher durch Gonorrhöe getroffen worden wäre.

2. Untersuchung.

Unter den Vorwürfen, die gegen die Art der ärztlichen Untersuchung von Patienten bisweilen erhoben werden, kann man folgende unterscheiden: Unterlassung, mangelhafte Ausführung, widerrechtliche Vornahme, Verletzung bzw. Schädigung durch die Untersuchung.

In dem einen Fall kann man sich des Eindrucks nicht erwehren, daß bisweilen das Laienpublikum von unberufener Seite beraten wird. Es wurde gegen den behandelnden Arzt eines an Diabetes leidenden Patienten die Klage erhoben, durch *Unterlassung einer Untersuchung* den Schlaganfall verschuldet zu haben; dabei handelte es sich um die Feststellung des Blutdrucks. Eine weitere Verfolgung dieser unsinnigen Behauptung trat aber nicht ein.

„Mangelhafte Untersuchung" ist fast ein Begriff geworden, der besonders bei der gutachtlichen Tätigkeit hervortritt. Es ist der Pfeil, der bei Mangel an objektivem Tatbestand dem Gutachter nachgesandt wird, wenn er zu einem für den Untersuchten unbefriedigenden Ergebnis kommt. Es soll an dieser Stelle besonders hervorgehoben werden, wie wichtig es ist, sich stets einer gründlichen Untersuchung zu befleißigen zur Vermeidung diagnostischer Irrtümer und zum Schutz gegen spätere Vorwürfe; ständige Anwesenheit der Sekretärin ist dringend ratsam.

Bei einem auf dem Rechtswege verfolgten Fall kam auch die praktisch wichtige Frage zur Erörterung, wie *telephonische Anweisungen des behandelnden Arztes* zu werten sind, wenn bei gemeldeter Verschlimmerung eine Untersuchung nicht erfolgen konnte. Das betreffende Urteil des Landgerichts X. vom 8. Mai 1936, das die gegen den Arzt gerichtete Klage mangels Beweises des ursächlichen Zusammenhangs zwischen dem Verhalten des Arztes und dem Tode des Patienten abgewiesen hat, hält es für unrichtig, wenn ein telephonisch um seinen Besuch gebetener Arzt sich darauf beschränkt, fernmündlich Anweisungen über die Behandlung zu geben. Es führt u. a. dazu aus:

„Es wäre mit Rücksicht auf die große Zahl von Krankheiten, für die Leibschmerzen und Erbrechen ein Symptom sind, in jedem Falle richtiger gewesen, entweder die Behandlung des Kindes abzulehnen oder dieses sofort aufzusuchen, als fernmündliche Angaben darüber zu machen, wie das Kind behandelt werden sollte."

Nach einem Urteil des Reichsgerichts vom 7. Januar 1938 (III 89/37/JW 38/2203) kann unter Umständen auch die Übernahme der Behandlung ein Verschulden darstellen. Es wird in dieser Richtung gesagt: *„Auch der praktische Arzt, der sich mit der Behandlung von Wunden befaßt, muß die Entwicklung der medizinischen Wissenschaft auf dem chirurgischen Gebiete verfolgen. Ein Arzt kann sich gerade deshalb der Verletzung der ihm obliegenden Sorgfaltspflicht schuldig machen, daß er eine Behandlung übernimmt, die seinen Fähigkeiten und Kenntnissen nicht entspricht."* Doch schränkt das Reichsgericht diesen Grundsatz dahin ein, daß die Anforderungen an die Sorgfaltspflicht nicht zu überspannen seien, wenn die Meinungen der ärztlichen Wissenschaft und Praxis über die ordnungsmäßige Behandlungsweise auseinander gingen.

Der Vorwurf einer *widerrechtlichen Untersuchung* wurde gegen einen Arzt erhoben, der eine Lumbalpunktion vorgenommen hatte, ohne hierfür die ausdrückliche Genehmigung zu haben. Über diese Frage berichtete *Schläger* im Anschluß an einen gelegentlich der Vorbereitung einer Lumbalpunktion vorgekommenen Unglücksfall; er verweist dabei auf den vom Reichsgericht eingenommenen Standpunkt, daß der Arzt für den körperlichen Eingriff einer Lumbalpunktion der Einwilligung des Kranken oder seines gesetzlichen Vertreters bedürfe, es sei denn, daß der Eingriff unter dem Gesichtspunkt eines überragenden öffentlichen Interesses gerechtfertigt sei. Auf die sich hierbei ergebenden Fragekomplexe soll noch in Verbindung mit Vornahme ärztlicher Eingriffe überhaupt ohne Genehmigung näher eingegangen werden. Für die Lumbalpunktion muß aber besondere Vorsicht gefordert werden, weil spätere Beschwerden, ob berechtigt oder nicht, nicht selten dieser Untersuchung zugeschrieben werden.

Über *Verletzung bei einer Untersuchung* liegt der Fall einer Speiseröhrenperforation vor durch Ösophagoskop bei der Suche nach einem verschluckten Knochen; es erfolgte ein freisprechendes Urteil des beschuldigten Arztes. Dieses wird zweifellos auch die Zustimmung aller ärztlichen Kreise finden. Die Forderung absoluter Ungefährlichkeit ist bei einer endoskopischen Untersuchungsmethode niemals zu erfüllen; auch dem geschicktesten Untersucher kann ein Mißgeschick unterlaufen. Es ist aber die Methode der Ösophagoskopie ein so wertvoller Bestandteil unseres diagnostischen Rüstzeuges geworden, daß gegen die Berechtigung ihrer Anwendung Zweifel nicht erhoben werden können.

3. Verfehlte Diagnose.

Die vorhergehenden Erörterungen lassen erkennen, daß eine sachgemäße Untersuchung die beste Sicherung darstellt gegen diagnostische Irrtümer. Es liegt aber in der Unvollkommenheit des menschlichen Könnens, daß auch dem gewissenhaftesten Arzt eine falsche Diagnose unterlaufen kann; man könnte daher kaum annehmen, daß eine Haftpflicht hierdurch begründet wäre. Aus dem uns vorliegenden Material ist nun aber ganz im Gegenteil der Nachweis zu führen, daß *nicht gestellte* oder *verspätete Diagnose* zu den Fällen rechnen, in denen am häufigsten Entschädigungsansprüche angemeldet werden. Um entsprechende Lehren ziehen zu können, sollen die wichtigeren Fälle ausführlicher dargestellt, und die Anordnung soll nach der Häufigkeit des Vorkommens getroffen werden.

Gegen einen Arzt wird von der Ehefrau ihres am Herzinfarkt verstorbenen Mannes Vorwurf erhoben, weil er die Herzerkrankung bei früherer Untersuchung nicht erkannt habe, wodurch geeignete Behandlung unterblieben sei. Nach dem Sachverständigenurteil waren vorher keine Anzeichen für eine schwere Herzerkrankung vorhanden. Das Gericht kam zur Abweisung der Klage: „Entscheidend ist, daß Infarkte auch bei früher Diagnose nicht sicher zu vermeiden gewesen wären, so daß — selbst wenn eine Fehldiagnose vorgelegen hätte — es jedenfalls am ursächlichen Zusammenhang zwischen der Diagnose und dem schließlich eingetretenen Tode fehlen würde."

Die Verkennung einer *Lungentuberkulose* ist durch die jetzigen verfeinerten diagnostischen Methoden weitgehend ausgeschlossen; immerhin kommen Grenzfälle vor, die besonders im Anfangsstadium durchaus erklärlich sind. Wenn dann späterhin die Symptome manifest werden und der Charakter der Erkrankung zutage tritt, wird nicht selten gegen den früher behandelnden Arzt der Vorwurf falscher Diagnose erhoben; es wird aber in diesen Fällen kaum möglich sein, festzustellen, ob zu dieser Zeit die Diagnose schon gestellt werden konnte. In einem Fall soll die Behandlung nur wegen „Bronchitis" erfolgt sein, obwohl eine einseitige produktive Tuberkulose vorlag, in einem anderen Falle wegen „nervöser Abspannung". In einem anderen Falle sollte ein Arzt haftpflichtig sein, bei dem die durchgeführte Behandlung schon mehrere Jahre zurücklag. Er wies zur Entkräftung des Vorwurfes darauf hin, daß über der Lunge bei der physikalischen Untersuchung keinerlei krankhafte Erscheinungen wahrgenommen wurden, die auf die Möglichkeit einer Tuberkulose hindeuteten. Auch der Gutachter Prof. W. kam zu einem verneinenden Ergebnis mit folgender Begründung:

„Die Lungentuberkulose ist im Anfangsstadium dadurch besonders charakteristisch, daß lange Zeit der Erkrankungsherd keine klinischen Erscheinungen hervorruft, so daß man von einem sogenannten latenten Stadium spricht. Es ist sogar bekannt, daß der tuberkulöse Herd, besonders, wenn er in dem mittleren Lungenabschnitt lokalisiert ist, bereits sehr ausgedehnt sein kann, ohne daß klinische Erscheinungen auftreten ... Es kann auch dem beklagten Arzt nicht zum Vorwurf gemacht werden, daß er nicht sogleich eine Röntgendurchleuchtung und Untersuchung auf Tuberkelbacillen vornahm..."

Nicht diagnostizierte *Krebsgeschwülste* führten ebenfalls mehrfach zur Erhebung von Haftpflichtansprüchen. In einem Falle handelte es sich um eine Geschwulst, die sich auf dem Boden einer nicht heilenden Kriegswunde bildete; es wurde gegen den Arzt der Vorwurf erhoben, daß die spätere Knochenoperation überflüssig gewesen wäre, wenn die Diagnose rechtzeitig gestellt worden wäre. — Die Nichterkennung der *bösartigen Form einer Blutgeschwulst* (Melano-Sarkom) wurde dem Arzt als Verschulden angerechnet. Der Pathologe Prof. B. wies in seinem Gutachten darauf hin, daß bei einem Hämangiom erhebliche Farbunterschiede bestehen und dieses bei geringer Größe von einem Melanom nicht zu unterscheiden ist. — In einem anderen Falle beschuldigte eine Frau, bei der eine bösartige Eierstockgeschwulst festgestellt war, einen Arzt, der 3 Jahre früher bei ihr nur „Gastritis" diagnostiziert habe; die Klage wurde vom Gericht abgewiesen.

Die Schwierigkeiten, die für die Entscheidung zwischen Gutartigkeit und Bösartigkeit einer Geschwulst sich ergeben können, treten besonders bei den *weiblichen Geschlechtsorganen* im Anfangsstadium hervor. Ein Facharzt hatte die Diagnose „Myom" oder „chronische Gebärmutterentzündung" gestellt und entsprechende Behandlung durchgeführt. Als später eine bösartige Gebärmuttergeschwulst sich herausstellte, die zur Radikaloperation führte, wurden Haftpflichtansprüche gestellt, da bei rechtzeitiger Diagnose der Verlust des Organes erspart worden wäre. Das Gericht kam zur Abweisung mit der Begründung, daß die Gebärfähigkeit auf jeden Fall, auch wenn die Geschwulst in ihren ersten Anfängen festgestellt worden wäre, nicht erhalten werden konnte.

Der Gutachter Prof. X. vertrat den Standpunkt, daß die Fehldiagnose vom ärztlichen Standpunkt verständlich sei. Eine Ausschabung der Gebärmutter sei unterblieben aus Furcht vor Verschlimmerung der Entzündung. Untersuchung und Behandlung haben der damaligen Sachlage entsprochen. Es sei auch nicht als fahrlässig zu bezeichnen, wenn die erfolgte konservative Behandlung nicht aufgegeben sei. Auch bei frühestem Eingreifen wäre die totale Entfernung der Geschlechtsorgane nicht zu vermeiden gewesen.

Über *Dickdarmgeschwulst* liegen 2 Beobachtungen vor. In dem einen Fall sollte ein Arzt herangezogen werden, der früher den Patienten wegen Tetanie behandelte; auf Grund eines Gutachtens erfolgte Abweisung. — Der zweite Fall ist von großer praktischer Wichtigkeit und betrifft die *Differentialdiagnose zwischen Krebsgeschwulst des Mastdarms und Hämorrhoiden.* Hierbei wird ein schuldhaftes Verhalten anzunehmen sein, wenn der Arzt eine Fingeraustastung des Mastdarmes unterläßt. In dem vorliegenden Falle war diese Untersuchung zwar erfolgt, aber die richtige Diagnose nicht gestellt. Eine eingetretene Verschlimmerung im Verlaufe der mehrere Monate dauernden Behandlungszeit wegen Hämorrhoidalleiden wurde vom Gutachter naturgemäß bejaht, worauf eine vergleichsweise Regelung erfolgte.

Ebenso wie bei bösartigen Geschwülsten werden auch durch Nichterkennung einer *akuten eitrigen Entzündung* infolge verspäteten Einsetzens der operativen Behandlung Gefahren hervorgerufen, und es ist erklärlich, daß in derartigen Fällen Vorwürfe gegen den behandelnden Arzt erhoben werden. Ein Fall, bei dem angeblich ein Absceß nicht erkannt wurde, verlief folgenlos, weil der Arzt nachweisen konnte, daß er den günstigsten Zeitpunkt für die Operation abwarten wollte. — In einem anderen Fall war es im Verlaufe einer Bougiebehandlung wegen Harnröhrenverengung zu einem *periurethralen Absceß* gekommen. Der Patient hatte auf eigene Verantwortung die Klinik verlassen und sich in andere Behandlung begeben; er erhob nachträglich die Anschuldigung gegen den ersten Arzt, daß er den Absceß nicht erkannt habe. Diese wurde von dem Gutachter Prof. Z. als unbegründet abgewiesen.

„Dr. X. hat, als Temperaturerhöhung auftrat, an die Möglichkeit der Entstehung eines Abscesses gedacht und nachgewiesenermaßen die Dammgegend und Umgebung der Harnröhre wiederholt abgetastet. Daß er den Absceß noch nicht feststellen konnte, liegt an der pathologisch-anatomischen Entwicklung."

In einem anderen Falle war eine *Erysipelphlegmone* am Arm nicht rechtzeitig diagnostiziert, so daß Gelenkversteifungen zurückblieben. Nach gutachtlicher Stellungnahme erfolgte eine Entschädigung. — Eine *Osteomyelitis* am Oberschenkel nach Halsabsceß mit Durchbruch in das Hüftgelenk wurde in einem anderen Falle nicht diagnostiziert. Die näheren Umstände, wie wochenlange Beobachtung in einer Klinik, hohes Fieber, umschriebene Schmerzhaftigkeit und Entstehung eines oberflächlichen Abscesses hätten nach Ansicht des Gutachters zu der Diagnose, zumindest zur Vornahme einer Röntgenuntersuchung führen müssen.

Ein zur gerichtlichen Entscheidung gelangter weiterer Fall ist ein Beispiel dafür, daß man bei rückschauender Betrachtung der Sachlage nicht immer gerecht wird. Deswegen ist es Aufgabe jedes medizinischen Gutachters, die *Beurteilung eines Falles immer unter dem Blickwinkel vorzunehmen, wie die allmähliche Entwicklung erfolgt ist.* In jenem Falle war das Landgericht auf Grund der rückschauenden Betrachtung des Gutachters zur Verurteilung des Arztes gelangt, weil er nicht rechtzeitig die richtige Diagnose gestellt habe. Das in seinem Ergebnis nicht befriedigende Urteil ist rechtskräftig geworden, da der Arzt keine Berufung dagegen eingelegt hat.

Die nicht gestellte Diagnose bei *Blinddarmentzündung* wird niemals ganz unvermeidbar sein. In einem Falle wurde ein Verschulden vom Gericht nicht anerkannt, da der Arzt durch besondere Begleitumstände von der richtigen Feststellung des Erkrankungsherdes abgelenkt war. — Ebenso wurde der Vorwurf einer Fahrlässigkeit in einem anderen Falle zurückgewiesen, da wegen Vorliegens eines ganz atypischen Krankheitsbildes die Fehldiagnose nicht auf Verschulden des Arztes zurückzuführen war. — Dagegen konnte in einem dritten Falle, wo die Verspätung der Diagnose einen Durchbruch des vereiterten Wurmfortsatzes zur Folge hatte, und der Heilungsverlauf um Wochen hinausgeschoben wurde, der Arzt nicht von dem Vorwurf befreit werden, die notwendige Sorgfaltspflicht angewendet zu haben.

Es ist eine bekannte Tatsache, daß vielfach auch die Diagnose einer *Gallenblasenentzündung* große Schwierigkeiten bietet. Demgemäß wurde bei 2 einschlägigen Fällen ein Verschulden wegen fehlender Diagnose von dem Gutachter zurückgewiesen. In dem einen handelte es sich um eine Verwechslung mit Blinddarmentzündung.

Nach Feststellung eines negativen Befundes am Wurmfortsatz wurde durch Verlängerung des Operationsschnittes die Gallenblase freigelegt und an dieser eine schwere eitrige Entzündung festgestellt. Mit Rücksicht auf den Allgemeinzustand wurde nur eine palliative Operation vorgenommen (Annähen der Gallenblase an die Bauchwand und Ableitung des eitrigen Inhalts). Erst später wurde dann die Entfernung der Gallenblase vorgenommen. Dieses Vorgehen wurde im Gutachten als den chirurgischen Grundsätzen entsprechend bezeichnet.

Im zweiten Fall wurde die Behauptung aufgestellt, daß bei rechtzeitig gestellter Diagnose die spätere Operation vermieden wäre, bzw. daß der Heilverlauf kürzer gewesen wäre. Beide Einwände wurden vom Gutachter abgelehnt, der darauf hinwies, daß die Beschwerden bei Gallensteinleiden durchaus nicht immer auf den Ort der Erkrankung hinweisen, sondern daß häufig Magenbeschwerden im Vordergrund stehen.

Wegen nicht diagnostizierter *Rippenfellentzündung* wurden 2 Fälle durch Vergleich geregelt. In dem einen Fall war Bronchitis angenommen, und in dem anderen war die Punktion des Ergusses zu spät erfolgt.

Aus 2 weiteren Fällen ist für jeden Arzt die Lehre zu ziehen, von der Vornahme von *Mandelabstrichen* zwecks Untersuchung auf Diphteriebacillen möglichst häufig Gebrauch zu machen. Man muß daran denken, daß die *Diphterie* häufig einen atypischen Verlauf nimmt, und daß z. B. die bekannte Membranbildung nicht auftritt. Wenn, wie in einem unserer Fälle, ein tödlicher Ausgang eintritt, so wird die Schuldfrage meist zuungunsten des Arztes entschieden werden.

Wegen nicht erkannter *Lues* wurden in 2 Fällen gegen die Ärzte Haftpflichtansprüche erhoben; es erfolgte vergleichsweise Beilegung. — Im Gegensatz hierzu wurde in einem anderen Falle Klage erhoben wegen irrtümlicher Diagnose auf Lues, und zwar gestützt auf den später festgestellten negativen Ausfall der Blutprobe. Da aber eine spezifische Behandlung vorher durchgeführt war, so konnte der Beweis einer falschen Diagnose nicht geführt werden.

Es seien noch weitere 6 Fälle angeführt, die in ihrer Erscheinungsform geeignet sind, als warnende Beispiele zu dienen. — Bei Beschwerden in der rechten Bauchgegend, die irrtümlich zu der Diagnose Blinddarmentzündung führten, wurde später eine *Nierentuberkulose* nachgewiesen; ein Verschulden des Arztes wurde vom Gericht abgewiesen. In einem anderen Falle wurde fälschlich „Nesselausschlag“ statt *Krätze* diagnostiziert und eine mäßige Entschädigungssumme geboten. — Ein *Rentenneurotiker* veranlaßte ein umständliches Verfahren gegen 5 Beklagte mit der Behauptung, daß ein Magenkrebs bei ihm nicht diagnostiziert sei, was sich als unzutreffend erwies. — Eine

Kniegelenksgonorrhöe wurde nicht erkannt, und Behandlung wegen angeblicher rheumatischer Beschwerden durchgeführt. Die Beschuldigung des Arztes hatte keinen Erfolg, da die Krankheit durchaus atypisch verlief.

Gegen die Leitung eines Krankenhauses wurde in einem Falle der Vorwurf wegen nicht gestellter Diagnose erhoben.

Es handelte sich um einen Neugeborenen, bei dem einen Tag nach der Entlassung „Angina und Meningismus" festgestellt wurde. Es erfolgte Abweisung der Klage nach dem herbeigezogenen Gutachten: „Bei der Entlassung wurde das Kind für gesund befunden, und am folgenden Tag stellte eine Kinderärztin Erkältung fest. Wenn nun der Vater angibt, daß der Transport aus dem Krankenhaus in die nahe gelegene Wohnung sehr schnell vor sich ging, so ist doch darauf hinzuweisen, daß erfahrungsgemäß die bei dem Transport unvermeidlichen Temperaturschwankungen bei Säuglingen in kürzester Zeit eine Erkältung auslösen können. Die Möglichkeit, daß demnach das Kind sich erst nach der Entlassung erkältet hat, ist mit größter Wahrscheinlichkeit anzunehmen. Für diese Ansicht spricht die Tatsache, daß die Kinderärztin bei ihrer ersten Untersuchung nur verhältnismäßig geringfügige Erkältungserscheinungen feststellte... Wenn außerdem auch bei der Mutter eine Erkältung vorlag, so muß ferner mit der Möglichkeit gerechnet werden, daß das Kind von der Mutter angesteckt wurde, zumal Säuglinge außerordentlich schnell derartige Infekte aufnehmen."

Aus der Praxis des Reichsgerichtes sind 3 Fälle unrichtiger Diagnose, demzufolge unterbliebener Operation und verspäteter Überweisung in fachärztliche Behandlung mitzuteilen.

In dem Urteil vom 3. März 1936 (III 159/35, Münchener Med. Wschr. 1936, S. 783) wurde der Assistenzarzt eines Krankenhauses wegen unrichtiger Diagnose und dementsprechend falscher Behandlung für verantwortlich erklärt, weil er *Diagnose auf Schenkelhalsbruch gestellt hatte, während eine Verrenkung im Hüftgelenk mit gleichzeitigem Bruch des Pfannenrandes vorlag.*

Im Anschluß an das Gutachten des Prof. A. hat das Berufungsgericht angenommen, daß die Lage des Oberschenkels im Streckverband nach Verlauf von 8—10 Tagen sich so wesentlich gebessert hatte, daß die Anfertigung eines völlig einwandfreien Röntgenbildes möglich gewesen wäre, daß zu dem gleichen Zeitpunkte aber auch eine erneute klinische Kontrolle die richtige Diagnose jederzeit hätte erkennen lassen. Der Beklagte habe beide Maßnahmen unterlassen und sich dadurch eines fahrlässigen Verhaltens schuldig gemacht.

Diese Ausführungen hat das Reichsgericht gebilligt. Es erblickt das fahrlässige Verhalten des Beklagten darin, daß er es unterlassen hat, nach etwa 8 bis 10 Tagen durch Vornahme einer genauen klinischen Untersuchung oder durch eine neue Röntgenaufnahme die bisherige Diagnose zu überprüfen. Hätte er eine diese Maßnahmen getroffen, so würde die Unrichtigkeit der bisherigen Diagnose erkannt und die wirklich bestehende Verletzung festgestellt sein.

Bei ausbleibender knöcherner Heilung eines inneren (medialen) *Schenkelhalsbruches,* die zur Pseudarthrose führte, wurde der Vorwurf unrichtiger Behandlung erhoben. Es wurde dagegen geltend gemacht, daß gerade bei dieser Bruchform nicht selten eine ungünstige Heilung beobachtet wird, und daß aus dem Endergebnis kein Rückschluß auf unrichtige Behandlung gezogen werden darf. Die Entstehung einer Pseudarthrose ist bei allen Knochenbrüchen möglich, unabhängig von der Behandlungsart.

4. Röntgendiagnostik.

Es ist eine erwiesene Tatsache, daß ein großer Teil aller Arzthaftpflichtfälle auf *unterlassene Röntgenuntersuchung* zurückzuführen ist (nach *F. König* 10%), und es ist ferner bekannt, daß die Rechtsprechung im allgemeinen einen strengen Standpunkt gegen Versäumung dieser Untersuchungsmethode einnimmt, besonders wenn diese eine unsachgemäße Behandlung zur Folge hatte. Auch nach den medizinischen Forschungsergebnissen ist grundsätzlich zu verlangen, die Röntgenkontrolle weitgehend auszunutzen. Sie ergänzt die klinische Untersuchung in hohem Maße, und es ist nicht zu leugnen, daß auch, wenn man einer Diagnose ganz sicher zu sein glaubt, sich im Röntgenbild ein unerwarteter Befund zeigt. Ebenso werden umgekehrt ohne Röntgenuntersuchung fälschlich Knochenbrüche diagnostiziert und mit fixierenden Maßnahmen behandelt. So ist die Röntgenuntersuchung wie kaum eine andere Methode geeignet, zur Bestimmung das Heilplanes beizutragen, sowie unnötige Schädigungen und daraus folgende Rentenzahlung zu vermeiden.

Der häufig gehörte Einwand, daß nach dem Entstehungsmechanismus der Verletzung und den klinischen Erscheinungen eine Beteiligung des Knochens nicht zu vermuten war, ist meist nicht stichhaltig; der Arzt muß auch die entfernteste Möglichkeit in den Kreis seiner Überlegungen ziehen. Häufig wird die Vornahme der *Röntgenuntersuchung von den Patienten oder ihren Angehörigen abgelehnt.* In diesem Falle ist zur Vermeidung späterer Regreßansprüche dringend zu raten, sich *hierüber einen Revers unterschreiben zu lassen.* Auch die entstehenden Unkosten sowie ungünstige Transportverhältnisse dürfen keinen Hinderungsgrund darstellen.

Es ist selbstverständlich, daß die *Röntgenaufnahme technisch einwandfrei* durchgeführt werden muß, und daß weder ein Übersehen noch eine Vortäuschung von Frakturlinien erfolgen darf. Auch muß auf einwandfreies Filmmaterial zur Ausschaltung von Irrtümern geachtet werden. In welchem Ausmaße die Röntgenkontrolle im Verlaufe einer Verletzungsbehandlung wiederholt wird, muß der Arzt von Fall zu Fall entscheiden; erforderlich ist aber immer die erste *Kontrollaufnahme* nach Reposition eines Knochenbruches oder einer Verrenkung.

Für die Begutachtung wird in jedem Falle die Frage zu beantworten sein, *ob dem Verletzten durch Unterlassung der Röntgenkontrolle ein Schaden entstanden ist;* diese schließt die Entscheidung darüber ein, ob die durchgeführte Behandlung unsachgemäß war, und ob das erzielte Heilungsergebnis ein besseres geworden wäre.

Im Vordergrund stehen naturgemäß Knochenverletzungen, während über unterlassene Röntgenuntersuchung der *Lunge* nur 2 Fälle vorliegen. In dem einen war Bronchitis und Kehlkopfentzündung angenommen worden; da aber der Nachweis geführt war, daß zu dieser Zeit seitens der später hervorgetretenen Lungentuberkulose noch keine Erscheinungen bestanden, erfolgte Abweisung der Ansprüche. In dem anderen Falle hatte der Arzt sich mit Durchleuchtung begnügt und die bestehenden Krankheitserscheinungen verkannt; es erfolgte vergleichsweise Abfindung. — Dieser Fall darf uns als Lehre dienen, daß eine *Röntgendurchleuchtung* nicht genügt; es muß immer eine Aufnahme erfolgen, besonders auch bei Verletzungen.

Aus dem Gebiete der Knochenbrüche liegt ein Material vor, das sich zu gleichen Teilen auf Arm und Bein erstreckt. In einem Falle war eine *Schulterfraktur* nicht diagnostiziert; eine Röntgenaufnahme hielt der Arzt nicht für unbedingt erforderlich. Die Behandlung erfolgte unter der Annahme einer „Schulterkontusion mit Verdacht auf kleine Splitterung" durch Anlegung eines Stärkeschienenverbandes mit Achselkissen. Der gerichtliche Sachverständige verneinte die Frage eines ärztlichen Verschuldens; es sei auch trotz unzweckmäßiger Behandlung kein Schaden entstanden. Darauf erfolgte Klageabweisung.

Die Gegend des *Ellenbogengelenks* ist mehrfach betroffen.In 2 Fällen handelte es sich um Brüche an der Ellenbogenspitze. Der eine Fall verlief folgenlos, in dem anderen Falle wurde ein Behandlungsfehler darin gesehen, daß die Ruhigstellung des Armes unterlassen sei.

In dem Gutachten kam zum Ausdruck, daß die Anwendung von Umschlägen für 8 Tage, um ein Zurückgehen des starken Blutergusses zu erzielen, berechtigt war. Ein sogleich angelegter Gipsverband würde die Gefahr der Abschnürung mit sich bringen. Durch den alsdann zugezogenen Facharzt wurde die Diagnose gestellt und die Behandlung mit günstigem Endergebnis durchgeführt. Die Ruhigstellung im Armtragetuch wurde für die ersten Tage als ausreichend bezeichnet.

In einem Falle von *Speichenköpfchenbruch* kam es zu einer Verurteilung des beschuldigten Arztes wegen unterlassener Röntgenkontrolle und unsachgemäßer Behandlung. — Aus dieser Beobachtung ergibt sich die Folgerung, daß die Möglichkeit des Vorliegens dieser Bruchform bei äußeren Gewalteinwirkungen auf das Ellenbogengelenk immer zu erwägen ist, besonders bei Fall auf die Hand mit gestrecktem oder gebeugtem Ellbogen. Eine rechtzeitige Röntgendiagnose ist hier deshalb besonders wichtig, weil der Gefahr einer drohenden Gelenkversteifung vielfach durch frühzeitige Operation begegnet werden kann.

Ebenso muß im *Kindesalter* immer an die Möglichkeit eines *Oberarmbruches oberhalb des Ellbogengelenks* gedacht werden (suprakondyläre Fraktur). In einem Falle war die Diagnose auf „Verstauchung" gestellt und die Behandlung entsprechend durchgeführt worden. Eine Röntgenaufnahme erfolgte erst nach 9 Wochen, das Heilungsergebnis war ungünstig.

Das Vorkommen des *Speichenbruches an typischer Stelle* ist so häufig, daß es sich empfiehlt, sich nicht mit der Annahme einer Verstauchung zu begnügen, sondern die Diagnose durch Röntgenaufnahme zu sichern. Wenn eingewendet wird, daß in vielen Fällen die Bruchzeichen so deutlich hervortreten, daß die klinische Untersuchung genügt, so ist darauf aufmerksam zu machen, daß es für die einzuleitende Behandlung wesentlich ist, Form und Ausmaß der Verschiebung der Bruchstücke genau zu kennen. — In dem einen unserer Fälle wurde „Sehnenzerrung" angenommen, wobei das Heilungsergebnis noch leidlich gut war, so daß ein Vergleich erfolgte. In dem anderen Falle kam es zu einer Klageabweisung, weil das Landgericht zu dem Ergebnis gelangte, daß die vom beklagten Arzt angewandte Behandlung trotz der falsch gestellten Diagnose sachgemäß war. Die Behandlung wäre auch dann die gleiche gewesen, wenn der Beklagte den Bruch sofort erkannt hätte, so daß also aus der Behandlung des Beklagten gar kein Schaden entstanden sein könne.

Ein Verschulden wegen Unterlassens einer erneuten Röntgenaufnahme bei einer Verrenkung im Hüftgelenk mit Bruch des Pfannenrandes nimmt das Reichsgericht in dem vorstehend mitgeteilten Urteil vom 3. März 1936 (III 159/35) an.

Dort hatte die Revision des Beklagten eingewendet, das Berufungsgericht habe nicht berücksichtigt, daß Prof. A. in seinem Gutachten ausgeführt habe, das Röntgenbild sei stark irreführend gewesen, und die sichtbar abgesprengten Splitter neben dem Schenkelhals hätten einen Schenkelhalsbruch vorgetäuscht; erst nachher habe sich herausgestellt, daß diese Splitter vom Pfannenrand und nicht vom Oberschenkel stammten. Sie vermißt eine Auseinandersetzung des Berufungsgerichts mit diesem die Beklagten entlastenden Umstande. Diese Rüge erachtete das Reichsgericht für unbegründet. Es führt dazu aus: Freilich hat sich Prof. A. in seinem Gutachten dahin geäußert, das am 8. September erhaltene Röntgenbild sei stark irreführend gewesen. Man habe aus ihm die Diagnose Verrenkung nicht mit Sicherheit stellen können, im Gegenteil hätten die sichtbaren abgesprengten Splitter neben dem Schenkelhals einen Schenkelhalsbruch vorgetäuscht. Das hat das Berufungsgericht aber auch keineswegs übersehen. Gerade weil das Röntgenbild irreführend war und eine sichere Diagnose nicht zuließ, hat es mit Prof. A. abweichend von dem viel weitergehenderen Gutachten des Geheimrat Prof. B. dem Beklagten nicht zum Vorwurf gemacht, daß er zunächst eine unrichtige Diagnose gestellt hatte. Auf der anderen Seite steht Prof. A. aber auch nicht auf dem Standpunkt, die Röntgenaufnahme sei so irreführend gewesen, daß sie zu der sicheren Annahme eines Oberschenkelhalsbruches habe führen müssen; er ist im Gegenteil der Meinung, daß das Röntgenbild eine sichere Diagnose nicht zugelassen habe, und daß deshalb schon allein die Tatsache, daß der Kläger von Dr. H. mit der Diagnose Hüftverrenkung in das Krankenhaus geschickt worden sei, nachdem die Wiedereinrenkung nicht gelungen sei, dem Beklagten Veranlassung habe geben müssen, entweder durch eine genaue klinische Untersuchung oder durch Aufnahme eines einwandfreien Röntgenbildes die bisherige Diagnose nachzuprüfen, sobald, was nach etwa 8—10 Tagen der Fall gewesen sei, der Zustand des Patienten einer dieser Maßnahmen gestattet habe.

In einem anderen Fall wurde wegen Verkennens eines Schrägbruches am Grundglied des *Kleinfingers* von dem Vater des Verletzten gegen den Arzt der Vorwurf der Fahrlässigkeit erhoben.

In dem Gutachten von Prof. W. wird die Angabe des Arztes, daß er wegen des starken Blutergusses erst einige Tage unter Ruhigstellung des Fingers abwarten wollte, als glaubhaft und zulässig bezeichnet (Patient blieb nach 5 Tagen aus der Behandlung fort). — Heilungsverlauf wurde nicht beeinträchtigt, da sofort Schienenverband angelegt und in den nächsten Tagen sachgemäß kontrolliert wurde.

Bei Verletzungen der Kniegegend führt die Unterlassung einer Röntgenaufnahme nicht selten zur Verkennung eines *Schienbeinkopfbruches.* In einem Falle erfolgte Zurückweisung des Vorwurfes unsachgemäßer Behandlung, da diese auch nach erfolgter Röntgendiagnose keine andere gewesen wäre; auch das erzielte Heilungsergebnis wäre nicht anders ausgefallen. — In einem anderen Falle, bei dem angeblich eine Heilung des Bruches in schiefer Stellung erfolgte, wurde die Klage abgewiesen, weil die durchgeführte Behandlung richtig war. — Dagegen konnte in einem dritten Falle dem Arzt der Vorwurf unsachgemäßer Behandlung nicht erspart werden.

Es bestand ein starker Bluterguß im Kniegelenk nach Anschlagen des Knies beim Turnen. Es wurde 3 Wochen Bettruhe durchgeführt, danach mit Gehübungen begonnen. Dies wirkte sich besonders ungünstig aus, weil nach dem später hergestellten Röntgenbild neben einem Bruch des äußeren Oberschenkelknorrens mit Verschiebung des abgesprengten Knochenstückes nach hinten und oben noch eine Verletzung der Ansatzstelle der Kreuzbänder vorlag. — Das Heilungsergebnis war ungünstig (Wackelknie).

Wegen fehlender Röntgenuntersuchung bei *Unterschenkelbrüchen* liegen 4 Fälle vor. In dem einen kam es mangels einer Einrichtung der Bruchstücke zu einer Heilung mit starker Verschiebung der Bruchstücke; die Erledigung erfolgte auf dem Wege des Vergleiches. — In einem anderen Falle hatte der Arzt auf eine Röntgenaufnahme verzichtet, weil er sogleich einen äußeren Knöchelbruch erkannte, der sachgemäß behandelt wurde. Ein von der Patientin später zugezogener Kollege stellte auf Grund einer Röntgenuntersuchung die Diagnose „Wadenbeinbruch“, so daß nunmehr gegen den ersten Arzt wegen angeblich falscher Diagnose Ersatzansprüche gestellt wurden.

Prof. H., der begutachtende Chirurg, wies nach, daß es sich um den gleichen Verletzungsbefund im untersten Teil des Wadenbeins handelte. „Es muß besonders betont werden, daß einem Arzte nachträglich kein Vorwurf wegen unterlassener Röntgenaufnahme gemacht werden kann, wenn er schon bei der ersten Untersuchung die richtige Diagnose gestellt hat. Auch die durchgeführte Behandlung entspricht durchaus den chirurgischen Anschauungen.“

In zwei Fällen von *Unterschenkelbruch oberhalb des Fußgelenkes* war die Heilung in ungünstiger Stellung der Bruchenden erfolgt.

In dem ersten Falle erwies sich die durchgeführte Behandlung (Reposition in Narkose und Gipsverband) als sachgemäß. Wegen des Vorwurfes der Unterlassung einer Röntgenaufnahme wurden die ländlichen Verhältnisse berücksichtigt. Der Gutachter wies auf die Gefahren hin, die bei längerem Transport für einen Frischverletzten entstehen können (Fettembolie!). Die besonderen Umstände ließen den Transport nicht für ratsam erscheinen, wenn auch damit nicht etwa ein Freibrief für die Landpraxis gefordert werden soll.

In dem zweiten Falle war es zu einer schweren Verkrümmung im unteren Drittel des Unterschenkels gekommen, da unter der irrtümlichen Diagnose „Verstauchung“ eine frühzeitige Belastung erfolgt war. Hier wäre nach dem

Gutachten eine Röntgenkontrolle unbedingt erforderlich gewesen und bei genügend langer Fixierung die eingetretene Schiefstellung vermieden worden.

„Die Verwechslung dieser Verletzungsfolge mit einer Verstauchung ist wohl in den ersten Tagen als möglich anzusehen. Im weiteren Verlauf mußte jedoch der Verdacht entstehen, daß eine schwere Verletzung zugrunde liegt. Die Tatsache, daß keine Krepitation festzustellen war, konnte diesen Verdacht nicht herabsetzen ... Es scheint auch die Angabe der Verletzten glaubhaft, daß sie immer sehr starke Schmerzen gehabt habe, die überhaupt nicht milder wurden. Diese Tatsache hätte bei dem behandelnden Arzt erneut den Verdacht hervorrufen müssen, daß es sich nicht nur um eine einfache Verstauchung handelte ... Auch die Angabe, daß nach einigen Wochen erst Schiefstellung eintrat und sonst eine Röntgenuntersuchung sofort erfolgt wäre, ist nicht stichhaltig. Als die Schiefstellung eintrat, war es natürlich schon zu spät; die Deformierung wurde durch Belastung der frischen Bruchstelle hervorgerufen.

Die *verspätete Vornahme einer Röntgenuntersuchung* wird ebenfalls nicht selten zum Anlaß genommen, gegen den Arzt klagbar vorzugehen. In dem einen Fall handelte es sich um einen Einbruch an dem fußnahen Gelenkende des rechten Schienbeins und eine Fissur am hinteren Rande. Die Röntgenaufnahme erfolgte am siebenten Tage nach der Verletzung; wegen des bestehenden Blutergusses war zuerst Bettruhe durchgeführt. Das Heilungsergebnis war sehr günstig, und ein Verschulden des Arztes wurde abgelehnt.

In einem anderen Falle lag ein *Bruch des Sprungbeins* mit teilweiser Verrenkung (Subluxation) vor; die Röntgenaufnahme erfolgte erst am 26. Tage. Eine Verschlechterung des Heilungsergebnisses hierdurch wurde vom Gutachter abgelehnt.

„Die Vorsicht, die Dr. X. bei der Behandlung hat walten lassen, indem er unbedingt Bettruhe empfahl, ist durchaus zu billigen. Es mußte mit einer Verletzung innerer Organe gerechnet werden, und Dr. X., der die Patientin regelmäßig besuchte, war berechtigt, sein Augenmerk hierauf zu richten."

Bei einem *Knöchelbruch* wird auch häufig der Einwand erhoben, daß die Diagnose durch klinische Untersuchung gesichert und daher eine Röntgenuntersuchung unnötig sei. Es ist aber zu berücksichtigen, daß *häufig mit dieser Bruchform eine Verrenkungsstellung des Sprungbeins verbunden* ist, deren Aufklärung durch Röntgenbild für den Heilungsverlauf von entscheidender Bedeutung ist. In einem unserer Fälle war eine Verrenkung des oberen Sprunggelenks zurückgeblieben, die wahrscheinlich bei vorliegender Röntgendiagnose hätte beseitigt werden können.

Von 4 weiteren Fällen konnte einmal ein Verschulden des Arztes abgelehnt werden, da die Behandlung trotz irrtümlicher Diagnose „Verstauchung" sachgemäß durchgeführt war mit günstigem Heilerfolg. In zwei weiteren Fällen war die Röntgenaufnahme vom Patienten abgelehnt worden. In beiden war die Behandlung richtig, aber die Unterlassung der Röntgenaufnahme bezeichnete der Gutachter als fehlerhaft.

In zwei Urteilen des Reichsgerichts (vom 20. Juni 1930 Münch. med. Wschr. 1930, 1329 und vom 22. Dezember 1922 Zeitschrift für gerichtl. Medizin 26, 68) wird der Arzt für haftbar erklärt, wenn er eine nach Lage der

Sache gebotene Röntgenuntersuchung unterläßt. „Ein Kranker kann verlangen, daß der Arzt alle, auch entfernte Verletzungsmöglichkeiten erwägt und die modernsten Mittel anwendet, die zur Verfügung stehen." Danach erscheint ein Arzt, der eine Röntgenaufnahme ermöglichen kann, zur Sicherheit der Diagnose auch verpflichtet, eine solche vorzunehmen und den Kranken darauf aufmerksam zu machen. Nur wenn dieser darauf verzichtet, ist der Arzt entschuldigt. Wie die gänzliche Unterlassung einer Röntgenaufnahme den Arzt schadenersatzpflichtig macht, so auch die *Unvollständigkeit einer Röntgenuntersuchung*, ebenso die schuldhafte *Verzögerung* einer solchen. In allen solchen Fällen sieht das Reichsgericht im Verhalten des Arztes, der durch die Unterlassung oder Hinausschiebung der Röntgendurchleuchtung die Heilungsmöglichkeit erschwert oder vereitelt, einen Kunstfehler, für dessen Folgen der Arzt einzustehen hat.

In einem vom Reichsgericht am 24. Januar 1933 (III 37/32) „Der Chirurg" 1933, 366; Münch. med. Wschr. 1933, 244; Goldhahn-Hartmann 161 entschiedenen Fall hatte sich die Ehefrau des Klägers am 5. März 1929 eine Ausrenkung (Luxation) des linken Ellenbogengelenks zugezogen und war anschließend vom Beklagten ärztlich behandelt worden. Das Gelenk ist steif geblieben. Der Kläger führt den gegenwärtigen Zustand des Gelenks auf schuldhafte unrichtige Behandlung durch den Beklagten zurück. Er macht dem Beklagten den Vorwurf, daß er eine rechtzeitige Durchleuchtung des verletzten Gelenks versäumt, infolgedessen die Art der Verletzung verkannt und eine falsche Behandlung eingeschlagen habe. Das Landgericht hatte angenommen, es sei nicht bewiesen, daß die Unterlassung der Röntgenaufnahme, auch wenn man sie als Kunstfehler ansehen wolle, ursächlich für den eingetretenen Zustand gewesen sei. Das Berufungsgericht hat dagegen festgestellt, daß die Versäumung der Röntgendurchleuchtung schuldhaft gewesen sei und zu einer falschen Behandlung der Verletzung geführt habe. Es meint weiter: „Der ursächliche Zusammenhang zwischen dem schuldhaften Verhalten des Beklagten und dem jetzigen Zustand des Arms der klägerischen Ehefrau sei gegeben. Der eingetretene ungünstige Erfolg wäre ohne das Verschulden des Beklagten auch nicht eingetreten." Es seien auch weitere Folgen möglich, deshalb sei der Klageanspruch in vollem Umfang gerechtfertigt. Dem trat das Reichsgericht allenthalben bei.

Zur Haftung des Arztes für die Folgen einer ungenügenden Röntgenaufnahme (Unterlassen einer Queraufnahme) und über den Beweis des ursächlichen Zusammenhanges zwischen der mangelhaften Röntgenaufnahme und einer zurückgebliebenen Versteifung läßt sich das Urteil des Reichsgerichts vom 23. Februar 1934 III 184/33) „Der Chirurg" 1934, 468 aus. Der Sachverhalt war folgender:

Ein 19jähriger Silberschleifer war beim Birnenpflücken vom Baum gestürzt und im Krankenhaus behandelt worden. Eine zurückgebliebene Versteifung des rechten Arms führte er nach Entlassung auf ein Verschulden des behandelnden Arztes zurück. Das Landgericht hat den Klagespruch dem Grunde nach für gerechtfertigt erklärt. Das Berufungsgericht hat die Berufung der Beklagten zurückgewiesen. Dagegen hat das Reichsgericht das Berufungsurteil aufgehoben und die Sache zur nochmaligen Verhandlung in die Vorinstanz zurückverwiesen. Es führt aus:

„Der Berufungsrichter hält einen Kunstfehler des beklagten Arztes nach 2 Richtungen für dargetan, indem er folgenden Hergang feststellt. Am 2. September hat der Arzt die rechte Hand und die Wirbelsäule des Klägers geröntgt; jene war gebrochen, diese verstaucht. Auf den Ellbogen hat der Beklagte zu 2) die Röntgenaufnahme nicht erstreckt. Am 9. September hat der Arzt auch vom Ellbogengelenk eine Röntgenaufnahme gemacht, jedoch nur in senkrechter Richtung. Eine Aufnahme in anderer Richtung „Queraufnahme", hatte er in Aussicht genommen, jedoch im Hinblick auf die große Schmerzempfindlichkeit des Klägers unterlassen. Nun hat der Beklagte zu 2) den Arm des Klägers in einen Schienenverband, „Streckverband", gelegt und regelmäßige Bewegungsübungen vorgenommen. Erst am 6. Oktober nahm der Beklagte auch eine Queraufnahme des Armes vor; sie ergab, daß das Ellenbogengelenk ausgerenkt war. Am 6.—7. Oktober hat der Arzt Eingriffe vorgenommen, um das Gelenk wieder einzurenken. Gleichwohl blieb die Versteifung endgültig zurück. Nach der Ansicht des Berufungsrichters liegen die beiden Kunstfehler des beklagten Arztes darin, daß er am 2. September die Röntgenaufnahme überhaupt nicht auf den Ellenbogen erstreckt, am 9. September sich, entgegen seiner eigenen ursprünglichen Absicht, mit der Aufnahme des Ellbogengelenks in nur einer Ebene begnügt habe. Schon am 2. September hätten die außerordentliche Schmerzhaftigkeit und die Schwellung der Ellbogengegend Veranlassung zur Röntgenaufnahme sein müssen; ein bloßes Abtasten der Stelle habe nicht genügt. Daß bei Blutergüssen schon geringfügige Knochenhautverletzungen (sowie Knochensplitterungen, die übrigens hier nicht in Frage kommen) zu schweren Komplikationen führen können, habe den Arzt zu besonderer Vorsicht mithin auch zur Vornahme einer Röntgenaufnahme veranlassen müssen. Am 9. September sei eine Aufnahme in 2 Ebenen, also auch in der Querlage, wiederum durch die heftigen Schmerzen und durch die Schwere der Verletzung geboten gewesen, um so mehr, als die Einrichtung zur Verfügung gestanden habe. Daß der Arm zuvor in einem festen Verband gelegen hatte, habe die Möglichkeit einer Ausrenkung nicht ausgeschlossen; der Arm sei ja auch vom 9. September bis 6. Oktober im Streckverband gelegen, dennoch habe sich am 6. Oktober die Ausrenkung gezeigt. Der Notwendigkeit der Queraufnahme sei sich der beklagte Arzt auch bewußt gewesen; er habe sie vorgehabt; ihrer Vornahme habe er sich auch nicht im Hinblick auf die besonders große Schmerzempfindlichkeit des Klägers entziehen dürfen, mindestens nicht ohne den Kläger darüber aufzuklären, daß die Unterlassung ärztlich bedenklich sei und auf Gefahr des Klägers gehe. Mit diesen Ausführungen schließt sich der Berufungsrichter eng an das H.sche Gutachten an. Gegen die Annahme des Berufungsrichters, daß die beiden festgestellten Kunstfehler des beklagten Arztes ein Verschulden dieses Beklagten bedeuten, bestehen keine entscheidenden Bedenken, obschon hier darauf hinzuweisen ist, *daß nach der Rechtsprechung des Reichsgerichts der Begriff des Kunstfehlers sich keineswegs mit dem eines ärztlichen Verschuldens deckt;* es ist ganz wohl möglich, daß bei nachträglicher Betrachtung ein Kunstfehler, d. h. eine objektive Verletzung der Regeln der Heilkunde, sich ergibt, ohne daß dies dem Arzte nach den gegebenen Umständen zum Verschulden angerechnet werden müßte. Zur Aufhebung des angefochtenen Urteils haben das Reichsgericht die Ausführungen genötigt, die der Berufungsrichter zu der Frage des ursächlichen Zusammenhangs zwischen den Kunstfehlern des Arztes und den nachteiligen Folgen gegeben hat. Der Berufungsrichter geht davon aus, daß für den ursächlichen Zusammenhang eine Vermutung spreche, die die Beklagten zu widerlegen hätten. Es erhellt nicht, worauf der Berufungsrichter diese Annahme gründet. Nach der richtigen Rechtsauffassung und der festen Rechtsprechung ist in den sog. Arztprozessen der *schadenersatzfordernde Kläger, wie für Kunstfehler und Verschulden, so auch für den ursächlichen Zusammenhang, als für einen Teil des Klagegrundes, beweispflichtig.* Die gegenteilige Annahme wäre rechtsirrtümlich; für die vom Berufungsrichter angenommene Vermutung besteht keine Rechtsgrundlage."

In dem Urteil vom 26. März 1935 (III 195/34) aus der Zeitschrift „Der Chirurg" 1935, 511 verneint das Reichsgericht eine Haftung des Arztes wegen

Unterlassung einer Röntgenuntersuchung, wenn der ursächliche Zusammenhang zwischen der Unterlassung und der späteren Knochenerkrankung nicht nachgewiesen ist, indem es ausführt:

„Der Kläger führt die Knochenerkrankung seines rechten Schlüsselbeins, die am 1. April 1926 seine vorzeitige Zurruhesetzung zur Folge hatte, darauf zurück, daß er wegen der ihm durch den Hufschlag eines Pferdes am 6. März 1921 zugefügten Verletzung von Dr. B., als dem zuständigen Polizeiarzt, schuldhaft unsachgemäß behandelt worden sei. Seine auf Schadenersatz gerichtete Klage wurde vom Oberlandesgericht D. abgewiesen. Seine Revision wies das Reichsgericht zurück, indem es u. a. ausführte:

‚In seinem vom Kläger angegriffenen Urteil geht das Berufungsgericht davon aus, daß die Knochenerkrankung des Klägers sich an der Stelle des Hufschlages und im Anschluß an die durch den Schlag verursachte Verletzung entwickelt hat. Es stellt weiter fest, daß Dr. B. dadurch, daß er nicht schon früher, als es dann durch seinen Vertreter, den Dr. H., am 21. Dezember 1921 geschehen ist, eine Röntgenuntersuchung vornahm, nach dem heutigen Stande der Wissenschaft den Kläger schuldhaft unsachgemäß behandelt hat. Es läßt aber dahingestellt, ob Dr. B. auch nach dem damaligen Stand der Wissenschaft und nach den damals für ihn maßgebend gewesenen dienstlichen Vorschriften schuldhaft gehandelt hatte, weil jedenfalls der Nachweis des ursächlichen Zusammenhanges zwischen der dem Dr. B. vorgeworfenen Unterlassung einer frühzeitigeren Röntgenuntersuchung und der Entstehung oder dem Verlauf der Knochenerkrankung des Klägers nicht erbracht worden sei. Gegen letztere Auffassung richtet sich die Revision. Die Rüge ist unbegründet. Das Berufungsgericht gewinnt aus der Beweisaufnahme die Überzeugung vom Vorliegen nur einer entfernten Möglichkeit und nicht einmal einer Wahrscheinlichkeit dafür, daß die vom Obergutachter festgestellte Heilung der Knochenerkrankung, deren Entstehung auch durch eine rechtzeitige, nämlich auf die ersten Anzeichen einer eingetretenen Komplikation hin vorgenommene Röntgenaufnahme und durch eine an sie angeschlossene sachgemäßere Behandlung nicht zu verhindern gewesen wäre, durch die Unterlassung solcher Maßnahmen verzögert worden sei. Damit sind die Beweisforderungen keineswegs überspannt worden. *Der Nachweis einer bestrittenen Tatsache erfordert für sie zwar nicht eine mathematische Gewißheit, aber doch eine so hohe Wahrscheinlichkeit, daß sie nach der Anschauung des Lebens der Gewißheit nahekommt.*‘

Die Ablehnung der Röntgenuntersuchung durch den Patienten und seine Angehörigen stellt keinen Entschuldigungsgrund dar. Die Aufklärungspflicht des Arztes muß unbedingt die Durchführung der notwendig erscheinenden Maßnahmen zu erreichen suchen. Es ist kaum anzunehmen, daß sich Patienten gegen eine Röntgenaufnahme sträuben werden, wenn der Arzt ihnen die unumgängliche Notwendigkeit klarmacht.

In dem letzten Fall von *Knöchelbruch* war die Frage strittig, ob den erstbehandelnden Arzt ein Verschulden trifft, wenn er dem nachbehandelnden Arzt nicht ausdrücklich die Vornahme einer Röntgenuntersuchung anrät; dies wurde im Gutachten verneint, zumal ein Überweisungsschein mit der Diagnose „Knöchelbruch“ mitgegeben war.

„Dr. X. hatte die Einrichtung des Bruches und Anlegung eines Gipsverbandes vorgenommen. Eine weitere Behandlung in dem primitiven Wochenendhaus erschien ihm nicht angängig. Er hat daher für sofortigen Abtransport gesorgt ... Dadurch, daß Dr. X. für den nachbehandelnden Arzt ein Schreiben mit seiner Diagnose

'Knöchelbruch' mitgab, hat er seiner Pflicht vollkommen genügt. Es ist doch selbstverständlich, daß der die weitere Behandlung übernehmende Arzt sich nicht nur nach der Entstehung des Unfalls erkundigt, sondern auch nach den bisher getroffenen Maßnahmen. Es entspricht aber nicht dem Brauch, dem nachbehandelnden Arzt Direktiven über die weiteren Maßnahmen zu geben; vielmehr muß dieser sich, wenn irgendwelche Zweifelsfragen auftreten, mit dem ersten Arzt in Verbindung setzen."

5. Betäubungsverfahren.

a) Narkose.

Von den Narkosezwischenfällen, die gelegentlich zu Haftpflichtansprüchen führen, sind an erster Stelle die *Nervenschädigungen* zu nennen, die durch Druck oder Zerrung im narkotischen Stadium vorkommen. Am häufigsten sind die Lähmungen am Arm durch Druck am scharfen Rande des Operationstisches oder Quetschung des Plexus zwischen Schlüsselbein und erster Rippe. Auch im Bereich des Lendenkreuzbeingeflechtes wurden derartige Lähmungserscheinungen beobachtet. Die Prognose ist im allgemeinen gut. In einem Falle kam es zu einer Drucklähmung des Speichennerven und in einem anderen zu einer Plexuslähmung; in beiden wurde durch elektrische Behandlung völlige Zurückbildung erreicht.

Ein weiterer Fall betraf eine Augenverletzung bei der Narkose. Diese brachte zu Beginn ein starkes Erregungsstadium mit sich, wobei die Patientin die Maske herunterriß und mit den Händen sich über das Gesicht fuhr. Eine später aufgetretene Hornhauterosion wurde mit der Möglichkeit, daß Äther auf das Auge getropft sei, in Verbindung gebracht. Das Gericht kam zu einem abweisenden Urteil. — Bei der Beurteilung wird es immer auf die Umstände des einzelnen Falles ankommen; eine allgemeine Stellungnahme ist nicht möglich.

Todesfälle infolge der Narkose werden, so beklagenswert sie sind, nie vollkommen auszuschalten sein, wenn auch naturgemäß durch die in den letzten Jahren errungenen Fortschritte des Narkoseverfahrens und die Ausbildung von Fachärzten für Anaesthesiologie die Gefahren weitgehend herabgesetzt werden. Es gibt aber noch genug kleinere Krankenhäuser, die über die moderne Narkose-Einrichtung nicht verfügen. Es ist naturgemäß für jeden Arzt, der eine Allgemeinbetäubung anwendet, erforderlich, als obersten Grundsatz die Sicherheit des Verfahrens und ein Minimum von Gefahr für den Kranken gelten zu lassen. Der Gutachter muß ebenso unter diesem Gesichtspunkt die Prüfung durchführen.

Bei einem Todesfall durch *Lachgasnarkose* kam es zur Klageabweisung, da ein Verschulden der beteiligten Personen nicht nachzuweisen war. — Ein anderer tödlicher Ausgang ereignete sich bei einer *Evipannarkose,* die zur Operation eines Mandelabscesses eingeleitet war. Todesfälle bei diesem Mittel ebenso wie bei anderen neuzeitlichen sind mehrfach veröffentlicht worden. Danach wurden jetzt bestimmte Gegenanzeigen aufgestellt, besonders bei entzündlichen Erkrankungen der Rachengegend. Da dieses Gefahrenmoment zu der Zeit, als sich obiger Fall zutrug, noch nicht bekannt war, konnte eine Fahrlässigkeit nicht angenommen werden.

Über *Armlähmung* wegen unsachgemäßen Haltens des Armes durch die Narkoseschwester liegt ein Urteil des Reichsgerichts vom 5. November 1929 (Münch. med. Wschr. 1929, 1948) vor.

Es handelte sich um eine in Voll-Narkose ausgeführte Unterleibsoperation, nach der eine sog. „Narkoselähmung" des rechten Arms zurückgeblieben war. Diese wurde auf unsachgemäßes Halten des Arms durch die Narkoseschwester zurückgeführt. Das Oberlandesgericht hat den Anspruch des Klägers dem Grunde nach für gerechtfertigt erklärt. Die Revision der Beklagten wurde zurückgewiesen aus folgenden Gründen: „Die Annahme des Berufungsgerichts, daß durch die Aufnahme und Einweisung eines Mitgliedes der Ortskrankenkasse in das einem Dritten gehörende Krankenhaus ein Vertragsverhältnis zustande kommt, durch das gemäß § 328 Abs. 2 BGB auch Vertragsrechte des Kassenmitgliedes gegen den Eigentümer des Krankenhauses begründet werden, steht im Einklang mit der Rechtsprechung des erkennenden Senats. Das gleiche gilt von der Annahme, daß die Beklagte nach § 278 BGB ein Verschulden sowohl der Ärzte wie der Krankenschwester ihres Krankenhauses wie eigenes Verschulden zu vertreten habe. In der Sache selbst stellt das Berufungsgericht fest, daß die gleich nach Beendigung der Operation aufgetretene Lähmung des rechten Armes der Ehefrau des Klägers auf unsachgemäßes Halten des Armes während der Operation zurückzuführen ist. Das Halten des Armes gehörte zu den Obliegenheiten der mit der Pulskontrolle beauftragten *Narkoseschwester*. Diese war nach der Feststellung des Berufungsgerichtes von dem die Operation ausführenden Arzt bei Beginn der Operation ausdrücklich auf die Notwendigkeit einer richtigen Armhaltung hingewiesen worden, wie dies auch einige Tage vorher bei einer ähnlichen Operation geschehen war. Die Narkoseschwester wußte, wie der Arm zu halten war, und daß mit einer nicht richtigen Armhaltung Gefahr für die Patientin verbunden war. Die einzig mögliche Erklärung für das gleichwohl erfolgte unsachgemäße Halten des Armes durch die Narkoseschwester erblickt das Berufungsgericht entweder in einer schuldhaften Unachtsamkeit, einer schuldhaften Unterlassung der ihr obliegenden Sorgfalt, oder in einer Übermüdung der Krankenschwester. Auch in dem Falle der Übermüdung stellt der Berufungsrichter ein Verschulden der Narkoseschwester fest, darin bestehend, daß sie unterlassen habe, dem Arzt hiervon pflichtmäßig Mitteilung zu machen und ihn um Ablösung zu bitten.

Die Revision rügt ungenügende Feststellung eines Verschuldens. Wenn sie meint, es müsse ein Unterschied zwischen „Übermüdung" und „Ermüdung" der Krankenschwester gemacht werden, und es könne sich im vorliegenden Falle nur um eine Ermüdung handeln, von der auch der die Operation ausführende Oberarzt allein gesprochen habe, so kann es darauf nicht ankommen. Das angefochtene Urteil unterscheidet nach dieser Richtung nicht und seine Ausführungen sind ersichtlich dahin zu verstehen, daß es die Mitteilungspflicht der Krankenschwester von ihrer Ermüdung im einen wie im anderen Falle annimmt. Im übrigen bejaht das Berufungsgericht für den Fall, daß die Schwester von ihrer vor der Operation verrichteten Tätigkeit her in für den operierenden Arzt erkennbarer Weise ermüdet gewesen sein sollte, zutreffend auch ein Verschulden des Arztes, der alsdann eine andere Schwester mit der Pulskontrolle hätte betrauen müssen. Die Möglichkeit einer Ablösung während der Operation muß im vorliegenden Falle um so mehr angenommen werden, als außer dem, den Eingriff vornehmenden Oberarzt nicht nur *ein* Arzt, sondern noch ein *zweiter* Arzt des Krankenhauses Hilfe geleistet hat, so daß im ganzen 5 Hilfspersonen der Beklagten bei der Operation beschäftigt waren.

Da sonach ein für den entstandenen Schaden ursächliches Verschulden der Narkoseschwester einwandfrei nachgewiesen ist und die Annahme einer Haftung der Beklagten für dieses Verschulden gemäß § 278 BGB gleichfalls keinem rechtlichen Bedenken unterliegt, so war die Revision zurückzuweisen."

Einen eigenartigen, nur mittelbar mit Narkose zusammenhängenden Fall behandelt das Reichsgericht in dem in Warneyers Rechtsprechung des Reichsgerichts 1930 Nr. 156 mitgeteilten Urteil vom 5. Juli 1930 (Münch. med. Wschr. 30, 1307), das in lehrreicher Weise zeigt, woran ein Arzt alles denken muß. Der Fall lag folgendermaßen:

Der Kläger suchte am 3. März 1928 gegen 16$^1/_2$ Uhr die Sprechstunde des Beklagten auf, weil ihm am Tage vorher auf seiner Arbeitsstelle ein *Metallsplitter in das linke Auge* gesprungen war. Beim Eintritt in die Wohnung traf er die Wirtschafterin des Beklagten, die einen Aschenkasten trug, worin sich außer glühender Asche auch ein Fläschchen mit einem Rest Chloräthyl befand. Gerade als der Kläger sich der Tür des Wartezimmers zuwandte, zerknallte dieses Fläschchen. Der Kläger behauptet, hierbei seien ihm Glassplitter in das linke Auge gedrungen und hätten dieses zerschnitten, so daß es am 5. März 1928 habe operativ entfernt werden müssen. Er macht den Beklagten für diesen Unfall haftbar und hat deshalb gegen ihn Klage erhoben.

Das Landgericht hat der Klage entsprochen. Die Berufung des Beklagten gegen dieses Urteil ist vom Oberlandesgericht zurückgewiesen worden. Auch die Revision wurde zurückgewiesen aus folgenden Gründen:

„Das Oberlandesgericht sieht mit dem Landgericht auf Grund der im ersten Rechtszuge eingeholten Gutachten als erwiesen an, daß infolge des Zerplatzens des Chloräthylfläschchens Glassplitter in das linke Auge des Klägers gesprungen sind und dieses verletzt haben ... Das Zerplatzen des Fläschchens führt das Oberlandesgericht darauf zurück, daß dieses einen Rest Chloräthyl enthalten habe, und daß es von der Wirtschafterin des Beklagten mit dem übrigen Inhalt des Watteeimers in die heiße Asche in dem Aschenkasten geworfen worden sei.

Das Reichsgericht führt dazu noch aus: Die besondere Gefahr, die durch die teilweise Füllung des Fläschchens geschaffen war und zu dem Unfalle geführt hat, war nicht in der leichten Entzündbarkeit des Chloräthyls bei Berührung mit brennenden oder glühenden Stoffen in Gegenwart von Sauerstoff begründet, sondern in seiner leichten Verdampfbarkeit, die bei der Enge der Flaschenöffnung, zumal wenn diese sich zugesetzt hatte, bei jeder stärkeren Erhitzung zum Zerspringen des dünnwandigen Fläschchens führen mußte, und daß diese Gefahr auch dann bestanden hätte, wenn die Wirtschafterin den Inhalt des Watteeimers nach Beendigung der Sprechstunde unmittelbar in den Mülleimer entleert hätte, mag sie in diesem Falle auch nicht die Patienten und insbesondere nicht den Kläger erfaßt haben. Daß er seine Wirtschafterin auch hierauf — sei es allgemein oder sei es in dem vorliegenden Einzelfalle — aufmerksam gemacht, und daß er ihr auch zur Vermeidung dieser Gefahr sachgemäße Weisungen gegeben hätte, hat der Beklagte nicht eingewandt. Darin, daß das Oberlandesgericht ihm auch die Beobachtung dieser Sorgfalt zugemutet hat, kann keine Überspannung der zum Schutze der Mitmenschen zu stellenden Anforderungen erblickt werden, auch wenn auf die besonderen Verhältnisse der ärztlichen Berufsausübung die gebotene Rücksicht genommen wird."

b) Lokal-Anaesthesie.

Daß auch bei örtlicher Betäubung infolge eines Zwischenfalles Haftpflichtfälle vorkommen, ist bei der häufigen Anwendung dieser Methode erklärlich. Über *unsachgemäße Durchführung* liegt ein Fall vor, und zwar wurden gegen die Zulässigkeit einer Paravertebralanaesthesie bei Kropfoperation Einwendungen erhoben. Diese wurden als unbegründet zurückgewiesen. Wenn auch einige Chirurgen den Standpunkt vertreten, daß die Methode eine gewisse Gefahr in sich schließt, so kann man doch daraus keineswegs folgern, daß ihre noch heute geübte Anwendung als unsachgemäß bezeichnet werden könnte.

Von praktischer Bedeutung sind die Fälle, bei denen es im Anschluß an Lokalanaesthesie zu einer *Gewebsschädigung* kommt. Derartige Komplikationen sind im chirurgischen Schrifttum mehrfach beschrieben. Als Ursache wird individuelle Überempfindlichkeit gegen das Betäubungsmittel angesehen, wobei besonders der *Adrenalingehalt* eine Gefahr darstellt. Infolge seiner blutsperrenden Wirkung kann es zu einer dauernden Gewebsschädigung kommen; bekannt sind z. B. Nekrosen an den Fingern bei Anwendung der Leitungsanaesthesie. Es handelt sich aber doch nur um Einzelfälle, und ihr Vorkommen muß, gemessen an der außerordentlich großen Verbreitung der Methode, als gering bezeichnet werden.

In dem einen uns vorliegenden Falle wurde unter Hinweis auf die sachgemäße Ausführung und die einwandfreie Beschaffenheit des Medikamentes ein Verschulden abgelehnt; dabei wurde auch auf die verschiedenartige Gewebsreaktion hingewiesen. — In einem zweiten Falle wurde die Schadenersatzklage abgewiesen, weil ein Kunstfehler des Arztes nicht nachweisbar sei. In den Gründen führt das Landgericht aus:

Der Eintritt der Nekrose begründet nicht ohne weiteres die Vermutung dafür, daß dem Beklagten bei der Einspritzung ein ärztlicher Kunstfehler unterlaufen ist. Aus dem Gutachten des Sachverständigen Professors X. ist zu folgern, daß auch aus unverschuldeten, nicht näher aufzuklärenden Gründen eine dauernde Blutsperre eintreten konnte. Die Zeugin Fr. Dr. A., die Ehefrau des Beklagten, die dem Beklagten bei der Vornahme des Eingriffs Hilfe geleistet hat, bekundet, daß zur Einspritzung eine zweiprozentige Lösung von Novocain-Suprarenin von 2 ccm verwendet worden sei, und daß der Beklagte ein anderes Betäubungsmittel gar nicht vorrätig gehabt habe. Die Zeugin, die zur Unterstützung ihrer Darstellung die Schachtel, aus der die Ampulle zur Einspritzung nach ihrer Angabe entnommen worden ist, vorgelegt hat, hat auf das Gericht einen durchaus glaubwürdigen Eindruck gemacht, so daß ihre Aussage auch ohne Beeidigung beweisend ist (§ 391 ZPO). Die Einspritzung einer zweiprozentigen Lösung von Novocain-Suprarenin aus einer Ampulle mit 2 ccm Inhalt war aber nach dem Gutachten des Sachverständigen zur Vornahme der örtlichen Betäubung durchaus sachgemäß.

Auch für die Zeit nach Eintritt der Nekrose fehlt nach dem Gutachten des Sachverständigen jeder Anhalt dafür, daß der Beklagte es an einer sachgemäßen Behandlung habe fehlen lassen und dadurch das Absterben des Fingers und die Notwendigkeit der Amputation verursacht habe. Der Sachverständige führt aus, daß es *nach der Erfahrung sehr schwer sei, einen solchen Vorgang zum Stehen zu bringen,* und daß es nach dem 18. August 1933 kaum mehr möglich gewesen sei, durch irgendwelche Mittel einen solchen Stillstand zu erreichen. Demnach fehlt auch jeder Anhalt dafür, daß der Beklagte durch verzögerte Überweisung der Klägerin an einen Facharzt oder in ein Krankenhaus den Verlust des Fingers verursacht habe.

Über die Frage, ob sich der die Operation ausführende Chirurg der fahrlässigen Tötung schuldig macht, wenn die Operationsschwester ein neu eingeführtes örtliches *Betäubungsmittel* infolge mangelhafter Instruktion und Kontrolle *zu stark dosiert* und dadurch den Tod des zu operierenden Patienten herbeiführt, spricht sich das Reichsgericht in dem Urteil vom 6. Juni 1932 (3 D 324/32), Münch. med. Wschr. 1932, S. 1139; auch bei Goldhahn-Hartmann S. 58 ff., durch welches das den angeklagten Arzt freisprechende Urteil der Strafkammer aufgehoben und die Sache an die Vorinstanz zurückverwiesen wurde, folgendermaßen aus. Wegen der grundsätzlichen Bedeutung erfolgt ausführliche Wiedergabe.

Eine Operationsschwester übersah die ihr vom Chefarzt gegebene Instruktion, bei Verwendung von Percain zur örtlichen Betäubung die doppelte Wassermenge zur Auflösung einer Tablette als bei Novocain zu verwenden; ferner verwendete sie auch die Dosis von 0,1 g anstatt 0,05 g. Infolge dieses doppelten Versehens entstand eine zu starke Lösung, deren Einspritzung den Tod von 2 Patienten zur Folge hatte.

Die Strafkammer kommt im Gegensatz zum Schöffengericht zu dem Ergebnis, den Angeklagten treffe keine Schuld; der ihm obliegenden Sorgfaltspflicht sei er dadurch nachgekommen, daß er die Schwester D. vor der Verwendung der Arztprobe auf die besondere Art der Lösung hingewiesen habe. Er sei nicht verpflichtet gewesen, sie bei der eigentlichen Ingebrauchnahme des neuen Mittels nochmals auf die genaue Befolgung der Lösungsvorschrift hinzuweisen, auch nicht bei Berücksichtigung des Umstandes, daß nach der Verwendung der Arztprobe während eines Zeitraumes von etwa 3 Wochen wieder Novocain verwendet worden sei. Auch aus der Tatsache, daß das neue Mittel ohne ärztliches Rezept aus der Apotheke bezogen worden sei, lasse sich nicht die Verpflichtung des Angeklagten herleiten, sich zunächst über die Eigenschaft dieses Mittels zu vergewissern; in alledem würde eine Überspannung der Sorgfaltspflicht liegen.

Nach der Ansicht des Reichsgerichts reichen die Feststellungen der Strafkammer zu einer erschöpfenden Beurteilung im entscheidenden Punkte nicht aus. Das Reichsgericht weist auf folgendes hin:

Die Schwester D. war erst seit Oktober 1930 im Operationssaal des Angeklagten als Hilfsschwester tätig. Die Versuche mit der Arztprobe des Percain begannen bereits im November 1930, also bald nach dem Beginn dieser Beschäftigung der Schwester. Das Urteil sagt zwar bei Bemessung der gegen sie auszusprechenden Strafe, sie habe ‚bei Benutzung der Arztprobe verschiedene Percainlösungen selbst bereitet'; es ist indessen nicht mit völliger Sicherheit zu ersehen, ob es sich bei diesen ‚Versuchen mit der Arztprobe' um eigentliche Operationen gehandelt, und wie oft die Schwester D. hierzu die Percainlösung selbständig hergestellt hat. Eine bestimmte Feststellung hierüber ist von wesentlicher Bedeutung für die Entscheidung der Frage, ob nicht der Angeklagte bei der erstmaligen Wiederverwendung — der eigentlichen ‚Ingebrauchnahme' — des neuen Mittels nach der dreiwöchigen Unterbrechung die noch nicht 4 volle Monate in seinem Operationssaal beschäftigte Schwester nochmals darauf hätte hinweisen müssen, daß die — nach seiner Meinung 0,05 g Substanz enthaltenden — Percaintabletten in doppelt soviel Wasser aufzulösen seien wie die früher verwendeten Novocaintabletten. Dadurch wäre wenigstens das eine Versehen der Operationsschwester und vielleicht — was noch der Erörterung bedarf — der tödliche Erfolg überhaupt verhütet worden.

Die Lage verschärfte sich dadurch, daß zum erstenmal Percaintabletten aus einer anderen Bezugsquelle verwendet wurden. Der Angeklagte hatte die Schwester D. mündlich mit der Bestellung beauftragt. Die von dieser benachrichtigte Schwester G., die solche Aufträge auszuführen hatte, bestellte hierauf in einer Apotheke 3 Röhren Percaintabletten. Nach fernmündlicher Rücksprache mit der nicht weiter unterrichteten Schwester G. lieferte der Apotheker Tabletten mit 0,1 g Substanz. Daß sich Tabletten von dieser Stärke im Handel befanden, wußte der Angeklagte nicht; in der ihm von der Fabrik mit der Arztprobe übermittelten Werbeschrift waren Tabletten mit einem Gehalt von 50 mg angepriesen. Die Besonderheit des Falles lag darin, daß von einem seit langer Zeit in Gebrauch gewesenen Mittel für Lokalbetäubung bei Operationen abgegangen und zur Einführung eines neuen Mittels geschritten werden sollte, das dem leitenden Chirurgen — abgesehen von der Verwendung einer ihm kurz zuvor zugesandten Arztprobe — unbekannt gewesen war, bezüglich dessen er selbst nicht einmal die im Handel gängigen Formen und Dosierungen kannte, sowie daß er sich bei dieser Neueinführung, nämlich bei dem erstmaligen Bezuge und der erstmaligen Anwendung, zweier Hilfspersonen bedient hat, die dabei — angesichts der Tatsache, daß es sich um ein Mittel handelte, bei dem jedes Mißverständnis die schwerste Gefahr für den Patienten heraufbeschwören konnte — tatsächlich völlig versagt haben. Die Frage, welche Berufspflicht dem leitenden Chirurgen in solchem Falle hinsichtlich der bei seinen eigenen Anordnungen und Maßnahmen aufzuwendenden Sorgfalt sowie bezüglich der Sorgfalt in der Auswahl und Überwachung der von ihm verwendeten Hilfspersonen und der Kontrolle der Erledigung seines Auftrags oblag, war eine wesentlich andere als die, in welchem Umfang der Chefoperateur eines Krankenhauses sich bezüglich der alltäglich vorkommenden Hilfsleistungen auf einen erprobten Untergebenen verlassen darf. Jene Frage hat die Strafkammer nicht geprüft. Sie erörtert nur, ob der Angeklagte die ‚entsprechend vorgebildete und eingearbeitete Operationsschwester' bei Herstellung der Lösung hätte überwachen oder mit Anweisungen versehen müssen. Dies betrifft nur den soeben berührten zweiten Punkt. Im übrigen sagt die Strafkammer lediglich, der Angeklagte sei nicht verpflichtet gewesen, sich darüber Gewißheit zu verschaffen, ‚was für ein Mittel — ohne ärztliches Rezept — von der neuen Bezugsquelle geliefert worden sei'. Dieser Satz betrifft allerdings die oben als entscheidend gekennzeichnete Frage. Auf welche rechtliche Erwägung über Inhalt und Umfang der Berufspflicht des Operateurs sich die Auffassung der Strafkammer stützt, ist indessen aus dem Urteil nicht zu erkennen. Daß jener Satz in seiner Allgemeinheit unhaltbar ist, bedarf keiner Erörterung. Das Landgericht übergeht aber weiter die Frage, ob der Angeklagte bei Anwendung pflichtmäßiger Sorgfalt nicht schon aus der „Werbeschrift" und der „Gebrauchsanweisung", die der ihm zugesandten Probesendung beigegeben waren, hätte erkennen können, daß Percain in verschiedenen Formen (Ampullen, Pulver, Tabletten) sowie in verschiedenen Zusammensetzungen und Dosierungen im Handel war, und ob es daher nicht schon deshalb unvorsichtig war, der Operationshilfsschwester anstatt mittels Rezepts mündlich ganz allgemein die Bestellung von „Percain" ohne genauere Kennzeichnung aufzugeben. Zu prüfen wäre weiter die Frage gewesen, ob der Angeklagte — wenn er schon sich nicht darum gekümmert hatte, in welchen Formen und Dosierungen Percain gehandelt wurde — nicht die Pflicht hatte, die auf so unbestimmt gehaltenen Auftrag durch untergeordnete Organe bezogene Ware vor der Ingebrauchnahme zu besichtigen. Wäre dies geschehen, so hätte der Angeklagte aus der jedem Glasröhrchen beigegebenen Gebrauchsanweisung die Zusammensetzung der Tabletten erkennen und für die Auflösung in einer ihrer Stärke entsprechenden Wassermenge Sorge tragen können.

6. Allgemeine Behandlung.

a) Instrumentarium.

Bei Schädigungen, die auf Instrumentenfehler zurückgeführt werden und Anlaß zu Entschädigungsansprüchen gaben, ist zu unterscheiden zwischen *mangelnder Sterilität* und *Abbrechen bzw. Zurückbleiben von Teilen.* Bei der Ergründung der Infektionsquelle ist die Aufmerksamkeit den Spritzen und Hohlnadeln wie der Injektionslösung zuzuwenden. Bei letzterer ist die Sicherheit für Sterilität durch die sachgemäß und mit nur einer therapeutischen Dosis beschickten Ampulle zu erblicken.

Die Alkoholdesinfektion der Instrumente und Injektionsspritzen ist unzureichend und sollte aus dem praktischen Gebrauch verschwinden. Es wurde festgestellt, daß Sporen von Gasbrand, Tetanus und Anaerobiern sich im Alkohol erhalten. Es ist statistisch erwiesen, daß ein Fünftel unserer Friedensgasbrandinfektionen nach Injektionen von Medikamenten eingetreten sind. — Aus diesem Grunde ergibt sich für die praktische Heilkunde, daß neue Erkenntnisse neue Pflichten und Forderungen bedingen, die naturgemäß den Bedürfnissen der Praxis angepaßt werden müssen. Die *Maßnahmen der Asepsis dürfen nicht nur gerade ausreichen, sondern müssen übertriebene Sicherungen bieten.*

Die einzig sichere Sterilisation von Injektionsspritzen ebenso wie anderen chirurgischen Instrumenten ist die *Hitzeeinwirkung.* Allgemein üblich gilt das Auskochen von 20 Minuten Dauer. Noch höhere Sicherung gibt die Benutzung der modernen Hochdruckapparate (Drucktopf). Es ist demnach an folgenden Maßnahmen für die Spritzen festzuhalten: kochendes Wasser oder überhitzter Wasserdampf oder trockene Hitze; ferner einwandfreies Aufbewahren der sterilisierten Spritzen und Kanülen, nicht in Flüssigkeit, sondern in Einzelpackung trocken und geschützt vor Staub- und Kontaktinfektion. — Selbstverständlich darf die Desinfektion der Injektionsstelle nicht vernachlässigt werden.

Von 4 Fällen betraf der eine eine schwere *Infektion* am Arm, die zur Amputation führte, und für deren Entstehung eine angeblich „unsaubere Nadel“ angeschuldigt wurde. Da der Nachweis hierfür nicht erbracht werden konnte, wurde die Klage abgewiesen. — In einem anderen Fall war im Anschluß an die Entfernung zweier Warzen *an der Fußsohle* eine Nekrose entstanden. Es wurde darauf gegen den Arzt der Vorwurf gemacht, unsterile Instrumente verwendet zu haben. Die mit großer Genauigkeit durchgeführte Prüfung ergab keinen Anhaltspunkt dafür, daß die geltenden Regeln der chirurgischen Asepsis außer acht gelassen waren. Aus dem Gutachten ist folgendes zu entnehmen:

„Die Desinfektion der Instrumente war, wie allgemein üblich, durch Auskochen erfolgt, die Lösung des Betäubungsmittels aus einer gebrauchsfertigen, nur für diese Operation geöffneten Ampulle entnommen und die Desinfektion der Haut sowie auch der Hände des Operateurs so durchgeführt worden, wie es den allgemeinen

Regeln entspricht. Daß trotzdem eine Infektion eintrat, ist ein bedauerliches Vorkommnis, dessen Entstehung aber wohl nicht aufgeklärt werden kann. In der chirurgischen Praxis kommen immer wieder Fälle zur Beobachtung, wo trotz peinlichster Asepsis nach Operationen Infektionen eintreten."

Die wichtige Frage, ob ein technischer Fehler für eine eingetretene Infektion verantwortlich zu machen ist, wurde in zwei weiteren Fällen vom Landgericht Berlin entschieden. In dem einen wurde ein Verschulden des Arztes verneint und die Infektion als eine bedauerliche Operationsfolge angesehen, die unvermeidbar war. — Dem anderen Fall lag folgender Sachverhalt zugrunde:

Der Kläger begab sich am 31. August 1934 mit einer Gesichtsrose, die von einer Furunkulose in der Nase ausging, in die Behandlung des Beklagten. Am 4. September überwies der Beklagte den Kläger einem Spezialisten, der die Furunkulose der Nase sofort operierte. Am Tage nach dieser Operation besuchte der Beklagte den Kläger in dessen Wohnung, um sich nach seinem Befinden zu erkundigen. Bei dieser Gelegenheit hat der Beklagte nach der Klagebehauptung zur Untersuchung der Nase in diese in lose in der Brusttasche mitgeführtes unsteriles Nasenspeculum eingeführt. Die weitere Behandlung übernahm später wieder der Spezialarzt.

Fünf Wochen später bekam der Kläger Schmerzen im linken Schultergelenk und begab sich aus diesem Grunde am 15. Oktober wieder in die Behandlung des Beklagten. Dieser behandelte ihn mit Heißluft und Massage. Da die Schmerzen nicht nachließen und bald auch Fieber hinzutrat, wurde der Kläger am 29. Oktober in ein Krankenhaus eingewiesen. Bei der Untersuchung im Krankenhaus wurde festgestellt, daß infektiöser Knochenfraß im linken Schultergelenk vorlag. Die Infektion war wahrscheinlich von dem Nasenfurunkel ausgegangen.

Der Kläger behauptet nunmehr, daß durch das Einführen des angeblich unsterilen Speculums Krankheitserreger von dem Nasenfurunkel in die Blutbahn gelangt seien, die dann die Schultergelenksentzündung hervorgerufen hätten. Die Benutzung eines unsterilen Instrumentes sei ein schwerer ärztlicher Kunstfehler. Die Entstehung der Schultergelenksentzündung sei daher auf ein Verschulden des Beklagten zurückzuführen. Außerdem ist nach der Behauptung des Klägers die spätere Behandlung der Schultergelenksentzündung schuldhaft falsch gewesen, wodurch eine wesentliche Verschlimmerung eingetreten sei.

Das Gesuch des Klägers um Bewilligung des Armenrechtes wurde zurückgewiesen mit folgender Begründung: Der Kläger wird nicht beweisen können, daß der Eingriff des Beklagten ursächlich für die Entstehung der Schultergelenksentzündung geworden ist. Der Beklagte wendet mit Recht ein, daß schon vorher Krankheitserreger von dem Nasenfurunkel in die Blutbahn gelangt waren, da hierauf die behandelte Gesichtsrose zurückzuführen ist. Der Gebrauch eines Nasenspeculums an sich begründet aber kein Verschulden des Beklagten.

Ein wichtiges Gebiet im Rahmen von Haftpflichtansprüchen stellt das *Abbrechen von Kanülen* der Injektionsspritzen dar. Es liegen uns 11 einschlägige Fälle vor von intramuskulärer Injektion, wobei naturgemäß die Glutäalgegend am häufigsten betroffen ist. Es handelt sich sicherlich um ein seltenes Ereignis, wenn man berücksichtigt, daß die Verabfolgung von Injektionen zu den am häufigsten vorkommenden ärztlichen Verrichtungen gehört. Die Ursache ist in einem Materialschaden oder einem Fehler der Ausführungstechnik zu suchen. Es ist aber auch die weitere Möglichkeit zu erwähnen, daß die Kanüle durch die reflektorische Spannung der Muskulatur festgehalten, und so ein Stop beim Herausziehen ausgelöst wird, der zu einem Abbrechen führen kann. Ebenso kann eine plötzliche Abwehrbewegung des Patienten die Ursache sein; man schaltet diese Hindernisse am besten durch Bauchlage aus. Da das Abbrechen meist am Übergang zum Kanülen-Pavillon erfolgt, so ist der Einstich so vorzunehmen, daß ein deutlich sichtbarer Teil der Kanüle herausragt; dieser kann gegebenenfalls mit Pinzette gefaßt und herausgezogen werden.

Weitere Vorwürfe werden gelegentlich erhoben, wenn nicht sogleich eine *operative Entfernung der abgebrochenen Kanüle* erfolgte. Es ist nicht zu leugnen, daß das Bewußtsein der in der Muskulatur verbliebenen Kanüle bei vielen Menschen Sensationen auslösen wird, die tatsächlich unbegründet sind. Diese werden von einem Patienten folgendermaßen geschildert: „Er leide an Ermüdungserscheinungen am rechten Bein (Seite der Injektionsstelle); wenn er längere Zeit gegangen sei und auch beim Heben von Gegenständen träten ausstrahlende Schmerzen im ganzen rechten Bein auf. Er müsse auch immer eine Idealbinde tragen.“! Hiergegen nahm der Gutachter Prof. A. (Berlin) folgendermaßen Stellung:

„Die Erfahrungen bei abgebrochenen Kanülen, die in der Muskulatur zurückbleiben, gehen dahin, daß eine vollständige reaktionslose Einheilung stattfindet, und daß im allgemeinen Beschwerden nicht ausgelöst werden, soweit sie nicht das nervöse Gebiet treffen.“

In mehreren unserer Fälle wurde der Versuch einer operativen Entfernung des abgebrochenen Instrumententeils sofort angeschlossen, aber als erfolglos wieder abgebrochen. Es ist bekannt, daß die operative Entfernung außerordentlich schwierig ist, auch wenn Röntgenaufnahmen in verschiedenen Strahlengängen zwecks Lokalisation vorliegen. Mit einem Mißlingen muß man immer rechnen. Die Möglichkeit einer Lageveränderung des Fremdkörpers („Wandern“) wird im allgemeinen überschätzt.

In einem Falle, bei dem eine abgebrochene Kanüle im Oberarm zurückgeblieben war, wurden gegen den Arzt Vorwürfe erhoben, weil er das Abbrechen dem Patienten erst nach einigen Tagen mitteilte aus Psyche schonenden Gründen. Im weiteren Verlauf wurde dann die Operation ganz abgelehnt mit der Begründung, es sei mit der Möglichkeit einer Armversteifung zu rechnen. Nach der ablehnenden Begutachtung erfolgte Abweisung.

Ein weiterer Fall ist wegen der klaren Stellungnahme des Gerichts bemerkenswert:

Der Kläger war im Dezember 1932 wegen einer Nierenerkrankung bei dem Beklagten in Behandlung gewesen. Am 14. Dezember 1932 erhielt er zwei Einspritzungen. Bei der zweiten Einspritzung *brach die Nadel ab.* Der Beklagte machte gleich einen Einschnitt, konnte die Nadel aber nicht finden. Auch ein am selben Abend von dem Beklagten und dem Arzt Dr. W. unternommener Versuch, die Nadel zu finden, schlug fehl. Der Kläger wurde dann bei dem Sanitätsrat Dr. M. durchleuchtet, die Nadel wurde daraufhin gefunden und am 17. Dezember 1932 durch Operation entfernt. Der Kläger behauptet, das Abbrechen der Nadel sei auf eine Fahrlässigkeit des Beklagten zurückzuführen. Der Beklagte sei entweder beim Gebrauch der Nadel nicht vorsichtig genug gewesen, oder aber er habe eine abgenutzte und nicht rechtzeitig ausgewechselte Nadel zur Einspritzung benutzt.

Die Klage wurde vom Amtsgericht abgewiesen aus folgenden Gründen: Der Beklagte haftet für den durch das Abbrechen der Nadel entstandenen Schaden nur dann, wenn ihn ein Verschulden trifft. Der Sachverständige, Professor X., hat sich nun dahin geäußert, daß sich ein Verschulden des Beklagten nicht feststellen lasse. Er führt aus, daß es möglich ist, daß durch einen unglücklichen Zufall die Nadel abbricht. Das Gericht trägt keine Bedenken, dem Gutachten zu folgen. Es ist demnach davon auszugehen, daß die Nadel einer Spritze auch abbrechen kann, ohne daß auf seiten des Arztes ein Kunstfehler vorliegt. Der Kläger muß somit in vollem Umfang den Beweis führen, daß im vorliegenden Falle den Beklagten ein Verschulden trifft.

Der Kläger hat nun nicht bestritten, daß der Beklagte die streitige Nadel *in einem zuverlässigen Geschäft gekauft* hat. Die Nadel ist *auch nicht verrostet* gewesen. Es ist schließlich nicht ersichtlich, daß die Nadel zu lange benutzt worden ist, da der Kläger für diese Behauptung den Beweis nicht hat antreten können. Die Tatsache allein, daß die Nadel abgebrochen ist, genügt nicht, um die übermäßige Abnutzung festzustellen, da, wie der Sachverständige bekundet, auch ein Überbiegen der Nadel dazu führen kann, daß sie abbricht. Vor allen Dingen hat der Kläger nichts darüber vorzutragen, wie es dem Beklagten möglich gewesen sein soll, die übermäßige Abnutzung zu erkennen. Der Sachverständige hat weiter sich dahin geäußert, daß das Verhalten des Beklagten nach dem Unfall nicht zu beanstanden ist. Der Kläger mußte daher mit seiner Klage abgewiesen werden.

Während das Abbrechen der Kanüle ein Ereignis darstellt, das sogleich erkannt wird, kann das Abbrechen der Spitze einer gebogenen *Operationsnadel* verborgen bleiben. In einem Falle war bei einer Dammnaht eine Nadelspitze zurückgeblieben und wurde erst nach 3 Jahren operativ entfernt; dem Patienten wurde eine Entschädigungssumme zugesprochen. Ähnlich verlief ein anderer Fall, wo bei Naht einer Gelegenheitswunde ein Nadelstück zurückblieb.

Dagegen erfolgte in einem anderen Falle vom Gericht Klageabweisung: Nach einer Unterschenkelamputation wurde mehrere Jahre über Stumpfschmerzen geklagt, bis durch Röntgenaufnahme festgestellt wurde, daß ein Nadelstück bei der Operation zurückgeblieben war; es wurde jetzt operativ entfernt. Danach trat aber angeblich keine Besserung der Beschwerden ein, was die Gutachter in ihrer Ansicht bestärkte, daß der kleine Fremdkörper nicht als Ursache anzusprechen sei.

Das *Reichsgericht* hat sich mit dem Problem eines abgebrochenen Nadelstücks in einer Operationswunde in dem besonders lehrreichen Urteil vom 6. April 1933 (VIII 41/33 Münch. med. Wschr. 1933, S. 633) befaßt. Dieses Urteil weist namentlich darauf hin, daß eine Haftung des Arztes, dem das Zurücklassen eines abgebrochenen Nadelstückes im gegebenen Falle nicht zum Verschulden angerechnet werden könne, doch möglicherweise sich daraus ergeben könne, daß der bei der Operation mittätige Assistenzarzt oder die Operationsschwester die benützten Nadeln nach der Operation nicht auf ihre Unversehrtheit geprüft haben und der operierende Arzt deshalb nicht in der Lage gewesen sei, den Patienten auf das evtl. Zurückbleiben eines Nadelstückes aufmerksam zu machen.

Der Fall, der wegen seiner praktischen Bedeutung ausführlich dargestellt wird, lag folgendermaßen:

Die Klägerin ist am 5. August 1925 im Auftrage der Landesversicherungsanstalt in D. im Krankenhause in Bad W., dessen chirurgische Leitung der beklagte Facharzt für Chirurgie und Urologie hatte, von diesem wegen eines Steines in der linken Niere operiert worden. Nachher traten indes bei ihr alsbald von neuem Schmerzen in der Gegend der linken Niere auf. Ihre Ursache war zunächst trotz zweier Durchleuchtungen, 1926 im Krankenhause in D. und 1928 im Krankenhause in B., nicht aufzuklären. Erst im Oktober 1929 wurde bei einer nochmaligen Durchleuchtung in den Räumen der Ortskrankenkasse in B. die in etwa 1 cm Länge abgebrochene Spitze einer Operationsnadel in der Nierengegend festgestellt und nach einem ersten vergeblichen Versuche im Spätsommer 1933 im Nierenfett gefunden und entfernt. Die Klägerin behauptet, daß das Nadelstück bei ihrer Operation durch den Beklagten in der Wunde zurückgeblieben und die Ursache ihrer Schmerzen gewesen sei; sie erblickt ein Verschulden des Beklagten selbst und des Assistenzarztes und der Schwestern, die dieser bei der Operation zur Hilfe zugezogen habe, in dem Zurücklassen des Nadelstückes in ihrem Leibe und in ihrer Nichtaufklärung darüber, die die alsbaldige Erkenntnis der Ursache ihrer Schmerzen verhindert habe. Mit der Klage hat sie deshalb die Feststellung begehrt, daß der Beklagte ihr zum Ersatze allen Schadens verpflichtet sei, der ihr durch das Zurückbleiben der Nadel in der Operationswunde entstanden sei. Der Beklagte hat bestritten, daß das Nadelstück von der Operation durch ihn herrühre; damals sei nämlich nichts vom Abbrechen einer der benutzten Operationsnadeln bemerkt worden; es sei aber im höchsten Maße unwahrscheinlich, daß in einem solchen Falle nicht beide Bruchstücke gefunden würden, zum mindesten würde sowohl dem Operateur das Abbrechen der Nadel bei der Handlung aufgefallen sein, wie es auch den assistierenden Personen nicht verborgen geblieben sein würde; diese hätten die Pflicht gehabt, das Operationsmaterial zu überwachen und gegebenenfalls auf das Abbrechen einer Nadel aufmerksam zu machen; gegen die Behauptung der Klägerin spreche, daß bei den ersten Durchleuchtungen nach der Operation nichts von der Nadelspitze gesehen worden sei; das Nadelstück könne auch sonstwie in ihren Körper gelangt sein, so insbesondere bei den Operationen, denen sie sich 1915 wegen Blinddarmentzündung, 1922 wegen eines Narbenbruches und 1926 wegen Gebärmuttersenkung unterzogen habe. Der Beklagte hat auch jedes Verschulden seinerseits bestritten, weil bei einer derartig schweren Operation, die die größte Sorgfalt und Eile erfordere, dem operierenden Arzte trotz aller Aufmerksamkeit das Abbrechen einer Nadel entgehen könne und das Auffinden eines Bruchstückes in der blutenden Operationswunde unmöglich sei, und weil sein Assistenzarzt und die Operationsschwester von ihm angewiesen gewesen seien, ihn auf jedes solche Vorkommnis aufmerksam zu machen. Das Oberlandesgericht hat — im Gegensatz zum Landgericht — die Klage abgewiesen. Das Reichsgericht hat das Berufungsurteil aufgehoben und die Sache zur nochmaligen Verhandlung und Entscheidung in die Vorinstanz zurückverwiesen. Es führt aus: „Das Berufungsgericht läßt dahingestellt, ob die jahrelangen Beschwerden der Klägerin auf das Nadelstück in ihrem Körper zurückzuführen sind, ob dieses von ihrer Operation durch den Beklagten herrührt, und ob die Operationsschwester, die dabei die Nadeln einzufädeln und dem Beklagten zuzureichen hatte, bei gehöriger Aufmerksamkeit das Abbrechen und das Zurückbleiben der Nadelspitze in der Operationswunde bemerkt hätte, und der Beklagte für ein Versehen der Schwester nach

§ 831 oder nach § 278 BGB der Klägerin gegenüber einzustehen haben würde. Denn alles das, so meint es, würde zur Rechtfertigung des Klageanspruchs nicht hinreichen. Selbst wenn nämlich der Beklagte das Nadelstück bewußt in der Operationswunde zurückgelassen hätte, würde ihm daraus nur unter besonderen Umständen, die von der beweispflichtigen Klägerin darzutun gewesen wären, aber nicht dargetan seien, ein Vorwurf gemacht werden können. Denn ein derartig kleines Bruchstück verschwinde sofort in dem blutigen und unübersichtlichen Gewebe; ein längeres Nachsuchen verbiete sich aber von selbst mit Rücksicht darauf, daß dadurch die Narkose und die Operation selbst verlängert und infolgedessen die Gefahr für den Patienten erhöht würde; es gelte darum als ärztliche Regel, solche Nadeln ruhig im Körper zu belassen, zumal sie erfahrungsgemäß keine Beschwerden verursachten. Ungenügende Achtsamkeit auf einen Nadelbruch würde daher für den weiteren Verlauf nicht ursächlich gewesen sein. Es könne dem Beklagten auch nicht ohne weiteres zum Verschulden angerechnet werden, wenn ihm das Abbrechen der Nadelspitze entgangen sei; zwar habe er es bemerken müssen, wenn die Nadel beim Einstich oder Durchziehen durch die Wunde abgebrochen wäre, da der Bruch dann das leichte Durchgleiten durch das Gewebe verhindert hätte; dagegen bestehe durchaus die Möglichkeit, daß die bereits während des Nähens beschädigte Nadel nach Beendigung der Naht gebrochen und unbemerkt teilweise in die Wunde zurückgefallen sei; ein solches Ereignis aber habe seiner Aufmerksamkeit entgehen können, ohne daß ihm daraus ein Vorwurf gemacht werden könne; denn eine größere Operation, wie die hier vorgenommene, müsse, um Gefahren für den Kranken zu vermeiden, mit möglichster Beschleunigung durchgeführt werden; auch bei normalem Verlaufe müsse die ganze Aufmerksamkeit des Arztes auf die Wunde und den Operationsvorgang selbst gerichtet sein; infolgedessen könne er sich nicht durch irgendwelche Nebensächlichkeiten, die nicht unmittelbar mit der Operation selbst im Zusammenhang ständen, wie z. B. die Kontrolle der zahlreichen bei der Operation benötigten Instrumente, insbesondere der Nadeln, ablenken und aufhalten lassen, da er sonst unter Umständen den Erfolg der Operation oder sogar das Leben des Patienten gefährden würde; besondere Tatsachen aber, aus denen auf ein schuldhaftes Verhalten des Beklagten zu schließen wäre, seien von der beweispflichtigen Klägerin nicht beigebracht worden."

Das Reichsgericht bemängelt, daß das Berufungsgericht es rechtsirrtümlich unterlassen habe, zu erwägen, ob nicht, wenn nicht der Beklagte selbst, so doch der bei der Operation mittätige Assistenzarzt oder die Operationsschwester die benutzten Nadeln, sei es gleich nach ihrer Verwendung, sei es nach Beendigung der ganzen Operation, auf ihre Unversehrtheit hätten prüfen müssen und bei gehöriger Sorgfalt dann die Beschädigung der einen Nadel und die Möglichkeit, daß das fehlende Stück in die Operationswunde geraten war, hätten erkennen können, und ob es dann nicht Pflicht des Beklagten gewesen wäre, entweder die Klägerin selbst oder aber, wenn das zur Vermeidung einer gefährlichen Beunruhigung nicht tunlich gewesen sein sollte, ihren Hausarzt oder einen ihrer Angehörigen darüber zu unterrichten, oder es wenigstens auf dem Krankenblatt niederzulegen, um so beim Auftreten irgendwelcher Krankheitsfolgen eine rasche und sichere Erkenntnis ihrer Ursache zu ermöglichen und die Heilung zu erleichtern. Es hat auch nicht erörtert, ob der Beklagte nach dieser Richtung hin alles Erforderliche getan und insbesondere seinen Helfern die nötigen Weisungen gegeben und diese in richtiger Weise ausgewählt und überwacht hat, und ob nicht im anderen Falle die Klägerin vor den aufgetretenen schweren Schädigungen mehr oder weniger bewahrt geblieben worden wäre. Wegen dieses Mangels ist das angefochtene Urteil aufgehoben und die Sache zur anderweitigen Verhandlung und Entscheidung an das Berufungsgericht zurückgewiesen worden.

b) Heilverfahren.

Die Verordnung eines *Kuraufenthaltes* gab in einem Falle Anlaß, daß sich das Gericht in zwei Instanzen mit diesem beschäftigen mußte. Es war der Vorwurf erhoben worden, daß eine wegen psychischen Leidens verordnete Kur, die auch mit günstiger Beeinflussung der Gallenwege verbunden war, falsch gewesen sei.

Wegen verordneter *Arzneimittel* wurden in 2 Fällen Regreßansprüche erhoben. Bei Behandlung einer Bindehautentzündung erfolgte statt der üblichen Zinklösung eine Verordnung von Scopolaminlösung, so daß eine vorübergehende Sehstörung auftrat. Hier wurde eine im Rahmen des erlittenen Schreckes entsprechende Abfindung geleistet. — Dagegen erscheint es geradezu grotesk, daß in einem Fall von sporadischem Kretinismus (Myxödem) von den Eltern des Patienten Anspruch gestellt wurde wegen angeblicher Arzneimittelvergiftung; diese wurde in zu langer Verabreichung von Schilddrüsentabletten gesehen.

Die Verordnung von *Morphium* steht im Mittelpunkt weiterer Fälle. Einmal wurde von einer Patientin der Vorwurf erhoben, daß sie infolge der ärztlichen Behandlung *Morphinistin* geworden sei. Es handelte sich um eine schwere Entzündung der Beckenorgane, die die Verabfolgung von Morphium veranlaßte. Nach eingehender Feststellung des Gerichts, daß eine Überschreitung der medikamentösen Behandlung nicht vorlag, erfolgte Klageabweisung.

In einem anderen Falle wurde ein Arzt von der Krankenkasse wegen widerrechtlich gegebener Morphiumrezepte regreßpflichtig gemacht. — Als Warnung vor *unzulässiger Morphiumverabreichung* soll der nächste Fall dienen, bei dem ein Patient schwere Gesundheitsstörungen geltend machte. Auf Grund der Entscheidung des gerichtlichen Sachverständigen, daß in der Verabreichung von Morphium ein Verstoß gegen das Opiumgesetz zu erblicken sei, wurde dem Arzt der Versicherungsschutz versagt.

Das nichtärztlich begründete Verschreiben von Arzneien, die Betäubungsmittel enthalten, kann zugleich den Tatbestand der Körperverletzung erfüllen. Doch führt in einem solchen Falle die Feststellung eines *vorsätzlichen* Vergehens gegen das Opiumgesetz nicht ohne weiteres auch zur Annahme einer vorsätzlichen Körperverletzung oder Gesundheitsbeschädigung. Trifft das vorsätzliche Vergehen gegen das Opiumgesetz mit einer leichten vorsätzlichen oder einer fahrlässigen Körperverletzung rechtlich zusammen, so setzt eine Verurteilung wegen Körperverletzung voraus, daß der Verletzte Strafantrag gestellt hat, oder daß die Strafverfolgungsbehörde wegen des besonderen öffentlichen Interesses an der Strafverfolgung von Amts wegen auch unter dem Gesichtspunkt der Körperverletzung eingeschritten ist. (RG-Urteil vom 15. April 1943 — 3 D 14/43) RGSt. 77, 17 ff. Anh. Nr. 30.

c) Einweisung in Krankenhausbehandlung.

Die Frage, ob der behandelnde Arzt durch *verspätete Überführung in Krankenhausbehandlung* unsachgemäß verfahren ist, beschäftigte mehrfach die zuständigen Instanzen. So erklärlich die Auffassung des Laienpublikums ist, daß eine eingetretene Verschlimmerung hätte abgewendet werden können, treten doch hierbei die Schwierigkeiten der Diagnosestellung in Erscheinung, so daß die nachträglich erhobenen Vorwürfe sich meist als unbegründet erweisen.

In einem Fall waren nach *Ausschabung der Gebärmutter* Schüttelfrost und Temperatursteigungen mit Remissionen aufgetreten; nach Verlegung in ein Krankenhaus starb die Patientin an der eingetretenen Sepsis. Die Regreßansprüche wegen angeblich verspäteter Einweisung wurden nach Prüfung des Tatbestandes zurückgewiesen, zumal bei der schweren Infektionsart eine Rettung aussichtslos war. — Eine weitere Anschuldigung wegen nicht rechtzeitiger Krankenhausüberführung wurde in einem Falle von *Sinusthrombose* abgelehnt, wo die Diagnose auch dem hinzugezogenen Ohrenfacharzt in den ersten Tagen nicht möglich war.

Bei einer Augenverletzung ergab die Untersuchung wegen des Vorwurfes verspäteter Klinikeinweisung, daß der Patient den unglücklichen Ausgang (Verlust des Auges) sich selbst zuzuschreiben hatte. Er war bei dem Arzte erschienen mit der Angabe, daß er einen Schlag gegen das Auge erhalten habe. Es handelte sich aber um eine Splitterverletzung, von der er nichts angegeben hatte.

Die Schwierigkeiten der *Differentialdiagnose zwischen Gallenkolik und einer akuten Entzündung des Wurmfortsatzes,* wenn dieser nach der Lebergegend zu verlagert ist, sind jedem Arzte bekannt. Ein derartiger Fall führte nach dem Tode des Patienten zu Entschädigungsansprüchen der Hinterbliebenen gegen den Arzt wegen nicht rechtzeitiger Krankenhauseinweisung. Dieser hatte bei seiner ersten Untersuchung einen ausgesprochenen Schmerzpunkt in der Gegend der Gallenblase festgestellt, während die Unterbauchgegend frei war, er verabfolgte eine Morphiumeinspritzung. Am folgenden Tage stellte er nach seinem Bericht „ein völlig verändertes Krankheitsbild" fest, so daß er wegen Verdacht auf Magenperforation Krankenhausaufnahme veranlaßte. Es kam zur Ablehnung eines Verschuldens auf Grund des Gutachtens:

„Es kommen immer wieder Fälle von Wurmfortsatzentzündung zur Beobachtung, wo es schwierig ist, den wahren Erkrankungsherd festzustellen. Dies ist teils abhängig von der anatomischen Lage des Wurmfortsatzes, teils auch davon, inwieweit benachbarte Organe in das entzündliche Gebiet einbezogen sind. Die Erscheinungen sind in solchen Fällen durchaus nicht typisch, und keineswegs auf die Mitte der rechten Unterbauchgegend lokalisiert. Eine Differentialdiagnose gegen Gallen- oder Nierenkolik ist häufig im Anfangsstadium nicht möglich ... Wie sich nun das Krankheitsbild im vorliegenden Falle gestaltete, dafür ist ein objektives Zeugnis vorhanden in den Aufzeichnungen des Krankenhauses. Hier wird als Befund ausdrücklich angegeben, daß ein heftiger Druckschmerz im Oberbauch bestand, während der Unterbauch weniger druckempfindlich war. — Sehr wichtig ist die weitere Notiz, daß in Anbetracht dieses Befundes die Diagnose auf perforiertes Magengeschwür gestellt und der Bauchschnitt in der Magengegend angelegt wurde. Erst bei weiterer Inspektion der Bauchhöhle wurde festgestellt, daß es sich um einen schwer veränderten Wurmfortsatz als Ursache handelte."

d) Injektionen.

Die große Bedeutung der Verabfolgung von Heilmitteln durch Injektionen bringt es mit sich, daß diese Methode zu den am häufigsten angewandten gehört. Daher ist es erklärlich, daß unerwünschte Nebenerscheinungen auftreten können, über die im medizinischen Schrifttum in erheblichem Umfange berichtet wird[1]. Da sich die Art der Komplikationen relativ einheitlich gestaltet, so erscheinen einige allgemeine Vorbemerkungen am Platze.

Am ungefährlichsten ist naturgemäß die *subcutane Injektion.* Hierbei wird jedoch von Ungeübten bisweilen der Fehler gemacht, die Einspritzung nicht unter, sondern in die Haut auszuführen. Es kommt dann zu der schmerzhaften Quaddelbildung; je nach Art des Medikamentes können auch Gewebszerstörungen in der Umgebung der Injektionsstelle auftreten.

Die *Einverleibung von Arzneimitteln in die Muskulatur* bringt in erheblich höherem Maße die Möglichkeit von Gewebsschädigungen mit sich. Bei Kindern ist besondere Vorsicht geboten. Da das Arzneidepot in tiefere Gewebsschichten eingeführt wird, so wird man naturgemäß den Ort der Einspritzung so wählen, daß eine Verletzung vermieden wird. Für die Vermeidung einer *Nervenschädigung* ist die Wahl der Injektionsstelle ausschlaggebend. In Betracht kommen Streckseite der Oberschenkelmuskulatur oder Gesäßgegend. Bei letzterer ist im oberen äußeren Quadranten das dem Darmbeinkamm benachbarte Gebiet zu wählen. Auf diesen gerichtet, muß die Stichrichtung senkrecht erfolgen. Bei geringer Abweichung nach medial-kaudal zu kann der große Beinnerv erreicht werden. *Injektionsstelle und Injektionsrichtung sind gleich wichtig.* Es muß genügend tief eingestochen werden, um im Unterhautzellgewebe aseptische Nekrosen zu vermeiden. Für die Nadellänge werden 4—8 cm angegeben. — Trotz aller Vorsicht können jedoch Komplikationen auftreten, und es ist im Einzelfalle schwer zu entscheiden, ob es sich um eine Organverletzung durch die Spritzenkanüle, um eine Folge des Infiltrates oder um toxische Fernwirkung handelt. Bei der *Nervenschädigung* unterscheidet man Sofortlähmung mit oder ohne sofortige Schmerzwirkung und allmählich eintretende Lähmung.

Die technisch schwierigste Methode ist die Einverleibung von Mitteln in die Blutbahn, die sog. *intravenöse Injektion.* Zunächst besteht die Möglich-

[1] Auf die übersichtliche Darstellung von Stör in „Der Chirurg" 1933, 171 wird verwiesen.

keit eines Zwischenfalls, wenn statt der Vene versehentlich die Arterie angestochen wird. Diese Möglichkeit besteht besonders bei ungünstigen anatomischen Verhältnissen in der Ellenbeuge, z. B. oberflächlicher Lage der Arterie. Während eine intravenöse Injektion keine Schmerzen verursacht, ist für die arterielle der peripherwärts bis in die Fingerspitzen ausstrahlende intensive Schmerz kennzeichnend. Es ist wesentlich, dieses zwar sehr selten auftretende Gefahrenmoment im Auge zu behalten, ohne daß naturgemäß eine Verletzung der Sorgfaltspflicht oder eine Fahrlässigkeit abgeleitet werden kann. Die Folgen einer zufälligen Einspritzung in die Arterie sind verschieden, je nach Menge des Injektionsmittels, dem angewandten Druck bei der Injektion und der chemischen Wirksamkeit des Mittels.

Da es sich bei Injektion in die Blutbahn um chemisch sehr aktive Medikamente handelt, so können *Gewebsschädigungen* auftreten, wenn die Umgebung des Gefäßrohres betroffen wird. Das uns vorliegende Material erweist, daß neben entzündlichen Reaktionen auch schwere Schädigungen beobachtet werden. Es ist daher erklärlich, daß derartige Komplikationen vielfach einem Fehler der ärztlichen Technik zugeschrieben werden. Die Berechtigung dieser Anschuldigung hat in zahlreichen Fällen Gutachter und Spruchinstanzen beschäftigt; eine genaue Prüfung aller näheren Umstände im Einzelfalle wird stets unerläßlich sein. Es lassen sich jedoch einige allgemeine Gesichtspunkte, wie sie sich aus dem praktischen Gebrauch der intravenösen Injektion ergeben, kurz umgrenzen.

Auch bei größter Vorsicht und technischer Geschicklichkeit ist ein *Durchstechen der Vene und Injektion der Flüssigkeit in das umgebende Gewebe* bisweilen nicht zu vermeiden. Es dürfte wohl kaum einen Arzt geben, der dieses Mißgeschick noch nicht erlebt hat. Abgesehen davon, daß das Auffinden der Vene häufig schon sehr schwer ist, besteht eine weitere Schwierigkeit darin, die in die Blutbahn eingeführte Kanüle so zu halten, daß auch eine nachträgliche Verletzung der Venenwand bei dem Druck auf den Spritzenstempel vermieden wird. Es ist üblich, sich durch Ansaugen von Blut zunächst davon zu überzeugen, daß die Kanüle in der Vene liegt. Es kann aber vorkommen, daß auch hierbei schon die Kanülenspitze die gegenüberliegende Venenwand durchstochen hat. Bei Ausführung der Injektion tritt alsdann eine Anschwellung des paravenösen Gewebes auf; in diesem Fall ist die Ausführung sofort abzubrechen. — Vielfach wird besonders Wert darauf gelegt, daß der Patient angewiesen wird, eine *Schmerzempfindung* sofort anzugeben. Diese Vorsichtsmaßnahme ist aber praktisch nicht durchaus zuverlässig wegen der verschiedenen subjektiven Reaktion, zumal das Aufsuchen der Vene mit der Kanülenspitze vorher auch schon Schmerzen auslöste. Ferner ist hervorzuheben, daß die Schmerzäußerung erst bei bereits eingetretenem Schaden erfolgt, also zu spät kommt. Selbstverständlich ist bei dem eindeutig erkennbaren „Sofortschmerz“ (Perret) Vorsicht geboten, besonders wenn der Patient sich vorher ruhig verhalten hat.

Bei Streitfällen wird gelegentlich die Frage erörtert, *ob es statthaft ist, die Injektion durch eine Schwester oder ärztliche Hilfsperson ausführen zu lassen.* Diese Entscheidung gehört in das Gebiet der Ausbildung und Beaufsichtigung des Schwesternpersonals. Über die Berechtigung der Ausführung subcutaner Injektionen durch geprüfte Schwestern dürfen Zweifel wohl nicht zu erheben sein. Für die intramuskuläre und intravenöse Injektion muß der Arzt von Fall zu Fall entscheiden, ob die ärztliche Hilfsperson (Schwester, Krankenpfleger, Sprechstundenhilfe) genügend erfahren und ausgebildet ist. Die Ausführung erfolgt auf Anordnung und Verantwortung des Arztes. Das Krankenpflegebuch 1951, 18. Aufl. S. 224 betont ausdrücklich diese Voraussetzung. — Ebenso muß von den Laborantinnen für Zubilligung selbständiger Blutentnahme sorgfältige Technik gefordert werden. — In einem Fall, wo gegen einen Arzt der Vorwurf erhoben wurde, daß er intramuskuläre Einspritzungen von seiner Ehefrau hat vornehmen lassen, entschied das Landgericht Berlin 16. O. 164/49 in der Klageabweisung:

„Es ist üblich, intramuskuläre Injektionen auch von nicht staatlich geprüften Sprechstundenhilfen verabfolgen zu lassen, wenn der Arzt infolge Kenntnis der Ausbildung und Zuverlässigkeit seiner Sprechstundenhilfe, der regelmäßigen Beaufsichtigung ihrer Tätigkeit, seiner jedesmaligen Bezeichnung der Stelle der Injektion und der Menge des Mittels in der Lage ist, die Verantwortung hierfür zu tragen. Da die als Sprechstundenhilfe tätige Ehefrau des Beklagten seit vielen Jahren die Injektionen verabfolgt, so ist dem Beklagten keine Verletzung der ihm obliegenden Pflichten zur Last zu legen."

Von dem uns vorliegenden Material war in 3 Fällen eine Gewebsschädigung nach intravenöser Verabreichung von *Salvarsan* entstanden; neben einer umschriebenen Bindegewebsentzündung, die sich bald wieder ausglich, war es einmal zu einer Ausbreitung der Entzündung über den ganzen Arm gekommen, in deren Verlauf eine Absceßeröffnung notwendig wurde. Ein Verschulden seitens des Arztes wurde jedesmal nicht anerkannt.

Die Entstehung einer *Eiterung* wurde in weiteren 4 Fällen beobachtet, deren Auftreten auf angebliche Fehler des Arztes zurückgeführt wurde. In 2 Fällen handelte es sich um intravenöse Kalkinjektionen, bei den anderen um Einverleibung eines Leberpräparates bzw. verschiedener Medikamente zur Bekämpfung eines schweren Asthmaleidens. In dem letzteren Falle kam es zu einer vergleichsweisen Abfindung, während die übrigen abgewiesen wurden.

Das Auftreten von *Nekroseherden nach intramuskulärer Injektion* führte in 3 Fällen zu der Anschuldigung unsterilen Vorgehens. Nach Kochsalzinjektionen waren in beiden Oberschenkeln Herde zurückgeblieben, die Narbenbildung zur Folge hatten. Ferner war nach einer Gallenblasenoperation ein Chininpräparat in die Glutäalmuskulatur einverleibt worden; es kam an der Injektionsstelle zur Schwellung, Blasenbildung und Nekrose. Hier wurden seitens des Patienten außerdem auch Einwendungen gegen die Zuverlässigkeit des Medikamentes erhoben. Beide Fälle wurden nicht weiter verfolgt.

Während Abscesse sogleich eröffnet werden müssen, ist vor der Incision noch nicht eingeschmolzener Nekroseherde zu warnen, wegen Gefahr einer Sekundärinfektion bzw. auch Nachblutung.

Es ist ein Unterschied zu machen zwischen der Bildung eines Abscesses infolge Eindringens von Infektionserregern und einem sog. *sterilen Absceß*, hervorgerufen durch fehlerhafte Beschaffenheit des Medikamentes, der in einem Falle auch zur operativen Eröffnung führte. Gegen den behandelnden Arzt wurde der Vorwurf erhoben, daß er den Ampullen-Inhalt vorher nicht untersucht und dadurch Pflichtwidrigkeit begangen habe. Für die Aufklärung wurde eine Analyse und Begutachtung der noch vorhandenen Ampullen herbeigeführt durch das Robert-Koch-Institut Berlin (VI 3730/12. Dezember 1949). Danach war der eingetretene Ampullen-Inhalt zersetzt, „dadurch ist die Toxicität etwas, wenn auch nicht sehr hochgradig, erhöht. Infolge der Zersetzung kann es offenbar zu steriler Absceßbildung kommen". Es erfolgte Klageabweisung mit der Begründung, daß eine allgemeine Verpflichtung des Arztes zur Prüfung des zu verwendenden Ampullen-Inhalts nicht bestehe. In dem *Urteil der Berufungs-Instanz* (Kammergericht Berlin 7 UH 85.51) wird ausgeführt, daß eine Pflicht zur Prüfung des Medikamentes sich schon im Hinblick auf eine etwaige Gefährdung der Sterilität verbietet. „Nur für den Fall, daß makroskopisch, also mit bloßem Auge ohne weiteres die Veränderung oder Mangelhaftigkeit etwa durch eine abnorme Färbung des Inhalts erkennbar gewesen wäre und so die Vermutung einer Unbrauchbarkeit gerechtfertigt hätte, hätte eine Verpflichtung bestanden, den Inhalt der Ampulle vor ihrem Gebrauch untersuchen zu lassen. Dafür fehlt jeder hinreichende Anhalt."

Der sog. *„Spritzen-Absceß"* beruht entweder auf Eindringen von Eitererregern mit der Injektions-Spritze, aus meist nicht erklärbarer Ursache; oder es handelt sich um einen *„Infiltrat-Absceß"*, wobei es an der Injektionsstelle zu Schwellung und Bildung von toxischen Einschmelzungsherden kommt. Es ist bekannt, daß Spritzen-Abscesse immer wieder vorkommen, ohne daß ein Grund hierfür nachgewiesen werden kann; alle aseptischen Vorschriften können erfüllt sein. Ein derartiges Ereignis, das nach der 7. Einspritzung von Progynon bei einer 38jährigen Frau in der Gesäßgegend auftrat, wurde als Verschulden des Arztes ausgelegt. Das Landgericht kam zur Abweisung. Bei Behandlung eines juckenden Hautausschlages kam es zum Absceß nach intravenöser Calcium-Injektion. — In einem Falle konnte das Vorhandensein eines „Spritzen"-Abscesses im Oberschenkel widerlegt werden, da der Arzt nachweisen konnte, es sei keine Injektion an dieser Körperstelle erfolgt. Späterhin wurde der Eiterherd als sog. metastatischer festgestellt, ausgehend von einer Hüftgelenksvereiterung.

Von 2 Methoden, die in neuerer Zeit eine erhebliche praktische Ausbreitung gefunden haben, liegen mehrere Beobachtungen vor, bei denen wegen mißglückter intravenöser Einspritzung Schadensersatzansprüche gestellt wurden;

es handelte sich um eine diagnostische Methode zur Röntgenuntersuchung der Gallenblase und eine therapeutische zur Verödung von Krampfadern.

Es ist allgemein anerkannt, daß die Diagnostik des Gallensteinleidens durch Einführung der sog. *Cholecystographie* eine Förderung erfahren hat; man sucht einen Röntgenschatten der Gallenblase herbeizuführen durch perorale oder intravenöse Einverleibung eines Kontrastmittels, das durch die Leber ausgeschieden wird (Biligrafin, Teridex u. a.). In 4 Fällen kam es zu entzündlichen Erscheinungen infolge paravenöser Injektion (Schwellung des Armes, Infiltrationsabsceß, Thrombose). In einem Fall kam es zu einem gerichtlichen Verfahren, das erst nach 2 Jahren abweisend von der Berufungsinstanz entschieden wurde. — Die gleichen Verhältnisse liegen naturgemäß für Kontrastdarstellung der Niere vor.

Bei der *Injektionsbehandlung von Krampfadern* mit Kochsalzlösung bzw. Calorose kommt es bisweilen zu entzündlichen Veränderungen an den betreffenden Unterschenkeln. Diese pflegen im allgemeinen wieder völlig abzuklingen. Wegen der vorübergehenden, mit Schmerzen und Gehbehinderung verbundenen Reaktionserscheinungen bei Austritt der Injektionsflüssigkeit in das paravenöse Gewebe kommt es nicht selten zu Vorwürfen gegen die technische Ausführung.

In dem für den letzten Fall erstatteten Gutachten wurde die Methode als eine häufig geübte Behandlungsart bezeichnet ... „Es ist bei der Beurteilung gleichgültig, ob die Flüssigkeit bei der Einspritzung selbst in das Gewebe gelangte oder erst nachträglich wieder heraussickerte; die letztere Annahme ist nicht wahrscheinlich ... Daß die Flüssigkeit in das umgebende Gewebe gelangt, ist häufig unvermeidbar; es kommt dann zu einer Reaktion des Gewebes, die auch das Unterhautzellgewebe und die bedeckende Haut in Mitleidenschaft zieht ... Es ist noch zu berücksichtigen, daß Dr. X. nach eigener Angabe der Patientin bereits 3 Injektionen am anderen Unterschenkel ausführte, ohne daß eine Komplikation eintrat, und es ist wohl anzunehmen, daß er bei der 4. Injektion nicht weniger sorgfältig vorging. Es handelt sich um ein bedauerliches Mißgeschick, das jedem Arzt begegnen kann, auch bei Anwendung der größten Vorsicht. Ein ärztlicher Kunstfehler ist nicht anzunehmen."

Am weitaus häufigsten sind bei intramuskulärer wie intravenöser Injektion *Nervenschädigungen*. Diese können, abgesehen von einer Verletzung, zunächst durch die chemische Wirkung des Mittels verursacht sein. Eine solche kann auch eintreten, wenn der Nerv selbst nicht betroffen wurde, sondern die Injektionsflüssigkeit aus einer Nachbarschaft langsam an ihn heransickert. Es können ferner entzündliche Vorgänge in der Umgebung des Nerven sich abspielen und zu einer Einklemmung desselben durch Narbengewebe führen. Endlich kommt hierbei auch die bereits erwähnte toxische Fernwirkung in Frage.

Von 12 Fällen waren zweimal der N. medianus, dreimal der N. radialis und siebenmal der N. ischiadicus betroffen; nach den allgemeinen Erfahrungen steht der letztere an der Spitze, am zweithäufigsten kommt der Speichennerv. Die Medianusschädigungen klangen in kurzem wieder ab, so daß die Ansprüche nicht verfolgt wurden.

Die Radialislähmungen waren aufgetreten nach Injektion von Cibalgin, Hexeton und Äther. In einem Fall erfolgte Abweisung der Ansprüche; in den beiden anderen wurde von dem Gutachter hervorgehoben, daß Injektionen in die Muskulatur des Oberarms sehr leicht die Gefahr einer Nervenschädigung mit sich brächten.

In der Tat ist die Möglichkeit sehr groß, weil sowohl auf der Streck- wie Beugeseite die Nerven oberflächlich liegen können. Es ist dringend zu raten, für *intramuskuläre Injektionen nicht den Oberarm zu wählen.*

Im Gebiete des *Ischiadicus* wurden nach intramuskulärer Injektion in einem Falle Haftpflichtansprüche gestellt wegen angeblich zurückgebliebener Ischiasneuralgie, wofür jedoch keine Anhaltspunkte festgestellt werden konnten. — In einem anderen Falle war eine Entscheidung zu treffen, ob es sich um Lähmung infolge einer Tetanusantitoxininjektion oder Folgen einer spinalen Kinderlähmung handelte, von deren Bestehen der behandelnde Arzt Kenntnis hatte.

Die übrigen 5 Fälle betreffen mehr oder minder schwere Lähmungen im Ausbreitungsgebiet des Ischiadicus. Eine Chinininjektion wegen Malaria führte zu einer schweren Lähmung; ein technischer Fehler war dem beschuldigten Arzt nicht nachzuweisen. Bei einer Lähmung der Wadenbeinnerven nach Cibazol-Injektion in den Oberschenkel konnte aus der Tatsache, daß diese erst einen Tag später eintrat, auf eine toxische Fernwirkung in der Umgebung der Nerven geschlossen werden. — In einem weiteren Falle wurden wegen eingetretener Lungenembolie Anastilininjektionen in die Glutäalmuskulatur vorgenommen; nach der 7. Einspritzung kam es zu einer peripherischen schweren Lähmung des N. ischiadicus (N. tibialis entartet, N. peroneus intakt), die nicht völlig zurückging. Es wurde vom Patienten die Anschuldigung eines fehlerhaften Verfahrens bei der Injektion erhoben. Auf Grund mehrerer eingeholter Gutachten kam das Gericht zur Klageabweisung, weil der behandelnde Arzt bei der Ausführung der Einspritzung einen Kunstfehler nicht begangen habe, das benutzte Anastil bei der Art der Erkrankung des Klägers das geeignete Heilungsmittel gewesen und die Einspritzung an der richtigen Stelle erfolgt sei.

Die beiden letzten Fälle betreffen *Solvochinininjektionen.* In dem einen Falle wurde diese angewandt zur Bekämpfung einer postoperativen Lungenembolie. Durch die bei der intraglutäalen Einspritzung eingetretene toxische Schädigung war eine Lähmung des N. ischiadicus eingetreten; eine direkte Schädigung desselben wurde von dem behandelnden Nervenarzt nicht angenommen. Es hatte sich weiterhin ein sekundärer fixierter Spitzfuß entwickelt, der durch Redressement beseitigt werden soll; hierbei kam es zu einer Fraktur. — Aus der Feststellung, daß bei Ausführung der Injektion der Patient aufschrie, und daß erst nach Zurückziehen der Kanüle die Flüssigkeit einverleibt wurde, zog der Gutachter den Schluß, daß zuerst der Nerv, der in der Glutäalgegend die Dicke eines kleinen Fingers hat, getroffen wurde; nach

Zurückziehen der Nadel sei dann das umgebende Gewebe infiltriert worden, und zwar — bei 4 ccm Flüssigkeit — ziemlich erheblich. So seien dann hauptsächlich die Nervenkabel getroffen worden, die später als N. peroneus verlaufen. Bezüglich der Ausführung wurde die Lagerung auf dem Luftring als fehlerhaft bezeichnet, weil dadurch die Richtung des Stiches zu weit nach vorn erfolgte. Ferner wurde die Entwicklung des Spitzfußes als schuldhafte Unterlassung der Krankenhausärzte bezeichnet; sie sei leicht zu vermeiden gewesen durch einfache dauernde passive Hebung der Zehengegend. Auf Grund des Gutachtens erfolgte eine angemessene Abfindung.

Der letzte Fall erhielt unter Zuziehung namhafter Gutachter eine eingehende gerichtliche Prüfung, die für die *Schuldfrage bei Injektionen* wesentliche Gesichtspunkte bietet. Das dem rechtskräftigen, klageabweisenden Urteil des Kammergerichts vom 25. August 1938 zugrunde liegende Obergutachten geht davon aus, daß das Solvochin beim Kläger nicht in unmittelbarer Nähe des Ischiasnerven, sondern regelrecht eingespritzt worden ist. Die vom Obergutachter zwar nicht grundsätzlich abgelehnte, aber mit Rücksicht auf die geringe Menge des eingespritzten Chinins als unwahrscheinlich erachtete Möglichkeit, daß eine Solvochineinwirkung auf den Ischiasnerven des Klägers durch eine zufällig unglücklich verlaufene Diffusion herbeigeführt sein kann, vermag nach Ansicht des Gerichts keine Schadenersatzpflicht des behandelnden Arztes zu begründen, weil dafür kein Arzt und keine Schwester verantwortlich gemacht werden könne. Nach der Feststellung des Kammergerichts konnte von der vom Kläger selbst gezeigten Stelle aus bei der Solvochineinspritzung der Ischiasnerv gar nicht getroffen werden, und wurde auch das Solvochin in genügender Entfernung vom Ischiasnerv entladen. Ein Kunstfehler liege sonach nicht vor.

Zuletzt seien noch 2 Fälle angeführt, bei denen es nach intravenöser *Avertin*injektion zu sehr schweren Schädigungen kam. In dem einen traten Zirkulationsstörungen und in dem anderen eine Gangrän auf, so daß beidemal der Arm amputiert werden mußte. Nur in dem einen Fall konnte ein Fehler in der Technik nachgewiesen werden, so daß eine sehr angemessene Abfindung erfolgte.

e) Unsachgemäße Behandlung.

Bei den wegen unzulänglicher Behandlung erhobenen Schadenersatzansprüchen stehen im Vordergrund *Verletzungen*, die durch Infektion kompliziert werden, oder *eitrige Entzündungen* anderer Art. Wenn das Heilungsergebnis durch Funktionsausfall von Gelenken beeinträchtigt ist, so ist nicht selten der Arzt einer unnachsichtigen Kritik ausgesetzt, und es werden Haftpflichtansprüche gestellt.

In einem Fall wurde versäumt, einen in einer Wunde befindlichen Fremdkörper zu entfernen. Diese Unterlassung muß nach unseren neuzeitlichen Anschauungen der Wundversorgung als unsachgemäß bezeichnet werden. — Bei einer Handverletzung durch eine Feile trat eine eitrige Infektion ein, die zu einer Versteifung des Handgelenks führte. Daß *Stichverletzungen* eine besonders große Infektionsgefahr mit sich bringen, ist bekannt; sie erfordern daher sorgfältigste Überwachung. In dem vorliegenden Falle konnte der Vorwurf einer oberflächlichen Behandlung nicht aufrechterhalten werden. — Auch in einem weiteren Fall blieb im Anschluß an eine infizierte Schnittverletzung eine Versteifung des Handgelenks und Funktionseinschränkung des Ellbogengelenks zurück. Der behandelnde Arzt konnte den Vorwurf, daß er den Patienten, trotz ausdrücklichen Ersuchens, nicht in der Wohnung aufsuchte und für rechtzeitige Operation Sorge trug, nicht entkräften, so daß die Entscheidung gegen ihn fiel.

Der nächste Fall streift weitgehend die Voraussetzungen der modernen *Wundbehandlung* und zugleich die Frage, welche Vorsichtsmaßnahmen zu treffen sind, wenn ein Patient nach der Wundversorgung verreisen muß.

Bei einer Rißwunde an der Hand wurde Desinfektion der Umgebung und Nahtvereinigung der Wundränder vorgenommen; am folgenden Tag wurde nach Eintreffen in einer anderen Stadt wegen starker Schmerzen ein Arzt aufgesucht. Dieser verschrieb ein schmerzstillendes Mittel; erst am nächsten Tage wurde Schwellung und Rötung der Hand festgestellt und der Verband gewechselt; nach Entfernung der Fäden entleerte sich Eiter aus der Wunde. Im weiteren Verlauf kam es zu einer schweren Phlegmone, die Krankenhausbehandlung erforderte. Gegen den zweiten Arzt wurde nun der Vorwurf unsachgemäßen Verhaltens erhoben, weil er nicht bei der ersten Untersuchung den Verbandwechsel vorgenommen habe.

Der Gutachter legte der Tatsache große Bedeutung bei, daß der erstbehandelnde Arzt der Patientin für ihre Reise keine genauen Verhaltungsmaßregeln gab. Es würde dem allgemeinen Brauch entsprechen, dem nachbehandelnden Arzt in einem Briefe die getroffenen Maßnahmen mitzuteilen. „Dr. X. konnte bei der ersten Konsultation aus dem Untersuchungsbefund nicht den Schluß ziehen, daß bereits eine Infektion eingetreten wäre. Aus der Mitteilung der Patientin, daß die Wunde genäht sei, was bei einer Gelegenheitswunde durchaus kein alltägliches Verfahren ist, mußte er schließen, daß es sich um aseptische Verhältnisse gehandelt habe, und daß die Schmerzen lediglich durch die Verletzungsfolge als solche ausgelöst wurden. Es sprechen auch die in den folgenden Tagen von Dr. X. getroffenen Maßnahmen durchaus dafür, daß er sachgemäß vorging ... Die Unterlassung des Verbandwechsels bei der ersten Untersuchung war kein Kunstfehler."

Über die rechtliche Entscheidung hinaus lenkt dieser Fall hin auf die Grundsätze der *Behandlung von Gelegenheitswunden,* die in dem Schrifttum eine weitgehende Erörterung erfahren, und deren Befolgung sich jeder Arzt zur Pflicht machen muß. Im Vordergrund steht die Vornahme einer mechanischen Wundreinigung. Alle Gewebsfetzen und Nekrosen sind zu entfernen, es dürfen keine Buchten und Ausläufer zurückbleiben, sondern es muß freier Sekretabfluß gesichert sein. Auf diese Weise wird eine gut durchblutete und gereinigte Wunde geschaffen, was die beste Vorbeugung gegen eine Infektion darstellt. Tägliche Verbandwechsel sind keineswegs angezeigt, vielfach sogar schädlich; aber eine genaue Überwachung des Patienten und Eingreifen bei Eintritt von Schmerzen oder Verdacht auf Störung des Wundverlaufs ist naturgemäß unerläßlich.

Die Behandlung eines *Panaritium* führte in 3 weiteren Fällen zu Vorwürfen gegen die behandelnden Ärzte. In dem ersten wurde die Klage abgewiesen, da der Patient eigenmächtig aus der Behandlung fortgeblieben war, die im übrigen als sachgemäß bezeichnet wurde. — In dem andern hatte die eitrige Entzündung auf den Knochen übergegriffen, so daß mehrere operative Eingriffe erforderlich wurden, und ein teilweiser Verlust des Daumenknochens zurückblieb. Es wurde als Kunstfehler angeschuldigt, daß die Eiterung nicht durch ergiebige Operation sogleich beseitigt wurde. Weitere Vorwürfe wurden erhoben gegen „Ausdrücken" der Wunde, Anwendung eines Heftpflasterverbandes und die Erlaubnis zur Ausführung von Hausarbeiten. — Der behandelnde Chirurg konnte den Nachweis führen, daß bei der virulenten Infektion der entfernte Knochenteil abgestorben war, und daß der Patient das Spreizen der Wunde beim Verbandwechsel mit „Drücken" verwechselt habe. Es habe auch eine beginnende Infektion der Daumenbeugesehne vorgelegen, so daß zur Verhütung weiterer Ausbreitung das radikale Vorgehen angezeigt war. — In einem andern Falle wurde gegen die Verordnung von *Rivanol*-Verbänden Vorwurf erhoben, weil angeblich „Verbrennungen" eingetreten waren. Es handelte sich jedoch um den schicksalmäßigen Ablauf eines Panaritium.

In einem Fall von *eitriger Knochenmarksentzündung* wurden die schweren Folgezustände (Versteifung des Kniegelenks, Verkürzung des Beins und Wirbelsäulenverkrümmung) als Verschulden des Arztes geltend gemacht.

In dem Gutachten wurde ausgeführt, daß die *Osteomyelitis,* die hauptsächlich das jugendliche Alter betrifft, sich meist in Gelenknähe abspielt und häufig Gelenkveränderungen und -zerstörungen hervorruft, sowie auch durch Wiederaufflackern der Infektion lebensbedrohliche Zustände hervorrufen kann.

Dies war bei dem Kinde der Fall ... Die durchgeführte operative Freilegung des Eiterherdes war sachgemäß. Wenn dadurch eine völlige Ausheilung nicht erreicht wurde, sondern bei der Entlassung aus dem Krankenhaus noch Granulationswunden bestanden, so entspricht das durchaus den Beobachtungen bei der vorliegenden schweren Erkrankungsform mit Beteiligung des benachbarten Gelenkes ... Die eingetretene Verkürzung des Unterschenkels ist darauf zurückzuführen, daß auch die Wachstumszone ergriffen war. Die Wirbelsäulenverkrümmung ist als kompensatorisch aufzufassen ... Da das Kind entgegen dem ärztlichen Rat aus der Nachbehandlung fortblieb, so kann die durch zu frühzeitige Belastung entstandene ungünstige Zwangsbeugestellung des Kniegelenkes nicht dem Arzt zum Vorwurf gemacht werden."

Die Osteomyelitis ist immer eine schwere Erkrankung, deren Verlauf nicht absehbar ist; es empfiehlt sich, die Eltern darüber aufzuklären, auch im Hinblick auf die Möglichkeit zurückbleibender Deformität. Es sei auch ein Ausspruch des bekannten Chirurgen *Kirschner* erwähnt, daß es auch Fälle von chronischer Osteomyelitis gibt, die trotz aller Bemühungen nicht zur Heilung kommen.

Konservatives Vorgehen wurde in einem Falle dem Arzt als unsachgemäß zum Vorwurf gemacht. Es handelte sich um einen bei Sportbetätigung zugezogenen Muskelriß. Obwohl hierbei konservative Behandlung durchaus zweckmäßig ist, mußte sich doch die Berufungsinstanz mit der Klärung beschäftigen, die zur Klageabweisung führte.

Eine *Massagebehandlung*, die zur Behandlung neuralgischer Beschwerden durchgeführt war, wurde in zwei Fällen dem Arzte als Kunstfehler ausgelegt. In dem einen wurde eine eingetretene Thrombose als Folge der Behandlung bezeichnet, was vom Gericht zurückgewiesen wurde. In dem anderen wurde eine angebliche Verschlimmerung des Ischiasleidens auf die Massage zurückgeführt. Dieser Vorwurf ist völlig unberechtigt, zumal diese Behandlungsart bei Ischias häufig angewendet wird.

Die Durchführung einer *Gipsverbandbehandlung* bei Spiralbruch des Schienbeins wurde einem Arzt zum Vorwurf gemacht, weil angeblich Drahtextension hätte angewendet werden müssen; das ungünstige Heilungsergebnis wurde darauf zurückgeführt.

Im Gutachten wurde zum Ausdruck gebracht, daß die Auswahl der Behandlungsmethode dem Arzte überlassen werden müsse. „Daß Dr. X. sachgemäß verfahren ist, geht besonders daraus hervor, daß er nach erfolgter Röntgenkontrolle den Verband wieder abnahm und einen nochmaligen Repositionsversuch folgen ließ. Daß das Heilungsergebnis, besonders hinsichtlich der Verkürzung des Unterschenkels, ungünstig war, liegt an der Art und Lokalisation des Bruches... Ein weiterer Grund für das sorgfältige Vorgehen des Dr. X. ist darin zu erblicken, daß er in seinem Briefe vom ... dem Patienten vorschlug, sich noch einmal in seine Behandlung zu begeben zwecks operativer Stellung der Bruchstücke. Er hat also auch nachträglich dem Patienten die Möglichkeit geben wollen, durch Operation eine bessere Heilung zu erzielen."

Eine angeblich falsche Behandlung bei *Achillessehnenriß* infolge Unterlassung eines fixierenden Verbandes wurde zum Anlaß eines Haftpflichtprozesses gegen einen Facharzt für Orthopädie. Die Klage wurde durch Urteil des Landgerichts X. vom 13. November 1937 abgewiesen, weil es den Beweis nicht als erbracht ansah, daß die vom Arzt gewählte Behandlungsweise gegen die in der ärztlichen Wissenschaft allgemein anerkannten Regeln verstoßen habe, und er ihre Unzweckmäßigkeit bei sorgfältiger Untersuchung des Klägers hätte erkennen müssen. Das gelte auch dann, wenn man unterstelle, daß nach dem derzeitigen Stand der ärztlichen Wissenschaft die Anlegung eines Fixierungsverbandes zur Erreichung eines erfolgreichen Heilungsverlaufes bei einem Sehnenriß für erforderlich zu erachten sei, denn eine solche Verletzung habe beim Kläger nicht vorgelegen. Der Umstand, daß die Ansichten der Gutachter über die Zweckmäßigkeit der gewählten Behandlungsart voneinander abweichen, könne höchstens zu dem Ergebnis führen, daß eine *einheitliche Lehrmeinung hierüber nicht bestehe.* In einem derartigen Falle begehe aber der behandelnde Arzt *keinen ärztlichen Kunstfehler, wenn er die eine oder die andere Behandlungsart wähle.* Aber er handelt fahrlässig, wenn er nicht die größere Vorsicht beobachtet (BGHZ 8, 140). Er habe bei einer solchen Sachlage selbst dann nicht fahrlässig gehandelt, wenn sich *die von ihm gewählte Behandlungsweise später als nicht zweckmäßig erweisen* sollte.

In ähnlichem Sinne spricht sich das bereits an anderer Stelle angezogene Urteil des Reichsgerichts vom 7. Januar 1938 (III 89/37, JW 38, 2203) aus, wo es u. a. heißt:

Hätte sich zu der Zeit, als der Beklagte (ein praktischer Arzt) die Wunde des Klägers verband, in der ärztlichen Wissenschaft und Praxis eine einheitliche Ansicht darüber gebildet gehabt, daß bei Schnittwunden der vorliegenden Art die Wundausschneidung zur ordnungsmäßigen Behandlung erforderlich sei, so träfe den Beklagten ein Verschulden, weil er die allgemein in der ärztlichen Praxis anerkannten Regeln der ärztlichen Wissenschaft nicht befolgt und eine Behandlung vorgenommen hat, die nach diesen Regeln nicht zu billigen wäre. Aber so liegt die Sache eben nicht. Die Meinungen in der ärztlichen Wissenschaft und Praxis, ob und unter welchen Umständen bei Schnittwunden eine Wundausschneidung erforderlich ist, gingen nach den angeführten Gutachten zu der Zeit, als der Beklagte die Behandlung des Klägers übernahm, auseinander. Das betont ja auch Prof. X. Nach seiner Ansicht ist bei Wunden mit verschmutzter Umgebung die sofortige Wundausschneidung nötig, weil dadurch nach den Erfahrungen des Weltkriegs die nicht nur von der Virulenz, sondern auch von der Zahl der Erreger abhängige Infektionsgefahr auf das Mindestmaß beschränkt wird. Es ist allgemein bekannt, daß bei schweren Verwundungen, namentlich solchen durch Granatsplitter, Kleiderreste oder Schmutz in die Wunde kommen und bei der Art solcher Verletzungen nicht durch den Blutfluß ausgespült werden. Das gleiche wird von Wunden zu gelten haben, die jemand sich bei Straßenunfällen zuzieht. Aber auch Prof. X., der hierauf hinweist, hebt hervor, daß Wunden, die nicht bei solchen Unfällen entstanden und nur mit Öl, Metall oder Schmirgelstaub verschmutzt sind, weniger infektiös seien. Beachtet man, daß nach den übereinstimmenden Gutachten bei starker Blutung, wie sie hier vorgelegen hat, glattrandige Wunden erfahrungsgemäß bei Industriearbeitern der Metallindustrie fast stets ohne Wundausschneidung glatt heilen, so kann nicht angenommen werden, der Beklagte habe alsbald für die Vornahme der Wundausschneidung sorgen müssen und durch deren Unterlassung fahrlässig die ärztliche Sorgfaltspflicht verletzt. Angesichts der von Dr. Y. und den anderen Sachverständigen bezeugten Erfahrungen über die Behandlung von Wunden der Industriearbeiter kann auch dem Beklagten nicht etwa ein Vorwurf daraus gemacht werden, daß er den Kläger nicht sofort einem Chirurgen zugewiesen oder ihm eine Wundausschneidung empfohlen hat.

Die Frage des *Auseinandergehens der Ansichten der Fachkreise* berührt auch das Urteil des Reichsgerichts vom 12. Oktober 1934 (III 61/34, JW 35, 115), das die Möglichkeit des Verschuldens wegen *unsachgemäßer Behandlung eines Oberschenkelbruches* auch ohne Vorliegen eines Kunstfehlers bejaht. Der Fall lag folgendermaßen:

Der jetzt 12 Jahre alte Kläger stürzte am 3. August 1929 bei einem Tor in E. von seinem Fahrrad und wurde hierbei von einem vorbeikommenden Lastfuhrwerk so überfahren, daß er einen Bruch des rechten Oberschenkels erlitt. Er wurde in das Städtische Krankenhaus gebracht und dort durch dessen leitenden Arzt, den Beklagten, behandelt, der ihm zunächst einen Heftpflaster- und dann am 12. August 1929 einen Glaukostreckverband anlegte. Bei der am 3. September 1929 während einer Urlaubsabwesenheit des Beklagten durch dessen Assistenten vorgenommenen Entfernung des letzteren Verbandes zeigte sich, daß zwar der Oberschenkelbruch völlig geheilt war, daß sich aber auf dem Fußrücken des verletzten Beines ein größeres Druckgeschwür gebildet hatte. Die Heilung dieses Geschwürs wurde durch eine zweimalige Wundroseinfektion verzögert und machte eine stationäre Behandlung des Klägers bis zum 22. November 1929 erforderlich. Das Druckgeschwür hatte ferner zur Folge, daß am rechten Fuß eine sog. Knicksenkung zurückblieb, welche den Kläger bis zu einem gewissen Grade dauernd am Gehen behindert.

Die gegen den leitenden Arzt gerichtete Schadenersatzklage wurde vom Oberlandesgericht K. abgewiesen. Das Reichsgericht hob aber das Berufungsurteil auf und verwies diese Sache an das Oberlandesgericht zurück, indem es u. a. ausführte:

„Das Berufungsgericht verneint im Gegensatz zum ersten Richter ein Verschulden des Beklagten, seines Assistenten und der ihm nachgeordneten Krankenschwestern, obwohl es davon ausgeht, daß während der Zeit, in welcher der Glaukostreckverband angelegt war, Schmerzensäußerungen des Klägers unstreitig zur Kenntnis des Beklagten gelangt seien, obwohl es ferner feststellt, daß der Kläger nach Anlegung des Glaukostreckverbandes gegenüber einer Krankenschwester wiederholt über Schmerzen an dem kranken Bein geklagt habe, und daß hiervon der Beklagte unterrichtet worden sei. Im wesentlichen führt das angefochtene Urteil hierzu aus, die Frage, ob und wann die vorzeitige Abnahme eines Streckverbandes angezeigt erscheine, sei eine rein medizinische und stehe im Einzelfall in dem pflichtmäßigen Ermessen des behandelnden Arztes. Dieser müsse, um nicht die Heilung des Bruches in Frage zu stellen oder gar unmöglich zu machen, vor allem darauf achten, daß der angelegte Streckverband tunlichst in seiner ursprünglichen Lage erhalten bleibe und nur bei schwerwiegender Indikation vorzeitig entfernt werde. Die Professoren Dr. R. und Dr. H. bezeichneten nun die Behandlung des Klägers durch den Beklagten als in jeder Weise sachgemäß. Der Facharzt Dr. N. vertrete allerdings den Standpunkt, daß beim Bekanntwerden während mehrerer Tage in gleichbleibender Weise erfolgende Schmerzensäußerungen des Klägers die alsbaldige Feststellung der Ursachen dieser Schmerzen bei Anwendung der größtmöglichen Vorsicht angezeigt gewesen wäre, die Beweisaufnahme ergebe jedoch für das Bestehen solcher Voraussetzungen keinen Anhalt. Wenn daher der Beklagte bei der mit seinem Assistenten gelegentlich erörterten Frage, ob der Verband abzunehmen oder zu belassen sei, sich für letzteres entschieden habe, um die Heilung des Oberschenkelbruches nicht zu unterbrechen, so könne ihm das nicht als schuldhafte Verletzung seines pflichtmäßigen Ermessens und die Entstehung des Druckgeschwürs nicht als Kunstfehler zugerechnet werden. Gleiches gelte für den Assistenten und die Krankenschwestern.

Nicht mit Unrecht wendet sich die Revision gegen diese Stellungnahme. Zunächst verkennt das Berufungsgericht, daß ein Verschulden im Sinne des § 276 BGB auch gegeben sein kann, wenn kein ärztlicher Kunstfehler, d. h. keine Verletzung bestimmter in der Wissenschaft allgemein anerkannter Regeln vorliegt. Dieser Grundsatz verdient um so mehr Beachtung, wenn aus dem Sachverhalt hervorgeht, daß es sich nicht um *Regeln handelt, die in der Wissenschaft allgemein anerkannt* sind, sondern daß die Ansichten der Fachkreise zum mindesten auseinandergehen. Dazu kommt, daß das angefochtene Urteil in der Beweiswürdigung nicht frei von Widersprüchen oder doch unklar und nicht erschöpfend ist. Wenn es nämlich feststellt, daß der Kläger nach Anlegung des Glaukostreckverbandes nicht nur ‚Tag und Nacht' gegenüber einem Krankenzimmergenossen, sondern auch gegenüber einer Krankenschwester über Schmerzen an dem kranken Bein geklagt habe, daß der Beklagte von den Schmerzäußerungen des Klägers bei seinen vor Antritt der Urlaubsreise ‚täglichen' Krankenbesuchen Kenntnis erlangt habe, daß nach seiner Abreise die Klagen des Kindes ‚nicht aufgehört' hätten, daß die als Zeugin vernommene Mutter des Klägers ‚täglich' den Schwestern und dem Assistenten ‚über die Schmerzen des Kindes unten am Fuß' geklagt und auch dem Beklagten selbst ‚darüber' gesprochen haben wolle, daß ‚Patienten den Ursprungsort der Schmerzen durch den Verband hindurch meist nicht genau lokalisieren' könnten, und daß mangelnde Äußerungen des Klägers über lokalisierte Schmerzen den Beklagten ‚nicht völlig entlasten' würden, wenn ihm wirklich besonders auffallend über Schmerzen geklagt worden wäre, so ist weder nach der Erfahrung des Lebens ohne weiteres einzusehen, weshalb derart häufige und den verschiedensten Personen gegenüber kundgegebene Schmerzensäußerungen, wie sie hier vorgekommen sind, nicht als ‚besonders auffallend‘ anzusprechen sein sollen, noch ist es rechtlich zu verstehen, weshalb aus der Gesamtheit dieser Umstände nicht die Folgerung gezogen wird, daß ein Verschulden des Beklagten oder doch seiner Erfüllungsgehilfen vorliege, für das er nach §§ 276, 278 BGB einzustehen hätte, sondern ein Verschulden überhaupt verneint wird. Endlich kann der Revision auch darin beigetreten werden, wenn sie angesichts der tatsächlichen Feststellung, daß es sich bei dem Kläger um ein Kind handle und (nach dem vom Berufungsgericht in bezug genommenen Gutachten des Universitätsprofessors Dr. H.) das ‚seit alters her bekannte‘ Auftreten von Druckgeschwüren, ‚deren Entstehung bisweilen nicht zu klären sei‘, auch im Verlaufe eines Heftpflasterstreckverbandes ‚immer wieder‘ vorkomme, geltend macht, es hätte die dem Arzt obliegende Sorgfaltspflicht geboten, den Kläger wiederholt zu befragen, ob lokalisierte Schmerzen vorhanden seien, und ihn darüber zu belehren, daß er es sagen müsse, wenn er solche Schmerzen habe. In dieser Richtung ermangelt das angefochtene Urteil jeglicher Erörterung.“

Es seien endlich noch 4 Fälle erwähnt, wo der Vorwurf einer *Verschlimmerung der Krankheit* durch die angewandte Behandlung erhoben wurde. Er richtete sich einmal gegen Injektionen von Calcium und Traubenzucker bei einem schwer Herzkranken, der gleichzeitig noch an Zuckerharnruhr litt. — Die anderen Fälle betreffen Lungentuberkulose, wobei besonders die Unterlassung der Pneumothoraxbehandlung als unsachgemäß bezeichnet wurde. — Nur in einem dieser Fälle wurde ein fehlerhaftes Vorgehen des Arztes anerkannt, die übrigen wurden als unbegründet abgewiesen.

f) Unglücksfall bei Behandlung.

Es ist bekannt, daß die diagnostischen und therapeutischen Methoden, die mit Einführung von Instrumenten in die Speiseröhre verbunden sind, niemals die Forderung absoluter Ungefährlichkeit erfüllen können. Das Zustandekommen von Verletzungen sowie Art und Lokalisation wurde von dem einen von uns früher eingehend gewürdigt[1].

Bei einem Fall von krampfartigem Verschluß des Mageneinganges (Kardiospasmus) war die Ernährungsstörung so hochgradig geworden, daß nach Einlieferung in Krankenhausbehandlung die Dehnungsbehandlung durchgeführt werden mußte. Hierbei wurde das Verfahren angewendet, daß der Dehnungsapparat, sobald er im Magenmund liegt, mit Wasser gefüllt wird. Hierdurch wird eine allmähliche Dehnung gewährleistet, und das Verfahren gilt allgemein als schonend. Durch einen Einriß im Dehnungsballon kam es nun zu Wasseraustritt in den Magen und durch die Druckwirkung zu einem Magenwandriß. Trotz sofortiger Operation kam es zu einem unglücklichen Ausgang.

Der Nachweis, daß ein Kunstfehler nicht vorlag, erfolgte einwandfrei, und die erhobene Anschuldigung wurde dann auch zurückgezogen. Es konnte

[1] *Hübner, A.:* Lehrbuch der Gastroskopie. Jena. G. Fischer 1928.

insbesondere festgestellt werden, daß man mit großer Vorsicht zu Werke gegangen war, und daß die eingetretene Komplikation als unglücklicher Zufall aufzufassen sei.

Es sei mit Bezug auf die Druckwirkung des Wassers darauf hingewiesen, daß Verletzungen des Magens auch bei der Magenspiegelung beobachtet wurden, wenn auch weit seltener als die der Speiseröhre. Das Zustandekommen ist nicht immer geklärt. Abgesehen von der seltenen Möglichkeit daß sich die Spitze des Instrumentes in einer Schleimhautfalte verfängt und an dieser Stelle die Magenwand perforiert, spielt zweifellos die Luftaufblähung eine wesentliche Rolle, zumal bei pathologisch veränderter Magenwand oder bei fixiertem Magen.

Es ist selbstverständlich, daß bei Ausführung dieser Methoden eine Herabsetzung der Gefährlichkeit angestrebt werden muß unter genauer Beachtung der Gegenanzeigen. Außerdem muß bei dem ausführenden Arzt höchste technische Beherrschung des Verfahrens vorausgesetzt werden.

g) Katheterismus.

Bei der häufigen Anwendung der Blasenentleerung mit Hilfe eines Katheters und bei den bekannten Schwierigkeiten, die nicht selten bei der Ausführung in die Erscheinung treten, ist zu erwarten, daß auch hierbei Haftpflichtansprüche geltend gemacht werden. Dabei stehen im Vordergrund nachfolgende Blutungen oder Harnwegsinfektion.

Beim Katheterismus handelt es sich um die schonendste und gewissermaßen physiologische Methode, um den gestörten Urinablauf in Gang zu bringen; aber sie kann bei unsachgemäßer Anwendung schweren Schaden anrichten. Es muß daher eine sichere Technik und peinlichste Asepsis gefordert werden. Es darf niemals versucht werden, einen auftretenden Widerstand durch Kraftanstrengung zu überwinden; man muß vielmehr zur rechten Zeit aufhören. Eine nachfolgende Blutung läßt nicht ohne weiteres den Schluß zu, daß eine Verletzung erfolgt ist; bei älteren Männern muß naturgemäß mit einer brüchigen und leicht blutenden Schleimhaut gerechnet werden.

In einem Fall kam es zu einem unglücklichen Ausgang infolge starker Blutung, die aber bei der Erkrankungsart (Prostatacarcinom) durch besondere Umstände und nicht durch ärztliches Verschulden bedingt war. — In einem anderen Fall sollte ein Arzt in Anspruch genommen werden wegen ungenügender Sterilisierung der Instrumente, so daß eine Infektion der Harnwege auftrat; es wurde sogar Strafanzeige gestellt. Das Verfahren kam zur Einstellung, da die erhobenen Vorwürfe sich als unbegründet erwiesen.

In einem weiteren Falle kam es zu einer aufsteigenden Coliinfektion. Der Patient beschuldigte den Katheterismus als auslösende Ursache, der außerordentlich schmerzhaft und mit Blutabgang verbunden gewesen sei. In dem Gutachten wurde der Modus der Infektion genau untersucht.

„Bezüglich der *Entstehung der Infektion* bestehen verschiedene Möglichkeiten. In einem großen Teil der Fälle kommt es zu einer sog. Spontaninfektion, bei der häufig die Ursache nicht aufzuklären ist. Es kann sich auch aus der Umgebung der Blase der entzündliche Prozeß auf die Wand dieses Organes fortsetzen; so wird z. B. bei eitriger Blinddarmentzündung nicht selten eine Miterkrankung der Blase beobachtet. Auch bei Allgemeininfektion (z. B. Typhus und Paratyphus) kommen spontan entstandene Entzündungen vor. — Eine weitere Möglichkeit bildet eine Infektion der Blase auf dem Blutwege, was jedoch selten beobachtet wird. Ebenso noch eine Infektion von der Niere oder dem Nierenbecken auf dem Wege durch den Harnleiter in Frage. — Am weitaus häufigsten werden Infektionen bei Männern instrumentell hervorgerufen, wenn die Notwendigkeit einer künstlichen Blasenentleerung vorliegt... Auch bei sorgfältigster Asepsis ist eine Blaseninfektion nicht immer zu vermeiden. Der Grund hierfür liegt darin, daß in der Harnröhre selbst immer Keime vorhanden sind, die durch das eingeführte Instrument in die Blase befördert werden... *Es kommt nicht darauf an, ob ein Katheterismus leicht oder schwer gelingt, ob er schmerzhaft oder schmerzlos ist, sondern die Voraussetzung bildet, daß aseptisch vorgegangen wird*... Der Ausbruch der Infektion erfolgte erst 8 Tage nach dem Katheterismus, und zwar akut mit schweren Erscheinungen, so daß ein Zusammenhang unwahrscheinlich ist."

Daß auch Katheterverletzungen unberechtigt dem Arzt vorgeworfen werden, erweist ein von *Dittrich* mitgeteilter Fall, wo erst nach dem Tode des Patienten von anderer Seite mitgeteilt wurde, daß er mit Holzstäbchen sich selbst die Schädigung beigebracht habe.

h) Serumanwendung.

Eine unterlassene oder verspätete Serumgabe wird bei Ausbruch von Krankheitserscheinungen nicht selten zum Anlaß von Regreßansprüchen. Nach einer Hundebißverletzung kam es später zu einer Beinlähmung, und es wurde der Vorwurf erhoben, daß zu spät Rekonvaleszentenserum verabfolgt sei. Erst nach einiger Zeit konnte aber die Diagnose einer epidemischen Kinderlähmung erhärtet werden.

In mehreren Fällen von Tetanus handelte es sich um Vorwurf fahrlässigen Handelns, weil eine *prophylaktische Antitoxineinspritzung* nicht vorgenommen war. Der eine Fall (Quetschwunde an der Großzehe) endete tödlich, während der zweite Erkrankungsfall (Quetschwunde an der Stirn durch Steinwurf) die Erblindung eines Auges im Gefolge hatte; in dem dritten Fall (Kreissägenverletzung an der Hand) trat Genesung ein.

Über den Wert der *vorbeugenden Serumbehandlung* finden in wissenschaftlichen Kreisen lebhafte Erörterungen statt. Den Anlaß hierzu gaben zahlreiche Beobachtungen, daß trotz vorschriftsmäßiger Anwendung der Serumprophylaxe die Krankheit ausbrach und tödlich endete. Es kommt ferner hinzu, daß das Serum kein harmloses Mittel ist, sondern körperliche Schädigungen hervorrufen kann, auch Todesfälle infolge anaphylaktischem oder allergischem Schock. Wenn auch hier nicht auf den wissenschaftlichen Meinungsaustausch näher eingegangen werden soll, so muß doch die Tatsache erwähnt werden, daß nachgewiesenermaßen ein großer Teil der Ärzte die Serumprophylaxe nicht anwendet. Danach kann naturgemäß eine rechtliche Bindung nicht anerkannt, und die Unterlassung der Serumgabe kann nicht als Kunstfehler bezeichnet werden. In den von der Deutschen Gesellschaft für Unfallheilkunde herausgegebenen „Leitsätzen zur ärztlichen Versorgung der Zufallswunde" findet sich zur Tetanusfrage folgende Stellungnahme: *„Die Abstandnahme von der Tetanusantitoxingabe ist daher nicht grundsätzlich als Kunstfehler anzusehen."*

Es ist unbestreitbar, daß wir durch genaueste Befolgung der maßgebenden Grundsätze für die Wundbehandlung dem Auftreten des Starrkrampfes das sicherste Bollwerk entgegensetzen. Solange aber die Frage der Serumgabe noch nicht endgültig geklärt ist, muß jeder Arzt nach seinem Gewissen sich entscheiden. Es ist keinem zu verwehren, die Serumprophylaxe auszuüben, wenn er von ihrem Wert überzeugt ist. Ebenso muß aber auch der Ablehnung dieser Methode durch eine große Zahl der Ärzte Rechnung getragen werden. Eine Haftpflicht bei *unterlassener Serumeinspritzung* ist ebenso auszuschalten, wie sie auch *für Schädigungen infolge des Serums* nicht anerkannt werden kann. Die aktive Schutzimpfung mit Tetanol oder Tetatoxoid ist gefahrlos und verleiht sicheren Schutz. Eine allgemeine Einführung derselben ist dringend erwünscht.

Es muß aber an dieser Stelle darauf hingewiesen werden, daß das Reichsgericht seine in früheren Urteilen niedergelegte Auffassung, es könne einem Heilbehandler nicht zum Vorwurf gereichen, wenn er eine noch von der Wissenschaft anerkannte Heilmethode anwende, obwohl die Mehrheit der Ärzte anderer Ansicht sei, in einer späteren Entscheidung doch wesentlich eingeschränkt hat. In RGSt. 74, 60ff. (Anh. 29) betont das RG mit aller Schärfe, daß wenn ein Heilmittel bei einer bestimmten Krankheit im Verhältnis zu allen anderen als besonders wirksam anerkannt sei, die Ärzte und andere Heilbehandler *verpflichtet seien*, es anzuwenden, und daß auch der Anhänger eines anderen Heilverfahrens in solchen Fällen die besseren Erfolge der von der eigenen abweichenden Richtung nicht außer acht lassen dürfe.

7. Operationen.

a) Widerrechtliche Operation.

Diesem Abschnitt ist der für die ärztliche Haftpflicht aus Operationen wichtigste vom Reichsgericht immer wieder betonte Grundsatz voranzustellen, daß der Arzt weder zu einer Operation noch zu irgend einem anderen Eingriff in die körperliche Unversehrtheit eines Kranken ohne dessen Einwilligung berechtigt ist. Jeder derartige Eingriff des Arztes ohne Einwilligung des Patienten oder seines gesetzlichen Vertreters ist rechtswidrig und kann u. U. als Körperverletzung bestraft werden. Daran hat das Reichsgericht seit der

Entscheidung in RGSt. Bd. 25, S. 375 (im Jahre 1897) bis in die letzte Zeit seiner Tätigkeit festgehalten. Auch hat es den Arzt für verpflichtet erklärt, vor jedem schwerwiegenden Eingriff die *Notwendigkeit* eines solchen durch Benutzung aller Erkenntnisquellen festzustellen, deren Anwendung nach dem Stande der ärztlichen Wissenschaft und nach den zur Verfügung stehenden Mitteln möglich ist, auch ohne neue ernstliche Gefährdung des Kranken (durch Zeitverlust oder durch die Art der Untersuchung selbst) stattfinden kann. (Näheres RGZ Bd. 163, 129 ff.; Bd. 168, 206 ff. Anh. Nr. 14 und 15).[1]

Nur wenn Gefahr im Verzuge besteht und die Einwilligung des Kranken oder seines gesetzlichen Vertreters nicht mehr rechtzeitig zu erlangen ist, oder wenn der Arzt sich in *entschuldbarem* Irrtum befand, der Patient oder sein gesetzlicher Vertreter sei mit der Operation einverstanden, würde es nach der jetzt immer noch maßgebenden Rechtsprechung, der auch der BGH nicht entgegengetreten ist, an einer subjektiven Widerrechtlichkeit, d. h. an einem die Schadensersatzpflicht begründenden Verschulden fehlen (RGZ Bd. 68, 437).

Eine Ausnahme von dem Grundsatz, daß zu einem ärztlichen Eingriff in den Körper eines nicht geschäftsfähigen Kranken die Einwilligung des Sorgeberechtigten (gesetzlichen Vertreters) erforderlich ist, wird von der Rechtsprechung nur für den Fall anerkannt, daß der gesetzliche Vertreter sein *Sorgerecht mißbraucht* (§ 1666 BGB). Sofern nämlich der Sorgeberechtigte sich weigert, bei seinem erkrankten Kinde ein Heilmittel anwenden zu lassen, das bei einer bestimmten Krankheit im Verhältnis zu allen anderen Mitteln als besonders wirksam anerkannt ist, so liegt darin ein Mißbrauch seines Sorgerechts. Der behandelnde Arzt ist in diesem Falle berechtigt und verpflichtet, einem solchen Mißbrauch entgegenzutreten, in Fällen dringender Gefahr, wenn behördliche Hilfe nicht rechtzeitig zu erlangen wäre, namentlich auch dadurch, daß er das Heilmittel bei dem Kinde auch gegen den erklärten Willen des Sorgeberechtigten anwendet, wenn das möglich ist. Das wird vom Reichsgericht unter dem Gesichtspunkt der Nothilfe für zulässig erachtet, ja das Reichsgericht hat sogar eine Verpflichtung des Arztes zu dieser Nothilfe für gegeben erklärt und sie aus den nahen persönlichen Beziehungen gefolgert, die zwischen Arzt und dem der Gewalt des Sorgeberechtigten unterworfenen Kinde durch den rein tatsächlichen Vorgang der Krankenbehandlung entstehen, aus denen eine Fürsorgepflicht des Arztes herzuleiten sei (RGSt. 74, 350 ff. Urteil vom 4. November 1940 Anh. Nr. 24).

Etwas anders ist die Rechtslage bei der Behandlung von Krankenkassenversicherten. Auch die Krankenkassen haben zwar kein Recht zur unmittelbaren „polizeilichen" Erzwingung von ärztlicher Behandlung, die die Kran-

[1] Besonders bemerkenswert ist hierbei, daß in der juristischen Lehre diese Rechtsprechung überwiegend abgelehnt wird (vgl. zu dem Problem: *Ebermayer* S. 140 ff. und *Eb. Schmidt* S. 91—129; neuestens *Metzger* in der Deutschen Zeitschrift für die gesamte gerichtliche Medizin Bd. 42 S. 365 ff. und *Maurach* Zeitschrift für das gesamte Arztrecht 1952 S. 135 ff.).

kenkassen für erforderlich halten, sie können aber immerhin in gewisser Weise einen mittelbaren Zwang nach der Richtung ausüben, daß der Kranke einer bestimmten Behandlung sich unterwirft. Mit Recht hebt das Reichsgericht in RGZ 168, S. 211, hervor, daß das Recht des versicherten Kranken gegen die Krankenkasse auf Krankenhilfe nach § 182, Abs. 1, RVO kein einseitiges ist, daß der Versicherte vielmehr zur Mitwirkung bei der Herbeiführung des geplanten Heilerfolges verpflichtet ist. Der Krankenkassenversicherte muß sich laufend behandeln lassen und die Anordnungen des Arztes befolgen, wenn er nicht Gefahr laufen will, daß die Krankenkasse die weitere Krankenhilfe ablehnt. Dadurch wird er aber nicht zur Duldung solcher ärztlicher Maßnahmen verpflichtet, die in den Bestand und die Unversehrtheit des Körpers eingreifen. Ob ein ärztlicher Eingriff einem Versicherten noch zugemutet werden kann, ist Tatfrage des einzelnen Falles. Beispiele zumutbarer und nicht zumutbarer operativer Eingriffe gibt das Reichsgericht in dem angeführten Urteil Bd. 168, S. 211 (Anh. Nr. 15).

Die Einwilligung des Kranken in einen ihm vom Arzt vorgeschlagenen operativen Eingriff, der mit besonderen Gefahren für die Gesundheit verbunden ist, wird jedoch nur dann als rechtswirksam anzuerkennen sein, sofern der Arzt den Kranken über die etwaigen Gefahren unterrichtet hat. Dazu ist eine allzu eingehende Belehrung nicht erforderlich, sondern den Tatumständen und dem Ermessen des betreffenden Arztes überlassen. Ist sie aber unzureichend oder unterbleibt sie ganz, so ist sie nicht geeignet, den Eingriff zu rechtfertigen. Der Arzt setzt sich in diesem Falle Schadensersatzansprüchen des Patienten aus (so besonders eingehend das obengenannte RG-Urteil vom 3. Dezember 1941 — III 68/41 — in RGZ 168, 206ff.).

Anschuldigungen von Patienten, daß eine Operation gegen ihren Willen ausgeführt sei, kommen nicht selten vor. Es kann bei jeder Operation der Fall eintreten, daß der Operationsplan geändert oder erweitert werden muß. So kann z. B. bei Unterleibsoperationen die Notwendigkeit auftreten, ein Organ zu opfern, weil das Zurücklassen eine Gefahr für Gesundheit oder Leben der Patientin bedeuten würde. Auch bei anderen Operationen wird vielfach nach begonnener Narkose ohne Einwilligung des Patienten zu handeln sein.

Bevor die Rechtslage in dieser ungemein wichtigen Frage erörtert wird, seien die uns vorliegenden Fälle kurz aufgeführt:

1. Radikaloperation einer Oberkiefergeschwulst mit breiter Knochenentfernung angeblich ohne einen allgemeinen, den Arzt zu freier Entscheidung berechtigenden Behandlungsauftrag.

2. Fingeramputation wegen schwerer Eiterung ohne Erlaubnis des gesetzlichen Vertreters des Kindes.

3. Fortschreitende eitrige Entzündung am Bein, mit mehrfachen Incisionen behandelt, angeblich gegen den Willen des Patienten.

4. Operative Entfernung der Gebärmutter; dieser Fall wurde durch gerichtlichen Vergleich beigelegt.

5. Herausschneidung eines Stückes der Regenbogenhaut (Iridektomie). Klage wurde von der Berufungsinstanz abgewiesen.

6. Operative Entfernung einer Epithelcyste des oberen Augenlides wurde vom Patienten als unsachgemäß und ohne zwingenden Grund ausgeführt bezeichnet. Es erfolgte Klageabweisung.

7. und 8. Angeblich widerrechtliche Entfernung einer Niere. Der eine dieser Fälle bietet größeres Interesse, weil der betreffende Arzt die Einwendung erhob, wegen der bestehenden Thyreotoxikose und des seelischen Zustandes der Patientin die Ausdehnung der Operation verschwiegen zu haben, um diese nicht durch die sonst eingetretenen Erregungszustände zu erschweren. (Die Indikation lag wegen Blutungen nach Nephrotomie zweifellos vor.) Gegen einen Operateur wurde der Vorwurf erhoben, eine eingreifende Brustdrüsen-Operation (Mammaamputation) vorgenommen zu haben, während nur das Einverständnis zu einem kleinen Eingriff (Probe-Excision) gegeben sei. Es handelte sich, wie auch die mikroskopische Untersuchung bestätigte, um eine bösartige Geschwulst, so daß die Radikaloperation angezeigt war.

Nun hat allerdings das Reichsgericht in der Entscheidung RGZ 68, 431 (434) den Standpunkt vertreten, daß es der Einwilligung des Kranken zu einem seine körperliche Unversehrtheit verletzenden Eingriff nicht bedürfe, *wenn Gefahr im Verzuge sei.* Daran ist festzuhalten. Allein es kann sich dabei nur um Fälle handeln, in denen aus besonderen Gründen die Einholung der Einwilligung des Kranken nicht möglich ist, so bei Bewußtlosigkeit des Kranken, oder wenn sich im Verlaufe eines mit Zustimmung des Kranken vorgenommenen Eingriffs die ursprüngliche Diagnose trotz sorgfältigster Untersuchung (vgl. RGUrt. vom 27. September 1935, s. S. 80) als irrig, und ein viel weitergehenderer Eingriff als zur Abwendung einer unmittelbaren Lebensgefahr notwendig erweist, für den eine Einwilligung des Kranken nicht vorliegt und nicht mehr eingeholt werden kann. Sofern in diesen Fällen bei sonst bestehenden Voraussetzungen der Arzt nach der gegebenen Sachlage, insbesondere auch etwa nach dem bisherigen Verhalten des Kranken, annehmen kann, daß dieser, wenn er gefragt werden könnte, seine Einwilligung nicht versagen würde, wird er auch, ohne daß sie ausdrücklich erteilt wäre, zu dem notwendigen Eingriff schreiten dürfen, ohne widerrechtlich zu handeln. Entscheidend ist, daß der Arzt solchenfalls nach dem mutmaßlichen Willen des Kranken handelt. Ein Handeln gegen den ausdrücklichen Willen des Kranken ist ihm aber auch bei Gefahr im Verzuge nicht gestattet, sofern nicht das Gesetz es ausnahmsweise erlaubt. Dem Arzte bleibt dann lediglich die Pflicht, durch eine entsprechende Belehrung auf den Kranken einzuwirken und ihn in einer der Lage des Falles angemessenen Weise auf die Folgen seiner Weigerung aufmerksam zu machen. Bleibt der Kranke bei seiner Weigerung, so muß eine Haftung des Arztes für die daraus entstehenden Folgen ausscheiden.

Selbstverständlich kommt ein Handeln gegen den ausdrücklichen Willen des Kranken nur in Frage, wenn eine ernstlich gemeinte und von dem Arzt als ernstlich gemeint zu erkennende und verstandene Willensäußerung des Kranken vorliegt und nicht etwa nur ein reflektives äußeres Sträuben, das sich ganz natürlich aus der Angst des Kranken vor dem drohenden Eingriff erklären läßt und als nicht ernstlich gemeint ohne weiteres erkennbar ist (So das RG in der Entscheidung JW 1936 S. 3113).

Über die Aufklärungspflicht des Arztes vor *Vornahme einer Radikaloperation* und seine Haftung, wenn er ohne Einwilligung der Patientin gelegentlich eines Magen- und eines Unterleibsschnitts die *Gebärmutter* und die *Eierstöcke entfernt,* spricht sich das Reichsgericht in dem Urteil, teilweise abgedruckt bei Goldhahn-Hartmann S. 67f. vom 27. September 1935 (III 64/35) sowie im Urteil vom 8. März 1940 aus. Anh. Nr. 14.

Das Landgericht hat die Ansprüche der Klägerin dem Grunde nach für gerechtfertigt erklärt. Das Oberlandesgericht hat auf die Berufung des Beklagten die Klage abgewiesen. Das Reichsgericht hob das Berufungsurteil auf und wies die Sache an die Vorinstanz zurück. Nach der Ansicht der Klägerin hat der Beklagte gegen die Vertragspflichten dadurch verstoßen, daß er es unterließ, wegen der von ihm angenommenen Gallensteine eine Röntgenaufnahme zu machen und wegen der ihm vorgetragenen Regelbeschwerden die sog. gynäkologisch kombinierte Untersuchungsmethode anzuwenden.

Wenn auch grundsätzlich die Beweislast, soweit es sich um die Frage eines für einen Schaden ursächlichen vertraglichen Verschuldens handelt, nach anerkannter Rechtsprechung dem Kläger obliegt, so dürfen doch die Anforderungen an seine Beweislast solchenfalls nicht überspannt werden. Mit Recht rügt die Revision, das Berufungsgericht scheine sich im vorliegenden Fall nicht bewußt zu sein, daß der behauptete Schaden aus einem *Gefahrenkreis* entstanden sei, *für den der Beklagte verantwortlich* ist, und daß die Klägerin Tatsachen dargetan habe, aus denen sich nach der allgemeinen Lebenserfahrung der Schluß auf ein ursächliches Verschulden des Beklagten rechtfertigen könne.

Ist hiernach für diese Instanz ein ursächliches Verschulden des Beklagten zu unterstellen, so kann er, der es selbst verschuldet hat, daß er die Einwilligung der Klägerin zu der Radikalentfernung ihrer Geschlechtsorgane nicht einholen konnte, sich auch nicht auf ihr *vermutetes Einverständnis* oder seinen Irrtum hierüber berufen. Daß ein Fall vorgelegen hätte, in dem *Gefahr im Verzug* war, daß also etwa unmittelbare Lebensgefahr für die Klägerin bestanden hätte, hat der Beklagte selbst nicht behauptet. Da die Verpflichtung des Arztes, sich vor der Operation der Einwilligung des Patienten zu versichern, grundsätzlich feststeht, kam es vorliegend nur noch darauf an, ob es dem Beklagten zur Fahrlässigkeit angerechnet werden muß, daß er diese Einwilligung jedenfalls zu der Radikalentfernung der Geschlechtsorgane nicht eingeholt hat.

Der Berufungsrichter hätte auch noch folgendes beachten müssen: Der Beklagte trägt selbst vor, daß eine sichere Diagnose über das Vorhandensein von Gallensteinen nicht möglich, und er an der Untersuchung der Geschlechtsorgane der Klägerin wegen der abnormen Beschaffenheit ihrer Bauchdecken behindert gewesen sei. Daraus ergibt sich, daß er nur auf einer sehr unsicheren Erkenntnisgrundlage zur Operation der Klägerin geschritten sei, und demnach, insbesondere im Hinblick auf die mehrfachen Beschwerden der Klägerin, selbst von vornherein mit Überraschungen rechnen mußte und wohl auch gerechnet hat. Eine solche Sachlage hätte aber den Berufungsrichter zu der Untersuchung führen müssen, ob es nicht die *vertragliche Pflicht* des Beklagten gewesen wäre, *die Klägerin hierüber entsprechend aufzuklären.* Ist diese Frage grundsätzlich zu bejahen, so hätte der Beklagte der Klägerin, wenn er ihr auch nicht alle möglichen Folgen der Operation bis ins einzelne auseinanderzusetzen hatte, wenigstens bekanntgeben müssen, daß sich unter Umständen auch eine *Operation an den Geschlechtsorganen* als erforderlich erweisen könne, die sich in ihrem Umfang und in ihren Folgen noch nicht erkennen lasse, und für diesen möglichen Fall das Einverständnis der Klägerin einholen können. (Über Aufklärungspflicht s. BGH-Urteil Anh. Nr. 16.)

b) Verspätete Operation.

Aus der Betrachtung der Gesamtzahl der Fälle, die das Operationsgebiet betreffen, lassen sich ungemein wertvolle Schlüsse ableiten. Diese sind einmal geeignet, das ärztliche Erfahrungsgebiet zu erweitern, sie ergeben aber auch wichtige Gesichtspunkte für die Klärung der Rechtslage. Es zeigt sich, daß gerade Fälle, deren Beurteilung bei oberflächlicher Betrachtung einfach erscheint, sehr schwierige Fragenkomplexe mit sich bringen, die nur bei gehöriger Vertiefung zu lösen sind. In dieser Gruppe treten auch nicht selten erhebliche Schwierigkeiten für die Urteilsfindung auf, besonders wenn zwei oder mehrere Gutachter verschiedene, bisweilen sogar entgegengesetzte Ansichten vertreten. Für sie erwächst aber gerade hier die verantwortungsvolle Aufgabe, alle mit operativer Tätigkeit verbundenen Geschehnisse so darzustellen, daß auch Spruchbehörden und Verwaltungsinstanzen ein klares Bild und eine Grundlage gewinnen können, um zu einer Entscheidung über den Einzelfall zu gelangen.

Von den für Haftpflichtansprüche geltend gemachten Vorwürfen steht zahlenmäßig im Vordergrund der einer *verspäteten Vornahme der Operation.* Es handelt sich um die wichtige Entscheidung zwischen konservativer und operativer Behandlung, die den Arzt häufig vor eine schwere Aufgabe stellt. Bei ungünstigem Ausgang kommt es dann zu dem Vorwurf, daß das Abwarten unsachgemäß war, und zu Regreßansprüchen.

Daß eine *Wurmfortsatzentzündung* auch bei konservativer Behandlung ausheilen kann, ist bekannt, und manche Ärzte bevorzugen diese. Die akuten Krankheitserscheinungen können durch absolute Ruhigstellung und Anwendung von Eisblase zum Abklingen gebracht werden. Die Frage, wie bei einer eitrigen Entzündung vorzugehen ist, wird in dem einen der uns vorliegenden 4 Fälle berührt. Es war die konservative Behandlung durchgeführt worden, bis schwere Erscheinungen auftraten. Die alsdann vorgenommene Operation ergab eine eitrige Bauchfellentzündung, die dann einen unglücklichen Ausgang nahm. — Für die Begutachtung war es erforderlich, rückschauend die Ereignisse an den vorhergehenden Tagen und die ärztlichen Maßnahmen zugrunde zu legen:

„Wenn es sich um das Vorliegen einer Eiteransammlung handelt, wie im vorliegenden Fall, so vertreten sehr viele Chirurgen den Standpunkt, daß in diesem Stadium nicht zu operieren ist; man wartet vielmehr die Abkapselung des Abscesses ab, um nach einigen Wochen oder Monaten eine sekundäre Operation mit Entfernung des Wurmfortsatzes anzuschließen. Es kommt hinzu, daß bei dem Patienten der Beginn der akuten Erscheinungen schon zwei Tage zurücklag. Daß es plötzlich, trotz der durchgeführten absoluten Ruhigstellung zu einer Ausbreitung über das ganze Bauchfell kam, ist als ein unglückliches Ereignis anzusehen, wofür aber dem Arzt ein Verschulden nicht beizumessen ist."

In diesem Zusammenhange sei auf die von *v. Weber*[1] angeführte Reichsgerichtsentscheidung verwiesen: „Das Reichsgericht hat dabei ausgesprochen,

[1] Der Chirurg 1934, 516.

daß ein Arzt nicht verpflichtet ist, Verfahren anzuwenden, die nach dem augenblicklichen Stande der ärztlichen Wissenschaft weitaus überwiegend als die wirksamsten gelten, wenn seine auf sachliche Gründe gestützte persönliche Überzeugung mit dieser überwiegenden Meinung nicht übereinstimmt." Später hat das RG seine Meinung wesentlich modifiziert, wie aus Anh. 29 ersichtlich. — Ein *Abweichen von der „Schulmedizin"* im Zusammenhang mit der Frage der *Nichtvornahme* oder *Verspätung einer Operation* behandelt auch das Urteil des Reichsgerichts vom 1. Dezember 1931 (1 D 707/32) RGSt. 67, 12. Das Reichsgericht versteht hier unter „Schulmedizin" nicht die „auf den Universitäten gelehrte medizinische Wissenschaft, deren Beherrschung bei den Prüfungen und bei der Approbation vorausgesetzt wird, im Gegensatz zu dem Wissen, das die nichtärztlichen Heilbehandler aus Büchern, in Kursen oder lediglich aus dem Erfahren sich aneignen oder sich aneignen zu können glauben", sondern es gebraucht den Begriff der „allgemein oder weitaus überwiegend anerkannten Regeln der ärztlichen Wissenschaft (oder Kunst)", und es spricht sich anschließend dahin aus, daß ein Arzt für ein Abweichen von der Schulmedizin nicht verantwortlich gemacht werden kann, wenn er sich einer anderen von beachtlichen Medizinern vertretenen Ansicht anschließt.

Es handelte sich um eine akute Blinddarmentzündung; das Landgericht hatte festgestellt, nach der herrschenden Ansicht müsse bei einer schweren Blinddarmentzündung zwar so früh als möglich, aber doch auch noch nach Ablauf von 48 Stunden seit dem Beginn der Krankheit bis zu einem etwa feststellbaren Durchbruch des Wurmfortsatzes oder auch noch nach einem Durchbruch, soweit irgend möglich, operiert werden, während die Vertreter der sog. „konservativen Methode", zu denen auch approbierte Ärzte, wie Prof. Dr. X. zählten, auf dem Standpunkt ständen, daß nach dem Ablauf von 48 Stunden bis zum Eintritt eines „Intervalls" keine Operation, sondern eine abwartende Behandlung angezeigt sei. Das Reichsgericht nahm an, daß ein Arzt, der in einem solchen Falle der „konservativen Methode" gefolgt sei und die Operation unterlassen habe, für den Tod des Patienten nicht aus dem Gesichtspunkte der Begehung eines Kunstfehlers verantwortlich gemacht werden könne. Außer durch Nichtvornahme oder Verspätung einer notwendigen Operation können Kunstfehler auch sonst noch durch Unterlassung begangen werden, so wenn eine Röntgendurchleuchtung schuldhaft verzögert oder überhaupt nicht vorgenommen wird.

In dem zweiten Falle erfolgte die Durchführung der Operation einer eitrigen Wurmfortsatzentzündung zu spät, weil die Diagnose nicht gestellt war. Der beschuldigte Arzt machte geltend, daß kolikartige Schmerzen bestanden in dem Darmabschnitt der Oberbauchgegend, und daß eine Druckschmerzhaftigkeit in der Mitte der rechten Unterbauchgegend fehlte; daher habe er eine Wurmfortsatzentzündung nicht diagnostiziert. — Das Sektionsprotokoll ergab eine abnorme Lage des Wurmfortsatzes, und diese Feststellung gab dem Gutachter Anlaß zu folgenden Ausführungen:

„Bei manchen Menschen befindet sich der Wurmfortsatz in einer topographisch-anatomisch abnormen Lage; er kann z. B. ganz nach der Lebergegend heraufgeschlagen, hinter den Blinddarm verlagert, oder sogar ganz in der linken Bauchgegend sich befinden. In solchen Fällen sind häufig die sonst typischen Krankheitserscheinungen nicht vorhanden; es fehlt besonders der Druckschmerz in der Mitte der rechten Unterbauchgegend und am Nabel ... Die geklagten ‚Leibschmerzen' konnten eine bestimmte Diagnose nicht zulassen."

Zu einer für den behandelnden Arzt ungünstigen Beurteilung kam es im nächsten Falle einer perforierten Appendicitis:

„Aus den eigenen Angaben des Dr. X. ist zu entnehmen, daß bei dem Verstorbenen vom ersten Tage ab Anzeichen für eine schwere Erkrankung bestanden. Als solches ist insbesondere die Untätigkeit des Darms (Ileus) anzusehen. Diese Stuhlverhaltung hielt an den folgenden Tagen an. Dr. X. verabfolgte dann ein Mittel, das die Darmperistaltik stark anregt, worauf auch Stuhlentleerung erfolgte. Die Injektion von Prostigmin war fehlerhaft. Man muß in dem vorliegenden jugendlichen Alter mit der Möglichkeit rechnen, daß die Darmlähmung durch einen akut entzündlichen Prozeß ausgelöst wird, wobei am häufigsten der Wurmfortsatz in Frage kommt. Hierbei ist die Anwendung von Peristaltik erregenden Mitteln schon deshalb zu unterlassen, weil durch die plötzlich hervorgerufene Darmbewegung eine Perforation des entzündlich veränderten Wurmfortsatzes hervorgerufen werden kann ... Als nun in den nächsten Tagen galliges Erbrechen auftrat, mußte nach dem bisherigen Beobachtungsergebnis unbedingt an das Bestehen einer Bauchfellentzündung gedacht werden ... Es ist weiterhin Herrn Dr. X. zum Vorwurf zu machen, daß er den schwerkranken Zustand des Patienten nicht genügend würdigte, so daß er am zweiten und vierten Tage nach Übernahme der Behandlung ihn nicht besuchte. Er hätte auch leicht die Möglichkeit gehabt, einen Facharzt hinzuzuziehen ... Es ist unverständlich, daß Dr. X. schließlich die Einweisung in das Krankenhaus nicht selbst veranlaßte, sondern erst auf Drängen der Eltern ... Alle angeführten Gesichtspunkte führen zu dem Ergebnis, daß Dr. X. den ärztlichen Anforderungen nicht gerecht wurde."

Bei dem vierten Fall bestand ebenfalls eine abnorme Lage des Wurmfortsatzes, so daß zuerst Gallenblasenentzündung angenommen wurde. Es ist hierbei von Interesse, daß eine ganze Reihe von Fehlerquellen dem behandelnden Arzte zugeschoben wurde, wobei der unglückliche Ausgang durch verspätete Vornahme der Operation erfolgt sei. Aus dem Gutachten sind folgende Gesichtspunkte wesentlich:

„Zu der Bemängelung, daß keine Blutuntersuchung erfolgt sei, ist grundsätzlich darauf hinzuweisen, daß differentialdiagnostische Schlüsse dadurch nicht ermöglicht werden. Es wird wohl das Vorliegen eines entzündlichen Prozesses festgestellt, aber aus dem Ergebnis der Blutuntersuchung kann nicht abgeleitet werden, welches Organ den Krankheitsherd birgt ... Es wird gegen Dr. X. der weitere Vorwurf erhoben, daß er am zweiten Tage keinen Besuch gemacht habe. Dieser versichert nun, daß ihm telephonisch eine Besserung des Befindens mitgeteilt wurde. Sein Verhalten am dritten Tage zeugt auch von seiner Sorgsamkeit: er besuchte den Kranken dreimal und zog abends einen Chirurgen hinzu ... Die Angabe, daß durch Anwendung eines Heizkissens die Entstehung der Bauchfellentzündung beschleunigt sei, ist nicht gerechtfertigt. Bei dem unklaren Krankheitsbild war die Vermutung einer Gallenblasenentzündung begreiflich, zumal auch die Urinuntersuchung auf Gallenfarbstoff ein positives Ergebnis hatte. Abgesehen hiervon kann Wärmeanwendung niemals eine Bauchfellentzündung hervorrufen oder den Ausbruch beschleunigen ... Die

Unterlassung der Röntgenuntersuchung mit Kontrastmittel ist ebenfalls im akut entzündlichen Stadium durchaus berechtigt... Das Vorhandensein eines trägen Stuhlganges konnte für beide Krankheitsformen sprechen... Ein Zusammenhang der später im Wurmfortsatz festgestellten Kotsteine mit der Darmträgheit kann selbstverständlich nicht angenommen werden ... Die Verabfolgung schmerzstillender Mittel kann nicht als ungünstige Beeinflussung des Krankheitsverlaufes angesehen werden... Der Tod erfolgte an einer hinzugetretenen Lungenentzündung, am achten Tage nach der Operation. Die Entstehung dieser Komplikation ist nicht darauf zurückzuführen, daß die Operation erst am vierten Erkrankungstage vorgenommen wurde..."

Das Landgericht hat demgemäß das Armenrecht versagt, weil nicht die verspätete — vom Patienten gut überstandene— Blinddarmoperation, sondern die danach aufgetretene Lungenentzündung die Todesursache war.

In einem Falle von *perforiertem Magengeschwür* bestand ebenfalls ein völlig atypischer Ablauf, insbesondere fehlten Krankheitszeichen, die auf eine Bauchfellentzündung schließen ließen. Auch als nach eingetretener Verschlimmerung Einweisung in eine chirurgische Abteilung erfolgt war, wurde hier noch 6 Stunden abgewartet, weil die Diagnose unsicher war. Die danach vorgenommene Operation erwies die wahre Krankheitsursache, der unglückliche Ausgang war nicht mehr aufzuhalten. — In dem Gutachten wurde auf die beiden Entstehungsmöglichkeiten hingewiesen. Es handelt sich entweder um ein Bersten des Geschwürs; bei nicht gestellter Diagnose könnte der Arzt zur Rechenschaft gezogen werden. Oder es liegt ein sog. penetrierendes Geschwür vor, das sich langsam durch die Magenwand durchfrißt; wenn der Herd bis zur äußeren Schicht der Magenwand durchwandert, so bilden sich schützende Verklebungen mit Nachbarorganen. Wenn auch diese schleichend durchwandert werden, so dehnt sich der Entzündungsherd schrittweise über die näherenTeile der Bauchhöhle aus. In diesem Fall ist die Diagnose schwierig und oft nicht zu stellen. Ein Verschulden des Arztes kann nicht angenommen werden. — Auch gegen den Vorwurf, Dr. X. hätte sich nicht informiert, ob früher Magenbeschwerden vorgelegen hätten, ist einzuwenden, daß viele Patienten nie vorher Beschwerden haben, sondern aus voller Gesundheit heraus mit den charakteristischen Schmerzen erkranken.

Auf Grund dieses Gutachtens hat das Landgericht zutreffend das Armenrecht versagt.

In einem Falle von *Gallensteinleiden* wurde gegen den früher behandelnden Arzt der Vorwurf erhoben, durch die nicht rechtzeitig eingeleitete Operation eine Verschlimmerung verursacht zu haben. Zwischen der Beendigung seiner Behandlung und der Operation, die eine eitrige Entzündung der Gallenblase ergab, lag ein Zwischenraum von 9 Wochen. Diese Feststellung bestimmte den Gutachter zu einer Ablehnung des Vorwurfs.

„Gallengangserkrankungen, insbesondere auch entzündliche Veränderungen der Gallenblase werden durchaus nicht ohne weiteres operativ behandelt. Es ist aus der Maßnahme der konservativen Behandlung Herrn Dr. X. kein Vorwurf zu machen, um so mehr als es durchaus nicht feststeht, daß während seiner Behandlungszeit schon eine Operation erforderlich war, auch wenn tatsächlich Kolikanfälle vorkamen ... Gegenüber der Behauptung unausreichender Untersuchung wird darauf verwiesen, daß Dr. X. eine Röntgenaufnahme veranlaßte, auf der ein Gallenstein festgestellt wurde. Außerdem hat er nachgewiesenermaßen stets eine genaue Abtastung des Leibes vorgenommen."

Ein anderer Fall hat weniger ärztliches Interesse; er erweist aber, daß auch nach geglückter Operation nachträglich Regreßansprüche gestellt werden, weil diese angeblich nicht rechtzeitig erfolgte. Als dieser Vorwurf nicht durchschlug, wurde wegen zu frühzeitigem Beginn der postoperativen Bestrahlung erneute Beschuldigung erhoben.

Der nächste Fall greift dagegen in ein praktisch sehr wichtiges Gebiet über, nämlich die Behandlung *eitriger Sehnenscheidenentzündung*. Es war einem Arzte zum Vorwurf gemacht, die operative Eröffnung zu spät veranlaßt und die zurückgebliebene Versteifung verschuldet zu haben. Im Gutachten war die Entscheidung zu treffen, ob während der Behandlungszeit von Dr. X. schon die Sehnenscheidenentzündung hätte erkannt werden müssen, die später von Dr. Y. operiert wurde.

„Eine Rötung, Schwellung und Druckschmerzhaftigkeit spricht durchaus nicht ohne weiteres für eitrige Sehnenscheidenentzündung. Die Anzeige zur Operation muß sehr streng gehalten werden, da die Gefahr der Austrocknung der Sehnen damit verbunden ist, und somit eine Versteifung unabänderlich die Folge ist ... Aus den über den Befund vorliegenden Aufzeichnungen ist keineswegs zu schließen, daß die Sehnenscheiden in der fraglichen Zeit schon mitbeteiligt waren. Nach der vorgenommenen Incision war eine Besserung eingetreten, die sich auch im Allgemeinbefinden günstig auswirkte. Dr. X. konnte daher berechtigterweise annehmen, daß der Erkrankungsherd lokalisiert war. Aus der durchgeführten Behandlung mit Ruhigstellung und feuchten Umschlägen ist ihm kein Vorwurf zu machen."

In einem anderen Falle wurde der Arzt angeschuldigt, bei einer Verletzung von 2 Fingern zu lange die Operation hinausgezögert zu haben, so daß schließlich *operative Absetzung beider Finger* erfolgen mußte.

Der Standpunkt, möglichst lange abzuwarten, ob von dem verletzten Gliedteil noch etwas zu retten sei, entspricht den allgemeinen chirurgischen Grundsätzen. Es war auch gerechtfertigt, den Heilplan so einzurichten, daß die Möglichkeit einer Wiederherstellung der Ernährung begünstigt werden sollte.

Zu einer Klageabweisung gelangte das Landgericht in einem Fall, wo sich ein Furunkel zu einem Karbunkel entwickelte, und hinzugetretene Pyämie den Tod des Patienten verursacht hatte. Das Landgericht erachtete die gegen die Ärzte erhobenen Vorwürfe als unbegründet, indem es u. a. ausführte:

„Der Tod des Ehemannes der Klägerin ist unstreitig durch die Entwicklung des Karbunkels ‚in die Umgebung und in der Tiefe zur phlegmonösen Entzündung' und die dadurch herbeigeführte Sepsis bzw. Pyämie (Allgemeininfektion) verursacht worden.

Die Klägerin führte diese Krankheitsentwicklung auf das Verschulden der Beklagten zurück. Ihre Vorwürfe lassen sich dahin zusammenfassen, daß

1. die Beklagten zu 1) und 2) und die behandelnden Ärzte des Krankenhauses entgegen den Regeln der ärztlichen Kunst *nicht zu gegebener Zeit einen chirurgischen Eingriff vorgenommen hätten*,

2. die tatsächlich erfolgte Behandlung im übrigen unsachgemäß und nicht mit der erforderlichen Sorgfalt vorgenommen hätten,

3. die Sepsis bzw. Pyämie schuldhaft nicht früh genug erkannt und demgemäß nicht rechtzeitig die erforderlichen Gegenmaßregeln getroffen hätten.

Zu 1. Nach dem übereinstimmenden Gutachten der beiden Sachverständigen kennt und lehrt die medizinische Wissenschaft und die Chirurgie zwei Methoden der Furunkel- und Karbunkelbehandlung, und zwar die der ‚konservativen abwartenden' Behandlung und die des frühzeitigen Einschnitts, die wiederum in Zwischenstufen von der streng ‚konservativen' Stufe bis zur radikalen Ausschneidung des erkrankten Gewebes vertreten werden. Beide Methoden und ihre Zwischenstufen, so führen die Gutachter aus, haben Erfolge und Mißerfolge zu verzeichnen, so daß weder die eine noch die andere Methode als falsch oder richtig bezeichnet werden kann, beide vielmehr als anerkannte Methoden der Karbunkelbehandlung zu gelten haben.

Damit erweisen sich sämtliche Angriffe der Klägerin gegen die Beklagten als unbegründet, die von dem Vorwurf, es sei entgegen den Regeln der ärztlichen Kunst kein chirurgischer Eingriff bei dem Verstorbenen erfolgt, getragen sind. Die Beklagten haben, indem sie die konservative Methode angewandt haben — die in dem Krankenhaus vorgenommene Incision stellt kein Abgehen von der konservativen Methode dar, sondern war lediglich ein ‚Entlastungsschnitt' — eine an sich kunstgerechte Behandlung vorgenommen."

Wegen verspäteter Vornahme einer Sehnennaht kam es zu einem den beklagten Arzt entlastenden Urteil, weil der Gutachter mit Bestimmtheit gesagt hat, der behandelnde, am Vormittag angegangene Arzt habe unbedenklich mit der Operation bis 17[00] Uhr warten dürfen, und weil sich nach Überzeugung des Gerichts eine sichere Feststellung, wie der Zustand des Fingers nun wurde, wenn die Operation sofort erfolgte, nicht treffen lasse.

c) Verletzungen bei Operationen.

Es ist hierbei zu unterscheiden zwischen Schädigungen gesunder Körperteile im Operationsbetrieb und solchen, die einem technischen Fehler zuzuschreiben sind. Unter die erste Gruppe sind *Verwechslungen der Körperseite* zu rechnen. Es ist vorgekommen, daß nach Eintritt der Narkosewirkung bei einer Leistenbruch- oder Gliedmaßenoperation die Körperseite verwechselt wurde, so daß an der gesunden der Eingriff erfolgte. In diesen Fällen ist der Operateur unbedingt zur Rechenschaft zu ziehen. Derartige Fehlerquellen sind leicht auszuschalten durch genaue Führung der üblichen Tafel im Vorraum, auf der die angesetzten Operationen angezeigt werden. Es ist auch praktisch, daß die Stationsschwester grundsätzlich einige Bindentouren an das betreffende Handgelenk legt, wodurch die richtige Seite kenntlich gemacht ist.

Wenn es dagegen im Verlaufe einer bestimmten Operation zu *Nebenverletzungen* kommt, so sind stets die näheren Umstände maßgebend. Bei einer Phrenicus-Exairese kam es zu einer Verletzung des N. sympathicus; dieser Fall wurde vergleichsweise erledigt. — Bei operativer Behebung einer veralteten Schultergelenksverrenkung wurde der N. radialis verletzt; bei der technischen Schwierigkeit dieser Operation wurde ein Verschulden des Arztes abgelehnt.

In einem anderen Fall kam es bei Operation einer schweren eitrigen Beckenzellgewebsentzündung zu einer Durchschneidung des Mastdarmschließmuskels, was nach Lage des Falles hätte vermieden werden müssen. Mit Rücksicht auf die schwerwiegenden, mit der Inkontinenz verbundenen Folgen erfolgte eine angemessene Abfindung.

Eine gleiche Erledigung fand auch der nächste Fall, bei dem gelegentlich einer Kiefer- und Stirnhöhlenoperation die knöcherne Trennwand zum Auge (Lamina papyracea) verletzt wurde, was zur Infektion und Verlust dieses Auges führte.

Im folgenden Fall kam es zu einer Ablehnung ärztlichen Verschuldens. Bei Operation einer *Mundbodenphlegmone,* die zur Kieferklemme geführt hatte, wurde als Ursache ein abnorm großer Speichelstein festgestellt. Bei der Entfernung desselben *brach eine Zahnbrücke ab, die in einen Bronchus glitt.* Dieser Zwischenfall wurde sofort bemerkt und die Lage des Fremdkörpers durch Röntgenaufnahme sofort festgestellt. Am 5. Tage nach der Operation wurde dann unter Hinzuziehung von 2 Fachärzten die Brücke aus dem Bronchus entfernt; danach trat ungestörter Heilverlauf ein. — Der Gutachter hob als wesentlichen Gesichtspunkt hervor, daß es sich um einen technisch schwierigen Eingriff handelte; nach der Krankengeschichte mußte der Operateur sich schließlich nach langem Bemühen darauf beschränken, vom Munde aus den im Speichelgang sitzenden Teil des Speichelsteins zu entfernen. Für eine zweite Sitzung hatte er die Entfernung des Restes von außen her vorgesehen. Über das Abbrechen der Zahnbrücke wurde folgendes ausgeführt:

„Eine festsitzende Brücke kann kaum abbrechen, besonders dann nicht, wenn es sich um eine Weichteiloperation handelt wie im vorliegenden Falle. Wenn dagegen die Brückenpfeiler morsch sind und die Brücke schon vor der Operation gelockert ist, kann diese natürlich abbrechen. — Es ist weiterhin die Möglichkeit in Betracht zu ziehen, daß sich infolge der langdauernden Kieferklemme eine Atrophie im Bereiche des Kiefers ausgebildet habe, so daß der Haftzahn in seiner Widerstandskraft gegenüber mechanischen Einwirkungen geschwächt war. — Es ist aber noch wahrscheinlicher, daß die Brücke nicht mehr fest im Kiefer verankert war und infolgedessen durch einen auch nur losen Druck aus ihrem Bett herausgehoben werden konnte. Bei der operativen Entfernung eines Speichelsteins, der wie hier sehr fest im Speichelgang eingebettet war, ist naturgemäß eine Manipulation der operierenden Hand gegen die Zähne nicht zu vermeiden. Ein Verschulden bezüglich des Abbrechens kann nicht angenommen werden ... Es spricht auch für die Sorgfalt des Dr. X., daß er das Fehlen der Brücke sofort feststellte und die notwendigen Maßnahmen zu ihrer Entfernung traf."

Im Anschluß an *Kropfoperation* werden Haftpflichtansprüche gestellt wegen Schädigung der Stimme durch Recurrenslähmung sowie auch wegen postoperativer Tetanie. Die *Verletzung des N. recurrens* ist besonders bei schwierigen Operationsverhältnissen auch bei technisch einwandfreier Durchführung möglich und kann niemals zu berechtigtem Vorwurf gemacht werden. — In einem anderen Falle handelte es sich um einen Rückfall-Kropf (Recidiv-Operation 8 Jahre nach der ersten), wobei der gänseeigroße Seitenlappen Einengung und Verdrängung der Luftröhre hervorrief. Nach dem Bericht des Operateurs lagen erhebliche schwielige Verwachsungen vor, die eine Verziehung des Stimmbandnerven als glaubhaft erscheinen ließen, so daß dieser nicht geschont werden konnte. *Hellner*[1] erwähnt das Vorkommnis bei einem sehr erfahrenen Chirurgen, der Tausende von Kröpfen operierte, und resumiert:

„Selbst dem besten und weltbekannten Operateur kann eine Operation nicht gelingen. Wenn dann jedesmal der Kunstfehlervorwurf erhoben würde, würden einfach keine wichtigen, notwendigen und lebensrettenden Operationen mehr gemacht werden."

Die *Tetanie* kann dadurch zustande kommen, daß so viel Epithelkörpergewebe mit den resecierten Schilddrüsenteilen entfernt wird, daß der zurückbleibende Rest nicht mehr zur Aufrechterhaltung der Funktion der Epithelkörper genügt; ebenso kann Ernährungsstörung, Nachblutung oder Narbenbildung die Ursache sein. Hierbei kann die Schädigung erst nachträglich auftreten. Der Operateur ist nicht immer in der Lage, eine Schädigung der Epithelkörper sicher zu umgehen, weil diese oft ihre Lage wechseln und nicht mit bloßem Auge erkennbar sind. Auch die erfahrensten Kropfoperateure erleben gelegentlich eine Tetanie; diese gehört zu dem Risiko, das jeder Kranke mit der Operationseinwilligung stillschweigend übernimmt.

Die nächsten Fälle betreffen *gynäkologische Operationen.* Es sei vorausgeschickt, daß die Harnleiterverletzung bei Radikaloperation bei 10 d abgehandelt werden. — Bei der Operation einer Eierstocksgeschwulst kam es bei Lösung der ausgedehnten Verwachsungen zu einem Einriß einer Darmschlinge. Da die Naht sehr schwierig war und nicht für durchaus sicher gehalten wurde, erfolgte die Anlegung eines künstlichen Afters. In diesem Falle wurden die gegen den Operateur erhobenen Vorwürfe im Hinblick auf den außerordentlich schwierigen Eingriff für ungerechtfertigt erklärt.

Die beiden letzten Fälle betreffen Radikaloperationen wegen *Gebärmutterkrebs.* In einem Fall war vor der Operation eine Glühverschorfung des Geschwulstkraters vorgenommen worden, wobei es zu zwei Verbrennungswunden am Scheideneingang kam. Obwohl die schwierige Operation einen glänzenden Verlauf nahm, so daß nur 2½ Wochen stationäre Behandlung notwendig war, wurden Regreßansprüche gegen den Operateur wegen der Verbrennungswunden erhoben. Der Gutachter betonte, daß es sich hierbei um eine im Verhältnis zu der Schwere der Grundkrankheit und zur Schwere der Operation durchaus nebensächliche Erscheinungen handelt. Das Gericht kam zur Klageabweisung. Es führte u. a. aus: Die Erforderlichkeit der Sorgfalt ist wesentlich bedingt durch die Größe und Schwierigkeit der Aufgabe. Hängt z. B. das Leben

[1] Verh. Dtsch. Ges. f. Unfallh. 1951.

eines Menschen von einer zu treffenden Maßnahme ab, so kann der Gerettete nicht verlangen oder erwarten, daß unliebsame Nebenfolgen unbedeutender Art unterbleiben. (Vgl. auch das Urteil des Reichsgerichts III 162/35 vom 18. Februar 1936.)

Auch in dem letzten Falle wurden die gegen den Operateur erhobenen Anschuldigungen zurückgewiesen und der Klägerin das Armenrecht versagt. Das Landgericht nahm auf Grund des eingeholten Gutachtens eines Gynäkologen an, daß, selbst wenn der Beklagte, wie die Klägerin behauptet, bei der Operation in die Blase gestochen habe, nicht von einem Kunstfehler oder einer Fahrlässigkeit gesprochen werden könne.

d) Infektion nach Operation.

Über die Frage der *Infektion nach aseptischen Operationen* sind die Berichte in dem medizinischen Schrifttum zwar nicht sehr zahlreich. Es ist aber sicher mit einer höheren Zahl zu rechnen; denn man muß mit der psychologisch verständlichen Zurückhaltung rechnen, daß niemand gern Mißerfolge mitteilt, zumal übelwollende Kritiker den Vorgängen leicht eine ungerechtfertigte Deutung geben. Es wurde schon früher darauf hingewiesen, daß es jederzeit zu unerwarteten Störungen der Wundheilung durch die Wirkung von Mikroorganismen kommen kann, und so hat jeder Chirurg bisweilen mit Rückschlägen zu kämpfen, wobei es trotz sorgsamster Prüfung nicht immer gelingt, eine Fehlerquelle im aseptischen Apparat festzustellen. Bauchdeckeninfektion und eitrige Bauchfellentzündung sind die gefährlichsten Komplikationen, die Gesundheit und Leben des Patienten in Gefahr bringen; daneben kann eine scheinbar harmlose Infektion schließlich eine Amputation im Gefolge haben.

Es war äußerst verdienstvoll, daß *Stich* mit „rücksichtsloser Offenheit“ seine Erfahrungen an der Göttinger Klinik über Peritonitisgefahr nach primär nichteitrigen Bauchoperationen bekanntgab[1].

Dabei stellte er eine Sterblichkeitsziffer von 1,36% fest und kam zu dem Ergebnis, daß *wegen Krebsgeschwulst Operierte besonders von postoperativer Bauchfellentzündung bedroht* sind; an der Spitze steht wieder Magen- und Mastdarmkrebs.

Daß bei Operationen, die die *Eröffnung eines Gelenkes* mit sich bringen, ganz besondere Vorsicht am Platze ist, ist jedem Chirurgen geläufig. Es kommt aber doch immer wieder einmal zu einer Infektion, die meist einen Funktionsausfall mit sich bringen und auch in unserem Material ist dieser unglückliche Ausfall mehrfach vertreten.

Besonders schwerwiegend ist das Auftreten einer Infektion im Anschluß an eine Operation dann, wenn diese zu diagnostischen Zwecken erfolgte.

---

[1] Der Chirurg 1934, 244.

Stich erwähnt, daß bei 422 Probelaparotomien 3 Todesfälle (0,71%) an Peritonitis erfolgten.

Es liegt uns ein Fall vor, wo zur Sicherung der Diagnose bei einer Knochengeschwulst am Unterschenkel eine *Probeexcision* vorgenommen wurde. In den ersten Tagen bestanden Reizerscheinungen an der Wunde, bis sich eine stärkere Infektion zeigte; diese führte schließlich zur Amputation. Bei Entscheidung über die gestellten Regreßansprüche wurde dem Arzte nicht das Auftreten dieser Infektion als Verschulden angerechnet, wohl aber die Tatsache, daß er diese zu spät erkannt habe.

In einem Falle von einer beiderseitigen Großzehenverkrümmung (Hallux valgus) trat im Gebiet der zuerst operierten Zehe eine Infektion ein, dagegen an der 2. Zehe reizlose Heilung. Der Gutachter, Prof. A. aus Berlin, wies darauf hin, daß Eiterungen nach aseptischen Operationen immer wieder vorkommen, als eine bedauernswerte aber unvermeidbare Komplikation. In diesem Falle spreche die Tatsache, daß die an 2. Stelle vorgenommene Operation am anderen Fuß aseptisch verlief, schon gegen ein Verschulden des Operateurs.

Für den ärztlichen Gutachter erwächst in jedem Falle die Pflicht, aufzuklären, ob ein aseptischer Fehler bei der Operation unterlaufen sei, oder ob es sich um einen der leider niemals ausrottbaren Unglücksfälle handelt.

e) Unnötige Operation.

Die Notwendigkeit einer Operation wird nachträglich bisweilen bestritten. So wurde gegen einen Arzt die Anschuldigung eines Kunstfehlers wegen „überflüssiger“ Operation erhoben. Diese wurde früher wegen chronischer Wurmfortsatzentzündung ausgeführt. Der Patient stützte seinen Vorwurf darauf, daß eine später vorgenommene Gallenblasenoperation den wahren Krankheitsherd ergeben habe. — Es bedarf keiner Erörterung, daß keinerlei Berechtigung vorliegt, den erstoperierenden Arzt anzuschuldigen.

In einem anderen Falle lag Blasenentzündung und Harnröhrenverengerung vor; durch Röntgenaufnahme wurde ferner ein Blasenstein festgestellt, dessen Entfernung operativ vorgenommen wurde. Hierbei zeigte es sich, daß es sich nicht um Steinbildung, sondern um einen Klumpen Xeroformöl handelte, das früher zur Behandlung eingeführt war. Es kam zur Klageabweisung, da der diagnostische Irrtum durchaus entschuldbar war.

f) Unrichtige Operationsmethode.

Die Frage, ob eine Tamponade bzw. eine vorübergehende Offenhaltung der Operationswunde berechtigt ist oder nicht, wurde Anlaß zu einer gerichtlichen Untersuchung unter Heranziehung namhafter Gutachter. Dabei ist es bemerkenswert, daß die beiden Spruchinstanzen zu verschiedenen Entscheidungen kamen.

Es handelte sich um die Behandlung einer *Kieferhöhlenvereiterung*. Der Patient machte dem Facharzt für Hals-, Nasen- und Ohrenkrankheiten zum Vorwurf, daß er die geöffneten Kieferhöhlen nach der Operation offengelassen und 5 Wochen hindurch tamponiert sowie die Wurzelspitzen von den Zähnen abgemeißelt habe. Das Landgericht hielt nicht den ersten Vorwurf, wohl aber den zweiten für begründet, der Beklagte habe unzweckmäßigerweise die Wurzelspitzen abgetragen und sich dadurch mit auf Wissenschaft und Erfahrung begründeten Vorschriften der Zahnheilkunde in Widerspruch gesetzt. Auch habe er unzweckmäßigerweise nicht alsbald nach Abtragung der Wurzelspitzen die Ausräumung des toten Zahnmarkes und dessen Ersatz durch Füllmasse vorgenommen. Wenn er die einschlägigen Gesetze der Zahnheilkunde nicht gekannt habe, hätte er sich nach der Operation einen Facharzt für Zahnchirurgie hinzuziehen müssen. — Das Kammergericht wies die Klage ab. Es hält die Abtragung der Zahnwurzelspitzen nicht für fehlerhaft und den Arzt nicht für verpflichtet, für sofortige zahnärztliche Behandlung zu sorgen. Bezüglich der vom Arzt gewählten Behandlungsmethode führt es aus: „Grundsätzlich kann eine Verpflichtung des Arztes, stets nur die billigste und dem Patienten angenehmste Art und Weise der Behandlung in Anwendung zu bringen, nicht anerkannt werden. Der Vertrag zwischen Arzt und Patient verpflichtet zwar den Arzt, die Belange des Patienten im weitesten Umfange zu wahren. Allein in mindestens dem gleichen Umfang hat der Arzt auch der ethischen Seite seines Berufes Rechnung zu tragen. Dies aber verpflichtet und berechtigt ihn, jedenfalls denjenigen, der zu eigener wissenschaftlicher Forschung befähigt und berufen ist, bei der Behandlung des Patienten der eigenen wissenschaftlichen Überzeugung zu folgen; und dies muß ihn auch berechtigen, in den von ihm für geeignet erscheinenden Fällen auch von der allgemeinen Regel abzuweichen und denjenigen Methoden zu folgen, die er nach seiner Überzeugung für die richtigen hält.“

g) Ungünstiges Operationsergebnis.

Eine Schadenersatzpflicht des Operateurs ist von einem ungünstigen Heilungsergebnis niemals abzuleiten; denn ein Erfolg kann niemals garantiert werden. Diese Richtlinie gilt unbestritten für alle Operationen zu Heilzwecken. Dagegen liegen andere Verhältnisse vor bei *kosmetischen Operationen*. *H. Wulle* wies darauf hin[1], daß der Arzt bei diesen Operationen auch trotz Einwilligung des Patienten haftbar gemacht und wegen Körperverletzung bestraft werden kann, wenn die Operation gegen die guten Sitten verstößt. Hier muß aber vom ärztlichen Standpunkte eingewendet werden, daß es allein auf die Anzeigestellung ankommt; diese kann z. B. eine bestimmte Operation in dem einen Fall als berechtigt, im anderen als unberechtigt erscheinen lassen. Wenn eine plastische Mammaoperation wegen starker Vergrößerung des Organs, die bekanntlich erhebliche Beschwerden verursachen kann, erfolgt, so wird die Berechtigung niemals bestritten werden können; eine operative Verkleinerung der „Mamma“ zur Erhaltung der „schlanken Linie“ ist ganz anders zu bewerten. Ebenso werden bestimmte Berufsarten bestimmend auf die Vornahme einer kosmetischen Operation einwirken, z. B. Gesichtsplastik bei Tänzerinnen und Filmkünstlerinnen.

[1] Med. Welt 1934, 132 und 171.

In jedem Einzelfall muß der operierende Arzt die angedeuteten Erwägungen genau berücksichtigen. Darüber hinaus muß aber die Aufklärungsverpflichtung strenger gehandhabt werden als sonst. Wenn jemand sich zur Vornahme einer kosmetischen Operation entschließt, so tritt der Gesichtspunkt zurück, daß eine umfassende Aufklärung Angst und Erregung bei ihm hervorrufen könnte, wodurch der günstige Verlauf gefährdet würde. Es ist bekannt, daß kosmetische Gesichtsoperationen in mehreren Sitzungen durchgeführt werden müssen. Eine 52jährige Frau war hierüber von dem Operateur aufgeklärt worden, sogar mit dem Hinweis, daß nach der 1. Phase die unteren Augenlider heruntersinken würden, was bei späteren Eingriffen wieder behoben würde. Sie erschien nicht mehr zur 2. Operation und erhob Klage, weil unter dem einen Auge zuviel Haut entfernt und sie dadurch entstellt sei. Die Abweisung der Klage wurde vom Kammergericht bestätigt, da sie trotz Aufforderung zur 2. Operation nicht erschienen sei und sich dadurch der Möglichkeit beraubt habe, nachzuweisen, daß der geplanten Operationsreihe ein Mißerfolg beschieden gewesen wäre.

Eine peinlich genau genommene Aufklärung, besonders auch über die Möglichkeit eines Mißlingens oder unvollkommenen Gelingens, schützt den Arzt vor späteren Vorwürfen und Regreßansprüchen. Daß mit diesen jederzeit gerechnet werden muß, erweisen zwei Fälle unseres Beobachtungsmaterials.

In dem einen kam es nach einer *plastischen Verkleinerungsoperation der Brustdrüse* zu einem Abfallen der Brustwarze. Es ist bekannt, daß hierin eine Hauptgefahr liegt, weil bei der Präparation der Haut die ernährenden Gefäße leicht geschädigt werden, und alsdann eine Nekrose der Brustwarze auftritt. Dieses Gefahrenmoment wird bei den Beschreibungen der Technik stets besonders hervorgehoben. Der Gutachter vertrat den Standpunkt, daß diese Gefäßschädigung immer einmal, selbst bei sorgfältigstem Vorgehen auftreten kann. „Wenn naturgemäß auch durch das spätere Abfallen der Brustwarze der kosmetische Effekt ein sehr ungünstiger ist, so ist ein Verschulden des Operateurs nicht anzunehmen."

In dem anderen Falle, bei dem die enorme Größe der Brustdrüsen die Operationsanzeige gab, kam es zu einer eitrigen Infektion, so daß die Hautschnitte erheblich auseinanderwichen und breite Narben zurückließen; die Brustwarze war eingezogen, und beide Brustdrüsen zeigten verschiedene Größe.

Der Gutachter wies darauf hin, daß das Ergebnis nicht befriedigend sei. Zwar seien die Beschwerden beseitigt, aber die neue Form entspreche nicht den Anforderungen, die man stellen muß. Als Ursache sei die Infektion anzusehen, für die der Operateur nicht verantwortlich zu machen sei.

Aus der Praxis des *Reichsgerichts* liegen zwei Fälle von *kosmetischen Operationen* vor. Der eine, die Beseitigung von Damenbarthaaren durch Röntgenstrahlen betreffende (Urteil vom 27. Oktober 1931), wird später erörtert. Von grundsätzlicher Bedeutung ist das Urteil vom 11. Dezember

1934 (III 128/34), Dt. Ärztebl. 1935, 738, das sich mit einem Fall befaßt, in dem bei einer zur Beseitigung eines kosmetischen Schadens vorgenommenen Behandlung dieser Schaden noch vergrößert wurde.

Ein Kapellmeister wollte einen Defekt des rechten Nasenflügels, mit dem er infolge früherer Krankheiten behaftet war, beseitigen lassen. Der behandelnde Arzt hat beim Kläger 8 operative Einzeleingriffe vorgenommen, die den Zweck hatten, durch Transplantation von Hautteilen von anderen Körperstellen des Klägers auf die Nase den dort vorhandenen Defekt zu beseitigen. Der erstrebte Erfolg wurde nicht erreicht. Der Kläger behauptet vielmehr, er sei jetzt völlig verunstaltet, das Gesicht sei durch Hautentnahmen voller Narben, seine Nase sei vollkommen zerstört und zum größten Teile überhaupt abgetragen, und beide Arme seien durch Entnahme von Transplantationslappen erheblich verletzt.

Der Kläger hat den Beklagten für den ihm entstandenen Schaden in Anspruch genommen, indem er geltend macht, der Beklagte habe für den Erfolg der Behandlung dadurch die Garantie übernommen, daß er erklärt habe, ein Arzt könne zwar keine 100prozentige Garantie geben, aber zu 99% könne er Erfolg versprechen. Außerdem habe der Beklagte die ihm obliegenden Pflichten als Arzt sowohl bei der Behandlung als auch bei den operativen Eingriffen und der übrigen Behandlung mehrfach verletzt und hafte dem Kläger daher sowohl wegen Vertragsverletzung als auch aus dem Gesichtspunkt der unerlaubten Handlung.

Die Vorinstanzen haben der Klage im wesentlichen stattgegeben. Das Oberlandesgericht hat, ohne auf das dem Beklagten vorgeworfene fahrlässige Verhalten bei der Ausführung der Operationen einzugehen, ein die Schadensersatzpflicht begründendes fahrlässiges Verhalten schon darin erblickt, daß der Beklagte es unterlassen habe, den Kläger unmißverständlich auf die im gegebenen Falle sogar gesteigerte Gefahr eines Operationsmißerfolges mit möglich weiterer Aussehensverschlechterung hinzuweisen.

Wie das Berufungsgericht angenommen hat, hat es sich um eine Operation gehandelt, die weder vom ärztlichen Standpunkt noch von der Berufstätigkeit des Klägers aus gesehen eine dringliche war. Der Kläger hat ferner dem Beklagten gegenüber zum Ausdruck gebracht, daß er auf die möglichen Folgen Gewicht lege und im Vertrauen auf die Erklärungen des Beklagten seine Entschließung, ob es überhaupt zur Operation kommen solle, treffen wolle; er hat ihn insbesondere auf alle Bedenken, die etwa gegen einen Eingriff sprachen, hingewiesen, ihm auch seinen Beruf als öffentlich tätigen Kapellmeister und die Bedeutung eines operativen Eingriffs hierfür dargelegt. Unter diesen Umständen hat das Berufungsgericht mit Recht den Beklagten für verpflichtet erachtet, dem Kläger eine weitgehende Aufklärung über alle möglichfen Folgen, insbesondere nach der Richtung des Mißlingens oder gar einer Aussehensverschlechterung zuteil werden zu lassen. Diese Aufklärungspflicht hat der Beklagte nach Auffassung des Berufungsgerichts fahrlässig verletzt. Er hat nach der vom Berufungsgericht getroffenen Feststellung die Operation als fast 100prozentig sicher hingestellt, während es sich in Wirklichkeit mit Rücksicht auf das dem Beklagten bekannte Vorliegen der luischen Erkrankung des Klägers in Verbindung mit der gegebenen narbigen Zerstörung der Nasenhaut um eine schwierige Operation hinsichtlich des vorauszusagenden Erfolges mit der Gefahr möglicher weiterer Aussehensverschlechterung gehandelt habe, und der Beklagte verpflichtet gewesen sei, den Kläger unmißverständlich auf diese sogar gesteigerte Gefahr eines Operationsmißerfolges mit möglicher weiterer Aussehensverschlechterung hinzuweisen. Nur dadurch, daß er den Operationserfolg zum mindesten als fast sicher hingestellt habe, habe der Beklagte den Entschluß des Klägers, überhaupt erst in eine Operation durch den Beklagten einzuwilligen, verursacht; denn es stehe nach der Überzeugung des Berufungsgerichts außer Frage, daß der Kläger, über die durchaus naheliegende Möglichkeit einer erheblichen Verschlechterung seines Aussehens sachlich vom Beklagten unterrichtet, von der Einwilligung zur Operation bestimmt abgesehen hätte.

Das *Reichsgericht* hat das Berufungsurteil aufgehoben und die Sache in die Vorinstanz zurückverwiesen, indem es ausführt:

„Es ist der Revision zuzugeben, daß es nach dem Standpunkte des Berufungsgerichts für die Haftung des Beklagten wesentlich darauf ankommt, ob der Beklagte bei gewissenhafter Prüfung lediglich mit einem Mißerfolge im Sinne eines rein neutralen Ausgangs (d. i. ohne Verschlechterung des bisherigen Zustandes) oder sogar mit einer Verschlechterung des Aussehens des Klägers als Folge der Operation hätte rechnen und dem Kläger dementsprechend hätte Aufklärung geben müssen. Es muß davon ausgegangen werden, daß das Berufungsgericht den erforderlichen ursächlichen Zusammenhang zwischen einem fahrlässigen Verhalten des Beklagten bei der Beratung und dem dem Kläger durch die Operation erwachsenen Schaden nur deshalb als gegeben angesehen hat, weil der Kläger im Vertrauen darauf, daß jedenfalls keine Verschlechterung seines Äußeren zu befürchten sei, sich der Operation unterzogen habe. Ist aber diese Erwägung für den Entschluß des Klägers maßgebend gewesen, so konnte der Beklagte nur dann für die Operation verantwortlich gemacht werden, wenn er bei gewissenhafter Prüfung damit rechnen mußte, daß nicht nur nicht ein Erfolg erreicht werde, sondern sogar eine Verschlechterung des Aussehens als Folge der Operation eintreten könnte. Das Berufungsgericht hat zwar diese Möglichkeit als naheliegend bezeichnet. Indessen fehlt es in dieser Beziehung an jeder näheren Feststellung. Auch wenn der Beklagte mit einer geringeren Erfolgsaussicht, als er sie dem Kläger angegeben, rechnen mußte und insoweit die ihm dem Kläger gegenüber obliegende Sorgfaltspflicht bei der Beratung verletzt haben sollte, würde sich daraus noch nicht ohne weiteres ergeben, daß der Beklagte *bereits in jenem Zeitpunkte,* als er dem Kläger die Operation als fast 100prozentig sicher hinstellte, mit einer naheliegenden Möglichkeit einer erheblichen Verschlechterung des Aussehens habe rechnen müssen. Aus den verschiedenen Gutachten der Sachverständigen hat das angefochtene Urteil den Schluß gezogen, daß der Beklagte den Kläger auf den voraussehbaren zweifelhaften Erfolg klar hätte hinweisen müssen. Lediglich in diesem Zusammenhange hat es sich auch mit der Tatsache befaßt, daß der Kläger bereits 5 antiluische Kuren durchgemacht hatte, und daß die Umgebung der Operationsstelle aus Narbengewebe bestand, das in seiner Ernährung gestört war und sich zum Ersatz nicht verwenden ließ. Die erheblichen Schwierigkeiten einer Operation mochten zwar den Erfolg besonders ungewiß erscheinen lassen. Daraus ergab sich aber noch nicht ohne weiteres die vom Berufungsgericht angenommene naheliegende Möglichkeit einer erheblichen Verschlechterung des Aussehens des Klägers. Um dies anzunehmen, bedurfte es einer besonderen Auseinandersetzung mit den vorliegenden Gutachten, zumal die von dem Gericht selbst eingezogenen Gutachten im wesentlichen auf die Frage abgestellt waren, ob dem Kläger bei der Vornahme der Operation ein Kunstfehler unterlaufen sei oder nicht.

Andererseits ist der Revision aber nicht darin beizutreten, daß, wenn dem Beklagten aus der Nichterwähnung der Möglichkeit einer Verschlechterung kein Vorwurf gemacht werden könnte, vielmehr neben der Möglichkeit eines Erfolges nur die eines Mißerfolges mit neutralem Ausgange in Frage käme, dem Beklagten kein Vorwurf zu machen sei, wenn er die Wahrscheinlichkeit eines Erfolges mit fast 100% höher eingeschätzt habe, als sie bei nachträglicher Betrachtung gewesen sei. Mußte der Beklagte bei Anwendung der Sorgfalt eines gewissenhaften Arztes erkennen, daß die Erfolgsmöglichkeit einer vorzunehmenden Operation nach den gegebenen Umständen eine wesentlich geringere war, als er sie dem Kläger angegeben, so verletzte er diesem gegenüber die ihm obliegende Beratungspflicht, wenn er gleichwohl die Operation als fast 100prozentig sicher hinstellte. Der Beklagte würde deshalb auch in diesem Falle dem Kläger für den ihm durch die Operation erwachsenen Schaden haften, wenn anzunehmen sein würde, daß der Kläger sich zu der Operation nicht entschlossen haben würde, wenn ihm durch sachgemäße Aufklärung des Beklagten klar geworden wäre, daß er nur mit einer geringeren Erfolgsmöglichkeit rechnen könne. Das Berufungsgericht wird auch zu dieser Frage Stellung zu nehmen haben. In jedem Falle wird es aber einer bestimmten Feststellung darüber bedürfen, worauf denn der Mißerfolg bzw. die Verschlechterung des Aussehens als Folge der Operation zurückzuführen ist. Denn der Beklagte kann wegen fahrlässiger Verletzung seiner Beratungspflicht für den Mißerfolg bzw. die eingetretene Verschlechterung des Aussehens des Klägers nur insoweit verantwortlich gemacht werden, als der Mißerfolg bzw. die Verschlechterung auf Umstände zurückzuführen ist, deren Vorhandensein der Beklagte bei Prüfung der Sachlage in Rechnung ziehen konnte und ziehen mußte. Denn nur insoweit kann von einer adäquaten, die Verpflichtung des Beklagten zum Schadensersatz begründenden Verursachung des Schadens durch das fahrlässige Verhalten des Beklagten die Rede sein."

Das Berufungsgericht wird nicht nur die weiteren, vom Reichsgericht vermißten Feststellungen treffen, sondern gegebenenfalls auch die Frage zu prüfen haben, ob den Beklagten bei der Ausführung der Operation selbst ein fahrlässiges Verhalten trifft. Ein solches würde unter Umständen wohl schon dann zu bejahen sein, wenn sich der Beklagte im Hinblick auf die frühere Erkrankung des Klägers und die damit zusammenhängenden Kuren sagen mußte, daß die Umgebung der Operationsstelle sich zum Ersatz nicht verwenden ließ, und eine Transplantation von dort aus nicht bloß nicht den gewünschten Erfolg, sondern sogar eine Verschlimmerung des Aussehen des Klägers herbeiführen mußte. Vor allem aber scheint für ein Verschulden des Arztes ein Umstand zu sprechen, daß er die auf 3—4 berechneten Operationen 6 Monate lang fortsetzte, obwohl er sich im Laufe der Behandlung mehr und mehr von deren negativem Erfolg überzeugen mußte.

Bei weiteren 3 Fällen, die Operationen zu Heilzwecken erforderten, handelte es sich einmal um *Beugesehnenverletzung*. Die operative Naht schließt immer die Möglichkeit eines Mißlingens ein; daher ist die Prognose, gemessen am Stande der neuzeitlichen Erfolge unserer sonstigen Verletzungsbehandlung, erstaunlich schlecht. Auch bei einwandfreier Nahtmethode kann es zur Ausbildung von Verwachsungen an der Nahtstelle kommen, wodurch das Gleiten der Sehne behindert wird. In dem vorliegenden Fall lag der Grund für den Mißerfolg in der eingetretenen Wundinfektion.

In einem anderen Falle wurden gegen den Operateur Vorwürfe erhoben wegen schlecht gelungener „Ballenoperation" (Hallux valgus), wodurch noch eine Nachoperation erforderlich wurde. Ein Verschulden war jedoch nicht nachweisbar, ebenso wie in dem letzten Falle, wo nach einer Blinddarmoperation ein nicht heilendes Geschwür in der Narbe sich bildete; dieses war zurückzuführen auf schwere endokrine Störungen der Patientin.

h) Schädigung durch Desinfektionsmittel.

Die Anwendung von Jodtinktur zur Desinfektion des Operationsfeldes wird stark eingeschränkt, da häufig Hautreizungen entstehen. Von den Ersatzmitteln wurde bei einer Leistenbruch-Operation *Sepso-Tinktur* angewendet, und entgegen den sonstigen Erfahrungen war es zu einer Ekzem-Bildung am Hodensack gekommen. Deshalb wurden Haftpflichtansprüche gegen den Operateur geltend gemacht. Im Gutachten wurde dargelegt, daß es sich um eine Überempfindlichkeit (sog. Ekzem-Bereitschaft) handele, zumal der Operierte schon früher wegen Ekzemen an anderen Körperstellen in Behandlung war. Es war Klageabweisung erfolgt. In dem Berufungsverfahren (Kammergericht Berlin 7. Urteil 263/54) wurde das Urteil bestätigt. Aus den Entscheidungsgründen geht hervor:

Es trifft zwar zu, daß das von dem Beklagten benutzte Desinfektionsmittel eine Hautentzündung am Hodensack zur Folge gehabt hat. Gleichwohl kann die Verwendung von Sepso-Tinktur als Desinfektionsmittel nicht als Kunstfehler angesehen werden, da die Desinfektion des Operationsfeldes notwendig war, jede Tinktur aber, wie der Sachverständige überzeugend ausführt, zu Hautentzündungen führen kann. Dem Beklagten, der den Kläger bereits in früheren Jahren behandelt hatte, war zwar bekannt, daß dieser in außerordentlichem Maße zu Ekzemen neigte, und der Kläger meint, daß der Beklagte das Desinfektionsmittel schon aus diesem Grund nur in äußerst vorsichtiger Weise hätte verwenden dürfen. Der Beklagte hat aber diesem Umstand bereits dadurch in hinreichendem Umfange Rechnung getragen, daß er nicht Jod, sondern Sepso verwendet hat, durch Sepso-Tinktur aber erfahrungsgemäß weit weniger Hautentzündungen verursacht werden als durch Jod. Dem Beklagten kann auch kein Vorwurf daraus gemacht werden, daß er das Desinfektionsmittel in zu reichlichem Maße angewendet und es unterlassen hat, die Geschlechtsteile abzudecken. Vielmehr erscheint es überzeugend, wenn der Beklagte hierzu ausführt, daß gerade eine Operation in der Leistengegend eine ganz besonders sorgfältige Desinfektion erfordert, die weitgehend auch bis in die seitlichen Teile des Hodens ausgedehnt werden muß, da alle während der Operation freizuhaltenden Körperteile, auch wenn diese nicht unmittelbar von der Operation berührt werden, sorgfältig keimfrei gemacht werden müssen. Auch der Sachverständige erklärt hierzu, daß die reichliche Menge und der ausgiebige Desinfektionsbereich nur für die Sorgfalt des Beklagten und nicht gegen ihn sprechen. Wenn es trotzdem zu einer Hautentzündung mit nachfolgendem Ekzem am Hodensack gekommen ist, so war das von dem Beklagten nicht vorherzusehen, insbesondere aber auch durch andere Vorsichtsmaßregeln nicht zu vermeiden. Ein Kunstfehler oder eine Fahrlässigkeit des Beklagten liegt daher insoweit nicht vor.

i) Beschwerden nach Operationen.

Nach Bauchoperationen haben sog. „Verwachsungsbeschwerden“ eine große praktische Bedeutung. Es unterliegt keinem Zweifel, daß sich Verwachsungen zwischen Netz, Darmteilen und besonders an den Stellen einer Darmnaht immer bilden. In einer aufschlußreichen Arbeit[1] wies *A. W. Fischer* nach, daß die Bildung von Verwachsungen begrüßenswert ist und es uns überhaupt ermöglicht, all die zahlreichen segenbringenden Operationen am Magendarmkanal durchzuführen. „Gäbe es ein sicheres Mittel, Verwachsungen zu vermeiden, so könnten wir es deshalb nicht anwenden, wir würden die Sicherheit unserer Magendarmnähte gefährden.“

---

[1] Der Chirurg 1934, 537.

Es war nun früher die Ansicht verbreitet, daß diese Verwachsungen Beschwerden erzeugen. Die Möglichkeit besteht nur in dem Falle, wenn ein Verwachsungsstrang einen Darmteil abschnürt, und es entweder zu akutem Ileus kommt oder zu Erscheinungen einer vorübergehenden Störung der Darmpassage. Eine derartige Folge einer Bauchoperation ist niemals auf Art und Technik zurückzuführen, sondern kann unabhängig von äußerem Geschehen in seltenen Fällen auftreten. — Von dieser einen Möglichkeit abgesehen, ist in wissenschaftlichen Untersuchungen (*v. Bergmann, Nordmann* u. a.) nachgewiesen, daß *Verwachsungen an sich niemals Beschwerden hervorrufen.* Trotzdem ist bekannt, daß die Diagnose „Verwachsungsbeschwerden" noch allzu häufig ausgesprochen wird, und zwar in Ermangelung einer anderen Diagnose bzw. einer entsprechenden Untersuchung. Abgesehen davon, daß der Beweis für die Richtigkeit dieser Diagnose nicht geführt werden kann, wirkt sich häufig bei labilen oder nervösen Patienten eine derartige leichtfertige Angabe verhängnisvoll aus. Was alles unter dem großen Sammelbegriff der Verwachsungsbeschwerden geht, hat *A. W. Fischer* (l. c.) ausführlich dargestellt und die Notwendigkeit einer gründlichen Untersuchung unter Heranziehung aller modernen diagnostischen Verfahren hervorgehoben. Seine Schlußfolgerungen haben in Chirurgenkreisen ungeteilten Beifall gefunden: „Zurückhaltung mit der Diagnose Verwachsungsbeschwerden, erst genau untersuchen, ehe man den Patienten zu einem Verwachsungskranken stempelt, dem man angeblich nicht mehr helfen kann ... Der Chirurg muß lernen, nicht allzu mechanisch zu denken, er muß Respekt bekommen vor der überaus weitgehenden Beeinflussung körperlicher Symptome durch seelische Faktoren."

Nach diesen Vorbemerkungen ist die Stellungnahme klar umschrieben, wenn im Anschluß an Bauchoperationen seitens eines Patienten gegen den Arzt der Vorwurf erhoben wird, daß Beschwerden zurückgeblieben seien, die vorher nicht bestanden. In einem Fall wurden nach einer Blinddarmoperation wegen eingetretener Beschwerden Regreßansprüche gestellt, ohne daß ein Beweis für die Richtigkeit erbracht werden konnte. In einem anderen Fall wurde von einem anderen Chirurgen eine erneute Operation vorgenommen und dabei ein Verwachsungsstrang zwischen Bauchfell und Netz in der Gegend der früheren Operationsstelle festgestellt. Der Vorwurf, daß die Ausführung der ersten Operation nicht kunstgerecht erfolgte und die Entstehung des Verwachsungsstranges auf einen Fehler der Technik zurückzuführen sei, veranlaßte folgende gutachtliche Stellungnahme:

„Es ist natürlich für keinen Operateur auszuschließen, daß bei Nahtverschluß des Bauchfells, der sich bisweilen technisch schwierig gestaltet, besonders bei fettleibigen Personen, ein Netzteil mit der Naht mitgefaßt werden kann. Eine Schuld hierdurch kann dem Operateur nicht beigemessen werden. Eine sichere Entscheidung ist aber nicht zu treffen, wenn man berücksichtigt, daß in der überwiegenden Mehrzahl der Bauchoperationen sich Verklebungen von Netz mit dem Bauchfell an der Operationsstelle bilden. Es ist daher in dem vorliegenden Falle nicht gerechtfertigt, auf das seltenere Vorkommen zurückzugreifen, daß nämlich der Netzzipfel eingenäht wurde."

In einem dritten Falle wurden $4^1/_2$ Jahre nach einer Unterleibsoperation, bei der das Mißgeschick des Zurücklassens eines Bauchtuches sich ereignete, hochgradige „Verwachsungsbeschwerden" geltend gemacht im Rahmen der Entschädigungsansprüche. Hierbei kam die Frage zur Erörterung, ob die bei einer späteren Operation gemachte Feststellung, daß tatsächlich hochgradige Verwachsungen bestanden, als Kriterium für die Richtigkeit der Angabe der Patientin zu bewerten sei. Der Gutachter lehnte dies ab unter dem Hinweis darauf, daß nach den Erfahrungen der praktischen Chirurgie die nach Bauchoperationen eintretenden Verwachsungen auch bei stärkstem Ausmaße keine Beschwerden auslösen.

k) Fehler bei Nachbehandlung von Operationen.

Die Frage der Anwendung eines *Sandsackes* zum Schutze einer frischen Operationsnarbe wurde in einem Fall Gegenstand rechtlicher Auseinandersetzungen. Eine Patientin erhob den Vorwurf, daß im Verlaufe der Nachbehandlung nach einer Operation kein Sandsack verwendet wurde, obwohl starker Hustenreiz wegen Bronchitis bestand; die spätere Entstehung eines Narbenbruches führte sie auf diese Unterlassung zurück. In dem Gutachten wurden über die Verwendung von Sandsäcken grundsätzliche Erwägungen einbezogen:

„Über das Auflegen von Sandsäcken nach Bauchoperationen, insbesondere nach Radikaloperationen von Weichteilbrüchen, bestehen in Chirurgenkreisen geteilte Ansichten. Die einen machen hiervon Gebrauch, um eine Kompression auf die Stelle der Bauchdeckennaht auszuüben; es soll eine Sicherung der Nähte gegen Husten und Anwendung der Bauchpresse ausgeübt werden. Andere Operateure halten das Auflegen eines Sandsackes für eine Belästigung des Patienten und eine Behinderung der Atmung, die gerade nach Aufwachen aus der Narkose tief einsetzen und geübt werden soll. Sie halten eine gute Nahttechnik für die beste Sicherung ... Aus welchen Gründen es zur Ausbildung eines Narbenbruches kommt, ist im Einzelfalle kaum zu entscheiden; es kann eine Konstutionsschwäche des Gewebes vorliegen, oder die zusammengenähten Gewebsschichten stehen unter einer zu hohen Spannung ... Im vorliegenden Falle wäre es sinnlos gewesen, nach Ablauf von 4 Wochen nach der Operation bei Eintritt der Bronchitis einen Sandsack aufzulegen; denn nach 10—14 Tagen ist entweder eine feste Verheilung der Bauchdecken eingetreten oder, wenn das nicht der Fall wäre, könnte ein Sandsack selbstverständlich nichts mehr nützen."

Bei Nachbehandlung eines am *Magen Operierten* wurde von den Angehörigen des verstorbenen Patienten als Kunstfehler angeschuldigt, daß am 8. Tage nach der Operation feste Speisen verabreicht seien. Dieser Fall bedurfte eingehender Aufklärung und wurde nach Heranziehung ausführlicher Gutachten zugunsten des beschuldigten Krankenhauses entschieden. — Es handelte sich um ein durchgebrochenes Magengeschwür, das nach Einlieferung des Kranken sofort operiert wurde (doppelschichtige Naht, Sicherung durch Netzübernähung). Der Wundverlauf gestaltete sich ungestört.

Am 8. Tage verschlechterte sich das Allgemeinbefinden, und am folgenden Tage trat plötzlich Bluterbrechen auf. Nach schnell fortschreitendem Kräfteverfall trat am Abend dieses Tages der Tod ein. — Seitens der Ehefrau wurde geltend gemacht, daß die Magenblutung hervorgerufen sei durch das einen Tag vorher verabreichte Essen.

Die Gutachter kamen zu dem Ergebnis, daß die Aufnahme der festen Nahrung nicht die Ursache der tödlichen Blutung gewesen sein kann. „Die Blutung kann lediglich durch Arrosion eines sich fortschreitend entwickelnden Geschwürs hervorgerufen werden." In der Klageabweisung wurde ausgeführt, daß in der Darreichung der festen Speisen ein Verstoß gegen anerkannte Regeln der ärztlichen Kunst oder eine andere Pflichtverletzung nicht zu sehen ist.

l) Zufälle im Operationssaal.

Unvorhergesehene Zwischenfälle im Operationsbetrieb können Anlaß zu Regreßansprüchen werden. Es handelt sich hierbei naturgemäß um seltene Vorkommnisse, die aber ein besonderes Interesse bieten.

In einem Falle erlitt ein Praktikant beim Zuschauen einer Operation dadurch eine Verletzung, daß er in das Messer griff. Eine Haftpflicht wurde hier abgelehnt, weil eine Beorderung zur Hilfeleistung nicht vorlag, sondern der Praktikant nur aus freiem Willen der Operation als Zuschauer beiwohnte.

Der zweite Fall betraf den Operateur selbst, der während der Ausführung einer Curettage einen Ohnmachtsanfall erlitt, so daß diese nicht zu Ende geführt und die Patientin in eine andere Klinik überführt werden mußte. Der Arzt wurde dann für die entstandenen Kosten in der zweiten Klinik haftbar gemacht. Es kam zu einem Vergleich.

m) Zurückgelassene Fremdkörper.

Auf keinem Gebiet der operativen Medizin treten so grundverschiedene Auffassungen in der ärztlichen Beurteilung gegenüber der juristischen in die Erscheinung, wie in der Frage der *während der Operation zurückgelassenen Fremdkörper*. Es ist psychologisch erklärlich, daß der Laie dazu neigt, wegen des ihm unverständlich erscheinenden Ereignisses dem Arzt ein schuldhaftes Verhalten zuzuschreiben. Im chirurgischen und gynäkologischen Schrifttum ist im Anschluß an eine große Zahl von Einzelbeobachtungen der ärztliche Standpunkt niedergelegt, daß alle Begleitumstände einer Operation, insonderheit die im Augenblick einer Gefahr auftretenden unvorhergesehenen und schwierig zu meisternden Überraschungen, für die Entscheidung heranzuziehen sind, ob in dem Zurücklassen des Fremdkörpers Fahrlässigkeit oder unglücklicher Zufall zu erblicken ist.

Daß zur Vermeidung eines solchen Ereignisses hinreichende Sicherungsmaßnahmen durchgeführt werden müssen, ist unbestritten und gehört zu der von jedem Operateur zu erwartenden Sorgfaltspflicht. Wer aber die verschiedenartigen Zwischenfälle kennt, die den Ablauf einer Operation stören können, und die an den Operateur und seine Mitarbeiter die höchsten Anforderungen stellen, der weiß auch, daß keines der üblichen Sicherungsverfahren zuverlässig ist. Die sich hieraus für die chirurgisch tätigen Ärzte ergebenden Fragekomplexe fanden eine ausgezeichnete Darstellung durch *Guleke*[1], der uneingeschränkte Zustimmung fand, wie die Äußerungen einer großen Zahl von Klinikleitern bei der späteren Rundfrage[2] ergaben. *Guleke* führt unter kritischer Wertung aller Abwehrmöglichkeiten den Nachweis, daß auch der gewissenhafteste Arzt sich nie völlig gegen das versehentliche Zurücklassen von Fremdkörpern sichern kann. Besonders einleuchtend ist seine durch Befragung einer großen Anzahl von Chirurgen über den Wert des *Zählverfahrens* gemachte Feststellung: von 60 Beantwortern sprachen sich nur 8 für diese Methode aus, die übrigen 52 halten sie für unzuverlässig.

Auch die anderen Methoden der Befestigung der Tücher mit Klemmen, Bändern, Metallkugeln usw. geben keine absolute Sicherheit bei Auftreten von Blutungen, Narkosestörungen, Herauspressen der Därme. Wenn die Chirurgie auch bestrebt sein muß, ihre Leistungen zu verbessern, so ist die Abhängigkeit von zufälligen Einflüssen doch nicht zu bannen. Es ist selbstverständlich, daß nach der Eigenart des Operateurs die Vorsichtsmaßregeln wechseln, und Gutachter und Richter müssen alle Phasen der Operation durchforschen; aber schematische Vorschriften und Kunst des Operierens sind unvereinbar.

Wer zu einem richtigen Urteil kommen will, muß die seelischen und körperlichen Leistungen kennen, die ein Operateur im Drange einer plötzlichen Blutung aufbringen muß. *Kirschner* gibt dem ärztlichen Empfinden hierüber eine tiefgründige Prägung: „Die Eigenart des operativen Vorganges verlangt es, daß dem Operateur die Freiheit zuerkannt wird, in einer derartig kritischen Situation unter mehreren Wegen, die sämtlich mit einem Risiko verbunden sind, denjenigen zu wählen, der ihm im Augenblick als der am wenigsten gefährliche erscheint. Bei der gekennzeichneten Situation ist die Stillung der Blutung mit dem ersten besten erreichbaren Mullstück derjenige Weg, der im Augenblick besonders großer Gefahr der Blutung am besten begegnet, und dieser Weg muß zunächst unbedenklich gewählt werden, auch wenn er im Hintergrunde mit der Gefahr belastet ist, daß der verwendete, nicht besonders gekennzeichnete Tupfer möglicherweise zurückbleiben könnte. Man kann einem Arzte nicht darauf ein schuldhaftes Verhalten konstruieren, daß sich die Gefahr desjenigen Weges, den er zur Abwendung einer augenblicklichen Gefahr beschreiten muß, später in Form einer positiven Schädigung manifestiert."

Vor Erörterung der geltenden Rechtsauffassung sollen die uns vorliegenden Fälle erwähnt werden. Eine kurze Fassung erscheint hier gerechtfertigt

[1] Der Chirurg 1934, 505. [2] Der Chirurg 1936, 794 ff.

im Hinblick auf zahlreiche Veröffentlichungen ähnlicher Art im medizinischen und juristischen Schrifttum. 8 Fälle betrafen Zurücklassung eines *Mulltupfers:*

1. Nach operativer Nierenentfernung wegen Tuberkulose traten Fisteln in der Operationsgegend auf; als Ursache wurde ein zurückgebliebener Tupfer entfernt, worauf Ausheilung erfolgte. Ein Kunstfehler wurde vom Gericht abgelehnt.

2. Bei Brustkrebsoperation war ein Mulltupfer zurückgeblieben; der Fall wurde vergleichsweise erledigt.

3. und 4. Bei einer Bauchoperation zurückgebliebener Mulltupfer, Klageabweisung.

5. Bei Operation einer gutartigen Gebärmuttergeschwulst (Myom) Mulltupfer zurückgeblieben, so daß erneute Operation erforderlich wurde. Außergerichtlicher Vergleich.

6. Bei einer Blinddarmoperation zurückgelassener Mulltupfer führte zu einer Darmfistel, die nochmalige Operation erforderte.

Der Gutachter kam zur Ablehnung eines Kunstfehlers, weil die bei der Operation aufgetretenen Zwischenfälle besonderer und unvorhergesehener Art waren, so daß das Übersehen des blutdurchtränkten Tupfers als entschuldbar bezeichnet wurde (schwere Lösung des verwachsenen Wurmfortsatzes, fixierter Blinddarm, starke Blutung aus einem gestauten Mesenterialgefäß).

7. Gelegentlich der Erhebung von Regreßansprüchen nach einer Gallenblasenoperation trat die Frage auf, ob es sich bei einem von dem Nachoperateur entfernten Fremdkörper tatsächlich um einen zurückgelassenen Mulltupfer oder einen Tamponrest handelte. Das Landgericht wies unter Billigung des Kammergerichts die Klage ab, weil der Beweis nicht erbracht war, daß der Beklagte einen Tamponrest oder einen sonstigen Fremdkörper in der Bauchhöhle der Klägerin zurückgelassen habe. Die Frage, ob die entfernte Geschwulst einen Tupferrest als Kern hatte, hätte nur durch mikroskopische Untersuchung zuverlässig entschieden werden können. Eine solche Untersuchung ist aber nach der Operation nicht gemacht und auch die Geschwulst nicht konserviert worden.

8. Ein in der Kieferhöhle zurückgebliebener Mulltupfer wurde bei 5monatiger Nachbehandlung von dem Operateur nicht festgestellt. Die für den Fremdkörper charakteristischen Erscheinungen (Gesichtsschwellung, stinkende Absonderung) bestanden nicht. Als sie später auftraten, wurde der Tupfer von einem anderen Arzt entfernt. Der Fall wurde durch Vergleich geregelt.

Unter größeren Fremdkörpern handelte es sich in 3 Fällen um *Mullkompressen* (10×20 cm):

9. und 10. Bei Unterleibsoperation Zurücklassen einer Mullkompresse; beide Fälle führten zum Vergleich.

11. Bei einer plastischen Operation wegen Lungentuberkulose (Thorakoplastik) war ein Mullstreifen zurückgeblieben, der zu wochenlanger Eiterung

führte. Der behandelnde Arzt wurde vom Landgericht unter Billigung des Oberlandesgerichts X. zur Zahlung eines Schmerzensgeldes verurteilt.

Eine andere Deutung der Frage des Verschuldens bringen die Verhältnisse bei Anwendung von *Tampons* mit sich, die im Verlaufe der Nachbehandlung in der Wundhöhle zurückblieben. Abgesehen von den Fällen, wo von dem eingelegten Gazestreifen das mit dem umgebenden Gewebe fest verkittete untere Ende abreißt, wie nach Operation einer infizierten Bauchhöhlenschwangerschaft beobachtet wurde, kann das völlige Verschwinden nicht als entschuldbar angesehen werden. Ein einfaches Sicherungsmittel besteht in dem Ankleben des herausragenden Tamponendes mit Heftpflaster und außerdem grundsätzlich Durchführung, Tamponade und ihre Entfernung auf der Temperaturkurve zu vermerken.

12. und 13. Nach operativer Nierenentfernung Tamponade zur Ableitung. In beiden Fällen wurde der Streifen versehentlich nicht entfernt, so daß Fisteln entstanden. In beiden Fällen erfolgte ein Vergleich.

14. Bei Operation eines Mandelabscesses wurde ein Tampon in der Wundhöhle zurückgelassen. Hier war die Rechtslage wegen der technisch schwierigen Durchführung der Operation (Kiefersperre) zweifelhaft.

Die für Gazetampons angeführten Richtlinien treffen in noch höherem Maße für *Drains* zu. In einem Fall (15) war ein Gummidrain beim Verbandwechsel in der Wunde zurückgeblieben, was erst nach längerer Zeit, als es wieder fühlbar wurde, festgestellt wurde. Danach erfolgte Ausheilung der Fistel, die wochenlang bestanden hatte.

Bei der versehentlichen Zurücklassung von *Instrumenten* in der Bauchhöhle hat zwar der Gesichtspunkt plötzlich auftretender unvorhergesehener Zwischenfälle auch Geltung; aber es muß naturgemäß ein erheblich strengerer Maßstab gefordert werden. Das blutdurchtränkte Mullstück ist von dem umgebenden Gewebe bisweilen nicht zu unterscheiden; dagegen kann ein Instrument viel schwerer der Augenkontrolle entgehen. Es ist außerdem durch Röntgenkontrolle festzustellen; deshalb ist es bsonders schwerwiegend, wenn im weiteren Verlauf trotz eingetretener Krankheitserscheinungen nach dem Fremdkörper nicht gefahndet wurde. Ein derartiger Fall (16) ereignete sich nach Operation einer Gebärmuttergeschwulst, bei der eine 18 cm lange Arterienklemme zurückgelassen wurde. Es wurde bei der Entscheidung dem Arzt zum Vorwurf gemacht, daß er trotz der dauernden Klagen der Patientin eine Röntgenuntersuchung unterlassen habe. — In 2 anderen Fällen (17 und 18) kam es ebenfalls zum Zurücklassen von Arterienklemmen, was zu einer gerichtlichen Anerkennung eines Verschuldens führte.

In Fall 18 handelte es sich um Zurücklassen einer 20 cm langen Schere nach einer Kaiserschnittoperation, was zu einem unglücklichen Ausgang führte. Das Landgericht verurteilte den operierenden Arzt. Vor dem Oberlandesgericht X. verglichen sich die Parteien dahin, daß der Arzt 5500 RM an den Witwer zahlte. Bei der Vergleichsverhandlung führte der Einzelrichter aus, man müsse berücksichtigen, daß die Operation immer unter einem gewissen Druck der Notwendigkeit schnellen Handelns stattfinde. Ärzte müßten sich scheuen, noch schwere Operationen vorzunehmen, wenn sie für alle Vorkommnisse verantwortlich gemacht würden.

In der *Praxis des Reichsgerichts* spielen die zurückgelassenen Fremdkörper eine große Rolle. Auszugehen ist von dem Urteil des III. Zivilsenats des Reichsgerichts vom 9. Juli 1913 (RGZ 83, 71). Hier war bei der in einem städtischen Krankenhaus vorgenommenen Entfernung des Wurmfortsatzes des Blinddarmes versehentlich ein 60—100 cm langer Gazestreifen, sog. Tampon, in der Wunde zurückgeblieben, der bei der Operation zur Aufsaugung von Blut und Eiter hineingelegt worden war. Durch den zurückgelassenen Gazestreifen wurde langdauernde Eiterung der Wunde und eine schwere, nicht bloß vorübergehende Schädigung der Gesundheit des Kranken verursacht. Seiner gegen die Stadtgemeinde gerichteten Schadenersatzklage gab das Oberlandesgericht statt. Das Reichsgericht bestätigte das Berufungsurteil mit folgender Begründung:

„Ohne Rechtsverstoß hat das Berufungsgericht angenommen, daß ein Verschulden das schadenbringende Verbleiben des Tampons in der Wunde verursacht hat. Mag dies Verschulden den Arzt Dr. J. oder die Krankenschwester oder einen sonstigen bei der Operation mitwirkenden Angestellten treffen, sie alle sind Erfüllungsgehilfen der Beklagten in Ansehung ihrer Verbindlichkeit aus dem Vertrage mit dem Kläger, und für ihr Verschulden haftet die Beklagte nach § 278 BGB. Es liegt eine Außerachtlassung der im Verkehr erforderlichen Sorgfalt vor. Bei Anwendung dieser Sorgfalt würde das Zurückbleiben des Tampons in der Wunde vermieden worden sein. Es mußte, sei es durch Verbindung der mehreren Sicherungsarten, sei es auf andere Weise, ein Mittel gefunden werden, wodurch das Hineinrutschen des Tampons verhindert und die Entfernung sämtlicher Tampons aus der Wunde gewährleistet wurde."

Hatte das Reichsgericht in diesem Falle eine Außerachtlassung der im Verkehr erforderlichen Sorgfalt angenommen, so hat es in dem, in RGZ 97, 4 mitgeteilten Fall (Urteil des III. Zivilsenats vom 17. Oktober 1919) ein Verschulden des operierenden Arztes verneint. Dieser hatte an der Klägerin eine Ovariotomie vorgenommen. Dabei war eine Gazeserviette in der Bauchhöhle der Klägerin zurückgeblieben und hatte Nachoperationen und Gesundheitsschädigung verursacht. Die auf Schadenersatz abzielende Klage wurde in allen Instanzen abgewiesen, vom Reichsgericht mit folgender Begründung:

„Der Berufungsrichter geht zutreffend davon aus, daß es besonderer Fachkunde und Facherfahrung bedürfe, um zu beurteilen, wie weit die Sorgfalt eines gewissenhaften Chirurgen und Operateurs bei einer derart komplizierten Operation zu gehen habe und gehen könne. Sodann legt er unter Erwähnung der mehreren von den Sachverständigen erörterten, von ihnen und sonst gehandhabten Maßnahmen deren Auffassung zugrunde, daß auch bei Anwendung dieser Maßnahmen und trotz aller Sorgfalt ein Zurückbleiben von Servietten, Tupfern u. dgl. in der Bauchhöhle versehentlich möglich sei. Nur gegenüber dieser, die Anwendung aller Sorgfalt voraussetzenden Auffassung fragt der Berufungsrichter, ob besondere Umstände auf ein Verschulden des Beklagten schließen lassen. Er prüft also, ob wirklich der Beklagte alle Sorgfalt angewendet hat, und bejaht dies, ohne die Beweislast irgend zu berühren, weil der immer sonst gewissenhafte und sorgfältige Beklagte die von ihm verwendeten Servietten, um deren Übersehen beim Schluß der Operation tunlichst unmöglich zu machen, mit einem Zipfel heraushängen ließ oder mit einem Instrumente festklemmte. Diese Maßnahme hält er in Übereinstimmung mit den 3 Sachverständigen für genügend, so daß der Beklagte alles getan habe, was auch vom Maßstab einer gesteigerten Sorgfalt aus irgend von ihm zu verlangen war. Die von der Revision betonte, vom Beklagten nicht getroffene Maßnahme einer vorherigen Abzählung der in einer Kassette bereitzuhaltenden Servietten bietet nach den Gutachten keine größere Sicherheit als das Heraushängenlassen von Zipfeln oder eingeklemmten Instrumenten —, im Gegenteil: war nämlich etwa das Abzählen der in der Kassette zurückgebliebenen Servietten erst nach der Wiederschließung der Bauchhöhle möglich, so konnte das Suchen nach den fehlenden Servietten nur mittels nochmaliger Öffnung der Bauchhöhle erfolgen, also mit einer oft noch größeren Gesundheits- und Lebensgefahr für den Patienten, als das Verbleiben der Serviette in der Bauchhöhle bildete. — Eine solche nochmalige Eröffnung der Bauchhöhle wegen einer Fehlzahl in dem vorher abgezählten Serviettenbestande hatte in anderen Fällen stattgefunden, war jedoch vergeblich geblieben, weil in Wirklichkeit nichts in der Bauchhöhle zurückgeblieben war; diese Fälle kennzeichnen die Unzuverlässigkeit auch des vorherigen Abzählens als schlagende Beispiele. Die Revision würdigt nicht genügend, daß — und gerade hierdurch unterscheidet sich der vorliegende Fall von dem RGZ 83, 75 behandelten — während der Operation eine dreifache, nicht voraussehbare und nicht vorausgesehene Komplikation eintrat. Wenn bei solchen so plötzlich auftauchenden und so schnell zu erledigenden Operationsaufgaben die Serviette vollständig, auch mit dem zum Heraushängen bestimmten Zipfel, in die Bauchhöhle geriet und darum übersehen wurde, so war das einer der nach der übereinstimmenden, vom Berufungsrichter für richtig erachteten Meinung der 3 Sachverständigen unvermeidlichen, auch durch die größte Sorgfalt nicht auszuschließenden Zufälle. Mit Recht bemerkt der Sachverständige S. in fast wörtlicher Übereinstimmung mit der Darlegung des erkennenden Senates in RGZ 78, 435, daß auch die gewissenhaftesten Menschen nicht immer mit der Präzision einer Maschine arbeiten."

In ähnlicher Richtung bewegen sich die Ausführungen des III. Zivilsenats des Reichsgerichts in dem Urteil vom 6. Januar 1928 (III 126/27[1]). Bei der Resektion einer Rippe infolge eitriger Rippenfellentzündung war ein Stück der Operationsschere abgesprungen und im Körper der Kranken zurückgeblieben. In der Folge wurden noch zwei Operationen an der Kranken vorgenommen, ohne daß das Scherenstück sich fand. Erst 1½ Jahre später wurde mittels Röntgendurchleuchtung das Stück in der Brustwand der Kranken festgestellt und entfernt. Die gegen den Arzt gerichtete Schadenersatzklage wurde abgewiesen. Das Reichsgericht führt u. a. aus:

„Daß bei der ersten Operation vom 30. Januar 1923 ein Scherenstück abgesprungen ist, rechnet auch die Klägerin dem Beklagten nicht zum Verschulden an. Nun hat der Beklagte das Abspringen sofort bemerkt und in der Wunde nach dem Stück gesucht. Aber er hat es nicht gefunden und mußte wegen der bestehenden Lebensgefahr die Operation mit tunlichster Beschleunigung beenden. War dergestalt das abgesprungene Stück einmal im Körper der Klägerin zurückgeblieben, so machte sich eine spätere Operation zu dessen Entfernung — 1½ Jahre später — unbedingt nötig. Diese Operation ist also nicht auf ein Verschulden des Beklagten zurückzuführen. Die beiden anderen Eingriffe, die der Beklagte noch an der Klägerin

[1] Der Chirurg 1932, 288.

vorgenommen hatte, sind nicht infolge des zurückgebliebenen Fremdkörpers, sondern infolge eines Wiederaufflackerns der ursprünglichen Krankheit notwendig geworden, wie diese Eingriffe denn auch an einer anderen Stelle des Körpers stattgefunden haben als da, wo sich das Scherenstück befand."

Alle diese Urteile stehen auf dem durchaus zu billigenden Standpunkt, *daß eine raschen Entschluß und tatkräftiges Handeln erfordernde Zwangslage des Arztes zu seinen Gunsten zu berücksichtigen ist, zumal bei einer Operation unvorhergesehene Zwischenfälle eintreten können, die die Aufmerksamkeit des Arztes in bestimmter Richtung vollkommen in Anspruch nehmen.* Es sind bei Beantwortung der Frage, ob die versehentliche Zurücklassung von Fremdkörpern in der Operationswunde dem Arzt als Verschulden anzurechnen ist, alle Umstände des einzelnen Falles zu berücksichtigen; es muß in jedem einzelnen Falle festgestellt werden, ob der eingetretene Schaden ausschließlich oder doch im wesentlichen auf Fahrlässigkeit des Arztes beruht, oder ob noch andere, vom Arzt nicht zu vertretende, ihn möglicherweise gerade entlastende Umstände bei der Entstehung des Schadens, insbesondere beim Zurückbleiben von Fremdkörpern in der Operationswunde, mitgewirkt haben.

Ein Verschulden des Arztes kann aber nicht bloß in dem versehentlichen Zurücklassen von Fremdkörpern in der Operationswunde gefunden werden. Ein solches liegt vielmehr unter Umständen auch vor, wenn der Arzt, der mit der Möglichkeit des Zurückbleibens eines Fremdkörpers in der Wunde rechnen muß, nicht alle Mittel zur Erforschung des Sachverhalts erschöpft, insbesondere keine Röntgenuntersuchung vornimmt. In dieser Beziehung ist eine Entscheidung des III. Zivilsenats des Reichsgerichts vom 20. Juni 1930 (*Warneyers* Rechtsprechung 1930, Nr. 208) von weittragender Bedeutung.

Der Arzt, der den Kläger wegen einer tuberkulösen Entzündung am Schultergelenk operiert hatte, hatte bei der Nachbehandlung zwei Gummiröhrchen in die Wunde eingelegt, um den Eiter abfließen zu lassen. Bei einem Verbandwechsel wurde nur ein Gummiröhrchen gefunden, obwohl die Wunde mit Instrumenten nach dem zweiten Röhrchen durchsucht wurde. Der Arzt beruhigte sich und den Kläger mit der Vermutung, das zweite Röhrchen müsse aus dem Verbande herausgerutscht sein. Die Wunde heilte lange Zeit nicht. Erst nach $1^1/_2$ Jahren, nachdem ein anderer Arzt die Wundbehandlung übernommen und das sog. *Friedmann*sche Mittel eingespritzt hatte, kam das zweite Gummiröhrchen aus der Wunde zum Vorschein, und diese heilte nunmehr nach etwa einer Woche zu. Der Kläger nimmt den ersten Arzt in Anspruch, weil er fahrlässigerweise das zweite Gummiröhrchen in der Wunde gelassen habe; er hätte sofort eine Röntgenuntersuchung vornehmen müssen; hätte er das getan, dann wäre das Röhrchen gefunden worden; weil er die Röntgenuntersuchung unterlassen habe, sei die Wunde so lange offen geblieben und seien beim Kläger wirtschaftliche Nachteile und heftige Schmerzen die Folge gewesen. Der auf Schadenersatz und Schmerzensgeld gerichteten Klage wurde vom Landgericht und Oberlandesgericht stattgegeben. Die Revision des Beklagten wurde vom Reichsgericht mit folgender Begründung zurückgewiesen:

Nach dem Tatbestand, den das Berufungsgericht seiner Beurteilung zugrunde legt, hat der Beklagte, ein Facharzt auf dem Gebiete der Chirurgie, den Kläger am 22. Februar 1924 am Schultergelenk operiert und die dadurch entstandene offene

Wunde in der Folgezeit behandelt. Er hat dabei, um den sich bildenden Eiter zu entfernen, zwei Gummiröhrchen in die Wunde eingelegt und den darüber gebreiteten Verband in bestimmten Zwischenräumen gewechselt. Bei einem solchen Verbandwechsel in der zweiten Hälfte Mai 1924 fand der Beklagte in der Wunde zunächst nur ein Gummiröhrchen, obwohl er selbst keinen Zweifel hatte, daß bei der Anlegung des letzten Verbandes zwei Gummiröhrchen eingelegt worden waren. Als der Kläger ihn hierauf noch besonders aufmerksam machte, hat der Beklagte die Wunde mit Instrumenten untersucht und auch mit der Hand ausgedrückt. Als hierbei das Röhrchen nicht zum Vorschein kam, hat er dem Kläger gegenüber seine Überzeugung dahin ausgedrückt, daß sich nichts mehr in der Wunde befände, das Röhrchen müsse aus dem Verbande herausgerutscht sein. Kurze Zeit danach hat der Beklagte eingewilligt, daß die eiterige Wundbehandlung des Klägers von seinem früheren Assistenzarzte Dr. H. durchgeführt werde. Diesem hat er von dem Vorfall bei dem Verbandwechsel keine Mitteilung gemacht. Auch dem Kläger hat er hierüber keine Verhaltungsmaßregeln gegeben. Tatsächlich ist dann später das Gummiröhrchen, das zunächst fehlte, in der Wunde noch vorgefunden worden.

Das Berufungsurteil kommt auf Grund dieses Sachverhalts zu der Überzeugung, daß der Beklagte unter den geschilderten Umständen sofort eine Röntgendurchleuchtung hätte vornehmen müssen und erblickt in der Unterlassung dieser einen Mangel der im Verkehr erforderlichen Sorgfalt.

Das wurde vom Reichsgericht gebilligt, indem es ausführt:

„Das Berufungsurteil weist darauf hin, daß dem Beklagten bei seiner Annahme zwei Irrtümer unterlaufen seien: Einerseits habe sich erwiesen, daß das Röhrchen doch nicht aus dem Verbande herausgerutscht sei, wie er vermutet hätte, und andererseits habe er das Röhrchen in der Wunde nicht festgestellt, weil es hinter einer Biegung des Wundkanals gesessen hätte. Daß er in beiden Richtungen nicht die Möglichkeit eines Irrtums seinerseits in Betracht gezogen hat, wird ihm zum Verschulden beigemessen. Hierin liegt keine Überspannung der Sorgfaltspflicht des Arztes. Ein gewissenhafter Arzt, der im Laufe seiner Praxis wiederholt Gelegenheit hat, die Fehlerquellen bei menschlichen Feststellungen rückwirkend zu erkennen, hätte sich sagen müssen, daß das Herausrutschen des Gummiröhrchens aus dem Verbande und sein unbemerktes Verschwinden aus der Umgebung des Klägers eine Kette von Zufälligkeiten erforderte, die im allgemeinen nicht wahrscheinlich ist. Gewiß war eine Möglichkeit für diese Gestaltung gegeben, aber sie war doch eine entfernte. Eine weit größere Wahrscheinlichkeit sprach dafür, daß das Röhrchen noch in der Wunde verborgen lag. Nun ergab zwar eine Untersuchung mit Instrumenten auch hiefür nichts Positives. Aber auch hier hätte sich ein gewissenhafter Arzt sagen müssen, daß der negative Ausfall der Untersuchung seinen Grund in der eigentümlichen Gestaltung des Wundkanals haben könnte. Hätte sich der Beklagte auf Grund seiner Sorgfaltspflicht das vorgestellt, so wäre er ohne weiteres zu dem für solche Fälle gegebenen Untersuchungsmittel geführt worden, die Wunde zu durchleuchten."

Diese Entscheidung steht mit einem früheren Urteil des Reichsgerichts (vom 22. Dezember 1922, Juristische Wschr. 1923, 603) im Einklang, worin ausgeführt wird, daß ein Arzt, der ohne besondere Schwierigkeiten eine Röntgenaufnahme zur Klarstellung einer Verletzung ermöglichen kann, auch verpflichtet ist, eine solche vorzunehmen. Wäre sie in dem betreffenden Falle erfolgt, so würde sich ergeben haben, daß die auf Schenkelhalsbruch lautende Diagnose objektiv unrichtig war und vielmehr lediglich eine Ausrenkung des Hüftengelenks vorlag.

In dem Urteil vom 16. Januar 1934 (III 181/33) JW 34, 896 wurde der Arzt wegen des Zurückbleibens eines Mulltuches in der Operationswunde für verantwortlich erklärt, weil es an der Kontrolle bei der Zählung des verwendeten Mulltuches gefehlt habe. BGH III ZR 144/50 vom 13. Dezember 1951 BGH 74, 143 ff. Anh. Nr. 10. Der Fall lag folgendermaßen:

Dem damals an Angina und Blinddarmentzündung erkrankten Kläger wurde auf Veranlassung des ihn behandelnden Arztes Dr. E. am 18. August 1929 von dem Beklagten in dessen chirurgischer Klinik auf operativem Wege der Wurmfortsatz entfernt. Der Beklagte wandte hierbei wegen der Angina und der ihm auch sonst schon bekannten Anfälligkeit des Klägers eine Chloroformnarkose an und ließ diese, da sie ihm nicht geläufig war, durch die damit vertraute Oberschwester W. besorgen. Die Operation selbst, die er unter Mitwirkung der Operationsschwester D. und seiner Ehefrau ausführte, verlief in verschiedener Hinsicht schwierig. Einmal befand sich der Blinddarm stark verwest an der Rückseite der Bauchhöhle und konnte deshalb nicht herausgehoben, sondern es mußte in der Tiefe der Bauchhöhle operiert werden. Sodann preßte der narkotisierte Kläger die Därme derart stark heraus, daß ihr ständiges Zurückschieben mit Mulltüchern oder Kompressen erforderlich und das Blickfeld unübersichtlich wurde. Außerdem trat eine Blutung ein, welche gestillt werden mußte. Nach beendeter Operation wurde die Bauchdecke geschlossen, und der Kläger verließ am 30. August fieberfrei die Klinik. Kurz darauf entstand an der Operationswunde zunächst ein Absceß, den der damalige Vertreter des Dr. E., ein Dr. B., öffnete. Da sich jedoch eine Kotfistel bildete, auch wieder Fieber eintrat und sein Befinden sich erheblich verschlimmerte, begab sich der Kläger am 11. September zur Beobachtung und Behandlung erneut in die Klinik und blieb dort bis zum Abklingen des Fiebers. Am 20. September kehrte er nach Hause zurück. Als sich dann eine weitere Verschlechterung seines Zustandes einstellte, suchte der Kläger auf Anraten seines Hausarztes am 7. Oktober das Städtische Krankenhaus in N. auf. Hier wurde er von dem leitenden Arzt Dr. W. mit dem Röntgenapparat durchleuchtet und am 9. Oktober abermals operiert. Bei dieser Operation fand Dr. W. in der Bauchhöhle des Klägers ein ungesäumtes, ungesichertes, 97×45 cm großes Mulltuch und entfernte es. Am 26. Oktober wurde der Kläger als geheilt aus dem Krankenhaus entlassen. Der Kläger behauptet, das in seiner Bauchhöhle von Dr. W. vorgefundene Mulltuch sei dort bei der am 18. August durch den Beklagten vorgenommenen Blinddarmoperation zurückgelassen worden. Der Beklagte habe es schuldhaft unterlassen, durch *Zählung oder Sicherung der verwendeten Mulltücher* oder durch Hinzuziehung ausreichender Assistenz die zur Verhütung eines solchen Versehens erforderlichen Vorsichtsmaßregeln zu treffen. Diese Nachlässigkeit habe nicht nur die Heilung des Klägers von der Blinddarmentzündung verhindert, sondern auch eine außerordentlich schwere und mit Fieber verbundene Entzündung der Bauchhöhle bewirkt und damit ein monatelanges schmerzhaftes und sein Leben ernstlich gefährdendes Leiden herbeigeführt. Auch hinsichtlich der Nachbehandlung falle dem Beklagten eine Nachlässigkeit zur Last, da er hierbei versäumt habe, durch eine Röntgenaufnahme oder durch eine sonstige Untersuchung die Ursache der weiteren Krankheitserscheinungen festzustellen. Das Landgericht hat die gegen den Arzt erhobene Klage abgewiesen. Das Kammergericht aber hat auf die Berufung des Klägers den geltend gemachten Schadenersatzanspruch dem Grunde nach für gerechtfertigt erklärt.

Die Revision des Beklagten wurde vom Reichsgericht mit folgender Begründung zurückgewiesen: „Das Berufungsgericht legt dem Beklagten die Verwendung und das Vergessen des ungesicherten Mulltuches als Verschulden zur Last, gleichviel ob er oder eine seiner Assistentinnen dieses Tuch in die Bauchhöhle eingeführt habe. Trotz der an sich schwierigen Operation hätte der Beklagte es bei der Anwendung der erforderlichen Sorgfalt vermeiden können, daß das Tuch im Leibe des Klägers unauffindbar verschwand. Das Verschulden sei darin zu erblicken, daß die verwendeten Mulltücher vor Beginn und nach Beendigung der Operation nicht gezählt worden seien, und daß der Beklagte eine solche Nachprüfung nicht selbst kontrolliert habe. Wäre diese Kontrolle erfolgt, so hätte sich ergeben müssen, daß ein Mulltuch in der Operationswunde zurückgeblieben war, und gerade bei der von ihm von vornherein erkannten Schwierigkeit der Operation hätte der Beklagte, um den Kläger vor Schaden zu bewahren, die Durchzählung der zu verwendenden Mulltücher besonders anordnen und beaufsichtigen müssen; das habe er unterlassen. Die an sich nicht zu beanstandende Nachbehandlung aber habe das einmal geschehene Versehen nicht beseitigen können. Vielmehr habe das in der Bauchhöhle verbliebene Mulltuch auch die Heilung der späteren Komplikationen verhindert und zu ihrer Verschlimmerung beigetragen. Für die so durch sein Verschulden eingetretenen, über die normalerweise selbst mit einer schweren Operation verbundenen Nachteile weit hinausgehenden und empfindlichen Spätschäden aber hafte der Beklagte dem Kläger, auch wenn er ihm durch die Operation das Leben gerettet haben möge. Die Revision will demgegenüber in erster Linie das vorgekommene Verzählen rechtlich nur als einen unglücklichen Zufall angesehen wissen. Auch vermißt sie eine nähere Feststellung und Berücksichtigung der ‚Erfahrungstatsache', daß Mullbinden, die in ausgebreitetem Zustand einen nicht unbeträchtlichen Raum ausfüllten, auf ganz kleine Bällchen zusammengeknüllt würden. Damit kann die Revision jedoch keinen Erfolg haben. Denn nach der tatsächlichen Feststellung des angefochtenen Urteils ist bei der fraglichen Operation nicht eine Mullbinde, sondern ein, und zwar recht umfangreiches Mulltuch in der Bauchhöhle des Klägers zurückgeblieben, welches erfahrungsgemäß auch in ‚zusammengeknülltem' Zustand nicht als ‚ganz kleines Bällchen' gewertet werden kann."

Ganz besonders *strenge Anforderungen an die Sorgfaltspflicht und die Aufmerksamkeit* des operierenden Chirurgen stellt das Reichsgericht in dem Urteil vom 12. November 1935 (III 76/35) JW 36, 644. Der Fall lag folgendermaßen:

Die Ehefrau des Klägers, die seit längerer Zeit an Unterleibsbeschwerden litt, begab sich in die Behandlung des beklagten Arztes. Diese dauerte mehrere Monate. Schließlich glaubte der Beklagte, eine chronische Entzündung der Gebärmutteranhänge feststellen zu können, und riet zu einem operativen Eingriff. Am 15. Juli 1930 führte er die Operation im M.-Hospital in W. aus. Dieses Hospital steht im Eigentum der Mitbeklagten, die den Beklagten als Chefarzt angestellt hatte. Bei der Operation wirkten 2 Operationsschwestern und der Assistenzarzt mit. Hierbei wurde die Bauchdecke geöffnet; die gesamten inneren Geschlechtsorgane wurden entfernt. Die Operationswunde verheilte zwar in etwa 10 Tagen, aus der Scheide entleerte sich aber in der Folgezeit noch immer reichlich Eiter. Die Ehefrau des Klägers blieb deshalb im M.-Hospital in Behandlung. Danach brach die Operationswunde unter starker Eiterabsonderung wieder auf, und es kamen aus ihr 2 Mulltücher heraus. Erst von da an besserte sich das Allgemeinbefinden der Kranken. Die Mulltücher waren Mulltupfer, d. h. zusammengefaltete Mullstücke in der Größe von etwa 20 : 25 cm.

Der Kläger macht den Beklagten für die nach der Operation aufgetretenen Krankheitserscheinungen verantwortlich, weil sie auf das pflichtwidrige Zurücklassen der Mulltupfer in der Operationswunde zurückzuführen seien.

Der Beklagte bestreitet jedes Verschulden. Wie er geltend machte, würden Mulltupfer bei einer so schweren Operation, wie es die an der Ehefrau des Klägers vorgenommene gewesen sei, in großer Zahl gebraucht. Ihre besondere Sicherung sei nicht möglich und auch nicht gebräuchlich. Vor Schließung der Wunde habe der Beklagte die Bauchhöhle der Operierten sorgfältig nach etwa zurückgebliebenem Operationsmaterial durchsucht, aber nichts gefunden. In dem Übersehen der beiden Tupfer liege kein Verschulden, und zwar besonders deshalb nicht, weil die Operation der Ehefrau des Klägers außerordentlich schwierig gewesen sei. Während nach dem Untersuchungsbefund anzunehmen gewesen sei, daß eine chronische Entzündung der Gebärmutteranhänge vorliege, habe sich bei der Operation selbst eine tuberkulöse Erkrankung der gesamten inneren Geschlechtsorgane gezeigt. Diese habe eine völlig andersartige operativ-technische Entscheidung verlangt, nämlich die gänzliche Entfernung der erkrankten Organe. Außerdem sei es im Verlaufe der Operation bei der Loslösung von Verwachsungen plötzlich unerwartet zur Entleerung von Eiter gekommen. Das habe wegen der damit verbundenen großen Gefahr einer lebensgefährlichen Bauchfellentzündung zur beschleunigten Beendigung der Operation geführt. So stelle das Zurückbleiben der beiden kleinen Tupfer, die, blutdurchtränkt, vom Körpergewebe kaum zu unterscheiden gewesen seien, einen unglücklichen Zufall dar, für den niemand verantwortlich gemacht werden könne. Die Beklagten bestreiten auch, daß die zurückgebliebenen Mulltupfer das spätere Befinden der Ehefrau des Klägers irgendwie wesentlich beeinflußt hätten. Ihr Siechtum, insbesondere auch das Auftreten einer Kotfistel, sei eine Folge ihrer tuberkulösen Erkrankung, für deren Verlauf das Zurückbleiben der Tupfer nur untergeordnete Bedeutung besitze.

Die Vorinstanzen haben die Klage abgewiesen. Auf die Revision des Klägers wurde das Berufungsurteil aufgehoben und die Sache in die Vorinstanz zurückgewiesen. Zur Begründung seines von den Vorinstanzen abweichenden Standpunktes führt das *Reichsgericht* aus: „Das Zurückbleiben der Mulltupfer hat, wie das Berufungsgericht annimmt, den Heilungsprozeß ungünstig beeinflußt; er wäre sonst kürzer und weniger schmerzhaft gewesen. Für diese Folgen der vorgekommenen Regelwidrigkeit den Beklagten verantwortlich zu machen, lehnt das Berufungsgericht aber deshalb ab, weil ihn kein Verschulden treffe. Diese Auffassung wird im Anschluß an das Gutachten des Sachverständigen Professor Dr. Y. folgendermaßen begründet: Bei einer Operation, wie sie hier vorgenommen worden sei, würden mehrere hundert Mulltupfer gebraucht. Sie könnten nicht, wie das bei den verwendeten Mullschürzen üblich und bei diesen auch während der Operation der Ehefrau des Klägers geschehen sei, durch lange Bänder gesichert oder durch

Zählen kontrolliert werden. Sie würden in der Regel nur vorübergehend in das Operationsfeld geführt, aber gelegentlich aus der Hand gelegt, um blutende Adern zusammenzudrücken und dadurch die Blutung zu stillen. Seien die Tupfer aber vollgeblutet, so seien sie von den Eingeweiden und dem sonstigen Gewebe kaum noch zu unterscheiden. *Daher könne es auch dem sorgfältigsten Operateur begegnen, daß er einen Tupfer zurücklasse, zumal bei Operationen in der Tiefe der Bauchhöhle, die besonders reich an Verstecken sei, und bei der großen Schnelligkeit, mit der bei solchen Eingriffen gearbeitet werden müsse.* Als ausschlaggebend komme hier hinzu, daß es sich bei der Operation der Ehefrau des Klägers um einen besonders schwierigen Eingriff gehandelt habe. Nach dem Operationsbefund seien die linken Anhangteile der Gebärmutter zu einer faustgroßen vereiterten Geschwulst verwachsen gewesen. Am unteren Teile des Bauchfells seien schwer tuberkulöse Veränderungen sichtbar gewesen; zwischen Blase und vorderer Bauchwand habe sich eine walnußgroße Granulationshöhle befunden. Auch die untere Dickdarmschlinge sei verwachsen gewesen und habe nach ihrer Ablösung große Granulationsflächen gezeigt. Aus diesem Befund habe der Beklagte die richtige Folgerung gezogen, die gesamten inneren Geschlechtsorgane zu entfernen. Dieser Umstand habe aber eine völlige Änderung des Operationsplanes bedingt und somit für die Operierte wie für den Arzt einen großen und ernsten Zwischenfall (Komplikation) bedeutet. Der Sachverständige Professor Dr. Y. weise ausdrücklich darauf hin, daß die Herauspräparierung tuberkulöser Gewebeteile, wie sie hier erforderlich gewesen sei, außerordentlich schwierig ist. Als erschwerender Umstand komme endlich hinzu, daß sich bei der Ablösung der vereiterten Gebärmutteranhänge mehrfach Eiter entleert habe, dessen Einfließen in die Bauchhöhle wegen der damit verbundenen Gefahr einer Bauchfellentzündung unter allen Umständen habe vermieden werden müssen. Sei nun schon die vollständige Entfernung der inneren Geschlechtsorgane an sich als ganz großer operativer Eingriff anzusehen, so habe *das Auftreten der Eiterherde eine Sachlage geschaffen, die geeignet gewesen sei, die Aufmerksamkeit des Operateurs einschließlich der mitwirkenden Personen völlig nach dieser einen Richtung zu fesseln.* Alle diese Umstände, mit denen in dieser Form vor der Operation nicht zu rechnen gewesen sei, hätten den Beklagten in eine solche Zwangslage versetzt, daß selbst das Zurücklassen von 2 Mulltupfern keine Außerachtlassung der von einem ordentlichen Arzt anzuwendenden Sorgfalt darstelle. Das Zurücklassen der offenbar vollgebluteten und nicht mehr erkennbaren Tupfer sei unter Berücksichtigung aller Einzelheiten der Operation ein unglücklicher Zufall, für den der Beklagte nicht verantwortlich gemacht werden könne. Da die Hilfspersonen durch das plötzliche Auftreten des Eiters in gleicher Weise wie der Beklagte abgelenkt worden seien, hätte auch eine Mitwirkung weiterer Hilfspersonen das Zurückbleiben der Tupfer nicht mit Sicherheit verhüten können. Somit sei auch der Vorwurf der mangelnden Assistenz unbegründet, und zwar um so mehr, als bei der Operation 2 Schwestern und 1 Assistenzarzt zugegen gewesen seien.

Diese Ausführungen des Berufungsgerichts entsprechen im allgemeinen den in der Rechtsprechung des erkennenden Senats entwickelten Grundsätzen, wonach es von den Umständen des Einzelfalls abhängt, ob das Zurücklassen von Gegenständen im Körper des Operierten dem operierenden Arzt als Verschulden anzurechnen ist. *Wenn nichtvorausgesehene und nichtvoraussehbare Zwischenfälle den Arzt plötzlich vor neu und schnell zu erledigende Operationsaufgaben stellen, die seine ganze Aufmerksamkeit beanspruchen, so ist das eine Sachlage, die ganz besonders geeignet ist, das Übersehen von Gegenständen beim Schließen der Operationswunde als entschuldbar erscheinen zu lassen.* Freilich hat es sich in den Fällen, die durch die genannten Urteile entschieden worden sind, stets um das Zurückbleiben nur eines Gegenstandes in dem Körper des Kranken gehandelt, während hier der Beklagte sogar zwei Tupfer nicht entfernt hat. Indessen hat das Reichsgericht diesem Umstand durchaus die gebührende Beachtung geschenkt. Es hat aber angenommen, daß die bei der Operierten aufgetretenen Zwischenfälle den Beklagten in eine solche Zwangslage versetzt hätten, daß selbst das Zurücklassen von 2 Mulltupfern keine Außerachtlassung der von einem ordentlichen Arzt anzuwendenden Sorgfalt darstelle. Gegen diese im wesentlichen tatsächliche Erwägung sind durchgreifende rechtliche Bedenken nicht zu erheben.

Eine Lücke weist die Urteilsbegründung dagegen insofern auf, als folgender Punkt nicht, wenigstens nicht ausdrücklich, behandelt worden ist: Während die Mulltupfer regelmäßig nur vorübergehend in das Operationsfeld eingeführt werden, werden sie doch gelegentlich auch aus der Hand gelegt, um blutende Adern zusammenzudrücken und dadurch die Blutung zu stillen. Es könnte in Frage kommen, ob nicht wenigstens hierzu Tupfer verwendet werden müßten, deren leichtere Auffindbarkeit in besonderer Weise gesichert wäre. Dieser Gedanke liegt um so näher, als nach den getroffenen Feststellungen gerade solche Tupfer, wenn sie sich voll Blut gesogen haben, von dem Körpergewebe kaum zu unterscheiden und daher schwer wiederzufinden sind. Auch der Sachverständige Dr. Y. sagt in seinem Gutachten, daß die Mulltupfer in vielen Fällen, wenn auch nicht immer, an lange zangenartige Halter angeklemmt würden. Eine ausdrückliche Stellungnahme dazu wäre zweckmäßig gewesen.

Zur Ablehnung eines Verschuldens des Beklagten ist das Berufungsgericht durch die Annahme bestimmt worden, daß bei der Operation der Ehefrau des Klägers unerwartete Ereignisse eingetreten seien, welche die Aufmerksamkeit des Beklagten so sehr in Anspruch genommen hätten, daß er das Verbleiben der Mulltupfer nicht mehr genügend habe beachten können. Es handelt sich dabei um 2 Ereignisse: zunächst darum, daß sich nach Öffnung der Bauchdecke die Unrichtigkeit der Anschauung herausstellte, die der

Beklagte bei der Vorbehandlung von der Krankheit der Ehefrau des Klägers gewonnen hatte. Es lag nicht, wie er vermutete, eine bloße Entzündung der Anhänge der Gebärmutter vor, sondern eine weitgehende tuberkulöse Erkrankung innerer Organe. Sie zwang den Beklagten dazu, seinen ursprünglichen Operationsplan vollständig umzustoßen und sich zur sofortigen Entfernung der inneren Geschlechtsorgane der Kranken zu entschließen. Bei der Ausführung dieser umfassenden Operation trat dann das zweite, die Aufgabe des Beklagten erheblich erschwerende Ereignis ein. Eiterherde zeigten sich, und es mußte nun wegen der Gefahr einer Bauchfellentzündung alles aufgeboten werden, um ein Einfließen von Eiter in die Bauchhöhle zu vermeiden. Beide Umstände — die Entdeckung der andersartigen, einen viel größeren Eingriff als ursprünglich geplant gewesen gebietenden Natur der Krankheit und das Auftreten von Eiteransammlungen — vermögen den Beklagten indessen nur dann zu entlasten, wenn er sie vor Inangriffnahme der Operation auch bei Anwendung der gebotenen Sorgfalt nicht hätte voraussehen können. Waren sie dagegen voraussehbar, oder mußte wenigstens mit der Möglichkeit ihres Eintretens von vornherein gerechnet werden, dann allerdings war der Beklagte verpflichtet, seinen Operationsplan von Anfang an einer solchen, wenn auch vielleicht nur möglichen Sachgestaltung anzupassen. Er mußte die für den Fall des Eintretens derartiger Verwicklungen anzuwendenden Maßnahmen rechtzeitig vorbereiten. Darauf, daß er durch sie überrascht worden sei, könnte er sich dann nicht berufen.

In dieser Hinsicht hat denn auch der Kläger in der Vorinstanz ganz bestimmte Vorwürfe gegen den Beklagten erhoben. Er hat insbesondere geltend gemacht, der Beklagte hätte bei der fast 1 Jahr währenden Behandlung der Ehefrau des Klägers deren Erkrankung an Tuberkulose, falls solche überhaupt vorgelegen habe, erkennen müssen. Er habe es aber schuldhaft unterlassen, von den ihm zu Gebote stehenden Untersuchungsmitteln (Röntgenaufnahme, Blutuntersuchung, Bauchpunktion) Gebrauch zu machen. Hätte er das getan, so würde er die Tuberkulose rechtzeitig erkannt haben. Dann hätte er aber von vornherein die Vornahme einer weitergehenden Operation ins Auge fassen und auch mit dem Vorhandensein von Eiterherden rechnen müssen. Darauf habe er sich schon bei der Vorbereitung der Operation einrichten können und müssen. Insbesondere sei unter solchen Umständen die Heranziehung eines zweiten Assistenzarztes geboten gewesen. Hierzu hat das Berufungsgericht nun folgendes gesagt: Das Vorbringen des Klägers sei nicht geeignet, eine Fahrlässigkeit des Beklagten darzutun. Denn selbst wenn er die Tuberkulose schon vor der Operation erkannt hätte, dann hätte doch erst die Operation selbst ein genaues Bild von dem Umfang der Erkrankung und damit die Möglichkeit gegeben, eine endgültige operativ-technische Entschließung zu fassen. Eine Beweisaufnahme in dieser Hinsicht erübrige sich demnach.

Die Urteilsbegründung ist in dem zur Erörterung stehenden Punkt nicht ausreichend. Vielmehr entbehrt die Annahme des Berufungsgerichts, der

Beklagte sei durch Ereignisse entschuldigt, die ihn während der Operation überrascht hätten, und die er auch nicht hätte vorhersehen können, der genügenden Begründung.

Der Kläger hat aber dem Beklagten nicht bloß schuldhaftes Verhalten bei der anfänglichen Behandlung seiner Ehefrau und bei Vornahme der Operation vorgeworfen; nach seiner Behauptung soll sich der Beklagte auch bei der Nachbehandlung einer Säumnis schuldig gemacht haben. In dieser Beziehung hat er geltend gemacht: Wenn es richtig sei, daß bei derartigen Operationen sehr leicht Mulltupfer in der Bauchhöhle zurückblieben, dann hätte der Beklagte nach der Operation eine Röntgenaufnahme machen müssen. Hierbei hätte sich herausgestellt, daß sich noch Fremdkörper in der Bauchhöhle befänden, insbesondere aber auch, daß Eiterungen vorlägen. Auf diesen Teil der Klagebegründung ist das Berufungsgericht überhaupt nicht eingegangen."

Dreierlei ist es also, *was das Reichsgericht in diesem Urteil von dem operierenden Arzt* außer den schon früher von der Rechtsprechung als erforderlich erklärten Maßregeln *zur Vermeidung von Zurückbleiben von Fremdkörpern in der Operationswunde verlangt.* Einmal die besondere Sicherung derjenigen Mulltupfer, die gelegentlich aus der Hand gelegt werden, um blutende Adern zusammenzudrücken. Sodann eine solche Vorbereitung der Operation, daß auch bei Feststellung von besonderen Komplikationen während des Eingriffs ein veränderter Operationsplan rasch und sicher ausgeführt werden kann. Endlich die Vornahme einer Röntgenuntersuchung nach der Operation, um festzustellen, ob etwa Fremdkörper zurückgeblieben sind.

Das Urteil geht über das Maß dessen, was bisher von einem sorgfältigen Operateur verlangt wurde, weit hinaus und *stellt ganz besonders strenge Anforderungen an die Sorgfalt und Umsicht eines Chirurgen.*

Das Urteil hat denn auch in Ärztekreisen großes Befremden erregt und zu scharfen Kritiken Anlaß gegeben. So schreibt Prof. *Kirschner*[1]:

„Das Urteil des Reichsgerichts ist ein offensichtliches Beispiel dafür, daß es den bestellten Sachverständigen oft nicht gelingt, dem Richter auf einem ihm fremden Gebiete eine richtige und lebendige Vorstellung von der gesamten Situation zu verschaffen. Es muß stets Bedenken erwecken, wenn ein Kläger, und es muß noch nachdenklicher stimmen, wenn ein Gericht einem Arzt, von dem a priori und nach dem Akteninhalt angenommen werden kann, daß er sich redlich bemüht hat, nach bestem Wissen und Gewissen zu handeln, nicht nur einen, sondern gleich mehrere ‚Kunstfehler' unterstellt. In dem vorliegenden Falle sind es 3 Kunstfehler. Es ist doch ein höchst eigenartiger Zufall, daß ein Operateur, der seit vielen Jahren Tausende von Kranken einwandfrei operiert und behandelt hat, nun auf einmal bei einem Kranken in Massen sündigt. — Im einzelnen ist zu den Ausführungen des Reichsgerichtes folgendes zu sagen:

1. Nach der Ansicht des Gerichts müssen diejenigen Mulltupfer, die bei einer Operation dazu benutzt werden, blutende Adern zusammenzudrücken und hierdurch die Blutung zu stillen, in einer besonderen Weise zwecks leichter Auffind-

[1] Der Chirurg 1936, 794.

barkeit kenntlich gemacht werden. Die Unterlassung dieser Maßnahme gilt beim Zurücklassen eines derartigen Tupfers als Verschulden. Das Gericht erkennt hierdurch an, daß die Hunderte von gewöhnlichen Tupfern, die bei einer großen Operation lediglich zum Tupfen benutzt werden, nicht alle in dieser Weise kenntlich gemacht werden können, und verlangt nur die besondere Kennzeichnung der wenigen, ausnahmsweise zur Blutstillung benutzten Tupfer. — Das Gericht läßt hierbei jedoch außer acht, daß der Arzt nicht vorher wissen kann, wenn er einen solchen Tupfer ausnahmsweise gerade für die Blutstillung benötigt, und daß es gerade beim Auftreten einer Blutung an Zeit fehlt, statt der üblichen Tupfer einen derartig besonders gekennzeichneten Tupfer zu erfassen oder zu fordern. Wollte der Arzt, wenn die Blutung auftritt, an seine Operationsschwester erst die Aufforderung richten, ihm jetzt ausnahmsweise im Gegensatz zu den üblichen Tupfern einen für die Blutstillung besonders gekennzeichneten Tupfer zu geben, so würde dieser Zeitverlust für den Kranken zumeist einen erheblichen Blutverlust bedingen, und die Summierung dieser Schädigung könnte unter Umständen den Tod herbeiführen. — Die Eigenart des operativen Vorganges verlangt es, daß dem Operateur die Freiheit zuerkannt wird, in einer derartig kritischen Situation unter mehreren Wegen, die sämtlich mit einem Risiko verbunden sind, denjenigen zu wählen, der ihm im Augenblick als der am wenigsten gefährliche erscheint. Bei der gekennzeichneten Situation ist die Stillung der Blutung mit dem ersten besten erreichbaren Mullstück derjenige Weg, der der im Augenblick besonders großen Gefahr der Blutung am besten begegnet, und dieser Weg muß zunächst unbedenklich gewählt werden, auch wenn er im Hintergrunde mit der Gefahr belastet ist, daß der verwendete, nicht besonders gekennzeichnete Tupfer möglicherweise zurückbleiben könnte. Man kann einem Arzte nicht daraus ein schuldhaftes Verhalten konstruieren, daß sich die Gefahr eines derjenigen Wege, den er zur Abwendung einer augenblicklichen Gefahr beschreiten muß, später in Form einer positiven Schädigung manifestiert. — Gegen den Einwand, daß der Operateur einen der üblichen, ausnahmsweise aber zur Blutstillung verwendeten Tupfer nachträglich, z. B. durch Anbringen einer Klemme, besonders kenntlich machen müsse, ist zu sagen, daß alle derartigen Maßnahmen, im besonderen das Anlegen einer Klemme, den Zugang zum Operationsgebiet in unzulässiger Weise behindern können und sich daher nicht anwenden lassen.

2. Dem Beklagten wird die Entlastung durch das Überraschungsmoment der unvorhergesehenen Größe des operativen Eingriffes abgesprochen, da er die richtige Diagnose vor der Operation hätte stellen müssen. Es wird also letzten Endes ein schuldhaftes Verhalten des Beklagten darin erblickt, daß er nicht die richtige Diagnose der Tuberkulose der Geschlechtsorgane vor der Operation stellte. Das Gericht führt auch gleich eine Anzahl von Untersuchungsmitteln an, die schuldhafterweise nicht angewendet wurden: Röntgenaufnahme, Blutuntersuchung, Bauchpunktion. Das Gericht muß also die Überzeugung haben, daß diese Untersuchungsmittel die Diagnose ermöglicht hätten. Läßt sich aber die Diagnose der Tuberkulose der weiblichen Geschlechtsorgane durch eine Röntgenuntersuchung stellen? Die Antwort auf die in dieser Fassung gestellten Frage kann nur ‚nein' lauten. Läßt sich die geforderte Diagnose durch eine Blutuntersuchung stellen? Die Antwort kann wiederum nur ‚nein' lauten. Läßt sich die geforderte Diagnose durch eine Bauchpunktion stellen? Die Antwort muß hier lauten, daß die moderne Chirurgie vor einem derartigen mittelalterlichen Untersuchungsverfahren nur eindringlich warnen kann, da es in hohem Grade gefährlich ist. Ein Arzt, der dieses von dem Reichsgericht empfohlene Verfahren anwenden und hierdurch eine Schädigung oder den Tod einer Kranken herbeiführen würde, müßte nach dem heutigen Stand der medizinischen Wissenschaft als fahrlässig verurteilt werden. Das Unterlassen einer derartig fahrlässigen Handlung kann dem Arzte unmöglich als Verschulden angerechnet werden.

Im übrigen gibt es eben Diagnosen, die nicht gestellt werden, ohne daß bei ihnen eine Fahrlässigkeit liegt: Einmal, weil die Schwierigkeiten trotz Röntgenuntersuchung, Blutuntersuchung und Bauchpunktion über den derzeitigen Stand der medizinischen Diagnostik hinausgehen, und das andere Mal, weil der sonst im Rechtsleben gültige Grundsatz: Ultra posse nemo obligatur, zunächst auch dem Arzte zugebilligt werden muß. Immer wieder wird also der Operateur von einer unerwarteten Situation nach Eröffnung der Leibeshöhle überrascht werden. — Bisher war es Grundsatz, daß dem Beklagten ein schuldhaftes Verhalten nachgewiesen werden mußte, nicht aber, daß der Beklagte den Beweis seiner Schuldlosigkeit erbringen mußte. Man gewinnt nicht den Eindruck, als wenn hier bei der Frage, ob die Diagnose der Tuberkulose vor der Operation gestellt werden konnte, richterlicherseits nach diesem Grundsatz verfahren worden wäre, und daß der klägerischen Seite der Nachweis von Krankheitszeichen gelungen wäre, deren Übersehen bei der Stellung der Diagnose eine Fahrlässigkeit bedeutet hätte.

3. Verblüffend wirkt die letzte Forderung des Gerichts, der Beklagte hätte nach der Operation ein Röntgenbild anfertigen müssen, aus dem er ja das Vorhandensein der beiden Tupfer oder einer Eiterung in der Bauchhöhle hätte feststellen können. Das Gericht vergißt nur, die medizinische Welt darüber zu belehren, wie man auf den Röntgenaufnahmen das Vorhandensein von Tupfern oder Eiterungen in der Bauchhöhle feststellen kann. Offenbar spielt bei dieser Vorstellung der Richter der Umstand eine Rolle, daß man Mull vorher derartig präparieren kann, daß er strahlenundurchlässig wird. Daß dieses Verfahren aus hier nicht zu erörternden Gründen aber nicht auf alle Tupfer ausgedehnt werden kann, und daß es in der Praxis ganz allgemein nicht angewendet wird, dürfte doch bekannt sein."

In ähnlicher Weise äußern sich ablehnend über das Urteil die Professoren *Konjetzny, A. W. Fischer, v. Redwitz, Enderlen* und *Guleke*[1]. Sie stellen vom ärztlichen und chirurgischen Standpunkt fest, daß die Stellungnahme des Reichsgerichts in allen Punkten „offenbar von einer irrtümlichen und jedenfalls dem ärztlichen Sachverständigen nicht faßbaren Vorstellung ausgeht".

Prof. *Guleke* weist darauf hin, daß das Reichsgericht zwar in den besprochenen 3 Punkten kein Urteil gefällt, sondern nur die gerichtliche Nachprüfung dieser Fragen angeordnet hat, und es abzuwarten sei, wie das Gericht weiterhin entscheide. Trotzdem sei das Urteil geeignet, Beunruhigung in den Kreisen der Ärzte und besonders der operativ tätigen Ärzte, hervorzurufen, da es deutlich die Tendenz erkennen lasse, die Grenzen der vom Richter geforderten Sorgfaltspflicht des Arztes immer weiter zu stecken. Damit werde aber die Gefahr heraufbeschworen, daß die durch solche Urteilssprüche erzwungenen, immer weiter gesteigerten Sicherungs- und Vorbeugungsmaßnahmen den Operateur in seinen Entschlüssen und seinem Handeln so beschränken, daß der Erfolg des Eingriffes schließlich in Frage gestellt werde, zumal in vielen Notlagen nur die Schnelligkeit des Handelns einen Erfolg bringen könne. Damit würde den Kranken, um deren Wohl es sich doch in erster Linie handelt, nicht genutzt, sondern geschadet werden.

Die gegen das Urteil gerichteten Angriffe sind nicht ohne Erfolg geblieben. Das Oberlandesgericht X., an das die Sache vom Reichsgericht zur nochmaligen Verhandlung und Entscheidung, insbesondere über die vom Reichsgericht beanstandeten Punkte, zurückverwiesen worden war, hat von dem bereits im ersten Berufungsverfahren als Sachverständigen vernommenen Professor Y. ein Nachtragsgutachten eingefordert und im Anschluß an dieses

[1] Der Chirurg 1936, S. 795, 834, 873, 913, 954.

Gutachten die Berufung des Klägers gegen das die Klage abweisende Urteil des Landgerichts wiederum zurückgewiesen. In den Entscheidungsgründen des zweiten Berufungsurteils vom 22. Februar 1936 wird ausgeführt:

„Die Berufung des Klägers erscheint auch bei erneuter Prüfung unbegründet. Der Senat hat sich den Ausführungen des früheren Berufungsurteils, soweit dieselben vom Reichsgericht nicht beanstandet sind, in vollem Umfange angeschlossen. Im übrigen hat Professor Y. in seinem Nachtragsgutachten vom 20. Januar 1936, auf dessen Ausführungen im einzelnen verwiesen wird, zu den im Urteil des Reichsgerichts aufgeworfenen Zweifelsfragen Stellung genommen und ist zu dem überzeugenden Ergebnis gelangt, daß dem Beklagten ein Verschulden nicht zur Last fällt. Wenn der Kläger ausführt, daß allein die von Prof. Y. festgestellte Tatsache, daß der Beklagte nicht daran gedacht hat, daß es sich um Tuberkulose handeln könnte, eine grobe Fahrlässigkeit darstellt, so ist demgegenüber zu betonen, daß Prof. Y. eine ‚Tatsache' in diesem Sinne überhaupt nicht hat feststellen können und auch nicht hat feststellen wollen. In der von dem Beklagten vor der Operation der Ehefrau des Klägers niedergelegten Krankengeschichte steht unstreitig: ‚Keine Tuberkulose in der Familie.' Daraus ergibt sich zur Genüge, daß der Beklagte schon vor der Operation die Möglichkeit des Vorhandenseins einer tuberkulösen Erkrankung in den Kreis seiner Erwägungen aufgenommen hat, daß er aber — wie der Sachverständige sich ausdrückt — richtig verstanden, nach gewissenhafter Prüfung zu dem Ergebnis gelangt ist und ohne Verschulden auch hat gelangen können, daß mit einer tuberkulösen Erkrankung nicht zu rechnen sei.

Der Sachverständige hat die Frage, ob der Beklagte bei der fast 1 Jahr währenden Behandlung der Ehefrau des Klägers deren Erkrankung an Tuberkulose hätte erkennen müssen, mit Bestimmtheit verneint. Bei der Vorbildung und beruflichen Stellung des Sachverständigen hat das Berufungsgericht angenommen, daß er insbesondere auch die Frage, ob durch eine Röntgenaufnahme eine Diagnostizierung der Tuberkulose hätte erfolgen können, hat verneinen wollen und verneint hat, wenn er dies auch in seinem Gutachten nicht ausdrücklich zum Ausdruck gebracht hat." Das Berufungsgericht hat deshalb die von dem Kläger beantragte Vernehmung eines anderen Sachverständigen abgelehnt, da ein Verschulden des Beklagten im Hinblick auf die Auffassung der Autorität des Professor Y. nicht festgestellt werden könne.

Dieses zweite Berufungsurteil ist rechtskräftig geworden. Der Kläger hatte zwar um das Armenrecht zwecks Einlegung der Revision nachgesucht. Der III. Zivilsenat des Reichsgerichts hat aber das Armenrecht wegen Aussichtslosigkeit der beabsichtigten weiteren Rechtsverfolgung verweigert, und die Einlegung der Revision ist daraufhin unterblieben. Das Reichsgericht hat damit zu erkennen gegeben, daß es den neuerlichen Ausführungen des Sachverständigen Prof. Y., die dem zweiten Berufungsurteil zugrunde liegen, aus Rechtsgründen nicht entgegentreten und an seinen im Urteil vom 12. November 1935 aufgestellten Anforderungen nicht festhalten könne. *Der III. Zivilsenat des Reichsgerichts hat sich damit auf den Standpunkt des im Prozeß vernommenen Sachverständigen und der oben angegebenen, um ihre Stellungnahme ersuchten anderen Autoritäten gestellt.*

Damit ist der vom Reichsgericht zunächst zuungunsten des verklagten Arztes entschiedene Fall endgültig zu seinen Gunsten erledigt. Daß das Reichsgericht aber auch weiterhin sehr strenge Anforderungen an den operierenden Chirurgen bezüglich der sorgfältigen Handhabung mit verwendeten Mulltupfern stellt, beweist das Urteil vom 9. Oktober 1936 (bei Goldhahn-Hartmann 113). Hier handelte es sich um folgendes:

Der Beklagte zu 1 ist Arzt an dem der Beklagten zu 2 gehörenden Krankenhause. Er wurde am 19. September 1931 zu der Ehefrau des Klägers gerufen, die über Schmerzen im Unterleib klagte. Da er bei der Frau eine Blinddarmentzündung feststellte, riet er zu einer sofortigen Operation, die dann auch noch an demselben Tage in dem Krankenhause der Beklagten zu 2 ausgeführt wurde. Während der Operation stellte der Beklagte zu 1 bei Prüfung der Beckenorgane eine Eierstockscyste fest, die er durch einen weiteren Eingriff auch sofort entfernte. Bei der Operation wurden zum Abstopfen der Bauchorgane Mulltücher in Größe von 45×45 cm benutzt. Der Kläger behauptet, ein solches Mulltuch sei bei der Operation durch Verschulden des Beklagten zu 1 in der Bauchhöhle zurückgeblieben und später (1933) nach langwierigen Leiden und Beschwerden, die seine Frau habe durchmachen müssen, in zwei Teilen durch den Darm abgegangen. Das Berufungsgericht hat der auf Zahlung von Schadenersatz und Schmerzensgeld gerichteten Klage gegenüber dem Beklagten zu 1 entsprochen. Das Reichsgericht hat dessen Revision mit folgender Begründung zurückgewiesen:

„Das Berufungsgericht stellt in einwandfreier Weise fest, daß das der Ehefrau des Klägers durch den Darm abgegangene Mulltuch von den bei der Operation verwendeten Tüchern stammt und bei der Operation versehentlich in der Bauchhöhle der Frau zurückgeblieben ist. Es stellt ferner fest, daß das Zurückbleiben des Mulltuches in der Bauchhöhle der Frau Schädigungen verursacht hat und weiteren Schaden voraussichtlich noch verursachen wird. Für alle diese Schäden erklärt es zunächst den Beklagten zu 1 aus dem Gesichtspunkt der unerlaubten Handlung verantwortlich, indem es dazu folgendes ausführt: Nach dem nächsten Anschein sei in derartigen Fällen immer anzunehmen, daß ein Verschulden des operierenden Arztes vorliege. Zwar gebe es gewiß auch Fälle, in denen ein Zurückbleiben von Fremdkörpern in dem Körper des Operierten nur einem unglücklichen Zufall zuzuschreiben sei. Zunächst spreche jedoch eine tatsächliche Vermutung für ein Verschulden des Arztes, dem es dann unbenommen sei, darzulegen und nötigenfalls zu beweisen, aus welchen Gründen ihn im Einzelfalle kein Verschulden treffe. Im vorliegenden Fall reichten die diesbezüglichen Behauptungen des Beklagten zu 1 zu einer Entlastung nicht aus. Ein Verschulden liege schon darin, daß er die allgemeine Anordnung des leitenden Arztes, die bei der Operation benutzten Tücher in bestimmter Weise zählen zu lassen, unbeachtet gelassen habe. Es könne ihn auch nicht entlasten, daß er unerwartet die vom ärztlichen Standpunkt aus notwendige Entfernung der erst bei der Blinddarmoperation festgestellten Eierstockscyste habe mit vornehmen müssen, weil mit irgendwelchen Komplikationen bei einer Operation immer zu rechnen sei. Damit könne das Unterlassen jeglicher Sicherheitsmaßnahme, wie es hier der Fall gewesen sei, nicht entschuldigt werden.

Die Revision greift die Ausführungen des Berufungsgerichts zunächst in ihrem Ausgangspunkt an, wo dieses sagt, nach dem ersten Anschein sei in solchen Fällen anzunehmen, daß den operierenden Arzt ein Verschulden treffe. Der Revision ist darin zuzustimmen, daß hier ein sog. typischer Geschehensablauf, der die Anwendung des Anscheinsbeweises rechtfertigen könnte, nicht vorliegt. Nach den vom erkennenden Senat entwickelten Grundsätzen hängt es ganz von den Umständen des Einzelfalles ab, ob das Zurücklassen von Gegenständen im Körper des Operierten dem operierenden Arzt als Verschulden anzurechnen ist. Das angefochtene Urteil beruht insoweit aber gar nicht auf einer Verkennung vom Wesen des Anscheinsbeweises. Es sagt auch weiter nur, daß hier eine Vermutung für ein Verschulden des Beklagten zu 1 spreche, und trifft sodann noch tatsächliche Feststellungen, aus denen es das Verschulden herleitet, nämlich das Unterlassen jeglicher Sicherheitsmaßnahme zur Verhütung des Zurückbleibens von Fremdkörpern in der Bauchhöhle der Operierten. Dabei ist eine Verletzung des § 286 ZPO oder sonstiger

Gesetzesvorschriften nicht ersichtlich. Bekanntlich gibt es zur Verhütung solcher Vorkommnisse, wie sie hier in Rede stehen, verschiedene Methoden, so das vorherige und nachherige Zählen der für die Operation vorgesehenen und dabei benutzten Mulltücher — wie es hier von dem leitenden Arzt des Krankenhauses angeordnet worden war — oder das Anbringen von Bändern oder Klammern an den Tüchern oder dergleichen mehr. Jede Methode hat ihre Anhänger und Gegner. Das Berufungsgericht erkennt an, daß keine der sonst angewandten Methoden eine absolut sichere Gewähr dafür bietet, daß nicht doch einmal ein Tuch in der Wunde verbleibt. Damit ist aber nicht gesagt, daß nun ärztlicherseits jede Sicherheitsmaßnahme beiseitegesetzt werden darf. *Von einem gewissenhaften Arzt muß verlangt werden, daß er der Gefahr eines Zurückbleibens von Fremdkörpern in der Operationswunde irgendwie durch besondere Maßnahmen entgegenarbeitet.* Daß hier nichts dergleichen geschehen ist, hat das Berufungsgericht einwandfrei festgestellt. Dabei war dem Beklagten zu 1 die allgemeine Anordnung des leitenden Arztes zur Anwendung der Zählmethode bekannt. Der Beklagte zu 1 hat das auch nicht bestritten, er hat im Gegenteil zunächst sogar behauptet, die angeordnete Zählmethode sei auch im vorliegenden Fall angewendet worden. Danach hat das Berufungsgericht mit Recht ein Verschulden des Beklagten zu 1 festgestellt. Es hat dabei auch zutreffend darauf hingewiesen, daß auch das Gutachten der Universitätsklinik das Zurückbleiben eines Fremdkörpers in der Bauchhöhle als einen ‚unglücklichen Zufall' nur unter der — hier nicht gegebenen — Voraussetzung ansieht, ‚daß wirklich Sicherheitsmaßnahmen zur Vermeidung dieses unglücklichen Ereignisses getroffen worden sind'. Es kann den Beklagten zu 1 nicht entlasten, daß die Operation durch die zunächst nicht vorgesehene Entfernung der Eierstockscyste kompliziert wurde. Mit irgendwelchen Komplikationen mußte der Beklagte zu 1 bei einer Bauchoperation, wie schon das Berufungsgericht zutreffend sagt, von vornherein rechnen. Die Unterlassung jeder Sicherheitsmaßnahme wird dadurch nicht entschuldigt."

In dem Urteil vom 30. Oktober 1936 III 35/36 (Goldhahn-Hartmann S. 122) hatte sich das Reichsgericht mit dem *Zurücklassen von Tamponresten in der Wundhöhle und eine dadurch verursachte Darmfistel* gelegentlich der Operation einer Bauchhöhlenschwangerschaft zu befassen. Die Entscheidung zeigt, daß das Reichsgericht an seiner bisherigen Rechtsprechung bezüglich der Haftung des operierenden Arztes festhällt.

Das Berufungsgericht bejahte einen fahrlässigen Kunstfehler des Beklagten. Es nimmt an, daß beim Entfernen der Tampons, die bei der Operation in der infizierten Wundhöhle zurückgelassen worden waren, um diese offen zu halten, dort ein Tamponrest von etwa 50 cm zurückgeblieben sei. Das Fehlen eines solchen Stückes hätte beim Ziehen des Tampons dem Beklagten, wenn er mit der gebotenen Sorgfalt vorgegangen wäre, um so weniger entgehen dürfen, als er nach seinem eigenen Vorbringen beobachtet hatte, daß Verbandgaze durch die Sterilisation mürbe geworden sei, und er deswegen bei der Entfernung der Tampons ganz besonders sorgfältig habe darauf achten müssen, ob nicht vielleicht ein Rest der in der Wunde zurückgelassenen Tampons abriß und in der Wundhöhle zurückblieb. Die Revision bekämpft diesen Standpunkt des Berufungsgerichts. Sie rügt, daß das Berufungsgericht einen ärztlichen Kunstfehler im Gegensatz zu sämtlichen im Rechtsstreit als Sachverständige und Zeugen gehörten Ärzten angenommen habe, und meint, das Berufungsgericht könne zu seiner Auffassung nur infolge Überspannung des Begriffes der im Verkehr erforderlichen Sorgfalt gelangt sein. Ein Rechtsfehler ist in dieser Hinsicht jedoch nicht ersichtlich. Das Berufungsgericht ist an die Gutachten der Sachverständigen, was die zur Frage des Verschuldens daraus zu ziehenden Folgerungen anlangt, keineswegs gebunden. Es hat sich im vorliegenden Falle mit den

Gutachten, soweit es in seinen Folgerungen davon abweicht, auseinandergesetzt und seinen eigenen abweichenden Standpunkt ausreichend begründet. Seine Ausführungen sind durchweg zu billigen und lassen keine Überspannung der an den Sorgfaltsbegriff zu stellenden Anforderungen erkennen. Insbesondere ist es rechtlich nicht zu beanstanden, wenn das Berufungsgericht gegenüber dem Ausgangspunkt des Sachverständigen Prof. X. annimmt, daß ein versehentliches Miteinlegen eines dritten Tampons in die Wundhöhle oder eines anderen Gazestückes nicht schlechthin, sondern nur unter besonderen — hier auch vom Beklagten nicht behaupteten — Umständen, wie sie etwa eine unmittelbar drohende Lebensgefahr und die dadurch hervorgerufene Eilbedürftigkeit der Operation begründen könnten, hätte entschuldigt werden können.

Das Urteil erscheint insofern nicht unbedenklich, als es bei der Bejahung eines Verschuldens des Arztes sich im Gegensatz zu den im Prozeß vernommenen Sachverständigen setzt.

Der BGH geht zwar bei Entscheidung der Frage, ob das Zurücklassen eines Fremdkörpers in einer Operationswunde dem Operateur zum Verschulden gereicht, ebenso wie das Reichsgericht davon aus, daß nicht jedes Zurücklassen eines Fremdkörpers stets auf einen Kunstfehler des Arztes schließen lasse, daß es vielmehr immer auf die Beurteilung der besonderen Umstände des einzelnen Falles ankomme. Der BGH hat jedoch beim Zurücklassen großer fester Gegenstände, wie einer Pinzette, oder einer 10 cm langen Klemme nach Péan angenommen, daß in einem solchen Falle der Beweis des ersten Anscheins gegen den Arzt spreche, weil beim Zurücklassen solcher Gegenstände auf die Verletzung einer Sorgfaltspflicht geschlossen werden könne, die jeder vorsichtige Mensch zu beobachten verpflichtet sei, die also außerhalb eines eigentlichen ärztlichen Kunstfehlers liege. In einem solchen Falle sei es Aufgabe des Arztes, sich zu entlasten, also z. B. den Nachweis zu führen, daß bei der Operation ganz besondere Komplikationen, d. h. unvorhergesehene und unvorhersehbare Zwischenfälle aufgetreten seien, die den Operateur und seinen Assistenten vorübergehend von ihrer Hauptarbeit, der operativen Versorgung der Bauchwunde abgehalten hätten. (So eingehend Urteil des BGH vom 13. Oktober 1951, BGHZ 4, 138 ff. Anh. Nr. 19.)

Der BGH hat in seinem Urteil vom 27. Februar 1952 (Anh. Nr. 23) darauf hingewiesen, es müsse sich, wenn behauptet werde, daß besonders erschwerende Umstände bei einer Operation aufgetreten seien, die das Liegenlassen von Fremdkörpern durch den Operateur veranlaßt hätten, immer um solche Umstände handeln, die der Arzt *vor* der Operation auch bei Anwendung der gebotenen Sorgfalt nicht habe voraussehen können (BGH-Urteil vom 27. Februar 1952 — II ZR 75/52. Anh. Nr. 18).

8. Physikalische Behandlung.

a) Röntgenbestrahlung.

Die Strahlenbehandlung hat eine große praktische Bedeutung gewonnen. Bei dem gegenwärtigen Stand der technischen Schutzeinrichtungen sind Schädigungen mit Sicherheit zu vermeiden, jedoch ist eine strenge Kontrolle durch den verantwortlichen Arzt unerläßlich. Es ist nun bei eingetretener Schädigung nicht ohne weiteres ein Verschulden des Arztes anzunehmen; es muß vielmehr ein bestimmter Anhalt für Vorliegen eines Kunstfehlers gegeben sein. Die Entscheidung ist im Einzelfalle häufig schwierig, und als Gutachter sollten nur Ärzte betraut werden, die über genaue Kenntnis der Strahlenwirkungen und der klinischen Krankheitsbilder verfügen.

Von einigen Röntgenologen wird hervorgehoben, daß manche Menschen eine besondere Empfindlichkeit für Strahlenwirkung am Unterkiefer haben. So wird über Entstehung von Unterkiefernekrose berichtet im Anschluß an eine Bestrahlung zur Beseitigung abnormen Haarwuchses (*Ryfell, Esser* u. a.). Ebenso kann es nach Röntgenbestrahlung am Kopfe zu unvorhergesehenem *Haarausfall* kommen. Es liegen uns zwei einschlägige Fälle vor, wo die Bestrahlungen zur Beseitigung von Rhagaden erfolgten. Der Vorwurf richtete sich gegen die Unterlassung der Abdeckung der nicht zu bestrahlenden Flächen, in denen nachher Haarausfall eintrat. In dem einen Fall konnte der sichere Nachweis eines Verschuldens nicht geführt werden, in dem anderen lag zweifellos eine Außerachtlassung der üblichen Regeln vor.

In einem Falle war nach Bestrahlung einer Bauchgeschwulst bei einer Frau *Sterilität* eingetreten. Hier ergab die eingehende Prüfung, daß ein Fehler der Bestrahlungstechnik nicht nachzuweisen war.

Es ist bekannt, daß eines der dankbarsten Behandlungsgebiete der Röntgenstrahlen die *Lymphdrüsentuberkulose* darstellt. Während z. B. früher die tuberkulösen Halsdrüsen operativ entfernt wurden, führt die jetzt allgemein geübte einfachere und ungefährlichere Behandlungsart zu völliger Ausheilung unter Vermeidung entstellender Narbenbildungen. Schädigungen wurden hierbei relativ selten beobachtet. In einem uns vorliegenden Fall wurde eine später eingetretene Kehlkopferkrankung auf die Halsdrüsenbestrahlung zurückgeführt; der Nachweis war jedoch nicht zu erbringen.

Im Anschluß an die Durchführung einer *Nachbestrahlung nach operierter Krebsgeschwulst der Brustdrüse* kam es zu einem Rechtsstreit, dessen Ergebnis auch im medizinischen Sinne beachtenswert ist. Das Kammergericht hat das die Klage abweisende Urteil des Landgerichts bestätigt, indem es ausführt:

Es ist mit dem Landgericht davon auszugehen, daß die bei der Ehefrau des Klägers aufgetretene Schrumpfung der rechten Brusthälfte und Lunge eine Folge der von Dr. X. vorgenommenen Röntgenbestrahlungen ist. Das ergibt sich aus den überzeugenden Ausführungen des Gutachters Prof. Y. und wird auch von Prof. Z. angenommen.

Es kann aber nicht festgestellt werden, daß in der Art der Bestrahlung mit Rücksicht auf das Leiden der Patientin, über das der Sektionsbefund erst volle Klarheit geschaffen hat, ein offenbarer Verstoß gegen anerkannte medizinische Regeln liegt; nur wenn dies der Fall wäre, könnte aber von einem Verschulden des zum Schadenersatz Verpflichteten gesprochen werden. Der Senat ist dem überzeugenden Gutachten des Prof. Z. beigetreten. Nach ihm hat eine Radikaloperation nicht vorgelegen, wie der Sektionsbefund beweist. Es sind nicht alle krebsigen Gewebe entfernt worden. Der Sachverständige hält die Annahme, daß schon zur Zeit der Operation die Metastasen nach dem Gehirn und nach der Wirbelsäule fortgeleitet waren, für weniger wahrscheinlich als die Annahme, *daß die bei der Operation noch zurückgelassenen Krebskeime zunächst noch in dem durch die Bestrahlung in Angriff genommenen Gebiet lagen, durch die Bestrahlung auch eine geraume Zeit beherrscht wurden,* schließlich aber doch wieder auflebten und dann mobil wurden. War es aber so, dann hat die Bestrahlung in lebensverlängerndem Sinne gewirkt, allerdings mit einer Nebenbeschädigung der Lunge, und das Auftreten von sog. Spätmetastasen war mit keinerlei Behandlungsmethoden mehr aufzuhalten.

Wenn der Sachverständige den Schluß zieht, daß bei dieser Sachlage es nicht nur gerechtfertigt, sondern absolut notwendig war, eine möglichst hohe Strahlendosis auf das Operationsgebiet einschließlich der sog. regionären Drüsen des unvollständig entfernten Brustkrebses zu geben (Axillar- und Supraclaviculardrüsen), so ist das völlig einleuchtend.

Es kann bei der Sachlage, wie sie der Sektionsbefund ergeben hat, dahingestellt bleiben, ob in einem Falle, bei dem eine sog. Radikaloperation stattgefunden hat, die Behandlung mit sehr starken Dosen als ein Kunstfehler zu betrachten ist, und ob Dr. X. nur prophylaktisch hat behandeln *wollen.* Hier hat die Art der Behandlung mit aller Wahrscheinlichkeit lebensverlängernd gewirkt und kann deshalb nicht als falsch angesehen werden. Die Lungenbeschädigung mußte mit in Kauf genommen werden, denn sie war das kleinere Übel und ließ sich ihrem Umfang und ihrer Stärke nach keineswegs vorausschauend nach der verabfolgten Strahlendosis berechnen.

Aus dem Gutachten des Prof. Z. ist im übrigen zu entnehmen, daß bestimmte, allgemeine Regeln, die für jeden Fall der Bekämpfung des Krebses mit Röntgenstrahlen Gültigkeit haben, nicht bestehen und daß den Fachärzten, die unbestreitbare Erfolge bei der Art ihrer Behandlung erzielt haben, wie es bei Dr. X. der Fall ist, das Recht eingeräumt werden muß, in jedem einzelnen Krankheitsfall das zu tun, was sie mit bester Ausnutzung der von ihnen beherrschten Technik und ihrer Erfahrung glauben verantworten zu können. Diesem Grundsatz muß zugestimmt werden, und auch aus dieser Erwägung heraus ist es nicht möglich, gegen Dr. X. den Vorwurf zu erheben, daß er in vorliegendem Falle einen Kunstfehler begangen hat, wenn er nach den von der einen Seite anerkannten, von einer anderen Seite aber bekämpften medizinischen Grundsätzen verfahren ist.

b) Höhensonnenbestrahlung.

Bei dieser Bestrahlungsart, die naturgemäß weit geringere Gefahrenquellen in sich birgt, kommen auch Verbrennungen vor, die ebenso später (S. 156f.) erörtert werden sollen. Andere Schädigungen sind nicht bekannt. Trotzdem kann es vorkommen, daß Regreßansprüche gestellt werden wegen angeblichen Zusammenhanges von Erkrankungen mit einer früher stattgefundenen Höhensonnenbestrahlung. Wir verfügen über einen Fall, wo der Eintritt von

Lungenblutung im Verlauf einer Tuberkulose der Höhensonne zur Last gelegt wurde. Es erforderte eine gerichtliche Entscheidung, um die Ansprüche abzulehnen.

c) Elektroschock.

Es ist bekannt, daß bei Durchführung der Elektroschock-Behandlung durch Längsstauchung bzw. auch Hyperflexion der Wirbelsäule Wirbelbrüche eintreten können; am häufigsten sind der 4. und 5. Brustwirbel betroffen. Über die Häufigkeit des Vorkommens variieren die Statistiken noch. *Ehrhardt* nimmt 1% an, dagegen *Flordh* bei seiner Beobachtung von 132 Fällen 28,8% bei Männern und 2,4% bei Frauen. *Kielholz*[1] berichtet über nahezu 50% Verrenkungen, Muskelzerrungen und Wirbelbrüchen nach Elektroschock. In derartigen Fällen ist es zur Schadenersatzklage gegen den Arzt wegen Vernachlässigung der Aufklärungspflicht gekommen. (So das Urteil des BGH vom 10. Juli 1954 VI ZR 45, 34 Anh. Nr. 16.)

9. Apparate, Verbände.

Die Anwendung apparativer Hilfsmittel bedarf ärztlicher Kontrolle, um das Eintreten von Druckschädigung auszuschließen. Krücken sollten ganz aus dem ärztlichen Rüstzeug verschwinden. Es wurden hierbei Fälle von Fingergangrän infolge Druckschädigung von Nerven und Gefäßen beobachtet, ebenso in einem Falle Thrombose der großen Armarterie und Gangrän des gesamten Unterarmes. Gehapparate und -bügel bieten einen ausreichenden Ersatz.

Bei den Fortschritten der Prothesentechnik bieten sich bei Erkrankungen und Verletzungen genügend Möglichkeiten, um den Ersatzapparat den funktionellen Erfordernissen anzupassen. Schädigungen durch das Tragen einer *Prothese* werden fast ausschließlich in der Entstehung von Druckgeschwüren beobachtet, was bei dem gegenwärtigen Stand der Technik selten vorkommt. Bei Abnahme der neu angefertigten Prothese ist es daher angezeigt, dem Träger genaue Vorschriften zu geben, sich beim Auftreten leisester Druckwirkung zu melden; ferner sind gelegentliche Kontrolluntersuchungen anzuraten. Eine Haftpflicht für den Arzt, der die Prothese verordnete, kann aus der Entstehung von Druckgeschwüren nicht abgeleitet werden.

Daß auch von Patienten gegen die Verordnung einer Entlastungsprothese an sich Vorwürfe wegen Kunstfehler erhoben werden, lehrt ein von uns beobachteter Fall. Es handelte sich um einen schweren Grad von chronisch entartender Hüftgelenksentzündung mit teilweiser Versteifung, auch die anderen großen Gelenke zeigten ähnliche Veränderungen. Dem behandelnden Arzt wurde vorgeworfen, daß die von ihm verordnete Prothese einen

[1] Zit. n. *Jungmichel*, Verh. Dt. Ges. Unfallh. 1950.

falschen Sitz hätte und dadurch das Bein in eine falsche Lage gebracht und lahmgelegt sei. Der Gutachter kam zu folgender Beurteilung:

„Für die Behandlung einer derartigen Gelenkentzündung ist das Tragen einer entlastenden Prothese durchaus angezeigt. Es wird dadurch bisweilen eine Verminderung der Schmerzen erreicht und auch gelegentlich eine Verzögerung der weiteren Ausbreitung ... Es wird nun Dr. X. der Vorwurf gemacht, daß die Prothese einen falschen Sitz gehabt habe, und daß er die notwendige Nachprüfung unterlassen habe. Es liegen jedoch mehrere Zeugenaussagen vor, daß Dr. X. den Sitz der Prothese mehrfach prüfte. Er hat ferner, als über fortschreitende Schmerzen geklagt wurde, einen Facharzt für Orthopädie zugezogen, der mehrfach eine Änderung an der Prothese veranlaßte. Damit hat Dr. X. seine Sorgfaltspflicht erfüllt ... Außerdem kann durch eine Prothese niemals eine Wirkung auf den Schenkelhals bzw. das Hüftgelenk in dem Sinne ausgelöst werden, daß eine Verbiegung des Knochens eintreten könnte ...

Im Zusammenhang mit einer *Gipsverbandbehandlung* kommt es häufiger zu Haftpflichtansprüchen gegen den behandelnden Arzt, die sich meist auf Druckschädigung beziehen. In einem Falle erfolgte zur Beseitigung eines angeborenen Spitzhohlfußes eine redressierende Operation mit anschließendem Gipsverband. Es kam zu schweren Ernährungsstörungen, die dem abschnürenden Verband zur Last gelegt wurden.

Seitens der Gutachter wurde eine mangelhafte Nachbehandlung darin gesehen, daß der Operateur am folgenden Tage keine Kontrolluntersuchung vornahm. „Nach einer Redression ist immer mit einem Auftreten von Blutergüssen zu rechnen. Deshalb ist es von größter Wichtigkeit, den angelegten Gipsverband, der das erzielte Redressionsergebnis festhalten soll, auf das genaueste zu kontrollieren. Auch der bei größter Vorsicht und technischer Vollkommenheit angelegte Verband kann zu eng werden ... Durch die Zirkulationsstörung ist ein erheblicher Schaden am Unterschenkel entstanden, der ursächlich auf die nicht rechtzeitige Abnahme des Gipsverbandes zurückzuführen ist.“

In einem Fall von *Schenkelhalsbruch* waren im Gipsverband 2 Druckgeschwüre am äußeren Fußrand und an der Ferse entstanden. Dies wurde dem Arzt zum Vorwurf gemacht. Später wurde noch die Frage aufgeworfen, ob in höherem Lebensalter die Anwendung eines Gipsverbandes überhaupt sachgemäß sei.

Im Gutachten wurde darauf hingewiesen, daß sich die *Gipsverbandbehandlung* besonders *bei älteren Leuten* bewährt hat, die ja für diese Verletzungsart disponiert sind. Nach einer Statistik der Baseler Klinik (Schirmer) hatten 61% der so behandelten Patienten das 60. Lebensjahr überschritten, 4 Fälle sogar das achtzigste. — Es kommt naturgemäß auf den Allgemeinzustand an. Dieser stellte in dem vorliegenden Falle keine Gegenanzeige dar ... Die *Entstehung eines Druckgeschwürs* ist bei jedem Gipsverband möglich und nicht auf eine fehlerhafte Technik zurückzuführen, sondern in manchen Fällen unvermeidbar. Die Angabe, daß Dr. X. nicht sogleich bei Auftreten von Schmerzen den Gipsverband entfernte, kann ihm nicht als ein Verschulden zur Last gelegt werden, da naturgemäß mit der Verbandentfernung auch die erfolgte Einrichtung der Bruchstücke gefährdet ist ... Es ist zu berücksichtigen, daß die Art der Schmerzen, solange der Gipsverband liegt, meist so verschieden angegeben wird, daß man die Diagnose eines Druckgeschwürs überhaupt nicht stellen kann ...

Die Frage, ob die Anlegung eines *ungepolsterten Gipsverbandes* berechtigt ist, kam in einem weiteren Fall zur Erörterung. Es liegt nicht im Rahmen dieses Buches, auf den wissenschaftlichen Meinungsstreit hierüber näher einzugehen. Es genügt die Feststellung, daß viele Chirurgen nach dem Vorgang von *Böhler* den ungepolsterten Gipsverband anlegen, weil die Erhaltung der Reposition des Knochenbruches und die Entlastung sich besser durchführen lassen. Von den Anhängern dieser Methode wird hervorgehoben, daß Druckschädigungen durch exaktes Anmodellieren vermieden werden. — Gegenüber dem weiteren Einwand, daß bei dem Bestehen einer Weichteilwunde der Gipsverband nicht sogleich hätte angelegt werden dürfen, weist der Gutachter darauf hin, daß nach Bedecken des oberflächlichen Weichteildefektes mit Salbenlappen das Anlegen des Gipsverbandes statthaft war. Mit diesem konnte nicht länger gewartet werden, da es sich um einen schweren Zertrümmerungsbruch des Fersenbeins und Mittelfußknochenbruch handelte, und somit wertvolle Zeit für die Behandlung verloren wäre.

„Es konnte nicht damit gerechnet werden, daß es später zu einer *Nekrose* kam. Ihre Entstehung ist aber keinesfalls auf Belastung des Fußes im Gehgipsverband zurückzuführen, sondern vielmehr auf unzureichende Ernährung dieses Bezirkes. Sie kann ebensogut eintreten bei völliger Bettruhe."

Die Entstehung von ekzematösen Hautveränderungen oder *Furunkulose* unter dem Gipsverband wird gelegentlich beobachtet. Ein Verschulden des behandelnden Arztes wurde in einem einschlägigen Falle zurückgewiesen.

In zwei Fällen wurden Regreßansprüche gestellt wegen Weichteilverletzung beim *Aufschneiden eines Gipsverbandes*. In dem einen handelte es sich nur um eine geringfügige Hautverletzung, aber in dem zweiten Fall war bei Benutzung einer elektrisch betriebenen Kreissäge eine Schnittverletzung entstanden, zu der eine eitrige Infektion hinzutrat; nach längerem Krankenlager blieb eine Fußgelenkversteifung zurück. Hier wurden die Ersatzansprüche vom Gericht für gerechtfertigt erklärt.

10. Besondere Erkrankungs- und Verletzungsformen.

a) Auge.

Unter den in der augenärztlichen Praxis vorkommenden Fällen, die gelegentlich zu Regreßansprüchen führen, steht im Vordergrund das nichtdiagnostizierte *Glaukom*. In zwei Fällen unseres Beobachtungsmaterials wurde wegen der besonderen Schwierigkeiten der Diagnosestellung ein Verschulden des behandelnden Arztes zurückgewiesen.

Schwieriger lagen die Zusammenhänge, wo die Augenerkrankung bei einem Patienten zum Ausbruch kam, der wegen einer akuten Baucherkrankung sich in stationärer Behandlung befand. Die Erscheinungen am Auge wurden zuerst als Regenbogenhautentzündung gedeutet und mit Atropin behandelt. Nach der Feststellung, daß es sich um grünen Star handelte, war der Verlust der Sehkraft nicht mehr aufzuhalten. Es wurde nun dem Arzte vorgeworfen, daß er durch Verabreichung druckerhöhender Mittel die Erblindung verschuldet habe. Nach Einholung verschiedener Gutachten, die übereinstimmend den atypischen Krankheitsverlauf und die damit verbundenen Schwierigkeiten der Diagnose hervorhoben, kam das Gericht zur Ablehnung der Ansprüche.

Im vierten Fall wurde einem Augenarzt, der vor 4 Jahren eine Behandlung wegen Fremdkörpers im Auge durchgeführt hatte, das Nichterkennen eines grünen Stars vorgeworfen. Diese Anschuldigung wurde gestützt auf die angebliche Äußerung eines anderen Arztes, der jetzt wegen Glaukom behandelte, daß diese Krankheitsform schon vor 4 Jahren vorgelegen habe.

Zwei weitere Fälle betrafen *Splitterverletzungen* des Auges. Nach Entfernung von Holzsplittern trat eine Entzündung des anderen Auges ein. Zur Vorbeugung einer sympathischen Ophthalmie mußte das verletzte Auge operativ entfernt werden. Die Regreßansprüche wurden unter Ablehnung einer unsachgemäßen Behandlung zurückgewiesen.

In einem weiteren Fall war ein Metallsplitter von der Hornhaut entfernt worden. Nach einer Woche traten erneute Beschwerden auf, so daß der Verdacht auf weitere Splitter im Auge bestand. Nach Klinikeinweisung mußte wegen zunehmender Entzündungserscheinungen das Auge entfernt werden. Das Gericht kam zu der Überzeugung, daß der Arzt bei der ersten Behandlung und durch sofortige Zuziehung eines Augenfacharztes bei den ersten Anzeichen einer Verschlimmerung sachgemäß verfahren ist.

In einem Fall von *Blenorrhöe* bei einem Säugling wurde der Verlust eines Auges der prophylaktischen Einträufelung zugeschrieben. In einem anderen wurden als Entstehungsursache eines Glaukoms die früher wegen Hornhautentzündung angewendeten Umschläge angegeben.

Bei einer im Anschluß an eine Verletzung aufgetretenen Infektion, die mit hinzugetretener symp. Ophthalmie zu einem Verlust beider Augen führte, wurde der Arzt zum Schadenersatz verurteilt, weil er nur Kratzwunden in der Umgebung beider Augenhöhlen festgestellt, dabei aber unterlassen habe, die Augen zu untersuchen.

Bei einer *Schußverletzung* des Auges wurde der Verlust der Sehkraft auf nicht kunstgerechte Operation zurückgeführt. Dieser Vorwurf wurde durch das Gutachten entkräftet, wonach das Projektil in der Augenhöhle hinter dem Augapfel saß, und der Patient in die vorgeschlagene operative Entfernung nicht eingewilligt hatte.

Zwei weitere Fälle schließen sich an *Tränensackoperationen* an. Einmal wurde gegen den Operateur die Anschuldigung erhoben, nach Behandlung einer Tränensackphlegmone eine spätere Stirnhöhleneiterung verursacht zu haben. Im anderen Fall trat nach operativer Tränensackentfernung dadurch eine Komplikation auf, daß ein von einem benutzten Glasstab zurückgebliebenes Glassplitterchen eine Hornhautentzündung hervorrief, die zur Erblindung führte. Es erfolgte eine vergleichsweise Abfindung.

Von besonderer praktischer Bedeutung ist der letzte Fall, der eine bei Behandlung einer *Trigeminusneuralgie* entstandene Augenkomplikation beleuchtet. Das Landgericht hielt den Schadenersatzanspruch für gegeben, da eine ordnungsmäßige Nachbehandlung nicht erfolgt sei. In dieser Beziehung wurde im Urteil ausgeführt:

Wenn nun auch der Oberarzt Dr. X. den Eingriff selbst fehlerfrei vorgenommen hat, so hat er doch die ausnahmslos erforderliche Nachbehandlung nicht mit der nötigen Sorgfalt betrieben. Denn aus dem Gutachten des Prof. Dr. Y. ergibt sich, daß es der Regel widerspricht, wenn der Kläger nach der Einspritzung nach Hause entlassen wurde. Vielmehr ist es zur Vermeidung einer nach dem Eingriff in manchen Fällen auftretenden Hornhautentzündung erforderlich, das betroffene Auge mit einem Schutzverband zu versehen und mit einer Salbe zu behandeln.

Dies hat der Oberarzt Dr. X. unstreitig unterlassen.

Aus dem Gutachten des Dr. J. ergibt sich nun weiterhin, daß die zarte Hornhautnarbe, die er bei seiner Untersuchung an dem rechten Auge des Klägers festgestellt hat, eine Folge der nach der Alkoholeinspritzung aufgetretenen Hornhautentzündung ist. Diese Entzündung hätte aber durch eine sachgemäße Nachbehandlung verhindert werden können, oder zum mindesten hätte der Versuch gemacht werden müssen, sie zu verhindern.

b) Ohr.

Auf ohrenärztlichem Gebiete liegen 2 Fälle von Trommelfellverletzung vor, die sich bei Ausspülung des äußeren Gehörganges ereigneten. In dem einen war infolge Abbrechens des metallenen Haltergriffs die Metallspitze eingedrungen; der entstandene Trommelfellriß heilte folgenlos aus. Es erfolgte eine Regelung auf Vergleichsweg. — In dem anderen Fall schloß sich eine Mittelohrentzündung an; ein Verschulden des behandelnden Arztes konnte nicht nachgewiesen werden.

In einem weiteren Falle wurde nach Operation der Stirnhöhle der Arzt beschuldigt, eine Verletzung des Tränensacks verursacht zu haben. Auch hier wurde der Zusammenhang von dem Gutachter nicht anerkannt.

c) Hernien.

Nach der operativen Behandlung von Leistenbrüchen mit dem üblichen Verfahren nach *Bassini*, das allgemein als bestes und nicht zu übertreffendes bezeichnet wird, treten gelegentlich Schädigungen am Hoden auf, die sich in Entartungserscheinungen geltend machen. Diese *Hodenatrophie* bringt naturgemäß eine körperliche und psychische Beeinträchtigung für den Operierten mit sich, und es kommt daher auch nicht selten zu Anschuldigungen gegen den Arzt und Regreßansprüchen. Es liegen uns 5 Fälle aus verschiedenen Krankenhäusern vor, die alle das gleiche Merkmal bieten: der Hoden der operierten Seite ist bis zu Bohnengröße geschrumpft.

Über das Vorkommen dieser Hodenveränderung, die auch bei ungestörtem Wundverlauf eintreten kann, liegen im chirurgischen Schrifttum Mitteilungen mehrerer Universitätskliniken vor: Bonn = 3,25% bei Erwachsenen, 13% bei Kindern *(Wachsmuth)*, Frankfurt a. M. = 4,5% *(Niessen)*, Heidelberg = 1,7% *(Zukschwerdt)*, Würzburg = 4,7% *(Sturm)*. Über die Ursachen sind die Ansichten noch geteilt. Es ist besonders nicht zu erklären, weshalb in einer großen Zahl von Fällen die ebenso operiert wurden, die Hodenatrophie nicht eintritt. Deshalb kann die Unterbindung der Samenstranggefäße ebensowenig auslösend sein wie die Gefäßwandschädigungen, die beim Abschieben des Samenstranges eintreten sollen. Es ist ebenso noch ungeklärt, ob Nervenschädigungen die Hodenatrophie hervorrufen können. Für diese Annahme würde eine Beobachtung von *Sommer* sprechen, der auch nach einer Mastdarmoperation Hodenatrophie beobachtete und diese auf eine Verletzung des sacralen Grenzstranges bei Auslösung des Mastdarmes aus dem Kreuzbein zurückführt.

Aus der feststehenden Tatsache, daß Hodenatrophie vorkommen kann, ohne daß es bisher eine wissenschaftliche Erklärung für die Ursache gibt, muß der praktische Schluß gezogen werden, daß diese nicht der Operationsmethode oder -technik zur Last gelegt werden kann. Dieser Standpunkt spiegelt sich auch in einem Rechtsfall wieder, in dem das vom Patienten nachgesuchte Armenrecht versagt wurde, da nicht dargetan sei, daß der Arzt bei der ausgeführten Leistenbruchoperation fahrlässigerweise einen ärztlichen Kunstfehler begangen habe, als dessen Folge die Hodenschrumpfung eingetreten sei.

Von Regreßfällen, die eine Anschuldigung wegen unzulänglicher Operationstechnik zum Inhalt haben, liegen uns 2 Fälle vor. In dem einen war ein Schenkelhalsbruch einige Zeit nach der Operation wieder ausgetreten. — Über die Ursachen, die zu einem *Rezidiv nach Hernienoperation* führen, liegt eine ausführliche Darstellung von *Nordmann*[1] vor. Aus seinen Ergebnissen ist abzuleiten, daß in der überwiegenden Mehrzahl der Fälle ein Verschulden des Operateurs nicht anzunehmen ist. Die ärztliche Beurteilung wurde von *Capelle*[2] treffend gekennzeichnet. „Spart man den Schlitz für den Samenstrang zu weit aus, so kann ein neuer Bruch entstehen; macht man ihn zu eng, so wird der Samenstrang stranguliert."

In einem anderen Fall wurde dem Chirurgen vorgeworfen, einen Schenkelbruch übersehen zu haben. Dieser hatte unter der Annahme eines Leistenbruchs operiert, dabei aber nur eine Fettgewebsgeschwulst festgestellt und abgetragen. — Der Gutachter nahm als wahrscheinlich an, daß der Schenkelbruch durch das Lipom verdeckt wurde, und daß das Übersehen kein Verschulden darstellt.

---

[1] Der Chirurg 1939, 257.

[2] Zit. n. *Perret,* Der Chirurg 1950, 636.

d) Gynäkologie, Geburtshilfe und Schwangerschaftsunterbrechung

Aus dem Gebiete der Frauenheilkunde liegen 40 Beobachtungen vor, von denen die überwiegende Zahl mit geburtshilflicher Tätigkeit zusammenhängt.

Unter den *gynäkologischen* Fällen wurden zweimal Regreßansprüche erhoben wegen *Harnleiterverletzung* bei Operationen. In dem einen handelte es sich um einen Scheidenvorfall; es trat Wundstörung ein, und wegen der festgestellten Harnleiterschädigung wurde die Entfernung der betreffenden Niere erforderlich. Der zweite Fall ereignete sich bei Entfernung einer Gebärmuttergeschwulst (intraligamentäres Myom). Ein Kunstfehler wurde in beiden Fällen nicht angenommen.

Es ist grundsätzlich darauf hinzuweisen, daß die Zahl der zufälligen Harnleiterverletzungen bei gynäkologischen Operationen größer ist, als nach den Veröffentlichungen anzunehmen wäre. Die Schädigung kann durch schneidende Instrumente erfolgen, ebenso wie durch Abklemmung oder Unterbindung. Dies sind jedoch die selteneren Fälle. Dagegen liegen auch Berichte vor, daß durch Zerrung und weitgehendes Freipräparieren eine Schädigung dieses Hohlorganes ausgelöst wird, die die Urinpassage aufhebt; auch benachbarte Ligaturen können eine Verziehung oder Stenosierung auslösen. Bei allen größeren Eingriffen an den Beckenorganen, zumal wenn ausgedehnte entzündliche Veränderungen vorliegen, besteht die Gefahr, daß der Harnleiter in Mitleidenschaft gezogen wird. Auch dem besten Operateur kann ein solches Mißgeschick unterlaufen.

Eine Beschuldigung des Arztes, daß durch seine Behandlung *Sterilität* eingetreten sei, erfolgte in 2 Fällen — nach einer Myomoperation und nach Strahlenbehandlung wegen Schleimhautwucherungen der Gebärmutter. Auf Grund der Gutachten erfolgte Ablehnung der erhobenen Ansprüche.

Die bisweilen schwierige Unterscheidung zwischen *Gebärmuttergeschwulst und Schwangerschaft* hat gelegentlich zu Fehldiagnosen geführt, die zu Regreßansprüchen Anlaß gaben. In unserem Falle wurde bei Operation des vermeintlichen Uterusmyoms festgestellt, daß es sich um eine Schwangerschaft im zweiten Monat handelte. Es kam später zur normalen Geburt; ein Kunstfehler wurde abgelehnt.

Im Verlauf einer Gonorrhöebehandlung wurde dem Arzt der Ausbruch einer Gebärmutter- und Bauchfellentzündung zur Last gelegt. — In einem anderen Falle war eine durchgeführte temporäre Sterilisation ohne Erfolg, so daß Schwangerschaft eintrat. Es erfolgte eine vergleichsweise Regelung.

Eine zahlenmäßig größere praktische Bedeutung haben die dem *geburtshilflichen Gebiet* angehörenden Fälle. *Naujoks* führt als Gründe hierfür an, daß die geburtshilfliche Therapie von Ärzten gefordert und angewandt wird, die keine fachärztliche Ausbildung haben, zudem besonderes manuelles Geschick und schnelle Entschlußkraft nötig ist; dazu kommt, daß die Eingriffe häufig unter ungünstigen äußeren Bedingungen ausgeführt werden müssen.

Soweit diagnostische Fehler zugrunde liegen, handelt es sich hauptsächlich um Nichterkennung einer *Bauchhöhlenschwangerschaft.* Über die in manchen Fällen auftretenden Schwierigkeiten dieser Diagnose wurde in den Fachschriften häufig berichtet. Auch dem erfahrensten Frauenarzt kann die Diagnose zuweilen Schwierigkeiten bereiten. Sie treten am häufigsten auf bei atypischen Erscheinungen bezüglich der Blutungen. Bei diesem ungewöhnlichen Verlauf lassen sich diagnostisch Schlüsse gewinnen aus dem mikroskopischen Befund der durch Curettement aus dem Uterus gewonnenen Gewebsteile und durch biologische Schwangerschaftsreaktionen. Die Verkennung einer Bauchhöhlenschwangerschaft und damit verbundene Einleitung falscher therapeutischer Maßnahmen kann schwerwiegende Folgen mit sich bringen. Deshalb ist jedem Arzt dringend zu raten, bei unklaren Fällen stets an die Möglichkeit ihres Bestehens zu denken.

Von den uns vorliegenden 4 Fällen wurde wegen der nachgewiesenen diagnostischen Schwierigkeiten zweimal die Klage abgewiesen. Der dritte Fall wurde dadurch kompliziert, daß auf Grund des Diagnoseirrtums eine Douglas-Incision vorgenommen wurde, die eine Bauchfellinfektion nach sich zog. In dem letzten Fall wurde infolge Verkennung des Krankheitszustandes eine Bauchoperation erst vorgenommen, als Anzeichen von Darmlähmung eintraten. Auch in den beiden letzten Fällen konnte ein Verschulden des Arztes nicht nachgewiesen werden.

Eine größere Anzahl von Fällen schließt sich an Behandlung nach *Abort* an. In zwei Fällen wurde wegen nachher aufgetretener Eierstocksentzündung gegen den Arzt der Vorwurf unsachgemäßer Behandlung erhoben, in einem weiteren Falle wegen fortgesetzter Blutungen. Ein vierter Fall betraf eine nach beendetem Abort aufgetretene septische Allgemeinerkrankung. Ein ärztliches Verschulden konnte niemals nachgewiesen werden.

In einem Fall ereignete sich bei Ausräumung der Gebärmutter eine *instrumentelle Perforation.* Mit dieser Verletzung ist gelegentlich zu rechnen, zumal der Uterus im Stadium des Abortes dazu disponiert. Es ist auch den Zusammenstellungen von gynäkologischer Seite zu entnehmen, daß die Uterusperforation am häufigsten bei ärztlichem Eingriff vorkommt. Ein ärztliches Verschulden ist aus der Entstehung der Verletzung nicht abzuleiten, die sich auch bei sorgsamster und technisch einwandfreier Durchführung der Ausräumung ereignen kann. „Auch der Fachgynäkologe wird gelegentlich einmal eine Uterusperforation zu verzeichnen haben“ *(Siegert).* — Anders zu beurteilen ist die Frage der Verantwortung, wenn die Verletzung nicht erkannt wird, und dann entsprechend die Curettage nicht sogleich abgebrochen wird. Hierbei entstehen dann im allgemeinen größere Verletzungen, während sonst ein Teil der Uterusperforationen auch durch konservative Behandlung zur Ausheilung kommt.

Als warnendes Beispiel sei ein letzter Fall erwähnt, wo im Anschluß an eine künstliche, durch Einlegung eines Laminariastiftes erfolgte Unterbrechung der Schwangerschaft eine septische Allgemeininfektion ausbrach, für die der Arzt regreßpflichtig gemacht werden sollte. Diesem wurde der Versicherungsschutz versagt, da im Strafverfahren vorsätzliche Abtreibung festgestellt wurde.

Das Zurückbleiben von *Nachgeburtsresten* wurde in 4 Fällen Gegenstand zur Nachprüfung, ob ein ärztliches Verschulden vorlag. Bekanntlich ist eine gründliche Revision der Placenta Vorbedingung, um eine Retention von Placentarresten zu verhüten. Es können aber auch besondere Umstände vorliegen, wobei die nicht vollständige Entleerung der Gebärmutter nicht der ärztlichen Betreuung zur Last gelegt werden kann. In drei Fällen konnte nachgewiesen werden, daß die Frau trotz Aufforderung nicht zur Nachuntersuchung erschienen war, in dem vierten Falle wurden die Ersatzansprüche vom Gericht abgewiesen.

Eine der „gefährlichsten" gynäkologischen Operationen ist der ärztliche Eingriff zur Unterbrechung der Schwangerschaft. Dieser Eingriff hat Anlaß zu mehrfachen Entscheidungen des BGH gegeben, die die gesetzlichen Bestimmungen über die Abtötung der Leibesfrucht betreffen. § 218 StGB unterscheidet zwei Fälle der Abtreibung:

a) die Eigenabtreibung, die die Schwangere selbst vornimmt oder die Abtötung durch einen anderen zuläßt. Sie ist ein Vergehen, das mit Gefängnis, in besonders schweren Fällen mit Zuchthaus bestraft wird.
b) die Fremdabtreibung, die vorliegt, wenn sonst jemand, nicht die Schwangere selbst, die Abtreibung vornimmt; sie ist ein Verbrechen, das grundsätzlich mit Zuchthaus und nur in minderschweren Fällen mit Gefängnis zu bestrafen ist.

Das Gesetz erkennt aber Fälle an, in denen die Abtötung der Leibesfrucht nicht rechtswidrig ist. § 14 des Erbgesundheitsgesetzes vom 14. Juli 1933 in der Fassung vom 26. Juni 1935 (RGBl. I, 529) erklärt eine Schwangerschaftsunterbrechung nur dann für zulässig, „wenn ein Arzt sie nach den Regeln der ärztlichen Kunst zur Abwendung einer ernsten Gefahr für das Leben oder die Gesundheit derjenigen, an der er sie vornimmt, mit deren Einwilligung vollzieht." Nach Art. 5 der 4. DurchführungsVO zum vorgenannten Gesetz vom 18. Juli 1935 darf die Schwangerschaftsunterbrechung erst dann erfolgen, nachdem eine Gutachterstelle von 2 Ärzten entschieden hat, daß gesundheitliche Gründe die Schwangerschaftsunterbrechung erfordern. Das Erbgesundheitsgesetz ist in der sowjetischen Besatzungszone, in Bayern, und Württemberg-Baden aufgehoben. In Geltung blieb es in der britischen Zone und sein § 14 auch in Württemberg-Baden. In denjenigen Ländern der Bundesrepublik, in denen der § 14 ErbgesGes. aufgehoben ist, gelten die vom RG aufgestellten Grundsätze des übergesetzlichen Notstandes. Nach der Entscheidung des BGHSt. 2, 112 ff. müssen aber, um übergesetzlichen Notstand annehmen zu können, als Mindestvoraussetzungen die in § 14 Abs. 1 ErbgesGes. enthaltenen Voraussetzungen gegeben sein (so BGH 2, 112 ff. Anh. Nr. 17).

Der Arzt, der eine verbotene Schwangerschaftsunterbrechung vornimmt, haftet für allen daraus entstehenden Schaden, auch wenn ihn kein Verschulden trifft. Der ausdrückliche Wunsch der Schwangeren auf Vornahme des Eingriffs führt weder zum Ausschluß der Widerrechtlichkeit noch zu einem Einwand der Arglist. Er kann vielmehr nur als mitwirkendes Verschulden der Schwangeren gewertet werden (BGH Urt. 25. September 1952 BGHZ 7, 198 ff. Anh. Nr. 20).

Nimmt der Arzt eine Schwangerschaftsunterbrechung vor, weil die Mutter der Schwangeren einmal einen schweren Nervenzusammenbruch erlitten hatte, auch eine Kusine der Schwangeren sich kurz vor der Geburt eines unehelichen Kindes selbst getötet hatte, und der Arzt daher einer Erklärung der Schwangeren, sie werde sich selbst umbringen, Glauben geschenkt hat, so rechtfertigen diese Umstände keinesfalls seinen Eingriff. Vielmehr ist in einem solchen Falle immer eine sorgsame und gewissenhafte Prüfung vorzunehmen, ob die Rettung des Lebens der Mutter nicht auch auf andere Weise als durch Aufopferung der Leibesfrucht geschehen kann. Nur wenn eine sorgfältige Prüfung z. B. ergeben hätte, daß die Schwangere auf Grund geistiger Störungen den Entschluß zu ihrer Selbsttötung gefaßt hatte, wäre eine ernsthafte Gefahr für das Leben der Mutter zu befürchten gewesen. Im vorliegenden Falle hatte der Arzt nach den näheren Umständen überhaupt nicht geforscht, in welcher Geistes- und Gemütsverfassung die Schwangere lebte, sondern er hatte, nachdem er durch kurze Untersuchung das Bestehen der Schwangerschaft festgestellt hatte, sich zu dem Eingriff entschlossen, weil er den geäußerten Selbstmordgedanken für glaubhaft gehalten hat. (Das Nähere ergibt das Urteil des BGH in BGHSt. 3 S. 8 ff. Anh. Nr. 21.)

Selbst wenn gemäß § 14 ErbGesG in Verbindung mit Art. 5 der 4. Durchführungsverordnung durch 2 Ärzte festgestellt ist, daß der Krankheitszustand der Schwangeren die Austragung des Kindes nicht zuläßt, die Unterbrechung der Schwangerschaft also zur Erhaltung des Lebens oder der Gesundheit der Mutter notwendig ist, macht sich die Schwangere der Abtreibung im Sinne des § 218 StGB schuldig, wenn sie ihre Schwangerschaft nicht durch einen Arzt nach den Regeln der ärztlichen Kunst, sondern durch eine Abtreiberin unterbrechen läßt. Diese Folgerung ergibt sich aus der Erwägung, daß das Verbot der Schwangerschaftsunterbrechung nicht nur die Leibesfrucht, sondern auch die Schwangere selbst schützen soll, indem nur eine durch den Zustand der Mutter gebotene Unterbrechung lediglich dann straflos ist, wenn sie durch einen Arzt nach den Regeln der ärztlichen Kunst vorgenommen worden ist. Das ist in dem Urteil des I. Strafsenats des BGH vom 25. März 1952 BGHSt. 2, 242 Anh. Nr. 22 ausgesprochen.

Schließlich gehört hierher noch eine Entscheidung des I. Strafsenats des BGH vom 15. Januar 1952, worin unter Bezugnahme auf ein im gleichen

Sinne ergangenes Urteil des II. Strafsenats ausgeführt wird, daß die Schwangerschaftsunterbrechung nicht nur die Tötung der Leibesfrucht ist, sondern die gesamte zur Erhaltung des Lebens und der Gesundheit der Schwangeren erforderliche ärztliche Betreuung. Auch wenn alle anderen Voraussetzungen des übergesetzlichen Notstandes vorliegen, entfällt der Rechtfertigungsgrund, wenn die Schwangerschaft nicht nach den Regeln der ärztlichen Kunst unterbrochen wird. Diese verlangen grundsätzlich, daß die Frucht und die Nachgeburt durch eine tunlichst kurze operative Behandlung in einer Krankenanstalt beseitigt werden. Nur dann besteht die Gewähr, daß der zur Rettung des Lebens oder der Gesundheit der Mutter unvermeidliche, in jedem Falle aber schwerwiegende Eingriff in ihren Körper so geschieht, daß die auch dann immer noch vorhandene Gefährdung der Mutter auf ein für die ärztliche Kunst erreichbares Mindestmaß beschränkt wird. Nur eine unter solchen Sicherungen durchgeführte Schwangerschaftsunterbrechung kann als eine der Rettung von Leben oder Gesundheit der Mutter dienliche und darum erlaubte Handlung angesehen werden. In dem vom I. Strafsenat entschiedenen Falle hatte der angeklagte Arzt die Schwangere, nachdem er den Muttermund geöffnet und dadurch die Wehen herbeigeführt hatte, nach Hause geschickt und sie dort ihrem Schicksal überlassen. Er hatte ihr seinen Beistand sogar verweigert, als sie mehrfach zu ihm geschickt hatte, und als die Blutungen so stark wurden, „daß sie sich keinen Rat mehr wußte“. Danach hat der BGH den Arzt mit Recht wegen vollendeter Abtreibung nach Abs. 3 des § 218 verurteilt. (Vgl. oben auch das Urteil des BGHSt. 2, S. 112 ff.) Auf S. 115 dieser Entscheidung ist hervorgehoben, daß Schwangerschaftsunterbrechung nicht nur die Tötung der Leibesfrucht ist, sondern die gesamte zur Erhaltung des Lebens und der Gesundheit des Lebens der Schwangeren erforderliche ärztliche Betreuung. Der Arzt ist also, auch wenn die Frucht kunstgerecht entfernt ist, noch verpflichtet, die Patientin ärztlich zu betreuen.

Das Auftreten von *Infektionen* nach der Entbindung wird nicht selten einem Verschulden des Arztes oder Hilfspersonals zugeschrieben. Bei einem Todesfall an *Kindbettfieber* konnte einwandfrei nachgewiesen werden, daß die erforderlichen aseptischen und hygienischen Maßnahmen nach jeder Richtung erfüllt waren. — In einem anderen Falle von Puerperalinfektion wurde dem Arzt vorgeworfen, eine innere Untersuchung unterlassen zu haben und außerdem die Patientin nicht sofort in die Klinik aufgenommen zu haben. Der Gutachter wies nach, daß die Nichtaufnahme einer Kreißenden vor Geburtsbeginn ein Versehen sei, das auch erfahrenen Geburtshelfern zustoße. Der Vorwurf einer ungenügenden Untersuchung wurde zurückgewiesen, da die äußere genüge. Bezüglich der Bemängelung der hygienischen Verhältnisse in der Klinik vertraten zwei Gutachter den Standpunkt, daß diese nicht Ursache des Kindbettfiebers sein könnten, dessen Übertragung vielmehr auf direktem Wege erfolge.

In einem weiteren Falle wurde das Auftreten einer *eitrigen Brustdrüsenentzündung* auf Unsauberkeit bei der Wochenpflege zurückgeführt. Dieser Vorwurf war berechtigt, da die Pflegerin an einer Nagelbetteiterung litt.

Als unberechtigt erwies sich dagegen die Anschuldigung gegen einen Arzt, durch nicht sorgfältige Beobachtung der Schwangerschaft Komplikationen bei der Geburt verursacht zu haben, die den Tod des Kindes zur Folge hatten. — In einem anderen Falle trat während der Schwangerschaft eine akute Appendicitis auf; durch die Operation wurde die Mutter gerettet, aber das Kind verloren.

Der Vorwurf gegen den Arzt, die angezeigten Maßnahmen zu spät ergriffen zu haben, wurde von dem Gutachter widerlegt durch die Schwierigkeit der Diagnose; der Wurmfortsatz wird normalerweise nach rechts oben verdrängt und liegt im 6. Monat etwa in Nabelhöhe. Bei der Operierten wurde aber festgestellt, daß der Wurmfortsatz im kleinen Becken fest verwachsen war und sich nicht vorziehen ließ.

Bei einem Neugeborenen, dem ein Auge fehlte, wurde die Behauptung aufgestellt, dieses sei bei der Geburt „ausgedrückt" worden, was bei dem normalen Geburtsverlauf völlig unberechtigt war. — Ein anderer Geburtshelfer hatte sich gegen den Vorwurf zu verteidigen, vor der Entlassung keine Untersuchung vorgenommen und dadurch die später auftretenden Blutungen verschuldet zu haben. Die Klage wurde abgewiesen, da als Grund der Blutung ein Gebärmuttermyom festgestellt wurde.

In einem anderen Fall von mit Erfolg durchgeführtem Kaiserschnitt wurde wegen „tiefer Schnitte" (!) Anschuldigung erhoben.

Ein besonderes Interesse beansprucht ein Fall, bei dem nach der Entbindung gegen den Geburtshelfer Ansprüche gestellt wurden, weil durch seine Maßnahmen eine Schädigung des Beckenbodens hervorgerufen sei. Das von der Frau nachgesuchte Armenrecht wurde allerdings vom Landgericht versagt und dieser Beschluß vom Kammergericht bestätigt, weil nach dem eingeholten Gutachten bei der Entbindung keinesfalls die Beschädigung der Beckenbodenmuskulatur verschuldet worden sei, diese vielmehr auch bei einem andern Verhalten nicht hätte vermieden werden können.

e) Gliedmaßen.

α) Gelenkversteifung.

Die Gelenkhöhle ist in höherem Maße für Infektionen disponiert als andere Körpergewebe. Sie erliegt gelegentlich blanden Infektionserregern, die sonst an der Widerstandsfähigkeit des Körpers scheitern. Es ist daher für alle Methoden, die eine Eröffnung der Gelenkhöhle mit sich bringen, das höchste Maß der Asepsis zu fordern.

Unter den diagnostischen Methoden wurde die *Röntgendarstellung des Kniegelenks* mit Einfüllung eines Kontrastmittels Gegenstand von Regreßansprüchen. Im Anschluß an die Füllung der Gelenkhöhle mit 4 ccm Uroselektan B war es zu einer Infektion gekommen und nach Ausheilung eine Versteifung dieses Gelenks zurückgeblieben.

Ein Zusammenhang der Infektion mit der 2 Tage vorher erfolgten Kontrastfüllung wurde von dem Gutachter als erwiesen angenommen, aber ein Verschulden des Dr. X. abgelehnt. Die angewandte Untersuchungsmethode des Kniegelenks ist üblich und nur mit einer geringen Gefahrenquelle verbunden. Auch die angewandte Technik entsprach den gültigen Vorschriften.

Wegen der *Behandlung* einer Kniegelenksentzündung mit zurückgebliebener Versteifung wurden Ansprüche gegen den Arzt gestellt: es handelte sich um eine schwer zu diagnostizierende Erkrankungsform, bei der zuerst eine Tuberkulose angenommen und Behandlung mit Röntgenbestrahlung und Gipsverband durchgeführt wurde. Späterhin wurde die Diagnose auf postanginöse Gelenkentzündung gestellt.

Der Gutachter wies darauf hin, daß die Ruhigstellung in jedem Falle richtig war. „Bei so schweren infektösen Gelenkentzündungen ist eine Versteifung häufig nicht zu vermeiden; sie ist bisweilen noch das geringere Übel gegenüber der Gefahr einer Ausbreitung des infektösen Prozesses."

Der dritte Fall von Gelenkversteifung betraf einen *Riß der Kniegelenksstrecksehne.* Nach der plastischen Operation trat eine Infektion ein mit Hautnekrose, Infektion und Versteifung des Gelenks.

Die Frage, ob die durchgeführte Operation angezeigt war, wurde dahin beantwortet, daß es sich um eine schwere Verletzungsfolge handelte, die mit einer erheblichen Funktionsstörung des Kniegelenks verbunden ist. — „Die Kniescheibe wird nach oben gezogen, und wegen der fehlenden Verbindung mit dem oberen Schienbeinteil ist die Streckfähigkeit des Kniegelenks mehr oder weniger stark aufgehoben. Konservative Behandlungsmaßnahmen sind aussichtslos; dagegen führt die operative Behandlung, die in einem plastischen Ersatz der durchgerissenen Sehne besteht, in vielen Fällen zu einer Wiederherstellung der Streckfähigkeit. Gerade bei der Schwere der Funktionseinschränkung wird diese Operation von den Chirurgen angeraten."

Die Frage, ob den Operateur an dem Mißerfolg ein Verschulden trifft, wird folgendermaßen beantwortet: „Auch bei technisch einwandfrei durchgeführter Operation am Knie kommt es gelegentlich aus unnachweisbaren Gründen zu einer Infektion. Dann ist die Gelenkversteifung die natürliche Folge. Es handelt sich um einen unglücklichen Zufall, wofür den Operateur kein Verschulden trifft."

Anders zu beurteilen sind naturgemäß die *fortgeleiteten Infektionen* bei phlegmonösen Sehnenscheidenentzündungen. In einem einschlägigen Falle von Versteifung des Handgelenks wurde ein Fehler in der Behandlung abgelehnt.

β) Knochenbruch (Fraktur).

Fehldiagnose. In unserem Beobachtungsmaterial sind die an Knochenbrüche sich anschließenden Fälle weitaus in der Überzahl gegenüber allen anderen Erkrankungs- und Verletzungsformen. An erster Stelle steht die *Fehldiagnose,* wobei in diesem Zusammenhang auf die im Abschnitt „unterlassene Röntgenuntersuchung" gegebene Darstellung verwiesen wird. Für die Begutachtung ist auch hier die Fragestellung maßgebend, ob eine andere Behandlungsmethode notwendig gewesen wäre, bzw. ob durch Nichterkennen der Verletzung ein Schaden entstanden ist.

Die Ursache von Fehldiagnosen ist meist darin zu sehen, daß *kein Frakturverdacht* besteht. So erklären sich drei unserer Fälle: Wadenbeinbruch, Nasenbeinbruch und Knochenabsprengung am Ellbogen; nur in letzterem Fall konnte eine Schädigung durch Funktionsausfall des Gelenks nachgewiesen werden, so daß eine vergleichsweise Abfindung erfolgte.

Eine weitere Fehlerquelle tritt dann auf, wenn beim Vorliegen anderer Verletzungsfolgen die Fraktur übersehen wird. So bestanden in einem Falle ausgedehnte Weichteilverletzungen an beiden Armen, wobei das gleichzeitige Bestehen eines Speichenbruches nicht erkannt wurde. In einem anderen Fall wurde einem Arzt vorgeworfen, nur den Oberarmbruch erkannt und behandelt, aber den ebenfalls vorhandenen Ellbogengelenkbruch übersehen zu haben. Hier wurde auch für die letztere Verletzung die durchgeführte Behandlung als zweckmäßig erkannt und die Klage abgewiesen.

Zur Vermeidung einer falschen Deutung des Röntgenbildes über Vorliegen eines Knochenbruchs ist jedem Arzt dringend zu raten, eine *Kontrollaufnahme* der anderen Seite zum Vergleich heranzuziehen. In einem unserer Fälle entstand eine lebhafte Erörterung über die Röntgendiagnose bei einem eingekeilten Schenkelhalsbruch. Diese war zweifellos sehr schwierig, aber durch Vergleich mit einer Röntgenaufnahme des anderen Hüftgelenkes in positivem Sinne zu entscheiden.

Bei den weiteren Fällen handelte es sich einmal um einen nicht diagnostizierten *Kahnbeinbruch* an der Hand. Die Beurteilung, ob die spezifische Behandlung mit Ruhigstellung im Gipsverband zur knöchernen Verheilung geführt hätte, ist im Hinblick auf die häufig beobachteten Pseudarthrosen immer schwierig. Es ist aber aus den Erfahrungen der Praxis abzuleiten, daß im allgemeinen bei Fehlen der üblichen Behandlung ungünstige Ergebnisse beobachtet werden. — Bei einem nicht erkannten *Fersenbeinbruch* wurde ein Verschulden des Arztes abgelehnt, weil die durchgeführte Behandlung mit Ruhigstellung, fixierenden Verbänden und späterer Heißluft und Massageanwendung sachgemäß und nicht geeignet war, eine Verschlechterung des Heilungsergebnisses herbeizuführen.

Die Diagnose eines eingekeilten *Schenkelhalsbruches* ist häufig schwierig. In zwei Fällen kam es zu einer Fehldiagnose, weil die klinischen Erscheinungen geringfügig waren. Der eine Verletzte konnte schon wenige Tage nach dem Unfall das verletzte Bein wieder belasten; auch ein zugezogener Facharzt hatte keinen Verdacht auf Fraktur. Der andere Fall war dadurch kompliziert, daß an dem verletzten Bein noch Folgeerscheinungen einer diphtherischen Lähmung vorlagen. Die durchgeführte Behandlung war in beiden Fällen trotz nicht gestellter Diagnose zweckmäßig.

Anders waren zwei Fälle zu beurteilen, bei denen eine schwere Form von Schenkelhalsbruch (sog. mediale) vorlag mit weitem Bruchspalt und Verschiebung. Bei einem Verletzten wurde „Muskel- und Sehnenzerrung" angenommen und frühzeitig belastet, mit sehr ungünstigem Heilungsergebnis. Es erfolgte vergleichsweise Abfindung. — In dem anderen Fall kam der Gutachter zu folgenden Erwägungen:

Aus dem Bericht des Dr. X. ist zu entnehmen, daß er eine sehr mäßige Außenrotation feststellte. Sein Einwand, daß er sonst eine viel stärkere Außenrotation bei Schenkelhalsbrüchen gesehen habe, erscheint nicht stichhaltig; denn es genügte ja lediglich die Feststellung, daß der Fuß in Außenrotation stand. Dieses Kennzeichen muß bei jedem Arzt sofort den Verdacht erwecken, daß eine Verletzung am Schenkelhals vorliegen kann. Ferner gibt Dr. X. an, daß starke Schmerzen beim Anheben des Kniegelenks ausgelöst wurden; er folgerte daraus, daß die Beschwerden hauptsächlich am Kniegelenk lokalisiert waren. Man muß aber berücksichtigen, daß bei Untersuchung im Liegen gleichzeitig eine Beugebewegung im Hüftgelenk ausgeübt wird, was naturgemäß starke Schmerzen verursachte . . .

In einem Falle wurde mit dem Nichterkennen eines *Mittelfußknochenbruchs* die Notwendigkeit späterer Amputation in Zusammenhang gebracht. Dieser wurde abgelehnt, da einwandfrei das Vorliegen einer arteriosklerotischen Gangrän festgestellt wurde, die die Operationsanzeige ergab.

Bei einem *Beckenringbruch* wurde erst 1 Jahr nach dem Unfall durch Röntgenaufnahme die Diagnose gestellt, was trotz völlig wiederhergestellter Gehfähigkeit zu Regreßansprüchen gegen den zuerst behandelnden Arzt führte. Da aber die durchgeführte Behandlung richtig war und ferner 2 weitere Ärzte, darunter ein Chirurg, ebenfalls nicht eine Röntgenaufnahme für erforderlich gehalten hatten, wurde die Klage abgewiesen.

Bei *pathologischen Frakturen* liegt es in der Natur des Leidens, daß eine Fraktur leicht übersehen werden kann. Bei einem an Tabes leidenden Patienten wurde „Muskelriß am Oberschenkel" angenommen und eine Röntgenuntersuchung des Schenkelhalses unterlassen. — Dieselbe Verletzungsfolge lag bei einem anderen an organischem Nervenleiden Erkrankten vor; hier kam es zu einer gerichtlichen Entscheidung.

Die gegen den Arzt erhobene Klage wurde abgewiesen, weil es ihm, als praktischem Arzt, nicht zum Verschulden anzurechnen sei, daß er eine unrichtige Diagnose gestellt und eine Röntgenaufnahme unterlassen habe. Es müsse berücksichtigt werden, daß er als praktischer Arzt nicht über die nötigen Hilfsmittel verfügte, um die Diagnose im gegebenen Falle richtig zu stellen. Er habe denn auch, sobald er bemerkte, daß seine Behandlung nicht zum Ziele führte, von einer Weiterbehandlung abgesehen und den Patienten dem Krankenhaus überwiesen. Es wurde aber ein Verschulden des Krankenhauses angenommen, weil auch dieses keine Röntgenaufnahme machte.

Das *Reichsgericht* hat in einem Falle der unrichtigen Diagnose auf Schenkelhalsbruch, während eine Verrenkung im Hüftgelenk mit gleichzeitigem

Bruch des Pfannenrandes vorlag, den Arzt eines Krankenhauses für die Folgen der entsprechend der unrichtigen Diagnose angeordneten falschen Behandlung und das Unterlassen einer nochmaligen Röntgenuntersuchung in dem Urteil v. 3. März 1936 (III 159/35, Münch. Med. Wschr. 1936, 783, Goldhahn-Hartmann 161 ff.) für verantwortlich erklärt. Seine Ausführungen gehen dahin:

„Das Berufungsgericht ist bei seiner Beurteilung des Rechtsstreites davon ausgegangen, daß die bei der Aufnahme des Klägers in das Krankenhaus L. festgestellte Diagnose auf Schenkelhalsbruch falsch gewesen ist, vielmehr eine Verrenkung im Hüftgelenk mit gleichzeitigem Bruch des Pfannenrandes vorgelegen hat, und daß infolgedessen auch die entsprechend der gestellten Diagnose erfolgte Behandlung eine unrichtige gewesen ist. Im Anschluß an die dem Berufungsgericht von den Sachverständigen erstatteten Gutachten hat das Berufungsgericht eine fahrlässige Behandlung darin erblickt, daß der Beklagte nicht Veranlassung genommen hat, sich nach Verlauf von 8—10 Tagen durch Vornahme einer nochmaligen eingehenden klinischen Untersuchung oder durch Aufnahme eines neuen Röntgenbildes von der Richtigkeit seiner Diagnose zu überzeugen. Es hat hierzu erwogen, es sei allgemein davon auszugehen, daß Röntgenaufnahmen erfahrungsgemäß so wenig Sicherheit bieten, daß sie grundsätzlich nur als ein Teil der notwendigen Untersuchungsmaßnahmen angesehen werden könnten. Dazu sei das am 8. September 1928 aufgenommene Röntgenbild unscharf und schlecht gewesen. Außerdem sei dem Beklagten die von Dr. H. gestellte Diagnose auf Hüftverrenkung und sein vergeblicher Einrenkungsversuch bekannt gewesen. Weiterhin hätte der gesamte klinische Befund, Anhalten der heftigen Schmerzen über 5 Tage hin trotz Anlegens des Streckverbandes, Bestreben des Klägers, durch Aufsitzen seine Beschwerden zu verringern, den Beklagten stutzig machen müssen. Dies treffe auch für die nach dem Gutachten der Sachverständigen Dr. B. und Dr. S. und nach dem Gutachten des Sachverständigen Dr. C. typischen Erscheinungen einer Hüftverrenkung zu, nämlich Beugung des Oberschenkels in der Hüfte, Innendrehung des Beines, Verkürzung des Beines und anormale Stellung des Oberschenkelkopfes. Den Verdacht einer Luxation hätten die bezeichneten Erscheinungen auch in der Form, wie sie zutage getreten seien, jedenfalls nahelegen und dem Beklagten Veranlassung geben müssen, seine Diagnose kritisch zu überprüfen, und zwar um so mehr, als er auf Grund seiner Kenntnis von dem vergeblichen Einrenkungsversuch des Dr. H. mit einer gewissen Verschleierung des Krankheitsbildes habe rechnen müssen. Im Anschluß an das Gutachten des Prof. Dr. A. hat das Berufungsgericht angenommen, daß die Lage des Oberschenkels im Streckverband nach Verlauf von 8—10 Tagen sich so wesentlich gebessert hatte, daß die Anfertigung eines völlig einwandfreien Röntgenbildes möglich gewesen wäre, daß zu dem gleichen Zeitpunkte aber auch eine erneute klinische Kontrolle die richtige Diagnose jederzeit hätte erkennen lassen. Nach der Feststellung des Berufungsgerichtes hat der Beklagte beide Maßnahmen unterlassen und sich dadurch eines fahrlässigen Verhaltens schuldig gemacht.

Die Revision wendet hiergegen ein, das Berufungsgericht habe nicht berücksichtigt, daß Prof. Dr. A. in seinem Gutachten ausgeführt habe, das Röntgenbild sei stark irreführend gewesen und die sichtbaren abgesprengten Splitter neben dem Schenkelhals hätten einen Schenkelhalsbruch vorgetäuscht; erst nachher habe sich herausgestellt, daß diese Splitter vom Pfannenrand und nicht vom Oberschenkel stammten. Sie vermißt eine Auseinandersetzung des Berufungsgerichts mit diesem die Beklagte entlastenden Umstande. Die Rüge ist unbegründet. Freilich hat sich Prof. Dr. A. in seinem Gutachten dahin geäußert, das am 8. September 1928 erhaltene Röntgenbild sei stark irreführend gewesen; man habe aus ihm die Diagnose Verrenkung nicht mit Sicherheit stellen können, im Gegenteil hätten die sichtbaren abgesprengten Splitter neben dem Schenkelhals einen Schenkelhalsbruch vorgetäuscht. Das hat das Berufungsgericht aber auch keineswegs übersehen. Gerade weil das Röntgenbild irreführend war und eine sichere Diagnose nicht zuließ, hat es mit Prof. Dr. A. dem Beklagten nicht zum Vorwurf gemacht, daß er zunächst eine unrichtige Diagnose gestellt hatte. Auf der anderen Seite steht Prof. Dr. A. aber auch nicht auf dem Standpunkt, die Röntgenaufnahme sei so irreführend gewesen, daß sie zu der sicheren Annahme eines Oberschenkelhalsbruches habe führen müssen; er ist im Gegenteil der Meinung, daß das Röntgenbild eine sichere Diagnose nicht zugelassen habe, und daß deshalb schon allein die Tatsache, daß der Kläger von Dr. H. mit der Diagnose Hüftverrenkung in das Krankenhaus geschickt worden sei, nachdem diesem die Wiedereinrenkung nicht gelungen sei, dem Beklagten Veranlassung habe geben müssen, entweder durch eine genaue klinische Untersuchung oder durch Aufnahme eines einwandfreien Röntgenbildes die bisherige Diagnose nachzuprüfen, sobald, was nach etwa 8 bis 10 Tagen der Fall gewesen sei, der Zustand des Patienten eine dieser Maßnahmen gestattet habe.

Danach ist das fahrlässige Verhalten des Beklagten darin zu erblicken, daß er es unterlassen hat, nach etwa 8—10 Tagen durch Vornahme einer genauen klinischen Untersuchung oder durch eine neue Röntgenaufnahme die bisherige Diagnose zu überprüfen. Hätte er eine dieser Maßnahmen getroffen, so würde nach der insoweit gleichfalls rechtlich einwandfrei getroffenen tatsächlichen Feststellung des Berufungsgerichts die Unrichtigkeit der bisherigen Diagnose erkannt und die wirklich bestehende Verletzung festgestellt worden sein."

Knochenbruchbehandlung. Je nach der Art der eingetretenen Knochenverletzung muß die Behandlung in verschiedenartiger Weise durchgeführt werden. Es lassen sich hierfür wohl allgemeine Grundsätze aufstellen, aber schematische Vorschriften sind abzulehnen; vielmehr muß im Einzelfall der Arzt jederzeit in der Lage sein, sich den besonderen Umständen anzupassen. Die Notwendigkeit, die erreichte Stellung der Bruchenden durch Röntgenaufnahmen fortlaufend zu kontrollieren, wurde schon erwähnt. Hierbei ist jedoch eine Einschränkung zu machen: es kann trotz schlechter Stellung der Fraktur eine gute Funktion bestehen, deshalb muß auch vor einer Überschätzung des Röntgenbefundes gewarnt werden.

Es muß mit Nachdruck darauf hingewiesen werden, daß eine genaue Röntgenkontrolle in den Fällen ausgeübt wird, wo mit der Fraktur noch eine Verrenkung des Sprungbeins nicht erkannt, in dem anderen blieb nach durchgetreten war. Es liegen uns 2 Fälle einer schweren Verletzungsform vor, nämlich *Verrenkungsbruch des oberen Sprunggelenks.* In dem einen war die Verrenkung des Sprungbeins nicht erkannt, in dem anderen blieb nach durchgeführtem Einrichtungsversuch infolge falscher Deutung des Röntgenbildes die pathologische Stellung bestehen. Es ist bekannt, daß die Einrichtung bei dieser Verletzungsart außerordentlich schwierig ist und auch dem geschicktesten Arzt mißglücken kann, besonders wenn die Knöchelgabel völlig auseinandergewichen ist. Es ist aber zu fordern, daß dann dem Verletzten rechtzeitig die Möglichkeit geboten wird, durch Durchführung einer operativen Behandlung die Gehfähigkeit soweit wie möglich wiederherzustellen.

Es ist eine bekannte Tatsache, daß eine Knochenbruchbehandlung von Patienten und ihren Angehörigen häufig als unsachgemäß bezeichnet wird, wenn auffällige Deformierungen zurückbleiben, nämlich Winkelstellung, Verkürzung und Einschränkung der Gelenkfunktion. Es liegen uns zwei Fälle vor, wo die Bruchheilung mit *winkliger Abknickung* erfolgte. In dem Falle eines Oberschenkelbruches wurde der Vorwurf erhoben, daß der Verband nicht rechtzeitig kontrolliert wurde. In dem weiteren Falle eines Bruches beider Vorderarmknochen war die Ruhigstellung im Gipsverband zu kurze Zeit durchgeführt worden, so daß später eine Verschiebung der Bruchstelle eintrat.

Eine *Verkürzung* des Beins war einmal bei einem Oberschenkelbruch, im anderen Falle bei einem Unterschenkelbruch Anlaß zu späteren Regreßansprüchen. In dem ersteren Falle erfolgte eine vergleichsweise Beilegung, wozu mehr die später durchgeführten 2 Operationen als eine unsachgemäße Behandlung beitrugen, der andere Fall wurde abgewiesen.

Von Gelenkbrüchen, bei denen eine mehr oder weniger erhebliche *Gelenkversteifung* zurückblieb, handelte es sich um vier Speichenbrüche an typischer Stelle. Zwei Fälle wurden wegen unterlassener Einrichtung trotz festgestellter Dislokation vergleichsweise erledigt. In den beiden anderen erfolgte Klageabweisung, da nach dem Gutachten ein Behandlungsfehler nicht nachgewiesen werden konnte.

„Der Speichenbruch an typischer Stelle gehört zu den häufigsten Bruchformen, und die Behandlungsmethode ist auf Grund der besonders umfangreichen Erfahrungsergebnisse genau festgelegt. Danach handelt es sich in erster Linie darum, eine eingetretene Verschiebung der Bruchstücke auszugleichen und eine Fixierung für etwa 3 Wochen durchzuführen; es erfolgt dann krankengymnastische Nachbehandlung... Es ist nicht bestritten, daß Dr. X. die Einrichtung vorgenommen hat. Wenn diese nicht in dem erwünschten Ausmaße gelang, so ist dem Arzt kein Vorwurf zu machen. Ein solcher wäre nur berechtigt, wenn der Repositionsversuch überhaupt unterlassen wäre..."

Bei einem Speichenbruch kam es zu Kreislaufstörungen infolge zu engen Gipsverbandes. Der Arzt konnte nachweisen, daß der Patient mit der Weisung entlassen war, sich bei erheblichen Schmerzen sofort wieder einzustellen. Nach 24 Stunden wurde der Gipsverband wegen Stauungserscheinungen an den Fingern aufgeschnitten und wieder mit Mullbinde befestigt. Gegen ärztliche Weisung begab sich der Patient trotz Fortbestehens der Schmerzen erst nach 3 Tagen zu einem anderen Arzt, der den Verband abnahm. Ein Verschulden des zuerst behandelnden Arztes wurde nicht nachgewiesen.

In einem Falle kam es zur Erörterung der *Abgrenzung der Verantwortlichkeit zwischen behandelndem Arzt und Röntgenfacharzt.* Bei einem Ellenbruch mit erheblicher Verschiebung der Bruchenden war die gleichzeitig bestehende Verrenkung des Speichenköpfchens, die bekanntlich einen häufigen Nebenbefund darstellt, von dem behandelnden Arzt nicht erkannt und behandelt worden, so daß ein ungünstiges Heilungsergebnis zurückblieb. Das Gericht folgte bei Beurteilung der Schuldfrage der übereinstimmenden Stellungnahme mehrerer Gutachter, daß der Fehler beim Röntgenologen liege. Dieser habe die Verrenkung des Speichenköpfchens in seinem Befundbericht nicht erwähnt; dieser sei aber für den behandelnden Arzt maßgebend. Eine

Entscheidung des LG M.-Gladbach vom 13. Juni 1952 (IO 99/52) besagt: „Der behandelnde Arzt haftet nicht für das Verschulden des von ihm beauftragten Röntgenarztes."

Wegen der durchgeführten *Behandlungsart* wurde in 2 Fällen gegen die Ärzte ein Vorwurf erhoben: einmal sei die blutige Reposition einer suprakondylären Oberschenkelfraktur unnötig gewesen, in dem anderen Falle wurde eine Thrombose darauf zurückgeführt, daß Behandlung mit Hackenbruchschen Klammern und späterer Drahtextension erfolgt war. Beide Anschuldigungen wurden naturgemäß zurückgewiesen.

Auf die Frage der Behandlung *offener Knochenbrüche* leitet der letzte Fall über. Im Anschluß an eine schwere komplizierte Vorderarmfraktur trat eine Streptokokkeninfektion ein, die eine Amputation erforderlich machte. Es wurde darauf gegen das Krankenhaus die Beschuldigung unsachgemäßer Behandlung erhoben, weil erst nach 3 Tagen der Gipsverband angelegt wurde. Der Gutachter kam zu folgenden Ausführungen:

„Der offene Knochenbruch bringt stets die Gefahr einer Infektion mit allen ihren Folgen mit sich. Daher hat die Behandlung nach allgemein-chirurgischen Regeln zu erfolgen ... Da in dem vorliegenden Falle eine oberflächliche Infektion der Wunde festgestellt wurde, so war das 3tägige Abwarten sachgemäß. Auch der weitere Verlauf erwies, daß die zu Beginn der Behandlung angewandte Vorsicht durchaus berechtigt war und auf eine gewaltsame Einrichtung des Bruches verzichtet wurde... In ähnlich gelagerten Fällen hat sich die schonende Ausgleichung und Lagerung der Extremität auf Schiene als durchaus zweckmäßig erwiesen. Hier handelte es sich um eine Infektion mit hochvirulenten Erregern ..."

In weiteren 6 Fällen kam es zu gerichtlichen Entscheidungen; soweit deren Begründung von praktischer Bedeutung ist, soll auf sie eingegangen werden. Durch das Urteil des Landgerichts X. vom 27. Oktober 1937 wurde die gegen die Ärzte und das Krankenhaus gerichtete Klage abgewiesen, weil der Sachverständige darin keinen Kunstfehler erblickt hat, daß die Ärzte übersehen haben, daß nicht nur das Schienbein, sondern auch das Wadenbein gebrochen war. Dies hätten die Ärzte aus der Röntgenaufnahme nicht feststellen können, weil die Bruchstelle hoch oben dicht unterhalb des Köpfchens gelegen und sich nicht mehr auf der Röntgenplatte projiziert habe. Es habe, wie das Landgericht annimmt, ein Irrtum der Ärzte, aber kein Kunstfehler vorgelegen.

In einem vom Landgericht und Oberlandesgericht zuungunsten des Klägers entschiedenen Fall wurde ein Verschulden des Arztes verneint, der beim Bruch beider Knochen des rechten Unterarms des Patienten einen gepolsterten Gipsverband angelegt, eine fortschreitende, die Abnahme des Arms nötig machende Infektion aber nicht hatte verhindern können. In den Gründen des Berufungsurteils wird u. a. ausgeführt:

Der Kläger sieht ein Verschulden des Beklagten zunächst darin, daß dieser alsbald einen zirkulären, d. h. allseitigen Gipsverband angelegt habe. Er meint, der Beklagte hätte, der „besonderen Infektionsmöglichkeit" wegen, und um eine Zirkulationsstörung zu vermeiden, nur eine Gipsschiene oder -schale anlegen dürfen. Eine

„besondere Infektionsmöglichkeit lag nach Ansicht des Klägers deshalb vor, weil äußere Verletzungen in der Nähe der Bruchstelle vorhanden waren. Dem kann nicht beigetreten werden. Liegen nämlich äußere Verletzungen überhaupt nicht vor, dann kann von einer Infektionsmöglichkeit nicht die Rede sein. Sind aber Verletzungen vorhanden, dann wird zu unterscheiden sein, ob Knochensplitter von innen nach außen durchgedrungen sind, ob umgekehrt bei Quetschungs- und Zertrümmerungswunden die Keime unmittelbar von der Außenwelt an die Bruchstelle herangetragen werden, oder ob — wie im vorliegenden Falle — die Fleischverletzungen mit der Bruchstelle nicht in unmittelbarem Zusammenhang stehen. Es mag sein, daß in der ärztlichen Wissenschaft für alle drei Fälle der Ausdruck „komplizierter" (offener) Bruch üblich ist. Das besagt aber nichts dafür, daß die Behandlung in allen Fällen die gleiche sein müßte. In einem Falle wie dem vorliegenden kann jedenfalls von einer *besonderen* Infektionsmöglichkeit *nicht* die Rede sein. Der Senat ist daher der Auffassung, daß der Beklagte nach ordnungsmäßiger Behandlung der Wunde — einen zirkulären Gipsverband anlegen durfte, und daß er seiner Sorgfaltspflicht genügte, wenn er zur weiteren Beobachtung der Wunden Fenster im Gipsverband anbringen ließ. Daß die Fenster genügend groß waren, steht nach Aussage des Zeugen fest, wird auch vom Kläger nicht mehr in Zweifel gezogen. Der Kläger macht auch nicht mehr geltend, daß die eigentliche Wundbehandlung unsachgemäß gewesen sei. Mit dem Universitätsgutachten ist im übrigen anzunehmen, daß auch insoweit der Beklagte seiner Sorgfaltspflicht genügt hat, indem er die wunden Stellen mit einem trockenen, sterilen Verband bedeckte.

Der allseitige Verband war auch nicht deshalb unsachgemäß, weil etwa die Möglichkeit bestand, daß eine Schwellung eintreten werde. Wäre diese Auffassung, der der Kläger offenbar zuneigt, zutreffend, dann könnte wohl nie ein zirkulärer Gipsverband angelegt werden. *Nach Ansicht des Senats wäre der zirkuläre Verband nur dann unzulässig gewesen, wenn von vornherein eine starke oder zunehmende Schwellung zu beobachten wäre.* Das wird vom Kläger nicht behauptet. Der Beklagte hat somit der Sorgfaltspflicht genügt, wenn er den Arm laufend beobachtete und den zirkulären Verband bei den ersten Anzeichen von Schwellung abnahm. Das hat er auch, als sich am 29. November eine gewisse Schwellung bemerkbar machte, nach dem Zeugnis der Schwester X. getan. *Auf die Dichte der Polsterung kommt es daher nicht entscheidend an.*

In einem vom Landgericht durch Klageabweisung entschiedenen Falle handelte es sich um einen Unterarmbruch. Durch den eng sitzenden Schienenverband waren an der Hand Zirkulationsstörungen aufgetreten, die zum Absterben von Gewebsteilen und zu Eiterungen führten. Der Beklagte nahm deshalb einen operativen Eingriff vor. Die linke Hand der Klägerin ist jetzt völlig versteift und gebrauchsunfähig. Das Urteil führt zur Begründung der Klageabweisung u. a. aus:

Die Entscheidung über den Grund des Anspruchs war von der Frage abhängig, ob dem Beklagten bei der Behandlung der Klägerin ein Kunstfehler unterlaufen ist. Diese Frage war an Hand des Gutachtens des Prof. Dr. S. zu verneinen.

Danach sind zunächst die Vorwürfe der Klägerin, daß der Beklagte ihre Behandlung nicht ambulant habe durchführen dürfen, und daß er bei dem operativen Eingriffe Sehnen verletzt habe, unbegründet. Nach dem Gutachten des Sachverständigen werden derartige Brüche in der Regel von allen Ärzten ambulant behandelt und bieten keine Veranlassung zur Krankenhausbehandlung. Ebensowenig war nach seinem Gutachten später eine Veranlassung zur Krankenhausüberweisung gegeben. Hinsichtlich der Verletzung von Sehnen, Gelenk u. dgl. bei der vorgenommenen Operation spricht sich Prof. Dr. S. ebenso bestimmt dahin aus, daß von etwas

Derartigem keine Rede sein könne. Was sodann das zu feste Anlegen der Schiene anlangt, so verneint Prof. Dr. S. auch insoweit das Vorliegen eines Kunstfehlers. Wenn er dabei in seinem Gutachten sagt, daß Dr. M. seines Erachtens insoweit ein Vorwurf gemacht werden könne, daß er die Schiene zu fest anlegte, und dann fortfährt, daß er gleichwohl einen Kunstfehler darin nicht erblicken möchte, zumal Dr. M. gezwungen gewesen sei, den schwierigen Bruch richtig zu stellen, die Schiene genügend gepolstert habe, die Patientin unterrichtet und den Verband beim Wiedererscheinen der Patientin sofort entfernt habe, und weiter den eingetretenen Erfolg der Druckschädigung als unglücklichen Zufall bezeichnet, so ist das offenbar dahin zu verstehen, daß die von dem Beklagten getroffene Maßnahme, obwohl sie die Gefahr von Druckschäden in sich trug, an sich durch die Sachlage gerechtfertigt war und die von dem Beklagten gegen diese Gefahr getroffene vorbeugende Maßnahme den Regeln der ärztlichen Kunst genügten. Der Beklagte hat eben auch insoweit den Regeln der ärztlichen Kunst genügt, und lediglich der weitere Verlauf hat dann gezeigt, daß der Verband doch zu fest angelegt gewesen ist. Hierdurch kann aber eben von einem Kunstfehler oder einer Fahrlässigkeit des Beklagten nicht gesprochen werden, der ja nicht *der Klägerin für einen günstigen Heilungsverlauf einzustehen hat,* sondern nur dafür, daß er bei ihrer Behandlung alle Regeln der ärztlichen Kunst sorgfältig befolgt hat.

Den Vorwurf unrichtiger Behandlung eines Oberschenkelbruches hat das Kammergericht Berlin in dem Urteil vom 30. Oktober 1934 zurückgewiesen. In den Entscheidungsgründen wird u. a. ausgeführt:

Nach dem Ergebnis der Beweisaufnahme ist als erwiesen anzusehen, daß dem Kläger[1] kein Kunstfehler zur Last gelegt werden kann. Im einzelnen ist hierzu zu sagen, daß die Belastung bei der Anwendung des Nagelstreckverbandes mit einem Gewicht von nur 20—22 Pfund durchaus angemessen war. Auch in dem Gutachten des vom Beklagten befragten Prof. Dr. X. ist dies nicht als Kunstfehler gerügt worden, und Dr. Y. und Prof. Dr. Z. haben diese Belastung sogar für durchaus sachgemäß bezeichnet, ebenso wie auch Prof. M. Von diesem Sachverständigen ist mit Recht darauf hingewiesen worden, daß sich aus den Röntgenbildern mit völliger Klarheit ergibt, daß die Stellung des gebrochenen Knochens nach Anwendung des Nagelstreckverbandes mit dieser Belastung richtig war, woraus sich ergibt, daß auch die Belastung nicht zu niedrig gewesen sein kann. Dem Kläger kann auch kein Vorwurf daraus gemacht werden, daß er am 4. Februar 1931, nachdem sich Entzündungsstellen gebildet hatten, den Nagelstreckverband durch einen Pflasterstreckverband ersetzte. Prof. Dr. X. und Prof. Dr. Z. haben hierin keinen Kunstfehler erblickt, Prof. Z. hat sogar diesen Wechsel der Behandlung für durchaus sachgemäß bezeichnet. Es kann auch nicht zutreffen, daß bei dem Ersatz des Nagelstreckverbandes durch einen Pflasterstreckverband am 4. Februar 1931 die Bruchstelle nochmals gebrochen sei. Alle befragten Sachverständigen, Prof. Dr. X., Prof. Dr. M. und Prof. Dr. Z., halten einen erneuten Bruch schon deshalb für ausgeschlossen, weil aus den Röntgenbildern ersichtlich ist, daß bis dahin der Bruch noch gar nicht geheilt war. Dies war aber zurückzuführen lediglich auf Gründe, für die den Kläger keine Verantwortlichkeit trifft, nämlich darauf, daß die Callusbildung bei dem gebrochenen Knochen des Beklagten nicht in wünschenswerter Weise einsetzte. Dafür, daß bei diesem Verbandwechsel eine Verschiebung der Bruchstellen eingetreten ist, fehlt jeder Beweis. Dem Kläger kann auch kein Vorwurf daraus gemacht werden, daß er nach dem 4. Februar 1931 nicht mehr die Bruchstelle ständig durch Röntgenaufnahmen kontrollierte. Prof. Dr. X. hat dies zwar für einen Fehler gehalten, der Senat hat sich aber dem Gutachten des Prof. Dr. Z., der auch insoweit keinen

[1] Es handelte sich um eine Honorarklage.

Kunstfehler gerügt hat, angeschlossen. Auch darin, daß der Kläger den Beklagten mit einem Schienenhülsenapparat hat gehen lassen, liegt kein Kunstfehler des Klägers. Die Sachverständigen Dr. M. und Prof. Dr. Z. haben ausdrücklich erklärt, daß bei der gegebenen Sachlage nur in Frage gekommen wäre, einen blutigen Eingriff vorzunehmen, oder aber zu versuchen, den Beklagten auf die Beine zu bringen. Den blutigen Eingriff hielt auch Prof. Dr. Z. bei dem Körperzustande des Beklagten für zu gefährlich, und auch der Beklagte selbst hat, wie aus der Aussage des Dr. Y. zu entnehmen ist, mindestens zu der Zeit, als der blutige Eingriff in Frage kam, einen solchen ausdrücklich abgelehnt. Daher blieb nur übrig, den Beklagten mit Hilfe eines Schienenhülsenapparates auf die Beine zu stellen. Daß dieser Schienenhülsenapparat unsachgemäß konstruiert worden sei, kann der Senat nicht annehmen; sowohl Prof. Dr. M. als auch Prof. Dr. Z. haben den Schienenhülsenapparat, der sich am Hüftknochen abstützte und der durch den Beckengurt noch über die Hüfte hinaus fixiert war, für allen Anforderungen entsprechend erklärt. Gegenüber diesem Gutachten hat sich der Senat der abweichenden Ansicht des Prof. Dr. X. nicht anschließen können. Er sieht daher als erwiesen an, daß der Kläger bei Behandlung des Beklagten keinen Kunstfehler begangen hat, und daß die schlechte Heilung nur darauf zurückzuführen ist, daß der Körper des Beklagten die zur Heilung erforderlichen Heilstoffe nicht hergab.

Schädigung bei Frakturbehandlung. Bei jedem Knochenbruch ist auch den Verletzungen der Weichteile das Augenmerk zuzuwenden, durch Feststellung einer *Nervenschädigung* den späteren unliebsamen Anschuldigungen zu begegnen, daß die Ursache in der angewandten Behandlungsart zu sehen sei. Bei der Häufigkeit der Beteiligung des Speichen- und Ellennerven ist diese Vorsicht bei Armbrüchen besonders geboten; auch die Möglichkeit einer Spätschädigung des Ellennerven ist zu berücksichtigen. — In einem Falle konnte durch operative Freilegung des Ellennerven festgestellt werden, daß die Lähmung auf Kompression durch Callus zurückzuführen war. Es erfolgte dann Abweisung der Klage wegen Kunstfehlers, für die von der ersten Instanz schon das Armenrecht bewilligt war.

Bei der weitverbreiteten Anwendung, die die *Drahtextension* gefunden hat, ist es erklärlich, daß auch gelegentlich diese Methode als Ursache einer Schädigung angeschuldigt wird. Hierzu rechnet besonders eine Infektion des Bohrkanals, die schon gelegentlich zu Knochenabsceß oder Osteomyelitis (sog. Bohrloch-Osteomyelitis) führte. Als Hauptursache der Infektion wird von *Kirschner* das seitliche Gleiten des Drahtes betrachtet, gegen das die Ansteckscheiben oder Kugeln nicht sicher schützen; diese können sogar Decubitus erzeugen. Auch Jahre nach erfolgter knöchernen Heilung kann es noch zum entzündlichen Aufflackern an der Bohrlochstelle kommen. Durch genaueste Beachtung der technischen Vorschriften können die Fehler und Gefahren, die gemessen an der ungemein häufigen Anwendung der Methode nur selten in die Erscheinung treten, noch weiter herabgemindert werden. Vor allem ist darauf zu achten, daß die Durchführung der Drahtextension unter strenger Asepsis erfolgt; denn die Ursache ist eine Keimverschleppung von außen. Tritt jedoch eine derartige Komplikation ein, so ist genau zu prüfen, ob ein Verstoß gegen die üblichen Regeln nachzuweisen ist, oder ob es sich um biologische Faktoren handelt, die der Arzt nicht überblicken und steuern kann. In einem unserer Fälle kam es bei Behandlung eines Spiralbruches des Schienbeins zu einer *Drucknekrose* an der Ferse. Es war für den Gutachter zu erörtern, ob wegen geäußerter Schmerzen der Zugverband sofort hätte entfernt werden müssen.

„Es ist für den Erfolg einer Knochenbruchbehandlung keineswegs gleichgültig, wenn ein Zugverband vorzeitig gelöst wird. Es treten leicht Verschiebungen der Bruchstücke ein, die nachher nicht mehr zu beseitigen sind. Es gilt deshalb allgemein als Regel, den einmal angelegten Extensionsverband nur zu lösen, wenn hierfür eine unbedingte Anzeige vorliegt, z. B. wenn Temperaturerhöhungen auf eine Infektion an der Durchbohrungsstelle schließen lassen. Daß dagegen bei geklagten Schmerzen, die teils in den Unterschenkel, teils in die Fersengegend lokalisiert wurden, sogleich der Verband gelöst werden muß, ist nicht gerechtfertigt. Ein gewisses Maß von Beschwerden ist immer mit dieser Verletzungsart verbunden ... Daß es in dem vorliegenden Fall zur Bildung eines Druckgeschwürs gekommen ist, ist eine bedauerliche Komplikation, für deren Entstehung aber weder die Methode noch der behandelnde Arzt verantwortlich gemacht werden kann ...“

Ähnliche Gesichtspunkte waren in einem anderen Falle maßgebend, wo ein Druckgeschwür durch einen Heftpflasterverband hervorgerufen wurde. Auch hier sollte der geklagte Juckreiz als Anzeige zur Entfernung des Verbandes geltend gemacht werden, wofür jedoch nach Lage der näheren Umstände keine Veranlassung vorlag. — Wie richtig es ist, die erörterten Beziehungen zu prüfen, geht daraus hervor, daß ein anderer Fall von Druckgeschwür infolge Leukoplaststreifen zuungunsten des Arztes entschieden wurde, entgegen der Stellungnahme des Sachverständigen.

Die Frage, ob der behandelnde Arzt für die Entstehung einer *ischämischen Kontraktur* nach Ellbogen- und Vorderarmbrüchen verantwortlich gemacht werden kann, ist von jeher Gegenstand gutachtlicher und gerichtlicher Entscheidungen gewesen. Früher herrschte die Ansicht *v. Volkmanns* vor, daß einschnürende Verbände, die den Blutzufluß beschränken, die Ursache seien, und dem Arzt, der einen zirkulären Gipsverband angelegt hatte, wurde die Schuld zugesprochen. Diese Auffassung war nach den neueren Forschungsergebnissen nicht mehr aufrechtzuerhalten. War es schon auffallend, daß die Erkrankung fast nur bei Oberarmfraktur oberhalb des Ellbogengelenkes vorkommt, so wurde die bisherige Annahme des zu fest angezogenen Verbandes als Ursache vollends erschüttert durch die Beobachtung von Erkrankungsfällen, wo überhaupt kein Verband angelegt war; ferner wies *A. Bier* darauf hin, daß in Fällen, wo die Esmarchsche Blutleere über das erlaubte Maß durchgeführt wurde, wohl Lähmungen sämtlicher Nerven, gelegentlich auch Brand des Gliedes beobachtet wurden, kaum jemals sei aber eine ischämische Kontraktur vorgekommen. Für ihr Zustandekommen werden jetzt in erster Linie Störungen der arteriellen Blutversorgung angenommen, durch direkte Schädigung des Blutgefäßes oder Druck des Blutergusses innerhalb der straffen Fascie. Daneben werden auch neuromuskuläre Schädigungen als auslösende Faktoren angegeben. Eine restlose Klärung dieser mit narbiger Umwandlung eines Teils der Beugemuskulatur einhergehenden, den betroffenen Gliedabschnitt funktionell schwer schädigenden Erkrankungsart ist noch nicht erfolgt, und *v. Danckelmann* weist hin auf die „noch unbekannten Vorgänge im neuromuskulären Apparat, die zur Kontraktur führen".

Von zwei Fällen *ischämischer Kontraktur,* die zu Regreßansprüchen führten, betrifft der eine Fall einen Knaben, der sich einen hochsitzenden Ellenbruch mit gleichzeitiger Verrenkung des Speichenköpfchens zugezogen hatte. Über die Frage des Zusammenhanges der ischämischen Kontraktur mit der Verrenkung brachte das von einer Universitätsklinik erstattete Obergutachten bemerkenswerte Erörterungen:

„Die Vorwürfe gegen die behandelnden Ärzte beruhen auf der Auffassung, daß eine ischämische Kontraktur durch äußere Maßnahmen hervorgerufen und durch rechtzeitiges Eingreifen verhütet werden kann. Da die Entstehungsbedingungen noch nicht vollständig bekannt sind, ist die obige Auffassung an den ärztlichen Erfahrungen nachzuprüfen ... In Anbetracht der häufigen Armbrüche ist die i. K. eine seltene Komplikation ... Wenn man den Verband als mitwirkende Ursache ansprechen will, so muß man nachweisen, daß tatsächlich eine Abschnürung vorgelegen hat. Die Verletzung der Ellbogenarterie und nicht einmal der Bluterguß sind unerläßliche Vorbedingungen. Es sind auch Fälle beobachtet nach einfachem Fall auf die Hand ohne Bruch und ohne sichtbare Verletzung ... Eine Stauung oder örtlichen Druck auf Weichteile kann man durch rechtzeitiges Aufschneiden des Verbandes beseitigen, nicht aber die weitgehenden Veränderungen, aus denen sich schließlich die Kontraktur entwickelt ... Die im einzelnen noch unbekannten Ursachen brauchen nur wenige Stunden zu wirken, um den Kontraktur erzeugenden Mechanismus in Gang zu setzen ... Es wird als Fehler bezeichnet, daß überhaupt ein zirkulärer Gipsverband angelegt wurde, ein einfacher Schienenverband hätte genügt. Man muß aber dem behandelnden Facharzt die *Wahl der Verbandtechnik* überlassen, die er für angemessen hält; nur er allein kann nach dem Eindruck beim Einrichten des Bruches beurteilen, welcher Verband zur Vermeidung eines Abweichens der Bruchstücke notwendig ist ... Die *Spannungsblasen* sind gewöhnliche Erscheinungen auch bei Brüchen, die überhaupt keinen ruhigstellenden Verband bekommen haben. Sie sind Wirkung der Stauung durch das Bruchhämatom, das zu übermäßiger Spannung und infolgedessen zu Ernährungsstörung bis zum Absterben der Haut führen kann ... Es ist nicht anzunehmen, daß durch die nicht erkannte und deshalb nicht beseitigte *Verrenkung des Speichenköpfchens* die Kreislaufverhältnisse unter dem Gipsverband wesentlich verschlechtert sind. Die großen Gefäße der Ellenbeuge werden durch die Luxation nicht unmittelbar betroffen. Außerdem bleibt das Radiusköpfchen in der Gelenkhöhle des Ellbogengelenks, es verliert nur die Führung durch das Ringband und folgt deshalb dem Muskelzug. Die Verhältnisse liegen hier anders als sonst bei Verrenkungen ... Es läßt sich nicht beweisen, daß die Entstehung der ischämischen Kontraktur auf Fehler oder Unterlassungen in der Behandlung zurückzuführen ist, sie kann auch als Folge der Verletzung an sich eintreten."

Bei dem anderen Fall, wo ebenfalls die Anlegung des Gipsverbandes bzw. nicht rechtzeitige Entfernung desselben als Kunstfehler angesehen wurde, erfolgte ebenfalls Klageabweisung.

Ein weiterer Fall bietet eine Besonderheit, weil eine ischämische Kontraktur bei einem Speichenbruch an typischer Stelle aufgetreten war. Der Gutachter Prof. S. nahm eine gleichzeitige erhebliche Weichteilverletzung am

Unterarm an, zumal ein ausgedehnter Bluterguß vorlag; über die Entstehungsursache führt er aus: „Es ist nicht allein die mechanische Verlegung der Muskeldurchblutung ausschlaggebend, sondern es spielen auch von der Peripherie kommende reflektorische Einflüsse auf die Strombahn eine Rolle. Naturgemäß wird der Druck des Blutergusses innerhalb der straffen Fascie als Mitursache zu betrachten sein. Eine endgültige Klärung ist noch nicht gefunden, aber es ist doch die Feststellung gesichert, daß eine Abschnürung nicht die auslösende Ursache sein kann . . ." Es wird dann auf die Darstellung in dem von Schweizer Chirurgen bearbeiteten Lehrbuch der Chirurgie[1] verwiesen: „Als Ursache wurde u. a. von *Volkmann* ein schnürender Verband angeschuldigt. Diese Ansicht, die zu schweren Haftpflichtforderungen gegen den Arzt führen kann, darf nicht mehr so generell aufrechterhalten bleiben, da auch ohne Verband und auch bei lege artis angelegtem Verband eine Kontraktur auftreten kann. Die Ursache ist wohl komplex und an eine besondere Schädigungskonstellation gebunden, mit einem Zusammenwirken folgender Faktoren: Arterienschädigung durch direkte Verletzung einer oder mehrerer Muskelarterien oder Drosselung durch ein vorstehendes Fragment, Arteriospasmen, Behinderung des venösen Abflusses und ein großes Muskelhämatom. Dazu können sich noch primäre Nervenschädigungen durch Verletzung und sekundäre durch Einbettung ins Narbengewebe gesellen.

In neuester Zeit wird auch die *Sudecksche Dystrophie* mit angeblich fehlerhafter Gipsverbandbehandlung in Beziehung gebracht. *Hellner* (l. c.) erwähnt einen Fall mit dieser Komplikation „wegen Übersehen eines Bruches des Griffelfortsatzes der Elle", und konnte zu dem Schluß kommen: „Bei zunehmender abnormer Reaktionslage und seelisch abwegiger Einstellung muß man in der Folgezeit mit der Möglichkeit, daß der Arzt beschuldigt wird, eine Sudecksche Dystrophie hervorgerufen haben, mehr rechnen."

Refraktur. Einer der schwerwiegendsten Zwischenfälle in der Frakturbehandlung ist die *Refraktur,* d. h. die Entstehung eines erneuten Bruches an der Bruchstelle, bei der noch keine endgültige knöcherne Heilung eingetreten war. *Fritz König* hat für diese Form verzögerter Heilung den Begriff *„Scheinheilung"* aufgestellt und in aufschlußreichen Arbeiten die Frage behandelt, wann ein Bruch als geheilt angesehen werden kann. „Es gibt ungeheuer langsam vor sich gehende Prozesse bei der Knochenbruchheilung, und unter Umständen führen diese trotz scheinbarer klinischer Heilung überhaupt nicht zu einer anatomisch vollwertigen Wiederherstellung." Abgesehen von den zu Pseudarthrosen führenden Fällen kommt es in anderen zu scheinbarem Festwerden; aber die knöcherne Heilung ist nur vorgetäuscht. Bei Belastung kommt es dann zu einem Nachgeben bzw. Auseinanderweichen der Bruchstelle. — Zur Vermeidung dieser Komplikation ist stets neben dem klinischen auch das röntgenologische Prüfungsverfahren heranzuziehen. Der strahlenundurchlässige Teil des Callus ist für die Festigkeit des Knochens

---

[1] Verlag Schwabe u. Co., Basel, Bd. I, S. 596.

minderwertig. Auch *Gangler* weist auf das unscharfe wolkige Aussehen des Callusgewebes hin, das zwar sehr reichhaltig sein kann, aber noch osteoide Beschaffenheit hat. — Die praktische Erfahrung lehrt, daß bisweilen trotz eingetretener Festigkeit der Bruchstelle die Heilung noch nicht zur Belastungsfähigkeit fortgeschritten ist, und daß ferner trotz röntgenologischer Feststellung von reichlichem Callusgewebe die Bruchstelle noch federnd sein kann.

Zur Vermeidung unliebsamer Überraschungen ist demnach die Heranziehung des maßgebenden röntgenologischen Befundes und die Kenntnis der für Scheinheilung sprechenden Anzeichen unerläßlich. Es ist noch die Feststellung von *F. König* hervorzuheben, daß das Stadium der Scheinheilung lange Zeit bestehen bleiben kann.

Die mit einer Refraktur verbundenen Nebenumstände sind meist alarmierend, und die Entstehung wird daher nicht selten der Behandlung zur Last gelegt. So wurde in einem unserer Fälle, bei dem nach Röntgenkontrolle günstige, achsengerechte Heilung eines Oberschenkelbruches eingetreten war, durch Ausgleiten bei den Gehübungen eine Lockerung der Bruchstelle mit Abweichen des körperfernen Bruchstückes festgestellt; nach der erneuten Fixationsbehandlung war eine Versteifung des Kniegelenks zurückgeblieben, die Anlaß gab zu Haftpflichtansprüchen gegen das Krankenhaus.

In einem Gutachten wurde nachgewiesen, daß die Gelenkversteifung schon vor der Refraktur bestand, und auf die Lokalisation des Bruches nahe dem Kniegelenk zurückzuführen sei. Die Art der durchgeführten Gehübungen entsprach den allgemeinen Anforderungen, und der erneute Einbruch ist als ein Mißgeschick aufzufassen, aber nicht auf Verschulden des Krankenhauses zurückzuführen.

In einem anderen Fall von Oberschenkelbruch war ebenfalls eine Versteifung des Kniegelenks zurückgeblieben, die durch gewaltsame Bewegung in Narkose (brisement forcé) beseitigt werden sollte. Hierbei kam es zu einer Refraktur.

Der Gutachter bezeichnete diese als einen unglücklichen Zufall, der zum Risiko jeder Operation gehört. Dagegen war das Unterlassen rechtzeitiger sachgemäßer Maßnahmen, um den Schaden der Refraktur zu beheben, ein schuldhafter Fehler. — Der röntgenologische Sachverständige bemängelte die Unterlassung einer zulänglichen Röntgenuntersuchung, d. h. Aufnahme in mindestens 2 Ebenen. „Die Notwendigkeit, in solchen Fällen mindestens 2 Aufnahmen zu machen, muß nicht nur dem Fachröntgenologen, sondern auch dem Fachchirurgen bekannt sein.“ — Das Gericht folgte der Ansicht des Gutachters und wies den Einwand wegen vorheriger Einverständniserklärung zur gewaltsamen Mobilisation des Kniegelenks zurück. „Die Berufung auf das *Einverständnis des Klägers* mit der gewaltsamen Lösung des Kniegelenks geht fehl. Mag der Kläger sich mit dieser Behandlungsart einverstanden erklärt haben, so hat er damit doch nicht auf Ansprüche verzichtet, die ihm infolge einer Schädigung durch Kunstfehler bei dieser Behandlung oder in ihrer Folge entstehen konnten.“ —

Auch der dritte Fall betrifft einen Oberschenkelbruch und führte zu einer beachtenswerten Entscheidung.

Behandlung in der Allgemeinpraxis. Der letzte Fall liefert neben der uns beschäftigenden Fragestellung auch einen allgemeinen Beitrag über die

Zuziehung eines Facharztes durch den Allgemeinpraktiker. Es wurden seitens eines Verletzten gegen den Arzt Regreßansprüche erhoben, weil er bei Behandlung des Knöchelbruches keinen Facharzt zugezogen hatte.

Es ist nicht zu verkennen, daß der Praktiker bei der Behandlung von Knochenbrüchen zurückgedrängt ist. Verschiedene Gesichtspunkte sind hierfür maßgebend, unter denen hervorzuheben sind eine gelegentlich hervortretende Übersteigerung des Spezialistentums und ferner die zunehmende Neigung des Publikums, den Arzt für Mißerfolge haftbar zu machen. Andererseits sind auch die Anforderungen auf immer bessere Leistungen in der Frakturbehandlung, nicht zuletzt durch die Wirksamkeit der Berufsgenossenschaften, erheblich gestiegen. Es spricht im allgemeinen die Zuziehung eines Facharztes nicht für Unsicherheit, sondern vielmehr für Sorgfalt des behandelnden Arztes. Wenn man aber bedenkt, unter wie schwierigen Umständen die Praktiker vielfach arbeiten müssen, und wie sie auf Hilfsmittel verzichten müssen, die im klinischen Betriebe zu dem selbstverständlichen Bedarf gehören, so kann man ihnen wohl zutrauen, die Grenzen ihrer eigenen Leistungsfähigkeit bei Behandlung von Knochenbrüchen zu kennen und danach eine Entscheidung zu treffen. *Allgemein gültige Regeln, wie der praktische Arzt sich im Einzelfalle verhalten soll, lassen sich nicht aufstellen.* Der mit allen Hilfsmitteln moderner Technik durchzuführenden Behandlung im Krankenhaus steht gegenüber, daß der Verletzte seinem häuslichen und beruflichen Kreis entzogen wird, und daß erfahrungsgemäß gerade bei leichteren Verletzungsformen eine neurotische Veranlagung sich leichter im Krankenhaus manifestiert als bei der streng individuellen Behandlung durch den Hausarzt.

Das Urteil vom 19. Mai 1931 betrifft die Frage der Haftung des Staates, wenn der Gefängnisarzt die Sarkomerkrankung eines Untersuchungsgefangenen nicht erkannt hat und deshalb eine Operation unterblieben ist. Das Berufungsgericht hatte in Übereinstimmung mit dem Sachverständigengutachten festgestellt, daß bei Anwendung aller der ärztlichen Wissenschaft zu Gebote stehenden Mitteln die Krankheit H. s. vom Gefängnisarzt als Sarkom hätte erkannt werden können. Das Berufungsgericht glaubt aber ein Verschulden desselben verneinen zu können, da es naturgemäß nicht über die Erfahrung eines Facharztes verfügt, und die Beschwerden des H. nach dessen Angabe ohne Fahrlässigkeit zunächst mit Rheumatismus habe erklären können, zumal die Erkennung eines Sarkoms im Anfang der Krankheit sehr schwierig sei. — Das Reichsgericht läßt es dahingestellt, ob mit diesen Ausführungen die Sorgfaltspflichten, welche ein Arzt zur Erkennung des Leidens aufwenden muß, ausreichend gewürdigt sind. Es hält aber die Abweisung der Klage deshalb für gerechtfertigt, weil der ursächliche Zusammenhang zwischen einem etwaigen Verschulden des Arztes und dem Schaden der Kläger nicht nachgewiesen sei.

γ) *Verrenkung.*

Überprüft man das Beobachtungsergebnis bei einer großen Serie von Verrenkungsfällen, so ergibt sich als Fazit der dringende Rat, bei allen Quetschungen und Zerrungen eines Gelenkes eine ausreichende röntgenologische Untersuchung vorzunehmen. Es kann natürlich die klinische Diagnose einer Luxation sehr einfach sein; aber bei muskelstarken oder fetten Menschen, ebenso bei Vorliegen eines starken Blutergusses können auch für den erfahrenen Facharzt Schwierigkeiten entstehen, die nur mit Hilfe des Röntgenbildes zu klären sind. Die Erfahrung lehrt, daß bei gleichzeitigem Vorhandensein von Verletzungen, die mehr in die Augen fallen, eine Verrenkung leicht übersehen wird, z. B. eine Hüftluxation bei Oberschenkel- oder Beckenbruch, eine Schulterluxation bei ausgedehnter Weichteilverletzung der Schultergegend. Die häufige Fehldiagnose einer Sprungbeinverrenkung bei Knöchelbruch wurde bereits erwähnt.

Da das Nichterkennen einer Verrenkung einen folgenschweren Irrtum darstellt, so gehört es zur ärztlichen Sorgfaltspflicht, die Gefahrenquellen zu umgehen. Zur Erreichung dieses Zieles ergibt sich für die Ärzte die Pflicht, die *Röntgendiagnostik* auf ein Höchstmaß von Übung und Erfahrung zu stellen. Die technisch besten Aufnahmen sind zwecklos, wenn der Arzt nicht zu einer einwandfreien Beurteilung und Ausschaltung der Fehlerquellen imstande ist. Röntgenbilder in ungünstiger Projektion lassen keine eindeutige Beurteilung zu. Bei dem Verdacht einer Luxation ist Grundsatz, stets eine Aufnahme in 2 Ebenen vorzunehmen. Auch die Kontrollaufnahme des nicht verletzten Gliedabschnittes gibt wertvolle Aufschlüsse. Es ist weiterhin zu fordern, eine *Röntgenkontrolle nach* der Einrenkung vorzunehmen, auch wenn man des Behandlungserfolges noch so sicher zu sein glaubt. Wie häufig sind schon Täuschungen oder Reluxationen bei ausgedehntem Kapselriß vorgekommen; überdies sichert man sich auch gegen spätere Behauptungen von Nebenverletzungen, die auf die Einrenkung zurückgeführt werden.

Entsprechend der Häufigkeit einer *Verrenkung des Schultergelenks* liegen uns 7 Fälle vor, wo wegen nicht gestellter Diagnose Regreßansprüche gestellt wurden. Die Endergebnisse waren teilweise sehr ungünstige, so daß erhebliche Abfindungen eintreten mußten. Die Tatsache, daß bei der ersten Untersuchung der Arm fremdartig erhoben werden konnte, spricht durchaus nicht gegen das Vorliegen einer Verrenkung. Sicher wäre bei genauer Prüfung die federnde Fixation festzustellen gewesen. — Es ist zu hoffen, daß bei Beherzigung der Mahnung zur Röntgenuntersuchung derartige Fälle in Zukunft ausgeschaltet werden.

In einem Fall von leichter Verrenkungsstellung des Mittelgliedes der zweiten Zehe (Subluxation) wurde der Nachweis geführt, daß die röntgenologischen Anzeichen so geringfügig waren, daß durchaus Zweifel über die Diagnose bestehen konnten. Es war auch zu berücksichtigen die Seltenheit dieser Verletzungsform und das gleichzeitige Vorhandensein einer Deformierung im Sinne einer Hammerzehe.

Nach einer *Ellbogengelenksverrenkung* sollte der Arzt, der die Einrichtung vorgenommen hatte, späterhin für eine zurückgebliebene Streckbehinderung verantwortlich gemacht werden. Es erfolgte naturgemäß Klageabweisung, zumal der Arzt Röntgenbilder vorlegen konnte.

f) Nervenlähmung.

Die bei Injektionen und Narkose auftretenden Nervenschädigungen wurden in diesen Abschnitten (S. 53, 67) dargestellt. Es seien noch 4 weitere Fälle kurz angeführt, die einen weiteren Beitrag liefern, um Gefahrenquellen auszuschalten:

1. Nach Blutleere am Arm trat eine Lähmung des Speichennerven auf.

2. Nach Unterleibsoperation blieb eine Lähmung der Hand- und Fingerstreckmuskulatur zurück, die entstanden war durch Plexusschädigung infolge unsachgemäßen Haltens des Armes während der Operation.

3. Vollständige Armlähmung wurde hervorgerufen durch unzweckmäßig angelegte Verbände bei schwerer Schulterverletzung. Dieser Fall wurde durch Vergleich beigelegt.

4. Im Anschluß an eine in Blutleere vorgenommene Operation einer chronischen Osteomylitis trat eine leichte Lähmung des Peroneusnerven ein. Eine Entscheidung, ob der abschnürende Schlauch bei der Operation oder Schienendruck bei der Nachbehandlung die Ursache waren, war nicht möglich.

g) Verbrennungen.

Bei der großen Bedeutung, die Bestrahlung und Wärmeanwendung in verschiedensten Formen im ärztlichen therapeutischen Rüstzeug einnehmen, ist es erklärlich, daß Verbrennungsschäden nicht selten Anlaß zu Haftpflichtansprüchen werden.

Während früher *Diathermieverbrennungen* zahlenmäßig an der Spitze standen, besteht diese Gefahr kaum noch, nachdem seit einigen Jahren die Funkenstreckenapparate stillgelegt wurden. Jetzt ist das Verfahren der günstigeren Kurzwellen-Durchflutung üblich, wobei neben der besseren therapeutischen Wirksamkeit die umgebenden Weichteile nicht mehr gefährdet sind. Es ist darauf zu achten, daß vom Patienten alle Metallteile (Ringe, Ohrringe, Spangen, Hosenträger, Hüfthalter mit Metallstäbchen, metallene Hosenknöpfe) abgelegt werden. — Inwieweit auch bei Körperteilen mit Metalleinlage, chirurgische Metallnähte oder -drähte, Schädigungsgefahr bei Kurzwellenanwendung eintreten kann, war Gegenstand der Begutachtungen in 2 Fällen. Bei Geschoßsplittern ist die Sorge jedoch unbegründet.

In einem Fall handelte es sich um einen mit Nagelung behandelten Oberschenkelhalsbruch, wo in der Nachbehandlung serienmäßig eine Durchflutung mit Ultrakurzwellen vorgenommen war. Von der klagenden Partei war die Behauptung aufgestellt worden, daß der im Organismus liegende Nagel durch die Ultrakurzwellen so stark erhitzt wurde, daß Wärmeschäden des umgebenden Gewebes hervorgerufen seien; es war eine Kopfnekrose und ein Gelenkempyem aufgetreten, und das schlechte funktionelle Ergebnis wurde der Kurzwellenbehandlung zur Last gelegt. Die vom Sachverständigen veranlaßten Versuche erbrachten das Ergebnis, daß die Erwärmung eines Metallkörpers im Gewebe durch eine Ultrakurzwellendurchflutung nicht so intensiv ist, daß Gewebsschäden oder Verbrennungen auftreten können. Im lebenden Organismus tritt eine so starke Erhitzung nur ein, wenn ein Teil des Fremdkörpers frei in der offenen Wunde liegt. — Es erfolgte Klageabweisung, die durch das OLG Hamm (3 U. 93/53) bestätigt wurde[1].

In dem 2. Falle wurde bei einem *mit Draht behandelten Kniescheibenbruch* in der Nachbehandlung Kurzwellendurchflutung durchgeführt. Auf diese wurde vom Patienten das Ausbleiben der knöchernen Heilung zurückgeführt. Die Tatsache, daß der Draht das obere Bruchstück nicht mit erfaßt hatte oder nachträglich ausgerissen wurde, wurde in der Klageschrift als „Durchschmoren des Drahtes“ bezeichnet. Die Klage gegen den behandelnden Arzt wurde abgewiesen, was das Revisionsverfahren bestätigte (Kammergericht Berlin 12. U 1948—53). In den Entscheidungsgründen wurde dargelegt: „Der Sachverständige hat sich eingehend mit der Frage befaßt, ob die Kurzwellentherapie nicht angebracht war. Auch insoweit kommt er zu dem Ergebnis, daß eine Schädigung durch die allgemein übliche Kurzwellenbehandlung nicht anzunehmen sei, und daß die Behandlung durch den Beklagten nicht fehlerhaft war ... Auch die Behauptung des Klägers, daß der Kurzwellenapparat nicht in Ordnung war, sei ohne Bedeutung. Nach dem Inhalt des Gutachtens scheiden auch die von dem Kläger behaupteten unsachgemäßen Bewegungsübungen als Schadensursache aus.“

Röntgenschäden, die früher häufig zu Haftpflichtansprüchen Anlaß gaben, sind mit den neuzeitlichen vervollkommneten Geräten selten geworden. Die sicherste Prophylaxe wird durch ausreichenden Strahlenschutz und dauernde Überwachung desselben erreicht. In den Unfallverhütungsvorschriften ist der Schutz der Patienten sowie auch des Personals enthalten. Für das Personal ist auch für Herabsetzung der Streustrahlenmenge Sorge zu tragen. Technisch einwandfreie Apparatur und Vermeidung von Überdosierung muß gewährleistet sein, besonders im Hinblick auf die Entstehung schwer oder nicht heilender Röntgengeschwüre; die Behandlungsmöglichkeiten sind gering, und der schicksalsmäßige Ablauf der Schädigung ist meist nicht aufzuhalten. — In einem Fall wurde als Ursache der Röntgenverbrennung festgestellt, daß

[1] s. *Ebbinghaus*, Ärztl. Wschr. 1953, H. 2.

an dem Apparat tags zuvor zu Lehrzwecken ein anderer Filter eingesetzt, und seine Auswechselung vergessen wurde. In einem anderen Falle war es wegen Überdosierung zu einer schweren Verbrennung der linken Bauchseite gekommen. Es erfolgte beidemal eine vergleichsweise Abfindung.

Bei Tiefenbestrahlung einer Bauchgeschwulst und ferner bei einer Röntgenkastration waren Verbrennungsgeschwüre entstanden, die ebenfalls auf technischen Fehler zurückgeführt wurden. — Besonders schwerwiegend gestalten sich die Fälle, bei denen noch ein kosmetischer Schaden hervorgerufen wird. In einem unserer Fälle kam es bei Röntgenbehandlung zur Beseitigung der Behaarung an der Oberlippe zu einer Verbrennung (s. a. S. 126) und in 2 anderen Fällen bei Behandlung tuberkulöser Halslymphdrüsen ebenfalls zu Verbrennunggeschwüren.

Die nächste Beobachtungsreihe umfaßt *Verbrennungen durch Wärmflasche* und ist zu den schwerwiegendsten Nebenwirkungen von Behandlungsmaßnahmen zu rechnen. Es ist daher verständlich, daß alle Fälle zu entsprechenden Abfindungen führten. Es liegen 7 Fälle von Verbrennungswunden an den Füßen nach erfolgter Operation vor, deren Zustandekommen naturgemäß darauf zurückzuführen ist, daß der Zustand der Narkose noch nicht abgeklungen und die Schmerzempfindung entsprechend herabgesetzt ist. Durch strenge Anweisung an das Pflegepersonal müssen derartige Unfälle ausgeschaltet werden.

In einem anderen Falle kam es nach Auflegen einer nicht geschützten Wärmflasche wegen Eierstocksentzündung zu einer Verbrennung an der Bauchhaut, die eine Hautübertragung erforderlich machte, und in einem weiteren Falle zu einer Verbrennung bei einem Neugeborenen infolge Nachlässigkeit der Pflegerin.

In einem weiteren Falle kam es zu einer Verbrennung eines Säuglings durch die völlig unverständliche Anwendung eines *Heizkissens;* auch hier erfolgte naturgemäß eine angemessene vergleichsweise Abfindung.

Anders zu beurteilen sind Verbrennungen, die bei Anwendung eines *Heißluftkastens* eintreten. In einem Falle mußte eine Absetzung des Vordergliedes der Großzehe erfolgen; es konnte aber eigenes Verschulden des Patienten durch Berühren der Kohlenfadenlampe nachgewiesen werden. In einem ähnlich gelagerten Falle wurde das Armenrecht versagt und dazu ausgeführt:

Bei der vorgetragenen Sachlage muß davon ausgegangen werden, daß die Verbrennungen des Klägers dadurch entstanden sind, daß er durch Bewegung des Beines mit den Lampen des Lichtbügels unmittelbar in Berührung gekommen ist. Da andere Stellen des Beines keine Brandverletzungen aufweisen, kann nicht davon ausgegangen werden, daß die Verbrennungen durch eine auf Grund eines unsachgemäßen Zustandes des Lichtbügels hervorgerufene starke Überhitzung entstanden sind. Bei dieser Sachlage aber wird sich nicht beweisen lassen, daß der Kläger durch indirekten Zwang dazu gekommen ist, die Bewegungen des Beines auszuführen.

Eine wegen Schädigung durch *Höhensonne* erhobene Klage wurde mit folgender Begründung abgewiesen:

Die Klägerin hat nicht nachweisen können, daß die Höhensonnenverbrennungen in ihren beiden Gesichtshälften von dem Beklagten in schuldhafter Weise verursacht sind, d. h. ob der Beklagte sich bei der Behandlung der Klägerin der Verletzung seiner ärztlichen Berufspflicht und der Grundsätze der medizinischen Wissenschaft schuldig gemacht hat. Durch das überzeugende und ausführliche Gutachten des Sachverständigen steht vielmehr fest, daß der vom Beklagten eingeschlagene Weg zur Heilung der Acne der Klägerin mit Höhensonne durchaus zweckentsprechend war. Die letzten Röntgenbestrahlungen der Klägerin haben am 23. Juli 1934 durch Dr. M. stattgefunden, wie dieser glaubhaft bekundet. Erst am 31. August 1934 ging der Beklagte zur Behandlung der Klägerin mit Höhensonne über. Dieser zwischen den Bestrahlungen eingehaltene Abstand von gut 5 Wochen genügt, wie das Gutachten des Sachverständigen Dr. X. ergibt, den heutigen medizinischen Grundsätzen. Die Wirkung der vorhergegangenen Röntgenbestrahlung war in den 5 Wochen vollkommen abgeklungen. Die Bestrahlungen der Klägerin am 31. August 1934 und den folgenden Tagen stelle sich nicht als ärztlicher Kunstfehler des Beklagten dar, ebenso sind nach diesem Gutachten auch die Dauer und die Stärke der vorgenommenen Höhensonnenbestrahlungen nicht zu beanstanden. Den Beklagten trifft daher kein Verschulden an dem Entstehen der Brandwunden. Diese können vielmehr, wie der Sachverständige ausführt, andere Ursachen haben, wie z. B. natürliche Sonnenstrahlen. Diese Schlußfolgerung wird durch die Tatsache unterstützt, daß die Verbrennungserscheinungen bei der Klägerin erst nach der letzten Bestrahlung am 8. September 1934 auftraten, während Bestrahlungen schon am 31. August, am 2. September, 4. September und am 6. September 1934 von gleicher Dauer und Stärke keine Verbrennungserscheinungen hinterlassen haben. Die Bestrahlungen hätten daher schon, falls sie überhaupt ursächlich sind, in den vorhergehenden Tagen Verbrennungserscheinungen verursachen müssen. Auch die Behandlung der Klägerin mit Brandbinden und Salben ist nach dem Gutachten des Sachverständigen ebenfalls nicht zu beanstanden und ist in keiner Weise schuldhaft. Die Narbenbildung stellt sich nach dem Gutachten als gewöhnlicher Ausgang der schweren Acne der Klägerin dar, da diese in der Mehrzahl der Fälle derartige Narben zurückläßt. Diese Ansicht bestätigt jetzt auch der Zeuge Dr. Z., der als Facharzt zu einem solchen Urteil durchaus in der Lage ist. Auch der Zeuge Dr. Y. berichtigt seine früheren Atteste der Klägerin bei seiner Vernehmung. Er hat sich inzwischen bei Fachärzten über den regelmäßigen Verlauf einer solchen Acne erkundigt und berichtigt auf Grund dessen seine in den Attesten geäußerte Ansicht im Sinne des Sachverständigengutachtens des Prof. Dr. X. Nach dem Ergebnis der Beweisaufnahme steht eindeutig fest, daß den Beklagten bei der Behandlung der Klägerin, bei der Entstehung der Brandwunden und der Acnenarben kein Verschulden trifft.

Über Verbrennungen durch *Solluxlampen* an der Wange liegen 2 Fälle vor, bei denen einmal ein Verschulden abgewiesen wurde, im anderen Fall erfolgte vergleichsweise Erledigung wegen zu langer Bestrahlungszeit und zu geringen Abstandes der Lampe vom Bestrahlungsfeld.

In weiteren Fällen kam es zu Brandwunden durch zu geringe Entfernung des *Heizofens.* Ein Säugling erlitt eine Verbrennung an der Hand dadurch, daß das Bett zu nahe an ein Heizrohr geschoben wurde. In einem anderen Fall erfolgte bei einer gynäkologischen Untersuchung eine Verbrennung dritten Grades durch einen in unmittelbarer Nähe des Untersuchungsstuhls aufgestellten Heizofen. Beide Fälle wurden auf dem Vergleichswege abgefunden.

Bei dem letzten Falle handelte es sich um einen Unglücksfall gelegentlich einer Kieferröntgenaufnahme; durch Funkenüberschlag kam es zu Verbrennungen an Hand und Fuß.

Einen breiten Raum in der Rechtsprechung des *Reichsgerichts* nehmen die Schadenprozesse wegen *Röntgenverbrennung* ein. Die die Haftung des Arztes begründende Fahrlässigkeit bei der Durchleuchtung oder der Bestrahlung kann in der Überschreitung der Durchleuchtungszeit, in einer Überdosierung, in Bedienungsfehlern bei der Handhabung des Apparates u. a. bestehen.

Die grundlegende Entscheidung zu der Frage, unter welchen Voraussetzungen ein Arzt für die Folgen einer durch die Durchleuchtung herbeigeführten Verbrennung haftet, ist das in der Amtl. Samml. 118, 41 abgedruckte Urteil des Reichsgerichts vom 16. September 1927. In dem betreffenden Falle fragte es sich, ob die Ursache der schweren Röntgenverbrennung der durchleuchteten Patientin in der zu lange ausgedehnten Durchleuchtung oder in einer fehlerhaften Bedienung des Apparates durch die Röntgenschwester zu suchen war. Wie das Reichsgericht ausführt, ist die *Haftung des Arztes zweifellos dann gegeben, wenn eine Überschreitung der nach den ärztlichen Erfahrungen zulässigen Durchleuchtungszeit nachweisbar ist;* denn die Dauer der Durchleuchtung hängt allein von den Weisungen des Arztes ab. Hat der Arzt die Ein- und Ausschaltung des Apparates angeordnet, und ist diesen Anordnungen Folge geleistet worden, so haftet er, wenn die zulässige Zeitgrenze überschritten und dadurch die Verbrennung herbeigeführt worden ist, sowohl wegen fahrlässiger Verletzung seiner aus dem Arztvertrag sich ergebenden Sorgfaltspflichten als auch aus unerlaubter Handlung.

Die gleiche Haftung tritt aber nicht ohne weiteres auch dann ein, wenn die Verletzung eine Folge von Mißgriffen der Krankenschwester bei Handhabung des Röntgenapparates gewesen ist.

Ein weiteres Reichsgerichtsurteil von grundlegender Bedeutung ist das vom 19. Januar 1933 (RGZ 139, 255). Der hier entschiedene Fall unterscheidet sich von den oben erörterten dadurch, daß hier nicht eine Durchleuchtung, sondern eine Bestrahlung vorgenommen worden ist. Während die erstere die Anwesenheit und Mitwirkung des Arztes voraussetzt, der auch während der Durchleuchtung Anordnungen zu geben pflegt, ist die Bestrahlung ein Heilmittel, dessen Art und Weise wohl der Arzt bestimmt, dessen Anwendung aber in Fällen der vorliegenden Art durch einen anderen erfolgt, nicht durch ihn. Diese Verschiedenheit hat zur Folge, daß der Arzt für die rein technische Durchführung der Bestrahlung durch die Röntgenschwester in der Regel nicht aufzukommen hat. Das gilt insbesondere, wenn die Bedienungsfehler sich auf die technische Seite der Anwendung der Röntgenanlage beziehen, wie die Befestigung der Abdeckplatten, und nicht die Befolgung der besonderen ärztlichen Anordnungen, besonders bezüglich der Bestrahlungsdauer betreffen.

Ähnliche Ausführungen macht das Reichsgericht in einem Urteil vom 21. März 1935, wo ebenfalls das Nichteinlegen des Filters die Verbrennung der durchleuchteten Patientin verursacht oder mindestens mitverursacht hatte.

Die Nichtbeachtung des 1924 von der Deutschen Röntgengesellschaft herausgegebenen Merkblattes über die Maßnahmen zur Vermeidung einer *Überdosierung bei Magenuntersuchungen* wurde auch in dem Urteil vom 3. September 1935 (III 325/34, JW 35, 3460) dem Chefarzt eines Krankenhauses zum Verschulden angerechnet. Seiner Verurteilung lag folgender Sachverhalt zugrunde:

Der Beklagte wurde in allen drei Instanzen verurteilt. Das Reichsgericht führte u. a. aus: Das Verschulden des Beklagten bei den hier fraglichen Durchleuchtungen des Klägers erblickt der Berufungsrichter darin, daß ihm das im Jahre 1924 von der Deutschen Röntgengesellschaft herausgegebene Merkblatt über die Maßnahmen, die zur Vermeidung einer Überdosierung bei Magenuntersuchungen zu beachten sind, unbekannt war, er diese Bestimmungen aber als Röntgenarzt habe kennen müssen. Nach der einwandfreien Feststellung des Berufungsgerichts würde die Röntgendurchleuchtung bei ordnungsmäßiger Ausführung für den Kläger gefahrlos gewesen sein. Andere Ursachen als ein Kunstfehler bei Vornahme der Durchleuchtungen kommen nach der Annahme des Berufungsrichters nicht in Frage, insbesondere lag beim Kläger keine besondere Empfindlichkeit gegenüber Röntgenbestrahlung vor. Danach ist der Schluß, daß der Beklagte als Arzt einen Kunstfehler begangen habe, um so mehr gerechtfertigt, als er nach den Feststellungen des Berufungsgerichts das Merkblatt vom Jahre 1924 nicht gekannt und infolgedessen den Maßnahmen, die dort bei Magenuntersuchungen vermittels Durchleuchtungen als notwendig bezeichnet werden, keine genügende Beachtung geschenkt und die Schwester darüber nicht unterrichtet hat. Die Annahme des Berufungsgerichts, daß der Beklagte bei der Durchleuchtung des Klägers einen Kunstfehler begangen habe und ihm dies als Fahrlässigkeit anzurechnen sei, ist hiernach nicht zu beanstanden.

In einem Fall wurden bei einer 41jährigen Frau 10 Röntgenbestrahlungen wegen Spondylosis am 5. Lendenwirbel durchgeführt. Hierbei war es zu einer Kastration beider Ovarien mit hormonalen Ausfallserscheinungen gekommen. Deshalb wurden Schadenersatzansprüche gestellt. Die Klage wurde im Berufungsverfahren (Kammergericht Berlin 13. Juni 1953) abgewiesen. Nach den Entscheidungsgründen war die Röntgenbestrahlung gerechtfertigt, ja geboten, nachdem alle anderen Behandlungsmethoden versagt hatten. — Auf sich beruhen kann, ob nicht entgegen der von dem Sachverständigen zum Ausdruck gebrachten Auffassung die Antragsgegner doch verpflichtet gewesen wären, die mögliche Einwirkung der Bestrahlungen auf andere Organe, insbesondere den Follikelapparat und die sich daraus möglicherweise ergebende Amenorrhoe hinzuweisen. Denn, auch wenn dies zu bejahen wäre, so würde die für die Verurteilung erforderliche Feststellung, daß die Antragstellerin nach diesem Hinweis von der Behandlung mit Röntgenstrahlen Abstand genommen hätte, nicht getroffen werden können. Es liegt sogar die Annahme nahe, daß die Antragstellerin — sie stand damals im 41. Lebensjahr, also nicht lange vor dem Eintritt des Klimakteriums — diese mögliche Folge nach dem Versagen der übrigen Heilungsmaßnahmen und angesichts der Erfolge der Röntgentherapie — nach dem Gutachten führt diese Behandlung in etwa 80% der Fälle zu einem Erfolg, jedenfalls zu einer Linderung des Leidens — in Kauf genommen hätte. Dafür, daß die Bestrahlung unsachgemäß durchgeführt worden ist, fehlt es an hinreichenden Anhaltspunkten.

In zwei Fällen, die den Urteilen des Reichsgerichts vom 18. Oktober 1930 und vom 12. Mai 1931 zugrunde liegen, wurden die behandelnden Ärzte wegen Verletzung der ärztlichen Sorgfaltspflicht durch *zu starke Dosierung bei Röntgenbestrahlungen* zum Schadenersatz verurteilt. Die Urteile sprechen sich über den Begriff des Kunstfehlers und seiner Abgrenzung vom Begriff des Verschuldens aus; das eine Urteil setzt sich auch mit Ausführungen in dem Lehrbuch von *Schmidt-Hessmann* auseinander.

Im ersten Fall handelt es sich um Röntgenbestrahlung einer Frau wegen Gebärmutterkrebs. Die Ehefrau des Klägers litt Ende 1920 an heftigen Blutungen der Gebärmutter; sie war schon dreimal deswegen curettiert worden. Der beklagte Arzt hatte im Dezember 1920 wieder aufgetretene schwere Blutungen durch Jodpinselungen zum Stehen gebracht. Als am 1. März 1921 neuerdings überraschend besonders schwere Blutungen auftraten, die 15 Tage anhielten, schlug der Beklagte die operative Herausnahme der Gebärmutter vor; die Ehefrau des Klägers war aber damit nicht einverstanden, wählte vielmehr die vom Beklagten in zweiter Linie vorgeschlagene Behandlungsart, die Durchführung der Röntgenbestrahlung. Sie wurde hierauf in der Zeit vom 21. bis 26. März 1921 im Röntgeninstitut zu A., dessen ärztlicher Leiter der Beklagte war, an Bauch und Rücken abwechselnd bestrahlt; die Bestrahlungen selbst führte eine Röntgenschwester nach den Weisungen des Beklagten aus. Einige Tage nach der letzten Bestrahlung zeigten sich Hautverbrennungen an Rücken und Bauch; diese Verbrennungserscheinungen wurden vom Beklagten unter Anwendung von milden Salben und Puder bekämpft, bis er sich (19. Juni 1921) in Urlaub begab. Zu dieser Zeit schienen die Verbrennungen an den Bauchfeldern fast vollständig verheilt, auch die Rückenwunden bis auf zwei pfennigstückgroße Wunden; eine Entzündung blieb aber hier zurück. Der Beklagte überließ dann die Fortsetzung dieser Behandlung nach seiner Anweisung der Ehefrau des Klägers selbst. Im Juli 1921 zeigte sich eine bedeutende Verschlimmerung der Verbrennungserscheinungen an Bauch und Rücken. Nun begab sich die Ehefrau des Klägers in die Behandlung eines ihr verwandten Arztes, des Zeugen X. in B., der die Umgebung der am Rücken befindlichen Verbrennungswunden mit 1proz. Kresol-Seifenlösung, danach noch mit Anästhesinsalbe behandelte. Die Entzündungen am Bauche behandelte er nicht. Die Absonderung der beiden Rückenwunden wurde aber immer stärker, so daß er am 29. Oktober 1921 die Patientin dem Gynäkologen Dr. I. in B. überwies; dieser entfernte die abgestorbenen Hautfetzen und Gewebeteile in 3 operativen Eingriffen mit Messer und Schere, zuletzt am 20. November 1921. Am 24. Januar 1922 wurde die Ehefrau des Klägers aus der Behandlung entlassen; aber weder die Bauch- noch die Rückenwunden waren verheilt. Eine vollständige Heilung der Ehefrau des Klägers ist nicht eingetreten.

Das Landgericht hat den Schadenersatzanspruch dem Grunde nach für gerechtfertigt erklärt. Die Berufung und die Revision des Beklagten wurden zurückgewiesen; letztere mit folgender Begründung: „Das Berufungsgericht hält für erwiesen, daß der Beklagte, indem er die unter Verwendung der Hauteinheitsdosis vorgenommenen Bestrahlungen bereits nach Ablauf von 3 bzw. 4 Tagen wiederholt hat, einen erheblichen Kunstfehler begangen hat, und daß durch diesen Kunstfehler die schwere Verbrennung der Ehefrau des Klägers verursacht worden sei; es stellt dementsprechend fest, daß der Beklagte fahrlässig den Körper der Ehefrau des Klägers verletzt hat und aus diesem Grunde für den entstandenen Schaden haftet. Es hat die Bezugnahme des Beklagten auf das Lehrbuch von *Schmidt-Hessmann* über Bestrahlungsversuche mit doppelter H.-E.-D. als unbehelflich erachtet mit der Ausführung, es ergebe sich aus dem ganzen Zusammenhang dieser Stellen im Lehrbuche, daß der Verfasser die Behauptung, eine gut anämisierte Haut vertrage die doppelte H.-E.-D., ohne daß eine spätere Reaktion zu befürchten sei, nicht als eine für alle Fälle gültige These hinstellen wolle, und daß er die Verwendung einer höheren Dosis als der H.-E.-D. nur in besonderen Ausnahmefällen für angebracht halte. Die Revision erklärt diese vom Berufungsgericht angeführte Einschränkung als den Ausführungen dieses Lehrbuchs offenbar widersprechend.

Ob die Beurteilung der fraglichen Stelle des Lehrbuchs durch das Berufungsgericht sachlich zutreffend ist, kann vom Revisionsgerichte nicht nachgeprüft werden. Jedenfalls befindet sich diese Auslegung in Übereinstimmung mit der, welche eben diesen Stellen der Sachverständige X. unter Zustimmung des Direktors der Universitäts-Frauenklinik, des Prof. Dr. Z., gegeben hat. Ersterer führt aus, daß diese Bemerkungen des Lehrbuchs von *Schmidt-Hessmann* vom kritischen Leser nur dahin aufgefaßt werden könne, daß diese höhere Röntgendosis bei Kompression der Haut und für Ausnahmefälle in Betracht kommt.

Im zweiten Fall, der eine *Röntgenbestrahlung der Vorsteherdrüse* betraf, wurde dem Arzt namentlich vorgeworfen, daß er den Patienten auf Prostatakrebs anstatt auf Prostatavergrößerung behandelt habe. Der Kläger, der im Jahre 1924 Mitglied der Allgemeinen Ortskrankenkasse in B. war, erhielt im Sommer 1924 von dem behandelnden Kassenarzt einen Überweisungsschein, nach dem er durch Röntgenbestrahlung der Prostatadrüse behandelt werden sollte. Auf Grund dieses Schreibens wurde der Kläger in dem Röntgeninstitut des beklagten Verbandes, zu dem sich die Allgemeine Ortskrankenkasse B. mit anderen Krankenkassen der Stadt B. zusammengeschlossen hat, von dem dort angestellten Arzt. Dr. C. 2mal bestrahlt. Kurz nach der zweiten Bestrahlung zeigten sich bei dem Kläger in der Aftergegend Verbrennungserscheinungen durch Blasenbildung, die nach einer Behandlung durch den Arzt Dr. D. in E. nach einiger Zeit wieder zurückgingen. Im Juli 1925 zeigten sich an derselben Stelle tiefgehende Geschwüre, die mehrere Monate zur Heilung brauchten. Sie brachen im Sommer 1926 von neuem auf und heilten erst nach sehr langer Zeit.

Der Kläger, der wegen des Auftretens der Geschwüre 1925 und 1926 Stellungen bei Behörden verloren haben will, nimmt wegen des ihm dadurch entstandenen Schadens den beklagten Krankenkassenverband in Anspruch, der das Verschulden Dr. C.s zu vertreten habe, weil er durch zu starke Bestrahlung die Geschwüre verursacht habe. Er führt hierzu aus: Dr. C. habe besonders bei der zweiten Bestrahlung technisch unrichtig gearbeitet, indem er den Apparat unsorgfältig zusammengeschoben, einen Filter vergessen und auch die Zeit der Bestrahlung nicht kontrolliert habe. Dr. C. habe weiter nicht nach der Diagnose des behandelnden Arztes Dr. F. gehandelt. Dieser habe ihn wegen Prostatavergrößerung überwiesen, Dr. C. aber habe auf Prostatakrebs behandelt und deshalb eine zu starke Dosierung angewandt.

Die Vorinstanzen haben den Klageanspruch dem Grunde nach für gerechtfertigt erklärt. Das Reichsgericht wies die Revision des Beklagten aus folgenden Gründen zurück: „Die Rüge, daß die in den Vorinstanzen beigezogenen Gutachten Unklarheiten enthielten, und daß deshalb das angefochtene Urteil den Begriff des

Verschuldens verkannt habe, ist unbegründet. Die Revision führt aus, beide Sachverständige, S. und F., hätten keinen Kunstfehler festgestellt, sondern nur bemerkt, Dr. C. habe der Forderung, keine Verletzung durch die Bestrahlung hervorzurufen, nicht ganz Genüge getan. Es kann aber keinem Zweifel unterliegen, daß F. die Verschuldungsfrage in den Kreis seiner Erörterungen gezogen hat und damit die Verursachung in keiner Weise verwechselt hat. Er wollte offenbar nicht positiv feststellen, daß ein Kunstfehler vorliege, stellte deshalb nur fest, daß Dr. C. einer Forderung, die man vom Standpunkte der medizinischen Wissenschaft stellen mußte, nicht voll entsprochen habe, und überließ es damit dem Gericht, seinerseits die Folgerung zu ziehen, ob ihn damit ein Verschulden trifft, nicht anders ist auch die zweimalige Bemerkung S.s aufzufassen; er will offenbar sagen: von einem Kunstfehler könne man vielleicht nicht sprechen, aber jedenfalls sei Dr. C. einer Forderung, die man vom ärztlichen Standpunkte an ihn habe stellen müssen, nicht nachgekommen. Daß er damit lediglich die Schuld- und nicht die Verursachungsfrage gemeint hat, ergibt der ganze Zusammenhang ohne weiteres. Bei der Haftung des Arztes pflegt man vielfach von Kunstfehlern zu sprechen, der Begriff des Kunstfehlers überschneidet sich oft mit dem der Fahrlässigkeit. Beide Begriffe decken sich nicht: nicht jeder Kunstfehler ist ein Verschulden, und nicht jedes Verschulden ist ein Kunstfehler. Die beiden Sachverständigen sind davon ausgegangen, daß feste Dosierungsmaßstäbe für die Bestrahlung von Prostatavergrößerung in der Wissenschaft noch nicht allgemein anerkannt sind, so daß man bei Überschreitungen noch nicht von Kunstfehlern sprechen kann. Wohl aber erkennen sie beide an, daß Dr. C. der ärztlichen Forderung, bei Prostatavergrößerung keine Hautbeschädigung hervorzurufen, nicht nachgekommen ist. Die Folgerung daraus zu ziehen, überlassen sie dem Gerichte. Daß auf Grund dieser Darlegungen der Sachverständigen das Berufungsgericht seinerseits den Begriff des Verschuldens verkannt habe, dafür liegt keinerlei Anhalt vor. Es knüpft an die Gutachten die Folgerung, daß Dr. C. die ärztliche Sorgfaltspflicht verletzt habe.

Am 16. Juni 1931 hat das Reichsgericht ein Urteil (III 312/30) erlassen, das die Frage behandelt, *ob ein Arzt für unsachgemäße Behandlung auch dann haftbar gemacht werden kann, wenn er nach dem damaligen Stande der Wissenschaft das Fehlerhafte seiner Behandlung nicht erkennen konnte;* es unterstreicht weiter, ob aus der bloßen Tatsache einer Schädigung des Patienten ein Schluß auf schuldhaftes Verhalten des Arztes oder der Krankenschwester gezogen werden dürfe, und es spricht sich schließlich darüber aus, *wann die Überlassung der selbständigen Diathermiebehandlung an einen Gehilfen gestattet ist.*

Der Fall lag folgendermaßen: Die Klägerin wurde 1921 wegen einer Neuralgie im linken Arm von der beklagten Ärztin behandelt, welche dabei auch elektrische Durchwärmung des Armes, sog. *Diathermie,* verordnete. Diese Behandlung wurde zunächst durch die bei der Beklagten damals tätige Zeugin A. mehrmals ausgeführt. Am 8. Juni 1921 nahm die Behandlung während der Abwesenheit der A. und der Beklagten auch einmal die Zeugin B. vor. Diese hatte früher die Diathermiebehandlungen in Diensten der Beklagten gemacht und dann später an die Zeugin A. abgegeben. Bei der Behandlung am 8. Juni 1921 trat eine Verbrennung an der Unterseite des linken Oberarmes der Klägerin auf. Die Klägerin wurde wegen der Brandwunde von der B. und der Beklagten behandelt. Sie begab sich weiter in die Behandlung eines Dr. C. und suchte später, nach ihrer Ende Juni 1921 erfolgten Rückkehr nach Berlin, die Ärzte Dr. D. und Dr. E. auf. Im Jahre 1928 hat eine Operation durch Dr. F. stattgefunden.

Die Klägerin machte für den durch die Verbrennung entstandenen Schaden die Beklagte verantwortlich. Sie behauptete, daß ein zu starker Strom mit zu langer Dauer und bei unzweckmäßiger Anordnung der stromzuführenden Kathoden angewendet worden sei; sie habe bei der Behandlung erklärt, sie halte es nicht aus, es brenne wie Feuer, die B. habe darauf erwidert, heute müsse sie es aushalten. Trotz ihrer wiederholten Erklärung, daß sie den Schmerz nicht mehr ertragen könne, sei die B. auf 15 Minuten in das Nebenzimmer gegangen. Es sei sogleich eine Brandblase mit Flüssigkeitsabsonderung aufgetreten, und es habe sich um eine tiefgehende Verbrennung, die bis auf die Nerven hinabreichte, gehandelt. Die Beklagte treffe auch insoweit ein Verschulden, als sie die Ausführung der Behandlung nicht durch die B. hätte allein vornehmen lassen dürfen und diese weder genügend unterwiesen noch beaufsichtigt habe. Endlich habe die Beklagte falsche Nachbehandlung der Wunde eingeleitet. Im Juli 1928 sei durch eine Röntgenaufnahme eine Entzündung der Knochenhaut und des Knochenmarks festgestellt worden, die auf Verwachsung des Nervengeflechtes hätte schließen lassen, zu deren Beseitigung die Operation notwendig gewesen sei. Das Landgericht hat die Klage abgewiesen, und die Berufung der Klägerin ist zurückgewiesen worden. Das Reichsgericht hat die Revision der Klägerin zurückgewiesen mit folgender Begründung:

„Der Vorderrichter geht davon aus, daß infolge der durch die Zeugin B. am 8. Juni 1921 erfolgten Diathermiebehandlung eine Verbrennung an der linken Seite des Oberarms der Klägerin eingetreten ist. Er bezeichnet als unsachgemäß und objektiv rechtswidrig, daß die Elektroden bei der Einschaltung des Oberarms in den elektrischen Strom in der Weise angebracht wurden, daß sich dadurch eine sog. Randwirkung ergab. Diese Randwirkung, welche auch bei schwächeren Strömen eintreten kann, beruhte nach den getroffenen Feststellungen darauf, daß der Strom nicht, wie beabsichtigt, durch den Oberarm und die Schulter hindurch ging, sondern sich im wesentlichen auf die einander zugekehrten Ränder der beiden gegenseitig stark genäherten Elektroden konzentrierte. Dies war dadurch möglich, daß die eine Elektrode unter der Schulter angebracht war, während der Stanniolstreifen als zweite Elektrode um den unteren Teil des ganzen Oberarms reichte und sich dadurch auf der Unterseite der anderen Elektrode zu sehr näherte. Der Vorderrichter lehnt es aber ab, aus dieser Art der Anordnung der Kathoden eine Haftung der Beklagten zu folgern, da nach dem damaligen Stande der Wissenschaft eine Kenntnis dieser Wirkung weder von der B. noch von der Beklagten hätte erwartet werden können. Ein Rechtsverstoß ist in diesen Ausführungen nicht zu erblicken.

Der Vorderrichter hat, nachdem er eine dritte Verursachungsmöglichkeit infolge Lockerung der Elektroden mit dem Sachverständigen Dr. X. als unwahrscheinlich bezeichnet, weiter erörtert, daß ein unsachgemäßes Verhalten der B. auch darin bestehen könne, daß sie auf Schmerzensäußerungen der Klägerin nicht sogleich den Strom unterbrochen habe. Es ist einerseits der Behandelnde, um durch richtige individuelle Dosierung des Stromes Verbrennungen zu vermeiden, auf die Äußerungen der Patientin angewiesen, und es kann andererseits eine nur Sekunden zu lange dauernde zu starke Stromeinwirkung zu Verbrennungen führen. Der Vorderrichter hat aber auch insoweit eine Haftung der Beklagten abgelehnt, weil nicht festzustellen sei, daß, nachdem die Klägerin Beschwerden über zu große Hitze geäußert hatte, die B. trotzdem die Behandlung fortgesetzt, also insoweit fehlerhaft gehandelt habe.

Die Revision rügt Verkennung der Beweislast und der Lehre vom prima facie-Beweis. Diese Rüge ist nicht begründet. Der Senat hat es ständig abgelehnt, aus der bloßen Tatsache einer Schädigung des Patienten einen Schluß auf schuldhaftes Verhalten des Arztes oder der Krankenschwester zuzulassen und dem Arzt die Gefahr einer Unaufgeklärtheit des Ursachenverlaufs aufzubürden. Es muß genügen, wenn der Arzt zu seiner Entschuldigung Umstände dartut, durch die der Verdacht einer fehlerhaften Behandlung entkräftet wird, mag auch die bloße Möglichkeit des Verschuldens damit nicht ausgeschlossen sein. Ob die Überlassung der selbständigen Diathermiebehandlung an einen Gehilfen gestattet war, hatte der Berufungsrichter im wesentlichen tatsächlich zu prüfen. Er hat die Frage unter Zugrundelegung der Sachverständigengutachten bejaht. Eine Verkennung der dem Arzt obliegenden Sorgfaltspflicht liegt hierin nicht. Auch hat der Berufungsrichter festgestellt, daß die Zeugin B. genügend ausgebildet und zuverlässig war und ihr die Ausführung der Behandlung überlassen werden konnte. Es kann deshalb ein Verschulden der Beklagten nicht darin erblickt werden, daß die Beklagte die Behandlung durch die Zeugin B. zu einer Zeit zuließ, als sie selbst abwesend war."

Wendet der Arzt bei der Röntgenbestrahlung eine dem Stande der Wissenschaft nicht mehr entsprechende Bestrahlungsmethode an, und tritt beim Patienten eine auf Überstrahlung hindeutende Geschwürsbildung ein, so ist zunächst ein Verschulden des Arztes als erwiesen anzunehmen; der Arzt muß in einem solchen Falle den Gegenbeweis führen, daß die Röntgenverbrennung auf einem anderen Grunde beruht. Es ist dem Patienten nicht ohne weiteres als eigenes Verschulden anzurechnen, wenn er die Geschwürsbildung durch einen Naturheilkundigen behandeln läßt und einen chirurgischen Eingriff ablehnt. In diesem Sinne hat sich das Reichsgericht in dem Urteil vom 5. April 1932 (III 190/31)[1] ausgesprochen.

In einem Falle von Röntgenverbrennung durch Kastrationsbestrahlung spricht sich das Reichsgericht (Urteil vom 7. April 1933, III 397/32) namentlich aus über unsachgemäße Weiterbehandlung, Verhinderung einer Operation infolge Nichtaufklärung, Umfang der Beweispflicht des Patienten gegenüber dem Arzt, sowie dessen Einstehen für Versehen der Röntgenschwester.

Dem Urteil liegt folgender Sachverhalt zugrunde: Im Jahre 1942 war die Ehefrau des Klägers wegen klimakterischer Beschwerden — Gebärmutterblutungen — bei dem Beklagten in Behandlung. Dieser verordnete im Sommer 1924 Tiefenbestrahlungen, sog. Kastrationsbestrahlungen, und ließ sie mittels einer ihm gehörigen, im Krankenhaus in B. untergebrachten Röntgeneinrichtung ausführen. Die erste Bestrahlung fand am 11. Juli 1924, die zweite am 16. Juli 1924 statt. Bei der ersten Bestrahlung wurde der rechte Eierstock von vorn und von rückwärts, bei der zweiten der linke Eierstock ebenfalls von beiden Seiten bestrahlt. Vor jeder Bestrahlung bezeichnete der Beklagte am Körper der Patientin die zu bestrahlenden Stellen mit Buntstift und gab der im Krankenhaus tätigen Röntgenschwester B. Anweisungen über die Art der Ausführung. Bei den Bestrahlungen selbst war der Beklagte nicht zugegen. Infolge der Bestrahlungen erlitt die Ehefrau des Klägers Verbrennungen am Rücken und in der Bauchgegend, an denen sie noch jetzt leidet. Der Kläger führt die Verbrennungen auf ein Verschulden des Beklagten zurück. Er macht es dem Beklagten zum Vorwurf, daß er die Bestrahlung durch eine ungenügend ausgebildete Schwester habe ausführen lassen, und daß er diese nicht ständig überwacht habe; der Kläger macht ferner geltend, der Beklagte habe selbst keine genügende Ausbildung als Röntgenologe besessen, er habe die zu bestrahlenden Körperstellen unrichtig bezeichnet, und die Bestrahlung sei falsch ausgeführt worden. Das Oberlandesgericht hat die Klage abgewiesen. Das Reichsgericht hat das klageabweisende Urteil aufgehoben und ausgeführt: „Daß die durch Verbrennung herbeigeführte körperliche Schädigung der Ehefrau des Klägers auf die vom Beklagten angeord-

[1] Der Chirurg 1933, 77..

neten beiden Kastrationsbestrahlungen zurückzuführen ist, und daß ihre Ursache in einer Überschreitung der zulässigen Dosis bei den Bestrahlungen bestanden haben muß, sehen beide Vorinstanzen als erwiesen an. Aber das Berufungsgericht vermag ein zum Schadenersatz verpflichtendes Verschulden weder bei dem Beklagten noch bei der Schwester festzustellen. Es sagt: Die Ursachen des Röntgenschadens der Ehefrau des Klägers seien nicht nachgewiesen, insbesondere nicht eine fehlerhafte Handlung oder eine Unterlassung geboten gewesener Maßnahmen durch die Gehilfin des Beklagten, welche die Bestrahlungen ausgeführt hat. Die Möglichkeit, daß durch Störungen in der Apparatur oder durch ein Nachlassen der exakten Arbeitsleistung der Röntgenröhre der Schaden herbeigeführt sei, bestehe, insbesondere nach dem in dieser Hinsicht überzeugenden Gutachten des Obergutachters Prof. Dr. X., der die Benutzung eines *Fürstenau*-Intensimeters als Meßinstrument im Jahre 1924 durch den Beklagten als praktischen Arzt ohne besondere Erfahrung als Röntgenologe nicht als fehlerhaft bezeichnet und die Nichterkennung von stärkeren Spannungsschwankungen des elektrischen Stromes dem Beklagten und der Schwester nicht als Verschulden anrechnet. Auf Fahrlässigkeit des Beklagten könnten alle die als mögliche Ursache in Betracht kommenden Umstände nicht zurückgeführt werden. Die von ihm für die Ausführung der Bestrahlungen getroffenen Anordnungen seien höchstens in bezug auf die Verwendung des Alumniumsfilters statt eines Zink- oder Kupferfilters zu beanstanden; aber auch insoweit treffe ihn nach dem damaligen Stande der ärztlichen Wissenschaft und Erfahrung kein Verschulden. Der Beweis, daß bei der Auswahl der mit der Ausführung der Bestrahlungen beauftragten Gehilfin die erforderlich gewesene Sorgfalt nicht verletzt worden sei, sei von dem Beklagten geführt; zu einer persönlichen Überwachung ihrer Tätigkeit bei dieser Arbeitsausführung sei der Beklagte nicht verpflichtet gewesen. Soweit die Revision beanstandet, daß der Berufungsrichter dem Kläger die Beweislast für eine Fahrlässigkeit des Beklagten und der Röntgenschwester als seiner Erfüllungsgehilfin aufgebürdet habe, Verkennung der Regeln für den Beweis des ersten Anscheins rügt, setzt sie sich in Widerspruch mit der ständigen Rechtsprechung des erkennenden Senats. Der Senat hat es stets abgelehnt, aus der bloßen Tatsache einer Gesundheitsschädigung des Kranken einen Schluß auf schuldhaftes Verhalten des Arztes oder der Krankenschwester zuzulassen, und dem Arzt die Gefahr der Unaufklärbarkeit des Ursachenverlaufs aufzubürden. Die Rechtsprechung hat es gleichbleibend als genügend angesehen, wenn der Arzt zu seiner Entlastung Umstände dartut, durch die der Verdacht einer fehlerhaften Handlung entkräftet wird, mag auch die bloße Möglichkeit eines Verschuldens damit nicht ausgeschlossen sein. Eine allgemeine Entlastungspflicht des Arztes in Haftungsprozessen hat der Senat niemals ausgesprochen.

Begründet erscheint die Revision dagegen in dem folgenden Punkte: Der Kläger hatte im Berufungsverfahren vorgetragen, daß seine Ehefrau bis zum Jahre 1929 von dem Beklagten an den eingetretenen Gesundheitsbeschädigungen behandelt worden sei, daß der Beklagte es jedoch pflichtwidrig *unterlassen* habe, die *Kranke über die wahre Ursache der Erkrankung, nämlich die Röntgenverbrennung, aufzuklären*, und daß er dadurch schuldhaft eine sachgemäße Behandlung, namentlich eine rechtzeitige Operation verhindert habe. Hierfür hatte der Kläger Sachverständigenbeweis angeboten. Das Berufungsgericht ist jedoch auf dieses Vorbringen nicht eingegangen und hat danach nicht geprüft, ob es sich insoweit nicht um ein besonderes, selbständiges Verschulden des Beklagten gehandelt hat. Die Möglichkeit, daß durch ein so geartetes Verschulden des Beklagten zum mindesten das Ausmaß des Schadens vergrößert worden sein kann, und daß der Beklagte hierfür Ersatz zu leisten hat, läßt sich nicht von der Hand weisen. Deshalb ist die Aufhebung des angefochtenen Urteils und die Zurückverweisung der Sache an das Berufungsgericht geboten.“

In einem Urteil vom 21. März 1935 (VI 429/34) hat das Reichsgericht wichtige Richtlinien für die *Beweisführung in Röntgenprozessen* aufgestellt, u. a. ausgesprochen, aus der bloßen Tatsache des Eintritts einer Röntgenverbrennung könne das Verschulden des Arztes noch nicht ohne weiteres angenommen werden; dagegen kehre sich die Beweislast zuungunsten des Arztes um, wenn er *kein Buch über die vorgenommenen Bestrahlungen geführt* habe und der Fall deshalb nicht aufzuklären sei.

Die Sache lag folgendermaßen: Im Jahre 1928 erkrankte die Ehefrau des Klägers an einem nässenden Hautausschlag (Ekzem) unter der linken Brust in der Hüftgegend. Im Herbst 1928 begab sie sich in die Behandlung des Dr. C. Im September und Oktober 1928 wendete Dr. C. Röntgenstrahlen und im Anschluß daran Höllensteinlösung und Salben an. Im Januar 1929 setzte er die Röntgenbestrahlung fort. Darauf begab sich dien Ehefrau des Klägers in die Behandlung anderer Ärzte. Einer derselben erklärte ihr später, nämlich im Frühjahr 1931, sie leide an Röntgenverbrennung.

Der Kläger behauptet, die unstreitig vorhandene Röntgenverbrennung sei auf die Fahrlässigkeit des Dr. C. zurückzuführen. Das Landgericht und das Oberlandesgericht wiesen die Klage ab. Das Reichsgericht hob das Berufungsurteil auf und wies die Sache in die Vorinstanz zurück, indem es u. a. ausführte: Der Berufungsrichter stellt fest, daß die bei der Ehefrau des Klägers vorhandene Röntgenverbrennung auf die Behandlung durch Dr. C. zurückzuführen ist, nimmt aber an, es sei dem Kläger nicht gelungen, den ihm obliegenden Beweis dafür zu führen, daß dem Dr. C. ein Verschulden zur Last falle.

Die Revision ist der Auffassung, nach den Grundsätzen des Beweises des ersten Anscheins sei der Beklagte dafür beweispflichtig, daß ihn kein Verschulden treffe. Denn der Sachverständige Dr. G. habe sich dahin ausgelassen: Im allgemeinen sei es zwar wohl richtig, daß eine Röntgenschädigung bei Behandlung von Hautkrankheiten überhaupt nicht vorkommen dürfe, wenn kunstgerecht vorgegangen werde. Es könnten aber doch beim Zusammenwirken ungünstiger Umstände leichtere Schädigungen, wie die vorliegende, einmal auftreten. Der Grund hierfür liege hauptsächlich darin, daß die mit Ekzem behaftete Haut viel empfindlicher sei als die normale Haut, und daß es daher teils Erfahrungssache, im Einzelfalle aber auch geradezu Gefühlssache sei, wieviel man einer bestimmten Hautstelle an Röntgenstrahlen zumuten dürfe. Der Revision ist zuzugeben, daß der Berufungsrichter darin irrt, wenn er im Verhältnis zwischen dem Kranken und dem Arzt die Grundsätze vom Anscheinsbeweis überhaupt nicht anwenden will. Aber es erscheint bedenklich, aus der Tatsache allein, daß eine Röntgenverbrennung eingetreten ist, den Schluß zu ziehen, den Arzt müsse, wie nach dem regelmäßigen Verlauf der Dinge anzunehmen sei, ein Verschulden hieran im Sinne des BGB § 276 treffen, und deshalb sei es seine Sache, seine Schuldlosigkeit darzutun. Es wird vielmehr auf die Prüfung im Einzelfall und auf den Stand der Wissenschaft zu der Zeit ankommen, als die zur Beurteilung stehende Röntgenschädigung sich ereignet hat.

Das Oberlandesgericht nimmt an, es könne nicht verlangt werden, daß der Arzt vor jeder Bestrahlung, etwa durch Versuchsdosen, das Vorhandensein einer ausnahmsweisen Überempfindlichkeit ausschließe; ein solches Verfahren sei auch nicht üblich. Der letztere Grund setzt sich in Wiederspruch mit § 276 BGB, der die im Verkehr erforderliche und nicht die verkehrsübliche Sorgfalt zur Richtschnur macht. Der Gutachter geht aber an der von ihm selbst hervorgehobenen Tatsache vorbei, daß erfahrungsgemäß *die mit einem Ekzem behaftete Haut* viel empfindlicher ist als die normale Haut, und daß gerade die Ehefrau des Klägers an einem Ekzem litt. Jedenfalls unter diesen Umständen hätte es, zumal in Anbetracht der schweren

Folgen, die eine Röntgenverbrennung zeitigen kann, die Verkehrssorgfaltspflicht von Dr. C. verlangt, daß er bei der Frau des Klägers sowohl bei der Dauer wie auch bei der Stärke der Bestrahlung mit äußerster Vorsicht zu Werke ging. Darüber, ob Dr. C. hier diese Vorsicht angewendet und im Rahmen des Möglichen zunächst einmal den Grad der Empfindlichkeit der Haut der Ehefrau des Klägers geprüft hat, fehlt es bisher an jeder Erörterung. Das Berufungsgericht folgt dem Sachverständigen auch darin, daß die von dem Beklagten zu den Akten gebrachten Urkunden nicht ausreichen, um die jeweils bestrahlten Flächen sowie die zeitliche Folge und die jeweilige Dauer der Bestrahlungen mit ausreichender Sicherheit festzustellen. Der beweispflichtige Kläger habe also nicht nachweisen können, daß Dr. C. nach einer dieser Richtungen einen Fehler begangen habe. Die Revision hat darin recht, daß der Vorderrichter sich die Frage hätte vorlegen müssen, worauf es denn beruht, daß der Kläger jene Beweise nicht führen kann. Der Grund hierfür liegt nämlich darin, daß Dr. C. es entgegen der ihm obliegenden Verpflichtung unterlassen hat, *über die technischen Einzelheiten der von ihm vorgenommenen Bestrahlungen* der Frau des Klägers mit der erforderlichen Genauigkeit *Buch zu führen.* Diese Folge des schuldhaften ärztlichen Mißgriffs ihres Erblassers müssen die Beklagten dahin tragen, daß die Mängel der Aufklärbarkeit, die sich aus dem Fehlen der notwendigen Aufzeichnungen ergeben, zu Lasten der Beklagten gehen, die Beweislast also sich insoweit umkehrt.

h) Zahnärztliche Tätigkeit.

Über die in der zahnärztlichen Chirurgie vorkommenden Zwischenfälle, die gelegentlich zu Haftpflichtansprüchen führen, liegt eine anschauliche Darstellung von *Heim*[1] vor. Es brechen Nadeln im Munde ab, es gleitet eine kurze Sonde oder Kanüle ab, verbleibt im Mund oder wird vom Patienten verschluckt. Der Lieblingssitz für solche Fremdkörper ist der Recessus piriformis neben dem Kehlkopfdeckel. — Von anderer Seite (*Hoenig*) wurde eine Verletzung des Unterkiefernerven bei Ausmeißelung des Weisheitszahnes beobachtet; solche Verletzungen sind bisweilen unvermeidbar, besonders wenn der Unterkieferkanal unmittelbar unterhalb der Wurzelspitze verläuft. In einem Fall wurde vom OLG Nürnberg (2 U. 22/52 vom 19. Januar 1953) die Haftbarkeit des Zahnarztes bejaht, wenn er mit ungesicherter Nervnadel behandelt und der Patient diese verschluckt. Ein ähnlicher Fall ist in BGHZ 8, 138 entschieden (Anh. Nr. 7) mit grundlegenden Ausführungen über die Pflichten des Zahnarztes und Dentisten.

i) Diabetes.

Von Stoffwechselerkrankungen kommt es wegen der chirurgische Behandlung erfordernden Komplikationen bei Diabetes gelegentlich zu Regreßansprüchen. In einem Fall wurden diese gestellt, weil angeblich die Diagnose verfehlt war; der beschuldigte Arzt konnte aber nachweisen, daß er nervöse Magenbeschwerden außer der Zuckerharnruhr festgestellt und die Behandlungsmaßnahmen dementsprechend durchgeführt hatte.

---

[1] Dtsch. zahnärztl. Wschr. 1937, 650.

In einem Fall *diabetischer Gangrän* wurde dem behandelnden Arzt der Vorwurf gemacht, daß er durch verspätete Diagnose und lokale Behandlung die Ausbreitung des Krankheitsprozesses begünstigt hätte. Der Gutachter lehnte ein Verschulden ab und kam zu folgenden Darlegungen:

Im Verlaufe eines Diabetes kommt es zur Entstehung einer Gangrän, wenn die Grundkrankheit jahrelang bestand, und allmählich eine anatomische Schädigung der Gefäßwände, besonders in den entfernten Teilen, sich ausgebildet hat. Hierbei ist zu berücksichtigen, daß in nicht seltenen Fällen der Diabetes ein „latentes Stadium“ zeigt, d. h. ohne besondere Erscheinungen, die auf die Stoffwechselkrankheit hinweisen, und daß nicht selten Patienten mit Gangrän zur Behandlung kommen, die von dem Bestehen ihres Diabetes bisher nichts wußten. Wenn daher Dr. X. in den ersten Tagen der Behandlung an einen lokalen Prozeß an der Zehe dachte, der durch Umschläge oder späterhin durch Incisionen zur Ausheilung gebracht werden könnte, so ist ihm kein Vorwurf zu machen ... Eine Beeinflussung des Krankheitsverlaufs bzw. ein Aufhalten der Gangrän war nicht mehr möglich, als Dr. X. die Behandlung übernahm. Auch wenn er von vornherein hätte annehmen können, daß es sich um eine diabetische Gangrän handelte, so wäre die Behandlung nicht anders gewesen ...

Bei dem letzten Fall stand die Frage zur Erörterung, ob der behandelnde Arzt schuldhaft handelte, daß er trotz des Bestehens eines Diabetes eine *Mundbodenphlegmone* mit Operation behandelte; es war im Anschluß an diese eine tödlich endende Sepsis entstanden. — Für Operationen bei Diabetikern ist grundsätzlich die Forderung aufzustellen, zunächst eine diätetische bzw. Insulinvorbereitung durchzuführen. Allgemeinnarkose ist möglichst zu vermeiden, da sie erfahrungsgemäß schlecht vertragen wird. Insbesondere sollen die Betäubungsmittel, die schwerer auf den Kreislauf wirken, vermieden werden, z. B. Chloroform und Avertin. *Starlinger* wies ferner nach, daß auch längere Äthernarkosen Komabereitschaft hervorrufen.

Diese Vorsichtsmaßregeln können wohl bei nicht dringlichen Operationen beachtet werden, dagegen nicht beim Vorliegen einer lebensbedrohlichen Erkrankung, wie sie die Mundbodenphlegmone darstellt. Der Gutachter brachte dies folgendermaßen zum Ausdruck:

Bei lebensgefährlichen Erkrankungsformen darf ein bestehender Diabetes niemals von operativem Vorgehen abhalten ... Es ist Dr. X. anzuerkennen, daß er Vorsichtsmaßnahmen wegen des bestehenden Diabetes anwandte ... Aus der Tatsache, daß der Patient erst 23 Tage nach der Operation starb, ist zu schließen, daß er nicht dem Operationsschock erlag; es ist vielmehr ein Fortschreiten der eitrigen Entzündung eingetreten, was zu einem sog. metastatischen Absceß im Brustfellraum führte. Ob hierbei die verminderte Widerstandsfähigkeit des Patienten infolge des bestehenden Diabetes oder die Virulenz der Eitererreger ausschlaggebend war, ist nicht mehr festzustellen ... Auf Grund der geprüften Tatsachen muß man dahin urteilen, daß Dr. X. unsachgemäß gehandelt hätte, wenn er nicht operiert hätte. Wenn eine Lebensgefahr besteht, so muß auch beim Diabetiker versucht werden, durch Operation eine Heilung herbeizuführen ...“

k) Thrombose und Embolie.

Störungen im Zirkulationsapparat gehören zu den gefürchtetsten Auswirkungen bei operativen Eingriffen. Sie treten meist vollständig überraschend auf, unter alarmierenden Symptomen. Daher wird gelegentlich beim Laienpublikum die Meinung Platz greifen, daß die Ursache in der durchgeführten Operation oder damit zusammenhängenden Regelwidrigkeiten zu sehen sei.

Der eine unserer Fälle betraf im Anschluß an eine Schwangerschaftsunterbrechung einen embolischen Gefäßverschluß am Bein, der wegen eingetretener Gangrän eine Amputation zur Folge hatte. Ein ärztliches Verschulden wurde abgelehnt.

In dem andern war nach Behandlung einer Schleimhautschrunde des Mastdarms mit Dehnung des Schließmuskels in örtlicher Betäubung eine Thrombose beider Beine aufgetreten; es wurde gegen den Arzt der Vorwurf erhoben, den Eingriff „kunstwidrig" ausgeführt zu haben. Der Gutachter kam zu folgenden Ausführungen:

„Es handelte sich um eine sog. Analfissur; die durchgeführte Behandlung entspricht der allgemein üblichen. Ebenso wurde auch die Nachbehandlung mit Einlegen eines Mastdarmrohrs für mehrere Tage vorschriftsmäßig durchgeführt. Zu dem Einwand, daß die Entlassung aus der Klinik zu früh erfolgt sei, ist darauf hinzuweisen, daß 4tägige stationäre Behandlung nach dem Eingriff den Gepflogenheiten entspricht... Bezüglich des Vorwurfs gegen den Arzt, die Thrombose nicht rechtzeitig erkannt zu haben, ist darauf hinzuweisen, daß Dr. X. bei dem ersten Besuch in der Wohnung diese noch nicht feststellen konnte. Aus den vorliegenden ärztlichen Attesten ist zu ersehen, daß diese erst später auftrat. Man kann jetzt bei rückschauender Betrachtung wohl annehmen, daß die in der Hüftgegend geklagten Beschwerden als Vorboten der Thrombose aufzufassen sind; die praktische Erfahrung lehrt aber, daß es kaum möglich ist, eine Differentialdiagnose zu stellen zwischen rheumatischen Beschwerden oder Vorboten einer Thrombose. Es ist auszuschließen, daß durch Behandlung mit Capsifor, die nur oberflächlich auf die Haut erfolgt, eine Verschlimmerung der noch nicht in die Erscheinung getretenen Thrombose hervorgerufen wurde... Es ist demnach Dr. X. ein Verschulden nicht nachzuweisen."

l) Narbenentstehung.

Gegen einen Arzt wurden unberechtigte Haftpflichtansprüche erhoben, weil nach Entfernung einer Warze eine Narbe zurückgeblieben war. Zu den über kosmetische Operationen gegebenen Erörterungen liefert der vorliegende Fall keinen wesentlichen Beitrag.

m) Decubitus.

Die Entstehung eines Druckgeschwürs kann bisweilen durch mangelhafte Pflege begünstigt sein. Dabei ist aber zu berücksichtigen, daß nicht allein die Druckwirkung, sondern auch Innervationsstörungen (sog. trophoneurotische) ursächlich in Frage kommen. Es muß in jedem Falle geprüft werden, ob besondere Ursachen für das Zustandekommen vorgelegen haben. In einem Falle handelte es sich um einen Patienten, der in lebensgefährlichem Zustand eingeliefert war und nach Durchführung einer Bluttransfusion mehrere Tage strenge Bettruhe durchführen mußte. Das später in die Erscheinung tretende Druckgeschwür in der Kreuzbeingegend gab dann Veranlassung, Schadensersatzansprüche gegen das Krankenhaus zu stellen, die vom Gutachter naturgemäß als unberechtigt zurückgewiesen wurden:

„Es ist ganz selbstverständlich, daß bei einer so schweren Erkrankung, die von dem einweisenden Arzt als ‚sterbender Zustand' bezeichnet wurde, alle ärztlichen Maßnahmen sich darauf beschränken mußten, das Leben zu retten. Deshalb wurde in sachgemäßer Weise die Blutübertragung vorgenommen. Es konnten selbstverständlich in der ersten Zeit weder ein Lagewechsel noch Abreiben der Rückengegend mit Alkohol vorgenommen werden. Wenn nun wirklich ein Patient aus Lebensgefahr durch ärztliche Hilfe gerettet wird, so kann der Nebenbefund eines Druckgeschwürs niemals als ein Verschulden der Krankenpflege angesehen werden."

n) Glassplitterverletzung.

Bei einer Glassplitterverletzung am Ellbogen wurde dem Arzt unsachgemäße Behandlung vorgeworfen, weil er nicht alle Splitter entfernt hatte. Die Erscheinung, daß nach bereits vernarbter Wunde sich noch Glassplitterchen spontan abstoßen, ist jedem Arzt geläufig. Es ist häufig ratsamer, ein weiteres Absuchen der Wunde nach Splittern zu unterlassen, als etwa das Gelenk in Gefahr zu bringen. Es empfiehlt sich aber zur Vermeidung späterer Beschuldigungen, dem Patienten in jedem Fall von Glassplitterverletzung mitzuteilen, daß möglicherweise ein Splitter sich noch abstoßen kann.

Im allgemeinen ist die Ansicht verbreitet, daß man Glas auf dem Röntgenbild nicht darstellen könne. Auch im Schrifttum sind nur wenige Mitteilungen niedergelegt über röntgenologische Darstellbarkeit von Glassplittern, z. B. Glaskanüle in der Lunge (*Rehlef*) und Glasstücke in der Speiseröhre (*Painchaud*). In einer Veröffentlichung von *Kahlstoff*[1] wird nun der Nachweis geführt, daß auch kleinste Splitter bei geeigneter Lokalisation und Strahlenrichtung mit weicher Strahlung gut röntgenologisch dargestellt werden können, naturgemäß wird der Nachweis mit zunehmender Dicke der Weichteile schwieriger.

o) Haarausfall.

Der nächste Fall gab zur Erörterung der Frage Anlaß, ob durch einen einmaligen Schreck ein totaler Haarausfall bedingt bzw. ausgelöst werden kann. Es handelte sich um einen bei Röntgenbestrahlung eingetretenen und an sich völlig ungefährlichen Vorgang einer plötzlichen elektrischen Entladung auf kurzer Unterbrechungsstelle nach Ausschaltung der Erdleitung. Dieses Er-

[1] Dtsch. med. Wschr. 1933, 1286.

eignis löste wegen der Geräusch- und Lichterscheinungen eine starke Schreckwirkung aus. Der neurologische Gutachter bejahte den Zusammenhang unter Hinweis auf zahlreiche veröffentlichte Fälle, bei denen nach Schreck ein Haarausfall im Sinne einer gewöhnlichen oder universellen Alopecie in die Erscheinung trat, wobei die letztere Art seltener ist.

„Die Frage, wie bzw. auf welchem Wege ein Schreck bzw. psychischer Schock einen Haarausfall bedingen kann, wurde vielfach erörtert. Ein sicheres Wissen besitzen wir zur Zeit auf diesem Gebiete nicht. Es wird meist die Ansicht vertreten, daß es sich bei der typischen Alopecie, d. h. sowohl bei der gewöhnlichen Form, die sich auf die Kopfbehaarung beschränkt, als auch bei der selteneren universellen Form um ein Trophoneurose, d. h. um eine Ernährungsstörung der Haare durch nervöse Einflüsse handelt, und zwar um Einflüsse des vegetativen Nervensystems. Wahrscheinlich spielt dabei eine Dysfunktion innerer Drüsen eine Rolle; es werden die Keimdrüsen, Hypophyse (Vorderlappen), Schilddrüse und Nebennierenrinde herangezogen. Von mancher Seite wird auch eine Insuffizienz des gesamten endokrinen Systems angenommen. Die Wirkung des Schrecks wird in dem Sinne gedeutet, daß zunächst dem endokrinen System bzw. dem vegetativen Nervensystem übergeordnete Hirnzentren (Zwischenhirn) geschädigt werden. Für diese Auffassung spricht die Tatsache, daß bei der epidemischen Hirnentzündung, ferner auch bei anderen Infektionskrankheiten (Lues, Typhus) und nach Vergiftung weitgehender Haarausfall beobachtet wurde ... Im vorliegenden Fall spielt die Dysfunktion der Schilddrüse sicherlich eine Rolle im Sinne einer erhöhten Empfindlichkeit des gesamten endokrinen Systems und des vegetativen Nervensystems; vielleicht handelt es sich um Ernährungsstörung der Haarwurzeln auf Grund von kapillären Zirkulationsstörungen ... Die Prognose ist zwar unsicher, aber keineswegs durchaus schlecht. In nicht wenigen Fällen tritt ein Nachwuchs der Haare, besonders am Kopf auf; allerdings bleibt das Haar bisweilen dünner und spärlicher, als es vor der Erkrankung war. Erst nach etwa 2 Jahren kann die Prognose ungünstig gestellt werden, wenn bis dahin ein Nachwachsen der Haare ausgeblieben ist."

p) Bluttransfusion.

Bezüglich der Haftpflicht des Arztes bei Vornahme einer Bluttransfusion sind die Fragen:

1. Ist der Arzt haftbar, wenn er bei einer Bluttransfusion eine Lues vom Spender auf den Empfänger überträgt und er bei dem Spender, da er offensichtlich gesund war und eine sexuelle Infektion verneinte, nicht vorher die Wa. R. angestellt hat? Ist der Arzt verpflichtet, in jedem Falle vor der Bluttransfusion bei dem Spender die Wa. R. anzustellen?

2. Ist der Arzt haftbar, wenn bei einem Blutspender in der als Zapfstelle benutzten Vene eine Thrombose mit erwerbsbeschränkenden Folgen oder mit einer tödlichen Embolie eintritt, und zwar einmal ohne besonderen Vertrag, das andere Mal, wenn er durch schriftlichen Vertrag die Haftung für alle etwa aus der Blutentnahme auftretenden Folgen ausgeschlossen hat? (BGHZ 5, 321 und 8, 244, 11, 227.)

folgendermaßen zu beantworten: 1. Da der Arzt mit der Möglichkeit einer früheren Lues des Spenders sowie damit rechnen muß, daß der Spender eine sexuelle Infektion der Wahrheit zuwider verneint, erfordert es unseres Erachtens die Sorgfaltspflicht, vor der Bluttransfusion die Wa. R. anzustellen. Jedenfalls erscheint der Arzt zur Anstellung der Wa.R. dann verpflichtet, wenn er den Empfänger über die Möglichkeit einer ohne Wa. R. nicht erkennbaren Lues beim Spender nicht aufklärt, und der Empfänger auf die Vornahme der Wa. R. beim Spender nicht verzichtet hat.

2. Hat der Arzt durch schriftlichen Vertrag die Haftung für alle etwa aus der Blutentnahme auftretenden Folgen ausgeschlossen, so erscheint er nicht haftbar, wenn bei einem Blutspender in der als Zapfstelle benutzten Vene eine Thrombose mit erwerbsbeschränkenden Folgen oder mit einer tödlichen Embolie eintritt, es sei denn, daß die Thrombose auf ein besonderes Verschulden, namentlich einen Kunstfehler des Arztes bei der Blutentnahme zurückzuführen ist. Ohne besonderen Vertrag erscheint der Arzt außer im letzteren Falle auch dann haftbar, wenn mit dem Auftreten einer Thrombose der angegebenen Art (bzw. mit den angegebenen Folgen) als einer möglichen Folgeerscheinung der Blutentnahme allgemein oder im besonderen Falle gerechnet werden muß, und der Arzt den Spender hierüber nicht aufgeklärt hat.

Dem BGH haben bisher vier Fälle zur Entscheidung vorgelegen, in denen aus Anlaß einer Bluttransfusion Schadensersatzansprüche gegen den Inhaber des Krankenhauses gestellt wurden, weil der Blutspender vor der Blutentnahme nicht ordnungsgemäß auf Lues untersucht worden war und daher seine eigene Lues auf Kranke übertragen hatte.

Die ersten drei Fälle betrafen das gleiche Krankenhaus. In zwei Fällen wurde das Krankenhaus zum Schadensersatz sowohl wegen Verletzung des Krankenhausaufnahmvertrages wie aus unerlaubter Handlung verurteilt, weil der federführende Chefarzt, der zur Zeit der Blutspenden zu den gesetzlichen Vertretern des Krankenhauses gehörte, es unterlassen hatte, die anderen Abteilungen des Krankenhauses über die Notwendigkeit der behördlich angeordneten Sicherungsmaßnahmen beim Blutspender zu unterrichten. Der dritte Fall betraf das Kind einer Mutter, die im Krankenhaus durch Verschulden des federführenden Chefarztes mit Lues angesteckt worden war. In diesem Falle hatte der BGH über die Frage zu entscheiden, ob das Krankenhaus auch einem Kinde Schadensersatz leisten müsse, wenn dessen Mutter im Krankenhaus durch Verschulden eines der gesetzlichen Vertreter des Krankenhauses bei einer Bluttansfusion mit Lues angesteckt worden war und nach ihrer Entlassung aus dem Krankenhaus in ihrer Ehe ein Kind empfangen hat, das nun von dem lueskranken Körper der Mutter angesteckt wurde und als lueskranker Mensch zur Welt gekommen ist. Die schadensersatzpflichtige Handlung des beklagten Krankenhauses wurde in diesem Falle darin erblickt, daß es die erforderlichen Vorsichtsmaßnahmen bei der Bluttransfusion auf die Mutter des Kindes außer acht gelassen und dadurch nicht nur die Mutter geschädigt, sondern durch die gleiche Handlung in der Folgezeit auch eine Gesundheitsverletzung des Kindes herbeigeführt habe. Dieser Fall ist in

BGHZ Bd. 8, S. 243ff, Anh. Nr. 9, der ersterwähnte Fall in BGHZ Bd. 5, S. 321ff., Anh. Nr. 3 wiedergegeben.

Der vierte Fall ist bereits zu B 3 bei Erörterung des Anscheinsbeweises wiedergegeben (BGHZ 11, 227ff., Anh. Nr. 10).

q) Operationsverweigerung.

Über die Frage, inwieweit der verklagte Arzt dem Patienten entgegenhalten kann, daß er den Schaden selbst durch Verweigerung einer Operation herbeigeführt habe, finden sich beachtliche Ausführungen in dem Urteil des Reichsgerichts vom 8. Oktober 1935 (III 47/35). Hier handelte es sich um folgendes.

Am 12. Juni 1926 wurde der Kläger an einer schweren Blinddarmentzündung operiert. Am 19. Juli erkrankte er an Rippenfellentzündung und wurde in das der beklagten Stadtgemeinde gehörige Krankenhaus überführt. Dort operierte ihn am 23. Juli Sanitätsrat Dr. A., ein praktischer Arzt, der den beurlaubten Leiter der Chirurgischen Abteilung des Krankenhauses, Geheimrat Dr. B., vertrat. Nach seiner Rückkehr nahm Dr. B. am 4. September eine zweite Brustoperation an dem Kläger vor. Bei einer Ausspülung der Wunde am 20. November trat ein Gebilde zutage, das nach Behauptung des Klägers ein bei der Operation durch Dr. A. versehentlich in der Wunde zurückgebliebner Mulltupfer, nach der Behauptung der Beklagten ein abgestoßenes Teilchen des Lungengewebes, ein sog. Lungensequester war. Eine neuerliche Operation, die Dr. B. dem Kläger wegen seines andauernden ungünstigen Befindens im Februar 1927 vorschlug, lehnte der Kläger ab. Im März 1927 verließ der Kläger das Krankenhaus und begab sich in die Behandlung des Arztes Dr. C. Als sich sein Zustand immer weiter verschlechterte, ließ er im August und September 1928 durch den Primärarzt der Chirurgischen Abteilung eines anderen Krankenhauses, Dr. D., eine zweite Operation, eine sog. Thorakoplastik, vornehmen, die zu einer Besserung führte. Er verlangte von der beklagten Stadtgemeinde Schadensersatz und Schmerzensgeld, mit der Begründung, daß die schweren Folgen seiner Lungenerkrankung durch das fahrlässige Zurücklassen des Mulltupfers in der Wunde bei der Operation durch Dr. A. verursacht seien.

Das Landgericht hat die Klage abgewiesen, das Berufungsgericht hat sie dem Grunde nach für gerechtfertigt erklärt. Das Reichsgericht hat das Berufungsurteil aufgehoben und die Sache in die Vorinstanz zurückverwiesen. Es hat u. a. ausgeführt: Das Berufungsurteil läßt eine Beweiswürdigung über den Zusammenhang zwischen dem Zurückbleiben des Mulltupfers und der das Erstarren der Brustwandung verursachenden erhöhten Eiterung in der Brusthöhle überhaupt vermissen. Erst wenn dann der ursächliche Zusammenhang zwischen dem Zurückbleiben des Fremdkörpers in der Brusthöhle und der verstärkten Eiterung noch zu bejahen war, war zu erwägen, ob der Kläger durch die anfängliche Verweigerung der Thorakoplastik oder einer anderen von Dr. B. empfohlenen Operation den Schaden erst eigentlich selbst herbeigeführt hat, und ob die Weigerung schuldhaft war. Über die Zumutbarkeit einer Operation können nach der ständigen Rechtsprechung des Reichsgerichts allgemeine Regeln nicht aufgestellt werden. Das Gericht wird aber nochmals zu prüfen haben, ob der Kläger die ihm von Dr. B. vorgeschlagene Operation deshalb mit Recht ablehnen durfte, weil durch ein Versehen eines Arztes dieses Krankenhauses sein Zustand nicht gebessert worden sei, weil sie mit einer Narkose verbunden sei und schließlich, weil der Beklagte sich zur Kostentragung nicht bereit erklärt habe. Weiter ist dann zu prüfen, ob schließlich durch die Verschleppung der Thorakoplastik die übermäßige Vereiterung der Brusthöhle und die Erstarrung der Brustwandung eingetreten ist, oder ob mindestens der Schadensumfang durch die Verweigerung der Operation beeinflußt wurde.

Über die Verpflichtung des Verletzten, sich zur Minderung seiner Schadensersatzforderung einer Operation zu unterziehen, hat die BGHZ in Übereinstimmung mit der Rechtsprechung des RG den Grundsatz vertreten, daß dem Verletzten eine Operation zuzumuten ist, wenn sie einfach und gefahrlos, nicht mit besonderen Schmerzen verbunden ist und sich weiter die sichere Aussicht auf Heilung oder wesentliche Besserung bietet (BGHZ 10, 19). Vgl. hierzu B 4 und Anh. 34.

E. Anhang.

Die im Anhang wiedergegebenen Entscheidungen des Reichsgerichts und des Bundesgerichtshofs.

Nummer	1	BGHZ 1, 383
„	2	BGHSt 6, 283 ff.
„	3	BGHZ 5, 321 ff.
„	4	RGZ 112, 240 ff.
„	5	BGHZ 9, 145 ff.
„	6	RG bei WarnRsp. 41, Nr. 14, S. 30
„	7	BGHZ 8, 140 ff.
„	8	BGHZ 7, 223 ff.
„	9	RGZ 165, 336 ff.
„	10	BGHZ 11, 227 ff.
„	11	RGZ 171, 168 ff.
„	12	BGHZ 8, 243 ff.
„	13	BGH Urteil v. 16. Dez. 1953 VI ZR 143/52 VersRecht 1954, 98
„	14	RGZ 163, 129
„	15	RGZ 168, 207 ff.
„	16	BGH v. 10. 7. 54 — VI ZR 45/54
„	17	BGHSt. 2, 111 ff.
„	18	BGH v. 27. 2. 52 — II ZR 78/51
Nummer	19	BGHZ 4, 138 ff.
„	20	BGHZ 7, 198 ff.
„	21	BGH v. 6. 6. 52 BGHSt. 3, 8 ff.
„	22	BGHSt. 2, 242
„	23	BGHSt. 3, 91 ff.
„	24	RG v. 4. 11. 40 — 3 D 346/40 — RGSt. 74, 350 f.
„	25	BGHSt. 2, 297
„	26	BGHSt. v. 10. 1. 55 über Arztpflicht bei Lebensgefahr des Patienten.
„	27	RG v. 18. 3. 41 RGSt 75, 160
„	28	v. BGH bestätigtes Urteil d. Strafkammer Hamburg v. 6. 12. 50 über Sorgfaltspflicht bei stark wirk. Giften
„	29	RGSt. 74, 60
„	30	RGSt. 77, 17 ff.
„	31	BGHZ 16, 72 ff. (Rückkehrverbot bei Praxistausch)
„	32	BGHZ 7/6 51, III ZR 85/50
„	33	BGHSt. 6, 90
„	34	BGHZ 10, 18

Die im Anhang wiedergegebenen wichtigsten Entscheidungen des BGH und RG nach Sachgebieten geordnet.

1. Sorgfaltspflicht des Arztes und allgemeine Standespflichten:

a) Jeder schuldhafte Kunstfehler des Arztes löst seine Schadensersatzpflicht aus, unter Umständen auch Fahrlässigkeit ohne Kunstfehler. BGHZ 8, 140, Anh. Nr. 7; RGZ vom 21. 4. 1940 Warneyer Rechtsprechung 41, 29, Anh. Nr. 6. Nach einer nicht schuldhaft unrichtigen Diagnose hat der Arzt sogleich besondere Sorfalt aufzuwenden, um die bis dahin fehlerhafte Behandlung zu korrigieren WarnRsp. 41 Nr. 14, S. 30, Anh. Nr. 6.

b) Es besteht eine Überwachungspflicht des Arztes in Bezug auf das Pflegepersonal, ob seine Anordnungen richtig ausgeführt sind, insbesondere, ob ein nur diktiertes Rezept zutreffend aufgenommen ist. BGHSt. 3, 91 ff., Anh. Nr. 23.

c) Keine Verpflichtung der Krankenschwester, eine Anordnung des Arztes über die Vorbereitung einer Spritze von sich aus nachzuprüfen; dagegen ist es Pflichtverletzung des Arztes, wenn er die der Spritze beigefügten Ampullen, auf denen die Dosis des Spritzeninhalts notiert ist, nicht daraufhin nachprüft, ob der vorgelegte Spritzeninhalt seiner Anordnung entspricht. BGHSt. 6, 283 ff.. Anh. Nr. 2.

d) Ein Arzt, der eine Behandlung mit einem stark wirkenden Gift vornimmt und die Dosis einer Zeitschrift entnimmt, aus der ihm die Grundzahl dieser Dosis vorgelesen wird, muß sich selbst durch Rückkontrolle von der Richtigkeit der nur akustisch aufgenommenen Grundzahl vergewissern. Auch eine Anweisung seines Vorgesetzten darf er in einem solchen Falle nicht mechanisch übernehmen. Ein solches Urteil der Strafkammer in Hamburg vom 6. Dezember 1950 hat der BGH ohne Gründe bestätigt vgl. Krankenhausarzt 1952, 291, Anh. Nr. 28.

e) Die Beweislast für den ursächlichen Zusammenhang eines Arztversehens mit dem eingetretenen Schaden trägt zwar grundsätzlich der Kläger, doch kann eine gerechte Interessenwahrung es gebieten, daß der Arzt sich entlasten muß, wenn der Beweis des ersten Anscheins geführt, insbesondere wenn der Arzt gerade diejenige Gefahr selbst gesetzt hat, die schließlich zu einer Beschädigung des Patienten geführt hat. So die oben angegebene Entscheidung des RG bei Warneyer Rechtsprechung 41, S. 29, Anh. Nr. 6, und Urt. BGH vom 14. Dezember 1953, Anh. Nr. 10 und RG. Urteil vom 17. Mai 1943 RGZ 171, 168 ff., Anh. Nr. 11.

f) Pflicht jeden Arztes, seine Kranken durch äußerste Vorsicht vor Ansteckung zu bewahren, insbesondere, wenn sie durch ihre Krankheit für Ansteckung mit einer anderen Krankheit besonders empfindlich sind RG Urteil vom 13. Dezember 1940, RGZ 165, 336, Anh. Nr. 9.

g) Pflichten des Arztes, wenn ein Patient ein gefährliches Medikament nicht verträgt und die Einnahme eines Gegenmittels verweigert. Urteil des BGH vom 16. Dezember 1953, Versicherungsrecht 1954, S. 98. Anh. Nr. 13.

h) Das nicht ärztlich begründete Verschreiben von Betäubungsmitteln kann zugleich den Tatbestand der Körperverletzung erfüllen; doch braucht ein vorsätzliches Vergehen gegen das Opiumgesetz nicht zugleich vorsätzliche Körperverletzung sein. RG vom 15. April 1943, RGSt. 77, 17 ff., Anh. Nr. 30.

i) Mängel der ärztlichen Ausbildung, schlechte Vorbilder oder fehlende Erfahrung können u. U. ärztliche Kunstfehler entschuldigen, aber *nicht:* Eingriffe ohne eigene Diagnose und ungenügende Überwachung von Hilfskräften.

Verordnungen, die ein Arzt der Krankenschwester diktiert, muß er sich zur Kontrolle, ob sie richtig niedergeschrieben sind, von der Schwester vorlesen lassen, sofern er sie nicht selbst abzeichnet. BGH Urteil vom 10. Juli 1952, BGHSt. 3, 91 ff., Anh. 23.

k) Über die Hilfspflicht des Arztes im Allgemeinen BGHSt. 2, 297 ff.

l) Die Hilfspflicht des Arztes aus § 330c StGB kann auch bei plötzlich auftretenden Schwierigkeiten im Verlaufe einer Krankheit oder einer Entbindung entstehen.
Zum Tatbestand des § 330c StGB gehört Kenntnis der Pflicht zur Hilfeleistung. Fahrlässige Verletzung der Pflicht kann die Verurteilung wegen fahrlässiger Körperverletzung begründen, auch wenn sie nur eine Steigerung oder Aufrechterhaltung von Schmerzen des Hilfebedürftigen herbeiführt. RG Urteil vom 18. März 1941, RGSt. 75, 160, Anh. Nr. 27.

m) Praxistausch zwischen zwei Ärzten ist zulässig, unzulässig ist jedoch die Rückkehr eines der beiden Vertragschließenden an den Ort seiner früheren Praxis, bevor eine nach den Umständen zu bemessende Frist verstrichen ist. BGH Urteil vom 18. Dezember 1954, BGHZ 16, 72 ff., Anh. Nr. 31.

n) Krankenscheine, die ein Arzt zum Gebrauch bei einer Ortskrankenkasse ausstellt, müssen auf Grund einer vom ausstellenden Arzt selbst vorgenommenen Untersuchung ausgestellt sein; andernfalls macht sich der Arzt nach § 278 StGB strafbar (BGHSt. 6, 90 ff., Anh. Nr. 33) und nach § 826 BGB ersatzpflichtig.

o) Über die Arztpflichten bei Lebensgefahr des Patienten.

2. Krankenhaus und Patient:

a) Durch die Aufnahme eines Kranken in ein Krankenhaus kommt zwischen dem Krankenhausinhaber und dem Patienten ein Dienstvertrag zustande, der in aller Regel auch die ärztliche Behandlung umfaßt (sog. totaler Krankenhausvertrag). Hat sich der Patient vorher bereits von einem anderen Arzt behandeln lassen, der ihn auch im Krankenhaus weiter behandeln soll und behandelt (sog. aufgespaltener Arzt-Krankenhausvertrag), so umfaßt der Vertrag mit dem Krankenhaus nicht nur Unterkunft und Verpflegung des Patienten, sondern auch alle erforderliche Heilbehandlung, insbesondere solche, die nur mittels der Einrichtungen eines Krankenhauses gewährt zu werden pflegt. Für Fehler bei Verabfolgung einer derartigen Heilanwendung haftet der Krankenhausinhaber gem. §§ 276, 278 BGB So BGHZ 5, 321 ff., Anh. Nr. 3.

b) Durch die Aufnahme eines Kassenpatienten in ein Krankenhaus erwirbt auch der Kassenpatient über § 328 BGB einen unmittelbaren Anspruch gegen den Krankenhausinhaber auf sachgemäße Behandlung. Für Verschulden eines Krankenhausarztes haftet der Krankenhausinhaber nach § 278 BGB. Bei Vorliegen einer objektiven, unerlaubten Handlung nach § 831 BGB, BGHZ 1, 383, Anh. Nr. 1.

c) Der Krankenhausinhaber haftet für Schäden, die ein von ihm angestellter Arzt oder Heilgehilfe bei der Behandlung von Patienten verursacht, auch nach § 831 BGB. Er kann sich aber wegen dieser Haftung schon durch den Nachweis entlasten, daß der im Krankenhaus beschäftigte Arzt oder die Krankenschwester viele Jahre hindurch ihre Tätigkeit ohne irgendwelche Pflichtversäumnis erfüllt haben. BGHZ 1, 383 ff., Anh. Nr. 1.

d) Ein Kind, dessen Mutter als Patientin im Krankenhaus durch eine Bluttransfusion mit Lues angesteckt worden war, hat Schadensersatzansprüche gegen den Krankenhausinhaber auch dann, wenn die Mutter erst nach ihrer Entlassung aus dem Krankenhaus das Kind empfangen und angesteckt hat. BGHZ 8, 243 ff., Anh. Nr. 12.

e) Beweis des ersten Anscheins BGHZ 11, 227 ff., Anh. Nr. 10.

f) Ein sorgfältig ausgewählter leitender Arzt eines Hygienischen Instituts, gegen dessen Zuverlässigkeit keine Bedenken bestehen, hat gegenüber dem nicht fachkundigen Träger des Instituts nicht die Stellung eines Verrichtungsgehilfen im Sinne des § 831 BGB. Dem Institutsträger liegt daher auch keine Überwachungspflicht gegenüber dem leitenden Arzt ob. BGH Urteil vom 7. Juli 1951 III ZR 85/50, abgedruckt bei Lindenmaier-Möhring Nr. 1 zu § 831 BGB, Anh. Nr. 32.

3. Schwangerschaftsunterbrechung:

a) Begriff der Schwangerschaftsunterbrechung. BGHSt. 2, 111 ff. Anh. 17. BGH vom 25. September 1952 — III ZR 322/51 — BGHZ 7, 198 ff., Anh. Nr. 20.

b) Voraussetzungen einer nicht rechtswidrigen Schwangerschaftsunterbrechung, BGH Urteil vom 6. Juni 1952 — I StR 13/52 — BGHSt. 3, 8 ff., Anh. Nr. 21 und Anh. Nr. 17.

c) Die Vornahme einer verbotenen Schwangerschaftsunterbrechung macht den Arzt schadensersatzpflichtig und strafbar, auch wenn er den Eingriff mit Einwilligung oder auf Bitten der Schwangeren vorgenommen hat. BGH Urteil vom 21. September 1952 — BGHZ 7, 198 f., Anh. Nr. 20. Es kann jedoch mitwirkendes Verschulden der Schwangeren vorliegen.

d) Auch wenn die gesetzlichen Voraussetzungen für die Unterbrechung einer Schwangerschaft gegeben sind, wird die Schwangere der strafbaren Abtreibung schuldig, wenn sie diese nicht durch einen Arzt nach den Regeln der ärztlichen Kunst, sondern durch eine Abtreiberin unterbrechen läßt. Ihr Verhalten ist weder übergesetzlicher Notstand noch durch Notstand entschuldigt. BGH Urteil vom 25. März 1952, BGHSt. 2, 242 ff., Anh. Nr. 22.

e) Der Schwangerschaftsunterbrechung muß eine eingehende und sorgfältige Prüfung vorausgehen, ob die von einer Schwangeren geäußerten Selbstmordgedanken ernstgemeint sind. Ein Irrtum des Arztes über die Notwendigkeit einer solchen Prüfung führt nicht zur Straflosigkeit des Arztes BGHSt. 3, 8, Anh. Nr. 21.

4. Operationen:

a) Der Arzt hat vor jeder Operation auch vor jedem anderen Eingriff in den Körper des Patienten dessen Einwilligung oder die seines gesetzlichen Vertreters einzuholen, es sei denn, daß der Kranke bewußtlos ist und Gefahr im Verzuge besteht. Ohne Einwilligung bleibt auch der kunstgerechte Eingriff des Arztes eine Verletzung des Rechts des Kranken auf körperliche Unversehrtheit, die den Arzt schadensersatzpflichtig macht. Er muß sich außerdem vor jedem Eingriff der klaren, auf zutreffenden Vorstellungen über Art und Folgen des Eingriffs beruhenden Einwilligung des Kranken vergewissern. Urteil des BGH vom 10. Juli 1954 — I VI ZR 45/54 — Anh. Nr. 16.
Eine Ausnahme von diesem Grundsatz ist vom RG allein für den Fall zugelassen, daß ein gesetzlicher Vertreter, dem die Sorge für die Person eines Kindes zusteht, sich weigert, bei dem Kinde ein Heilmittel anwenden zu lassen, dessen Anwendung im Verhältnis zu anderen Heilmitteln als besonders wirksam anerkannt ist. Alsdann liegt ein *Mißbrauch des Sorgerechts* vor, der den Arzt berechtigt, die Heilanwendung gegen den Willen des Sorgeberechtigten vorzunehmen. RG vom 4. November 1940, RGSt. 74, 350 ff., Anh. Nr. 24.

b) Das Liegenlassen von Fremdkörpern in einer Operationswunde braucht nicht immer ein ärztlicher Kunstfehler zu sein. Es kommt vielmehr auf die Umstände des Einzelfalles an. Ein atypischer Verlauf der Operation kann nur dann zur Entlastung des Operateurs dienen, wenn dieser ihn auch bei Beobachtung der gebotenen Sorgfalt vor Beginn der Operation nicht voraussehen konnte. BGHZ 4, 143 ff., Anh. Nr. 19. Sowie BGH Urteil vom 27. Februar 1952, Anh. Nr. 18.

c) Besondere Vorsicht ist bei Augenoperationen geboten.
Ist das Mißlingen einer Operation nicht vollständig aufzuklären, so geht das zwar regelmäßig nicht zu Lasten des Operateurs. Hat der Operateur aber durch einen Kunstfehler selbst eine Gefahr herbeigeführt, die das Mißlingen der Operation zur Folge haben konnte, so ist es Sache des Arztes, sich zu entlasten, d. h. Umstände aufzuzeigen, die den Schaden des Patienten mindestens wahrscheinlicher gemacht haben könnten als seine Behandlungsweise. RG Urteil vom 17. Mai 1943, RGZ 171, 168 ff., Anh. Nr. 11.

d) Zur Aufklärungspflicht des Arztes vor Elektroschockbehandlung: BGH Urteil vom 10. Juli 1954 — VI ZR 45/54 — Anh. Nr. 16.

e) Über die Verpflichtung des geschädigten Patienten, sich zur Verminderung des Schadens einer Operation zu unterziehen, oder sich für einen anderen Beruf umschulen zu lassen BGHZ 10, S. 18 ff., Anh. Nr. 34.

Nr. 1. Urteil des BGH vom 11. April 1951 — II ZR 68/50 — BGHZ 1, 383 ff.

Rechtssatz: *1. Der Bundesgerichtshof schließt sich der Rechtsprechung des Reichsgerichts an, wonach die Einweisung eines Kassenpatienten in ein Krankenhaus einen Vertrag zugunsten des Kassenpatienten mit dem Inhaber des Krankenhauses gemäß § 328 BGB zur Folge hat, durch den dieser einen unmittelbaren Anspruch gegenüber dem Inhaber des Krankenhauses auf sachgemäße Behandlung erlangt. Mit dem Krankenhausarzt, der nicht Kassenarzt ist, kommen dagegen vertragliche Beziehungen des Kassenpatienten nicht zustande. Übernimmt aber ein solcher Krankenhausarzt die Behandlung eines Kassenpatienten und verletzt er bei dieser Behandlung allgemein anerkannte Regeln der ärztlichen Wissenschaft, so haftet er dem dadurch an seiner Gesundheit geschädigten Kranken aus § 823 ff. BGB. Dabei macht es keinen Unterschied, ob die Fahrlässigkeit des Arztes in einem Tun oder Unterlassen besteht.*

2. Weist der Inhaber des Krankenhauses nach, daß der im Krankenhaus beschäftigte Chefarzt oder eine Operationsschwester viele Jahre hindurch die ihnen obliegende Tätigkeit ohne irgendwelches Pflichtversäumnis erfüllt haben, so ist ein weiterer Entlastungsbeweis im Sinne des § 831 BGB vom Inhaber des Krankenhauses nicht zu verlangen.

Der Kläger, damals Mitglied der Allgemeinen Ortskrankenkasse H., wurde am 26. April 1946 dem Krankenhaus der beklagten Stadtgemeinde zur ambulanten Behandlung zwecks operativer Entfernung der eingewachsenen Nägel an seinen beiden Großzehen überwiesen. Er wurde veranlaßt, sich auf einen 80 cm hohen dreiteiligen gynäkologischen Untersuchungsstuhl zu setzen, dessen Rückenteil waagerecht zurückgeklappt war und der als behelfsmäßiger Operationstisch Verwendung fand. Der Beklagte zu 2, langjähriger Chefarzt des Städtischen Krankenhauses, machte ihm zum Zwecke der örtlichen Betäubung eine Einspritzung mit einer 2%igen Novocainlösung. Während des Wartens auf den Eintritt der Betäubungswirkung wurde der Kläger plötzlich ohnmächtig. Er fiel seitlich von dem Untersuchungsstuhl herunter und schlug so unglücklich auf den Boden, daß er eine Verletzung der Halswirbelsäule davontrug, die zu schweren Lähmungs- und Versteifungserscheinungen an beiden Armen führte. Als der Unfall sich ereignete, unterhielt sich der Beklagte zu 2 an der Tür des räumlich kleinen Operationszimmers mit seinem Kraftfahrer, dem er etwas auszurichten hatte, während die Operationsschwester sich in der Nähe des Klägers mit einer Patientin beschäftigte, die wegen Brandwunden im Krankenhaus behandelt wurde.

Der Kläger macht für seinen Unfall die Beklagte zu 1 als Eigentümerin des Krankenhauses, den Beklagten zu 2 als Krankenhausarzt verantwortlich. Das Berufungsgericht hat die Ansprüche des Klägers auf Zahlung einer monatlichen Rente für Verdienstausfall und auf Zahlung von Schmerzensgeld dem Grunde nach für gerechtfertigt erklärt. Die Revision der beklagten Stadt hatte nur teilweise Erfolg.

Aus den Gründen.

Der Klageanspruch ist gegenüber der Beklagten zu 1 aus dem Gesichtspunkt des Vertrages gerechtfertigt. Nach der ständigen Rechtsprechung des Reichsgerichts begründet die Einweisung eines Kassenpatienten in ein Krankenhaus einen Vertrag zu Gunsten des Kassenpatienten mit dem Inhaber des Krankenhauses, durch den der Kranke gemäß § 328 BGB einen unmittelbaren Anspruch gegen den Inhaber des Krankenhauses auf sachgemäße Behandlung erwirbt (vgl. RGZ 165, 106). Der Beklagte zu 2, dem die Beklagte zu 1 die Behandlung der in das Krankenhaus eingewiesenen Kassenpatienten übertragen hatte, handelte daher in Ausübung seiner ärztlichen Tätigkeit als Erfüllungsgehilfe der Beklagten zu 1, so daß diese für ein Versehen des Beklagten zu 2 bei der Ausübung seiner Berufstätigkeit gemäß § 278 BGB dem Kläger gegenüber einzustehen hat.

Zwischen dem Kläger und dem Beklagten zu 2 sind unmittelbare Vertragsbeziehungen nicht entstanden, da der Krankenhausarzt in aller Regel nur dem Krankenhaus gegenüber, das ihn angestellt hat, verpflichtet ist, die Kassenpatienten sachgemäß zu behandeln. Übernimmt ein solcher Krankenhausarzt aber die Behandlung eines Kassenpatienten und verletzt er bei dieser Behandlung allgemein anerkannte Regeln der ärztlichen Wissenschaft, so haftet er dem in seiner Gesundheit geschädigten Kranken aus §§ 823 ff. BGB ohne Rücksicht darauf, ob ein Vertragsverhältnis zwischen ihm und dem Kranken besteht oder nicht. Dabei macht es auch keinen Unterschied, ob die Fahrlässigkeit des Arztes in einem Tun oder Unterlassen besteht. Der Arzt ist zwar dem Kranken gegenüber zur Behandlung nicht verpflichtet, übernimmt er sie aber, so ist er verpflichtet, Verletzungen des Körpers oder der Gesundheit des Kranken durch Verstöße gegen die Regeln der ärztlichen Wissenschaft zu vermeiden (vgl. RG bei WarnRspr. 1916 Nr. 226).

Im vorliegenden Fall hat nun das Berufungsgericht mit Recht das Verschulden des Beklagten zu 2 darin erblickt, daß er den Kläger, nachdem er ihm die Einspritzung gegeben hatte, weder selbst noch durch die Operationsschwester zum Hinlegen veranlaßt war.

Unbegründet ist auch die Rüge der Revision, für den eingetretenen Schaden des Klägers sei die Tatsache nicht adäquat ursächlich, daß der Kläger nicht zum Hinlegen aufgefordert worden sei. In den von der Revision für diese Auffassung angezogenen Entscheidungen des Reichsgerichts sind als außerhalb des adäquaten Zusammenhangs liegende Folgen, für die ein Täter nicht einzustehen braucht, lediglich solche Folgen bezeichnet, die nur unter besonders eigenartigen, ganz unwahrscheinlichen und nach dem regelmäßigen Geschehensablauf außer Betracht zu lassenden Umständen, eintreten könnten. Um solche Folgen handelt es sich aber hier nach dem Gutachten des Sachverständigen nicht. Der Sachverständige betont vielmehr ausdrücklich, es sei eine gute, alte Regel, alle Manipulationen und alle Einspritzungen am liegenden Patienten vorzunehmen, weil immer mit der Möglichkeit gerechnet werden müsse, daß ein Patient ohnmächtig werde und sich infolge eines Falles unter

Umständen verletze; zwar sei es richtig, daß in der Praxis diese Regel häufig nicht eingehalten werde oder eingehalten werden könne, aber die praktische Handhabung könne den Arzt nicht vom Vorwurf der Unterlasung einer Sorgfaltspflicht entbinden. Bei dieser Sachlage kann von einer Unterbrechung des adäquaten Ursachenzusammenhanges in dem vorliegenden Fall keine Rede sein. Es ist aber auch unzutreffend, daß das Berufungsgericht, wie die Revision meint, die Sorgfaltspflicht des Arztes überspannt habe. Das Berufungsgericht folgt vielmehr mit Recht den auf die Kenntnis der Regeln der ärztlichen Kunst gegründeten Darlegungen des Sachverständigen, der ausdrücklich erklärt, es könne eine Verletzung der Sorgfaltspflicht im vorliegenden Fall nicht verneint werden, es sei denn, daß nachgewiesen werde, die Schwester hätte den strikten Auftrag gehabt, sich um den Patienten zu kümmern, und daß der Patient ihrer Aufforderung, sich hinzulegen, nicht gefolgt sei.

Nach alledem ist der Klageanspruch auf Zahlung einer Rente gegen die Beklagte zu 1 aus §§ 276, 278 BGB, gegen den Beklagten zu 2 aus § 823 BGB grundsätzlich gerechtfertigt. Dagegen ist der Anspruch auf Zahlung eines Schmerzensgeldes nur gegen den Beklagten zu 2 begründet (§ 847 BGB). Die Beklagte zu 1 kann nicht nach § 831 in Verbindung mit § 847 BGB auf Schmerzensgeld in Anspruch genommen werden. Insoweit ist der Revision der Beklagten zu 1 zuzustimmen, daß der beklagten Stadtgemeinde ein weiterer Entlastungsbeweis nicht zuzumuten war. Der Beklagte zu 2 war unstreitig langjährig bewährter Chefarzt im Hospital der Beklagten zu 1, die Schwester seit neun Jahren dort Operationsschwester, ohne daß ihr irgendein Versehen unterlaufen wäre. Der Kläger hat jedenfalls nichts nach dieser Richtung hin beweisen können, und es ist nicht einmal behauptet, daß dem Beklagten zu 2 während seiner 20jährigen Tätigkeit im Hospital der beklagten Stadtgemeinde irgendein Versehen unterlaufen sei. Unter solchen Umständen kann der Leitung eines Krankenhauses ein weiterer Entlastungsbeweis nicht zugemutet werden.

Nr. 2. BGH Urteil vom 1. Juli 1954 g. N. 3 StR 869/53 BGHSt. 6, 283ff.

Rechtssatz: *Die ausgebildete Krankenschwester eines Krankenhauses ist grundsätzlich nicht verpflichtet, von sich aus eine ärztliche Anordnung zur Vorbereitung einer Spritze auf ihre Richtigkeit nachzuprüfen.*

Dagegen verletzt der Krankenhausarzt seine Sorgfaltspflicht, wenn er die der Spritze beigefügten, zu ihrer Vorbereitung benutzten Ampullen nicht daraufhin prüft, ob die gebrauchten Mittel seiner Anordnung entsprechen.

Gründe:

Am 28. September 1951 verstarb im St. M.-Krankenhaus in F. der 51jährige Montageleiter Georg S. Am 21. September 1951 war er wegen einer Gallenblasenentzündung in das Krankenhaus eingewiesen und in der Männerstation der Inneren Abteilung aufgenommen worden. Dieser stand der Angeklagte vor. Am Morgen des 27. September 1951 wies er die Schwester L. an, für den folgenden Tag eine Mischspritze aus 10 ccm Protocid und 10 ccm *Decholin* vorzubereiten. Infolge eines Hörfehlers verstand die Schwester L., die damals gerade die abwesende erste Stationsschwester vertrat, diese Anweisung nicht richtig und nahm an, sie solle eine Mischspritze aus Protocid und *Cholin* bereithalten. Daß Cholin, wie die Aufschrift auf den Ampullen ergibt, nur zur Herstellung von Lösungen für eine tropfenweise vorzunehmende Infusion (Einflößung) verwandt werden darf, erkannte sie nicht, da sie die Gebrauchsanweisung auf den Ampullen nicht durchlas. Am Morgen des 28. September 1951 legte sie dem Angeklagten eine Spritze vor, die 10 ccm Cholin und 10 ccm Protocid enthielt. Ihre Anwendung führte schon nach der Einspritzung von 7 ccm zu einem schweren Kreislaufkollaps, der den Tod des S. nach kurzer Zeit herbeiführte.

Auf Grund dieses Sachverhalts hat das Landgericht den Angeklagten wegen fahrlässiger Körperverletzung zu einer Geldstrafe verurteilt.

Seine Revision rügt Verfahrensmängel und die Verletzung des sachlichen Rechts. Das Rechtsmittel hat keinen Erfolg.

Die auf die Sachrüge gestützte Revision der Staatsanwaltschaft führt zur Aufhebung des Urteils.

I.

Die Revision des Angeklagten:

. . .

Die Sachrüge ist unbegründet.

Das Landgericht wirft dem Angeklagten fahrlässiges Handeln vor, weil er die naheliegende Gefahr von Hörfehlern bei mündlichen Aufträgen an Hilfspersonen nicht berücksichtigt und es deshalb in pflichtwidriger Weise unterlassen habe, die im Krankenhaus übliche Überwachung der Bereitung von Spritzen durch Prüfung der zugehörigen leeren Ampullen vorzunehmen. Wie das Landgericht in einer das Revisionsgericht bindenden Weise feststellt, diente die Vorlage der Ampullen, die für die Bereitung der Spritzen gebraucht worden waren, dem Zwecke, Verwechslungen auszuschalten. Der Angeklagte sah nicht nach, ob die auf den Ampullen angegebenen Inhaltsbezeichnungen seiner Verordnung entsprachen. Darin findet das Landgericht eine pflichtwidrige Unterlassung. Diese Ausführungen lassen keinen Rechtsfehler zum Nachteil des Angeklagten erkennen.

Der Beschwerdeführer bekämpft den Vorwurf, daß er an die Gefahr von Hörfehlern nicht gedacht und deshalb die übliche Vorsorge unterlassen habe. In diesem Zusammenhang legt er näher dar, daß die Verordnung von Decholin bei dem so häufigen Krankheitsbild einer Gallenblasenentzündung alltäglich sei und der Arzt deshalb davon ausgehen könne, daß die Verordnung richtig verstanden und ausgeführt werde. Dieser Einwand geht schon deshalb fehl, weil jede mündliche Übermittlung von Aufträgen an Hilfspersonen die Gefahr von Übermittlungsfehlern durch Versprechen und die Möglichkeit von Hörfehlern durch die die Anweisung entgegennehmende Hilfsperson einschließt. Diese Gefahren, die überall da bestehen, wo mehrere Menschen zusammenwirken, um bestimmte Aufträge zu erfüllen, sind jedem Einsichtigen geläufig. Da sie ihre Wurzeln in nachlässiger Sprechweise, unaufmerksamem Zuhören, mundartlicher Ausdrucksweise, ähnlich klingenden Bezeichnungen u. dgl. haben, ist es nicht von ausschlaggebender Bedeutung, ob der anordnende Arzt häufig verwandte oder selten gebräuchliche Mittel nennt. Es kann keine Rede davon sein, daß, wie die Revision behauptet, bei häufig verordneten Mitteln ein „Verhören“ gar nicht denkbar sei. Wie der Bundesgerichtshof schon in seiner Entscheidung BGHSt. 3, 91 (95) betont hat, muß jeder Arzt mit diesen naheliegenden Gefahren rechnen. Sie bestehen auch bei Mitarbeit von ordnungsmäßig vorgebildeten und erfahrenen Schwestern, zumal jeden Tag neue bis dahin also unbekannte Heilmittel mit vielfach verwechselbaren Namen auf den Markt kommen und benutzt werden.

Hinzu kommt, daß das Landgericht besondere Umstände festgestellt hat, die dem Angeklagten diese Gefahren vor Augen stellten und Mittel zu ihrer Abwehr nahelegten. Ein solcher Hinweis ergab sich aus der im Krankenhaus herrschenden Übung, dem Arzt die vorbereitete Spritze mit den dafür verbrauchten Ampullen vorzulegen, um ihn in die Lage zu versetzen, die Art und Mischung der Einspritzungsmittel nachzuprüfen. Auch wenn diese Überwachung nicht ausdrücklich vorgeschrieben war, sondern nur als Übung bestand, war sie das Ergebnis einer auf Überlegung und Erfahrung aufgebauten, umfassenden Voraussicht möglicher Gefahren. Schon durch das bloße Bestehen einer solchen Übung wird deutlich, daß bei Verabsäumung solcher Vorsichtsmaßnahmen die Gefahr eines Unfalls im Bereich der Möglichkeiten liegt.

Daneben hat das Landgericht noch festgestellt, daß der Angeklagte die geringe Erfahrung der Schwester L. auf dem Gebiet der inneren Medizin bei ihrem Eintritt in das St.-M.-Krankenhaus am 1. Juli 1951 von ihr selbst erfahren hatte. Auch während der folgenden $2^3/_4$ Monate ihres Dienstes auf seiner Station hatte er wahrgenommen, daß sie kaum zu solchen Aufgaben herangezogen worden war, mit denen er sie jetzt betraut hatte. Auch dieser Umstand hätte den Angeklagten dazu veranlassen müssen, die Ausführung seiner Verordnung zu überwachen.

Rechtlich bedenkenfrei ist demnach die Ansicht des Landgerichts, daß der Angeklagte durch das Unterlassen der im allgemeinen üblichen, hier nach den Umständen besonders gebotenen Kontrolle der Ampullen pflichtwidrig handelte. Sie führt aber auch nicht zu einer Überspannung der Anforderungen, die an den Krankenhausarzt zu stellen sind. Das meint die Revision, jedoch zu Unrecht. Der Beschwerdeführer vertritt die Ansicht, daß die Forderung nach einer solchen Überwachung die Arbeitsteilung zwischen Arzt und Schwester weitgehend entwerte. Er übersieht dabei, daß es hier gerade darum geht, diejenigen Gefahren auszuschalten, die erst durch die Verteilung der heilkundigen Tätigkeit auf mehrere Personen hinzukommen, weil eine solche Arbeitsteilung die Verständigung zwischen den beteiligten Personen erfordert. Daß die vom Landgericht zur Vermeidung der Hörfehler geforderten Sorgfalt keinen unzumutbaren Arbeitsaufwand herbeiführt, erhellt schon daraus, daß im St.-M.-Krankenhaus, wie in jeder ordentlich geleiteten Krankenanstalt, diese Nachschau der Ampullen üblich ist. Eine dadurch bedingte Mehrbelastung der Ärzte, die nach den Feststellungen des Landgerichts hier kaum ins Gewicht fällt, muß hingenommen werden. Das gebietet schon der Umstand, daß durch den Mangel an Sorgfalt besonders schutzwürdige Rechtsgüter gefährdet werden. Das Landgericht hat auch diesen Gesichtspunkt richtig beurteilt. Hohe Anforderungen an die Sorgfaltspflicht sind schließlich auch deshalb zu stellen, weil der Patient Fehler des Arztes und seiner Hilfspersonen nur in sehr seltenen Ausnahmefällen rechtzeitig erkennen und selbst Gegenmaßnahmen treffen kann.

Das Landgericht hat somit zu Recht angenommen, daß der Angeklagte die ihm nach seinen Fähigkeiten und Kenntnissen zuzumutende Pflicht zur sorgfältigen Prüfung der Einspritzungsmittel außer acht gelassen hat, als er die ihm vorgelegte Spritze benutzte, ohne ihren Inhalt in der üblichen Weise festzustellen. Die gefährlichen Folgen dieses Unterlassens hätte er auch voraussehen können. Durch die irrige Ansicht des Landgerichts, der Angeklagte hätte im Falle einer Verwechslung der einzuspritzenden Mittel nicht mit dem Tode des Patienten zu rechnen brauchen, ist der Angeklagte nicht beschwert. Diese Frage ist im Zusammenhang mit der Revision der Staatsanwaltschaft zu behandeln.

II.

Die Revision der Staatsanwaltschaft.

Das Rechtsmittel der Anklagebehörde wendet sich im wesentlichen gegen die Auffassung des Landgerichts, daß der Angeklagte als Folge einer Verwechslung nur mit Gesundheitsschädigungen des Patienten, nicht aber mit einem tödlichen Ausgang hätte rechnen müssen. Diese Rüge ist begründet. Bei der vom Landgericht wiedergegebenen allgemein üblichen Vorbereitung von Spritzen durch die Schwester gehört es grundsätzlich nicht zu den Aufgaben der Hilfsperson, von sich aus die Verordnung des Arztes nachzuprüfen. Sie braucht deshalb die Anweisungen auf den Ampullen regelmäßig nicht durchzulesen und nicht zu überlegen, ob eine darauf angegebene Verordnungsweise der Verordnung des Arztes entspricht. Ihre Kenntnisse und Erfahrungen reichen nicht aus, ihr ein sicheres Urteil darüber zu erlauben, ob eine ärztliche Verordnung, die der aufgedruckten Verordnungsweise zuwiderläuft, *im Einzelfall* angebracht ist oder nicht. Sie kann auch regelmäßig nicht beurteilen, ob die Verordnung eines nach der Ampullenaufschrift ungeeigneten Mittels etwa deshalb angebracht ist, weil es nach der ihr erteilten Anweisung mit anderen Mitteln gemischt wird. Nicht haltbar ist deshalb die Auffassung des Landgerichts, der Angeklagte habe nicht vorauszusehen brauchen, daß die von ihm beauftragte Schwester Cholin statt Decholin verwenden könnte, weil die Aufschrift der Ampulle die Gefährlichkeit dieses Mittels ergeben hätte.

Weiter läßt das angefochtene Urteil eine nähere Begründung dafür vermissen, daß der Angeklagte bei Hörfehlern und Verwechslungen im allgemeinen nicht damit zu rechnen brauchte, daß der Tod des Patienten eintreten werde. Eine Nachprüfung dieser Ansicht des Tatrichters durch die Revision setzt voraus, daß näher dargelegt wird, welche Mittel nach den damals vorhandenen Beständen möglicherweise verwechselt werden konnten. Auch wenn sich unter diesen Mitteln keine Gifte oder Opiate befanden, hätte das Landgericht näher erörtern und prüfen müssen, ob der Arzt nicht für den Fall einer Verwechslung oder unrichtigen Mischung mit dem Tod des Patienten rechnen muß. Hierbei ist vor allem der Erfahrungssatz zu berücksichtigen, daß bei einem von der Regel abweichenden Krankheitsverlauf und der besonderen körperlichen Verfassung eines Patienten im Einzelfall Folgen eintreten können, die nach Art und Schwere von den typischen Folgen der Verwendung ungeeigneter Heilmittel abweichen. Dieser Mangel ausreichender Feststellungen zwingt zur Aufhebung des Urteils.

Nr. 3. BGH Urteil vom 27. Februar 1952 — II ZR 78/51 — BGHZ 5, 321 ff.

Rechtssatz: *1. Schließt ein Patient bei der Aufnahme in ein Krankenhaus sowohl einen auf ärztliche Behandlung gerichteten Vertrag mit dem Krankenhausarzt als auch einen Vertrag mit dem Krankenhaus auf Gewährung von Unterkunft und Betreuung (sog. aufgespaltener Arzt-Krankenhausvertrag), so erstreckt sich der Vertrag mit dem Krankenhaus auch darauf, daß dem Patienten alle erforderliche Heilbehandlung zuteil wird, insbesondere solche, die gewöhnlich nur mittels der Einrichtungen eines Krankenhauses gewährt zu werden pflegt (Bluttransfusion). Für Fehler, bei der Verabfolgung einer derartigen Heilanwendung muß das Krankenhaus gemäß §§ 276, 278 BGB einstehen.*

2. Wird ein Krankenhauspatient durch schuldhaftes Verhalten eines Arztes geschädigt, der zu den gesetzlichen Vertretern des Krankenhauses gehört, so haftet das Krankenhaus dem Patienten auch aus dem Rechtsgrund der unerlaubten Handlung auf Schmerzensgeld.

Der Kläger begab sich Ende November 1946 als Privatpatient in die Behandlung des Dr. D., Chefarztes der Beklagten, weil er sich an der rechten Hand verletzt hatte. Einige Tage später ließ sich der Kläger zur weiteren Behandlung in die Privatstation des Dr. D. im Krankenhaus der Beklagten aufnehmen. Dort wurde bei ihm am 9. Dezember 1946 eine Blutübertragung vorgenommen, die auf Anweisung des Dr. D. dessen Assistenzarzt Dr. J. ausführte. Als Blutspender diente A., der zu diesem Zeitpunkt schon mehrmals Blut im beklagten Krankenhaus gespendet hatte. Im Jahre 1948 wurde festgestellt, daß A. und der Kläger an Lues erkrankt waren.

Der Kläger behauptet, seine Erkrankung an Lues sei durch die Bluttransfusion im Krankenhaus der Beklagten am 7. Dezember 1946 verursacht. Die Beklagte habe sich schuldhaft über die Bestimmungen des Blutspendererlasses vom 5. März 1940 hinweggesetzt (MinBldR und PrMDI 1940, 450 ff.), und habe insbesondere die vorgeschriebenen Nachuntersuchungen bei A. unterlassen. Hierauf sei vor allem die späte Entdeckung seiner Erkrankung zurückzuführen, wodurch seine Heilungsaussichten sich sehr verschlechtert hätten. Im ersten Rechtszug hat der Kläger Verurteilung der Beklagten sowie der Ärzte Dr. D. und Dr. J. als Gesamtschuldner beantragt, ihm allen Schaden zu ersetzen und ihm Schmerzensgeld zu zahlen.

Das Landgericht hat die Ansprüche dem Grunde nach für gerechtfertigt erklärt.

Das Oberlandesgericht hat durch Teilurteil nur über die Berufung der beklagten Heilanstalt entschieden und diese zurückgewiesen. Auch deren Revision blieb ohne Erfolg.

Aus den Gründen.

1. Die Revision wendet sich in erster Reihe dagegen, daß das Berufungsgericht das Bestehen einer vertraglichen Verpflichtung der Beklagten gegenüber dem Kläger zur Gewährung ärztlicher Behandlung angenommen habe. Der Kläger habe sich Ende November 1946 als Privatpatient in die ambulante Behandlung des Dr. D. begeben, dadurch sei zwischen ihm und Dr. D. ein auf ärztliche Behandlung gerichteter Dienstvertrag zustande gekommen, der durch die am 7. Dezember 1946 erfolgte Aufnahme des Klägers in das Krankenhaus nicht beendet worden sei; der Krankenhausaufnahmevertrag habe sich daher nicht auf ärztliche Behandlung des Klägers erstrecken können, vielmehr sei das beklagte Krankenhaus dem Kläger gegenüber lediglich zur Gewährung von Unterkunft und Verpflegung verpflichtet worden, während die ärztliche Betreuung des Klägers allein Dr. D. obgelegen habe.

Diesen Ausführungen der Revision kann nicht gefolgt werden.

a) Es kann dahingestellt bleiben, ob der am 7. Dezember 1946 vom Kläger mit dem Krankenhaus geschlossene Vertrag als ein sog. „totaler Krankenhausvertrag" anzusehen ist, der auch die Gewährung ärztlicher Behandlung mit umfaßt. Auch wenn man mit der Revision davon ausgeht, daß in einem Falle wie dem vorliegenden der zwischen Arzt und Patient vor dessen Aufnahme in das Krankenhaus geschlossene Vertrag durch die Aufnahme des Patienten in das Krankenhaus nicht in seinem Bestande berührt wird, so könnte doch keineswegs angenommen werden, daß der später von dem Patienten mit dem Krankenhaus eingegangene Vertrag lediglich auf Gewährung von Unterkunft und Verpflegung sich erstreckt hat. Vielmehr erwartet auch der Kranke, der bei der Aufnahme in ein Krankenhaus einen selbständigen Vertrag mit dem Krankenhausarzt auf ärztliche Behandlung und einen weiteren Vertrag mit dem Krankenhaus auf Gewährung von Unterkunft und Betreuung schließt, daß ihm durch das Krankenhaus alle diejenige erforderliche Heilbehandlung zuteil wird, die nicht durch den behandelnden Arzt selbst, sondern gewöhnlich nur mittels der personellen und sachlichen Einrichtungen eines Krankenhauses gewährt zu werden pflegt, z. B. Verabfolgung von Medikamenten, Injektionen, Bestrahlungen und vieles andere mehr. Das Krankenhaus selbst entspricht dieser Erwartung, indem es solche Einrichtungen zur Verfügung stellt und Maßnahmen durchführt und auch berechnet. Zu derartigen Heilmaßnahmen gehört auch eine Bluttransfusion, wie sie hier der Kläger erhalten hat, da die für Bluttransfusionen notwendigen Apparate im allgemeinen nur in Krankenhäusern zur Anwendung gelangen und die Übertragung in der Regel nicht durch den Chefarzt selbst vorgenommen wird. Daher kann es nicht zweifelhaft sein, daß Dr. J., der im vorliegenden Falle die Bluttransfusion am Kläger durchgeführt hat, dabei als Erfüllungsgehilfe der Beklagten tätig war. Danach hat aber auch die Beklagte für Fehler, die Dr. J. bei der Ausführung der Bluttransfusion begangen hat, gemäß §§ 276, 278 BGB einzustehen.

Das Berufungsgericht stellt fest, daß Dr. J. als Assistenzarzt bei der Vornahme der Bluttransfusion nicht die Sicherungsmaßnahmen beachtet hat, die der Erlaß vom 5. März 1940 angeordnet habe. Es meint, daß Dr. J. wie jeder Arzt, der mit der Vornahme einer Bluttransfusion sich befaßte, nicht nur über die Technik der Blutübertragung, sondern auch über die zur Vermeidung der damit verbundenen Gefahren erforderlichen Sicherungsmaßnahmen unterrichtet sein mußte. Es stellt weiter fest, daß Dr. J. durch Unterlassung der vorgeschriebenen Untersuchungen und sonstigen Schutzmaßnahmen schuldhaft gehandelt hat und daß diese Unterlassung auch für die Übertragung der Lues des Blutspenders A. auf den Kläger ursächlich gewesen ist. Danach ist die Haftung der Beklagten wegen schuldhafter Verletzung ihrer Vertragspflicht gegenüber dem Kläger zur Gewährung einwandfreier Heilanwendung mit Recht vom Berufungsgericht angenommen worden.

b) Eine vertragliche Haftung der Beklagten ist aber auch aus dem Grunde zu bejahen, weil das beklagte Krankenhaus es unterlassen hat, dafür zu sorgen, daß die Vorschriften über die bei Blutspenden zu beachtenden Maßnahmen den Ärzten des Krankenhauses zur Kenntnis gebracht wurden. Diese Unterlassung hat es in der Person des Dr. L. begangen, der in den Jahren 1940 bis 1946 zu den gesetzlichen Vertretern des Krankenhauses gemäß § 31 BGB gehörte. Dr. L. war damals federführender Chefarzt des beklagten Krankenhauses. Obwohl ihm in dieser Eigenschaft der Erlaß vom 5. März 1940 betreffend die bei Bluttransfusionen zu beachtenden Maßnahmen bekannt geworden waren, hat er es schuldhaft unterlassen, den beiden anderen Abteilungen des Krankenhauses von diesem für alle Ärzte wichtigen Erlaß Kenntnis zu geben. Das wäre jedoch seine Pflicht gewesen, obwohl ihm eine Direktorialstellung gegenüber den anderen Chefärzten des Krankenhauses nicht zustand. Das beklagte Krankenhaus hat daher dafür einzustehen, wenn später infolge dieser schuldhaften Säumnis eines ihrer gesetzlichen Vertreter eine vertragliche Verpflichtung des Krankenhauses nicht erfüllt wurde (RG DR 1941, 1937).

Insoweit hat das Berufungsgericht ohne Rechtsirrtum festgestellt, daß die Nichtunterrichtung der Ärzte der chirurgischen und gynäkologischen Abteilung des Krankenhauses über die Bestimmungen des Runderlasses vom 5. März 1940 ursächlich dafür gewesen ist, daß A. als Blutspender auch beim Kläger verwendet und daß der Kläger durch das Blut des A. mit Lues angesteckt worden ist. Es handelt sich hier nicht um einen sog. Organisationsmangel im Sinne der Ausführungen des Berufungsurteils und der Revision, sondern um die Unterlassung einer Pflicht des beklagten Krankenhauses selbst durch das Vorstandsmitglied Dr. L. Diese Unterlassung ist insoweit ebenfalls Grundlage der vertraglichen Haftung des Krankenhauses.

2. Über den Umfang der vertraglichen Haftung hinaus ist jedoch die Beklagte dem Kläger wegen der Unterlassung des Dr. L. auch aus dem Rechtsgrunde der unerlaubten Handlung zum Schadensersatz verpflichtet. Wie das Berufungsgericht feststellt, ist die Nichtunterrichtung der in der chirurgischen Abteilung des beklagten Krankenhauses tätigen Ärzte über die ministeriell angeordneten Sicherungsmaßnahmen gegenüber Blutspendern ursächlich dafür gewesen, daß die Ärzte, also auch Dr. D. und Dr. J., von diesen Sicherungsmaßnahmen keine ausreichende Kenntnis hatten, daß sie es deshalb unterlassen haben zu prüfen, ob die vorgeschriebenen Kontrolluntersuchungen bei A. vorgenommen seien, und daß hierdurch die Übertragung der Lues des A. auf den Kläger herbeigeführt worden ist. Daher haftet die Beklagte für allen dem Kläger erwachsenen Schaden auch gemäß §§ 31, 823 Abs. 1, 847 Abs. 1 BGB.

Nr. 4. RG Urteil vom 8. Januar 1926 RGZ Bd. 112, 240ff. (in der auszugsweisen Bearbeitung des Deutschen Richterbundes).

Betrifft öffentliche Krankenhäuser. Haftung der Stadtgemeinde, Arzt, ebenso Heilgehilfe, Schmerzensgeld. Unerlaubte Handlung. (BGB §§ 31, 89, 253, 278, 823, 831, 844, 847).

In einem städtischen Krankenhaus wurde eine Frau, die sich dort an Krätze behandeln ließ, nach Weisung des Arztes mit einer Salbe eingerieben, die aus einer fremden, der Stadt nicht gehörigen Apotheke bezogen worden war. Die Salbe enthielt ein starkes Gift; infolgedessen erkrankte die Frau erheblich. Sie klagte gegen die Stadt auf Ersatz der Kurkosten, Erwerbsverlust, Schmerzensgeld und Feststellung der Verpflichtung zum Ersatz noch weiter entstehenden Schadens. Das Landgericht erkannte den Anspruch dem Grunde nach für berechtigt an; das Berufungsgericht wies die Klage ab; das Reichsgericht verwies die Sache zurück.

Aus den Gründen.

Die Klägerin war mittellos und hilfsbedürftig; sie war nach den Vorschriften über die Armenfürsorge zur Behandlung angenommen worden. Durch diese Annahme entstand zwischen der Stadt und ihr ein öffentlich-rechtliches Verhältnis, wonach die Stadt ihr gegenüber zur sachgemäßen Behandlung verpflichtet war. Hierbei haftete sie für jedes Verschulden ihres Erfüllungsgehilfen. Die Salbe war an dem Tag, an dem sie bei ihr angewendet wurde, zum erstenmal benutzt worden. Sie sah der richtigen Salbe so gleich, daß aus der Verwechslung den Ärzten und Heilgehilfen kein Vorwurf gemacht werden konnte. Die Anwendung der Salbe hatte aber bei anderen Kranken heftige Schmerzen, zum Teil auch Erbrechen hervorgerufen; diese Umstände hätten die Heilgehilfen zu einer sofortigen Meldung des Vorfalls beim leitenden Arzt und diesen zu einer unverzüglichen Untersuchung der Salbe veranlassen müssen. Eine solche hätte zur Entdeckung des Irrtums geführt und Gegenmaßnahmen bei allen mit der Salbe behandelten Personen, auch bei der Klägerin, deren Name und Wohnung aus den Krankenlisten zu ersehen war, zur Folge haben müssen. Es war zu prüfen, ob hierdurch die Gesundheitsstörungen vermieden oder verringert worden wären. Ein Anspruch auf Schmerzensgeld stand der Klägerin nur dann zu, wenn der Stadt der Vorwurf einer unerlaubten Handlung gemacht werden konnte. Hierfür war entscheidend, ob die Stadt bei der Auswahl der Personen, denen die Anwendung der Salbe übertragen war, sowie bei der Beschaffung der Salbe die im Verkehr erforderliche Sorgfalt beobachtet und bei der Leitung und Überwachung der Verrichtung die ihr obliegenden Pflichten erfüllt hatte. Einer Leitung und Überwachung der einzelnen Verrichtungen bedurfte es nicht, da es sich hier um ganz einfache Verrichtungen handelte, die geschulten Krankenwärtern ohne weiteres überlassen werden konnten. Daneben bestand aber eine allgemeine Unterweisungs- und Überwachungspflicht der Gemeinden, für deren Erfüllung sie einzustehen hatte. Wie weit diese Pflicht ging, war nach der Lage des Falles, insbesondere darnach zu beurteilen, ob mit der Vornahme der Verrichtung und ihrer Beaufsichtigung sachkundige und erprobte Personen betraut worden waren. Aus der Fürsorgepflicht der Stadt, der die unbemittelten Kranken ihre höchsten Güter, Gesundheit und Leben anvertrauen, war zu folgern, daß sie durch ihre verfassungsmäßigen Vertreter Vorschriften erlassen mußte, welche einerseits die Verpflichtung der Heilgehilfen, jede auffällige, von den regelmäßigen Beobachtungen abweichende Wirkung eines Heilmittels, jede bei seiner Anwendung zutage tretende außergewöhnliche Erscheinung den Ärzten zu melden, anderseits die Verpflichtung der Ärzte, bei solchen Meldungen unverzüglich die geeigneten Vorsichtsmaßregeln zu treffen, festlegten; von der Befolgung dieser Vorschriften mußte sie sich von Zeit zu Zeit in sachgemäßer Weise überzeugen. Auch nach dieser Richtung war der Sachverhalt noch zu prüfen.

Infolge der Behandlung mit der gleichen Salbe war ein junger Mann gestorben. Seine Mutter klagte auf Ersatz der Bestattungskosten und auf Gewährung des Unterhalts, den er ihr bei längerem Leben zu gewähren verpflichtet gewesen wäre. In diesem Falle hatte das Berufungsgericht die Ansprüche als berechtigt anerkannt. Es hatte angenommen, daß das Rechtsverhältnis zwischen dem jungen Mann und der Stadt als bürgerlich-rechtlicher Vertrag anzusehen sei; eine nähere Begründung hierfür war nicht gegeben. Auch in diesem Fall war die Aufnahme als Fürsorgemaßregel unentgeltlich erfolgt; der Umstand, daß dem jungen Mann auch Obdach und Verpflegung im Krankenhaus gewährt wurde, reichte nicht hin, um einen bürgerlich-rechtlichen Vertrag zu begründen, vielmehr wäre ein solcher nur dann anzunehmen gewesen, wenn die Aufnahme gegen Entgelt erfolgt wäre. Die Einreibung war an dem jungen Mann erst zwei Tage nach der Einreibung der Frau vorgenommen worden; da zu dieser Zeit schon schädliche Wirkungen der Salbe hervorgetreten waren, konnte an einem für seinen Tod ursächlichen Verschulden der Wärter oder Ärzte nicht gezweifelt werden. Die Folgen dieses Verschuldens waren nach den Vorschriften des bürgerlichen Gesetzbuches zu würdigen, dessen Rechtsgedanken hier auch für das öffentliche Recht gelten; andernfalls würde dieses eine Lücke aufweisen, die jeder inneren Berechtigung entbehrte und zu unerträglichen Ergebnissen führte. Auch hier wurde die Sache zurückverwiesen, da die Frage, ob das Rechtsverhältnis dem öffentlichen oder dem privaten Recht angehörte, nicht hinlänglich geklärt war und auch die Frage des Verschuldens der Stadt bei der Ausübung ihrer Überwachungspflicht einer genauen Prüfung bedurfte.

Nr. 5. BGH Urteil vom 26. März 1953 — III ZR 220/52 — BGHZ 9, 145 ff.

Rechtssatz: *1. Für die Entscheidung der Frage, ob die Beziehungen eines Unternehmers der öffentlichen Hand zu seinen Benutzern hoheitlicher Natur sind, kommt es nicht auf die Zielsetzung des Unternehmens, sondern auf seine organisatorische Gestaltung an.*

2. Die Beziehungen einer Universitätsklinik zu ihren Patienten sind in der Regel bürgerlich-rechtlicher Natur. Schadensersatzansprüche der Patienten wegen fehlerhafter Behandlung können daher nicht auf § 839 BGB in Verbindung mit Art. 34 GrundG gestützt werden.

Der Kläger wurde von der Ortskrankenkasse in die chirurgische Universitätsklinik in K. zur Nachuntersuchung eingewiesen und dort zur stationären Behandlung aufgenommen. Er verlangt wegen fehlerhafter ärztlicher Behandlung von dem beklagten Land Schmerzensgeld. Landgericht und Oberlandesgericht haben der Klage stattgegeben.

Aus den Gründen.

1. Das Berufungsgericht sieht in der fehlerhaften Behandlung des Klägers in der Klinik eine Amtspflichtverletzung des Stationsarztes, für die das beklagte Land nach §§ 839, 847 BGB in Verbindung mit Art. 34 GrundG zu haften habe. Der Arzt habe in Ausübung eines ihm anvertrauten öffentlichen Amtes gehandelt. Darunter sei nicht nur die Betätigung hoheitlichen Zwangs zu verstehen, der Begriff umfasse vielmehr auch obrigkeitliche Maßnahmen öffentlicher Fürsorge. In ihren Bereich falle auch der staatliche Hochschulbetrieb. Er diene der wissenschaftlichen Forschung und Lehre

und liege daher im Feld der hoheitlichen Betätigung des Staates, da er nicht bürgerlich-rechtliche oder fiskalische Interessen, sondern öffentlich-rechtliche fürsorgerische Ziele verfolge. Mit der Forschung und Lehre sei aber in den Universitätskliniken die Betreuung und Heilung der Patienten untrennbar verbunden, da diese Betreuung und Heilung in jedem Falle auch Gegenstand wissenschaftlicher Forschung und Lehre seien. Dem seien die Patienten unterworfen, selbst wenn sie im Einzelfall nicht zu Versuchszwecken oder Demonstrationen herangezogen werden sollten. Hier eine Trennung in hoheitliche und nichthoheitliche Tätigkeit durchzuführen, sei nicht möglich. Die hiergegen gerichteten Angriffe der Revision sind begründet.

2. Das Berufungsgericht folgert das hoheitliche Verhältnis der Klinik gegenüber dem Kläger aus der dem Bereich der staatlichen Fürsorge dienenden Zielsetzung des Dienstes an Forschung und Lehre. Es verkennt dabei aber, daß es bei der Entscheidung der Frage, ob ein Unternehmen der öffentlichen Hand hoheitlicher Natur ist, nicht darauf ankommt, welcher Zielsetzung es dient, sondern wie es im Verhältnis zu denjenigen, denen es gegenübertritt, organisiert ist. Aus der Zielsetzung kann sich zwar dann ein hoheitliches Verhältnis dadurch ergeben, daß jene ihrer Natur nach ein solches zwangsläufig voraussetzt, nämlich dort, wo der Staat seine übernommene Aufgabe nur im Rahmen eines Verhältnisses der Über- und Unterordnung ausüben kann, wie das z. B. bei der Tätigkeit der Polizei oder Gerichtsbarkeit der Fall ist. Wo der Staat aber eine Tätigkeit ausübt, die ihrer Natur nach auch auf bürgerlichrechtlicher Grundlage und in einem Verhältnis der Gleichordnung vorgenommen werden kann, steht es ihm frei, wie er diese Tätigkeit organisiert. So kann er ein Unternehmen, das seiner Natur nach nicht auf behördlichem Zwang aufzubauen braucht, so insbesondere, wenn es der öffentlichen Fürsorge dient und Ziele verfolgt, die auch einer privatwirtschaftlichen Regelung zugänglich sind, sowohl hoheitsrechtlich als auch privatrechtlich organisieren. Dabei ist zu unterscheiden zwischen dem Akt der Schaffung des Unternehmens einerseits und dessen Organisation andererseits. Die Übernahme einer Aufgabe der Fürsorge kann sehr wohl auf einem hoheitlichen Akt beruhen, wie z. B. die Errichtung eines Krankenhauses, ebenso wie auch das Verhältnis zu den bei diesem Unternehmen beschäftigten Personen ein hoheitliches sein kann, wie z. B. jedes Beamtenverhältnis; das bedingt aber noch nicht, daß das Unternehmen in seinem Verhältnis zu seinen Benutzern ebenfalls hoheitsrechtlicher Natur sein muß. Dies hängt vielmehr von der Form seiner Organisation ab, die ihm der Staat gibt ...

Für die öffentlichen Krankenhäuser hat der Bundesgerichtshof in zwei Entscheidungen im Falle fehlerhafter Behandlung durch den Arzt dessen persönliche Haftung und damit die privatrechtliche Natur des Verhältnisses zwischen Arzt und Patient bejaht (BGHZ 1, 383; 4, 138), dies allerdings nicht näher begründet. Diesen Entscheidungen ist beizutreten, denn die öffentlichen Krankenhäuser weisen in der Tat in der Form ihrer Organisation, so wie sie ihren Patienten gegenübertreten, in der Regel mehr privatrechtliche als hoheitsrechtliche Züge auf. Die öffentlichen Krankenhäuser sind zwar in der Regel keine fiskalischen, auf Erwerb gerichtete, sondern für das Allgemeinwohl arbeitende Betriebe, auch ziehen sie ihre Gebühren möglicherweise im Verwaltungszwangsverfahren ein. Diese beiden Wesenselemente können zwar, wie das vom Reichsgericht bei der Post auch angenommen wurde, in Verbindung mit weiteren Wesenselementen öffentlich-rechtlicher Art zu dem Schluß führen, daß das betreffende Unternehmen gegenüber seinen Benutzern hoheitlicher Natur ist. Sie genügen aber für sich allein noch nicht dazu, wenn nicht weitere öffentlichrechtliche Elemente hinzutreten. Das ist bei den öffentlichen Krankenanstalten in der Regel nicht der Fall. Das Verhältnis der Patienten zu dem öffentlichen Krankenhaus und seinen Ärzten ist im übrigen wie bei den privaten Krankenhäusern bürgerlichrechtlicher Natur. Das gilt selbst dann, wenn der Akt der Einweisung öffentlich-rechtlicher Natur war (BGHZ 4, 138). Es besteht für die Kranken kein Zwang, das öffentliche Krankenhaus zu benützen. Sie sind dort, abgesehen von der auch in jeder privaten Krankenanstalt bestehenden Hausordnung, keiner Zwangs- oder Disziplinargewalt unterworfen. Ärztliche Eingriffe können gegen ihren Willen nicht erfolgen. Sektionen können nicht ohne das Einverständnis der Angehörigen vorgenommen werden. Die öffentlichen Krankenhäuser unterscheiden sich also, abgesehen von der Art der Gebühreneinziehung und dem Umstand, daß sie weitgehend im Interesse der öffentlichen Fürsorge Zuschußbetriebe sind, im wesentlichen in nichts von privaten Krankenanstalten. Deshalb ist auch das Verhältnis dieser Krankenhäuser zu ihren Patienten in der Regel als privatrechtlich anzusehen.

Daran ändert auch nichts der Umstand, daß in den Fällen einer Zwangsbehandlung, z. B. bei Geschlechtskrankheiten, Zwangsimpfungen, Schuluntersuchungen, ferner bei Behandlung von Gefangenen oder bei der Unterbringung von gemeingefährlichen Geisteskranken, möglicherweise keine privatrechtlichen, sondern hoheitsrechtliche Beziehungen vorliegen.

Dasselbe muß aber auch bei den Universitätskliniken gelten. Es ist zwar richtig, daß diese im Rahmen des gesamten Universitätsbetriebes nicht nur der Pflege und Heilung der Patienten, sondern auch der Forschung und Lehre dienen. Dieser Umstand genügt aber noch nicht, den Universitätskliniken im Gegensatz zu den übrigen öffentlichen Krankenanstalten für das Verhältnis zu ihren Patienten einen hoheitlichen Charakter beizulegen. Einmal dienen auch die anderen öffentlichen und privaten Krankenanstalten, wenn auch in geringerem Umfang als die Universitätskliniken, der Forschung und Lehre. Im übrigen ist aber, wie bereits dargelegt, nicht die Zielsetzung der Forschung und Lehre, die möglicherweise öffentlich-rechtlicher Natur ist, maßgebend, sondern die Art und Weise, wie die Organisation der Klinik im Hinblick auf diese Zielsetzung gestaltet ist. Deshalb kann auch der Entscheidung des Kammergerichts (JW 1929, 2287), das die Tätigkeit der Ärzte einer Universitätsklinik ausschließlich im Hinblick auf deren Ausübung staatlicher Fürsorge als eine hoheitliche ansieht, nicht beigetreten werden.

Was die Organisation betrifft, so findet sich aber bei der Universitätsklinik kein wesentlicher Unterschied zu den anderen Krankenhäusern. Auch in der Universitätsklinik besteht kein Zwang für den Patienten, sie aufzusuchen. Er kann auch in der Universitätsklinik nicht gegen seinen Willen gezwungen werden, sich einer bestimmten Behandlung oder gar Versuchen und Demonstrationen im Lehrsaal zu unterwerfen. Auch in der Universitätsklinik besteht abgesehen von der allgemeinen Hausordnung kein hoheitsrechtliches Unterwerfungsverhältnis der Patienten. Der Umstand, daß bei der Pflege und Heilung der Patienten auch für Forschung und Lehre Nutzen gezogen wird, z. B. durch die wissenschaftliche Auswertung der Krankengeschichten, ist auf die Rechtsnatur des Verhältnisses der Klinik und Ärzte zu den Patienten ohne Einfluß. Ebensowenig wird der privatrechtliche Charakter dieses Verhältnisses durch eine etwaige hoheitliche Gestaltung der Beziehungen des Staates zu den Beamten der Klinik oder den in ihr lernenden und arbeitenden Personen berührt. Ob und inwieweit in den Fällen, in denen der Patient sich zu Lehr- oder Versuchszwecken zur Verfügung stellt, im Einzelfall möglicherweise hoheitsrechtliche Beziehungen zwischen der Klinik und den Patienten erwachsen, kann dahingestellt bleiben, da nach den Feststellungen des Berufungsgerichts ein derartiger Fall nicht vorliegt.

Im übrigen ergibt sich aber weder aus den Feststellungen des Berufungsgerichts noch aus den Parteibehauptungen etwas dafür, daß über die angeführten Gesichtspunkte hinaus bei der Organisation der Universitätskliniken in K. im Gegensatz zu anderen Krankenanstalten das Verhältnis zu den Patienten anders, d. h. mit weiteren hoheitsrechtlichen Elementen gestaltet worden ist. Es ist daher auch im vorliegenden

Falle davon auszugehen, daß nach der Organisation der Universitätsklinik die Beziehungen zu den Patienten bürgerlich-rechtlicher Natur sind und Ansprüche des Klägers aus einer Pflichtverletzung des Stationsarztes nicht auf § 839 BGB in Verbindung mit Art. 34 GrundG gestützt werden können.

Nr. 6. Fahrlässiges Verschulden eines Arztes, ohne daß ein ärztlicher Kunstfehler vorliegt. Unsachgemäße Behandlung eines Oberschenkelhalsbruches. Wahl einer Heilmethode, weil sie die billigere vor anderen ist. Beweislast: Verwertung von Wahrscheinlichkeiten.

(BGB § 276; ZPO §§ 286, 287. RG Urteil vom 21. Juni 1940, III 134/39 Rostock (Warneyer Rechtspr. 41, 29 ff.).

Am 30. Juli 1935 fuhr der damals 43 Jahre alte Kläger auf seinem Fahrrade zu ebener Straße in seinem Wohnort B., als plötzlich sein linkes Bein unter erheblichen Schmerzen versagte, so daß er die Fahrt unterbrechen und mittels Kraftwagen in seine Wohnung gebracht werden mußte. Der alsbald hinzugezogene Vertreter des damals in Urlaub befindlichen Beklagten stellte die Diagnose auf Nervenschmerzen, wahrscheinlich Ischias fest. Er verschrieb Mittel zum Einreiben und Einnehmen, durch die die Schmerzen nicht behoben wurden. Am 13. August 1935 wurde der Kläger auf sein wiederholtes Drängen von dem Beklagten zu Dr. L. in N. zur Röntgenuntersuchung überwiesen. Diese ergab einen eingekeilten, seitlichen Oberschenkelhalsbruch links. Dr. L. gab dem Kläger die Anweisung, das Bein durch Sandsäcke in Ruhelage zu bringen und im übrigen den Anordnungen des Beklagten zu folgen. Dieser besuchte am 16. August 1935 den Kläger in der Wohnung, verschrieb Tabletten zur Schmerzstillung und Schlafmittel. Das Bein wurde in Spreizlage zwischen Sandsäcken in Ruhe gestellt. Außerdem sollte das Bein massiert werden. Dies geschah 4 Wochen lang, ohne daß sich eine Besserung einstellte.

Am 18. September 1935 wurde der Kläger auf Anordnung des Beklagten mittels Personenkraftwagens neuerdings zu Dr. L. nach N. gebracht, damit eine neue Röntgenaufnahme gefertigt würde. Am 19. September 1935 schrieb Dr. L. an den Beklagten:

> „Die Röntgenaufnahme zeigt eine gute Fixierung des Fragments. Ich empfehle für die nächsten Monate jede Belastung peinlichst zu vermeiden.“

Nach der Rückkehr bat der Kläger den Beklagten um seinen Besuch. Dieser kam am 24. September und sagte, daß er nach N. fahren wolle, um sich die Röntgenaufnahme anzusehen, ordnete energische funktionelle Behandlung und Gehversuche an, kam dann aber nicht mehr zum Kläger. Eine erneute Röntgenaufnahme ergab, daß der Bruch nicht geheilt, sondern abgerutscht war und daß sich der Knoten tief in den Oberschenkel eingebohrt hatte. Es zeigte sich eine starke Schwellung des linken Beines und ein Hochgleiten des Oberschenkelknochens am Darmbein und noch keinerlei Knochenneubildung. Es bedurfte in der Folgezeit einer langwierigen Behandlung. Der Kläger ist auch heute noch nicht von Beschwerden frei. Er führt den unbefriedigenden Zustand, der ihn auch an der Ausübung seines Berufes hindert, auf die angebliche Fehlbehandlung durch den Beklagten zurück und verlangt von diesem als Schadensersatz neben den entstandenen Arzt- und Heilungskosten auch die noch entstehenden, Schmerzensgeld und eine Rente von jährlich 1800 RM.

Das Landgericht hat den Beklagten zur Zahlung von 60 RM verurteilt und im übrigen die Klage abgewiesen. Das Oberlandesgericht hat auf die Berufung des Klägers unter Zurückweisung der Anschlußberufung des Beklagten diesen zur Zahlung von 600 RM verurteilt, im übrigen es aber bei der Klageabweisung belassen.

Auf die Revision des Klägers wurde das Berufungsurteil aufgehoben und die Sache in die Vorinstanz zurückverwiesen.

Aus den Gründen.

Die Revision rügt zunächst die Verletzung des § 276 des BGB. Ein fahrlässiges Verschulden im Sinne dieser Bestimmung kann, wie das Berufungsgericht nicht verkannt hat, auch gegeben sein, wenn kein ärztlicher Kunstfehler, d.. h. keine Verletzung bestimmter in der Wissenschaft allgemein anerkannter Regeln vorliegt. Dieser Grundsatz verdient, wie das Reichsgericht in seinem Urteil vom 12. Oktober 1934 — III 61/34 — ausgeführt hat, um so mehr Bedeutung, wenn, wie hier, aus dem festgestellten Sachverhalt hervorgeht, daß es sich nicht um Regeln handelt, die in der Wissenschaft allgemein anerkannt sind und die Ansichten der Fachkreise zum mindesten auseinandergehen.

Der Kläger sieht schon darin ein fahrlässiges Verschulden des Beklagten, daß dieser den Knochenbruch nicht sofort als solchen erkannte. Rechtlich bedenkenfrei verneint aber insoweit das Berufungsgericht ein Verschulden. Es weist zutreffend darauf hin, daß das Fehlen eines äußeren Anlasses zum Knochenbruch und das durch die Verkeilung der Bruchstücke verursachte Fehlen äußerer auf einen Bruch hindeutender Umstände den Gedanken, daß es sich um einen Bruch handele, zu weit zurücktreten ließen. Es handelte sich um einen außergewöhnlichen Vorgang, und der Beklagte konnte, da es sich beim Kläger um einen in den besten Jahren stehenden Mann handelte, der nichts über einen Unfall oder eine Gewalteinwirkung vorbringen konnte, zunächst nicht auf den Gedanken kommen, daß es sich um einen Knochenbruch handele. Daran kann auch der Umstand nichts ändern, daß es Prof. Dr. M. am 19. April 1939 gelungen ist, bei persönlicher Befragung des Klägers festzustellen, daß dieser ein Vierteljahr vor dem 30. Juli 1935 in der Backstube zu Fall gekommen war, was einen Riß des Schenkelhalsknochens und beim Radfahren einen Bruch dieses Knochens verursacht haben konnte. Schließlich wäre es Sache des Klägers gewesen, den Beklagten hierauf aufmerksam zu machen.

Mit Recht rügt aber die Revision Verletzung des § 276 BGB insoweit, als das Berufungsgericht erst ein am 24. September 1935 einsetzendes und in der Unterlassung hinreichender Anweisungen und Überwachung der angeordneten Gehversuche liegendes Verschulden annimmt und im Anschlusse an die Gutachten von Professor Dr. N. und Professor Nr. M. den ursächlichen Zusammenhang mit dem völligen Mißlingen der Heilung des Knochenbruches verneint.

Der Beklagte hätte nach der Erkenntnis der Fehldiagnose sofort die größte Sorgfalt aufwenden müssen, um durch die weitere Behandlung den aus der Nicht- oder doch zu spät einsetzenden Behandlung des Bruches infolge der Fehldiagnose etwa erwachsenden Heilungshindernissen oder Heilungserschwernissen nach Möglichkeit zu begegnen. Waren die Fehldiagnose und die anfängliche Fehlbehandlung auch an sich, wie dargelegt, nicht schuldhaft, so folgte aus ihnen doch nach ihrer Erkenntnis eine erhöhte Sorgfaltspflicht des Arztes bei der Durchführung der weiteren Behandlung. Die Außerachtlassung dieses Gesichtspunktes durch den Berufungsrichter kann seine weiteren Ergebnisse beeinflußt haben.

Die durch die Erkenntnis der Fehldiagnose und der bisherigen Fehlbehandlung bedingte erhöhte Sorgfaltspflicht war schon bei der Prüfung der Frage von Bedeutung, ob der Beklagte für die weitere Behandlung die Sandsackmethode wählen durfte, wenn auch der Anschauung der Revision nicht beigetreten werden kann, daß der Beklagte nunmehr ohne weiteres die Behandlung einem Spezialisten hätte überlassen oder den Kläger in ein Krankenhaus hätte überweisen müssen. Oberschenkelhalsbrüche gehören zwar erfahrungsgemäß im allgemeinen zu den kompliziertesten und regelmäßig der Heilung am schlechtesten zugänglichen Brüchen. Daß sie aber nur im Krankenhaus und nicht zu Hause behandelt werden könnten, kann dem Kläger nicht zugegeben werden, wenn auch eingeräumt werden muß, daß die Behandlung im Krankenhaus wegen der dort zur Verfügung stehenden Heilmittel und Einrichtungen und vielleicht auch wegen der größeren Erfahrung, die dort häufiger vorhanden sein wird, weil eben öfter solche Fälle vorkommen als beim praktischen Arzt, den Vorzug verdienen wird. Entscheidend wird also sein, ob der Beklagte sich trotz der größeren Schwierigkeiten der Heimbehandlung angesichts der durch die Fehldiagnose eingetretenen Verzögerungen und deren etwaigen Folgen die Übernahme der Behandlung zutrauen durfte. Bestimmte Behauptungen, die dagegen sprächen, hat der Kläger nicht aufgestellt. Allgemeine Erwägungen und Gesichtspunkte — insbesondere Rückschlüsse aus dem schließlichen Ergebnis — reichen nicht aus, in der Nichtzuziehung eines Spezialisten und in der Nichtüberweisung in das Krankenhaus ein Verschulden des Beklagten zu sehen. Insbesondere scheint auch die erste Röntgenaufnahme keine besondere Komplikation aufgezeigt zu haben, die den Beklagten zu solchen Maßnahmen hätte veranlassen können oder müssen.

Nicht beigetreten werden kann aber der Auffassung des Berufungsgerichts, daß der Beklagte ohne weiteres die Sandsackmethode als die billigere Art der Behandlung, die noch Erfolg versprechend und nicht aussichtslos war, als Heilmethode hätte wählen dürfen. Das Berufungsgericht steht, soweit erkennbar, auf dem Standpunkt, daß sich der Arzt bei der Wahl zwischen mehreren Behandlungsarten von dem Gesichtspunkt der Billigkeit leiten lassen darf und daß er unter diesem Gesichtspunkt auch eine weniger erfolgversprechende Methode zunächst wenigstens an dem Patienten auszuprobieren berechtigt ist, während er zu einer anderen erfolgversprechenderen Behandlungsart erst überzugehen braucht, wenn die erste zu keinem Erfolg führt oder diese doch sehr in Frage gestellt ist. Auf die Billigkeit mag — immer vom Standpunkt der Pflichten des Arztes aus gesehen — Rücksicht genommen werden können, wenn mehrere gleichwertige und in gleicher Weise erfolgversprechende Behandlungsarten zur Verfügung stehen. Wenn aber eine Methode von vornherein die erfolgversprechendere und sicherere ist, muß der Arzt diese wählen, wenn nicht der Patient selbst die andere aus Gründen der Billigkeit oder anderen Gründen vorzieht. Die Erwägung, die für das Berufungsgericht den Ausschlag gegeben hat, vermag also seine Billigung der vom Beklagten eingeschlagenen Behandlung nicht zu rechtfertigen. Hatte der Beklagte Bedenken wegen der Kosten, so mußte er unter entsprechender Aufklärung die Entscheidung des Patienten herbeiführen.

Hinsichtlich der Frage der Anordnung der Gehübungen mag dem Beklagten kein Vorwurf daraus zu machen sein, daß er den Bruch für einen lateralen und nicht für einen medialen gehalten hat. Aber auch wenn er ohne Verschulden davon ausgehen durfte, wäre bei Prüfung der Frage, ob der Beklagte überhaupt schon Gehversuche anordnen durfte, zu berücksichtigen gewesen, daß Dr. L. empfohlen hatte, jede Belastung des Beines, also auch wohl Gehversuche, zunächst peinlichst zu vermeiden. So liegt die Erwägung nahe, daß der Beklagte sich mit Dr. L. hätte verständigen oder wenigstens das von diesem aufgenommene Röntgenbild hätte besichtigen müssen, was er übrigens dem Kläger in Aussicht gestellt hat. Letzterenfalls wäre voraussichtlich erkennbar gewesen, daß die Bruchstelle noch keinerlei Knochenneubildung hatte, da diese noch nicht einmal bei der von Dr. S. Mitte Oktober 1935 vorgenommenen Röntgenuntersuchung vorhanden war. Sodann ließ der Beklagte den Kläger in einem gewöhnlichen Personenkraftwagen zur zweiten Röntgendurchleuchtung bringen. Wenn auch, wie das Berufungsgericht ausführt, die Fahrt nach N. nach dem Ergebnis der zweiten Röntgenaufnahme zu keiner Komplikation geführt hat, so kann dies nur für die Hinfahrt gelten, weil die Röntgenaufnahme nur den Zustand erkennen ließ, der nach der Hinfahrt bestand. Die Verschlimmerung kann aber schon auf dem Rücktransport eingetreten sein. Diese Möglichkeit hat das Berufungsgericht bei der Prüfung des Verschuldens des Beklagten außer acht gelassen.

Im übrigen macht das Berufungsgericht dem Beklagten ohnehin zum Vorwurf, daß er dem Kläger nicht hinreichende Anweisungen für seine Gehübungen gegeben und sich überhaupt nicht ausreichend weiter um ihn gekümmert, insbesondere die Gehübungen nicht überwacht habe. Nach der Ansicht des Berufungsgerichtes hätten die Gehübungen jedenfalls nur unter Benützung von Krücken und mit größter Vorsicht vorgenommen sowie genau überwacht und nötigenfalls alsbald wieder abgebrochen werden müssen. Die Überwachung durch die Schwester F. habe keinesfalls genügt. Wenn der Beklagte den Kläger nicht hinreichend aufgeklärt, sondern ihn bei dem komplizierten Bruche seinem Schicksal überlassen habe, so habe er schuldhaft gehandelt und müsse für die daraus entstehenden Folgen einstehen.

Gleichwohl ist das Berufungsgericht aber der Ansicht des Klägers nicht gefolgt, daß sein heutiger Zustand auf dieses fahrlässige Verhalten des Beklagten zurückzuführen sei. Das Berufungsgericht hat sich an der Annahme eines ursächlichen Zusammenhanges nämlich gehindert gesehen, weil es aus den vorliegenden Gutachten die Auffassung gewonnen hat, daß ein Schenkelhalsbruch, wie ihn der Kläger erlitten hatte, zu den kompliziertesten Brüchen gehöre und für solche Brüche eine sichere Prognose nicht gestellt werden könne. Das Berufungsgericht meint, daß auch bei einer sofortigen Nagelung der Bruchenden heute dasselbe Bild vorliegen könne. Wenn der Kläger auch nicht zu beweisen habe, daß er ohne die fehlerhafte Behandlung völlig geheilt wäre, so habe er doch dartun müssen, daß sein Zustand auf die fehlerhafte Behandlung durch den Beklagten zurückzuführen sei, ein Beweis, der nicht als geführt angesehen werden könne. Unter Berücksichtigung der Gutachten sei anzunehmen, daß durch die Anordnung der Gehübungen am 24. September und durch die Nichtbetreuung des Klägers in der Folgezeit sich die Verhältnisse am gebrochenen Knochen nicht nachweisbar für die spätere Heilung ungünstiger gestaltet hätten. Diese Erwägungen des Berufungsgerichtes können indessen nicht als rechtsirrtumsfrei angesehen werden. Sie sind so stark auf eine Beweislast des Klägers abgestellt, daß es zunächst schon zweifelhaft erscheinen muß, ob sich das Berufungsgericht des freien Spielraumes für sein richterliches Ermessen bei der Beurteilung des ursächlichen Zusammenhangs gemäß § 287 ZPO bewußt gewesen ist. Das Berufungsgericht hätte nach dieser Bestimmung für seine Überzeugung auch gegebene Wahrscheinlichkeiten verwerten dürfen, die nicht lediglich einer allgemeinen medizinischen theoretischen Beurteilung, sondern vornehmlich auch den konkreten Umständen des Falles zu entnehmen gewesen wären. Das Urteil läßt nicht ersehen, ob und inwieweit derartige Erwägungen vom Berufungsgericht angestellt worden sind.

Vor allem aber hat das Berufungsgericht in diesem Zusammenhang nicht beachtet, daß der Beklagte vielleicht schon durch den nicht genügend gesicherten Rücktransport des Klägers von der zweiten Röntgendurchleuchtung, sicherlich aber durch seine fahrlässigen Anordnungen über die Vornahme von Gehversuchen und die anschließende — nach den bisherigen Feststellungen des Berufungsgerichtes jedenfalls nicht zu rechtfertigende — Unterlassung jeglicher weiteren Betreuung des Klägers für diesen die Gefahr gesetzt hat, daß sich die bei der zweiten Röntgendurchleuchtung noch in guter Lage befindlichen Knochenenden wieder verschoben. Dieser Gefahr mußte sich der Beklagte, wenn er nicht greifbare Anhaltspunkte für das Unbedenkliche seines Verhaltens gehabt haben sollte, auch bewußt sein. Freilich gibt es Fälle, in denen der Arzt nach anerkannten Regeln der Heilkunst auch eine Gefährdung seines Patienten in Kauf nehmen muß, wenn zu dessen Wiederherstellung gewagte Mittel angewendet werden müssen. So liegt die Sache hier, soweit ersichtlich, indessen nicht. Dann muß aber auch der Arzt die Folgen gegen sich gelten lassen, welche sich aus allgemeinen Grundsätzen für den Fall ergeben, daß jemand einen anderen in rechtswidriger Weise und sogar entgegen bestehenden Vertragspflichten bewußt oder in leichtfertiger Gleichgültigkeit einer Gefahr aussetzt. Solchenfalls muß nämlich, wenn dem anderen in der Tat ein Schaden entsteht, welcher den äußeren Umständen nach auf die Gefährdung zurückgeführt werden kann, derjenige die Beweislast für die Nichtursächlichkeit der Gefährdung tragen, welcher schuldhaft die Gefahr gesetzt hat. In einem solchen Falle geht die Unaufklärbarkeit des Ursachenzusammenhanges regelmäßig zu seinen Lasten. Diese Einschränkung der Beweislast des Geschädigten ist von dem erkennenden Senat in einem ähnlich liegenden Fall bereits anerkannt worden (vgl. das Urteil vom 23. März 1937, III 189/36). Selbst wenn aber der Beklagte die Gefahr nicht bewußt, sondern lediglich aus Unachtsamkeit gesetzt haben würde, so würden beim Eintreten eines gerade dieser Gefahr entsprechenden Schadens an die Beweislast des Klägers für den ursächlichen Zusammenhang keine allzu strengen Anforderungen zu stellen sein. Die bloße theoretische Möglichkeit eines auch sonst ungünstigen Heilungsverlaufes würde diesen Gesichtspunkten gegenüber zurücktreten müssen. Das Berufungsgericht hat diesen vom Standpunkt eines gerechten Interessenausgleichs zu beachtenden Regeln ersichtlich nicht Rechnung getragen.

Wegen der aufgezeichneten Rechtsmängel kann das angefochtene Urteil nicht aufrechterhalten werden und muß die Sache zur neuen Verhandlung an das Berufungsgericht zurückverwiesen werden.

Nr. 7. BGH Urteil vom 27. November 1952 — VI ZR 25/52 — BGHZ 8, 139ff.

Rechtssatz: *1. An die Sorgfaltspflicht eines Dentisten sind keine geringeren Anforderungen zu stellen als an die eines Zahnarztes.*

2. Ein Zahnarzt oder Dentist, der bei Benutzung eines Kleininstruments die von der Wissenschaft für erforderlich gehaltenen Sicherungsmaßnahmen unterläßt, handelt auch dann fahrlässig, wenn diese Maßnahmen mit gewissen Unbequemlichkeiten oder Zeitverlust verbunden sind und deshalb in der Praxis üblicherweise nicht angewendet werden. Er haftet deshalb auf Schadenersatz, wenn der Patient eine ohne diese Maßnahme verwendete Nervnadel verschluckt oder einatmet.

Aus den Gründen.

Nach den Feststellungen des Berufungsgerichts gibt es eine Reihe von Sicherungsmaßnahmen gegen das Verschlucken von Nervnadeln, die die Gefahren der Verwendung derartiger Nadeln sehr wesentlich herabmindern. Allerdings bringt ihre Anwendung gewisse Unannehmlichkeiten sowohl für den Patienten als auch für den Zahnbehandler mit sich und verlängert die Dauer der einzelnen Behandlungen, so daß die meisten Zahnärzte und Dentisten in ihrer Praxis mit ungesicherten Nervnadeln zu arbeiten pflegen. Von dieser Grundlage aus ist zu prüfen, ob die Unterlassung von Sicherheitsmaßnahmen bei der Verwendung der Nervnadel dem Beklagten als Verschulden anzurechnen ist.

a) Es ist für diese Prüfung ohne Bedeutung, daß der Beklagte nicht akademisch gebildeter Zahnarzt, sondern Dentist ist. An die Sorgfaltspflicht eines Dentisten dürfen keinesfalls geringere Anforderungen gestellt werden als an die eines Zahnarztes (vgl. Lang: Dentistische Rechtskunde [1930] Bd. 1 S. 158; Bd. 2 S. 978). Das Gesetz über die Ausübung der Zahnheilkunde vom 31. März 1952 (BGBl. I, 221), das Zahnärzte und Dentisten völlig gleichstellt und nur noch eine Bestallung als „Zahnarzt" kennt, ist zwar erst nach dem den Gegenstand dieses Rechtsstreits bildenden Vorfall in Kraft getreten. Diese gesetzliche Regelung bedeutet aber nur den Abschluß einer langen Entwicklung, die bereits durch die Schaffung des § 123 RVO — nach dieser Vorschrift kann bei Zahnkrankheiten mit Zustimmung des Versicherten diesem die Behandlung außer durch Zahnärzte auch durch Dentisten gewährt werden — einen entscheidenden Wendepunkt erreicht hatte. Auch schon vor dem Inkrafttreten des Gesetzes vom 31. März 1952 war daher allgemein anerkannt, daß die Dentisten im Rahmen der öffentlichen Gesundheitspflege nicht weniger wichtige Aufgaben zu erfüllen hatten als Ärzte und Zahnärzte. Gerade die Dentisten haben stets Wert darauf gelegt, daß sie gegenüber den akademisch gebildeten Zahnärzten nicht als Zahnbehandler minderer Qualität angesehen wurden. Ihnen können daher auch keine geringeren Sorgfaltspflichten obliegen als Zahnärzten, und es bestehen daher keine Bedenken dagegen, die über die Sorgfaltspflicht von Ärzten und Zahnärzten entwickelten Grundsätze auch auf Dentisten zur Anwendung zu bringen.

b) Bei dieser Prüfung kommt es weiter auch nicht entscheidend darauf an, ob in der Unterlassung dieser Sicherungsmaßnahmen ein Kunstfehler des Beklagten, d. h. ein Verstoß gegen einen allgemein anerkannten Grundsatz der zahnärztlichen Wissenschaft (Soergel BGB 8. Aufl. § 276 Anm. III B 3; RG JW 1935, 115 Nr. 3; RG DR 1940, 1949 Nr. 16), zu erblicken ist. Die Begriffe „Kunstfehler“ und „Verschulden“ des Arztes decken sich nicht (RG HRR 1931, 1748). Mag auch ein Arzt, Zahnarzt oder Dentist regelmäßig nur dann schuldhaft handeln, wenn er von anerkannten Regeln der Wissenschaft abweicht (RG HRR 1932, 1828, so kann doch im Einzelfall ein fahrlässiges Verschulden im Sinne des § 276 BGB auch dann gegeben sein, wenn kein ärztlicher Kunstfehler vorliegt (RG HRR 1931, 1748; JW 1935, 115 Nr. 3; DR 1940, 1949 Nr. 16). Dies gilt insbesondere dann, wenn die Ansichten der Fachkreise auseinandergehen und die Regeln, gegen die verstoßen worden ist, bisher noch keine allgemeine Anerkennung in der Wissenschaft gefunden haben. In derartigen Fällen, in denen die Meinungen der ärztlichen Wissenschaft und Praxis, über die ordnungsgemäße Behandlungsweise auseinandergehen, dürfen zwar die Anforderungen der Sorgfaltspflicht des Arztes nicht überspannt werden (RG JW 1938, 2203 Nr. 19). Herrscht aber Streit darüber, welches Maß von Vorsicht zur Verhütung von Schäden bei der Behandlung notwendig ist, so hat der Arzt im allgemeinen die größere Vorsicht zu beobachten, wenn er nicht fahrlässig handeln will (RG HRR 1932, 1828), denn der Kranke darf verlangen, daß der Arzt alle, auch entfernte Verletzungsmöglichkeiten in den Kreis seiner Erwägungen zieht und sein Verhalten bei der Behandlung des Patienten hiernach einrichtet (vgl. RG JW 1923, 603 Nr. 15). Deshalb kann auch der Arzt, wenn er die in seinem Tätigkeitsbereich erforderliche Sorgfalt außer acht gelassen hat, sich nicht darauf berufen, daß er die übliche Sorgfalt angewendet habe (RGZ 163, 129 [134]; vgl. auch RG JW 1938, 1246 Nr. 12).

c) Aus der Tatsache, daß erfahrene Praktiker der Zahnheilkunde üblicherweise mit ungesicherten Nervnadeln zu arbeiten pflegen, kann zwar der Schluß gezogen werden, daß der Beklagte die in seinen Berufskreisen übliche Sorgfalt angewendet hat. Hierauf kommt es aber, wie ausgeführt, nicht entscheidend an. Maßgebend ist vielmehr, ob er die objektiv erforderliche Sorgfalt beobachtet hat. Gerade im ärztlichen Beruf ist aber der Schutz der Patienten gegen durch Zwischenfälle bei der Behandlung drohende vermeidbare Gefahren oberstes Gebot. Bei der Zahnbehandlung mit Kleininstrumenten besteht stets die Gefahr, daß diese Instrumente den Fingern des Behandlers entgleiten, in den Schlund gelangen und verschluckt oder eingeatmet werden, und zwar auch dann, wenn diese Instrumente von erfahrenen Zahnbehandlern gehandhabt werden. Diese Gefahr kann durch Anwendung von Sicherungsmaßnahmen sehr wesentlich herabgemindert werden. Unter diesen Umständen ist die erforderliche Sorgfalt von einem Zahnbehandler nur dann beobachtet worden, wenn er die nach Lage des Falles gebotenen Sicherungsmaßnahmen ergriffen hat, um die Gefahr des Verschluckens oder Einatmens von den Fingern des Behandlers entglittenen Kleininstrumenten tunlichst auszuschalten. Soweit also nicht im Einzelfalle derartige Maßnahmen aus besonderen Gründen unanwendbar sind, ist die erforderliche Sorgfalt nur dann beobachtet, wenn diese Maßnahmen angewendet worden sind. Der Zahnbehandler setzt sich dem Vorwurf der Fahrlässigkeit aus, wenn er sie unterlassen hat. Mag dieses Verschulden auch angesichts der gegenteiligen allgemeinen Übung in den Kreisen der Zahnärzte und Dentisten nur als gering erscheinen, so genügt es doch, um die Schadensersatzpflicht des Zahnbehandlers zu begründen, wenn es eine Gesundheitsschädigung des Patienten zur Folge gehabt hat (vgl. RG JW 1923, 603 Nr. 15). Die von dem erkennenden Senat vertretene Ansicht, daß die erforderliche Sorgfalt bei der Behandlung mit Kleininstrumenten durch einen Zahnarzt oder Dentisten nur dann beobachtet worden ist, wenn die von der zahnärztlichen Wissenschaft entwickelten und auf den Universitäten gelehrten Sicherheitsmaßnahmen angewendet worden sind, steht in Einklang mit der Auffassung von maßgeblichen Lehrbüchern der konservierenden Zahnheilkunde (folgen Nachweise). In dem Verlangen nach Anwendung dieser Sicherungsmaßnahmen kann daher keine Überspannung der an die Sorgfaltspflicht der Zahnbehandler zu stellenden Anforderungen erblickt werden ...

Nr. 8. BGH Urteil vom 29. September 1952 — III ZR 340/51 — BGHZ 7, 223 ff.

Aus den Gründen.

Die Frage, ob und in welchem Maße eine Haftpflichtversicherung die Vermögenslage des Schädigers beeinflußt, kann für die Bemessung des Schmerzensgeldes nur dann Bedeutung gewinnen, wenn die Vermögenslage des Schädigers dabei überhaupt in Betracht zu ziehen ist. Dies ist in der Rechtsprechung und im Schrifttum bisher überwiegend angenommen worden ... (folgen Zitate).

Zur Entscheidung dieser Frage kommt es auf den Sinn und Zweck der billigen Entschädigung in Geld gemäß § 847 BGB an. Der Wortlaut des Gesetzes fordert eine Beachtung der Vermögensverhältnisse des Schädigers nicht. Dagegen könnte sie geboten sein, wenn es sich bei § 847 BGB auch nur im weiteren Sinne um eine Strafvorschrift handeln würde. Das ist nicht der Fall ...

Schon die Fassung des § 847 BGB läßt erkennen, daß der Anspruch auf Schmerzensgeld ein Schadensersatzanspruch ist, der sich von anderen Schadensersatzansprüchen nur insoweit unterscheidet, als der Schaden nicht am Vermögen oder an vermögenswerten Gütern eingetreten ist. Darauf deutet die Verwendung des Wortes „auch“ in Abs. 1 Satz 1 der Vorschrift. Die vom Gesetz gewählte Ausdrucksweise, den Verletzten sei eine „Entschädigung“ zu gewähren, spricht nicht gegen die Wertung als Schadensersatzanspruch, zumal der durch die unerlaubte Handlung herbeigeführte nichtvermögensrechtliche Nachteil ebenso wie die sonstigen nachteiligen Folgen einer solchen Handlung als „Schaden“ bezeichnet wird. Dies ist für die nichtvermögensrechtlichen Folgen einer schädigenden Handlung außerdem ausdrücklich auch in § 253 BGB geschehen.

Der Charakter als echter Schadensersatzanspruch wird aber mehr noch durch die systematische Einordnung der Vorschrift des § 847 in dem Zusammenhang der Regelung der Rechtsfolgen unerlaubter Handlungen deutlich gemacht. Die nachteilige Wirkung einer unerlaubten Handlung auf die nichtvermögensrechtlichen Belange des Verletzten ist genau so gut Folge der rechtswidrigen schuldhaften Verletzungshandlung wie die Schmälerung vermögenswerter Interessen. Eine Schadensersatzleistung für nicht vermögensrechtliche Schäden wird deshalb auch im Wege einer Wiederherstellung in Natur da, wo sie möglich ist, allgemein zugelassen (vgl. Staudinger, BGB 9. Aufl. Anm. 2 zu 253 Vorbem. II 1 Abs. 3 vor § 249; BGB RGR Komm. 9. Aufl. Anm. 1 vorletzter Abs. zu § 249; Palandt Anm. 1 zu § 249 BGB). Diese Auffassung befindet sich in Übereinstimmung mit der allgemeinen Anschauung, die unter Ablehnung einer nur materiellen Betrachtung gerade die geldlich nicht meßbaren, weil nicht der Vermögenswelt angehörigen Güter häufig sogar höher bewertet als die vermögensrechtlichen Werte. Ein Ersatz für immaterielle Schäden kann im Einzelfall für den Verletzten sehr wohl mindestens so wichtig erscheinen wie eine Ersatzleistung für den Verlust geldwerter Güter.

Eine Ersatzleistung durch Wiederherstellung in Natur ist nun bei nichtvermögensrechtlicher Schädigung häufig nicht möglich. Das Gesetz mußte deshalb, um dem Bedürfnis nach immaterieller Entschädigung gebührend Rechnung zu tragen, dafür sorgen, daß dem nur in seinen nichtvermögensrechtlichen Belangen Geschädigten auch bei Unmöglichkeit einer Naturalherstellung ein wirksamer Ausgleich gegeben wird. Dieser Ausgleich kann nur in einer Geldleistung bestehen. Sie besitzt, da sie an die Stelle einer im Einzelfall nicht möglichen Wiederherstellung in Natur oder neben eine zur vollen Entschädigung nicht ausreichende Naturherstellung tritt, gleichfalls den Charakter einer Schadensersatzleistung. Die Grundsätze, nach denen die Geldleistung (das sog. Schmerzensgeld) zu bemessen ist, sind deshalb, wie schon Petersen in JW 1936, 2965 dargelegt hat, nach dem Schadensersatzzweck dieses Ausgleichs zu bestimmen. Maßgebend muß demnach der Schaden sein, der durch die unerlaubte Handlung bei dem Verletzten in nichtvermögensrechtlicher Form entstanden ist. Wie immer bei Schadensersatzansprüchen sind darum grundsätzlich nur die Folgen zu berücksichtigen, die die zum Ersatz verpflichtende Handlung auf seiten des Geschädigten hervorgerufen hat. Ob der Schadensersatzzweck auch die Beachtung des Verschuldensgrades des Schädigers ausschließt, ist hier nicht zu entscheiden.

Die Zweckbestimmung auch des Schmerzensgeldanspruchs als eines Schadensersatzanspruchs ist durch die Rechtsprechung bisher nicht genügend beachtet worden. Nur die unzulängliche Einschätzung der Wichtigkeit gerade auch einer wirksamen Entschädigung für die durch die Rechtsverletzung herbeigeführte Einbuße geldlich nicht meßbarer Art hat vielfach dazu geführt, den Schmerzensgeldanspruch mit oft recht ungenügenden Ersatzbeträgen abzufinden. Statt dessen gilt es, dem Grundsatz Anerkennung zu verschaffen, daß ebenso wie beim Ausgleich des Vermögensschadens auch bei der Bemessung des Schmerzensgeldes nur der Entschädigungsbetrag ausreichen kann, der zur Beseitigung des verursachten Nachteils notwendig ist.

Mit diesem durch die Zweckbestimmung des Schmerzensgeldes gegebenen Erfordernis ist es unvereinbar, bei der Bemessung des Schmerzensgeldes die Vermögenslage des Schädigers zu beachten. Dies würde dazu führen, daß in Abweichung von den sonstigen Grundsätzen des Schadensersatzrechts nicht nur Art und Umfang des angerichteten immateriellen Schadens, sondern auch die Leistungsfähigkeit des Schädigers für die Bemessung des Schmerzensgeldes maßgeblich sind. Häufig hat die Rücksichtnahme auf die Vermögenslage des Schädigers die Gerichte sogar zu der Annahme veranlaßt, daß seine Leistungsfähigkeit die obere Grenze des „zumutbaren" Schmerzensgeldes darstellt, hinter der der Umfang der Schädigung fast völlig zurücktritt. Diese Rücksichtnahme verkennt nicht nur das Wesen des Schadensersatzanspruches, um den es sich, wie ausgeführt, auch bei dem Anspruch auf Ausgleich des nichtvermögensrechtlichen Schadens handelt. Sie steht auch im Widerspruch mit der das gesamte Schuldrecht leitenden Grundanschauung, daß der Umfang einer Verpflichtung regelmäßig von der Leistungsfähigkeit des jeweiligen Schuldners unabhängig ist (vgl. § 279 BGB). Ein Anlaß zu einer so weittragenden Durchbrechung der das gesamte einschlägige Rechtsgebiet beherrschenden Grundansichten ist um so weniger gegeben, als eine solche Rücksichtnahme auf die wirtschaftlichen Verhältnisse des Schädigers im Ergebnis zu einer Unterbewertung gerade der Rechtsgüter führt, die ihrer sittlichen Wertschätzung nach häufig gegenüber den reinen Vermögenswerten den höheren Rang verdienen. Dieses Ergebnis kann nicht im Sinne einer über materielle Interessenwahrung hinausreichenden, an sittlichen Maßstäben ausgerichteten Rechtsordnung liegen.

Wie wenig die Beachtung der Vermögenslage des Schädigers befriedigt, zeigt sich im übrigen bei völliger Mittellosigkeit des Haftpflichtigen. Sie müßte hier zu einer gänzlichen Versagung des Anspruchs führen, eine unhaltbare Folgerung, die auch das Reichsgericht trotz ihrer Folgerichtigkeit als unannehmbar, weil unbefriedigend, ablehnen mußte (RG DAR 1934, 152f.), ebenso wie es das Reichsgericht umgekehrt für die Haftpflicht des Fiskus abgelehnt hat (JW 1915, 920), auf das Merkmal der Leistungsfähigkeit zugunsten des Verletzten Rücksicht zu nehmen. Bei richtiger Rechtsanwendung ist die Rücksichtnahme auf die Leistungsfähigkeit des Schuldners hier wie auch sonst Sache des Vollstreckungsverfahrens. Der Verpflichtete mag sich gegenüber den Vollstreckungsorganen auf die zum Schutze zahlungsunfähiger Schuldner geschaffenen Bestimmungen berufen. Im Vollstreckungsverfahren kann dann im Einzelfall unter Beachtung der beiderseitigen Verhältnisse der erforderliche Ausgleich herbeigeführt werden. Beim Vorliegen der hierfür gegebenen Voraussetzungen ist es ferner dem zur Leistung des vollen Schmerzensgeldes verurteilten Schädiger unbenommen, sich zur Angleichung seiner Verbindlichkeit an seine Leistungsfähigkeit der richterlichen Vertragshilfe zu bedienen. Wollte man aber zulassen, daß die im Zeitpunkt der letzten mündlichen Verhandlung vor dem Prozeßgericht bestehende mangelnde Leistungsfähigkeit bereits im Erkenntnisverfahren zu einer Herabsetzung des an sich im Hinblick auf das Schadensausmaß angemessenen Schmerzensgeldes berechtigt, so würde dem Geschädigten die für ihn bei allen anderen Zahlungsansprüchen bestehende Aussicht genommen, im Falle einer nachträglichen Verbesserung der wirtschaftlichen Verhältnisse des Schädigers zur Befriedigung wegen seiner immateriellen Einbuße zu gelangen. Diese Schlechterstellung des in seinen nichtvermögensrechtlichen Belangen Verletzten ist innerlich nicht zu rechtfertigen, wie es überhaupt dem natürlichen Gerechtigkeitsgefühl widerspricht, daß etwa im Falle einer Körperverletzung der Umfang des Schmerzensgeldes bei sonst völlig gleicher Auswirkung der verletzenden Handlung von dem Zufall abhängig sein soll, ob der Schädiger leistungsfähig ist oder nicht, obwohl der Umfang der aus derselben unerlaubten Handlung hervorgehenden vermögensrechtlichen Ansprüche trotz ihrer häufig erheblich geringeren Bedeutung davon unabhängig ist.

Eine gesonderte rechtliche Behandlung von Schmerzensgeldansprüchen gegenüber anderen Ersatzansprüchen aus unerlaubter Handlung ist daher nur insoweit zulässig und geboten, als sie sich aus der besonderen Art des immateriellen Schadens ergibt. Die Besonderheit der nichtvermögensrechtlichen Entschädigung beschränkt sich aber darauf, daß, wie schon der Oberste Gerichtshof für die Britische Zone (OGHZ 2, 65 [77] ausgesprochen hat, infolge der Natur der verletzten Rechtsinteressen keine Möglichkeit besteht, dem Verletzten seinen immateriellen Schaden durch Geldleistung im eigentlichen Sinne zu ersetzen, also den Zustand herzustellen, der ohne das schadenstiftende Ereignis bestehen würde. Bei der Gewährung von Schmerzensgeld kann es sich immer nur darum handeln, dem Verletzten für die erlittenen körperlichen und seelischen Leiden einen — wenn auch nur unvollkommenen Ausgleich zu geben. Schmerzempfinden und Geldeswert sind, wie Walter (JW 1937, 2773) richtig bemerkt, an sich unvergleichbare Größen. Der an die Stelle des Anspruchs auf Wiedergutmachung von Unlustgefühlen tretende Geldanspruch kann deshalb nicht genau berechnet werden. Er unterliegt der Schätzung des Richters, der ihn angemessen, d. h. so zu bestimmen hat, daß er zum Ausgleich der immateriellen Nachteile geeignet ist. Diese im Schätzungswege vorzunehmende Anpassung an die durch die unerlaubte Handlung herbeigeführte nichtvermögensrechtliche Benachteiligung — und nur sie — meint das Gesetz, wenn es in § 847 BGB von einer „billigen" Entschädigung in Geld spricht. „Billig" ist die Entschädigung dann, wenn sie der durch die „Billigkeit", d. h. der durch eine angemessene Rücksichtnahme auf den entstandenen immateriellen Schaden gebotenen Höhe, entspricht.

Die von der bisher herrschenden Gegenmeinung vertretene Auffassung, „billig" sei eine Entschädigung im Einzelfall nur, wenn sie auch auf die Leistungsfähigkeit des Schädigers Rücksicht nehme, kann hiernach nicht gutgeheißen werden ... Wird noch näher ausgeführt.

Da hiernach die Vermögenslage des Schädigers für die Höhe des Schmerzensgeldes ohne Bedeutung ist, so ergibt sich zwangsläufig, daß auch das Vorhandensein einer Haftpflichtversicherung diese Vermögenslage nicht mit einer Wirkung für die Höhe des Schmerzensgeldes beeinflussen kann.

Nr. 9. RG Urteil vom 13. Dezember 1940 — III ZR 46/40 — RGZ 165, 336ff.

Über den Beweis des ersten Anscheins für die Entstehungsursache von Krankheiten, namentlich ansteckenden Krankheiten. Es ist Pflicht eines jeden Arztes, durch äußerste Vorsicht seine Kranken vor jeder Ansteckung und den damit verbundenen Gefahren zu bewahren, insbesondere, wenn diese durch Krankheit für die Ansteckung mit einer anderen Krankheit besonders empfindlich sind.

Die damals 6jährige Klägerin wurde am 2. September 1936 wegen einer Halserkrankung in die Hals-, Nasen- und Ohrenabteilung der städtischen Krankenanstalten der Beklagten eingeliefert und am 3. September 1936 an Rachenmandel- und Nasenpolypen operiert. Am 7. September erkrankte sie an Scharlach, am 9. September begann als Folge der Scharlacherkrankung eine doppelseitige Mittelohrentzündung, die zur Ertaubung beider Ohren führte. Auf demselben Zimmer der Ohrenleidenden hatte mit ihr mehrere Tage der Knabe B. gelegen. Dieser war am 17. Juli 1936 wegen Scharlacherkrankung in die medizinische Kinderabteilung eingeliefert worden, hatte hier ebenfalls eine Mittelohrentzündung bekommen und war nach Operation des Ohres am 1. September 1936 in die Ohrenabteilung verlegt worden; er mußte aber am 5. September wieder auf die Kinderabteilung zurückverlegt werden, da seine Erkrankung eine besondere Tag- und Nachtpflege erforderte. Am 10. September ist er an Lungenentzündung mit eitriger Rippenfellentzündung verstorben.

Die Klägerin führt ihre Scharlacherkrankung und Ertaubung auf eine Ansteckung durch B. zurück und erblickt ein Verschulden der Ärzte darin, daß B. trotz der noch bestehenden Ansteckungsgefahr auf die Ohrenabteilung verlegt worden sei, obwohl gerade die an Hals und Ohren erkrankten Kinder besonders ansteckungsempfindlich seien. Mit der Klage verlangt sie ein vom Gericht festzusetzendes angemessenes Schmerzensgeld sowie die Feststellung der Verpflichtung des Beklagten, ihr allen aus der Scharlachansteckung entstandenen und noch entstehenden Schaden zu ersetzen . . .

Das Landgericht und das Oberlandesgericht haben nach den Anträgen der Klägerin erkannt und ihr bis zur Verkündung des landgerichtlichen Urteils ein Schmerzensgeld von 300 RM zugebilligt. Die Revision führte, soweit wegen des Schmerzensgeldes verurteilt und die Verpflichtung zum Ersatz des nicht vermögensrechtlichen Schaden festgestellt worden ist, zur Aufhebung und Zurückverweisung; im übrigen wurde die Revision zurückgewiesen.

Aus den Gründen.

1. Das Berufungsgericht hält den Nachweis des ursächlichen Zusammenhanges nach den Grundsätzen des Beweises des ersten Anscheins für geführt. Denn beide Sachverständige seien darüber einig, daß bei B. zur Zeit seiner Einlieferung in die Ohrenabteilung noch Ansteckungsgefahr bestanden habe. Wenn diese auch durch die Ohreneiterung nicht wesentlich erhöht worden sei und wenn sich auch bei den Untersuchungen des Nasen- und Rachenraums vor und nach der Überweisung keinerlei Krankheitserscheinungen mehr gezeigt hätten, wie auf Grund der unbestrittenen Behauptung der Beklagten zu unterstellen sei, so sei doch nach beiden Gutachten eine erhebliche Ansteckungsgefahr auch bei Verschluß des Ohres bestehen geblieben. Es sei aber allgemein bekannt, daß gerade bei Scharlach eine große Gefahr der unmittelbaren Ansteckung durch andere Scharlachkranke bestehe, und deshalb sei nach dem gewöhnlichen Laufe der Dinge anzunehmen, daß die Scharlacherkrankung der Klägerin auf die Ansteckung durch einen anderen Scharlachkranken, mit dem sie in der sog. Inkubationszeit in Berührung gekommen ist, zurückzuführen sei. Eine ernstliche Möglichkeit, daß die Klägerin schon bei ihrer Einlieferung in die Ohrenabteilung von anderer Seite durch Scharlach angesteckt gewesen und nun die Scharlacherkrankung ausgebrochen sei, als ihre Widerstandsfähigkeit gegen die Krankheitserreger durch die Mandeloperation besonders geschwächt wurde, sei nicht dargetan. Nach den Feststellungen des städtischen Gesundheitsamtes seien in der Inkubationszeit, nämlich vom 13. August 1936 bis 6. September 1936, in dem Stadtteil W. mit 30 000 Einwohnern, wo die Klägerin wohnte, nur 8 weitere Scharlachfälle vorgekommen. Unter diesen Erkrankten hätten sich aber nur 4 Schulkinder befunden, von denen keines dieselbe Schule wie die Klägerin besucht habe. Es fehle auch jeder Anhalt dafür, daß die Klägerin mit den anderen Scharlachkranken zusammengekommen oder daß durch eine Mittelsperson die Krankheit von diesen auf sie übertragen worden sei, da nach ihrer unbestrittenen Darstellung eine Berührung mit den in anderen Bezirken wohnenden Kindern nicht in Frage komme. Die Möglichkeit einer Übertragung trotz dieser räumlichen Trennung sei gegenüber der naheliegenden Ansteckung durch B. so fernliegend und gering, daß sie nicht ernstlich als Krankheitsursache der Klägerin in Betracht gezogen werden könne.

Diese Ausführungen sind frei von Rechtsirrtum. Zunächst ist es nicht zu beanstanden, daß das Berufungsgericht hier die Grundsätze über den Beweis des ersten Anscheins herangezogen hat. Zwar ist der Verlauf einer Krankheit nicht bloß von dem Vorhandensein bestimmter äußerer Entstehungsursachen, sondern auch von der körperlichen Veranlagung und dem augenblicklichen körperlichen Zustande des Erkrankten, also von Ursachen abhängig, die dem Arzt nicht immer hinreichend erkennbar sind, und deren Einfluß er nicht immer genau beurteilen kann. Ein außergewöhnlicher Verlauf einer Krankheit rechtfertigt also nicht ohne weiteres die Annahme eines Kunstfehlers oder eines Verschuldens des Arztes, so daß dieser die Gründe und Ursachen für den regelwidrigen Verlauf der Krankheit angeben müßte. Namentlich bei Operationsschäden hat es der erkennende Senat in ständiger Rechtsprechung (vgl. u. a. RGZ B. 78 S. 432, Bd. 128 S. 121; JW k833 Nr. 7 1935, S. 3540 Nr. 11; WarnRspr. 1936 Nr. 169) abgelehnt, aus der bloßen Tatsache, daß der ärztliche Eingriff nicht den erwarteten Verlauf nahm, sondern zu einer Gesundheitsbeschädigung führte, einen Schluß auf ein Verschulden des Arztes zu ziehen und die Unaufklärbarkeit des ursächlichen Zusammenhanges zu Lasten des Arztes gehen zu lassen. Indessen sind die ansteckenden Krankheiten — um eine solche handelt es sich hier — Massenerscheinungen, die in leichteren Fällen und namentlich in ihren Anfangserscheinungen im allgemeinen einen gleichmäßigen und eigenartigen (typischen) Verlauf zu nehmen pflegen. Vor allem ist die Ansteckung, die Übertragung des Krankheitserregers nach gefestigter wissenschaftlicher Erfahrung von dem Vorhandensein bestimmter außerordentlicher Umstände wie gewisser körperlicher Zustände (Ansteckungsbereitschaft) des Menschen abhängig, so daß, mögen auch die Empfindlichkeit und der Widerstand des menschlichen Körpers gegenüber den Krankheitserregern im einzelnen nicht aufklärbar sein, doch das Vorhandensein bestimmter Umstände die Ansteckung gerade auf diesem Wege nahe legt, das Fehlen dieser Umstände andererseits sie in der Regel ausschließt. Insoweit sind die von der Rechtsprechung aufgestellten Grundsätze über den Beweis des ersten Anscheins sehr wohl anwendbar.

Gegen diese Grundsätze hat das Berufungsgericht nicht, wie die Revision meint, verstoßen. Es hat nicht etwa von der Beklagten den Gegenbeweis gegen die Wahrscheinlichkeit gefordert, daß die Klägerin durch B. infolge ihres Zusammenseins mit ihm auf demselben Zimmer während mehrerer Tage angesteckt worden ist; sondern es ist gerade den Behauptungen der Beklagten nachgegangen, die Klägerin könne schon mit einer bereits vorhandenen Ansteckung in die Klinik gekommen oder dort durch Mittelspersonen angesteckt worden sein. Wenn es aber die Möglichkeit der unmittelbaren Übertragung der Ansteckungskeime auf die Klägerin in der Inkubationszeit durch einen anderen Scharlachkranken in S. deshalb verneint, weil infolge der räumlichen Trennung eine Berührung der Klägerin mit den anderen Kranken nicht in Frage kommt, so liegt das auf dem Gebiete der tatrichterlichen Würdigung, die im Revisionsverfahren nicht nachprüfbar ist, da beachtliche Verfahrensrügen in dieser Hinsicht nicht erhoben worden sind. Der Bericht der städt. Krankenanstalten vom 31. Januar 1940, auf den die Revision sich dafür beruft, daß eine größere Anzahl von Scharlacherkrankungen vorgekommen sei, als das Berufungsgericht annehme, enthielt nur die allgemeine Behauptung von zahlreichen Erkrankungen und konnte durch die späteren genauen Angaben des städtischen Gesundheitsamtes als überholt angesehen werden. Die Möglichkeit, daß die Ansteckung der Klägerin nach dem 13. August 1936 von einem Kranken, der schon vorher angesteckt war, herrührte, ist so gering, daß das Berufungsgericht nicht noch Ermittelungen über weitere Scharlacherkrankungen vor dem Beginn der Inkubationszeit der Klägerin anzustellen brauchte; denn ein Scharlachkranker, der vor dem 13. August 1936 dem Gesundheitsamt gemeldet wurde, ist doch auch vor diesem Zeitpunkt abgesondert worden, so daß eine Berührung der Klägerin mit ihm vom Berufungsgericht nicht in Betracht gezogen zu werden brauchte.

Unberechtigt ist auch der Vorwurf, daß das Berufungsgericht die Möglichkeit der Übertragung der Krankheit durch Mittelspersonen unterschätzt habe. Denn, um die Annahme der Ansteckung durch einen bestimmten Kranken auszuschalten, genügt nicht schon die theoretische Möglichkeit, daß irgendeine Mittelsperson irgendwie und irgendwo mit einem Träger von Scharlachkeimen in Berührung gekommen ist und sie weitergegeben hat. Diese Möglichkeit besteht immer und würde bei der Unaufklärbarkeit des Vorgangs der Ansteckung und Erkrankung im einzelnen jeden Beweis, daß die Ansteckung auf einen bestimmten Kranken zurückgeführt ist, überhaupt ausschließen. Es müssen daher bestimmte Umstände dafür sprechen, daß nicht bloß eine unbestimmte Möglichkeit, sondern eine gewisse Wahrscheinlichkeit für solche mittelbaren Berührungen des Erkrankten mit einem anderen Scharlachkranken bestand. Wenn das Berufungsgericht dies mit Rücksicht auf die von der Klägerin ohne Widerspruch der Beklagten dargelegten örtlichen Verhältnisse verneint und deshalb die Möglichkeit der Ansteckung durch eine solche Mittelsperson gegenüber der nach dem gewöhnlichen Laufe der Dinge viel näher liegenden Ansteckung durch B. als so fernliegend bezeichnet, daß sie nicht ernstlich als Krankheitsursache der Klägerin in Betracht gezogen werden könne, so liegt dies wiederum auf tatsächlichem Gebiet und entspricht nur dem von der Rechtsprechung (RGZ Bd. 159 S. 283

[290 mit Nachweisungen]) aufgestellten Grundsatz, daß ein anderer Ablauf in dem Bereich einer ernstlich in Betracht zu ziehenden Möglichkeit liegen müsse.

Unbegründet sind auch die Vorwürfe der Revision, daß das Berufungsgericht das Vorbringen der Beklagten in verschiedener Hinsicht nicht genügend berücksichtigt habe. Da die Möglichkeit einer anderweitigen Ansteckung der Klägerin aus tatsächlichen Gründen nicht in Frage kommt, so brauchte das Berufungsgericht auf ihre Ansteckungsbereitschaft infolge Erkrankung der Atmungsorgane nicht näher einzugehen. Es konnte auch die Behauptung der Beklagten, daß zwischen der Klägerin und B. noch ein anderes Kind gelegen habe, unberücksichtigt lassen, da diese Trennung nach den eigenen Behauptungen der Beklagten über die Gefahren der mittelbaren Übertragung der Krankheitskeime eine Ansteckung durch B. während der 4 Tage des Zusammenliegens, namentlich bei der durch Krankheit und Operation an den Atmungsorganen geschwächten Klägerin, nicht ausschloß, zumal auch der Gutachter Kl. auf diese bereits in der Berufungsbegründung enthaltene Behauptung wie die gegenteiligen Behauptungen der Klägerin, namentlich, daß sie mit Sachen des B. gespielt habe, nicht näher eingegangen ist, sie also offenbar für unerheblich gehalten hat.

Auch daß das Berufungsgericht die Behauptungen der Beklagten über die Untersuchung des Nasen-Rachenraumes des B. vor seiner Überführung in die Hals-, Nasen- und Ohrenabteilung nur unterstellt, die darüber benannten Zeugen nicht vernommen hat und auf diese Behauptungen bei seinen Erörterungen nicht näher eingegangen ist, enthält keinen Verstoß gegen § 286 ZPO. Denn nach dem Gutachten des K. ist die Übertragung durch Tröpfchenansteckung auch bei einer Ohrenerkrankung trotz guten Schutzverbandes nicht ausgeschlossen, wenn auch die Bedingungen dafür weniger günstig sind als bei seiner Erkrankung des Nasen-Rachenraumes. Das Vorhandensein von Krankheitserscheinungen im Nasen-Rachenraum ist nur der häufigste Anlaß dafür, daß auch nach Ablauf der üblichen Absonderungszeit von sechs Wochen noch Ansteckungen vorkommen. Diese Ansteckungsgefahr besteht aber, wie der Gutachter ausdrücklich feststellt, auch bei einer Ohrenerkrankung allein fort. Das Fehlen von Krankheitserscheinungen im Nasen-Rachenraum war somit für die Möglichkeit einer Ansteckung durch B. ohne wesentliche Bedeutung.

Rechtliche Bedenken gegen die Annahme des ursächlichen Zusammenhanges für die Ansteckung durch B. bestehen somit nicht.

2. Mit Recht hat das Berufungsgericht einen Verstoß der behandelnden Ärzte gegen ihre Pflicht bejaht. Denn es ist Pflicht jedes Arztes, durch äußerste Vorsicht seinen Kranken vor jeder Ansteckung und den damit verbundenen Gefahren zu bewahren, namentlich wenn dieser wegen seiner Erkrankung für die Ansteckung mit einer anderen Krankheit besonders empfindlich ist. Er darf ihn daher nicht in Berührung mit anderen Kranken bringen, auch wenn er eine Ansteckung wegen des Befundes bei den anderen Kranken nicht für wahrscheinlich hält, falls doch noch eine nicht bloß wissenschaftlich denkbare, sondern nach ärztlichen Erfahrungen tatsächlich in Betracht kommende Möglichkeit der Ansteckung besteht. Insbesondere darf er in solchen Fällen nicht beide Kranken durch Zusammenlegen auf ein Zimmer in dauernde Berührung bringen und die Gefahr der Ansteckung dadurch erhöhen. Nach dem Gutachten der beiden Sachverständigen war nun aber nicht jede Ansteckung der Klägerin durch B. ausgeschlossen; denn nach ihnen kommen gerade bei Scharlacherkrankungen trotz äußerer Heilung in zahlreichen Fällen Ansteckungen auch noch nach Ablauf der üblichen Absonderungszeit von 6 Wochen vor (sog. Heimkehrfälle) und besteht namentlich bei einer Erschwerung wie der durch Mittelohrentzündung die Ansteckungsgefahr darüber hinaus fort. Nach beiden Gutachten kann auch trotz fehlender Krankheitserscheinungen im Nasen-Rachenraum bei Mittelohrerkrankungen noch eine Tröpfchenansteckung eintreten, und nach dem Gutachten

des K. kann insbesondere aus der Feststellung, daß Krankheitserreger nicht vorhanden sind, kein Schluß über die Notwendigkeit der Absonderung gezogen werden. Deshalb besteht nach beiden Gutachten im allgemeinen die Gepflogenheit, Kinder, die infolge Scharlacherkrankung eine Mittelohrentzündung haben, während der Dauer dieser Erkrankung auch nach der äußerlichen Abheilung des Scharlachs nicht in ein Zimmer zu legen, in dem nicht an Scharlach erkrankte Kinder liegen, sondern sie in Absonderungsräumen an ihrem Ohrenleiden zu behandeln. Diese Erfahrungsgrundsätze mußten auch den behandelnden Ärzten der Beklagten bekannt sein, und sie durften sich deshalb nicht über die übliche Vorsichtsmaßnahme hinwegsetzen. Wenn sie trotzdem den B. noch vor Ablauf der siebenten Woche seit Beginn seiner Erkrankung auf die Ohrenabteilung verlegten, so haben sie gegen ihre Sorgfaltspflichten verstoßen. Ist danach die vertragliche Haftung der Bekl. gegenüber der Kl. begründet, so sind dagegen nicht frei von Rechtsirrtum die Ausführungen des BG zur Schadensersatzpflicht der Bekl. aus unerlaubter Handlung. Das BG lehnt hier den von der Bekl. für die behandelnden Assistenzärzte angetretenen Entlastungsbeweis aus § 831 BGB mit der Begründung ab, daß der Leiter der Kinder- und Infektionsabteilung, Prof. Dr. K., bei der Leitung dieser Abteilung nicht die im Verkehr erforderliche Sorgfalt beobachtet habe. Er hätte allgemeine Anweisungen an seine Assistenzärzte geben müssen, Infektionskranke nur dann auf andere Stationen zu verlegen, wenn eine Ansteckungsgefahr nach den Regeln der ärztlichen Wissenschaft nicht mehr bestände, für Scharlacherkrankte mit anschließender Mittelohrentzündung also die Verlegung grundsätzlich verbieten müssen. Zunächst steht die Annahme, daß Prof. K. Leiter der Kinder- und Infektionsabteilung ist, mit dem bisherigen unstreitigen Vorbringen nicht im Einklang. Denn danach ist Prof. K. Leiter der Nasen- und Ohrenabteilung gewesen, ebenso wie die die Kl. behandelnden Assistenzärzte zu dieser Abteilung gehörten. Dies kann aber für die Frage Bedeutung haben, wer über die Verlegung eines Kranken von der einen zur anderen Abteilung zu entscheiden hat. Vor allem hat aber das BG nicht geprüft, ob nicht das Verbleiben eines Infektionskranken auf der Infektionsabteilung auch bei Nachkrankheiten und insbesondere die Absonderung eines im Anschluß an Scharlach an einer Mittelohrentzündung erkrankten Kindes von anderen an Nase oder Ohr erkrankten Kindern wegen der erfahrungsgemäß weiter fortbestehenden Ansteckungsgefahr ein so allgemein bekannter Grundsatz sei, daß darüber keine besonderen allgemeinen Anordnungen erlassen zu werden brauchten, ob also Prof. K. die Beachtung dieses Grundsatzes nicht hätte ohne weiteres erwarten können. Bei Prüfung dieser Frage durften andererseits die Behauptungen der Kl. nicht unberücksichtigt bleiben, daß schon mehrfach solche Ansteckung von Kindern in der Nasen- und Ohrenabteilung durch frühere Scharlacherkrankte vorgekommen seien, daß auch B. bei seiner Verlegung von der Ohrenabteilung in die Kinderabteilung nicht in die Infektionsabteilung verlegt worden sei, wie auch, daß der Prof. K. und die Bekl. im Rechtsstreit stets die Ansicht vertreten haben, bei Fehlen von Krankheitserscheinungen im Nasen-Rachenraum bestehe trotz Vorhandensein einer Ohrenerkrankung bei sorgfältigem Abschluß des Ohres eine Ansteckungsgefahr nicht mehr und sei eine Zusammenlegung eines solchen Kindes nach sorgfältiger Desinfektion mit anderen an Nase oder Ohr erkrankten Kindern ungefährlich. Denn es könnte daraus der Schluß gezogen werden, daß in den Krankenanstalten der Bekl. die abgesonderte Behandlung von scharlacherkrankten Kindern mit nachfolgender Mittelohrentzündung entgegen allgemeiner wissenschaftlicher Erfahrung kein allgemein bekannter und durchgeführter Grundsatz war, und es würde dann in dem Fehlen allgemeiner Anordnungen ein Verschulden der dafür verantwortlichen Personen liegen können.

Wer alsdann für den Erlaß solcher allgemeiner Anordnungen und für die dauernde Beachtung verantwortlich ist, bedurfte der Prüfung. Für das Verschulden des Prof. K. würde die Bekl., ohne daß ihr die Führung des Entlastungsbeweises versagt werden könnte, nur dann haften, wenn er ein besonderer Vertreter i. S. des § 30 BGB war (vgl. RGZ 157, 235 = JW 1938, 1893[34]). Das nimmt das BG offenbar an, da es ja der Bekl. die Führung eines Entlastungsbeweises offensichtlich auch in Hinsicht des Prof. K. versagen will. Irgendwelche Feststellungen dafür hat es aber nicht getroffen, ja sich nicht einmal die Haus- und Aufnahmeordnung oder die Dienstvorschriften für die Ärzte vorlegen lassen, die, wie bei allen Krankenanstalten, auch bei der Bekl. vorhanden sein und Bestimmungen über die Verteilung der Kranken auf die einzelnen Abteilungen enthalten werden. Wegen dieser Mängel unterlag das Berufungsurteil, soweit es die Ersatzpflicht wegen des nichtvermögensrechtlichen Schadens betrifft, der Aufhebung, im übrigen war die Revision zurückzuweisen.

Nr. 10. Anscheinbeweis bei einer durch Blutspende erfolgten Injektion an Lues BGH Urteil vom 14. Dezember 1953 — III ZR 183/52 — BGHZ 11, 227ff.

Am 25. Juni 1942 wurde bei der Ehefrau des Klägers in der Medizinischen Klinik der Universität K. eine Bluttransfusion vorgenommen. Blutspender war nach der Behauptung des Klägers der Steinträger L. Bei L. wurde auf Grund einer am 11. Juni 1942 angeordneten Untersuchung eine positive Wassermannreaktion festgestellt und am 1. Juli 1942 in sein Krankenblatt eingetragen. Eine Blutspende ist in dem Krankenblatt des L. nicht eingetragen.

Im Mai 1947 stellte sich die Ehefrau des Klägers als Blutspenderin zur Verfügung. Eine dieserhalb vorgenommene Wassermannreaktion fiel positiv aus. Die bei dem Kläger und seinen beiden Söhnen vorgenommenen Wassermannreaktionen verliefen negativ.

Der Kläger nimmt das Land wegen des seiner Ehefrau durch die Bluttransfusion vom 25. Juni 1942 entstandenen Schadens in Anspruch, weil diese dadurch mit Lues infiziert worden sei.

Das beklagte Land bestreitet, daß L. der Blutspender gewesen sei. Aber auch wenn dies der Fall gewesen sein sollte, so sei es unwahrscheinlich, daß die Infektion der Ehefrau des Klägers darauf zurückzuführen sei; denn eine Transfusionslues durch einen Blutspender, der an Lues III. Stadiums leide, sei äußerst selten und unwahrscheinlich, auch hätten sich bei der Ehefrau des Klägers nicht die typischen Merkmale einer Transfusionslues gezeigt.

Das Landgericht hat das beklagte Land unter Abweisung eines kleinen Teilbetrages dem Antrag entsprechend verurteilt, das Oberlandesgericht hat die Klage abgewiesen. Die Revision führte zur Zurückverweisung der Sache an das Berufungsgericht.

Aus den Gründen.

Das Berufungsgericht sieht es als festgestellt an, daß die Ehefrau des Klägers seinerzeit von L. Blut gespendet erhielt, und auch, daß dieser damals an Lues im III. Stadium erkrankt war. Es hat jedoch einen Schadensersatzanspruch abgelehnt, weil es nicht erwiesen sei, daß die Ehefrau des Klägers überhaupt an Syphilis erkrankt sei oder gewesen sei und daß, selbst wenn dem so wäre, die Blutübertragung von L. die Ursache dieser Erkrankung gewesen sei. Auf den Beweis des ersten Anscheins könne sich der Kläger nicht berufen, zumal auch bei einer Blutübertragung eines Lueskranken der Stufe III eine Ansteckung des Blutempfängers nur selten vorkomme und deshalb wenig wahrscheinlich sei. Es könne daher eine solche Transfusion noch nicht als typische Ursache einer Ansteckung angesehen werden. Der Kläger müsse somit den Beweis dafür erbringen, daß seine Ehefrau lueskrank sei oder gewesen sei. Nach dem Ergebnis der Beweisaufnahme könne es nicht einmal als erwiesen angesehen werden, daß die Ehefrau des Klägers überhaupt jemals an Lues erkrankt gewesen sei, da die bei ihr vorgenommenen Untersuchungen nicht genügt hätten, um ein zuverlässiges Ergebnis zu gewinnen. Die positive Wassermannreaktion könne möglicherweise auch durch andere Erkrankungen hervorgerufen worden sein. Sonstige typische Erscheinungen einer Lues seien nicht nachzuweisen gewesen und heute nicht mehr nachweisbar. Insbesondere hätten sich bei der Ehefrau des Klägers die typischen Erscheinungen des Sekundäraffektes, nämlich ein etwa drei Monate nach der Infektion auftretender Ausschlag, nicht gezeigt. Die im Bereich des linken Scheitelbeines aufgetretene Knochenauflagerung könne nicht mit Sicherheit als luetisches Gumma angesprochen werden, sondern könne auch andere Ursachen gehabt haben. Gegen ein luetisches Gumma spreche sogar der Umstand, daß diese etwa erst ein Jahr nach Beginn der antiluetischen Behandlung aufgetreten sei, was nach der medizinischen Erfahrung ungewöhnlich sei.

Aber selbst wenn unterstellt werde, daß bei der Ehefrau des Klägers eine Luesinfektion vorgelegen habe, so sei nicht nachgewiesen, daß die Transfusion vom 25. Juni 1942 deren Ursache gewesen sei. Dagegen spreche, daß bei einem Syphilitiker III. Grades eine Ansteckung auch bei einer Bluttransfusion unwahrscheinlich sei, und daß die typischen Symptome einer Transfusionslues, nämlich der nicht zu übersehende Sekundäraffekt, gefehlt hätten. Die Möglichkeit einer anderweitigen Infektion sei daher nicht auszuschließen.

Die hiergegen gerichteten Rügen der Revision sind begründet. Mit Recht wirft die Revision dem Berufungsgericht vor, daß es die Grundsätze für den Beweis des ersten Anscheins verkannt habe. Das Berufungsgericht ist bei seiner Beweiswürdigung sowohl hinsichtlich der Frage, ob die Ehefrau des Klägers überhaupt eine Lues gehabt hat, als auch hinsichtlich der Frage, ob die Bluttransfusion vom 25. Juni 1942 deren Ursache gewesen ist, nur von der Ursache einer etwaigen Infektion ausgegangen und hat seine Entscheidung lediglich darauf abgestellt, ob die festgestellte Tatsache der Bluttransfusion von einem Luetiker III. Grades als typische Folge eine Infektion mit Lues nach sich zieht.

a) Zu der Frage, ob die Ehefrau des Klägers überhaupt an Lues erkrankt war, hat das Berufungsgericht festgestellt, daß bei ihr eine dreimalige Wassermannreaktion vorgelegen hat und daß auch eine Knochenauflagerung (sog. Gumma) im Bereich des linken Scheitelbeines aufgetreten ist. Beide Symptome weisen auf einen krankhaften Befund hin. Die Diagnose dieses Krankheitsbildes braucht nach der auf die Gutachten des Sachverständigen gegründeten Auffassung des Berufungsgerichts allerdings nicht zwingend zu der Feststellung einer luetischen Krankheit zu führen; eine solche ist aber nach diesem Krankheitsbild als möglich anzusehen. Möglich ist allerdings auch eine andere Erkrankung.

Bei der Entscheidung der Frage, welche der verschiedenen möglichen Ursachen vorliegt, darf nun aber, wie bereits ausgeführt, nicht, wie das in dem Berufungsurteil geschehen ist, lediglich von der Ursache ausgegangen werden und eine dieser Möglichkeiten lediglich deshalb als nicht festgestellt und feststellbar angesehen werden, weil sie nach der medizinischen Erfahrung nur verhältnismäßig selten in Frage kommt. Es ist vielmehr auch von dem festgestellten Erfolg aus rückblickend zu fragen, welche Anhaltspunkte für das Vorhandensein etwaiger anderer möglichen Ursachen bestehen. Ergibt diese Prüfung, daß bei einem bestimmten Krankheitsbild für eine Ursache feste Anhaltspunkte bestehen, die diese Ursache — wenn auch nur entfernt — als möglich erscheinen lassen, während für die anderen in Frage kommenden

Ursachen solche Anhaltspunkte tatsächlicher Art völlig fehlen, so spricht der Beweis des ersten Anscheins für die erste Ursache.

Das bedeutet für den vorliegenden Fall: Das Krankheitsbild der Ehefrau des Klägers läßt den Schluß auf eine Luesinfektion und auch auf eine andere Erkrankung zu. Für die Annahme einer anderen Erkrankung fehlt jeder tatsächliche Anhaltspunkt, das beklagte Land kann hierzu nur abstrakte Vermutungen, aber keine konkreten Behauptungen aufstellen. Für die Annahme, daß die Ursache des festgestellten Krankheitsbildes eine Luesinfektion ist, besteht aber als konkreter Anhaltspunkt die festgestellte Tatsache der Bluttransfusion von einem Luetiker III. Grades. Daß eine solche Transfusion zu einer Infektion führen kann, wird in den Gutachten der Sachverständigen nicht ausgeschlossen, ebensowenig die Möglichkeit einer „stummen" Infektion, d. h. einer Infektion ohne sichtbares Auftreten der Sekundärerscheinungen. Ist aber eine solche Infektion überhaupt als möglich anzusehen, so spricht der Beweis des ersten Anscheins auch dafür, daß die Ehefrau des Klägers eine Lues gehabt hat, solange für das Vorhandensein anderer Ursachen des festgestellten Krankheitsbildes keine tatsächlichen Anhaltspunkte vorhanden und auch seitens des beklagten Landes in dieser Richtung keine Tatsachen vorgebracht worden sind. Dabei kann es auf den Grad der Wahrscheinlichkeit einer Infektion durch eine Bluttransfusion von einem Luetiker III. Grades nicht entscheidend ankommen. Das gilt um so mehr, als die Sachverständigengutachten erkennen lassen, daß zu dieser Frage noch verhältnismäßig wenig Erfahrungsmaterial vorliegt, insbesondere auch Feststellungen darüber fehlen, in welchem Verhältnis die Zahl der bei einer solchen Transfusion Infizierten zu der Zahl der nicht Infizierten steht.

b) Aus demselben Grunde spricht dann der Beweis des ersten Anscheins auch dafür, daß neben der Transfusionsinfektion eine anderweitige luetische Infektion auszuschließen ist, solange nicht in tatsächlicher Richtung konkrete Anhaltspunkte für eine solche vorhanden sind; denn es geht nicht an, dem Kläger oder seiner Ehefrau die Beweislast dafür aufzubürden, daß diese sich nicht anderweitig mit Lues infiziert hat. Tatsachen in dieser Richtung sind aber von dem beklagten Land nicht vorgetragen, viel weniger unter Beweis gestellt worden. Solange also als einzige Möglichkeit einer luetischen Infektion nur die Bluttransfusion feststellbar ist und im übrigen keine substantiierten Behauptungen, viel weniger Feststellungen hinsichtlich der Möglichkeit einer anderweitigen luetischen Infektion vorliegen, spricht auch der Beweis des ersten Anscheins für eine Infektion durch die Bluttransfusion, mag diese Art der Infektion bei einem Luetiker III. Grades auch selten vorkommen.

Nr. 11. Unter welchen Voraussetzungen liegt es dem Arzt ob, sich wegen Mißlingens einer Operation zu entlasten?

(RG-Urteil vom 17. Mai 1943. III 81/42. RGZ 171, 168 ff.)

I. Landgericht Schweidnitz

II. Oberlandesgericht Breslau

Der Ende 1874 geborene Kläger hatte sein rechtes Auge nach vorausgegangener Operation wegen grauen Stars im Jahre 1930 verloren. Im Jahr 1935 zeigten sich Anzeichen beginnenden Altersstars auch an seinem linken Auge. Er trat deshalb Ende 1936 in die Behandlung des Beklagten. Dieser nahm an dem Auge in der Zeit vom 11. Februar bis zum 2. Juli 1936 eine Reihe operativer Eingriffe vor, und zwar zunächst eine Ausschneidung der Regenbogenhaut, sodann in zwei Eingriffen die Entfernung von Teilen der Linsenmasse und in zwei weiteren Eingriffen die

Durchtrennung des Nachstars. Nach dem letzten Eingriff war das Sehvermögen des Klägers gänzlich geschwunden und hat sich auch nicht wiederherstellen lassen. Am 1. März 1937 wurde der Kläger als Postbeamter in den Ruhestand versetzt.

Die Vorinstanzen haben der Schadensersatzklage stattgegeben. Die Revision des Beklagten wurde zurückgewiesen.

Aus den Gründen.

Das Berufungsgericht stützt seine Entscheidung allein auf die unstreitige Tatsache, daß der Beklagte die fünf operativen Eingriffe am linken Auge des Klägers, die jedesmal mit Eröffnung des Augapfels verbunden waren, in ambulanter Behandlung vorgenommen hat. Der Sachverständige Professor L. hat sich dahin geäußert, diese Art der Behandlung des bereits einäugigen Klägers sei nicht zu verantworten gewesen und könne wohl von niemanden gutgeheißen werden. Im einzelnen hat er dazu ausgeführt, daß für die Nachbehandlung unbedingte Ruhe unerläßliches Erfordernis gewesen sei und daß insoweit alle nur erdenklichen Vorsichtsmaßnahmen hätten angewendet werden müssen. Das sei aber nur bei stationärer Behandlung in einer entsprechend eingerichteten Augenklinik möglich gewesen. Denn schon die Erschütterungen auf dem Heimweg nach der Operation hätten Erschwerungen auslösen können; so hätten Blutungen eintreten, auch habe sich der Wundschluß verzögern können, wodurch dem Eindringen von Ansteckungskeimen Vorschub geleistet werde. Frisch operierte Augenkranke bedürften daher einer besonderen Pflege durch geschultes Personal, und für die ersten drei Nächte seien Nachtwachen erforderlich und üblich. Hiernach ist das Berufungsgericht davon ausgegangen, daß die ambulante Behandlung des Klägers „nach ärztlicher Wissenschaft" ein grober Fehler gewesen sei. Das Berufungsgericht macht also dem Kläger einen schweren Verstoß gegen anerkannte Regeln der klinischen Wissenschaft und Praxis zum Vorwurf. Es ist weiter zu der Überzeugung gelangt, dieser Verstoß habe die Erblindung des Klägers leicht herbeizuführen vermocht. Auch dabei folgt das Berufungsgericht offensichtlich dem Gutachten des Sachverständigen. Dieser hat die Erblindung des Klägers mit einer vorausgegangenen schweren schleichenden Entzündung des Augeninnern — deren Entstehung durch eine ambulante Behandlung begünstigt wird — in Zusammenhang gebracht. Infolge dieser Entzündung sei die Nachstarmembran offenbar sehr schwartig gewesen. Die Durchtrennung einer solchen Schwarte sei aber schwierig und manchmal unmöglich; sie könne durch Zerrung der Gewebe in der Tiefe des Auges zu großen Blutungen oder Netzhautablösungen führen, Verschlimmerungen, die bei der letzten Operation offenbar eingetreten seien. Gegen die vorstehenden medizinischen Ausgangspunkte des Berufungsurteils läßt sich in rechtlicher Hinsicht nichts einwenden. Insoweit hat die Revision auch keine Beanstandungen erhoben.

Der Sachverständige hat allerdings ausgeführt, es lasse sich nicht mit Sicherheit oder genügender Wahrscheinlichkeit feststellen, daß im vorliegenden Falle die ambulante Behandlung den traurigen Endausgang verursacht oder mitverursacht habe. Gleichwohl aber hat das Berufungsgericht den ursächlichen Zusammenhang als gegeben unterstellt, weil es bei der obwaltenden Sachlage Aufgabe des Beklagten gewesen sei, sich zu entlasten und Umstände aufzuzeigen, welche die Erblindung des Klägers mindestens wahrscheinlicher herbeigeführt haben könnten als seine Behandlungsweise. Das habe der Beklagte nicht getan. Er habe weder Näheres über den Verlauf der Operation vorgetragen, noch seine vom Sachverständigen vermißten ärztlichen Aufzeichnungen vorgelegt, obwohl ihm dies möglich gewesen sei.

Die Revision meint, das Berufungsgericht habe die Beweislast unrichtig verteilt. Allerdings kann es nach feststehender Rechtsprechung des erkennenden Senates nicht zu Lasten des Arztes gehen, wenn die Ursache des Mißlingens einer Operation nicht festzustellen ist (RGZ Bd. 128 S. 121, 123 und oft.). Dieser Grundsatz ist vom Berufungsgericht aber nicht übersehen worden, da er im Berufungsurteil ausdrücklich hervorgehoben wird. Indessen ist es, worauf der erkennende Senat ebenfalls wiederholt hingewiesen hat (Urteile III 407/25 vom 9. Juli 1926 in WarnRspr. 1926 Nr. 155; III 203/36 vom 21. Mai 1937 in HRR 1937 Nr. 1301 und oft.), nicht starr anzuwenden. Im Einzelfalle kann es eine gerechte Interessenabwägung erfordern, daß der Arzt sich wegen der Ursächlichkeit oder Mitursächlichkeit eines von ihm schuldhaft begangenen Fehlers entlasten muß. Der erkennende Senat hat dies insbesondere in solchen Fällen angenommen, in denen der Arzt den Kranken durch unsachgemäße Behandlung bewußt oder leichtfertig einer Gefahr ausgesetzt hat, die den äußeren Umständen nach gerade die Schädigung herbeiführen konnte, die dann eingetreten ist (vgl. das schon erwähnte Urteil vom 21. Mai 1937 sowie das weitere Urteil III 134/39 vom 21. Juni 1941 in WarnRspr. 1941 Nr. 14)[1]. So liegen aber die Dinge hier. Nach den getroffenen Feststellungen hatte der Beklagte durch die nicht zu verantwortende ambulante Behandlung die naheliegende Gefahr eines unglücklichen Ausgangs der Operationen gesetzt. Demgegenüber hätte er sich, wie das Berufungsgericht mit Recht annimmt, entlasten müssen. Er hätte also besondere Umstände dartun müssen, auf Grund deren das Gericht bei Würdigung des gesamten Sachverhaltes in freier Überzeugung gemäß § 287 ZPO dazu gelangen konnte, einen mit der gesetzten Gefahr nicht in Zusammenhang zu bringenden Ursachenablauf festzustellen. Der Beklagte hat keine derartigen Umstände dargetan. Er hat nicht einmal, wie das Berufungsgericht hervorhebt, eine andere Ursache der Schädigung als wahrscheinlich aufgezeigt. Da er auch seine ärztlichen Aufzeichnungen nicht vorgelegt hat, hat das Berufungsgericht geschlossen, daß er sich überhaupt außerstande sehe, eine sachliche Aufklärung über die Schadensentstehung zu geben. Diese Schlußfolgerung liegt im wesentlichen auf tatsächlichem Gebiet, in welches das Revisionsgericht nicht eingreifen kann. In rechtlicher Hinsicht mag dazu bemerkt werden, daß das Fehlen oder — was dem gleichstehen würde — die Zurückhaltung solcher Aufzeichnungen ebenso wie ihre Unzulänglichkeit nach der Rechtsprechung des erkennenden Senats für sich allein schon die Folge haben kann, eine Entlastungspflicht des Beklagten zu begründen, sofern Aufzeichnungen zum Nachweise der Behandlungsart üblich und erforderlich sind (Urteil III 27/38 vom 28. Oktober 1938 in SeuffArch. Bd. 93 Nr. 50).

Endlich mag noch darauf hingewiesen werden, daß es durchaus nahegelegen hätte, die Haftung des Beklagten schon wegen der Ausführung der ersten Operation zu bejahen. Der Beklagte hat unstreitig bei der zuerst vorgenommenen Ausschneidung der Regenbogenhaut die vordere Linsenkapsel verletzt und dadurch den Grund zum Mißerfolge seiner ganzen Behandlung gelegt. Er hat bei der ersten Operation, wie er selbst zugibt, die vom Sachverständigen geschilderten Sicherungsmaßnahmen für das Ruhigstellen des Auges (künstliche Lidlähmung und Zügelnaht) nicht angewendet. Folgt man dem Gutachten, daß diese Maßnahmen erforderlich waren, so hat der Beklagte auch hier den Kläger bewußt und leichtfertig der Gefahr eines Abirrens des Operationsinstrumentes und damit einer, wenn auch unbeabsichtigten Verletzung des Augeninneren ausgesetzt, wie sie in der Tat eingetreten ist. Auch insoweit hätte also der Beklagte greifbare Anhaltspunkte beibringen müssen, aus denen das Berufungsgericht im Wege des § 287 ZPO auf eine andere Ursache für die schließliche Erblindung des Klägers hätte schließen können. Das ist jedoch nicht geschehen.

[1]) Anh. Nr. 6.

Nr. 12. BGH Urteil vom 20. Dezember 1952 — II ZR 141/51 — BGHZ 8, 243 ff.

Rechtssatz *Wird eine Ehefrau als Patientin in einem Krankenhaus durch Verschulden eines der gesetzlichen Vertreter des Krankenhauses mit Lues angesteckt und empfängt die Ehefrau später ein Kind, das infolge der Infektion der Mutter mit angeborener Lues zur Welt kommt, so stehen dem Kinde Schadensersatzansprüche aus § 823 Abs. 1 BGB gegen das Krankenhaus zu.*

Aus den Gründen.

Nach den Feststellungen des Berufungsgerichts ist die Ansteckung der Mutter der Klägerin mit Lues dadurch erfolgt, daß die Assistenzärztin des beklagten Krankenhauses, Dr. A., bei der Vornahme der Blutübertragung auf die Mutter der Klägerin am 6. September 1946 die im Erlaß und in den Richtlinien des Reichsministers des Innern vom 5. März 1940 vorgeschriebenen Maßnahmen hinsichtlich der Untersuchung des Blutspenders nicht beachtet hat. Die Außerachtlassung dieser Maßnahmen ist nach den Feststellungen des Berufungsurteils darauf zurückzuführen, daß den Ärzten des Krankenhauses keine Kenntnis von den durch den Reichsminister des Innern veröffentlichten Richtlinien gegeben worden war. Nach dem unbestrittenen Parteivortrag hat der im Jahre 1940 dem Vorstand der Beklagten angehörende federführende Chefarzt Dr. X. es unterlassen, die chirurgische und die gynäkologische Abteilung des Krankenhauses von dem Erlaß und den Richtlinien des Reichsministers des Innern zu unterrichten. Der erkennende Senat hat in seinem Urteil vom 27. Februar 1952 — II ZR 139/51 —, durch das die Revision der Beklagten im Rechtsstreit über die Ansprüche der Mutter der Klägerin zurückgewiesen worden ist, bereits ausgesprochen, daß hierin nicht nur ein vertragliches Verschulden gegenüber der als Kassenpatientin in das Krankenhaus der Beklagten aufgenommenen Mutter der Klägerin, sondern auch eine unerlaubte Handlung des beklagten Krankenhauses zu erblicken ist, die es in der Person ihres Vorstandsmitgliedes Dr. X. begangen hat, für die die Beklagte nach § 31 BGB einstehen muß. Im vorliegenden Falle kommt als Haftungsgrund für den der Klägerin entstandenen Schaden nur unerlaubte Handlung in Betracht. Die Voraussetzungen eines solchen Anspruchs sind auch hier gegeben.

1. Die schadenstiftende Handlung des beklagten Krankenhauses ist darin zu erblicken, daß es die erforderlichen Vorsichtsmaßnahmen bei der Bluttransfusion auf die Mutter des Kindes in einer Zeit noch vor der Erzeugung des Kindes außer acht gelassen und dabei eine ihm obliegende Rechtspflicht verletzt hat. Wenn sich diese Handlung auch zunächst unmittelbar nur gegen die Gesundheit der Mutter gerichtet hat, so ist doch durch die gleiche Handlung in der Folgezeit auch eine Verletzung der Gesundheit der am 13. Oktober 1947 geborenen Klägerin eingetreten. Es handelt sich dabei nicht, wie die Revision meint, um eine mittelbare Schadenszufügung in dem Sinne, daß sie keine Schadensersatzpflicht der Beklagten auslösen könnte, vielmehr genügt es für die Entstehung eines Schadensersatzanspruchs, wenn durch die schadenstiftende Handlung unmittelbar oder mittelbar eines der in § 823 Abs. 1 BGB bezeichneten Lebensgüter oder absoluten Rechte verletzt wird, sofern nur zwischen der schadenstiftenden Handlung und der eingetretenen Rechtsgutverletzung ein Kausalzusammenhang i. S. der Adäquanztheorie besteht (vgl. RGZ 157, 13). Das aber muß im vorliegenden Fall angenommen werden. Denn es entspricht der Lebenserfahrung, daß die Ansteckung einer verheirateten Frau mit Lues geeignet ist, diese Krankheit auf ein später von der Frau empfangenes Kind zu übertragen.

2. Die Revision macht demgegenüber in erster Reihe geltend, im vorliegenden Falle sei die Anwendung des § 823 Abs. 1 BGB begrifflich ausgeschlossen, weil im

Zeitpunkt der Vornahme der schädigenden Handlung bei der Klägerin ein unversehrter Zustand nicht bestanden habe, der durch die Schadenszufügung hätte verletzt werden können. § 823 Abs. 1 BGB setze mit Denknotwendigkeit voraus, daß nur derjenige Schadensersatz verlangen könne, der einmal unverletzt gewesen sei. Habe ein solcher Zustand aber niemals bestanden, weil infolge der Krankheit der Mutter das Ei oder die Leibesfrucht schon vom Augenblick der Empfängnis an krank gewesen sei, so sei ein Eingriff in den Gesundheitszustand und damit eine Verletzung der Gesundheit des später geborenen Kindes überhaupt nicht erfolgt. Die gleiche Auffassung ist in einem Urteil des III. Zivilsenats (JZ 1952, 167 ff.) vertreten worden. Der III. Zivilsenat hat jedoch auf Anfrage mitgeteilt, daß er an dieser Rechtsauffassung nicht festhalte, so daß der erkennende Senat an das vorgenannte Urteil nicht gebunden ist.

Den Ausführungen der Revision kann nicht gefolgt werden.

Ihnen liegt eine rein gegenständliche Betrachtung zugrunde, die im wesentlichen von den in § 823 Abs. 1 BGB bezeichneten subjektiven Rechten, dem Eigentum und den anderen absoluten Rechten ausgeht, jedoch dem besonderen Wesen der im § 823 Abs. 1 in erster Linie genannten Lebensgüter nicht gerecht wird. Der Unterschied zwischen diesen Lebensgütern und jenen subjektiven Rechten ist vom Reichsgericht im Anschluß an die Darlegungen von Planck schon im Jahre 1902 hervorgehoben worden (RGZ 51, 372). Diese Lebensgüter stellen in keinem Fall selbst subjektive Rechte dar, vielmehr kann nur davon gesprochen werden, daß jeder Mensch ein Recht *auf sie* besitzt, so wie auch das Bonner Grundgesetz vom Recht eines jeden auf Leben und körperliche Unversehrtheit spricht (Art. 2 Abs. 2 Satz 1; vgl. auch die Zusammenstellung bei Oertmann, Schuldverhältnisse, 5. Aufl. Anm. 1 zu § 823).

Die absoluten Rechte sind vom Gesetz genau abgegrenzt. Danach ist es also z. B. begrifflich unmöglich, daß das Eigentum verletzt wird, bevor Eigentum entstanden ist. Es stellt aber einen grundlegenden Rechtsirrtum dar, wenn man die Rechtsgrundsätze über die Abgrenzung zwischen der Schadenszufügung durch Einwirkung auf ein absolutes subjektives Recht und der Schadenszufügung durch sonstige Vermögensschädigung auf eine Schadenszufügung durch Einwirkung auf die in § 823 Abs. 1 BGB geschützten Lebensgüter überträgt. Abzulehnen sind daher auch die Ausführungen von Rudolf Schmidt JZ 1952, 167 ff., worin bei der Gesundheitsschädigung dem Verletzungstatbestand die gleiche einschränkende Bedeutung beigelegt wird, wie sie bei der Verletzung absoluter, subjektiver Rechte zur Abgrenzung der sonstigen Vermögensschädigung angenommen werden muß.

Der entscheidende Grund gegen die hier abgelehnte Auffassung ist darin zu erblicken, daß sie dem besonderen Wesen der in § 823 Abs. 1 BGB geschützten Lebensgüter nicht gerecht wird. Sie sind der Rechtsordnung vorausgegeben. Sie sind Ausdruck der Personhaftigkeit des Menschen, ein Teil der Natur und ein Teil der Schöpfung. Sie sind Ausdruck des Lebens, Wesen des Lebendigen selbst und empfangen allein von hier aus ihren Inhalt. Ein jeder Mensch hat ein Recht auf diese Lebensgüter und damit darauf, daß nicht von Menschenhand das organische Wachstum gestört oder beeinträchtigt werde. Jede Entziehung oder Störung, die von einem Menschen herrührt und das natürliche Wachstum und die natürliche Entfaltung hindert oder beeinträchtigt, ist eine Verletzung dieser Rechtsgüter. Durchaus zutreffend ist danach als Verletzung der Gesundheit „die Verursachung der Störung der inneren Lebensvorgänge“ bezeichnet worden (RGRK BGB 9. Aufl. § 823 Anm. 5). Auch der allgemeine Sprachgebrauch wird dem gerecht, wenn er ein Kind, das, wie hier die Klägerin, mit einer entscheidenden Beeinträchtigung seiner Gesundheit geboren wird, als ein krankes Kind bezeichnet, also als ein Kind, das in seinen inneren Lebensvorgängen gestört ist und nicht die Gesundheit empfangen hat, die von Schöpfung und Natur für den lebenden Organismus eines Menschen vorausgegeben ist. Die Rechtsordnung ist in dieser Hinsicht an das Phänomen der Natur gebunden. Sie kann und darf nicht an dieser Naturgegebenheit vorbeigehen. Was danach eine Verletzung oder Beeinträchtigung der Gesundheit ist, kann nicht mit logischen Begriffen der Rechtstechnik bestimmt werden, sondern ist, wie das Lebensgut der Gesundheit selbst, von Schöpfung und Natur vorausgegeben und muß von der Rechtsordnung, wenn sie daran Rechtsfolgen knüpft, als eine natürliche Wirksamkeit anerkannt werden.

Nach alledem ist es nicht möglich, auf die in § 823 Abs. 1 BGB geschützte Gesundheit des Menschen die auf formaler Rechtstechnik beruhenden Rechtsgrundsätze über die Verletzung subjektiver Rechte anzuwenden.

Es kann der Revision auch nicht insoweit beigepflichtet werden, als sie geltend macht, § 823 Abs. 1 BGB setze das Vorhandensein einer physischen Person voraus und könne daher nicht auf die Beschädigung eines bei Begehung der unerlaubten Handlung noch nicht Erzeugten angewendet werden, weil in einem solchen Falle „ein anderer" im Sinne des § 823 Abs. 1 nicht vorhanden sei. Nach der rechtsirrtumsfreien tatsächlichen Feststellung des Berufungsgerichts wurde die Klägerin im lueskranken Körper der Mutter empfangen und entwickelte sich in ihr unter Aufnahme der Krankheit zu einem lueskranken Menschen. Ein solcher wäre sie ohne die schädigende Handlung bzw. das schädigende Unterlassen der Beklagten nicht geworden, d. h. sie wäre im anderen Falle kein lueskranker Mensch geworden.

Gegenstand des Rechtsstreits ist also nicht der Schaden einer Leibesfrucht oder eines nicht Erzeugten, sondern der Schaden, den die Klägerin dadurch erlitten hat, daß sie als kranker, luesbehafteter Mensch geboren worden ist. Ihr Schaden steht, wie bereits dargelegt, in adäquatem Ursachenzusammenhang mit der ihrer Mutter von der Beklagten zugefügten Luesinfektion, er ist der Klägerin mit der Vollendung der Geburt entstanden und stellt eine Verletzung ihrer Gesundheit dar. Danach sind die Voraussetzungen des § 823 Abs. 1 BGB für den Klageanspruch gegeben.

Ob eine rechtswidrige Verletzung der Gesundheit auch in dem Falle angenommen werden müßte, wenn Vater oder Mutter bei der Zeugung und der Empfängnis eines Kindes mit einer vorübergehenden oder angeborenen Krankheit behaftet waren, diese nach den natürlichen Lebensvorgängen auf das erzeugte und empfangene Kind übertragen und dadurch dessen Gesundheit von Geburt an beeinträchtigt haben, oder ob in einem solchen Falle ein Schadensersatzanspruch nicht entstehen könnte, weil ohne das dem Vater oder der Mutter vorwerfbare Verhalten das Kind nicht etwa gesund, sondern überhaupt nicht geboren worden wäre, bedarf im vorliegenden Falle keiner Entscheidung, weil hier die Gesundheitsverletzung des klagenden Kindes auf das Verhalten des beklagten Krankenhauses zurückzuführen ist.

Nr. 13. Urteil des BGH vom 16. Dezember 1953 VI ZR 143/52 Versicherungsrecht 54, S. 98.

Rechtssatz: *Verträgt der Patient ein gefährliches Medikament nicht und ist deshalb zur Abwendung von Gesundheitsschäden die Einnahme eines Gegenmittels erforderlich, so handelt der Arzt, der die Verabfolgung des Gegenmittels unterläßt, nur dann nicht widerrechtlich, wenn der Patient die Einnahme des Mittels ernstlich verweigert. Den Arzt trifft jedoch die Verpflichtung, den Patienten eindringlich und mit allem Nachdruck auf die Notwendigkeit der Einnahme des Mittels hinzuweisen, um die Einwilligung des Patienten zu erhalten. Ist der Patient nicht bei vollem Bewußtsein und nicht willensfähig, so muß der Arzt dem Patienten trotz seines Sträubens das Mittel notfalls mit Gewalt verabfolgen.*

Es handelte sich in diesem Falle um eine in ein Krankenhaus aufgenommene Patientin, an der eine Wurmkur mit Oleum Chenopodii vorgenommen worden war. Es ergab sich, daß sie das Mittel nicht vertrug und schwere Leibschmerzen bekam. Es sollte ihr deshalb ein Abführmittel gegeben werden, dessen Einnahme sie jedoch verweigerte.

Nachträglich machte sie den Ärzten Vorwürfe wegen der Verabfolgung des Oleum Chenopodii und verlangte Schadensersatz.

Aus den Gründen.

Die Revision meint, die Ärzte seien verpflichtet gewesen, die Patientin bereits vor Beginn der Wurmkur ausdrücklich auf die möglicherweise erforderliche Notwendigkeit der Einnahme eines Abführmittels und die Folgen der Nichteinnahme zu belehren. Zu einer Belehrung über alle Einzelheiten der geplanten Wurmkur bestand für die Ärzte keine Verpflichtung. Der Arzt, der dem Patienten eine Kur vorschlägt, muß ihn zwar sicherlich in großen Zügen über die geplanten ärztlichen Maßnahmen unterrichten, er ist aber nicht gehalten, alle Einzelheiten der Kur mit dem Patienten zu erörtern. Das wirksamste, wenn auch gewisse Gefahren für den Patienten mit sich bringende Mittel zur Bekämpfung der Wurmplage war bei der geplanten Kur das Oleum Chenopodii, während das verwendete Abführmittel völlig harmlos war. Hinsichtlich der Anwendung des Oleum Chenopodii mußten sich also die Ärzte des beklagten Krankenhauses des Einverständnisses der Ehefrau des Klägers versichern. Es würde dagegen eine wesentliche Überspannung der Forderungen an die ärztliche Aufklärungspflicht vor Beginn einer Kur bedeuten, wenn die Ärzte hier für verpflichtet erachtet würden, die Ehefrau des Klägers vor Beginn der Wurmkur auch über die Notwendigkeit der Einnahme eines harmlosen Abführmittels am Ende der Kur zu unterrichten, das lediglich das schnellere Ausscheiden des verabreichten Wurmmittels bewirken sollte. Die Ärzte konnten vielmehr davon ausgehen, daß die Ehefrau des Klägers die am Ende der Kur evtl. erforderlich werdende Einnahme eines Abführmittels nicht verweigern würde, da die Ehefrau des Klägers auch vor Beginn der Kur ein Abführmittel genommen hatte, ohne sich dagegen zu sträuben. Es bestand daher zu einer näheren Unterrichtung der Patientin keinerlei Verpflichtung der Ärzte. Ihr Unterlassen kann daher auch nicht rechtswidrig gewesen sein.

2. Zur zwangsweisen Einflößung des Abführmittels bestand ebenfalls keine Verpflichtung der Ärzte, selbst dann nicht, wenn die Patientin vor Beginn der Kur über die Notwendigkeit der nachträglichen Einnahme eines solchen Mittels unterrichtet gewesen wäre.

Die Einwilligung der Patientin in die Vornahme der Kur war aber nicht unwiderruflich. Die Patientin war vielmehr jederzeit berechtigt, ihre Einwilligung zurückzunehmen. Der Arzt muß den Willen seines Patienten achten und darf körperliche Eingriffe beim Patienten daher nicht mehr anwenden, wenn dieser den Eingriff ablehnt. (So Ebermayer S. 151.) Gerade *weil* aber der *Arzt* grundsätzlich *gegen den erklärten Willen des Patienten nicht zu Eingriffen* in den Körper des Kranken *berechtigt ist, gehört es zu den besonders bedeutungsvollen Berufspflichten des Arztes,* wenn er erkennt, daß bestimmte ärztliche Maßnahmen notwendig sind, um drohende Gesundheitsschäden vom Patienten abzuwenden, diesen mit aller Eindringlichkeit auf die Notwendigkeit der Behandlung hinzuweisen und alles nach der Sachlage Gebotene zu unternehmen, damit der Patient seine Weigerung aufgibt. Hier drohte durch das Nichtvertragen des Oleum Chenopodii der Patientin schwerwiegende Gesundheitsschädigung. Es war daher Pflicht der Ärzte, die Kranke unter Aufbietung aller Energie und Überredungskunst zur Einnahme des Abführmittels zu bewegen. Sofern die Ehefrau des Klägers bei der Verweigerung des Abführmittels ganz benommen und verwirrt gewesen sein sollte, so liegt die Annahme nahe, daß sie gar nicht mehr in der Lage war, eine rechtsgültige Einwilligung zu erklären. Alsdann wären die Ärzte berechtigt und verpflichtet gewesen, ihr das Mittel zwangsweise einzuflößen.

Nr. 14. BGH Urteil vom 8. März 1940 — III 117/39 — RGZ 163, S. 129ff.

Rechtssatz: *Zur Sorgfaltspflicht des Arztes vor einem schwerwiegenden Eingriff. Über die Rechtslage, wenn der Arzt bewußtermaßen einen schwerwiegenden Eingriff ohne die Einwilligung des Kranken vorgenommen hat, obwohl ihm deren Einholung möglich gewesen wäre, und wenn sich der Eingriff später als nicht erforderlich herausstellt?*

Die Klägerin suchte im Januar 1936 wegen einer Geschwulst an der rechten Brust den Beklagten auf. Dieser riet ihr dazu, wiederzukommen und die Entwicklung der Geschwulst in der Zwischenzeit zu beobachten. Als die Klägerin am 13. Februar 1936 den Beklagten aufs neue aufsuchte, schlug er ihr die Entfernung der harten Stelle durch einen Einschnitt vor. Die Klägerin erklärte sich damit einverstanden. Bei dem Eingriff, der am 15. Februar 1936 unter Betäubung stattfand, entfernte der Beklagte die ganze rechte Brustdrüse. Die Klägerin erkannte das erst geraume Zeit später bei der Abnahme des Verbandes. Einen bei dem Eingriff entnommenen Teil der Geschwulst schickte der Beklagte an das Pathologische Institut der Universität L. zur Untersuchung. Diese ergab, daß es sich um ein intrakanalikuläres Adenofibrom ohne bösartig zerstörendes Wachstum handelte.

Die Klägerin verlangt den Ersatz des ihr durch den Eingriff verursachten Schadens...

Der Beklagte hat erwidert: Aus seinem Verfahren sei ihm kein Vorwurf zu machen. Vor dem Eingriff hätten die Umstände durchaus auf Brustkrebs hingewiesen. Er habe der Klägerin nichts davon gesagt, um sie, die noch unter dem Eindruck des gerade eingetretenen Todes ihrer Mutter infolge der gleichen Krankheit gestanden habe, zu schonen. Bei dem Eingriff selbst habe er, wozu ihm der weitere Befund ausreichenden Anlaß gegeben habe, seinen Verdacht bestätigt gefunden. Eine größere Gewißheit habe er sich nicht verschaffen können. Er habe es für notwendig halten dürfen, sofort die ganze Brustdrüse zu entfernen, um das Leben der Klägerin zu retten. Wenn er sich über die derzeitige Bösartigkeit der Geschwulst im Irrtum befunden habe, so treffe ihn kein Verschulden. Um eine Entstellung oder größere Schmerzen der Klägerin handele es sich nicht. Ihre völlige Arbeitsfähigkeit müsse sie bereits nach sechs Wochen wiedererlangt haben. Wenn sie, wie sie damals beabsichtigt habe, geheiratet hätte, so würde sie überhaupt keinen eigenen Verdienst mehr gehabt haben.

Das Landgericht hat den Beklagten zur Zahlung von 7119,36 RM verurteilt und die Verpflichtung des Beklagten zum Ersatz alles künftigen Schadens aus der Abnahme der rechten Brust festgestellt; im übrigen hat es die Klage abgewiesen. Die Berufung des Beklagten hatte keinen Erfolg. Seine Revision wurde zurückgewiesen.

Aus den Gründen.

Der Beklagte hat einen ärztlichen Eingriff in den Körper der Klägerin vorgenommen, ohne daß dafür so, wie die Sachlage wirklich war, ein rechtfertigender Anlaß bestand. Die Klägerin ist durch den Eingriff entstellt und in ihrer körperlichen Leistungsfähigkeit beeinträchtigt worden. Daraus ist ihr Vermögensschaden entstanden. Mit der Klage macht sie die Verpflichtung des Beklagten zu dessen Ersatz geltend; sie verlangt ferner Schmerzensgeld. Sie trägt vor, daß der Beklagte in mehrfacher Hinsicht rechts- und vertragswidrig sowie schuldhaft gehandelt habe.

Das Berufungsgericht erblickt einen Fehlgriff des Beklagten in erster Reihe darin, daß er den Eingriff vorgenommen habe, ohne vorher alle Mittel anzuwenden, die geeignet waren, die Notwendigkeit der Maßnahme klarzustellen. Hätte er dies getan, so würde offenbar geworden sein, daß es sich bei der Geschwulst um eine harmlose Erscheinung handelte, welche die Abnahme der ganzen Brust keinesfalls erforderlich machte; diese würde infolgedessen unterblieben sein.

Dieser Ausgangspunkt ist rechtlich bedenkenfrei. Es ist selbstverständlich, daß der *Arzt* die *Notwendigkeit* eines in seinen Folgen unter allen Umständen *so schwerwiegenden Eingriffs zuvor* durch *Benutzung aller Erkenntnisquellen gesichert haben* muß, deren Anwendung nach dem Stande der ärztlichen Wissenschaft und nach den zur Verfügung stehenden Mitteln möglich ist und ohne neue ernstliche Gefährdung des Kranken (durch Zeitverlust oder durch die Art der Untersuchung selbst) stattfinden kann. Andernfalls handelt der Arzt rechtswidrig und verstößt er gegen den Inhalt des mit dem Kranken abgeschlossenen Vertrages. Er macht sich demgemäß, wenn die Unterlassung schuldhaft ist, aus den rechtlichen Gesichtspunkten der fahrlässigen Körperverletzung (§ 823 Abs. 1 BGB) und des Vertrages (§ 276 BGB) schadensersatzpflichtig.

Als eine derartige weitere Erkenntnisquelle kam die Vornahme eines Probeschnittes mit alsbaldiger mikroskopischer Untersuchung des entnommenen Teiles der Geschwulst in Frage. Dieses Verfahren konnte — davon geht das Berufungsgericht aus — in zweifacher Weise angewendet werden: Entweder konnte die Entnahme durch einen ersten Eingriff erfolgen, dem dann nach gründlicher, mikroskopischer Untersuchung des Probestücks nötigenfalls der zweite, die Beseitigung der Geschwulst bewirkende folgte, oder der allein vorgenommene eine Eingriff konnte zwecks Vornahme einer beschleunigenden mikroskopischen Untersuchung auf kurze Zeit unterbrochen werden. Das Berufungsgericht hat die zuerst genannte Möglichkeit außer Betracht gelassen, vielleicht weil es der Ansicht war, daß der Beklagte davon wegen der mit ihr seiner Meinung nach verbundenen Mißlichkeit (zweimalige Betäubung, Vorhandensein einer frischen Wunde bei Vornahme des Haupteingriffs, Gefahr der Keimverschleppung) absehen durfte. Es macht dem Beklagten aber zum Vorwurf, daß er sich über die Möglichkeit hinweggesetzt habe, durch die an zweiter Stelle genannte beschleunigte mikroskopische Untersuchung weitere Klarheit über die Natur der Geschwulst zu erhalten. Sie würde, so stellt das angefochtene Urteil fest, deren Harmlosigkeit und somit die Unnötigkeit der Abnahme der ganzen Brustdrüse ergeben haben. Der Beklagte hätte daher nach Meinung des Berufungsgerichts, da er selbst zu dieser mikroskopischen Untersuchung nicht in der Lage war, entweder dafür Sorge tragen müssen, daß sie durch das Pathologische Institut der Universität L. ausgeführt wurde, was nach örtlichen Verhältnissen auch im richtigen Zeitpunkt und mit der gebotenen Schnelligkeit möglich gewesen wäre, oder er hätte die Klägerin wegen der ganzen Behandlung an eine Krankenanstalt verweisen müssen, die nach ihren Einrichtungen zur beschleunigten mikroskopischen Untersuchung in der Lage war.

Die Angriffe, welche die Revision gegen diesen Teil des angefochtenen Urteils in mehrfacher Hinsicht richtet, sind begründet. Sie vermißt zunächst die genügende Berücksichtigung dessen, daß alle vom Arzt erkannten Umstände für schweren Krebsverdacht gesprochen hätten. Der Vorderrichter urteilte „ex nunc“, der beklagte Arzt aber habe „ex tunc“ urteilen müssen. Das weist darauf hin, daß sich in den Schlußfolgerungen, die das Berufungsgericht zu seinem Ergebnis geführt haben, eine Unstimmigkeit findet. Angenommen, daß die geforderte beschleunigte mikroskopische Untersuchung verwertbare Anhaltspunkte für die Beurteilung hätte ergeben können, ob Krebs vorlag oder nicht, so wäre diese Untersuchung gleichwohl dann überflüssig und darum zu entbehren gewesen, wenn ohnehin festgestanden hätte, daß es sich um Krebs handelte. Das Berufungsgericht hätte in weiterer Verfolgung dieses Gedankens, um seinen Ableitungen die erforderliche Grundlage zu geben, zunächst feststellen müssen, ob der Beklagte der Meinung war, daß die Geschwulst bereits als krebsartig erwiesen sei, und ferner, ob er ohne Verschulden diese Auffassung für gesichert halten und daher von weiteren Maßnahmen zur Feststellung der Natur der Geschwulst absehen durfte. In dieser Hinsicht läßt das angefochtene Urteil jede Darlegung vermissen. Sie war um so mehr erforderlich, als, worauf die Revision mit Recht hinweist, die sämtlichen von den Vorderrichtern herangezogenen ärztlichen Gutachten die Frage verneint haben, ob dem Beklagten ein Verstoß gegen die Regeln der ärztlichen Kunst zur Last zu legen sei, wenn er sich auf Grund des ihm vorliegenden Sachverhalts zur Abnahme der ganzen Brust entschloß, und als die Gutachter sich dazu, wie es scheint, durch Gründe haben führen lassen, die mit dem in Rede stehenden Gesichtspunkte zusammenhängen, daß der Beklagte angenommen hat und daß er davon nach Lage der Sache ohne Verschulden überzeugt sein konnte. Die Tatsache, daß das Gewächs in Wahrheit keine Krebsgeschwulst war, kann gegen die Notwendigkeit der hier vermißten Klarstellung des Tatsachenrichters deshalb nicht ins Feld geführt werden, weil die ärztliche Kunst gegenüber der Unmöglichkeit einer lückenlosen Aufklärung sämtlicher an sich denkbaren Zusammenhänge und gegenüber dem Zwange, die Entschließung in den einzelnen Fällen innerhalb kurzer Zeit zu fassen, vielfach genötigt sein muß, sich mit einem denkbar hohen, der Gewißheit angenäherten Maß von Wahrscheinlichkeit zu begnügen. Ob andererseits der Umstand, daß der Beklagte tatsächlich eine mikroskopische Untersuchung des entnommenen Geschwulstteiles hat vornehmen lassen, Schlüsse zuläßt, die in diesem Zusammenhang gegen seine Verteidigung zu verwerten sind, oder ob dieses Verhalten sich anders erklärt, beispielsweise in ärztlichen Gepflogenheiten seinen Grund hat, hätte das Berufungsgericht ebenfalls untersuchen müssen.

Mit dem bisher Erörterten steht die weitere Rüge der Revision im Zusammenhange, die sich gegen die Auffassung des Berufungsgerichts richtet, der Beklagte hätte, wenn er die beschleunigte mikroskopische Untersuchung während des Eingriffs nicht hätte veranlassen können und wollen, die weitere Behandlung der Klägerin ablehnen müssen. Die Revision will in dieser Hinsicht den sämtlichen Gutachten entnehmen, daß in ganz Deutschland derartige Eingriffe durchgeführt würden, ohne daß die Kranken in eine Klinik verwiesen würden, in der das Untersuchungsverfahren möglich sei. Die Meinung des Berufungsgerichts scheitere insoweit schon an der Unmöglichkeit der Durchführung. Hätte der Vorderrichter, so führt die Revision aus, auf die Möglichkeit jener Ansicht hingewiesen, so würde der Beklagte Beweis durch amtliche Auskunft und durch Berufung auf Gutachten von Fachgrößen dahin angetreten haben, daß derartige Eingriffe nicht von den erwähnten Kliniken allein bewältigt werden könnten, daß sie überall so durchgeführt würden, wie es beim Beklagten geschehen sei, und daß ein Abweichen von diesem Standpunkt an der für die Kliniken, in denen das in Rede stehende Untersuchungsverfahren ausführbar ist, bestehenden Unmöglichkeit scheitern müßte, die Zahl der Fälle zu bewältigen. Man müsse berücksichtigen, daß jede Geschwulst mit auch noch so entferntem Krebsverdacht nur in diesen Kliniken behandelt werden dürfte, sofern der Standpunkt des Berufungsgerichts zutreffend wäre.

Diesen Ausführungen kann insoweit nicht gefolgt werden, als sie etwa die Entscheidung darüber, was der Beklagte zu tun hatte, schlechthin auf das in solchen (oder ähnlichen) Fällen Übliche abstellen wollen. Auch der Arzt kann sich, wenn er die in seinem Tätigkeitsbereich erforderliche Sorgfalt außer acht gelassen hat, nicht darauf berufen, daß er die übliche Sorgfalt angewendet habe (§ 276 BGB). Aber für die Beantwortung der Frage, ob es sachgemäß war, wenn der Beklagte sich, wie hier unterstellt wird, mit der von ihm gewonnenen Überzeugung begnügte, konnte — unter Berücksichtigung der zwar dargelegten Gesichtspunkte über das Maß der in der ärztlichen Kunst anzustrebenden Gewißheit — die Feststellung, wie sonst in den gewiß zahlreichen ähnlichen Fällen allgemein verfahren wird, einen wertvollen Anhaltspunkt bieten. Diesen zu gewinnen und auszuwerten, durfte das Berufungsgericht zur Vermeidung einer Überspannung des Rechtsbegriffs des Verschuldens nicht unterlassen, zumal da es auf diesen Punkt durch die ihm vorliegenden zahlreichen Äußerungen der Sachverständigen geradezu hingewiesen wurde — das Berufungsgericht mußte also feststellen, wie in derartigen Fällen von der ärztlichen Kunst allgemein verfahren wird, und dazu Stellung nehmen.

Begründet ist auch die weitere Rüge, mit der die Revision sich gegen die Feststellung des Berufungsgerichts wendet, daß im vorliegenden Falle die mikroskopische Untersuchung eines sachgemäß ausgeführten Probeschnitts das Wesen der Geschwulst rechtzeitig geklärt und damit die Wegnahme der ganzen Brust verhindert haben würde. Das angefochtene Urteil weist darauf hin, der Bericht des Pathologischen Instituts spreche von weitgehender Sicherheit in der Richtung, daß ein bösartig zerstörendes Wachstum nicht vorhanden sei. Daraus sei mit Rücksicht auf die bekannte Vorsicht, die Ärzte bei ihren gutachtlichen Äußerungen anzuwenden pflegten, zu schließen, daß ein Zweifel in der erwähnten Richtung überhaupt nicht bestanden habe. Sei die Sache aber so klar gewesen, dann hätte auch die Untersuchung eines Probeschnitts, wenn dieser an richtiger Stelle und in richtiger Größe gemacht worden wäre, ein hinreichend sicheres Ergebnis in dem Sinne gehabt, daß Brustkrebs nicht vorlag. Die schuldhafte Unterlassung des Beklagten sei also für die Wegnahme der ganzen rechten Brust und damit für den Schaden der Klägerin ursächlich.

Mit Recht verweist die Revision demgegenüber auf das Gutachten von Professor Dr. H., dem Leiter eben derjenigen Stelle, die im vorliegenden Falle die mikroskopische Untersuchung ausgeführt hat. Dort ist geradezu das Gegenteil der Annahme des Berufungsgerichts ausgesprochen, wenn es heißt: „Es muß aber nachdrücklichst darauf hingewiesen werden, daß erfahrungsgemäß die Ergebnisse derartig überstürzter Untersuchungen nur mit größter Vorsicht beurteilt werden dürfen. Bei dem verwickelten Bau der Geschwulst im vorliegenden Falle wäre sehr wahrscheinlich das Ergebnis dieser beschleunigten Untersuchung nicht eindeutig ausgefallen.“ Demgegenüber kann die abweichende Beurteilung, die das Berufungsgericht an dieser Stelle einer ausschließlich in das Gebiet der ärztlichen Wissenschaft gehörigen Frage zuteil werden läßt, nicht als hinreichend begründet angesehen werden. Es hätte dazu der Auseinandersetzung mit der gegenteiligen Meinung des Sachverständigen bedurft. Sie hätte wiederum vorausgesetzt, daß das Berufungsgericht die fachlichen Grundlagen seiner Auffassung mit derselben Vollständigkeit darlegte, wie sie von einem Sachverständigengutachten zu verlangen gewesen wäre.

Hinzu tritt aber, daß die Ausführungen des angefochtenen Urteils erst recht nicht genügen, um das, worauf es dem Berufungsgericht ankam, nämlich das Verschulden des Beklagten, darzutun. Es würde nicht allein dadurch ausgeschlossen werden, daß die beschleunigte mikroskopische Probeuntersuchung ihrer allgemeinen Natur nach dem Beklagten keinen Fingerzeig in der einen oder der anderen Richtung hätte geben können, sondern schon dadurch, daß er sich, ohne nach Lage der Sache damit von den anerkannten Regeln der ärztlichen Kunst abzuweichen, tatsächlich keinen weiteren auswertbaren Anhalt davon versprochen hätte. Auch insoweit hatte also der Tatsachenrichter zunächst die Einstellung des Beklagten und sodann ihre Vertretbarkeit zu erforschen.

Die bisher erörterten Ausführungen des angefochtenen Urteils genügen also nicht, um die Entscheidung zu tragen. Diese ist aber aus dem weiteren von dem Berufungsgericht behandelten rechtlichen Gesichtspunkte begründet.

Das Berufungsgericht stellt fest, daß der Beklagte nicht das Einverständnis der Klägerin zur Abnahme der Brust gehabt habe. Er habe sie vor dem Eingriff über die bevorstehende Möglichkeit dieser Maßnahme nicht aufgeklärt. Die Klägerin sei mit dem großen Eingriff auch nicht stillschweigend einverstanden gewesen. Sie habe unstreitig nur von der Wegnahme der Geschwulst selbst gewußt, deshalb an nichts anderes gedacht und sonst auch nicht stillschweigend etwas anderem zugestimmt. Sollte der Beklagte der Klägerin, wie er behaupte, gesagt haben, daß er beim Eingriff das tun werde, was notwendig sei, so habe diese dunkle und gegebenenfalls absichtlich dunkel gehaltene Andeutung die Klägerin nicht auf den Gedanken bringen können, daß er über das hinausgehen werde, was er ihr als seine Absicht mitgeteilt hatte.

Die Ausführungen des angefochtenen Urteils liegen insoweit auf dem Gebiet der Tatsachen. Sie sind daher der Nachprüfung durch das Revisionsgericht entzogen. Sie laufen auf die Feststellungen hinaus, daß die Klägerin dem Beklagten, weil sie sich ausschließlich von der Vorstellung eines geringfügigen Eingriffs leiten ließ, eine Einwilligung, welche die Abnahme der ganzen Brust umfaßte, nicht erklärt hat, daß der Beklagte sich dieser ihrer Einstellung, als er zur Abnahme der ganzen Brust schritt, bewußt war und die letztere schon vor dem Eingriff als voraussichtlich notwendig ins Auge gefaßt hatte. Die Revision greift diese tatsächliche Darlegung des angefochtenen Urteils auch nicht an.

Das Berufungsgericht würdigt ihre rechtliche Bedeutung dahin, die Handlungsweise des Beklagten sei dem Recht (und, wie das Berufungsgericht wohl weiter voraussetzt: dem Vertrage der Streitteile) zuwider gewesen. Es legt unter Hinweis auf die Rechtsprechung des Reichsgerichts dar, daß dem Arzt auch nach dem neuesten Rechtszustande keine allgemeine Befugnis zustehe, gegen den Willen des Betroffenen in dessen Körper einzugreifen, und zieht daraus die Folgerung, der Beklagte hätte die Klägerin über die Möglichkeit, daß sich die Abnahme der ganzen Brust als notwendig erweisen werde, aufklären und ihr Einverständnis mit dieser herbeiführen müssen. Das habe geschehen können, ohne dabei den Krebsverdacht zum Ausdruck zu bringen.

Die Revision führt aus, zu solcher Ansicht habe das Berufungsgericht nur bei völliger Verkennung dessen, was der Arzt in einem solchen Falle gewissenhaft sagen müsse, gelangen können. Hier sei die Klägerin zu dem Beklagten gekommen, nachdem ihre Mutter unmittelbar vorher an Krebs gestorben war. Ihr Entschluß, ihn aufzusuchen, habe in offenbarem Zusammenhange mit diesem Todesfall gestanden. Das auffallende Wachstum der Geschwulst sei hinzugekommen. Der Arzt hätte der Klägerin unter diesen Umständen verschweigen dürfen, daß möglicherweise Krebs vorliege, um schwere seelische Störungen zu vermeiden. Der Arzt pflege sogar dem Kranken, bei dem Krebs zweifellos festgestellt sei, das nicht zu sagen und die ganze Schwere des Eingriffs nicht vor Augen zu führen. Gewiß könne das in einzelnen Fällen anders liegen; aber im allgemeinen sei eine so weitgehende Aufklärung schon deshalb unzulässig, weil die damit verbundene Not und Aufregung des Kranken, zumal unmittelbar vor dem Eingriff, zu schweren Nachteilen führen könne. Mit den sämtlichen ärztlichen Gutachten müsse hiernach die Widerrechtlichkeit des Verfahrens des Beklagten verneint werden.

Diese Einwendungen sind nicht begründet. Es handelt sich im gegenwärtigen Fall, wie von vornherein zu betonen ist, nicht um die Frage, inwieweit der Arzt den Kranken über die Art und den voraussichtlichen Verlauf seiner Erkrankung aufzuklären hat. Sondern es steht ausschließlich in Frage, ob der Arzt — abgesehen von gesetzlichen Sonderbestimmungen und von dem (hier nach den Feststellungen des Berufungsgerichts nicht gegebenen) Fall der von dem Arzt nicht verschuldeten Unmöglichkeit, die Einwilligung des Kranken einzuholen — einen schwerwiegenden Eingriff in dessen Körper ohne seine Zustimmung vornehmen darf. Das ist in Übereinstimmung mit der vom Berufungsgericht angeführten Rechtsprechung des Senats zu verneinen. Der Revision ist freilich zuzugeben, daß es in Fällen der vorliegenden Art unter Umständen schwierig, ja unmöglich sein kann, die Einwilligung des Kranken in dem vom Arzt für notwendig gehaltenen Eingriff einzuholen, ohne ihm zugleich — an sich höchst unerwünschterweise — eine Vorstellung von der Natur seines Leidens zu übermitteln, insbesondere ihn darauf zu bringen, daß der Arzt das Leiden für Krebs halte. Diese Erwägung kann aber zu keiner anderen Beurteilung führen. Der Rechtssatz, daß, abgesehen von den gedachten Sonderfällen, dem einzelnen auch gegenüber dem Arzt die Verfügung über seinen Körper vorbehalten bleiben muß, ist so allgemeiner Natur und wird durch so wohlbegründete Erwägungen gefordert (RGZ Bd. 151 S. 349), daß er sich auch gegenüber derartigen Bedenken, wie sie die Revision erhebt, durchsetzen muß. Selbstverständlich wird der Arzt versuchen, den Kranken vor schädlicher Ängstlichkeit zu bewahren, ja er wird ihn sogar nach den Umständen zu einer zuversichtlichen Beurteilung seines Zustandes veranlassen und ihn nicht unnötigerweise auf die schlimmen Folgen hinweisen, die seine Erkrankung möglicherweise hervorbringen kann. Aber das muß gegenüber der Notwendigkeit zurücktreten, daß der Arzt sich vor jedem Eingriff der klaren, auf zutreffenden Vorstellungen über Art und Folgen des Eingriffs beruhenden (wenn auch naturgemäß nicht die Einzelheiten dieser umfassenden) Einwilligung des Kranken versichert. Soweit die mit ihrer Einholung verbundene Aufklärung die Herabdrückung seiner Stimmung oder sogar seines Allgemeinbefindens zur Folge hat, handelt es sich um unvermeidliche Nachteile, die in Kauf genommen werden müssen.

Da der Beklagte hiernach schuldhaft davon abgesehen hat, die Einwilligung der Klägerin einzuholen, obwohl ihm das möglich war, kann er sich auf ihre vermutete Zustimmung nicht berufen. Daher muß auch die weitere Einwendung der Revision erfolglos bleiben, bei dem Vertrauensverhältnis, in dem die Klägerin zu dem Beklagten gestanden habe, sei gar kein Zweifel gewesen, daß sie dem Eingriff zugestimmt haben würde, wenn der Arzt ihr gesagt hätte, daß bei ihr Krebsverdacht vorliege. Wenn der Beklagte diese Auffassung gehabt hätte, würde das sein Verschulden an der schadenstiftenden Handlung, nämlich der Vornahme des Eingriffs ohne die Zustimmung der Klägerin, nicht ausschließen.

Erwägungen dieser Art sind auch nicht etwa gegen die Annahme des ursächlichen Zusammenhanges zwischen dem Schaden und dem Verhalten des Beklagten zu verwerten. Dieser Zusammenhang wäre allerdings nicht gegeben, falls der Schaden auch eingetreten sein würde, wenn das schadenstiftende Ereignis unterblieben wäre. Aber diese Voraussetzung liegt nicht vor: Da die schadenstiftende Handlung eben die Vornahme des Eingriffs selbst ist, so würde es, wenn der Beklagte sie unterlassen hätte, nicht zu dem geltend gemachten Schaden gekommen sein. Es ist nicht so, daß der Beklagte die Zustimmung der Klägerin zur Abnahme der ganzen Brustdrüse gehabt hätte und es sich nur darum handelte, daß diese Zustimmung auf Grund einer unzureichenden Belehrung des Beklagten erteilt worden wäre. Nur dann könnte die Frage aufgeworfen werden, ob die Klägerin die Einwilligung nicht auch bei sachgemäßer Beratung gegeben haben würde, so daß es unter allen Umständen zu dem Eingriff und damit zu den durch diesen herbeigeführten Nachteilen gekommen wäre. In dieser Weise ist nach den Feststellungen des Berufungsgerichts die wirkliche Entwicklung nicht verlaufen, sondern der Beklagte hat die Einwilligung der Klägerin zu dem Eingriff überhaupt nicht gehabt. Diesen durfte er demnach nicht vornehmen. Tat er es doch, so überschritt er damit die Grenzen des rechtlich und vertraglich Zuläsigen und nahm damit die Folgen auf sich, die sich daraus ergeben konnten, daß der Eingriff überhaupt vorgenommen wurde. Um solche aber handelt es sich im gegebenen Fall. Sie liegen auch ihrer Art nach keineswegs außerhalb der Grenzen des vernünftigerweise von vornherein in Betracht zu Ziehenden, so daß etwa wegen ihrer Ungewöhnlichkeit ein rechtlich beachtlicher Ursachenzusammenhang zu verneinen wäre.

Nr. 15. RG Urteil vom 3. Dezember 1941 — III 68/41 — RGZ 168, 207ff.

Das Urteil behandelt folgende Fragen:

Ist der Arzt zu körperlichen Eingriffen auch ohne oder sogar gegen den Willen des Kranken befugt? Gelten dabei für Krankenkassenversicherte besondere Grundsätze? Von welcher Bedeutung ist es, daß die Einwilligung durch Drohung oder durch Unterlassung der notwendigen Belehrung erlangt worden ist?

Der Kläger stand als Versicherter einer Krankenkasse im Herbst 1936 bei dem Arzt Dr. med. St. in L. wegen einer mit Geschwürsbildungen verbundenen Krampfadererkrankung am rechten Unterschenkel in ambulanter ärztlicher Behandlung. Die Krampfadern wurden mit Zinkleimverbänden bekämpft. Dr. St. ist auch Arzt des Krankenhauses in L. Vom 28. Oktober bis zum 4. November 1936 war er ortsabwesend und wurde daher durch den Beklagten vertreten, der seine ärztliche Tätigkeit in dem benachbarten C. ausübt. Am 29. Oktober 1936 wurde der Kläger demgemäß von dem Beklagten behandelt. Die Krampfadern wurden neu verbunden. Der Beklagte empfahl die Weiterbehandlung der Krampfadern durch Verödung. Am 2. November wurde der Kläger zur Vornahme dieser Behandlung in das Krankenhaus in L. aufgenommen. Am 3. November wurde die Verödung durch drei Einspritzungen von je 0,5 ccm Varicocid in 10%iger Konzentration in die Blutbahn des rechten Unterschenkels ausgeführt. Am 4. November trat am Nachmittag oder Abend beim Kläger Schüttelfrost und hohes Fieber ein. Es entwickelte sich eine schwere Blutvergiftung mit einer Beckenvenenthrombose als Folgeerscheinung. Eine längere Krankenhausbehandlung war erforderlich, an die sich Erwerbsunfähigkeit anschloß.

Der Kläger nimmt den Beklagten wegen des ihm enstandenen Schadens in Anspruch. Er macht geltend, der Beklagte habe insofern ärztlich fehlerhaft gehandelt, als er die Einspritzung zu nahe an die eiternden und blutenden Wunden, in einem Falle sogar unmittelbar in den Wundrand vorgenommen habe. Hierdurch seien Krankheitskeime in die Blutbahn geraten, welche die schwere Blutvergiftung hervorgerufen hätten. Der Beklagte habe es aber auch verabsäumt, noch am Abend des 4. November 1936 nach ihm zu sehen, obwohl die deutlichen Anzeichen der schweren Blutvergiftung bereits eingetreten gewesen seien. Dadurch seien Möglichkeiten, den Ablauf günstiger zu gestalten, ungenutzt geblieben. Der Beklagte habe ihn ferner zu der Einwilligung in die Aderverödung durch die unzulässige Drohung gezwungen, er werde im Falle der Weigerung ihn durch die Krankenkasse „aufholen" lassen und dafür sorgen, daß ihm die weiteren Kassenleistungen entzogen würden. Der Beklagte habe es auch unterlassen, ihn auf die möglichen schweren Folgen der Verödungsbehandlung hinzuweisen. Die bisher entstandenen Schäden beliefen sich auf 3325 RM. Mit weiteren Schäden sei zu rechnen. Zudem sei sein Leiden sehr schmerzhaft gewesen. Der Kläger begehrt daher die Verurteilung des Beklagten zur Zahlung von 3325 RM und eines vom Gericht zu bestimmenden Schmerzensgeldes sowie die Feststellung der Ersatzpflicht des Beklagten für alle künftigen Schäden.

Der Beklagte erwidert, die Verödung von Krampfadern sei allgemein üblich und von ihm kunstgerecht nach den Richtlinien der in Frage kommenden Fachärzte durchgeführt worden. Er habe alle erforderlichen Vorkehrungen getroffen, um die Wunde keimfrei zu halten ... Die trotzdem eingetretene Blutvergiftung sei schicksalhaft ... Er habe den Kläger nicht mit Maßnahmen bei der Krankenkasse bedroht, ihm vielmehr nur gesagt, er müsse sich behandeln lassen, damit die Krankenkasse keine unnötigen Kosten träfen. Dieser Rat sei sachgemäß gewesen. Ein endgültiges Heilungsergebnis sei bei Krampfadern nur auf dem Wege der Operation oder der Verödungsbehandlung zu erzielen. Einen besonders starken Druck habe er dabei nicht auf den Kläger ausgeübt. Eine Belehrungspflicht habe ihn nicht getroffen, da bei der Verödungsbehandlung nach aller Wahrscheinlichkeit mit keinen Folgeerscheinungen zu rechnen sei. Der Beklagte bestreitet auch die Höhe des Schadens.

Der Kläger stellt mitverursachendes Verschulden in Abrede.

Das Landgericht hat aus dem Rechtsgrunde der unerlaubten Handlung durch Teilurteil den bezifferten Schadensersatzanspruch dem Grunde nach für gerechtfertigt erklärt, dem Kläger ein vorläufiges Schmerzensgeld von 2000 RM zugesprochen und nach dem Feststellungsantrag erkannt. Es nimmt einen ärztlichen Kunstfehler des Beklagten an. ... Das Berufungsgericht hat die Berufung zurückgewiesen. Es erörtert den Sachverhalt ebenfalls nur unter dem Gesichtspunkt außervertraglichen Verschuldens. In nicht abschließenden Ausführungen geht es davon aus, daß kein Kunstfehler vorgelegen habe. Der Beklagte habe aber in dem Kläger jedenfalls den — tatsächlich nicht gerechtfertigten — Eindruck erweckt, daß ihm bei einer Verweigerung der Verödungsbehandlung erhebliche Nachteile bei der Krankenkasse entstehen würden. Der Kläger habe sich hierdurch — dem Beklagten bei Anwendung der erforderlichen Sorgfalt erkennbar — veranlaßt gesehen, sich der Behandlung zu unterwerfen. So dürfe indessen kein Arzt die Einwilligung eines Kranken herbeiführen. ...

Die Revision des Beklagten führte zur Aufhebung der angefochtenen Entscheidung und zur Zurückverweisung der Sache.

Aus den Gründen.

Die Sachverpflichtung des Beklagten aus dem Rechtsgrunde der unerlaubten Handlung unterliegt keinen Bedenken. Der Vertreter eines Arztes, der bei der Behandlung eines Kranken aus der Praxis des vertretenen Arztes die allgemeinen ärztlichen Pflichten verletzt und damit einen der Tatbestände der §§ 823 flg. BGB erfüllt, haftet selbst für den entstandenen Schaden im Rahmen der Vorschriften über die unerlaubte Handlung.

Zu der Klagebegründung der Verletzung ärztlicher Kunstregeln und der Unterlassung rechtzeitiger Nachbehandlung nimmt das Berufungsgericht nicht oder doch nicht abschließend Stellung. Damit entfällt mangels der erforderlichen tatsächlichen Feststellungen für das Revisionsgericht die Möglichkeit, diese Klagebegründung endgültig zu bescheiden.

Der Kläger sieht unabhängig von der Frage der Fehlerhaftigkeit jenes ärztlichen Verhaltens ein Verschulden des Beklagten schon darin, daß er die Verödungsbehandlung ohne eine rechtfertigende Einwilligung vorgenommen habe. Rechtsirrtumsfrei konnte das Berufungsgericht hier zunächst annehmen, daß ein ärztlicher Eingriff, der im einzelnen sachgemäß ausgeführt wird, dadurch allein noch nicht gerechtfertigt wird. Ohne eine rechtlich wirksame Einwilligung des Kranken oder seines gesetzlichen Vertreters — es sei denn, daß aus besonderen, hier nicht vorliegenden Gründen die Einwilligung nicht erforderlich ist —, bleibt auch der kunstgerecht durchgeführte ärztliche Eingriff eine Verletzung des Rechtes des Kranken auf körperliche Unversehrtheit. An diesem Grundsatze haben entgegen den Ausführungen der Revision auch die neueren Auffassungen über die Pflichten der Ärzte, die Kennzeichnung ihrer Tätigkeit als öffentliche Aufgabe, als Dienst nicht nur an der Gesundheit des einzelnen, sondern gerade auch an der Volksgesundheit, wie sie in der Reichsärzteordnung vom 13. Dezember 1935 (RGBL I S. 1433) zum Ausdruck gebracht sind, nichts geändert. Ein uneingeschränktes Behandlungsrecht des Arztes und eine entsprechende Duldungspflicht des Kranken anzunehmen, würde der heutigen Auffassung nicht gerecht werden, zudem das Vertrauensverhältnis zwischen Kranken und Arzt so erschüttern, daß daraus erhebliche Schäden für die Volksgesundheit entstehen müßten. Dies hat der erkennende Senat in RGZ Bd. 151 S. 349 im einzelnen dargelegt und hieran auch in der späteren Entscheidung RGZ Bd. 163 S. 129 (136) festgehalten. Liegt also eine Einwilligung des Kranken nicht vor, so ist der Arzt zum Ersatz auch eines durch einen kunstgerecht durchgeführten Eingriff schicksalmäßig entstandenen Schadens verpflichtet. Dieselbe Ersatzpflicht trifft den Arzt für den Fall, daß eine Einwilligung zwar vorliegt, aber durch arglistige Täuschung oder widerrechtlich durch Drohung herbeigeführt worden ist. Dem steht eine Einwilligung des Kranken gleich, die, dem Arzt erkennbar, auf ein Verhalten des Arztes zurückzuführen ist, in dem der Kranke — auch ohne Absicht des Arztes — eine Bedrohung gesehen hat.

Die Revision will in diesem Zusammenhange jedoch die sich aus der Reichsversicherungsordnung ergebenden Pflichten des Kranken berücksichtigt sehen. Keiner Ausführung bedarf es zunächst, daß die Krankenkassen kein Recht zur unmittelbaren „polizeilichen" Erzwingung bestimmter, von ihnen für erforderlich gehaltener ärztlicher Behandlungen oder einzelner Behandlungsarten gegenüber ihren Versicherten haben. Sie können aber doch in gewissem Umfang einen mittelbaren Zwang ausüben. Das Recht des versicherten Kranken gegen die Krankenkasse aus § 182 Abs. 1 RVO auf Krankenhilfe (Krankenpflege und Krankengeld) ist kein einseitiges. Ihm entspricht die Verpflichtung des Versicherten zur Mitwirkung bei der Herbeiführung des geplanten Heilerfolges. Der Kranke muß bei der Durchführung einer zweckmäßigen Krankenpflege (§ 182 Abs. 2 RVO) mithelfen. Will er nicht Gefahr laufen, daß die Krankenkasse die weitere Krankenhilfe berechtigterweise ablehnt, so muß er sich laufend behandeln lassen und auch den Anordnungen des Arztes nachkommen. Er darf sich nicht ohne gesetzlichen oder sonst triftigen Grund der Behandlung entziehen. Hierdurch wird er aber nicht verpflichtet, solche operativen Maßnahmen zu dulden, die in den Bestand oder die Unversehrtheit des Körpers eingreifen. Ob ein ärztlicher Eingriff bereits als operative Maßnahme anzusehen ist, die einem Versicherten noch zugemutet werden kann, ist im einzelnen Tatfrage. So ist in der Rechtsprechung des Reichsversicherungsamtes z. B. die Entnahme von Rückenmarksflüssigkeit bereits als operative Maßnahme und also das Weigerungsrecht des Kranken anerkannt worden, dagegen die Einspritzung einer geringen Menge Alttuberkulin zur Sicherung der Diagnose als noch zumutbar bezeichnet worden, weil sich ihr der Versicherte ohne Gefahr für Leib und Leben unterziehen konnte (Amtliche Nachrichten für Reichsversicherung RArbBl. Teil IV Jahrgang 1929 S. 164 Nr. 3393, Jahrgang 1930 S. 163 Nr. 3691, Jahrgang 1931 S. 315 Nr. 4128).

Das Berufungsgericht hätte also zu der Frage Stellung nehmen müssen, ob die Krankenkasse berechtigt gewesen wäre, bei einer Verweigerung der Verödungsbehandlung durch den Kläger die weiteren Kassenleistungen einzustellen. Müßte diese Frage bejaht werden, so wäre dem Anspruch die Grundlage entzogen. Dann hätte der Beklagte mit dem Hinweis auf den Fortfall der Kassenleistungen den Kläger keinesfalls rechtswidrig bedroht. Bereits dieser Umstand bedingt die Aufhebung der angefochtenen Entscheidung.

Würde diese Frage zu verneinen sein, so könnte allerdings eine rechtswidrige Drohung vorliegen. Das nimmt das Berufungsgericht an. Die tatsächlichen Feststellungen des angefochtenen Urteils reichen jedoch schon nicht hin, um den äußeren Tatbestand einer rechtswidrigen Drohung ersichtlich zu machen. Das Berufungsgericht stellt nicht eindeutig fest, was der Beklagte dem Kläger gesagt hat. Es führt im Anschluß an diese Aussage der Zeugin K. aus, der Beklagte habe erklärt, der Kläger müsse die Verödungsbehandlung vornehmen lassen, sonst würde er ihn durch die Krankenkasse „aufholen" lassen, oder: der Kläger würde von der Krankenkasse gestrichen werden; oder so ähnlich. Eine bestimmte Feststellung wäre aber bereits zur Prüfung der äußeren Merkmale einer Drohung oder doch eines Verhaltens des Beklagten, das der Kläger als Drohung ansehen konnte, erforderlich gewesen. Das Berufungsgericht nimmt ferner keine Stellung zu der Einlassung des Beklagten hierzu. Er führt aus, er habe mit dem Wort „aufholen" auf eine von der Krankenkasse zu veranlassende vertrauensärztliche Untersuchung hinweisen wollen. Auch die zweite vom Berufungsgericht als möglich angesehene Äußerung des Beklagten kann in demselben Sinne gemeint gewesen sein.

Das Urteil läßt es aber weiter an der erforderlichen Feststellung der inneren Voraussetzungen des Schadensersatzanspruches fehlen. Es begnügt sich mit dem Ausspruch, der Beklagte hätte bei Anwendung der erforderlichen Sorgfalt erkennen müssen, daß eine ordnungsmäßige, die Widerrechtlichkeit des Eingriffs ausschließende Einwilligung des Klägers nicht vorliege. Damit ist aber der innere Tatbestand der widerrechtlichen Drohung noch nicht erfüllt. Zwar ist nicht zu fordern, daß sich der Beklagte der Widerrechtlichkeit der Drohung bewußt war. Er muß aber doch die Vorstellung einer Drohung gehabt haben, zum mindesten sich bewußt gewesen sein, daß seine Äußerung geeignet sei, den Kläger unzulässigerweise in seiner Willensentschließung zu beeinflussen (vgl. RGZ Bd. 104 S. 79 [87], Bd. 108 S. 102 [104]; WarnRspr. 1927 Nr. 75). Insoweit wird das Berufungsgericht nach Klärung des äußeren Sachverhalts gegebenenfalls weitere Feststellungen zu treffen haben. Dabei wird es die Pflichten des Beklagten als Kassenarzt gegenüber der Krankenkasse zu berücksichtigen haben, in deren Erfüllung er berechtigt war, auf den Kläger in geeigneter Weise einzuwirken, damit dieser zu seinem Teil half, den erstrebten Heilerfolg herbeizuführen.

Sollte das Berufungsgericht auf Grund der erneuerten Verhandlung zu dem Ergebnis kommen, daß sich der Klageanspruch als Folge der erörterten Erklärungen des Beklagten nicht rechtfertigen läßt, so wird es weiter dazu Stellung nehmen müssen, ob der Kläger die Einwilligung in die Verödungsbehandlung ohne hinreichende Belehrung über die Tragweite dieser Behandlungsart erteilt hat. Der Arzt ist grundsätzlich verpflichtet, bevor er einen Kranken um die Einwilligung zu einer Behandlungsart ersucht, die mit besonderen Gefahren für die Gesundheit verbunden ist, diesen darüber zu unterrichten. Ob und inwieweit im Einzelfall eine solche Belehrung erforderlich ist, ist Tatfrage. Es ist dabei zu berücksichtigen, daß eine allzu eingehende Belehrung u. U. den beabsichtigten ungestörten Heilungserfolg beeinträchtigen kann. Auch eine Einwilligung, die von dem Kranken angesichts hiernach notwendiger, aber unzureichender oder gänzlich unterlassener Aufklärung erteilt wird, kann den Eingriff nicht rechtfertigen. Schließlich blieben noch die Fragen eines ärztlichen Kunstfehlers und der unterlassenen Nachbehandlung abschließend zu erörtern, falls nicht bereits aus den vorausgegangenen Gesichtspunkten die Entscheidung gewonnen werden kann.

Den ursächlichen Zusammenhang zwischen der Verödungsbehandlung und dem vom Kläger geltend gemachten Schaden hat das Berufungsgericht rechtsirrtumsfrei angenommen. Es konnte sich insoweit dem Gutachten des Professors R. anschließen, der ausführt, daß für ihn nicht der geringste Zweifel daran bestehe, daß sich der schwere Krankheitsverlauf beim Kläger unmittelbar an die Einspritzung angeschlossen habe und durch sie hervorgerufen worden sei. Die Revision rügt hierzu, das angefochtene Urteil leide an einem unlösbaren Widerspruch bei der Feststellung der Ursächlichkeit. Das Berufungsgericht führe an der Hand des erwähnten Gutachtens bei seinen Erörterungen über das Vorliegen eines Kunstfehlers aus, daß noch andere Möglichkeiten als Ursache für die Entstehung der schweren Erkrankung beständen, bei der Erörterung des ursächlichen Zusammenhanges aber, daß die schwere Erkrankung auf die Einspritzungen zurückzuführen sei. In Wirklichkeit besteht aber zwischen den beiden Stellen des Urteils kein Widerspruch. An der zuerst angezogenen Stelle sagt das Gutachten und mit ihm das Urteil, daß die Krankheit möglicherweise auf Umstände zurückzuführen sei, die nicht als Kunstfehler anzusehen seien, es sagt aber nicht, daß die schweren Folgen ohne die Einspritzung entstanden seien. Aus diesen Ausführungen ergibt sich übrigens auch, daß das Berufungsgericht die Frage des ursächlichen Zusammenhanges für den Fall neu prüfen muß, daß die Schadensersatzpflicht des Beklagten nicht aus einer unzureichenden Einwilligung des Klägers hergeleitet wird, sondern aus einem ärztlichen Kunstfehler oder der Unterlassung der Nachbehandlung.

Nr. 16. Urteil des BGH vom 10. Juli 1954 — VI ZR 45/54 zur Aufklärungspflicht des Azrtes bei Elektroschockbehandlung.

Tatbestand.

Der am 3. Juni 1901 geborene Kläger befand sich vom 25. Mai 1951 bis zum 9. Februar 1952 in der Nervenklinik der Städtischen Krankenanstalten in Bremen. Seine Aufnahme erfolgte, weil er an involutiv-endogenen Depressionszuständen litt. Am 26. Mai 1951 wurde beim Kläger eine Elektroschockbehandlung und am 28. Mai eine Lumbalpunktion vorgenommen. Am 6. und 7. Juni 1951 wurde erneut je eine Elektroschockbehandlung durchgeführt. Bei der letzten Behandlung erlitt der Kläger eine Fraktur des 12. Brustwirbelkörpers. Er wurde zur Ausheilung für 6½ Monate in ein Gipsbett gelegt. Obwohl die Fraktur ausgeheilt ist, leidet der Kläger seit der Verletzung an einer Lähmung des rechten Beines sowie an Darmstörungen und Herzbeschwerden, weshalb der Vertrauensarzt der LVA ihn für erwerbsunfähig erklärte.

Der Kläger hat behauptet, er sei gegen seinen Willen in der Klink festgehalten und behandelt worden. Im übrigen sei ihm keine ausreichende Aufklärung über die möglichen schädlichen Folgen dieser Behandlung erteilt worden. Auch sei die Behandlung und Nachbehandlung fehlerhaft gewesen. Der Kläger hat daher als Schaden den Unterschied zwischen seinem früheren Einkommen als Krankenpfleger in Höhe von monatlich 300 DM und der von der Landesversicherungsanstalt Oldenburg-Bremen mit 198,52 DM gezahlten Rente für die Zeit vom 1. November 1951 bis 31. Oktober 1952 sowie ein angemessenes Schmerzensgeld durch Klage geltend gemacht.

Die Beklagte hat die Behauptungen des Klägers bestritten und vorgetragen, dieser habe in die Elektroschockbehandlungen vom 6. und 7. Juni 1951 eingewilligt. Die Wirbelverletzung habe nur eine 30prozentige Erwerbsminderung zur Folge gehabt.

Das Landgericht hat die Klage abgewiesen.

Das Oberlandesgericht hat auf die Berufung des Klägers den Anspruch auf Schadensersatz sowie den Anspruch auf Schmerzensgeld dem Grunde nach für gerechtfertigt erklärt und festgestellt, daß die Beklagte verpflichtet ist, allen weiteren Schaden zu tragen, der aus der körperlichen Beschädigung des Klägers infolge der Schockbehandlung herrührt.

Die Revision der Beklagten ist zurückgewiesen worden.

Aus den Gründen.

I.

Nach den Feststellungen des Berufungsgerichts ist der Kläger als Kassenpatient in die Klinik der beklagten Stadtgemeinde eingeliefert worden. Daß in diesen Fällen die Rechtsbeziehungen zwischen den Städtischen Krankenhäusern oder Kliniken und dem Patienten bürgerlich-rechtlicher Art sind, hat das Berufungsgericht rechtsirrtumsfrei dargelegt. Nach der ständigen Rechtsprechung des Reichsgerichts, der der Bundesgerichtshof gefolgt ist (BGHZ 1, 383)[1] begründet die Einweisung eines Kassenpatienten in ein Krankenhaus, zugleich ein Vertragsverhältnis zwischen dem Krankenhausinhaber und dem Kassenpatienten, so daß der Patient einen unmittelbaren Anspruch auf sachgemäße Behandlung erwirbt. Handelt nun ein Arzt, dem die Behandlung der eingewiesenen Kassenpatienten übertragen ist, schuldhaft fehlsam, so muß die Beklagte als Inhaberin der Klinik für ein Versehen des Arztes als ihres Erfüllungsgehilfen nach § 278 BGB einstehen.

Der Anspruch gegen die Beklagte auf Schmerzensgeld dagegen kann, wie vom Berufungsgericht dargelegt, für eine rechtswidrige Körperverletzung durch den behandelnden Arzt nicht nach § 278 BGB, sondern nur nach § 831 BGB begründet sein, soweit nicht eine unmittelbare Haftung gemäß § 823 BGB in Frage steht.

II.

Das Berufungsgericht hat auf Grund der Beweisaufnahme festgestellt, der Kläger sei weder zwangsweise in der Klinik festgehalten worden noch sei die Elektroschockbehandlung gegen seinen ausdrücklichen Willen vorgenommen worden. Auch habe der Kläger trotz seines Depressionszustandes eine Einwilligung rechtswirksam erklären können. Seine Urteilsfähigkeit sei nicht beeinträchtigt gewesen und der Depressionszustand habe die freie Willensbestimmung nicht ausgeschlossen. Es hat eine wirksame Einwilligung in die Elektroschockbehandlung verneint, weil der Kläger keinerlei Aufklärung über Art, Umfang und Risiko dieser Behandlungsart, insbesondere nicht über die Möglichkeit des Eintritts einer Wirbelfraktur erhalten habe. Daß er nach der Erfahrung des Lebens ohnehin gewußt habe, die Elektroschockbehandlung sei mit gewissen Risiken, insbesondere mit der Gefahr einer Wirbelfraktur verbunden, sei nicht anzunehmen. Eine solche Kenntnis sei auch nicht behauptet worden. Da der Kläger die Gefahren nicht gekannt habe, habe sich auch seine Einwilligung hierauf nicht bezogen. Die Vornahme der Elektroschockbehandlung sei daher ohne Einwilligung erfolgt und somit nicht rechtmäßig gewesen.

III.

1. Die Revision wendet sich gegen die Ausführungen des Berufungsgerichts, daß die Einwilligung des Klägers in die Elektroschockbehandlung nicht wirksam gewesen sei. Hierauf kommt es insofern an, als eine wirksame Einwilligung bei sonst ordnungsgemäßer Durchführung der Heilbehandlung eine Haftung für unvermeidliche Folgen der Behandlung ausschließen würde (BGB RGRK 10. Aufl. Vorbem. IV 3 b vor § 611).

2. Die Revision irrt, wenn sie ausführt, die Einwilligung des Klägers in eine Elektroschockbehandlung sei wirksam erteilt und hätte höchstens nach §§ 116 ff. BGB angefochten werden können. Für diese Auffassung wäre nur Raum wenn

a) der Kläger mit den typischen Gefahren einer Elektroschockbehandlung und insbesondere der Möglichkeit einer Wirbelfraktur vertraut gewesen wäre und in Kenntnis der Gefährdungsmomente seine Einwilligung sich hierauf erstreckt hätte oder

[1] Anhang Nr. 1.

b) der behandelnde Arzt das gesamte Verhalten des Klägers unter den besonderen Umständen des Falles und unter Berücksichtigung der Anschauungen, die im Verkehr zwischen billig denkenden Menschen herrschten, so auffassen und auslegen mußte und durfte, daß er sich der mit einer Schockbehandlung verbundenen Gefahren in den Grundzügen bewußt gewesen sei und sie auf sich genommen habe.

Zu a). Bei Unfällen, die der Teilnehmer an einer Wagenfahrt erleidet, ist in ständiger Rechtsprechung daran festgehalten worden, daß ein Haftungsausschluß wegen Handelns auf eigene Gefahr nur angenommen werden kann, wenn der Verletzte im Bewußtsein der Möglichkeit einer Gefahr an der Fahrt teilgenommen und damit in eine mit oder ohne Verschulden des Fahrers möglicherweise eintretende Gefahr ausdrücklich oder stillschweigend eingewilligt hat. Gefahren, die der Verletzte lediglich hätte erkennen müssen, umschließt diese Einwilligung nicht (vgl. JW 1911, 28; 1934, 346; 1938, 2278 und 2354; RGZ 141, 262; VAE 1939, 201 Nr. 274; OGH DAutR 1951, 24[8]; BGHZ 2, 159 [160ff.]; L-M § 823 BGB (Ha) Nr. 3). In gleicher Weise hat das Reichsgericht in RGZ 88, 433 [436] betont, daß ein ärztlicher Eingriff in die körperliche Unversehrtheit des Patienten nur insoweit vertragsmäßig und nicht rechtswidrig sei, als die Einwilligung des Kranken reicht. Nach RGZ 163, 129 aus 1940[1] [138] muß sich der Arzt vor jedem Eingriff der klaren, auf zutreffenden Vorstellungen über Art und Folgen des Eingriffs beruhenden, wenn auch naturgemäß nicht ihre Einzelheiten umfassenden Einwilligung des Kranken versichern. In RGZ 168, 206 [210 und 213] hat das Reichsgericht hieran festgehalten. Der Bundesgerichtshof hat diese Auffassung in BGHZ 7, 198 [206-7] bestätigt, wenn auch dort nicht das Vorliegen und die Tragweite einer Einwilligung, sondern ihre Nichtigkeit wegen Verstoßes gegen ein gesetzliches Verbot oder gegen die guten Sitten zur Entscheidung stand.

Diese Grundsätze sind zugrundezulegen. Das Berufungsgericht befindet sich mit ihnen (RGZ 163, 129 [138]) in Übereinstimmung, wenn es unter Bezugnahme auf *Eberhard Schmidt*, „Der Arzt im Strafrecht 1939“ S. 96, für eine wirksame Einwilligung fordert, daß der Einwilligende das Wesen, die Bedeutung und Tragweite des ärztlichen Eingriffs jedenfalls in seinen Grundzügen erkannt hat. Seine Rechtsauffassung ist deshalb nicht zu beanstanden.

Keinem rechtlichen Bedenken unterliegt auch die tatsächliche Feststellung des Berufungsgerichts, daß der Kläger die mit dem Eingriff verbundenen Gefahren nicht gekannt habe, sowie die hieraus gezogene Schlußfolgerung, daß sich die Einwilligung des Klägers auf diese Gefahren nicht bezogen habe. Die Revision trägt hiergegen auch nichts vor.

Zu b). Wie vom Reichsgericht in JW 1934, 2033 und vom Bundesgerichtshof in BGHZ 2, 159 [160ff.] und bei *Lindenmaier-Möhring* § 823 (Ha) BGB Nr. 3 hervorgehoben wird, ist nicht der innere Wille, sondern der erklärte Wille des Klägers maßgebend. Nach den Feststellungen des Berufungsgerichts haben die behandelnden Ärzte eine Einwilligung des Klägers angenommen. Ihnen hätte jedoch, so hat das Berufungsgericht ausgeführt, klar sein müssen, daß eine beachtliche Einwilligung nicht vorgelegen habe. Sie seien daher fahrlässig von einer Einwilligung ausgegangen. Diese Beurteilung ist rechtlich nicht zu beanstanden. Das Berufungsgericht hat hiermit in zutreffender Weise zum Ausdruck gebracht, daß alles, was der Kläger mündlich, stillschweigend und durch schlüssige Handlungen erklärt hat, von den behandelnden Ärzten nach den gesamten begleitenden Umständen und nach Treu und Glauben nicht als wirksame, die möglichen Gefahren des Eingriffs umfassende Einwilligung betrachtet werden konnte und durfte.

[1] Vgl. Anhang Nr. 14.

3. Die vom Berufungsgericht angenommene Pflicht, den Kläger über die möglichen Folgen einer Elektroschockbehandlung zu unterrichten, wird im vorliegenden Fall von der Revision bestritten. Sie meint, die Notwendigkeit einer solchen Behandlungsart habe bestanden. Ihre Gefahren seien gering. Das Berufungsgericht habe das Verhältnis der psychisch Erkrankten zum behandelnden Arzt verkannt. Körperliche Eingriffe seien oft nicht ohne Gefahr möglich. Es sei dennoch die Pflicht des Arztes, solche Eingriffe vorzunehmen, wenn sie erforderlich wären. Einem depressiv Erkrankten werde jedoch ein schlechter Dienst erwiesen, wenn er volle Aufklärung erhalte. Das an oberster Stelle stehende Gebot des gesundheitlichen Interesses des Patienten verbiete eine volle Aufklärung. Es könne daher dem Berufungsgericht keinesfalls gefolgt werden, wenn es mit dem Reichsgericht (DR 1940, 1288) die Auffassung vertrete, daß es nicht die Pflicht des Arztes gewesen sei, von der Aufklärung über die Folgen eines beabsichtigten Eingriffs abzusehen, weil durch die Aufklärung eine Verschlechterung des Gesundheitszustandes des Patienten zu gewärtigen sei und der Heilerfolg in Frage gestellt werde.

Indessen ist das Berufungsgericht bei der Prüfung, ob eine Aufklärungspflicht des Arztes bestanden hat, mit Recht von der Rechtsprechung des Reichsgerichts ausgegangen, nach der das Maß und der Umfang der Aufklärungspflicht gegenüber einem Patienten mitbestimmt wird von dem Grad der Gefährlichkeit des Eingriffs in die körperliche Integrität.

Die Verpflichtung, die Entschließungsfreiheit über einen Eingriff in die körperliche Integrität zu achten, kann nicht darum verneint werden, weil das Verhältnis des Arztes zu dem Kranken die Anlegung eines besonderen Maßstabes erfordere. Die ethische Aufgabe des Arztes verlangt, auf den Patienten einzugehen und ihn weitgehendst über unerwünschte Nebenerscheinungen der anzuwendenden Therapie aufzuklären. Keinesfalls kann bei richtiger Wertung des Persönlichkeitsrechts gesagt werden, diese Beurteilung zeige die Neigung, aus einem falsch verstandenen Freiheitsbegriff das eigenartige Verhältnis von Arzt und Patient in einem Paragraphengerüst zu fangen, wie *Ehrhardt* (Zeitschrift für das ges. Arztrecht 1952 S. 142 [148]) meint. Vielmehr gehört diese Aufklärungspflicht über die möglichen schädlichen Folgen der Therapie gerade mit zum ärztlichen Beruf, der die Persönlichkeit und körperliche Integrität nicht außer acht lassen darf. Dem kann auch nicht mit dem Hinweis darauf begegnet werden, daß es in einzelnen Fällen vielleicht zweckmäßig sei, den Patienten nicht aufzuklären. Wie weit die Aufklärungspflicht bei Diagnose und Therapie geht und was der Arzt sagen kann und muß, braucht hier nicht entschieden zu werden, denn im vorliegenden Fall ist überhaupt keine Aufklärung erfolgt. Das ist aber keinesfalls zu billigen. Mit Recht hat sich das Berufungsgericht auch auf die Entscheidung des Reichsgerichts (Anhang Nr. 14) berufen, in der ausgeführt ist, grundsätzlich müsse dem einzelnen auch gegenüber dem Arzt die Verfügung über seinen Körper vorbehalten bleiben (RGZ 151, 349). Selbstverständlich werde der Arzt versuchen, den Kranken vor schädlicher Ängstlichkeit zu bewahren und ihn auch nicht unnötigerweise auf die schlimmen Folgen hinweisen, die seine *Erkrankung* möglicherweise hervorbringen könne. Aber das müsse gegenüber der Notwendigkeit zurücktreten, daß der Arzt sich vor jedem Eingriff der klaren, auf zutreffenden Vorstellungen über Art und Folgen des Eingriffs beruhenden Einwilligung des Kranken versichere. Soweit die mit der Einholung verbundene Aufklärung die Herabdrückung seiner Stimmung oder sogar seines Allgemeinbefindens zur Folge habe, handele es sich um unvermeidbare Nachteile, die in Kauf genommen werden müssen.

Die von der Rechtsprechung entschiedenen Fälle eines Eingriffs ohne Einwilligung bei Gefahr im Verzuge bedürfen hier keiner Erörterung, da die Voraussetzungen nicht gegeben sind. Daß ein körperlicher Eingriff in die Unversehrtheit des Kranken gegen dessen Willen unerlaubt ist, weiß jeder Arzt. Hierüber darf er sich auch dann nicht hinwegsetzen, wenn er dies von seinem beruflichen Standpunkt aus als unrichtig ansieht (RG JW 36, 3112). Die erforderliche und vom Arzt grundsätzlich herbeizuführende Einwilligung des geschäftsfähigen Kranken erstreckt sich aber nicht ohne weiteres auf eine Heilbehandlung, die nach der ärztlichen Erfahrung, auch wegen ihrer Nachwirkungen, nicht als verhältnismäßig harmlos zu bezeichnen ist. Das Berufungsgericht ist davon ausgegangen, die Elektroschockbehandlung biete für den Patienten solche Gefahren, daß nicht von atypischen Gefahren gesprochen werden könne, die eine Darlegung erübrigt hätten. Es ist auf Grund namentlich des Gutachtens des Sachverständigen Dr. *Müller-Suur*, wonach bei dieser Behandlungsart durchschnittlich 7% Knochenbrüche zu verzeichnen sind, zu dem Ergebnis gelangt, daß jedenfalls ein völliges Unterbleiben jeder Aufklärung nicht gerechtfertigt gewesen sei.

Die Revision kann sich hiergegen nicht mit dem Hinweis auf einen Aufsatz von *Ehrhardt* (Zeitschrift für das gesamte Arztrecht Januar/Februar 1952 S. 146 ff.) wenden. Es ist zwar richtig, daß *Ehrhardt* andere Zahlen über Frakturen angibt. Die vom Berufungsgericht mit zugrunde gelegte, bis zur Entscheidung ergangene wesentliche Literatur über die Elektroschockbehandlung rechtfertigt aber seine Würdigung. So hat z. B. *Schmieder* (Allgemeine Zeitschrift für Psychiatrie und ihre Grenzgebiete 1942 S. 141 [155]) berichtet, daß in den fünf Monaten dieser Behandlungsart bei 80 Kranken 10% Wirbelfrakturen beobachtet worden sind, wobei der Prozentsatz für Männer allein bei 25% gelegen habe. *Mertens* und *Bader* (Über Wirbelbrüche bei Schockbehandlung, Zeitschrift für Orthopädie 1951 S. 81 ff.) berichten, daß bei den auftretenden chirurgischen Komplikationen die Verletzung der Wirbelsäule im Vordergrund stehe. Das männliche Geschlecht sei dabei drei- bis fünfmal so häufig beteiligt wie das weibliche. Die Verfasser berichten noch eingehend über die Literatur, die zu der Frage der Häufigkeit der Wirbelverletzungen bei der Krampfbehandlung uneinheitlich sei, vor allem in den Vereinigten Staaten, wo Frakturen bis zu 43% beobachtet worden seien, und bestätigen außerdem, daß Männer mehr gefährdet seien. Die Verfasser berichten über ihre eigenen Erfahrungen und kommen bei Männern zu 18,5%, weisen noch auf *Bartstra* und *Wittermanns* hin, die eine Häufigkeit von 35% annehmen. *Schega* (Frakturen als Komplikation bei der Schockbehandlung der Psychosen und ihre Verhütung, Münchener Mediz. Wochenschrift Nr. 29/30 vom 27. Oktober 1950, Spalte 1191 ff.) hat ausgeführt, es werde in der Literatur immer wieder auf die Gefahr chirurgischer Komplikationen in Form von Frakturen und Luxationen hingewiesen. Die Angaben seien sehr unterschiedlich. Vor allem die amerikanischen Autoren, die z. T. über die notwendigen materiellen Voraussetzungen zur Durchführung solch kostspieliger großer Reihenuntersuchungen verfügten, gäben allein für Wirbelfrakturen Zahlen bis 50% an. Im allgemeinen schwankten die Angaben zwischen 10 und 50%. *Stücke* (Chirurgische Komplikationen bei der Elektrokrampfbehandlung in Bruns' Beiträgen zur klinischen Chirurgie 181. Band Heft 1 1950 S. 1) hat darauf hingewiesen, daß *Schneider* die Methode als an sich grob bezeichnet. Er weist alsdann auf die unterschiedlichen Angaben über Frakturen hin, u. a. auf *Sogliani*, der bei 11 800 Behandlungen nur einen Oberschenkelhalsbruch beobachtet hat, und meint, bei den Angaben würden harmlose Luxationen, die häufig aufträten, nie gewertet. *Stücke* gibt für die Göttinger Klinik bei 27 566 Schockbehandlungen 15 gröbere Verwicklungen — 0,05% an und teilt mit, daß nach seiner Ansicht auch das Alter über 50 Jahre eine zusätzliche Gefahr bedeute. Er meint aber, es sei sicher, daß Wirbelsäulenschädigungen viel häufiger aufzutreten pflegten als aufgeklärt werde. Hauptgefahrengebiete seien Wirbelsäule, Schultergürtel und Schenkelhals. Zusammenfassend erklärt *Stücke*, man habe bis jetzt noch kein allen Anforderungen genügendes Mittel zur Hand, um auf pharmakologischem Wege chirurgische Komplikationen in ausreichendem Maße zu vermeiden, hält aber Komplikationen für verhältnismäßig selten. *Müller* (Prognose und Therapie der Geisteskranken 1949 S. 60 ff.) weist auf die Schweizer Statistik über die Mortalität bei Elektroschock, die 0,07%, nach anderen 0,06% betrage, hin. Er nennt 1,31% Wirbel- und 1,17% andere Frakturen. Er erklärt vor allem die chirurgischen Eingriffe für bewiesen, daß die Elektroschockbehandlung trotz sehr geringer Mortalität keineswegs einen harmlosen Eingriff darstelle. *Müller* fährt fort, diese Behandlung müsse nach dem heutigen Stand der Technik unbedingt gefährlicher eingeschätzt werden als die Insulinbehandlung.

Wenn das Berufungsgericht unter diesen Umständen von einer Gefahr spricht, die nicht als atypisch angesehen werden kann, so läßt dies keinen Rechtsirrtum erkennen. Daß es den Arzt daher für verpflichtet hält, den Kläger über die Therapie und ihre Folgen aufzuklären, ist ebenfalls nicht zu beanstanden. Es braucht dabei nicht darauf eingegangen zu werden, ob der Arzt, wie *Wussow* (JW vom 8. März 1954 II 10) meint, im Rahmen der Therapie im Gegensatz zur Diagnose immer gehalten ist, dem Patienten die Wahrheit zu sagen. Es ist also, da die Elektroschockbehandlung in dem hier in Frage kommenden Zeitraum nach den aus der Literatur erkennbaren Angaben und vor allem der unterschiedlichen Beurteilung ihrer Folgen, nicht als ein harmloser Eingriff anzusehen ist, mit Recht eine Aufklärungspflicht der behandelnden Ärzte vom Berufungsgericht bejaht worden. *Goldbach* (Deutsche Zeitschrift für die gesamte gerichtliche Medizin, 42. Band 1953 S. 377 ff.) weist auf eine Entscheidung des Oberlandesgerichts in Frankfurt am Main vom 7. März 1951 hin, das ebenfalls einen Hinweis auf die Gefahren der Elektroschockbehandlung verlangte (vgl. auch *Ehrhardt* a. a. O., der Teile dieser Entscheidung mitteilt). Die Behandlung ohne die hiernach erforderliche Einwilligung, die eine angemessene Aufklärung voraussetzte, ist daher widerrechtlich. Die Aufklärungspflicht an sich entfiel auch nicht aus dem Grunde, weil der Kläger depressiv veranlagt ist. Eine andere Frage ist, in welcher Weise der Patient unter Berücksichtigung seiner Persönlichkeit auf die Folgen hinzuweisen ist und was ihm im einzelnen mitgeteilt werden muß. Diese Frage ist aber hier nicht zu entscheiden, da die behandelnden Ärzte nur von einer elektrischen Behandlung gesprochen haben, was dem Kläger keinerlei Wissen über die Folgen vermitteln konnte.

IV.

Die Revision wendet sich weiter gegen die Annahme eines Verschuldens der behandelnden Ärzte. Das Berufungsgericht hat ausgeführt, den Ärzten hätte klar sein müssen, daß beim Fehlen jeder Einwilligung eine beachtliche Einwilligung nicht vorgelegen habe. Ihre Annahme, sie seien ohne Aufklärung zur Durchführung der Elektroschockbehandlung berechtigt gewesen, beruhe auf Fahrlässigkeit.

Es ist zwar richtig, daß der Umfang der Aufklärungspflicht umstritten ist. Vor allem wird von ärztlicher Seite darauf hingewiesen, daß das Vertrauensverhältnis zwischen Arzt und Patient ein wesentlicher Faktor sei. Trotzdem kann aber ein Arzt nicht ohne Fahrlässigkeit die Auffassung zugrundelegen, er brauche den Patienten über eine nicht ungefährliche Therapie überhaupt nicht aufzuklären. In dieser *rechtlichen* Frage darf der Arzt nicht ohne weiteres einer in Ärztekreisen gelegentlich vertretenen, von der Rechtsprechung aber stets abgelehnten Meinung folgen (RG JW 36, 3112 [3114]). Auch aus der Tatsache, daß der Kläger zu den psychisch Kranken gehörte, konnten die Ärzte nicht ableiten, daß sie zu erheblichen Eingriffen in seine körperliche Integrität *ohne jede Mitteilung* berechtigt seien (vgl. auch *Schönke* in Der Nervenarzt 1951 S. 161). Dabei spielt es keine Rolle, ob im allgemeinen, wie die Revision meint, die Frakturen ohne weitere Folgen verheilen.

Auch *Ehrhardt* (a. a. O. S. 148), auf den die Revision besonders hinweist, vertritt offenbar nicht die Auffassung, jede Aufklärung dürfe unterbleiben. Er will vielmehr nur das Maß der erforderlichen Aufklärung je nach der psychischen Verfassung des Patienten verschieden beurteilen. Daß durchaus nicht immer eine volle, bis in alle Einzelheiten gehende Aufklärung erforderlich ist, hat das Berufungsgericht nicht verkannt. Es legt den Ärzten aber mit Recht die Unterlassung *jeden Hinweises* zur Last. Daß in der Klinik der Beklagten im Zeitpunkt der Vornahme der Elektroschockbehandlung besonders eigene Erfahrungen vorgelegen hätten, die die Auffassung als gerechtfertigt erscheinen ließen, die Behandlung sei wirklich völlig gefahrlos und daher eine Aufklärung nicht erforderlich, ist nicht behauptet. Offenbar haben bis zu diesem Zeitpunkt auch insoweit noch keine auf die Folgen der Behandlung ausgerichteten eigenen speziellen Untersuchungen stattgefunden. Es ist daher mit Recht eine Fahrlässigkeit der behandelnden Ärzte angenommen worden.

Auch gegen die Bejahung der Ursächlichkeit bestehen keine Bedenken. Es mag dahinstehen, ob eine Feststellung, der Kläger würde bei ordnungsmäßiger Aufklärung eine Einwilligung erteilt haben, angesichts des tatsächlich vorliegenden rechtswidrigen Eingriffs in seine körperliche Integrität erheblich sein kann. Da das Berufungsgericht eine solche Feststellung unter Würdigung aller Umstände nicht hat treffen können, ist zutreffend gefolgert worden, daß die Beklagte dem Kläger für die Folgen des Eingriffs auf Grund der §§ 611, 276 und 278 BGB Schadensersatz zu leisten hat.

V.

Nach der Auffassung des Berufungsgerichts haftet die Beklagte dem Kläger nach den §§ 823 Abs. 1, 831 und 847 BGB auch für das Schmerzensgeld. Die behandelnden Ärzte, so führt es aus, hätten den Kläger rechtswidrig und schuldhaft an der Gesundheit geschädigt und dadurch den eingetretenen Schaden herbeigeführt. Sie seien Verrichtungsgehilfen der Beklagten gewesen. Den Entlastungsbeweis nach § 831 BGB habe die Beklagte nicht zu führen vermocht. Zwar habe sie die Ärzte sorgfältig ausgewählt. Sie habe jedoch, da es sich bei der Nervenklinik um einen großen und gefährlichen Betrieb handele, ihrer Aufsichtspflicht nicht genügt. Sie habe es unterlassen, allgemeine Anordnungen über die Aufklärungspflicht der behandelnden Ärzte bei der Elektroschockbehandlung zu erlassen. Hätte sie das getan, dann hätten die Ärzte den Kläger auf die möglichen Gefahren hingewiesen und ohne dessen Einwilligung den Eingriff nicht unternommen.

Die Revision wendet sich hiergegen. Nach ihrer Meinung hätte es insbesondere einer Anweisung der Krankenanstaltsverwaltung an die behandelnden Ärzte nicht bedurft.

Ohne Rechtsirrtum hat das Berufungsgericht die behandelnden Ärzte als Verrichtungsgehilfen im Sinne von § 831 BGB angesehen. Das Berufungsgericht billigt der Beklagten zu, daß sie die behandelnden Ärzte sorgfältig ausgewählt habe.

Zutreffend hat das Berufungsgericht aber angenommen, daß dem Vorstand einer solchen Klinik eine Leitungs- und Aufsichtspflicht obliegt, für deren Verletzung deren Unternehmer einzustehen hat. Selbstverständlich können rein medizinische Fragen der Therapie im Einzelfalle nicht der Leitung der Verwaltung obliegen. Die Aufklärungspflicht, die den Ärzten hinsichtlich der Therapie obliegt und deren Bestehen auch von der Revision nicht in Zweifel gezogen wird, ist aber keine rein ärztliche der Weisungspflicht entzogene Angelegenheit, wobei dahingestellt bleiben kann, ob über den Umfang der Aufklärung selbst den angestellten Ärzten Weisungen zu geben sind. Mit Recht hat das Berufungsgericht das Fehlen jeder Anweisung und Überwachung zur Aufklärung der Kranken schlechthin beanstandet. Im vorliegenden Falle ist nun nicht festgestellt, ob ein Arzt Mitglied des Vorstandes war. Wenn dies vorläge, so müßte die Beklagte dafür einstehen, daß von ihm nicht die entsprechenden Anweisungen ergangen sind (RG JW 38, 165; BGH L-M § 831 Fc BGH Nr. 1 und 4; BGHZ 5, 321 [323]). Aber auch dann, wenn keine ärztliche Fachkraft zum Vorstande der Klinik gehören sollte und lediglich ein Arzt als Chefarzt mit der Überwachung und Regelung aller mit ärztlichen Angelegenheiten zusammenhängenden Fragen beauftragt worden wäre, ohne besonders satzungsgemäß vorgesehen zu sein, müßte die Beklagte für seine mangelnde Aufsicht und die schuldhaft unterlassene Anweisung einstehen. Erst recht wäre dies natürlich der Fall, wenn weder der Vorstand der Beklagten mangels Sachkunde entsprechende Anordnungen erlassen hätte, noch eine sachkundige Person mit diesem Aufgabenbereich betraut worden wäre. Gleich aus welchem Grunde die hier erforderliche Überwachung oder der Hinweis auf die Aufklärungspflicht unterblieben ist, hat das Berufungsgericht zutreffend eine Haftung auch für den Schmerzensgeldanspruch bejaht.

Nach alledem hält das angefochtene Urteil einer rechtlichen Nachprüfung stand. Die Revision war daher zurückzuweisen.

Nr. 17. BGH Urteil vom 15. Januar 1952 g. L. 1 StR 852/51. BGHSt. 2, 111 ff.

Rechtssatz: *Die in § 14 Abs. 1 ErbgesG enthaltenen Voraussetzungen für die Zulässigkeit der Schwangerschaftsunterbrechung müssen als Mindestvoraussetzungen auch gegeben sein, wenn die Schwangerschaftsunterbrechung unter dem Gesichtspunkt des übergesetzlichen Notstandes erlaubt sein soll. Der Arzt ist auch nach Entfernung der Frucht noch so lange zur Nachbehandlung der Patientin verpflichtet, bis jede Gefährdung ihrer Gesundheit beseitigt ist.*

Aus den Gründen.

Die Verurteilung des Angeklagten wegen Abtreibung zeigt keinen Rechtsfehler. Bei der Prüfung der Frage, ob sich der Angeklagte der Abtötung der Leibesfrucht im Sinne des § 218 Abs. 3 StGB schuldig gemacht habe, hat das Landgericht auch eingehend dazu Stellung genommen, ob er rechtswidrig gehandelt hat. Es hat diese Frage bejaht und dazu ausgeführt: Am Tatort zur Tatzeit sei das Erbgesundheitsgesetz vom 14. Juli 1933 (in der Fassung vom 24. Juni 1935) nicht mehr in Kraft gewesen. Die Frage der Rechtswidrigkeit sei daher nach den Grundsätzen zu beantworten, die die Rechtsprechung vor der Geltung dieses Gesetzes unter dem Gesichtspunkt des übergesetzlichen Notstandes entwickelt habe (RGSt. 61, 242). Danach sei die Abtötung der Leibesfrucht erlaubt, wenn sie geschehe, um das bei Austragung der Frucht ernstlich gefährdete Leben oder die Gesundheit der Mutter zu retten. Die Rechtswidrigkeit der Handlung könne nur verneint werden, wenn der Handelnde vorher alle für die Zulässigkeit der Schwangerschaftsunterbrechung bedeutsamen Umstände gewissenhaft prüfe. Daran habe es der Angeklagte fehlen lassen. Er habe den krankhaften Zustand der Schwangeren, der es erlaubt hätte, zur Rettung von Leben oder Gesundheit der Mutter die Schwangerschaft zu unterbrechen, überhaupt nicht erkannt und auch nicht wegen dieses Zustandes zur Rettung von Leben oder Gesundheit der Mutter gehandelt; er habe sich zu dem Eingriff vielmehr nur verstanden, weil er mit der Schwangeren ihrer Lage und Verhältnisse wegen Mitleid gehabt habe. Er habe darum selbst sein Verhalten als „illegal" angesehen und sei darum bemüht gewesen, es nicht bekannt werden zu lassen.

Die Revision bekämpft diese Ausführungen als rechtsirrig. Sie ist der Meinung, für die Frage der Rechtswidrigkeit der Handlung komme es nur darauf an, ob tatsächlich die Voraussetzungen vorgelegen hätten, die unter dem Gesichtspunkt des übergesetzlichen Notstandes die Abtötung der Leibesfrucht erlaubt hätten. Strafrechtlich ohne Bedeutung sei es, ob der Angeklagte die Unterbrechung der Schwangerschaft, die nach den Feststellungen des Landgerichts unter dem Gesichtspunkt des übergesetzlichen Notstandes erlaubt gewesen sei, irrtümlich für verboten gehalten habe. Es liege dann nur ein strafloses Wahnverbrechen vor.

Diese Angriffe gehen fehl.

Das Landgericht ist zutreffend davon ausgegangen, daß die Frage der Rechtswidrigkeit nach den von der Rechtsprechung zum übergesetzlichen Notstand entwickelten Grundsätzen zu entscheiden ist. Das Gesetz zur Verhütung erbkranken Nachwuchses vom 14. Juli 1933 in der Fassung des Gesetzes vom 24. Juni 1935 ist in Bayern durch das Gesetz vom 20. November 1945 (GVBl. 1945/46 S. 1) aufgehoben, war also zur Zeit der Tat am Tatort nicht mehr in Kraft. Der dadurch herbeigeführte Rechtszustand weicht allerdings von demjenigen nicht wesentlich ab, der in denjenigen Ländern der Bundesrepublik gilt, in denen das ErbgesG oder wenigstens dessen § 14 Abs. 1 noch gilt. Die in § 14 Abs. 1 ErbgesG angeführten Voraussetzungen für die Zulässigkeit einer Schwangerschaftsunterbrechung ergeben sich sämtlich aus den Grundsätzen der Pflichten- und Güterabwägung. Sie sind auch die Mindestvoraussetzungen für die Zulässigkeit der Schwangerschaftsunterbrechung nach den Grundsätzen des übergesetzlichen Notstandes, ohne daß für den vorliegenden Fall entschieden zu werden braucht, ob für die Schwangerschaftsunterbrechung nach diesen Grundsätzen die Voraussetzungen etwa noch enger umgrenzt werden müssen als in § 14 Abs. 1 ErbgesG. Die Schwangerschaftsunterbrechung ist nur gestattet, wenn ein Arzt sie nach den Regeln der ärztlichen Kunst zur Abwendung einer ernsten Gefahr für das Leben oder die Gesundheit der Mutter und mit ihrer Einwilligung vornimmt. Aus der Erfordernis, daß die Handlung zur Abwendung einer ernsten Gefahr für das Leben oder die Gesundheit der Mutter vorgenommen werden muß, ergibt sich, daß der Rechtfertigungsgrund des übergesetzlichen Notstandes nicht allein in den äußeren Umständen liegt, sondern auch in den Vorstellungen, durch die sich der Handelnde bei seinem Verhalten bestimmen läßt. Die Rechtsprechung hat diesen Gedanken schon vor dem Gesetz vom 14. Juli 1933 entwickelt. Sie hat mit aller Entschiedenheit ausgesprochen, daß sich eine Tat aus dem übergesetzlichen Notstande nur rechtfertigen lasse, wenn der Täter vorher gewissenhaft geprüft hat, ob ein Widerstreit rechtlich geschützter Güter vorliege, der nur durch Verletzung des einen Gutes gelöst werden könne (RGSt. 62, 137/138; 64, 101, 104; OGHSt. 1, 321, 333; 3, 6, 11). Der IV. Strafsenat des Bundesgerichtshofes hat sich im Urteil vom 12. Juli 1951 — 4 StR 339/51 — ebenfalls zu diesen Grundsätzen bekannt. Der erkennende Senat tritt dieser Rechtsauffassung bei. Der übergesetzliche Notstand enthält also ein „subjektives Rechtfertigungselement" ebenso wie der Rechtfertigungsgrund der Notwehr, der nur für eine vom Verteidigungswillen getragene Willensbetätigung gilt (RGSt. 54, 196; 60, 261). Nach den Feststellungen des Landgerichts war dem Angeklagten aber unbekannt, daß die Schwangere infolge der Krankheiten, an denen sie litt, die Frucht nur unter ernster Gefährdung von Leben und Gesundheit austragen konnte. Er hat sich deshalb bei der Abtötung der Leibesfrucht auch nicht von dem Gedanken leiten lassen, dadurch Leben und Gesundheit der Mutter zu retten. Er hat sie überhaupt nicht eingehend und gewissenhaft untersucht und hat es an der pflichtgemäßen Abwägung der rechtlich geschützten Güter fehlen lassen. Die Strafkammer hat deshalb mit Recht angenommen, daß sich der Beschwerdeführer schon wegen des Fehlens dieses „subjektiven Rechtfertigungselements" nicht auf übergesetzlichen Notstand berufen könne. Die Handlung des Angeklagten verwirklichte also nicht nur äußerlich den Tatbestand des § 218 Abs. 3 StGB, sie war auch rechtswidrig.

Richtig ist zwar, daß auch eine schwere Selbstmordgefahr schon eine ausreichende äußere Grundlage für eine „medizinisch indizierte" Schwangerschaftsunterbrechung sein kann. Das hat das Reichsgericht schon in der Entscheidung ausgesprochen, in der es zum erstenmal die Grundsätze des übergesetzlichen Notstandes ausführlich entwickelte (RGSt. 61, 242). Aber zunächst kann nicht schon jede Äußerung von Selbstmordgedanken als eine durch die Schwangerschaft hervorgerufene ernstliche Gefahr der Selbstentleibung angesehen werden. Zum andern muß auch eine aus dieser Ursache herzuleitende Gefahr für das Leben der Mutter, wenn sie für den übergesetzlichen Notstand Bedeutung gewinnen soll, Gegenstand der pflichtgemäßen Güterabwägung sein. Daran hat es aber der Beschwerdeführer nach den Feststellungen der Strafkammer gerade fehlen lassen.

Hinzu kommt, daß Schwangerschaftsunterbrechung, wie der II. Strafsenat in dem Urteil vom 5. Oktober 1951 — 2 StR 163/51 (BGHSt. 1, 329) — entschieden hat, nicht nur die Tötung der Leibesfrucht ist, sondern die gesamte zur Erhaltung des Lebens und der Gesundheit der Schwangeren erforderliche ärztliche Betreuung. Auch wenn alle anderen Voraussetzungen des übergesetzlichen Notstandes vorliegen, entfällt der Rechtfertigungsgrund, wenn die Schwangerschaft nicht nach den Regeln der ärztlichen Kunst unterbrochen wird. Diese verlangen grundsätzlich, daß die Frucht und die Nachgeburt durch eine tunlichst kurze operative Behandlung in einer Krankenanstalt beseitigt werden. Nur dann besteht die Gewähr, daß der zur Rettung von Leben oder Gesundheit der Mutter unvermeidliche, in jedem Falle aber schwerwiegende Eingriff in ihren Körper so geschieht, daß die auch dann immer noch vorhandene Gefährdung der Mutter auf ein für die ärztliche Kunst erreichbares Mindestmaß beschränkt wird. Nur eine unter solchen Sicherungen durchgeführte Schwangerschaftsunterbrechung kann als eine der Rettung von Leben oder Gesundheit der Mutter dienliche und darum erlaubte Handlung angesehen werden. Statt dessen ließ der Angeklagte die Schwangere, nachdem er durch Einfügung eines Quellstifts den Muttermund geöffnet und dadurch die Wehentätigkeit angeregt hatte, zu Fuß nach Hause gehen, überließ sie dort ihrem Schicksal und versagte ihr selbst dann den erbetenen Beistand, als die Blutungen so stark wurden, daß „sie sich keinen Rat mehr wußte" und darum mehrmals nach dem Angeklagten schickte. Daß diese Art der Behandlung den Erfahrungen der ärztlichen Praxis und den anerkannten Regeln der medizinischen Wissenschaft widerspricht, liegt auf der Hand und wird vom Landgericht, wenn auch in anderem Zusammenhange, ausdrücklich ausgesprochen.

Die Verurteilung wegen vollendeter Abtreibung nach § 218 Abs. 3 StGB läßt nach alledem keinen Rechtsfehler erkennen.

Nr. 18. Urteil des 2. Zivilsenats des BGH vom 27. Februar 1952 II ZR 78/51 zur Frage des ärztlichen Kunstfehlers, wenn bei einer Operation ein sog. Bauchtuch im Leibe der Patientin zurückbleibt.

(Zeitschrift für das gesamte Arztrecht 2. Jahrg. S. 240.)

Tatbestand.

Der Kläger verlangt in seiner Eigenschaft als Ehemann gemäß § 1380 BGB von der Beklagten, als Erbin ihres am 7. April 1949 verstorbenen Ehemannes, Dr. med. X., Ersatz des Schadens, der seiner Frau dadurch entstanden sei, daß Dr. X. als leitender Arzt des Städt. Krankenhauses in N. bei einer am 22. Januar 1948 an der Ehefrau des Klägers vorgenommenen Operation schuldhaft ein sog. „Bauchtuch" in der Bauchhöhle der Patientin habe liegen lassen. Die Ehefrau des Klägers hatte am 11. Januar

1948 wegen starker Schmerzen im Leib Dr. X. im Städt. Krankenhaus in N. konsultiert. Dr. X. hatte sie in das Krankenhaus eingewiesen, und sie war dort als Patientin 2. Klasse aufgenommen worden. Das Arzthonorar für Patienten 2. Klasse stand nach der Krankenhausordnung Dr. X. zu, dem es gestattet war, Patienten 1. und 2. Klasse als Privatpatienten zu behandeln. Dr. X. stellte bei der Ehefrau des Klägers eine doppelseitige Adnexentzündung fest und versuchte zunächst durch konservative Behandlung eine Besserung zu erreichen. Am 22. Januar 1948 schritt er zur Operation, weil er eine extrauterinäre Schwangerschaft vermutete, die auch bei der Öffnung der Bauchhöhle bestätigt wurde.

Nach Heilung der Operationswunde trat am 5. Februar 1948 eine als Tumor unbekannter Ursache von Dr. X. bezeichnete Geschwulst am rechten Oberbauch der Patientin auf. Die Geschwulst verschwand aber nach reichlichem Stuhlgang wieder und hinterließ keine Beschwerden. Am 17. Februar 1948 wurde die Ehefrau des Klägers als geheilt aus dem Krankenhaus entlassen. Ende März 1948 zeigten sich bei ihr wiederum Koliken im Oberbauch, so daß sie sich am 9. April 1948 in das Evangelische Krankenhaus in Z. aufnehmen ließ. Dort wurde bei der Ehefrau des Klägers unterhalb der Leber ein großer druckempfindlicher Tumor festgestellt, weshalb der Krankenhausarzt Dr. Y. am 15. April 1948 eine Operation vornahm, da er eine Gallenblasenentzündung vermutete. Bei der operativen Öffnung der Bauchhöhle stellte Dr. Y. fest, daß der Tumor nicht von der Gallenblase ausging, vielmehr unter der Leber hochgradig mit Darmschlingen verwachsen war. Er führte daher die Operation nicht durch, sondern schloß die Wunde wieder. Als nach 14 Tagen die Koliken sich wiederholten und schließlich ein Darmverschluß eintrat, schritt er am 10. Juni 1948 zur erneuten Operation. Bei dieser wurde der Tumor unter Resektion eines Teiles des Darmes entfernt, wobei ein sog. „Bauchtuch" gefunden wurde, das die Größe von ungefähr 42/20 cm hatte. Der Kläger behauptet, daß dieses Bauchtuch durch Unaufmerksamkeit des Dr. X. bei der ersten Operation am 22. Januar 1948 im Leibe seiner Frau zurückgelassen worden sei. Die Folgen seien sehr schwere gewesen, seine Ehefrau habe sich den obengenannten zwei weiteren Operationen unterziehen müssen. Der Kläger verlangt mit der Klage 1043,40 DM für Heilungskosten, ferner ein Schmerzensgeld nach Ermessen des Gerichts, weiter eine für 3 Monate vorauszahlbare Rente für den Wegfall der Arbeitsfähigkeit seiner Frau sowie die Feststellung, daß die Beklagte verpflichtet sei, allen Schaden zu ersetzen, der seiner Ehefrau aus der Operation des Dr. X. vom 22. Januar 1948 entstanden sei.

Die Beklagte hat in erster Reihe das Vorliegen vertraglicher Beziehungen zwischen der Ehefrau des Klägers und Dr. X. bestritten und den Standpunkt vertreten, daß ein Vertrag nur zwischen der Ehefrau des Klägers und dem Krankenhaus der Stadt N. zustandegekommen sei. Sie bestreitet vor allem aber auch ein Verschulden ihres verstorbenen Ehemannes, insbesondere, daß das Bauchtuch bei der Operation am 22. Januar 1948 im Leibe der Ehefrau des Klägers zurückgelassen worden sei. Bei dieser Operation seien alle Vorsichtsmaßregeln angewendet worden. Es seien die verwendeten Bauchtücher abgezählt und an einem Leinenfaden, der aus der Operationswunde heraushing, mit einem Kocherklemmer versehen gewesen. Dr. X. habe sich nach der Operation genau erkundigt, ob alle verwendeten Tücher da seien, die ihm auch vorgewiesen worden seien. Weiter machte die Beklagte geltend, daß es sich bei der Operation im Krankenhaus in N. um einen sehr schweren Eingriff gehandelt habe, wobei die Ehefrau des Klägers mehrmals einen vollständigen Kollaps mit Pulslosigkeit und Atemnot erlitten habe, so daß wiederholt künstliche Atmung durch den Assistenzarzt Dr. D. habe eingeleitet werden müssen. Dadurch habe Dr. D. seine Sterilität verloren, so daß er nicht mehr in der Lage gewesen sei, dem Dr. X. bei der Operation zu assistieren. Dr. X. habe daher die Operation allein durchführen und dabei sehr starke Blutungen stillen müssen, wodurch die Kräfte des Arztes aufs äußerste beansprucht worden seien.

Das Landgericht hat nach Beweisaufnahme der Klage stattgegeben. Es hielt für erwiesen, daß das bei der dritten Operation vorgefundene Bauchtuch von der ersten Operation herrühre, und sah ein Verschulden des Dr. X. als gegeben an. Auf die hiergegen eingelegte Berufung hat das Berufungsgericht die Klage abgewiesen. Gegen dieses Urteil richtet sich die Revision des Klägers, um deren Zurückweisung die Beklagte bittet.

Entscheidungsgründe.

1. Das Berufungsgericht stellt fest, daß es der Ehefrau des Klägers, als sie sich in Behandlung des Dr. X. begab, nicht darauf ankam, von dem Städt. Krankenhaus in N. ärztliche Betreuung zu erhalten, sondern, daß sie sich in die Behandlung des Dr. X. begeben hat, weil sie von dem ihr aus früherer Behandlung vertrauten Arzt behandelt werden wollte. Damit habe sie durch ihren Besuch in der Sprechstunde einen privat-rechtlichen Vertrag mit Dr. X. geschlossen, der diesen zu sachgemäßer ärztlicher Behandlung der Ehefrau des Klägers verpflichtet. Das Berufungsgericht stellt weiter fest, daß der Kläger die von Dr. X. liquidierten Kosten bezahlt hat. Die daraus gezogene Folgerung des Berufungsgerichts, daß Dr. X. und demgemäß die Beklagte als seine Erbin verpflichtet sei, für alle Schäden aufzukommen, die der Ehefrau des Klägers aus der Behandlung und Operation durch ein Verschulden des Dr. X. entstanden sein sollten, ist daher aus Rechtsgründen nicht zu beanstanden. Vielmehr ist die Passivlegitimation der Beklagten bei dieser Sachlage ohne ersichtlichen Rechtsfehler vom Berufungsgericht angenommen worden.

2. Das Berufungsgericht sieht zwar im Gegensatz zum Landgericht nicht für erwiesen an, daß das von Dr. Y. bei dessen zweiter Operation am 10. 6. 1948 in der Bauchhöhle der Ehefrau des Klägers gefundene Bauchtuch bei der von Dr. X. ausgeführten Operation am 22. 1. 1948 im Leibe der Ehefrau zurückgelassen worden ist; es bestehe vielmehr die Möglichkeit, daß dieses Bauchtuch bei der ersten der beiden von Dr. Y. vorgenommenen Operation liegengeblieben sei. Das Berufungsgericht hält jedoch eine weitere Beweisaufnahme hierüber nicht für notwendig, weil selbst, wenn man unterstelle, daß das Bauchtuch bei der von Dr. X. an der Ehefrau vorgenommenen Operation liegengeblieben wäre, ein Verschulden des Dr. X. bei der Durchführung der Operation nicht nachzuweisen sei.

Die hiergegen in erster Reihe erhobene Rüge der Revision, daß im vorliegenden Falle die Beweislast für das Nichtverschulden des Dr. X. der Beklagten obgelegen hätte, ist unbegründet. Zwar ist es richtig, daß, wenn bei einem Dienst- oder Werkvertrag aus der Tätigkeit des Verpflichteten dem Vertragsgegner ein Schaden erwächst, im allgemeinen der Dienstverpflichtete sich entlasten muß. Dieser Satz ist jedoch in der Rechtsprechung des Reichsgerichts gerade für den Fall eines durch einen Arzt vorgenommenen körperlichen Eingriffs in der Regel nicht für anwendbar erklärt worden (vgl. RGZ. 78, 432, 128, 123; JW 1933, 1389; JW 37, 2592). Dort ist dargelegt, daß, wenn bei einem operativen Eingriff durch einen Arzt der ursächliche Verlauf nicht mehr aufklärbar ist, der zur Schädigung eines Kranken geführt hat, der Arzt im allgemeinen die Gefahr der völligen Unaufklärbarkeit des ursächlichen Verlaufes nicht trägt. Dieser Grundsatz findet auch hier Anwendung, da für das Vorliegen eines besonders gelagerten Ausnahmebestandes der in RGZ 171, 168 ff. (vgl. Anh. Nr. 11) bezeichneten Art hier kein Anhalt besteht. Es läßt sich daher aus der von der Revision gerügten Verkennung der Beweislast, wie sie in den angeführten Entscheidungen Bd. 148, 150 und späteren Entscheidungen dargelegt ist, zu Ungunsten der Beklagten nichts herleiten, weil es sich um einen operativen Eingriff in den menschlichen Organismus handelt, der nicht wie gewöhnliche Dienstleistungen anderer Art betrachtet werden darf.

Mit Recht rügt jedoch die Revision, daß die Erwägungen des Berufungsgerichts, mit denen es ein Verschulden des Dr. X. für nicht erwiesen erachtet, rechtsirrig sind.

Das Berufungsgericht geht davon aus, daß Dr. X. bei der Operation der Ehefrau des Klägers geistig wie körperlich aufs höchste beansprucht gewesen sei. Zwar sei es richtig, daß prima facie das Liegenlassen eines derart großen Tuches in der Operationswunde für eine schuldhafte Unterlassung des Arztes spreche. Dieser erste Anschein ergebe sich bereits daraus, daß nach dem Gutachten des Sachverständigen Prof. R. es überaus selten vorkomme, daß ein solches Bauchtuch in der Operationswunde zurückgelassen würde. Im vorliegenden Falle genüge jedoch zur Widerlegung des ersten Anscheins der Nachweis, daß sich der betreffende Vorgang atypisch abgespielt habe. Es sei erwiesen, daß bei der Operation wiederholt starke Blutungen aufgetreten seien, infolge deren die Patientin mehrmals einen Kollaps erlitten habe. Diese lebensbedrohenden Momente, die bei der Operation verschiedene Male aufgetreten seien und künstliche Atmung bei der Patientin erforderlich gemacht hätten, so daß der Assistenzarzt Dr. D. seinem Chefarzt, Dr. X., bei der Operation nicht habe weiter assistieren können, seien nach Bekundung der Zeugen für die Beteiligten nicht nur überraschend aufgetreten, sondern hätten Dr. X. stark in der ordnungsgemäßen Abwicklung seiner Funktionen gehindert. Das Berufungsgericht betont aber ausdrücklich, der Senat vermöge aus eigener Sachkunde nicht zu entscheiden, ob mit dem Auftreten solcher außergewöhnlicher Erscheinungen zu rechnen gewesen sei. Trotzdem stellt es fest, daß derartige das Leben der Patientin gefährlich bedrohenden Umstände die Nervenkraft des Operateurs auf eine außergewöhnliche Probe gestellt und ihn veranlaßt haben müßten, die Operation so schnell wie möglich zu beenden. Zu dieser für Dr. X. äußerst schwierigen Operation sei noch der Ausfall des Assistenzarztes Dr. D. gekommen, der künstliche Atmung bei der Patientin habe durchführen müssen, so daß er dem die Operation ausführenden Dr. X. nicht mehr habe Assistenz leisten und wegen seiner aufgehobenen Sterilität nicht einmal beim Stillen der Blutung habe helfen dürfen; bei dieser durch die genannten Umstände gebotenen höchsten Eile habe sich Dr. X. darauf verlassen müssen, daß die von ihm angeordneten Sicherheitsmaßnahmen gegen das Liegenbleiben eines Fremdkörpers in der Operationswunde auch in diesem Falle ausreichen würden. Daher könne das Versagen dieser Maßnahmen nur auf einen Dr. X. nicht zur Last zu legenden unglücklichen Zufall zurückgeführt werden.

Diese Ausführungen übersehen die sowohl im Schrifttum wie in der Rechtsprechung übereinstimmend vertretene Auffassung, daß außergewöhnliche Umstände den eine Operation durchführenden Arzt nur dann zu entlasten geeignet sind, wenn er sie vor Inangriffnahme der Operation auch bei Anwendung der gebotenen Sorgfalt nicht hätte voraussehen können (vgl. RGJW 36, 644[3], Goldhahn-Hartmann Chirurgie und Recht S. 82). Da nun das Berufungsgericht selbst sagt, es könne aus eigener Sachkunde nicht entscheiden, ob mit dem Auftreten solcher außergewöhnlichen Erscheinungen zu rechnen gewesen sei, durfte es auch nicht, ohne daß es über diesen Punkt einen Sachverständigen gehört hätte, ein Verschulden des Dr. X. verneinen.

Das angefochtene Urteil unterliegt daher der Aufhebung, weil das Berufungsgericht es unterlassen hat, die Frage durch Anhörung eines Sachverständigen zu klären, ob Dr. X. mit überraschenden Zwischenfällen bei der Operation der Ehefrau des Klägers hätte rechnen müssen. Sollte die erneute Befragung eines Sachverständigen ergeben, daß Dr. X. vor Inangriffnahme der Operation mit den eingetretenen Zwischenfällen bei Anwendung der erforderlichen Sorgfalt hätte rechnen müssen, so wäre weiter zu prüfen, welche Maßnahmen er zur Überwindung solcher Zwischenfälle hätte treffen sollen, insbesondere, ob von vornherein die Hinzuziehung eines zweiten Assistenzarztes zu der Operation geboten gewesen wäre, oder ob die getroffenen Maßnahmen nach Lage der Sache ausgereicht haben.

Nr. 19. BGH Urteil vom 13. Dezember 1951 — III ZR 144/50 — BGHZ 4, 138ff.

Rechtssatz: *Das Zurücklassen eines Fremdkörpers in einer Operationswunde braucht nicht immer ein schuldhafter Kunstfehler zu sein, es kommt vielmehr auf die besonderen Umstände des Einzelfalles, wie Art und Größe des zurückgelassenen Fremdkörpers und den Operationsverlauf an.*

Ein auf Grund der öffentlichen Fürsorge in einem städtischen Krankenhaus unentgeltlich aufgenommener Kranker tritt in ein öffentlich-rechtliches Verhältnis zu der Stadtgemeinde, aus welchem diese aber bei fehlerhafter Behandlung nur entsprechend § 278 BGB und nicht nach Amtshaftungsgrundsätzen haftet.

Bei der Klägerin wurde am 15. November 1926 im H.-G.-Hospital in B. ein Kaiserschnitt vollzogen. In der Folgezeit litt die Klägerin an Beschwerden, und es stellte sich ein Narbenbruch ein, der eine Nachoperation erforderlich machte. Zur Durchführung dieser Operation wurde die Klägerin durch das Fürsorgeamt der beklagten Stadt in das Städtische Krankenhaus eingewiesen. Sie wurde dort von dem Leiter der chirurgischen Abteilung des Krankenhauses, Professor Dr. J., behandelt. Bei der Nachoperation wurde ihr Leib wieder an der gleichen Stelle geöffnet wie im Jahre 1926. Dabei wurde eine Schwangerschaft im zweiten Monat festgestellt und gleichzeitig ein Eingriff vorgenommen, der die Unfruchtbarkeit der Klägerin zur Folge hatte.

In der Folgezeit litt die Klägerin oft an Leibschmerzen, die aber, wie sie behauptet, andersartig waren als zuvor. Sie war daher in den folgenden Jahren bei verschiedenen Ärzten in Behandlung, die ihre Leiden zum Teil auf die Operationsnarbe, zum Teil auf Magengeschwüre zurückführten. Im November 1947 litt die Klägerin wieder an heftigen Schmerzen, wobei sich gleichzeitig Lähmungserscheinungen an ihren Armen und Beinen bemerkbar machten. Im Krankenhaus in T. wurde durch eine Röntgenaufnahme festgestellt, daß sich in dem Leib der Klägerin Fremdkörper befanden, die sich bei der sofort durchgeführten Operation als die beiden Teile einer sog. Klemme nach Péan herausstellten. Es ist dies ein medizinisches Instrument, das bei der Operation zum Abklemmen von Adern verwendet wird. Es besteht wie eine Schere aus zwei gleichlangen, etwa 10 cm langen Teilen, die jedoch an ihrem Drehpunkt nur ineinandergeschoben sind und beim Öffnen der Klemme auseinanderfallen. Auf beiden Seiten der vorgefundenen Klemme ist die Zahl 107 eingeprägt, der eine Teil trägt, trotz starkem Rost noch erkennbar, den Namen des Fabrikanten S. Der eine Teil der Klemme lag in dem Darmabschnitt vor dem After, der andere im Querdarm und Magen. Die Magenwand war durchbrochen, und es wurden starke Verwachsungen und eine Bauchfellentzündung festgestellt. Die Operation war lebensgefährlich.

Die Klägerin behauptet, daß die Klemme bei der im Juni 1928 durch Professor J. durchgeführten Operation in ihrem Leib zurückgeblieben sei. Durch das Zurückbleiben der Klemme in ihrem Leib und die dadurch bedingten Beschwerden sei sie nicht mehr in der Lage gewesen, ihren erlernten Beruf als Weißzeugnäherin auszuüben, womit sie sich auch nach ihrer Eheschließung habe Geld verdienen wollen... Durch den zeitweiligen Verlust ihrer Erwerbsmöglichkeiten, der auf das Zurücklassen der Klemme in ihrem Leib zurückzuführen sei, habe sie einen erheblichen Schaden erlitten, für den die Beklagte als Eigentümerin des Krankenhauses hafte...

Das Landgericht hat entsprechend dem Klageantrag den Anspruch der Klägerin auf Schadensersatz wegen Verdienstausfalls und ihren Anspruch auf Schmerzensgeld dem Grunde nach für gerechtfertigt erklärt und festgestellt, daß die Beklagte verpflichtet ist, der Klägerin allen weiteren Schaden zu ersetzen, der ihr künftig dadurch entstehen wird, daß im Jahre 1928 bei ihrer Operation eine Klemme in ihrem

Leib zurückgelassen, und daß sie im November 1947 in T. erneut operiert worden ist. Die Berufung der Beklagten gegen das Urteil des Landgerichts ist zurückgewiesen worden. Die Revision hatte hinsichtlich des Schmerzensgeldanspruchs Erfolg, während sie im übrigen wegen des Anspruchs auf Ersatz des Verdienstausfalles zurückgewiesen wurde.

Aus den Gründen.

Zur Frage des Verschuldens hat das Berufungsgericht als erwiesen erachtet, daß dem operierenden Arzt ein zum Schadensersatz verpflichtendes schuldhaftes Verhalten zur Last falle. In ausführlichen, von der Revision nicht besonders angegriffenen Darlegungen, die auch insoweit einen Rechtsvorstoß nicht erkennen lassen, hat der Berufungsrichter einmal den Nachweis für erbracht angesehen, daß die Klemme nicht auf andere Weise als bei der Operation und nicht etwa durch Verschlucken in den Leib der Klägerin gelangt ist, und weiter dafür, daß die Klemme nicht bei der Operation im Jahre 1926 zurückgeblieben ist, daß vielmehr das schadenstiftende Ereignis im Krankenhaus der Beklagten eingetreten ist. In dem Zurücklassen eines von dem operierenden Arzt benutzten Gegenstandes im Leib des Kranken hat das Berufungsgericht nicht nur eine objektiv rechtswidrige Verletzung des Gesundheitszustandes des Patienten, sondern auch als deren Ursache bei der Klägerin nach den Beweisgrundsätzen vom ersten Anschein einen wegen Verletzung der bei einer Operation erforderlichen Sorgfaltspflicht schuldhaften Verstoß gegen die Regeln der ärztlichen Kunst erblickt. Danach hat der Berufungsrichter allerdings sich nicht mit der Besonderheit der Operation vom Jahre 1928 im einzelnen auseinandergesetzt. Seine Ausführungen im übrigen lassen aber erkennen, daß er der Besonderheit des Falles Rechnung getragen hat und ohne Verletzung des § 286 ZPO zur Feststellung eines schuldhaften Verhaltens des Arztes der Beklagten bei der Operation im Jahre 1928 gelangt ist.

Ihren Angriff wegen der mangelnden Schuldfeststellung leitet die Revision offensichtlich aus der in der Anmerkung zu der Entscheidung des Kammergerichts in JW 1929, 2287 Nr. 1 von *Ebermayer* gemachten Äußerung her, daß das Zurücklassen eines Fremdkörpers in einer Operationswunde keineswegs unter allen Umständen eine Fahrlässigkeit des Chirurgen sei, und daß diese nach der Rechtsprechung des Reichsgerichts in der Regel verneint werden müsse. *Hoepffner* hat in einer späteren Anmerkung zu derselben Entscheidung (JW 1930, 1607) dieser Auffassung *Ebermayers* widersprochen. Zur weiteren Begründung ihrer Ansicht hat die Revision sich auf das bei *Ebermayer* „Arzt und Patient in der Rechtsprechung" S. 82f. angeführte Urteil des Reichsgerichts vom 17. Oktober 1919 — III 133/19 — bezogen und im Zusammenhang hiermit darauf hingewiesen, daß es kein sicheres Mittel gebe, das Zurückbleiben eines Gegenstandes in der Wunde unter allen Umständen zu verhüten. Es könne auch dem gewissenhaftesten und sorgfältigsten Operateur begegnen, daß er einen Fremdkörper in der Wunde zurücklasse. Bisher sei es nicht gelungen, eine Methode zu finden, die alle bei der Operation benötigten Gegenstände (Klemmen, Tupfer usw.) sichtbar mache und damit ein Zurücklassen in der Wunde sicher verhindere.

Richtig an den Ausführungen der Revision ist, daß die Beklagte, wenn ihrem Arzt ein ärztlicher Kunstfehler zur Last gelegt wird, in aller Regel nicht die Schuldlosigkeit des Arztes beweisen muß, sondern daß die Klägerin das Verschulden zu beweisen hat. Man kann auch nicht bei dem Zurücklassen von fremden Körpern in einer Operationswunde ganz allgemein und stets einen schuldhaften Kunstfehler unterstellen. Es kommt vielmehr immer auf die Beurteilung der besonderen Umstände des einzelnen Falles an. Wenn auch so allgemein eine Verletzung des Kranken nicht zu Lasten des Operateurs gehen kann, ebensowenig wie eine Beweiserschwerung in der Aufklärung des Ursachenverlaufs bei einem operativen Eingriff (RGZ 78, 432 [435]; 128 [123]; JW 1933, 1389; DR 1941, 931), so sind doch im vorliegenden Falle genügend positive Anhaltspunkte für ein Verschulden des Arztes der Beklagten gegeben. Das Berufungsgericht hat selbst die Größe (Länge) des Instruments, das im Körper der Klägerin zurückgeblieben ist, hervorgehoben. Unstreitig ist unter den Parteien etwa von Handgröße die Rede. In einem solchen Falle liegt die Annahme eines Verschuldens ebenso nahe wie in dem vom Kammergericht entschiedenen Falle (JW 1929, 2287[1]), wo in dem Zurückbleiben einer Pinzette in einem Operationsfalle bei Darmkrebs eine Unachtsamkeit erblickt worden ist, während sie umgekehrt in den von *Ebermayer* a. a. O. S. 83 bis 85 mitgeteilten Fällen nur bei Zurückbleiben eines Gazetupfers, einer Gazeserviette und eines Tampons verneint worden ist. Bei dem Zurückbleiben derartiger großer und fester Gegenstände wird man, worauf *Rümelin* („Die Haftung im klinischen Betrieb" S. 15) allgemein hindeutet, kaum noch einen Zusammenhang mit der eigentlichen Fachtätigkeit annehmen können, sondern von einer Sorgfaltspflicht, welche jeder vorsichtige Mensch anzuwenden verpflichtet ist, sprechen dürfen, also weitergehend sogar außerhalb eines eigentlichen ärztlichen Kunstfehlers. Die Revision vermißt nun eine Berücksichtigung der Besonderheit der im Jahre 1928 zur Beseitigung eines Narbenbruchs der Klägerin vorgenommenen Operation, bei der es sich unstreitig um eine große und sehr schwere Operation gehandelt hat, namentlich auch wegen der anschließenden Feststellung der Gebärmuttervergrößerung der Klägerin und der Entdeckung der Schwangerschaft und erheblicher Verwachsungen im Leibe der Klägerin, welche die Sterilisation der Klägerin veranlaßte und den Chirurgen während der Operation zur Öffnung der Bauchhöhle nötigte, sowie wegen der dadurch entstandenen, die Übersichtlichkeit der Wunde beeinträchtigenden starken Blutungen. Dieser Vorwurf ist nicht berechtigt. Eine restlose Aufklärung der Vorgänge bei der Operation ist nicht mehr möglich, weil die Krankheitsgeschichte heute nach so langer Zeit nicht mehr vorhanden ist. Es steht nur noch der vom Berufungsgericht in seinem Urteil festgestellte Auszug aus dem Operationsbuch zur Verfügung, wonach die Klägerin am 1. Juli 1928 wegen „Hernia postoperative permagna" operiert worden ist mit „Hernio-Laparatomie, Sterilisation, plastischem Verschluß". Eine weitere Beantwortung der von dem Sachverständigen Dr. G. aufgeworfenen Frage, ob bei der Operation in irgendeiner Form Zwischenfälle aufgetreten sind, die den Operateur und seine Assistenten vorübergehend von ihrer Hauptarbeit, nämlich der operativen Versorgung der Bauchwunde, hätten abhalten können, läßt sich an Hand von schriftlichen Unterlagen nicht geben. Wenn bei diesem festgestellten und feststellbaren Sachverhalt der Berufungsrichter sich nicht im einzelnen mit den Besonderheiten des Operationsverlaufs auseinandergesetzt hat, so liegt darin keine Verletzung des § 286 ZPO. Ausdrücklich stellt das Berufungsgericht fest, daß irgendwelche besonderen Entlastungsumstände, welche gegen einen Verstoß des operierenden Arztes wider die Regeln der ärztlichen Kunst sprächen, von der Beklagten nicht vorgetragen worden sind. Die Beklagte hätte aber dartun müssen, inwiefern etwa ganz besondere Komplikationen bei der Operation hier hinzugetreten waren. Mit einem notwendigen schnellen Ablauf eines operativen Eingriffs und dem Hinzutreten unerwarteter Umstände während des Operationsverlaufes ist allgemein zu rechnen. Von Besonderheiten, etwa von plötzlich aufgetretenen ganz besonders starken Blutungen oder einer Herzschwäche der Patientin oder etwa gar von besonderer durch außerordentliche Umstände veranlaßter Überbeanspruchung oder Erregung des operierenden Arztes ist in der Darstellung der Beklagten keine Rede. Die Unmöglichkeit einer weiteren Aufklärung des Operationsverlaufes im einzelnen würde hier zu Lasten der Beklagten gehen, da die Klägerin damit, daß bei der Operation eine Klemme nach Péan in ihrem Leib zurückgeblieben ist, ihrer Darlegungspflicht genügt hat, und demgegenüber die Beklagte nach den Grundsätzen vom Beweise des ersten Anscheins sich entlasten müßte. Dem Berufungsgericht kann unter diesen Umständen nicht der Vorwurf gemacht werden, daß es das Verschulden des Chirurgen zu Unrecht bejaht habe. Es war nicht verpflichtet, wie die Revision meint, einen Sachverständigen zu hören, um zu klären, ob bei dem aus den Akten erkennbaren Verlauf der Operation das Zurücklassen einer Klemme schuldhaft war oder nicht. Diese Rechtsfrage konnte und mußte das Oberlandesgericht schließlich selbst beantworten, sei es mit oder ohne Zuhilfenahme eines Sachverständigen, wie es dies an Hand der feststellbaren Umstände des Operationsverlaufes dann auf Grund eigener Sachkunde in einwandfreier Weise getan hat.

3. Den Hauptangriff richtet die Revisionsklägerin gegen die Annahme des Berufungsgerichts, daß sie auf Erstattung des Schmerzensgeldes gemäß § 839 BGB in Verbindung mit Art. 131 WeimVerf. hafte. Die Revision bittet, diese Frage einer grundsätzlichen Nachprüfung zu unterziehen. Der BGH verneint im vorliegenden Falle die Haftung des Krankenhausträgers (Stadtgemeinde) aus Amtspflichtverletzung und nimmt lediglich die Verletzung einer Fürsorgepflicht, also vertragliches Verschulden, an, für das die Stadt entsprechend § 278 BGB (Haftung für ein Verschulden des Erfüllungsgehilfen) einstehen müsse, indem es folgendes ausführt: Die Ausübung öffentlicher Gewalt sei nicht auf die Betätigung staatlicher Zwangsgewalt beschränkt, sondern umfasse auch die Ausübung staatlicher Fürsorge. Die Aufnahme und Behandlung der Klägerin im Krankenhaus der Beklagten sei aber durch Einweisung des Fürsorgeamtes auf Grund der öffentlich-rechtlichen Fürsorgepflicht der Stadt, die gemäß § 7 Abs. 2 der Fürsorgepflichtverordnung Trägerin der Fürsorgepflicht sei, erfolgt. Der Beklagten obliege es, mittellosen Kranken ihres Fürsorgebereichs unentgeltlich ärztliche Behandlung evtl. auch Verpflegung und Unterkunft zu gewähren. Zur Erfüllung dieser Aufgabe habe die Beklagte das Städtische Krankenhaus eingerichtet, wobei es nichts ausmache, daß die Leistungen der Krankenanstalt auch von einem anderen, nicht fürsorgebedürftigen Personenkreis auf Grund eines Vertrages gegen Bezahlung in Anspruch genommen würden. Auch die Operation sei wegen der öffentlichen Fürsorgepflicht der Stadt als eine Ausübung hoheitlicher Gewalt zu betrachten, so daß die Beklagte der Klägerin wegen des in dem Zurücklassen der Klemme in der Bauchhöhle der Klägerin bestehenden Verschuldens ihres Arztes gemäß § 839 BGB in Verbindung mit Art. 131 WeimVerf. auch einen angemessenen Betrag für Schmerzensgeld zu zahlen habe.

Die Revision bekämpft die Annahme des Berufungsgerichts damit, daß bis zum Jahre 1929 kein oberstes Gericht die Amtshaftung der Gemeinden für Operationsfehler in städtischen Krankenanstalten angenommen habe. Das Reichsgericht habe sich ganz allgemein namentlich nach 1933 unter dem Einfluß nationalsozialistischer Gedankengänge dazu entschlossen, den Begriff der öffentlichen Gewalt immer weiter auszudehnen. Die fürsorgerische Tätigkeit des Staates und der öffentlichen Körperschaften könne aber nicht in so weitem Umfang der hoheitlichen Betätigung gleichgesetzt werden. Unter Umständen möge der Einweisungsakt bei einer aus Gründen öffentlicher Fürsorge erfolgenden Einweisung ein Ausfluß hoheitlicher Gewalt sein. Die Behandlung vollziehe sich jedoch in genau der gleichen Weise wie bei den auf Vertragsbasis im Krankenhaus befindlichen Patienten. In dieser Weise müsse eine Abgrenzung der Haftung nach § 839 BGB von der Vertragshaftung vorgenommen werden.

Diesen Gedankengängen der Revision kann eine Berechtigung nicht abgesprochen werden. Das Reichsgericht hat von je zwischen der Haftung aus einem bürgerlich-rechtlichen Vertragsverhältnis und aus einem öffentlich-rechtlichen Verhältnis genau unterschieden. In der von der Revision angezogenen Entscheidung des Reichsgerichts RGZ 91, 263 aus dem Jahre 1917 ist diese Unterscheidung gemacht zwischen der auf Antrag des Kranken erfolgenden Aufnahme in das Krankenhaus, die entgeltlich und allein im Wohle und Interesse des einzelnen erfolgend lediglich ein bürgerlich-rechtliches Verhältnis begründe, und der Einweisung öffentlicher Behörden wie des Armenamts, bei welcher der Rechtsgrund der Aufnahme die öffentliche Fürsorge sei, die der Allgemeinheit diene und mit der Einweisung ein öffentlich-rechtliches Verhältnis entstehen lasse. Ausdrücklich ist dabei hervorgehoben, daß die Überführung ins Krankenhaus dort nicht auf Grund einer Einweisung des Bezirksamts geschehen sei, daß vielmehr das Krankenhaus nach Einlieferung des Klägers durch die Polizei sich mit dessen Angehörigen wegen Bezahlung der Aufnahmekosten in Verbindung gesetzt habe und daß ein bürgerlich-rechtlicher Aufnahmevertrag abgeschlossen worden sei. Auch RGZ 64, 232 ff. hatte schon betont, daß mit dem auf Grund öffentlicher Fürsorge aufgenommenen Patienten kein Vertrag geschlossen werde. Bei der Einweisung und Aufnahme eines Krankenkassenmitgliedes in ein Krankenhaus kommt dagegen zwischen diesem und der Ortskrankenkasse ein Vertragsverhältnis zustande, aus dem allerdings dem Versicherten nach § 328 Abs. 2 BGB unmittelbare Rechte erwachsen (RG WarnRspr. 1915 Nr. 203 = JW 1915, 916 Nr. 4; RGZ 165, 91 [106]), jedenfalls soweit es sich nicht um die Unterbringung des Versicherten in einem eigenen Krankenhaus des Versicherungsträgers handelt (RGZ 59, 197). Hinwiederum wird durch die unentgeltliche Aufnahme unbemittelter Kranker in das Krankenhaus einer Stadtgemeinde ein öffentlich-rechtliches Verhältnis begründet, auf welches der Rechtsgedanke des § 278 BGB Anwendung findet (RGZ 112, 290 [293]). Dem Gedanken, eine Haftung der Gemeinde für vorgefallene Operationsfehler in städtischen Krankenanstalten wie des Staates in staatlichen Kliniken nach Amtshaftungsgrundsätzen anzunehmen, ist die Rechtsprechung von Anfang an fremd gegenüberstanden. Auch im Schrifttum hat man sich nicht dazu verstehen können, die ärztliche Tätigkeit im engeren Sinn unter den Begriff der Ausübung der öffentlichen Gewalt zu bringen (*Rümelin*, Haftung im klinischen Betrieb 1913 S. 69, vgl. aber auch S. 39, 54 und 56; Zitelmann bei Grober, Das deutsche Krankenhaus 1. Aufl. 1911 S. 909). Das Urteil des Kammergerichts vom 5. Januar 1929 (JW 1929, 2287 Nr. 1) hat dann grundsätzlich die Amtshaftung des Staates wegen einer durch Unachtsamkeit im Körper der Patientin zurückgebliebenen Pinzette bei der durch den Leiter der chirurgischen Universitätsklinik vorgenommenen Operation bejaht, weil die Behandlung der Kranken in der Universitätsklinik eine Maßnahme staatlicher Fürsorge sei, wie sie in allen staatlichen Anstalten sowohl zur Heilung von Krankheiten im einzelnen Falle als auch im Interesse der allgemeinen Volksgesundung und Volkserhaltung ausgeübt werde. Weder der Staat noch der beamtete Arzt sei bei der Behandlung Kranker zur Vermehrung des Staatsvermögens oder zu Zwecken staatlichen Erwerbes tätig. Die Zahlung einer Gebühr durch bemittelte Kranke nehme der Behandlung nicht die Eigenschaft eines Hoheitsaktes. Die Entscheidung hat Zustimmung im Schrifttum gefunden (*Ebermayer* in der Anm. dazu und in „Der Arzt im Recht" 1930 S. 104, dagegen aber S. 109 und 110; *Hoepffner* JW 1930, 1607 Anm. zu derselben Entscheidung). Das Urteil des Reichsgerichts in DR 1943, 854 Nr. 6 stellt neben die Staatshaftung bei Amtspflichtverletzung gegenüber einem in die staatliche Heil- und Pflegeanstalt untergebrachten Geisteskranken eine Haftung nach Vertragsgrundsätzen unter Anwendung des Rechtsgedankens des § 278 BGB. Im neueren Schrifttum hält *Geigel*, Der Haftpflichtprozeß 5. Aufl. S. 282 die Haftung der Stadt bei städtischen Krankenhäusern gemäß § 839 BGB für möglich, soweit die Ärzte städtische Beamte und ihre ärztlichen Dienstleistungen Ausfluß der der Stadt obliegenden öffentlichen Armen- und Krankenfürsorge sind.

Richtig ist, daß der Begriff der öffentlichen Gewalt und sein Anwendungsbereich auch vom Reichsgericht mit der Zeit weiter ausgedehnt worden ist. Die Revision meint, dies sei insbesondere in der letzten Zeit unter dem Einfluß nationalsozialistischer Gedankengänge geschehen. Ob eine solchermaßen beeinflußte Entscheidung des

Reichsgerichts bei der Bejahung staatlicher Fürsorge und damit als Ausfluß staatlicher Gewalt (RGZ 168, 361 [370] vorliegt, wie die Revision anführt, braucht hier nicht entschieden zu werden. Auch den in einem Falle der Körperverletzung durch einen Dienstkraftwagen der Deutschen Reichspost vom Reichsgericht gemachten grundsätzlichen Abgrenzung auf dem Gebiete hoheitlicher Betätigung (RGZ 166, 1 ff.), welche die Revision in den Mittelpunkt ihrer Ausführungen stellt, kommt im vorliegenden Falle keine besondere Bedeutung zu. Unter Ausübung öffentlicher Gewalt ist stets in der Rechtsprechung des Reichsgerichts nicht nur die Ausübung obrigkeitlicher Zwangsgewalt, sondern auch die Betätigung öffentlichen Schutzes und öffentlicher Fürsorge begriffen worden (RGZ 56, 89; 68, 285; 91, 274; 101, 355; 102, 32; 105, 99; 114, 201; 144, 262 [267]; 145, 182 [185]; 165, 91 [98]). Dagegen hat das Reichsgericht darüber hinaus bei eintretender öffentlicher Fürsorge nicht allgemein eine Staatshaftung aus Amtspflichtverletzung angenommen. Bei zwangsweiser fürsorglicher Betreuung wie bei einem in eine staatliche Heil- und Pflegeanstalt untergebrachten Geisteskranken (RG DR 1943, 854 Nr. 6) kann allerdings neben die aus dem öffentlich-rechtlichen Unterbringungsverhältnis erwachsenden und nach privatrechtlichen Grundsätzen zu behandelnden schuldrechtlichen Verpflichtungen eine Staatshaftung aus Amtspflichtverletzung treten. Anders ist es aber in einem Falle wie dem vorliegenden, wo die mittellose Klägerin von der Beklagten in Erfüllung der dieser der Klägerin gegenüber obliegenden Fürsorgepflicht zur Behandlung in ihr städtisches Krankenhaus eingewiesen worden ist. Die mittellose Klägerin hat einen gesetzlichen Anspruch auf Gewährung der öffentlichen Fürsorgeleistungen. Gemäß § 6 der nach § 6 Abs. 1 der Fürsorgepflichtverordnung vom 13. Februar 1924 (RGBl. 1, 100) erlassenen Reichsgrundsätze über Voraussetzung, Art und Maß der öffentlichen Fürsorge vom 1. August 1931 (RGBl. I, 441) schuldet die Beklagte als Trägerin der Fürsorge der Klägerin auch Krankenhilfe. In der Gewährung der Krankenhilfe erschöpft sich diese öffentlich-rechtliche Verpflichtung der Beklagten. Sie erstreckt sich also nicht auf die weitere Durchführung der Krankenhausbehandlung (vgl. auch RGZ 74, 166; RG WarnRspr. 1915 Nr. 203 S. 307, 308). Nicht alles, was die Beklagte auf der Grundlage ihrer öffentlich-rechtlichen Fürsorgepflicht tut, unterliegt demnach Amtshaftungsgrundsätzen. Die Beklagte hatte zwar über ihre allgemeine Fürsorgepflicht hinaus gegenüber der Klägerin nach deren Aufnahme in das städtische Krankenhaus die besondere Verpflichtung einer sachgemäßen, die Klägerin nicht gefährdenden Behandlung. Für ein Verschulden ihrer Hilfspersonen bei dieser Behandlung haftet sie aber in entsprechender Anwendung des Rechtsgrundsatzes der § 278 BGB (RGZ 112, 290 [293]; *Baath,* Verordnung über die Fürsorgepflicht 10. Aufl. S. 58), nicht jedoch wegen Amtspflichtverletzung. Insofern besteht allerdings ein Unterschied zwischen der Einweisung der Klägerin in das Krankenhaus der Beklagten und der auf Grund der Einweisung erfolgenden Krankenhausbehandlung. Im Ergebnis ist es auch hier nicht anders, als wenn jemand aus Gründen der öffentlichen Wohlfahrt in ein öffentliches Krankenhaus eingeliefert wird und dann hinterher sich ein privat-rechtlicher Vertrag des Eingelieferten mit dem Krankenhaus anschließt, wie in dem Falle RGZ 91, 263 [265]. Ein auf Grund der öffentlichen Fürsorge in einem städtischen Krankenhaus unentgeltlich aufgenommener Kranker tritt in ein öffentlich-rechtliches Verhältnis zu der Stadtgemeinde, aus welchem diese aber bei fehlerhafter Behandlung nur entsprechend § 278 BGB und nicht nach Amtshaftungsgrundsätzen haftet. Von einem Unterordnungsverhältnis der Klägerin gegenüber der Beklagten, welches eine Amtshaftung begründen könnte, kann bei Durchführung der Behandlung im Krankenhaus nicht die Rede sein. Insoweit liegt keine Ausübung hoheitlicher Gewalt vor, wenn auch die Einrichtung des städtischen Krankenhauses als solche vorwiegend dem öffentlichen Interesse dienen mag (vgl. auch RG 158, 90).

Nr. 20. BGH Urteil vom 25. September 1952 — III ZR 322/51 — BGHZ 7, 198ff.

Rechtssatz: *1. Die Ursächlichkeit einer schuldhaften Unterlassung für einen Schadenserfolg kann nicht schon deshalb verneint werden, weil andere nicht fernliegende Umstände den Erfolg ebenfalls hätten herbeiführen können. Die Verneinung ist nur dann möglich, wenn der schädigende Erfolg bei einem normalen Verlauf nicht hätte eintreten können, sondern nur durch derartige besondere Umstände herbeigeführt worden ist.*

2. Ist eine Lebensgefahr schuldhaft herbeigeführt worden, so ist der eingetretene Tod auch dann eine adäquate Folge dieser Gefahr, wenn noch eine mehr oder weniger große Möglichkeit der Rettung bestanden hätte.

3. Wer eine verbotene Schwangerschaftsunterbrechung vornimmt, kann sich gegenüber seiner Haftung für dadurch verursachte Schadensfolgen nicht darauf berufen, daß ihn an diesen Folgen kein Verschulden treffe. Der ausdrückliche Wunsch der Schwangeren auf Vornahme des Eingriffs kann weder zum Ausschluß der Widerrechtlichkeit noch zu einem Einwand der Arglist führen, sondern kann nur als ein mitwirkendes Verschulden der Schwangeren gewertet werden.

Die elternlosen Kläger fordern vom Beklagten Ersatz des Schadens, der ihnen dadurch entstanden ist, daß ihre Mutter an den Folgen einer vom Beklagten durchgeführten Schwangerschaftsunterbrechung verstorben ist. Diese fühlte sich im Mai 1949 aus einem Verkehr mit dem Angestellten Sp. schwanger. Auf ihr Ansuchen fand sich der Beklagte, der als praktischer Arzt tätig ist, bereit, die Schwangerschaft gegen ein Honorar zu unterbrechen. Zu diesem Zweck suchte er Frau S. in der Wohnung des Sp. auf und nahm dort mit dessen Hilfe einen Eingriff an ihr vor. Danach tastete er die Gebärmutterwandung ab und glaubte irrigerweise, hierbei ein Septum, d. h. ein häutige oder muskuläre Stelle der Scheidenwand, zu fühlen, was ihn zu der Annahme veranlaßte, daß die Patientin eine zweigeteilte Gebärmutter besitze. Außerdem meinte er, einen Nachgeburtsrest zu spüren. Nach einer Ausspülung bettete er gemeinsam mit Sp. die Patientin auf ein Liegesofa, verordnete ihr drei Tage Bettruhe, bestellte sie zu einer Nachuntersuchung nach 14 Tagen in seine Sprechstunde und verließ wenige Minuten vor 16 Uhr die Wohnung des Sp. Etwa 20 bis 30 Minuten später klagte die Patientin über starke Schmerzen im Unterleib. Auf ihre Bitte eilte Sp. in die Praxis des Beklagten, berichtete, daß Frau S. Schmerzen habe, und erhielt von ihm ein schmerzstillendes Mittel. Als er nach etwa einstündiger Abwesenheit in seine Wohnung zurückkam, hatte sich der Zustand der Patientin weiter verschlechtert. Als der nunmehr gerufene Frauenarzt Dr. P. gegen 18 Uhr eintraf, stellte er eine schwere innere Blutung fest, veranlaßte die sofortige Überführung in ein Krankenhaus und nahm dort nach etwa $^3/_4$ Stunden eine Operation vor. Dr. P. fand einen Riß in der Gebärmutter und stellte fest, daß mit ihm die Gebärmutterarterie eingerissen war. Obwohl er diese Blutungsquelle sofort unterband und eine Blutübertragung vornahm, verstarb die Mutter der Kläger vor Beendigung der Operation.

Die Kläger nehmen den Beklagten aus Vertrag und aus unerlaubter Handlung auf Ersatz der Arzt- und Krankenhauskosten und auf Zahlung einer Rente in Anspruch und fordern Feststellung der Verpflichtung zum Ersatz allen weiteren Schadens.

Beide Vorinstanzen haben die Klage abgewiesen; die Revision führte zur Zurückverweisung.

Aus den Gründen.

I. Das Berufungsgericht stellt in Übereinstimmung mit dem Landgericht fest, daß der Beklagte den Verblutungstod der Frau S. durch eine Durchbohrung der Gebärmutterwand unter gleichzeitiger Verletzung der Gebärmutterarterie herbeigeführt hat. Es kommt jedoch zu dem Ergebnis, daß den Beklagten an dieser Verletzung kein Verschulden trifft.

Daß eine Verletzung, wie sie hier vorgekommen ist, auch dem gewissenhaftesten und geübtesten Facharzt bei einer Ausräumung unterlaufen kann, haben die Sachverständigen übereinstimmend bekundet; das Berufungsgericht folgt ihnen darin ohne Rechtsirrtum. Hieraus ergibt sich, daß eine solche Verletzung zwar auf einer schuldhaft regelwidrigen Handhabung der Instrumente beruhen k a n n, aber nicht beruhen m u ß. Das Berufungsgericht geht deshalb folgerichtig vor, wenn es prüft, ob eine solche schuldhafte Handlung des Beklagten im vorliegenden Fall entweder aus den Grundsätzen über den Beweis des ersten Anscheins oder auf dem Wege des Anzeichenbeweises zu entnehmen ist. Es verneint beide Fragen.

a) Ob ein zum Beweis des ersten Anscheins hinreichender typischer Geschehensablauf gegeben ist, erfordert zunächst die Feststellung eines allgemeinen Erfahrungssatzes, der dann auf den vorliegenden Sachverhalt angewendet werden könnte. Ein derartiger Erfahrungssatz als solcher ist eine aus allgemeinen Umständen gezogene tatsächliche Schlußfolgerung, die im Revisionsverfahren nur insoweit auf ihre Richtigkeit nachgeprüft werden kann, als aus festgestellten Tatsachen ein Schluß gezogen wird ... Wenn daher das Berufungsgericht auf Grund der Gutachten der Sachverständigen zu dem Ergebnis gelangt, es sei „kein Erfahrungssatz des Inhalts feststellbar, daß die Verletzung einer Gebärmutter bei einer Ausräumung in aller Regel auf eine fahrlässige Handhabung der Instrumente durch den behandelnden Arzt zurückzuführen ist“, so liegt darin die nicht angreifbare tatsächliche Feststellung, daß nach ärztlicher Erfahrung die fragliche Verletzung „auch bei einer sorgfältigen Handhabung der Instrumente möglich“ ist und „ihre Erklärung in den besonderen, dem Arzt nicht sichtbaren anatomischen Verhältnissen der Gebärmutter finden“ kann. Daß unter diesen Umständen ein für den Beweis des ersten Anscheins verwendbarer Erfahrungssatz fehlt, unterliegt keinem Rechtirrtum.

b) Das Berufungsgericht sieht, wie später zu erörtern ist, ein schuldhaftes Verhalten des Beklagten darin, daß er nach Beendigung der Operation die erforderliche ärztliche Versorgung nicht gewährt hat. Es lehnt es jedoch ab, hieraus ein fehlerhaftes Gesamtverhalten des Beklagten zu entnehmen, das dann wiederum, wie die Kläger meinen, einen Beweis des ersten Anscheins auch für fehlerhafte Anwendung der Instrumente und damit für ein Verschulden des Beklagten an der Verletzung erbrächte.

Es würdigt die verschiedenen auffälligen und von der Regel abweichenden Umstände, wie die Verabreichung einer Kampferspritze vor Beginn der Operation, den bei dem Beklagten aufgekommenen Verdacht einer beginnenden Fehlgeburt, das Nichterkennen der Verletzung der Arterie, das Zurücklassen des vermeintlichen Nachgeburtsrestes in der Gebärmutter und schließlich die noch zu erörternde Unterlassung der alsbaldigen Einweisung in ein Krankenhaus. Während es sich im übrigen den Gutachten dahin anschließt, daß ein ärztlicher Kunstfehler nicht gegeben sei, sieht es in den beiden letzten Umständen zwei schuldhafte Versäumnisse; es meint jedoch, ein allgemeiner fortdauernder Mangel an ärztlicher Gewissenhaftigkeit und Sorgfalt trete auch damit nicht in Erscheinung, es fehle also an einem typischen Gesamtverhalten, das nach dem ersten Anschein die Vermutung begründen könnte, daß der Beklagte die Verletzung der Gebärmutterwand auf die Öffnung der Arterie durch eine fahrlässige Instrumentierung herbeigeführt hätte.

Auch hier läßt sich dem Berufungsgericht mit Rechtsgründen nicht entgegentreten. Ein Beweis des ersten Anscheins für schuldhaft falsche Anwendung der Instrumente würde sich aus diesen Umständen nur dann herleiten lassen, wenn ein allgemeiner Erfahrungssatz bestünde, daß ein Arzt, der v o r oder n a c h einer Operation seine Sorgfaltspflicht verletzt, auch die b e i der Operation eingetretenen Mißerfolge durch sein Verschulden herbeigeführt hat. Ein solcher Erfahrungssatz läßt sich jedoch entgegen der Meinung der Kläger nicht aufstellen.

II. Mit Recht sieht das Berufungsgericht aber eine schuldhafte Nachlässigkeit des Beklagten in seinem Verhalten nach Beendigung der eigentlichen Operation. Er durfte sich bei der für ihn nicht sicher erkennbaren Lage nicht entfernen, ohne die vermeintliche Nachgeburt zu beseitigen, und er mußte nunmehr die sofortige Einweisung der Patientin in ein Krankenhaus veranlassen. Daß er dies nicht getan hat, bezeichnet der Sachverständige Professor Ph. als „unverständlich", und darin ist ihm das Berufungsgericht mit Recht gefolgt. Es waren Komplikationen eingetreten, die eine weitere Behandlung im Krankenhaus erforderlich machten, wobei es keinen rechtlich erheblichen Unterschied macht, ob der Beklagte diese Komplikationen verschuldet hatte oder nicht.

Gleichwohl lehnt das Berufungsgericht eine Haftung des Beklagten für die eingetretenen Folgen deshalb ab, weil es die Ursächlichkeit verneint. Es entnimmt zwar dem Gutachten der Sachverständigen, daß eine sofortige Einlieferung in das Krankenhaus die Lebensaussichten der Patientin erhöht hätte, aber es hält die Möglichkeit für gegeben, daß trotz sofortiger Überführung nach dem Eingriff und unverzüglicher Operation der Tod gleichwohl eingetreten wäre. Es kann „nicht mit einer an Sicherheit grenzenden Wahrscheinlichkeit feststellen, daß der Beklagte durch pflichtgemäßes Verhalten gleich nach dem Eingriff oder gar noch auf Grund der ihm von Sp. überbrachten Nachricht, daß sich bei der Patientin Schmerzen bemerkbar machten, das Leben der Frau S. erhalten hätte."

Diese Erwägungen lassen nicht mit der erforderlichen Sicherheit erkennen, ob sich das Berufungsgericht die Erfordernisse hinreichend vergegenwärtigt hat, die an den Beweis der Ursächlichkeit zu stellen sind. Nach ständiger Rechtsprechung gilt hierfür nicht die strenge Beweisregel des § 286 ZPO, sondern diejenige des § 287 a. a. O. ... Wenn wie hier, das schuldhafte Verhalten in einem Unterlassen besteht, so ist die Frage der adäquaten Verursachung dahin zu stellen, „ob diese Unterlassung im allgemeinen und nicht nur unter besonders eigenartigen, ganz unwahrscheinlichen und nach dem regelmäßigen Verlauf der Dinge außer Betracht zu lassenden Umständen zur Herbeiführung eines Erfolges geeignet war." Es kommt also nicht darauf an, ob andere, nicht fernliegende Umstände den Erfolg ebenfalls hätten herbeiführen können, sondern ob der schädigende Erfolg bei einem normalen Verlauf nicht hätte eintreten können, vielmehr nur durch derartige besondere Umstände herbeigeführt worden ist. Hier wird vom Berufungsgericht lediglich festgestellt, daß ein pflichtgemäßes Handeln den Erfolg nicht mit Sicherheit verhindert hätte, und diese Feststellung kann nicht als ausreichend angesehen werden, um die Ursächlichkeit des Unterlassens für den Erfolg auszuschließen. Das Berufungsgericht hätte im Rahmen des § 287 ZPO erwägen müssen, ob es — notfalls nach weiterer Befragung der Sachverständigen — zu einem solchen Ergebnis kommen konnte.

III. Das Berufungsgericht geht davon aus, daß der Eingriff, den der Beklagte bei der verstorbenen Mutter der Kläger vornahm, ein widerrechtlicher Eingriff in deren körperliche Unversehrtheit und damit eine Körperverletzung und zugleich ein Verstoß gegen die Schutzgesetze der §§ 223, 218 StGB war. Es will jedoch hieraus noch keine Haftung herleiten, weil es einen haftungsbegründenden Ursachenzusammenhang zwischen dem Eingriff und dem tödlichen Ausgang nicht als gegeben ansieht. Es führt aus, der Beklagte habe die Ausräumung der Gebärmutter als Arzt vorgenommen und sie im ganzen so durchgeführt, wie es den Regeln der ärztlichen Wissenschaft und Kunst entspreche. In gleicher Weise würden zulässige Schwangerschaftsunterbrechungen bewerkstelligt, die gerade den Zweck hätten, das Leben oder die Gesundheit der Patientin zu erhalten. Hierbei könnten nach den Ausführungen des Sachverständigen Professor Ph. allerdings Verletzungen entstehen, die über den eigentlichen Behandlungszweck hinausgingen. Der Arzt brauche aber mit ihrem Eintritt in aller Regel nicht zu rechnen. Vor allem seien lebensgefährliche Komplikationen durch das Hinzutreten besonders eigenartiger oder unglücklicher Umstände bedingt, die, wie etwa bei einer Verletzung oder einem spontanen Riß der Gebärmutter die gleichzeitige Öffnung der Arterie, nach dem regelmäßigen Verlauf der Dinge außer Betracht gelassen werden müssen. Selbst wenn aber derartige gefahrbringende Umstände eintreten, stünden dem Arzt geeignete Mittel zu Gebote, um einen tödlichen Ausgang mit einer gewissen, wenn auch nicht unbedingt sicheren Erfolgsaussicht zu verhindern. Danach liege die Möglichkeit, daß die von einem Arzt vorgenommene Schwangerschaftsunterbrechung zum Tode der Patientin führe, zu entfernt, als daß zwischen diesem Eingriff als solchem und seinem tödlichen Verlauf ein haftungsbegründender Ursachenzusammenhang angenommen werden könnte.

1. Diese Ausführungen überspannen die Anforderungen, die an den adäquaten Ursachenverlauf zu stellen sind, vor allem unter Berücksichtigung der oben erörterten Erwägungen, mit denen das Berufungsgericht ein Verschulden des Beklagten bei der Durchführung des Eingriffs verneint hat. Es bedarf keiner Entscheidung, ob es ärztliche Eingriffe gibt, bei denen lebensgefährliche Komplikationen nur durch das Hinzutreten besonders eigenartiger, ganz unwahrscheinlicher und nach dem regelmäßigen Verlauf der Dinge außer Betracht zu lassender Umstände herbeigeführt werden können. Für einen solchen Eingriff wie die Schwangerschaftsunterbrechung nimmt dies ersichtlich weder der Sachverständige noch das Berufungsgericht an, denn beide rechnen mit der Möglichkeit solcher gefahrbringender Umstände und schließen ihre Berücksichtigung nur deshalb aus, weil in diesem Falle dem Arzt geeignete Mittel zur Verfügung stünden, denen aber auch das Berufungsgericht nur eine „gewisse, wenn auch nicht sichere Erfolgsaussicht" zuspricht.

Geht man aber einmal davon aus — und das ist erforderlich —, daß der Eintritt der genannten gefahrbringenden Umstände selbst in den Kreis der adäquaten Folgen einer Schwangerschaftsunterbrechung gehört, so kann der weitere adäquate Ursachenzusammenhang nicht mit der Begründung verneint werden, es bestehe auch dann noch eine gewisse Möglichkeit zur Verhinderung des tödlichen Ausgangs. Dieser Verneinung eines Ursachenzusammenhangs liegt ein ähnlicher Trugschluß zugrunde, wie es oben für die Ursächlichkeit der verspäteten Einweisungen in ein Krankenhaus aufgezeigt wurde. Ist einmal ein für das Leben eines Patienten gefahrdrohender Zustand auf irgendeine Weise eingetreten, so bedarf es niemals besonders eigenartiger und ganz unwahrscheinlicher Umstände, die zum Tode führen können, sondern es bedarf umgekehrt der Kunst des Arztes, um den Eintritt des Todes zu verhindern. Ob die Aussichten für den Erfolg dieser Rettungsversuche mehr oder weniger groß waren, kann nichts daran ändern, daß ein Mißerfolg die adäquate Folge der eingetretenen Lebensgefahr ist.

2. Die Haftung des Beklagten kann also auch hier nicht mit der Begründung verneint werden, es fehle an dem erforderlichen Ursachenzusammenhang zwischen dem verbotenen Eingriff und dem tödlichen Ausgang. Dieser Zusammenhang wäre nur dann bedeutungslos, wenn die Widerrechtlichkeit des Eingriffs deshalb entfiele, weil die Verstorbene mit dem Eingriff nicht nur einverstanden war, sondern ihn ausdrücklich wünschte. Das Berufungsgericht konnte davon absehen, eingehender zu der Frage Stellung zu nehmen, welche Bedeutung dieser Wunsch hatte. Es beschränkt sich auf den Satz, die Einwilligung in eine Abtreibung sei verboten und deshalb ohne rechtliche Wirkung. Die Revision weist zur Unterstützung dieser Meinung auf die Rechtsprechung des Reichsgerichts hin (RGZ 151, 349 [354], 162, 129 [137]; 168, 206 [210], aus der sich weiter ergibt, daß der Arzt eine Operation nicht ohne Einwilligung des Patienten vornehmen darf ... Die hier entscheidende Frage, ob

ein zu dem Eingriff erklärtes Einverständnis deshalb völlig bedeutungslos wird, weil es gegen ein gesetzliches Verbot verstößt, wird in diesen Entscheidungen nicht behandelt. Im Ergebnis ist aber dieser Auffassung beizutreten. Ebenso wie nach ständiger Rechtsprechung des erkennenden Senats der Haftungsausschluß wegen Handelns auf eigene Gefahr eine rechtsgeschäftliche Willenserklärung voraussetzt, gilt dies auch von dem Einverständnis mit einem Eingriff. Diese Einwilligung ist nicht nur dann unbeachtlich, wenn sie durch Willensmängel beeinflußt ist (RGZ 168, 206 [210], sondern auch dann, wenn sie gegen ein gesetzliches Verbot oder gegen die guten Sitten verstößt und deshalb nichtig ist (§§ 134, 138 BGB). Diese Voraussetzung ist hier vom Berufungsgericht mit Recht deshalb bejaht worden, weil der Verstoß gegen § 218 StGB sowohl den Arzt wie die Schwangere strafbar macht.

Gegen die Geltendmachung der Haftungsansprüche läßt sich auch nicht einwenden, wer einen anderen auffordere, auf seine Gesundheit in einer bestimmten Weise einzuwirken, handele arglistig und verstoße gegen Treu und Glauben, wenn er aus eben dieser von ihm gewünschten Einwirkung Schadensersatzansprüche herleite, solange sie sich in dem gewünschten Rahmen hält. Auch diese Berufung auf Treu und Glauben muß demjenigen versagt werden, der in so schwerer Weise gegen eine Vorschrift des Strafgesetzbuches verstößt. An dieser Rechtslage wird auch dadurch nichts geändert, daß ein Teil des Volkes mit verschiedenen Begründungen eine Aufhebung dieser strafrechtlichen Vorschrift für geboten hält.

3. Der Beklagte hat durch Vornahme des Eingriffs nicht nur vorsätzlich den Körper der Frau S. verletzt, sondern auch gegen die Schutzgesetze der §§ 223, 218 StGB verstoßen. Wenn auch diese letztere Vorschrift in erster Linie den Schutz des keimenden Lebens bezweckt, so dient sie doch auch dem Schutze der Schwangeren, und das genügt zur Erfüllung der Voraussetzungen des § 823 Abs. 2 BGB. Sind diese aber erfüllt, so ergibt sich daraus, wie dies auch das Reichsgericht in seiner Entscheidung RGZ 106, 210 zutreffend ausgesprochen hat, die Haftung des Beklagten für alle Schäden, die ursächlich aus seinem Eingriff folgen, auch wenn sie nicht von seinem Verschulden umfaßt werden. Daß aber entgegen der Meinung des Berufungsgerichts der ursächliche Zusammenhang des Todes der Frau S. mit dem Eingriff gegeben ist, wurde oben zu 1 dargetan.

Gleichwohl ist auch auf Grund dieser Erwägungen der Rechtsstreit noch nicht zur Entscheidung reif, weil der Beklagte sich insoweit auf die Einwilligung und den Wunsch der Verstorbenen berufen kann, als auch diese an der Vornahme des Eingriffs ein Verschulden trifft. Hätte sie nicht so nachdrücklich den Eingriff gewünscht, so hätte der Beklagte ihn nach Lage der Sache auch nicht durchgeführt. Dieses Verschulden wird gegen das Verschulden des Beklagten in seiner Ursächlichkeit abzuwägen sein (§ 254 BGB), und den daraus sich ergebenden Einwand müssen sich auch die Kläger nach § 846 BGB entgegenhalten lassen.

Nr. 21. BGH Urteil vom 6. Juni 1952 g. K. 1 StR 13/52 BGHSt. 3, 8 ff.

Rechtssatz: *Die Abtötung einer Leibesfrucht ist nur dann nicht rechtswidrig, wenn sie ein Arzt nach den Regeln der ärztlichen Kunst zur Abwendung einer ernsten Gefahr für das Leben oder die Gesundheit der Mutter und deren Einwilligung vornimmt. Ohne eingehende, gewissenhafte Prüfung, ob die von einer Schwangeren geäußerten Selbstmordgedanken ernst zu nehmen sind, darf auch der Arzt eine Unterbrechung der Schwangerschaft nicht vornehmen. Sie muß das einzige Mittel sein, um das Leben der Schwangeren zu erhalten.*

Aus den Gründen.

Die frühere Mitangeklagte Olga A., eine 32 Jahre alte Witwe und Mutter eines ehelichen und zweier unehelicher Kinder, die einen sehr leichtfertigen Lebenswandel führte und mit verschiedenen Männern Liebesverhältnisse unterhielt, fühlte sich im Herbst 1950 erneut schwanger, war darüber sehr unglücklich und äußerte Selbstmordgedanken, wenn ihr nicht „geholfen" würde, womit sie die Beseitigung der Schwangerschaft meinte. Sie wandte sich an den Angeklagten Dr. K., einen praktischen Arzt, um Hilfe. Bei der Untersuchung jammerte sie und äußerte, sie werde ins Wasser gehen, wenn ihr nicht geholfen werde. Der Angeklagte, dem sie bis dahin unbekannt war, hatte jedoch früher ihre Mutter behandelt, die nach dem Tode ihres Sohnes einen Nervenzusammenbruch erlitten hatte, sowie ihre *Kusine*, die, während sich ihr Mann in Gefangenschaft befand, mit dem Vater der A. ein Liebesverhältnis unterhalten hatte, schwanger geworden war und nach der Rückkehr ihres Mannes aus der Gefangenschaft kurz vor der Geburt des Kindes sich das Leben genommen hatte. Unter dem Eindruck dieser Erfahrungen mit zweien ihrer Angehörigen befürchtete er, ihre Selbstmorddrohungen seien ernst, und entschloß sich darum, die Schwangerschaft zu unterbrechen. Der von ihm sofort vorgenommene Eingriff hatte auch Erfolg.

Den Einwand des Angeklagten, er habe sich zu dem Eingriff für berechtigt halten dürfen, weil er das einzige Mittel gewesen sei, das ernsthaft gefährdete Leben der Mutter zu erhalten, hat das Landgericht mit Recht nicht als durchgreifend erachtet. Die Verurteilung wegen Abtreibung gemäß § 218 Abs. 3 StGB ist zu billigen. Da zur Zeit der Tat für den Tatort das Gesetz zur Verhütung erbkranken Nachwuchses vom 24. Juli 1933 in der Fassung des Gesetzes vom 24. Juni 1935 durch das bayerische Gesetz vom 20. November 1945 (GVBl. 1945/46, 1) aufgehoben war, ist die Frage der Rechtswidrigkeit, wie das Landgericht zutreffend ausgeführt hat, nach den von der Rechtsprechung entwickelten Grundsätzen der Güter- und Pflichtenabwägung zu beurteilen, wie sie vom Reichsgericht zuerst in der Entscheidung RGSt. 61, 242 ausgesprochen worden sind. Die Zulässigkeit der Schwangerschaftsunterbrechung unter dem Gesichtspunkt der Güter- und Pflichtenabwägung ist jedoch nicht an weniger enge Voraussetzungen geknüpft, als sie unter der Herrschaft des Erbgesundheitsgesetzes nach dessen § 14 Abs. 1 bestanden und in denjenigen Ländern der Bundesrepublik, in denen diese Vorschrift noch gilt, auch heute noch bestehen. In diesem Sinne hat der Senat wiederholt entschieden (BGHSt. 2, 111, 242). Die Abtötung der Leibesfrucht ist demnach nur dann nicht rechtswidrig, wenn sie ein Arzt nach den Regeln der ärztlichen Kunst zur Abwendung einer ernsten Gefahr für das Leben oder die Gesundheit der Mutter mit ihrer Einwilligung vornimmt.

Die ernste Gefahr für das Leben der Mutter kann, wie der Revision zuzugeben ist und auch das Landgericht angenommen hat, darin bestehen, daß ohne die Schwangerschaftsunterbrechung die naheliegende Gefahr besteht, daß sich die Mutter selbst das Leben nimmt. Soll jedoch die Abtötung der Leibesfrucht unter dem Gesichtspunkt der Güter- und Pflichtenabwägung gerechtfertigt sein, so muß sie das einzige Mittel sein, um das bedrohte Leben der Mutter zu erhalten. Kann es auf eine andere Weise gerettet werden, die nicht mit einem so erheblichen Eingriff in rechtlich geschützte Güter verbunden ist, dann bleibt auch die zur Rettung des Lebens der Mutter durchgeführte Abtötung der Leibesfrucht rechtswidrig. Daraus ergibt sich, daß der Schwangerschaftsunterbrechung, wenn sie als Handlung im übergesetzlichen Notstande gerechtfertigt sein soll, eine sorgsame und gewissenhafte Prüfung vorausgehen muß, ob die Rettung des Lebens der Mutter nicht auch auf andere Weise als durch Aufopferung der Leibesfrucht erreicht werden kann.

Nach den Urteilsfeststellungen war aber hier die Schwangerschaftsunterbrechung weder das einzige Mittel zur Rettung des Lebens der Mutter, noch hat der Angeklagte

Dr. K. diejenige Prüfung vorgenommen, die vorausgehen muß, wenn die Verletzung rechtlich geschützter Güter als Handlung im übergesetzlichen Notstande zulässig sein soll. Dabei nötigt der Sachverhalt nicht zur Entscheidung der Frage, ob hierbei die naheliegende Gefahr der Selbsttötung etwa grundsätzlich außer Betracht bleiben muß, solange der Entschluß zur Selbsttötung von einem Zurechnungsfähigen gefaßt ist, dieser also verantwortlich und willkürlich selbst die Notstandslage herbeigeführt hat, und die Gefahr der Selbsttötung das Leben der Mutter nur dann bedroht, wenn der Entschluß zur Selbsttötung im Zustande fehlender Verantwortlichkeit zustande gekommen ist. Denn, auch wenn man in den zuerst erwähnten Fällen eine Rechtfertigung durch den Grundsatz der Güter- und Pflichtenabwägung nicht schon grundsätzlich verneinen will, muß die Zurechnungsfähigkeit des zum Selbstmord Entschlossenen oder eine etwaige Beeinträchtigung der Zurechnungsfähigkeit durch geistige Störungen und darum das eine sorgsame Prüfung aller Umstände voraussetzende Urteil des Handelnden darüber von erheblicher, wenn nicht von entscheidender Bedeutung sein. Dies schon deshalb, weil davon in der Regel sowohl die Ernstlichkeit des Willens zum Selbstmord wie auch die Beantwortung der Frage abhängen wird, ob und welche anderen Möglichkeiten zur Rettung aus dieser Gefahr gegeben sind. Je weniger die Zurechnungsfähigkeit dessen, der sich mit Selbstmordgedanken trägt, durch seine geistige Störung beeinträchtigt ist, um so mehr werden Zweifel an der Ernstlichkeit des Entschlusses begründet sein und um so eher wird zu erwarten sein, daß schon verständige Gegenvorstellungen oder andere Maßnahmen die Gefahr bannen. Der Eingriff in das geschützte Rechtsgut — hier: die Tötung der Leibesfrucht — als Ausweg aus der verantwortlich und willkürlich selbst geschaffenen Notstandslage wird vor allen in den Fällen nicht zu rechtfertigen sein, in denen der zum Selbstmord Entschlossene, ohne in seiner Zurechnungsfähigkeit beeinträchtigt zu sein, mit der Verwirklichung seines Planes droht, um auf diese Weise die Verletzung jenes Rechtsgutes zu erzwingen.

Nach den Urteilsfeststellungen hat der Angeklagte zur Rechtfertigung seines Verhaltens nur vorgebracht, er habe geglaubt, daß die Schwangere ernsthaft zum Selbstmord entschlossen sei, wenn ihr die Frucht nicht genommen werde. In dem Glauben an die Ernsthaftigkeit des Entschlusses sei er, wenn sie und die näheren Umstände, unter denen sie lebte, ihm auch bis zu der nur flüchtigen Untersuchung unbekannt gewesen seien, durch das ihm bekannte Schicksal ihrer Kusine und das Nervenleiden der Mutter bestärkt worden. Nun mochten zwar diese Umstände einen Verdacht nach der Richtung begründen, daß auch die den Angeklagten aufsuchende und um Hilfe angehende Frau A. an geistigen Störungen litt und ein etwa vorhandener Wille zum Selbstmord auf diesem Boden entstanden war. Es hätte jedoch eingehender und gewissenhafter Prüfung bedurft, ehe der Angeklagte einen krankhaften Willensentschluß zum Selbstmord annehmen durfte. Daran hat er es fehlen lassen, und er hat darum auch nicht in der — auf Grund sorgfältiger Prüfung gewonnenen — Überzeugung gehandelt, daß Frau A. an geistigen Störungen litt, ihr Entschluß zur Selbsttötung darin seinen Grund habe und darum eine ernsthafte und beachtenswerte Gefahr für ihr Leben bilde. Im Urteil wird nicht dargelegt, ob der Angeklagte als praktischer Arzt überhaupt zu einem abschließenden Urteil über die Art und den Grad geistiger Störungen bei Frau A. befähigt und berufen war. Es kann jedoch unentschieden bleiben, ob dem Angeklagten etwa schon daraus ein Vorwurf zu machen ist, daß er zur Tat schritt, ohne daß er vorher die gutachtliche Meinung eines Facharztes einholte. Denn, auch wenn er zur abschließenden Beurteilung imstande war und man deshalb annehmen wollte, die Zuziehung eines Facharztes sei nicht erforderlich gewesen, ist ihm daraus ein Vorwurf zu machen, daß er dann die ihm mögliche Prüfung unterließ. Er gab vielmehr, nachdem er durch eine kurze Untersuchung ihre Schwangerschaft festgestellt hatte und ihm bei Nennung ihres Namens das Schicksal ihrer Mutter und ihrer Kusine eingefallen war, sofort der Drohung nach, daß sie sich das Leben nehmen werde, wenn er ihr nicht helfe. Er forschte weder nach den näheren Umständen, unter denen sie lebte, noch prüfte er näher, in welcher Geistes- und Gemütsverfassung sie sich befand und welcher Art und welchen Grades etwaige Störungen waren. Er gewann infolgedessen auch kein begründetes Urteil darüber, ob und in welchem Umfange Störungen solcher Art auf den geäußerten Entschluß zum Selbstmord von Einfluß gewesen sein konnten und ob sich daraus Anzeichen für die Ernstlichkeit des Entschlusses gewinnen ließen. Erst nach einer solchen Prüfung und einer darauf gegründeten Erkenntnis ließ sich einigermaßen zuverlässig beurteilen, ob und welche anderen Möglichkeiten gegeben waren, um das Leben der Mutter — seine ernsthafte Bedrohung vorausgesetzt — zu retten. Sie konnten — je nach der Sachlage — von verständigen Gegenvorstellungen über den Zuspruch von Verwandten oder Freunden und Vertröstungen bis zur Herbeiführung der Aufnahme in eine Nervenklinik reichen.

Eine solche gewissenhafte Prüfung und die damit zusammenhängende sorgfältige Abwägung aller Möglichkeiten ist unerläßlich, wenn eine an sich strafbare Handlung im übergesetzlichen Notstande erlaubt sein soll. Sonst bestände die Gefahr, daß rechtlich geschützte Güter nutzlos aufgeopfert werden, weil es nämlich zur Verletzung solcher Rechtsgüter dann auch in Fällen kommen könnte, in denen die Erhaltung des höherwertigen Gutes auch ohne Aufopferung des geringeren möglich gewesen wäre. Weil es der Angeklagte an dieser gewissenhaften Prüfung der Voraussetzungen hat fehlen lassen, hat das Landgericht zutreffend die Rechtswidrigkeit seines Eingriffes bejaht.

Auch ein nach § 59 StGB beachtlicher Irrtum des Angeklagten scheidet nach den Feststellungen aus. Der Angeklagte hat nicht irrig einen Sachverhalt als gegeben angesehen, der alle Merkmale des übergesetzlichen Notstandes aufgewiesen haben würde, wenn er so, wie er ihn sich vorstellte, vorgelegen hätte (vgl. BGH vom 3. März 1951 — 3 StR 6/51). Er könnte höchstens angenommen haben, die zur Rettung des Lebens der Mutter vorgenommene Abtötung der Leibesfrucht sei auch dann nicht rechtswidrig, wenn er zuvor nicht gewissenhaft geprüft habe, ob sie das einzige Mittel zur Erhaltung des Lebens der Mutter bildet. In diesem Falle würde es sich um einen reinen Verbotsirrtum handeln, nämlich um einen Irrtum darüber, daß seine Handlung so, wie er sie selbst sah, vom Recht verboten ist. Dieser nicht durch irrige Vorstellungen über die gegebenen Tatsachen beeinflußte Irrtum über die rechtliche Bewertung seines Verhaltens wäre jedoch, wie der Große Senat in dem Beschluß vom 18. März 1951 — GSSt. 2/51 (BGHSt. 2, 194) entschieden hat, nur beachtlich, wenn der Angeklagte auch bei gehöriger Anspannung des Gewissens nicht das Bewußtsein hätte gewinnen können, mit der Abtötung der Leibesfrucht unter den ihm bekannten Umständen Unrecht zu tun. Wenn das Urteil dazu auch nicht ausdrücklich Stellung nimmt, so ist dem Zusammenhang der Urteilsgründe doch mit ausreichender Bestimmtheit die Überzeugung der Strafkammer zu entnehmen, daß der Angeklagte bei gehöriger Anspannung seines Gewissens diese Überzeugung hätte haben können.

Seine Revision kann nach alledem keinen Erfolg haben.

Nr. 22. BGH Urteil vom 25. März 1952 g. R. 1 StrR 172/51 BGHSt. 2, 242 ff.

Rechtssatz: *Auch eine Schwangere, die ihre Leibesfrucht nicht ohne ernste Gefährdung ihrer Gesundheit oder ihres Lebens austragen kann, macht sich der Abtreibung schuldig, wenn sie ihre Schwangerschaft nicht durch einen Arzt nach den Regeln der ärztlichen Kunst, sondern durch eine Abtreiberin unterbrechen läßt. Ihr Verhalten ist weder unter dem Gesichtspunkt des übergesetzlichen Notstandes gerechtfertigt, noch durch Notstand entschuldigt.*

Aus den Gründen.

Die Angeklagte, die an Lungentuberkulose leidet, einen doppelten Pneumothorax trägt und seit Jahren in ständiger Behandlung eines Lungenfacharztes steht, fühlte sich im Januar 1950 im zweiten Monat schwanger und hatte unter diesem Zustand stark zu leiden. Zwei Ärzte, an die sie sich deswegen wandte, erklärten ihr übereinstimmend, daß ihr Krankheitszustand die Austragung eines Kindes nicht zulasse. Einer von ihnen legte ihr nahe, die Lungenfürsorgestelle aufzusuchen, damit von dort aus die erforderlichen Maßnahmen für die Schwangerschaftsunterbrechung auf Grund ärztlicher Indikation eingeleitet würden. Die Angeklagte suchte jedoch entgegen diesem Rat die als Abtreiberin bekannte frühere Mitangeklagte B. auf und bat diese, die Schwangerschaft zu unterbrechen, wobei sie zum Ausdruck brachte, daß ihr das Kind nach ärztlicher Begutachtung in jedem Falle genommen werden müsse, es aber auf diese Weise schneller gehe. Frau B. nahm daraufhin bei der Angeklagten drei Einspritzungen mit einer Seifenwasserlösung vor. Wenige Tage nach der letzten Einspritzung ging infolge des Eingriffs die Frucht ab.

Die Angeklagte ist auf Grund dieses Sachverhalts wegen Abtreibung gemäß § 218 Abs. 1 StGB verurteilt worden. Dabei hat das Landgericht ausgeführt, daß sie sich weder zu ihrer Entschuldigung auf § 54 StGB noch zu ihrer Rechtfertigung auf übergesetzlichen Notstand berufen könne. Die Revision der Angeklagten, die die Sachbeschwerde erhebt, bekämpft diese Auffassung als rechtsirrig.

Das Rechtsmittel ist im Ergebnis nicht begründet.

Dem Landgericht ist darin beizustimmen, daß der Sachverhalt hinreichend Anlaß bot, ihn unter dem Gesichtspunkt des übergesetzlichen Notstandes wie unter demjenigen des Notstandes (§ 54 StGB) zu würdigen. Die Grundsätze der Güter- und Pflichtenabwägung sind zwar von der Rechtsprechung zunächst für den Arzt entwickelt worden, der eine Schwangerschaft unterbricht, um Leben oder Gesundheit der Mutter zu retten (RGSt. 61, 242). Nichts hindert aber, auch das Verhalten der Schwangeren unter diesem Gesichtspunkt zu würdigen, obwohl bei ihr — anders als bei dem die Schwangerschaft unterbrechenden Dritten — auch § 54 StGB eingreifen kann. Denn der Notstand des § 54 und der übergesetzliche Notstand weichen in ihren Voraussetzungen und Folgen voneinander ab. Nach den Grundsätzen der Güter- und Pflichtenabwägung darf nur ein geringeres Rechtsgut einem höherwertigen aufgeopfert werden. Liegen ihre Voraussetzungen vor, so fehlt die Rechtswidrigkeit. Im Notstande (§ 54) kann unter Umständen auch ein gleichwertiges Rechtsgut verletzt werden. Die Handlung bleibt jedoch rechtswidrig. Sie gilt als entschuldigt. Die Wirkungen des übergesetzlichen Notstandes reichen also weiter.

Mit zutreffenden Erwägungen hat das Landgericht verneint, daß sich die Angeklagte zur Rechtfertigung ihres Verhaltens auf diesen berufen könne. Sie hätte zwar ihr Kind wegen ihrer Krankheit nicht ohne ernste Gefährdung ihres Lebens oder ihrer Gesundheit austragen können. Trotzdem bleibt die Abtötung der Leibesfrucht eine rechtswidrige Handlung; denn die Angeklagte ließ sie in einer Weise vornehmen, wie sie den Grundsätzen der Pflichten- und Güterabwägung widerstreitet. Nach diesen Grundsätzen war, wie das Landgericht zutreffend ausgeführt hat, die Frage der Rechtswidrigkeit der Handlung zu beurteilen, da das Gesetz zur Verhütung erbkranken Nachwuchses vom 24. Juli 1933 in der Fassung des Gesetzes vom 24. Juni 1935 zur Tatzeit für den Bereich des Tatortes durch das bayer. Gesetz vom 20. November 1945 (GVBl. 1945/46, 1) aufgehoben war. Die Zulässigkeit der Schwangerschaftsunterbrechung nach dem Grundsatz der Pflichten- und Güterabwägung ist jedoch entgegen der Ansicht der Revision nicht an weniger enge Voraussetzungen geknüpft, als sie unter der Herrschaft des Erbgesundheitsgesetzes nach dessen § 14 Abs. 1 bestanden und in den Ländern der Bundesrepublik, in denen die Vorschrift noch gilt, auch heute noch bestehen. Der Senat hat in dem zur Veröffentlichung bestimmten Urteil vom 15. Januar 1952 — 1 StR 552/51 (BGHSt. 2, 112) — schon dahin entschieden, daß die in § 14 Abs. 1 ErbgesGes. enthaltenen Voraussetzungen für die Zulässigkeit der Schwangerschaftsunterbrechung als Mindestvoraussetzungen auch gegeben sein müssen, wenn die Schwangerschaftsunterbrechung infolge eines übergesetzlichen Notstandes erlaubt sein soll. Die Abtötung der Leibesfrucht ist demnach nur dann nicht rechtswidrig, wenn sie ein Arzt nach den Regeln der ärztlichen Kunst zur Abwendung einer ernsten Gefahr für das Leben oder die Gesundheit der Mutter mit ihrer Einwilligung vornimmt. Läßt eine Schwangere statt dessen den Eingriff durch einen Laien vornehmen, so ist das keine Rettung des bedrohten Lebens oder der Gesundheit der Mutter dienende Handlung, die allein die Schwangerschaftsunterbrechung zu rechtfertigen vermöchte, sondern im Gegenteil eine Handlung, die Leben und Gesundheit der Mutter aufs höchste gefährdet. Wäre es dem Handelnden von Rechts wegen erlaubt, bei der Vernichtung des geringeren Rechtsgutes auch einen Weg zu gehen, der die Erhaltung des höherwertigen Gutes weniger gut sichert, als es nach den Umständen des Falles möglich ist, oder der gar dieses Gut ebenso gefährdet, wie wenn das geringere Rechtsgut überhaupt nicht vernichtet würde, so würde damit die Gefahr einer nutzlosen Aufopferung des geringeren Gutes in einer Weise heraufbeschworen, die diesem jeden wirksamen Rechtsschutz überhaupt nähme. Die Achtung und der Schutz des geringsten Gutes, das nicht aufhört, zu den rechtlich geschützten Gütern zu zählen, verlangt, daß nur derjenige Weg zu seiner Vernichtung als erlaubt freigegeben wird, der die Erhaltung des höherwertigen Rechtsgutes am besten sichert. Die Rechtswidrigkeit der Schwangerschaftsunterbrechung ist nach alledem vom Landgericht mit Recht bejaht worden. Nach den Feststellungen des Urteils scheidet ein nach § 59 StGB beachtlicher Irrtum der Angeklagten aus. Sie hat nicht irrigerweise einen Sachverhalt als gegeben angesehen, bei dem, wenn er vorgelegen hätte, die Rechtswidrigkeit ihres Verhaltens zu verneinen wäre. Sie hat auch nicht ihr Verhalten irrigerweise für erlaubt angesehen. Das Landgericht hat vielmehr ausdrücklich und rechtlich bedenkenfrei festgestellt, die Angeklagte habe mit dem Bewußtsein, Unrecht zu tun, gehandelt.

Zu § 54 braucht nicht entschieden zu werden, ob die Strafkammer die Anwendung dieser Vorschrift zutreffend deshalb abgelehnt hat, weil die Angeklagte nicht unverschuldet in die Notstandslage geraten sei, aus der sie durch die Abtreibung einen Ausweg gesucht habe. Denn es fehlt schon das Erfordernis, daß der Notstand auf andere Weise nicht zu beseitigen war. Um der Gefahr zu begegnen, die ihrer Gesundheit und ihrem Leben aus der Schwangerschaft drohte, konnte die Angeklagte ihre Leibesfrucht durch einen Arzt unter Beachtung der Regeln der ärztlichen Kunst abtöten lassen. Dieser Weg war nicht rechtswidrig. Er war ihr von einem Arzt angeraten worden; er wäre jederzeit gangbar gewesen. Stehen mehrere Auswege aus der Notstandslage zur Wahl, so darf nur das kleinere Übel gewählt werden (RGSt. 66, 222, 226). Umschließt von zwei Rettungsmöglichkeiten die eine von ihnen nur rechtmäßige, die andere aber auch rechtswidrige Handlungen, so kann das rechtswidrige Verhalten nicht unter dem Gesichtspunkt des Notstandes als entschuldigt angesehen werden. Dieser unmittelbar in § 54 enthaltene Grundsatz duldet jedenfalls dann keine Ausnahme, wenn — wie im vorliegenden Falle, in dem die Angeklagte Frau B. zur Vornahme der Abtreibungshandlung veranlaßte — der vom Handelnden als Rettung aus der Notlage gewählte rechtswidrige Ausweg die Vornahme eines Verbrechens durch einen Dritten umfaßt.

Das Landgericht hat nach alledem im Ergebnis zutreffend angenommen, daß weder Rechtfertigungsgründe noch Schuldausschließungsgründe vorliegen.

Nr. 23. BGH Urteil vom 10. Juli 1952 — 5 StR. 324/52 — BGHSt. 3, 91 ff.

Rechtssatz: *Mängel der ärztlichen Ausbildung, schlechte Vorbilder und fehlende Erfahrung entschuldigen unter Umständen ärztliche Kunstfehler, aber nicht:*

a) Eingriffe ohne eigene Diagnose

b) ungenügende Überwachung von Hilfskräften.

Der praktische Arzt Dr. Be. wies im März 1950 den 60jährigen Schmied Wilhelm B. mit der Diagnose Bandwurm in das Kreiskrankenhaus E. ein. Die Diagnose beruhte nur auf den Angaben B's. Etwa 4 bis 6 Wochen vor der Einweisung hatte Dr. Be. bei B. eine Filmaron-Bandwurmkur ohne Erfolg durchgeführt. B. wurde in die innere Abteilung des Krankenhauses aufgenommen, deren Chefärztin Frau Dr. med. K. ist, die außerdem eine umfangreiche Praxis in Hannover ausübt. Sie machte damals nur Dienstags und Freitags Krankenbesuche, im übrigen ließ sie sich über schwierigere Fälle in ihrer Abteilung fernmündlich unterrichten und zwar u. a. durch den Angeklagten Dr. W. Der Angeklagte Dr. W. hat sein Medizinstudium am 1. 4. 1939 begonnen und zwei Jahre später das Physikum bestanden. Als Soldat war er an die Universität Münster kommandiert, wo er im Mai 1945 seine Staatsprüfung ablegte und kurz darauf promovierte. Nachdem er sodann in verschiedenen Kriegslazaretten als Arzt tätig war, und sich auch mehrere Monate mit Praxisvertretung beschäftigt hatte, war er seit Ende 1947 Assistenzarzt im Kreiskrankenhaus E. Hier war er bis Februar 1950 der inneren und sodann der gynäkologisch-chirurgischen Abteilung zugewiesen. Frau Dr. K. hatte ihn Mitte 1949 zu sämtlichen Anordnungen innerhalb der inneren Abteilung ermächtigt. Sie untersuchte den Patienten B. nicht, stellte auch keine erneute Diagnose. Sie verordnete eine Filmaron-Kur und, falls diese ohne Erfolg wäre, daran anschließend, „wie üblich“ eine Chloroform-Kur.

Die Filmaron-Kur hatte angeblich keinen Erfolg. Über das Wochenende war der Angeklagte Dr. W. diensthabender Arzt. Am Sonnabend, dem 25. März, erklärte ihm B., daß er wegen einer Bandwurmkur im Krankenhaus sei. Die Stationsschwester H. berichtete, daß Bandwurmglieder ohne den Kopf abgegangen seien. Der Angeklagte untersuchte das Herz des Patienten, gab aber keine Anordnungen.

Auf Anordnung von Dr. K. wurde B. auf die Station der Angeklagten O. verlegt. Die Angeklagte O. ist seit 1943 im Schwesternberuf tätig, nachdem sie die Große Krankenpflegeprüfung und die Prüfung als Säuglingsschwester „gut“ bestanden hatte, war sie an Universitätskliniken und anderen Krankenhäusern beschäftigt. Im Kreiskrankenhaus E. war sie seit dem 1. April 1948; sie ist im unmittelbaren Anschluß an den Vorfall, der den Gegenstand dieses Verfahrens bildet, entlassen worden. Die Angeklagte war während ihrer Ausbildungszeit und während ihrer späteren Tätigkeit niemals im Operationssaal tätig gewesen. Sie ist infolgedessen auch niemals mit Chloroform in praktische Berührung gekommen.

Als am Sonntag, dem 26. März, der Angeklagte Dr. W. wiederum zu B. kam, bat dieser um möglichst baldige Durchführung der Kur. Dr. W. ordnete daraufhin an, daß am Montagmorgen eine Chloroform-Kur durchgeführt werden sollte. Die Angeklagte O. suchte dem Angeklagten W. durch Gebärden zu zeigen, daß ihr diese Kur unbekannt sei; er bemerkte diese Gebärden jedoch nicht. Sodann gingen beide Angeklagte über den Korridor zum Schreibtisch der Angeklagten O. Hier diktierte ihr Dr. W. die Verordnungen für B., und zwar für Sonntagabend 0,3 g Calomel, für Montag 5 ccm Chloroform durch die Duodenalsonde, $1/2$ Stunde später 0,45 g Calomel und anschließend Einläufe. Die Angeklagte O. notierte in ihrem Visitenbuch für Sonntagabend 0,2 g Calomel, für Montag 50 ccm Chloroform, anschließend 0,3 g Calomel, später Einläufe. Anschließend ging die Angeklagte mit der Oberschwester zur Hausapotheke, um die Medikamente zu empfangen. Während die Oberschwester ihr die Arzneien herausgab, sagte ihr die Angeklagte, die Chloroformkur sei ihr unbekannt und unsympathisch. Die Oberschwester wies auf die

Gefährlichkeit des Chloroforms hin, die der Angeklagten aus einem Schwesternunterricht im Kreiskrankenhaus E. „nicht mehr ganz unbekannt war", und riet ihr, sich bei einer anderen, mit der Chloroformkur vertrauten Schwester über die Durchführung der Kur zu erkundigen. Außerdem wies sie die Angeklagte darauf hin, daß das Chloroform in einer 50-Gramm-Flasche ausgegeben werde. Daraus müsse sie sich mit einer Spritze 5 ccm abziehen; den Rest müsse sie als unbrauchbar fortwerfen. Die Angeklagte verließ die Oberschwester mit dem Gefühl der Unsicherheit. Am Sonntagabend gab sie dem Patienten 0,2 g Calomel.

Am nächsten Morgen legte sie dem Patienten die Sonde. Alsdann spritzte sie durch die Sonde den ganzen Inhalt der Chloroformflasche, also 50 g ein. Eine andere Schwester hatte sie nicht um Rat gefragt. B. fing an zu schwitzen und zeigte leichte Benommenheit. Die Angeklagte hielt das für den normalen Verlauf. Als der Zustand sich aber nach zwanzig Minuten noch nicht geändert hatte, suchte sie Dr. K. auf. Dieser entgegnete ihr, daß das bei einer Chloroformkur immer so sei. Wenn der Zustand sich jedoch nach fünfzehn Minuten nicht geändert habe, müsse etwas unternommen werden. Darauf kehrte die Angeklagte zu B. zurück, gab ihm 0,3 g Calomel und entfernte die Sonde. Er wälzte sich vor Schmerzen im Bett. Als Dr. K. bei der Visite auch zu B. kam, antwortete er auf Fragen nur noch unverständlich und schläfrig. Dr. K. stellte durch Befragen der Angeklagten O. fest, daß sie ihm 50 ccm Chloroform gegeben hatte. Er veranlaßte sofort alles, was sich unter diesen Umständen zur Rettung des Patienten tun ließ, konnte aber nicht verhindern, daß B. einige Stunden später verstarb.

Das Landgericht nimmt an, daß die Überdosis Chloroform „zumindest in erster Linie ursächlich" für den Tod des B. gewesen sei. Dafür sei die Angeklagte O. verantwortlich. Es habe nicht mit Sicherheit geklärt werden können, worauf ihre Unaufmerksamkeit zurückzuführen sei. Sie habe sich nicht bei einer anderen Schwester Rat geholt. Damit habe sie ihre Sorgfaltspflicht verletzt. Diese Unterlasusng sei ursächlich für den Tod des Patienten B. gewesen, „denn die Angeklagte hätte von einer mit dieser Kur vertrauten Schwester nicht nur die Reaktion des Patienten erfahren, sondern vor allem auch die zulässige Dosierung des Chloroforms".

Aus diesen Günden hat das Landgericht die Angeklagte O. wegen fahrlässiger Tötung verurteilt.

Der Angeklagte Dr. W. — so führt das angefochtene Urteil weiter aus — habe die üblichen Mengen Chloroform und Calomel verordnet. Er habe es aber unterlassen zu überwachen, ob die O. seine Anordnungen richtig notiert habe. Dazu sei ein Arzt (im Gegensatz zur Auffassung der Sachverständigen) im allgemeinen verpflichtet. Indessen könne gerade dem Angeklagten Dr. W. aus seiner Unterlassung kein strafbarer Vorwurf gemacht werden. Er habe seine ärztlichen Erfahrungen im wesentlichen erst während seiner Tätigkeit im Kreiskrankenhaus E. gesammelt. Dort herrscht eine „nicht gerade vorbildliche Organisation". Man könne von ihm nur das Maß an Sorgfalt verlangen, wie es bei Bandwurmkuren an diesem Krankenhaus üblich gewesen sei. Dieses Maß habe er auf Grund seiner verhältnismäßig geringen Erfahrung von seinem Standpunkt aus als ausreichend ansehen müssen. Demgemäß hat das Landgericht diesen Angeklagten freigesprochen.

I.

Die Revision der Staatsanwaltschaft wendet sich mit Erfolg gegen die Freisprechung. Mit Recht trägt sie vor, daß die Strafkammer an die Sorgfaltspflicht des Angeklagten zu geringe Anforderungen gestellt habe.

Der Strafkammer ist zunächst darin beizustimmen, daß ein Arzt in der Lage des Angeklagten verpflichtet gewesen wäre, zu überwachen, ob die Krankenschwester seine Anordnungen richtig notierte. Das heißt durchaus nicht, wie die Sachverständigen gemeint haben, die Anforderungen an den Arzt zu überspannen. Es handelt sich dabei um eine sehr kleine Mühe. Von jedem frei praktizierenden Arzt wird verlangt, daß er alle seine Rezepte, mögen sie sich nun auf gefährliche oder auf ungefährliche Mittel beziehen, schriftlich gibt. Ohne das bekommt der Kranke sie in der Apotheke nicht. Das Verlangen der Strafkammer, daß der Krankenhausarzt die Aufzeichnung bei „lebensgefährlichen Medikamenten" wenigstens überwacht, hält sich an der unteren Grenze des Erforderlichen. Es sei übrigens darauf hingewiesen, daß das keine Sachverständigenfrage ist, d. h. keine Frage, zu deren Beantwortung irgendwelche besonderen Fachkenntnisse erforderlich wären. Es handelt sich um eine Rechtsfrage, und zwar um eine sehr einfache. Jeder Laie kann einsehen, daß eine geringe zusätzliche Mühe, wie diese ohne weiteres verlangt werden muß, wenn es erforderlich ist, um große lebensbedrohende Gefahren von anderen Menschen fernzuhalten.

Gerade darum kann der Strafkammer aber nicht in der Auffassung gefolgt werden, daß der Angeklagte Dr. W. hier entschuldigt sei, weil er seine geringen ärztlichen Erfahrungen im wesentlichen erst im Kreiskrankenhaus E. gesammelt habe, und weil deshalb von ihm nur das Maß an Sorgfalt zu verlangen sei, das dort bei Bandwurmkuren üblich war. Solche Erwägungen können die Schuld unter Umständen — nicht immer — in Fällen ausschließen, wo es besonderer *fachlicher* Kenntnisse und Erfahrungen bedarf. Davon kann hier aber nicht die Rede sein. Es bedarf gar keiner ärztlichen Ausbildung und Erfahrung, um sich zu sagen, daß beim Diktieren Hörfehler und Schreibfehler vorkommen können und daß daraus, wenn es sich um ärztliche Verordnungen handelt, die schwersten Folgen entstehen können. Von jedem Träger eines so verantwortungsvollen Berufes, wie es der des Arztes ist, muß verlangt werden, daß er eine derart einfache Überlegung selbständig anstellt, und zwar auch dann, wenn er lückenhafte Ausbildung, geringe Erfahrung und schlechte Vorbilder hat. Es gibt keine Entschuldigung dafür, daß der Angeklagte sich die Verordnung nicht hat vorlesen oder wenigstens wiederholen lassen, wenn er sie schon nicht abzeichnete. Wie groß die Gefahr ist, wird gerade aus dem vorliegenden Falle deutlich, in dem alle drei Dosierungen anders aufgeschrieben worden sind, als der Angeklagte gegeben haben will.

Die Strafkammer muß ferner nachprüfen, ob der Angeklagte nicht auch noch in anderer Weise gegen seine Sorgfaltspflicht verstoßen hat, und welche rechtlichen Folgerungen sich daraus ergeben. In Betracht kommt hier zunächst die Diagnose. Das angefochtene Urteil stellt nicht deutlich fest, ob B. überhaupt einen Bandwurm hatte. Soweit bisher ersichtlich, hat keiner der beteiligten Ärzte sich persönlich davon überzeugt. Daß ein immerhin erheblicher körperlicher Eingriff nur auf Grund *ärztlicher* Diagnose und nicht auf bloßes Hörensagen hin vorgenommen werden darf, muß sich ein schlecht ausgebildeter Arzt selbst sagen können.

Ferner wird zu prüfen sein, ob der Angeklagte Dr. W. die Durchführung der Kur der Angeklagten O. überlassen durfte. Es wird aufgeklärt werden müssen, welche Wirkungen auf den Patienten bei einer richtig dosierten Chloroformgabe vorkommen können, ob etwa mit der Möglichkeit einer Narkose zu rechnen und ob deshalb nicht die Anwesenheit des Arztes erforderlich ist.

Der Arzt darf zwar im allgemeinen davon ausgehen, daß andere geprüfte Medizinalpersonen diejenigen Kenntnisse besitzen, die in der Prüfung nachzuweisen sind. Das gilt insbesondere für das Verhältnis zwischen Arzt und Apotheker, und es mag vielfach auch für geprüfte Krankenschwestern gelten. Besondere Umstände können aber zu Ausnahmen führen. Die Ausbildung der Angeklagten O. war insoweit lückenhaft, als sie niemals praktisch mit Chloroform zu tun hatte. Es wird festzustellen sein, wie lange und wie genau der Angeklagte Dr. W. die Angeklagte O. beruflich kannte, und ob er nicht von ihrem unregelmäßigen Ausbildungsgang wissen konnte oder damit rechnen mußte. Das liegt um so näher, als er selbst unter einer unvollkommenen Kriegsausbildung litt. Es fällt auf, daß er es für erforderlich gehalten hat, ihr eine „genaue Anweisung" darüber zu geben, wie die Sonde gelegt werden mußte. Das erweckt den Eindruck, als habe er mit der Möglichkeit gerechnet, sie habe eine solche Kur noch niemals durchgeführt. Unter diesen Umständen liegt es besonders nahe, eine Fahrlässigkeit darin zu sehen, daß er sie dabei allein ließ.

Die Annahme der Strafkammer, daß die Durchführung (gemeint ist offenbar die selbständige Durchführung) einer solchen Bandwurmkur „zu dem Aufgabengebiet einer Vollschwester gehört", steht in Widerspruch zu ihrer Feststellung, daß selbst die Oberschwester sich niemals mit einer solchen Kur befaßt hatte.

II.

Auch die *Revision der Angeklagten* O. ist begründet. Die Ausführungen des Urteils über das *Verschulden* der Angeklagten beruhen auf Rechtsirrtum.

Die Strafkammer findet dieses Verschulden allem Anschein nach n i c h t in ihrer Unaufmerksamkeit. Das ging auch schon deswegen nicht an, weil die Ursachen dieser Unaufmerksamkeit nicht mit Sicherheit aufgeklärt werden konnten. Es ist also nicht gesagt, daß die Unaufmerksamkeit selbst auf Verschulden beruht. Im übrigen sei hervorgehoben, daß auch bei größter Aufmerksamkeit — wie die Strafkammer sie mit Recht von der Angeklagten verlangt — Hörfehler und Schreibfehler nicht mit völliger Sicherheit ausgeschlossen werden können.

Vielmehr sieht die Strafkammer das Verschulden der O. darin, daß sie, „es nicht für nötig erachtet hat, sich bei einer mit der Durchführung der Chloroformkur vertrauten Schwester Rat zu holen, obwohl sie von der Oberschwester, der Zeugin von der T., ausdrücklich darauf hingewiesen war, und obwohl sie die Chloroformkur selbst noch niemals durchgeführt hatte". Die Strafkammer meint, diese Unterlassung sei auch ursächlich für den Tod des Patienten gewesen, „denn die Angeklagte hätte von einer mit dieser Kur vertrauten Schwester nicht nur die Reaktion des Patienten erfahren, sondern vor allem auch die zulässige Dosierung des Chloroforms".

Wenn die Angeklagte bei dieser Gelegenheit die Reaktion des Patienten erfahren haben würde, so hätte das an dem Hergang nichts ändern können. Denn etwaige Unregelmäßigkeiten in der Reaktion des Patienten hätten der Angeklagten auch dann erst auffallen können, nachdem das Unglück schon geschehen war. Im übrigen scheint an der Reaktion des B. im Anfangsstadium gar nichts unregelmäßig gewesen zu sein. Jedenfalls hat Dr. K. der Angeklagten noch zwanzig Minuten nach der Einspritzung gesagt, daß das bei einer Chloroformkur immer so sei.

Daß die Angeklagte im Wege der Erkundigung bei einer anderen Schwester „vor allem auch die zulässige Dosierung des Chloroforms" erfahren haben würde, ist eine bloße Vermutung, die der Senat nicht als tatsächliche Feststellung hinnehmen kann. Derart genaue tatsächliche Feststellungen über ein gedachtes Gespräch, von dem man nicht einmal weiß, mit welchem bestimmten Menschen es geführt worden wäre, sind nicht möglich. Etwas anderes könnte allenfalls dann gelten, wenn die Sorgfaltspflicht der Angeklagten sich soweit erstrecken ließe, daß sie jene andere Schwester geradezu auf die Dosierung hätte ansprechen müssen. Das aber geht nicht an. Wenn die Angeklagte den Arzt dahin verstanden hatte, daß die verordnete Dosis 50 ccm betrage, so hatte sie keinen Anlaß, gerade zu diesem Punkt noch ausdrückliche Fragen zu stellen. Das hieße, wie die Revision mit Recht ausführt, einer Krankenschwester die Pflicht aufzuerlegen, einen Arzt durch Erkundigung bei einer anderen Krankenschwester zu überwachen. Das wäre nicht nur zuviel verlangt, sondern es wäre geradezu gefährlich.

Zu Unrecht leitet ferner die Strafkammer Folgerungen gegen die Angeklagte daraus her, daß ihr die Gefährlichkeit des Chloroforms im allgemeinen bekannt war. Daraus ergab sich für sie nicht, daß eine — wie sie glaubte — vom Arzt verordnete Menge bei Einspritzung in das Duodenum gefährlich sein werde. Chloroform ist gemeinhin als Betäubungsmittel bekannt, und es mag auch für den medizinisch weniger Kundigen naheliegen, bei dieser Anwendung mit Gefahren zu rechnen. Daraus ergibt sich aber nicht, daß er auch die Einführung selbst größerer Mengen in den Darm als gefährlich erkennen muß, wenn sie vom Arzt verordnet wird. Für die Angeklagte lagen solche Befürchtungen um so ferner, als die gesamte „nicht gerade vorbildliche" Handhabung dieser Dinge im Kreiskrankenhaus geeignet war, den Sinn für die Gefährlichkeit abzustumpfen. Dieser Entschuldigungsgrund, der nach dem oben Angeführten für den Arzt keinesfalls in Betracht kommt, hat für die Krankenschwester durchaus Geltung.

Nr. 24. RG Urteil vom 4. November 1940 g. H. 3 D 346/40 RG Strafsachen 74, 350ff.

Rechtssatz: *Der Sorgeberechtigte, der sich weigert, bei seinem erkrankten Kind ein Heilmittel anwenden zu lassen, dessen Anwendung nach den Grundsätzen der Entscheidung RGSt. Bd. 74 S. 60 geboten ist, mißbraucht sein Sorgerecht. Für die Folgen des Mißbrauches ist er auch strafrechtlich verantwortlich. Der behandelnde Arzt ist berechtigt und verpflichtet, einem solchen Mißbrauch entgegenzutreten, in Fällen dringender Gefahr namentlich auch dadurch, daß er das Heilmittel bei dem Kind auch gegen den erklärten Willen des Sorgeberechtigten anwendet, wenn das möglich ist.*

Gründe.

Die siebenjährige M. Bo. war erkrankt. Ihr Vater, der Studienrat Dr. Bo., ließ am 12. Oktober 1939 den Heilbehandler Be. rufen. Dieser stellte eine eitrige Mandelentzündung fest und „zog Diphtherie in Erwägung", ohne Anzeichen für Diphtherie zu finden. Er riet dem Vater, einen Arzt hinzuzuziehen. Dr. Bo. zog daraufhin den Beschwerdeführer, den prakt. Arzt Dr. H., zu. Dieser kam noch am 12. Oktober, stellte bei M. Bo. eine „eitrige Mandelentzündung" und bei dem zehnjährigen Bruder J. Bo. eine „leichte Angina" fest. Er ließ sich von Be. die von diesem angeordnete Behandlung schildern und verordnete selbst „homöopathische Mittel". Er nahm von beiden Kindern Abstriche. Diese untersuchte er mikroskopisch unter Anwendung von Methylenblau. Das Ergebnis der Untersuchung war „negativ". Am 13. Oktober gab der Beschwerdeführer dem Heilbehandler Be. die Auskunft, der Befund der Abstriche sei negativ gewesen, es könne nur eine eitrige Halsentzündung vorliegen. Die Krankheitserscheinungen steigerten sich am 15. oder 16. Oktober auch bei J. Bo. Be. nahm daraufhin noch einmal persönlich mit dem Beschwerdeführer Rücksprache. Am 18. Oktober starb der Junge, am 19. Oktober das Mädchen. Erst nach ihrem Tode kam der Beschwerdeführer nochmals in die Wohnung des Dr. Bo. In der Zeit vom 12. bis 19. Oktober hat er mit dem Vater Bo. nur fernmündlich, mit dem Heilbehandler Be. hat er auch zweimal persönlich gesprochen, als ihn Be. zu diesem Zweck aufsuchte.

Wie das Urteil feststellt, waren beide Kinder an Diphtherie erkrankt, und diese Krankheit war die Ursache ihres Todes. Beide Kinder hätten nach der tatsächlichen Annahme des Landgerichts „mit einer an Sicherheit grenzenden Wahrscheinlichkeit" gerettet werden können, wenn sie am 13. oder auch noch am 14. Oktober 1939 mit Diphtherie-Antitoxin behandelt worden wären.

Das LG nimmt an, der Beschwerdeführer habe schuldhaft seine ärztliche Pflicht dadurch verletzt, daß er die Abstriche ungenügend untersucht und die erkrankten Kinder nach seinem ersten Besuche nicht weiterhin persönlich beobachtet habe. Den Fehler bei der Untersuchung der Abstriche sieht es darin, daß es der Angeklagte unterlassen habe, von den Abstrichen Kulturen anlegen zu lassen, wie es dem heutigen Stande der Wissenschaft entspreche. Wäre das geschehen, so hätte das dazu geführt, daß er die Diphtherie rechtzeitig erkannt hätte. Alsdann hätte er das Diphtherie-Antitoxin einspritzen müssen, das die Kinder gerettet haben würde.

Gleichwohl gelangt das LG zu der Auffassung, das Verhalten des Beschwerdeführers bei der Behandlung der Kinder verstoße nicht gegen den § 222 StGB; denn es sei nicht ursächlich für den Tod der Kinder gewesen, weil der Vater die Anwendung des Serums nicht zugelassen haben würde, selbst wenn der Beschwerdeführer dazu geraten hätte. Es fehle mithin an dem ursächlichen Zusammenhange zwischen der dem Beschwerdeführer zur Last fallenden Pflichtwidrigkeit und dem Tode der Kinder.

Diese Ausführungen des LG werden dem Falle nicht gerecht. Sie betrachten ihn ausschließlich unter dem Gesichtspunkte des Behandlungsvertrags, den der Angeklagte mit dem Vater der Kinder geschlossen hatte.

1. Auch insoweit sind sie schon, soweit sie die Schuldfrage betreffen, nicht ganz unbedenklich. Sie lassen eine Prüfung nach der Richtung vermissen, ob nicht der Angeklagte nach dem heutigen Stande der ärztlichen Wissenschaft schon dann zur Anwendung des Diphtherie-Serums verpflichtet gewesen wäre, wenn nach dem Untersuchungsbefunde, wie es hier der Fall gewesen zu sein scheint, auch nur ein starker Diphtherie-Verdacht bestanden hätte.

Noch schwerer wiegen die Bedenken, die sich gegen die Ausführungen des LG zur Frage der Verursachung ergeben. Die Auffassung, die die Strafkammer hier vertritt, beruht auf einem Trugschlusse. Tatsächlich ist es zu einer Entscheidung des Vaters über die Anwendung des Diphtherie-Serums infolge der pflichtwidrigen Unterlassungen des Angeklagten gar nicht gekommen. Die Tatsache, daß der Vater jetzt rückschauend erklärt, er würde die Anwendung dieses Heilmittels nicht zugelassen haben, beweist nicht, daß er wirklich auch dann so gehandelt hätte, wenn ihm der Angeklagte als verantwortlicher Arzt am Krankenbette seiner Kinder mit dem gebotenen Ernst und Nachdruck erklärt hätte: „Deine Kinder schweben in größter Lebensgefahr; mir steht ein Heilmittel zur Verfügung, das sie aller menschlichen Voraussicht nach retten wird. Gestattest du mir, es anzuwenden?".

a) Aber selbst wenn das Gericht bei einer solchen Prüfung zu der Überzeugung gekommen wäre, der Vater hätte auch unter diesen Umständen die Verwendung des Antitoxins abgelehnt, so wäre damit noch nicht nachgewiesen, daß nicht Pflichtwidrigkeiten des Angeklagten — die in diesem Fall allerdings außerhalb des Verhandlungsvertrages liegen würden — für den Tod der Kinder ursächlich gewesen wären. Dazu führen die folgenden Überlegungen:

Nach der Rechtsprechung des RG steht jedem Geschäftsführer die freie Verfügung über den eigenen Körper zu, soweit nicht besondere gesetzliche Bestimmungen oder besondere Verhältnisse (wie etwa bei Soldaten) dieses Recht einschränken. Deshalb hat er auch die freie Entscheidung darüber, ob bei ihm im Falle der Erkrankung ein bestimmtes Heilverfahren angewendet werden soll oder nicht; der Arzt darf ihn nicht gegen seinen Willen behandeln, namentlich nicht gegen seinen Willen Eingriffe bei ihm vornehmen (RGSt. Bd. 25 S. 375). Ob diese Rechtsprechung — die auch für die Frage der Serumbehandlung bei der Diphtherie anwendbar sein würde — unter den heutigen Umständen noch in vollem Umfang aufrechtzuerhalten sein möchte, könnte zweifelhaft sein; die Frage (vgl. dazu RGZ Bd. 151 S. 349 flg.) braucht hier aber nicht entschieden zu werden. Denn hier hätte der Vater nicht für sich selbst, sondern als gesetzlicher Vertreter seiner Kinder gehandelt. Für solche Fälle kann aber der vorerwähnte Grundsatz nicht uneingeschränkt gelten. Allerdings hat nach dem § 1664 BGB der Vater bei der Ausübung der elterlichen Gewalt dem Kinde gegenüber nur für diejenige Sorgfalt einzustehen, die er in eigenen Angelegenheiten anzuwenden pflegt. Diese Bestimmung findet aber, soweit die Sorge für die Person des Kindes in Betracht kommt, ihre Grenze in der Vorschrift des

§ 1666 BGB. Danach darf der Sorgeberechtigte (u. a.) das Recht der Sorge für die Person des Kindes nicht mißbrauchen. Als ein Mißbrauch dieses Sorgerechts wäre es aber unter Umständen anzusehen, wenn der Sorgeberechtigte das Einverständnis zu einer bestimmten ärztlichen Behandlung des Kindes ohne triftigen Grund verweigerte (OLG München JFG Bd. 16 S. 205 EntschFG Bd. 14 S. 91). Das BGB verpflichtet das Vormundschaftsgericht, die zur Abwendung der Gefahren eines solchen Verhaltens des Sorgeberechtigten erforderlichen Maßregeln zu treffen. Führt ein solcher Mißbrauch zu einer Körperverletzung oder zum Tode des Kindes, so hat der Sorgeberechtigte diese Folgen auch strafrechtlich zu verantworten. Der Arzt, dem ein solcher Mißbrauch bei der Behandlung des Kindes entgegenträte, wäre berechtigt, dagegen die Hilfe des Vormundschaftsgerichts oder auch der Polizei — die verpflichtet ist, die Gefahr strafbarer Handlungen nicht nur von der Allgemeinheit, sondern auch von einzelnen Volksgenossen abzuwenden —, in Anspruch zu nehmen. Er dürfte sogar in Fällen dringender Gefahr, wenn behördliche Hilfe nicht rechtzeitig zu erlangen wäre, unter dem Gesichtspunkte des übergesetzlichen Notstandes die notwendige Behandlung auch gegen den Willen des Sorgeberechtigten durchführen, wenn er nach den Umständen zu solcher Nothilfe in der Lage wäre. (Vgl. zu diesen Fragen *Engisch* in ZStW Bd. 58 S. 11 flg., insbesondere S. 43, 44 und *Eberhard-Schmidt* Der Arzt im Recht S. 108 flg., insbesondere S. 116 flg.)

Der Arzt dürfte vor dem Mißbrauche des Rechtes des Sorgeberechtigten auch nicht einfach zurückweichen, sondern wäre rechtlich *verpflichtet,* das ihm Mögliche zu tun, um von dem Kinde die Folgen eines solchen Mißbrauches des Sorgerechtes abzuwenden. Aus dem Behandlungsvertrage kann allerdings, wie schon weiter oben hervorgehoben worden ist, keine solche Pflicht hergeleitet werden, da er seine Grenze in dem Willen des gesetzlichen Vertreters des Kindes findet (§§ 671, 675 BGB). Auch kann dahingestellt bleiben, ob und wieweit eine solche Rechtspflicht zum Handeln für den Arzt etwa aus den Vorschriften der §§ 139, 330c StGB, aus den seuchenpolizeilichen Vorschriften oder aus der allgemeinen Stellung des Arztes (vgl. den § 1 der Reichsärzteordnung) zu folgern wäre. Sie ergibt sich für Fälle der Art, wie sie hier vorausgesetzt werden, aus der nahen persönlichen Beziehung, die zwischen dem Arzt und dem der Gewalt des Sorgeberechtigten unterworfenen Kinde durch den rein tatsächlichen Vorgang der Krankenbehandlung entstanden ist. Das RG hat in seiner neueren Rechtsprechung bereits mehrfach ausgesprochen, daß sich aus dem Rechtsgrunde der persönlichen Beziehungen nach richtiger Auffassung eine Fürsorgepflicht ergeben kann, deren Vernachlässigung der Verpflichtete strafrechtlich zu vertreten hat (vgl. RGSt. Bd. 69 S. 321, 323 Bd. 73 S. 389, 391, Bd. 74 S. 309). Ein solcher Fall könnte auch hier vorliegen und daher der Arzt, der einer derartigen Pflicht zuwider nicht das ihm Zumutbare zur Beseitigung der Gefahr tut, für die sich daraus ergebenden Folgen verantwortlich sein.

Aus alledem ist zu folgern, daß auch ein Widerspruch des Sorgeberechtigten nicht geeignet gewesen wäre, die Verantwortlichkeit des Angeklagten zu beseitigen.

Da das LG den Sachverhalt nicht erschöpfend geprüft und in der Frage der Ursächlichkeit auch rechtlich geirrt hat, muß dazu führen, das angefochtene Urteil aufzuheben.

Die Entscheidung entspricht im Ergebnis dem Antrage des Oberreichsanwalts.

In der erneuten Verhandlung wird das LG die Prüfung unter den vorstehend erwähnten Gesichtspunkten nachzuholen haben. Dabei wird auch die Entscheidung RGSt. Bd. 74 S. 60 zu beachten sein. Sie wird gegebenenfalls namentlich auch für die Frage Beachtung verdienen, ob die Ablehnung der Serumbehandlung im gegebenen Fall als Mißbrauch des Rechtes des Sorgeberechtigten anzusehen wäre.

Nr. 25. BGH Urteil vom 22. April 1952 — 1 StR 516/51 — BGHSt. 2, 297.

Rechtssatz: *Hilfspflichtig ist nach § 330c jeder, der nach seinen Fähigkeiten und Hilfsmitteln ohne eigene Gefahr oder anderweite Pflichtverletzung wirksamer und rascher helfen kann — wenn auch nur vorläufig — als ein anderer.*

Die Vorschrift stellt keine besondere Arztpflicht auf. Kommt es für die erste Hilfe aber auf ärztliche Sachkunde an, so fällt diese nicht nur für Art und Umfang der Hilfeleistung, sondern unter Umständen schon für die Frage der Hilfspflicht überhaupt ins Gewicht.

Der Angeklagte ist Leiter des Städtischen Krankenhauses in N.-U. Am 6. April 1950 hatte er sich in seinem Kraftwagen zum Fischen an einen Bach begeben. Als er eine Stunde gefischt hatte, kam der Bauer O., der den Angeklagten nicht kannte, jedoch seinen Pkw hatte stehen sehen, von seinem Felde zu ihm und fragte ihn, ob er ihm den Gefallen tun wolle, einen verunglückten Jungen zum Arzt zu bringen. Der Junge sei unter seinen (O's) Wagen gekommen und blute stark. Der Angeklagte lehnte das Ansinnen ab. Der Junge mußte infolgedessen mindestens $1^1/_4$ Stunde im nassen Grase frierend liegen, bis ein zu Hilfe gerufener anderer Arzt ihn in seinem Pkw in das Krankenhaus brachte. Dort wurden mehrere Kopfschwartenplatzwunden, eine tiefe Rißwunde am Jochbeinbogen und eine Schnittwunde am rechten Oberlid festgestellt. Die Kopfschwarte war jeweils bis auf den Knochen durchgetrennt, außerdem hatte der Junge eine starke Gehirnerschütterung erlitten. Er blieb bis zum 6. Mai 1950 im Krankenhaus.

Das Landgericht hat den Angeklagten aus § 330c StGB verurteilt. Seine Revision, die das Oberlandesgericht gemäß § 121 Abs. 2 GVG dem Bundesgerichtshof zur Entscheidung vorgelegt hat, ist verworfen worden.

Aus den Gründen.

Der § 330c StGB ist zutreffend angewandt. Die Vorschrift gilt in der Fassung vom 28. Juni 1935, wie der 4., 3. und 1. Strafsenat des Bundesgerichtshofs inzwischen entschieden haben (BGSt. 1, 266; 2, 150; 3 StR 767/51 vom 22. November 1951).

Daß sich hier ein Unglücksfall im Sinne des § 330c ereignet hatte und Hilfe geboten war, bestreitet auch der Angeklagte nicht.

Mit Recht hält das Landgericht den Angeklagten für hilfspflichtig. Die Hilfspflicht nach § 330c trifft jeden, der nach seinen Fähigkeiten und Möglichkeiten ohne sonstige Pflichtverletzung und ohne erhebliche eigene Gefahr wirksamer und rascher helfen kann als ein anderer, mag diese Hilfe zunächst auch nur vorläufiger Art sein. Maßgebend dafür sind die örtlichen Umstände, aber auch persönliche Verhältnisse. Das Nähere ist Tatfrage. Bei dem Unfall an einer abgelegenen Stelle, der den Abtransport des Verletzten zu erfordern schien, durfte das Landgericht ohne Rechtsverstoß die nur einige 100 m von der Unfallstelle entfernte mit zwei Personenkraftwagen versehene Gruppe von Anglern, zu der der Angeklagte gehörte, für hilfspflichtig halten. Denn die wirksame Hilfe konnte hier nach dem ersten Anschein möglicherweise gerade im raschen Transport des Verletzten liegen. Daß auch noch andere Personen hilfspflichtig waren, besonders O. Vater und Sohn und die Mutter des Knaben, hat das Landgericht nicht verkannt. Daraus allein folgt aber nicht deren Bestrafung nach § 330c, wie die Revision meint. Diese hängt davon ab, ob sie diejenige Hilfe geleistet haben, die sie nach *ihren* Fähigkeiten und nach ihrer Vorstellung leisten konnten, während der Angeklagte nach der das Revisionsgericht bindenden Überzeugung des Landgerichts jede Hilfeleistung überhaupt bewußt versäumt hat. Hier wiesen also schon die örtlichen Verhältnisse auf eine Hilfspflicht des Angeklagten hin. Im übrigen kann, wie der Fall RGSt. 75, 160 (Entbindung) zeigt, aber auch die besondere persönliche Eignung zur Hilfeleistung schon für die

Frage der Hilfspflicht, nicht erst für die weitere des Umfangs der Hilfeleistung in Betracht kommen. Fordert z. B. ein Unglücksfall offensichtlich besondere Sachkunde des Helfers oder besondere Hilfsmittel, die den an sich hilfspflichtigen Augenzeugen fehlen, so kann auch eine weiter entfernte Person, die diese besondere Sachkunde oder Hilfsmittel hat und sie vor dem Eintreffen anderer Hilfe wirksam einsetzen könnte, hilfspflichtig sein, obwohl sie es bei nur räumlicher Betrachtung nicht wäre. Im einzelnen muß das der Tatrichter entscheiden. Wo es gerade auf ärztliche Sachkunde ankommt, kann dies also schon bei der Frage der Hilfspflicht mitsprechen, freilich nur, wenn der unter solchen Voraussetzungen um Hilfe angegangene, nicht unmittelbar beteiligte Arzt wirksamere und frühere Hilfe leisten kann als andere Personen. Mit dieser Einschränkung trifft es zu, daß §§ 330c StGB, was die Hilfspflicht angeht, keine ärztliche Sonderpflicht aufstellt, sondern den Arzt an sich jedermann gleichstellt, RGSt. 75, 72. Diese Einschränkung betrifft im übrigen keineswegs nur Ärzte. Vielmehr ist jeder hilfspflichtig, der nach seinen Fähigkeiten und Hilfsmitteln bei Unglücksfällen oder einer Gemeingefahr ohne erhebliche eigene Gefahr und ohne Verletzung wichtigerer Pflichten rascher und wirksamer Hilfe leisten kann als irgend jemand anderes.

Die Verletzung der Hilfspflicht sieht das Landgericht hier mit Recht nicht darin, daß der Angeklagte es abgelehnt hat, den Knaben ins Krankenhaus zu bringen, um seinen Wagen nicht zu beschmutzen, sondern darin, daß er sich des verletzten Jungen überhaupt nicht angenommen hat, obwohl er wußte, daß dieser im Zusammenhang mit einem Fahrzeug in der Nähe verunglückt war und daß schwere Folgen eingetreten sein konnten, die er als Arzt sachverständiger beurteilen konnte als irgendeine andere anwesende Person. Daß O. eine Transportleistung vom Angeklagten verlangt hatte und nicht wußte, daß er zufällig auf einen Arzt gestoßen war, änderte daran nichts. *Inhalt* und Umfang der Hilfspflicht richten sich wesentlich nach den Fähigkeiten und Möglichkeiten des Hilfspflichtigen und finden nach § 330c ihre allgemeine Grenze in den Schranken der allgemeinen Menschenpflicht, vor allem in erheblicher eigener Gefahr oder in andern wichtigen Pflichten, die sonst verletzt würden. Solche andern Pflichten hatte der Angeklagte nicht. Ob er wirksam kelfen konnte, vermochte der Angeklagte allein nach O's Angaben nicht zu beurteilen. Diese deuteten nur auf einen ernsteren Unfall hin, zeigten aber nicht, worin dieser bestand. Der Angeklagte hat, wie das Landgericht feststellt, auch nicht danach gefragt, sondern O. gleich auf den Krankenwagen verwiesen. Die ihm auf jeden Fall mögliche und von ihm verweigerte Hilfe bestand nach dem Urteil darin, daß er den Verunglückten behelfsmäßig untersuchte und ihn dann, falls es angezeigt war, ins Krankenhaus brachte, wohin der Angeklagte nach 10 Minuten ohnedies fuhr, oder daß er, wenn der Transport in einem Krankenwagen notwendig erschien, die dazu und bis dahin nötigen Anordnungen traf, daß er die Lage des Verletzten überhaupt nach Möglichkeit besserte und weitere Gefahr hintan hielt. Die Ausführungen des Landgerichts hierzu lassen keinen Rechtsverstoß erkennen. Daß der Angeklagte Kliniker ist, kein Arztgerät bei sich hatte und zu einem Wundeingriff nicht in der Lage war, änderte daran nichts. Hatte die vorläufige Untersuchung das Ergebnis, daß ein ausgerüsteter Arzt oder der Krankenwagen erwartet werden müsse, so hatte der Angeklagte seine Hilfspflicht erfüllt. Dieser Prüfung hat er sich aber entzogen. Daß dem Verunglückten daraus kein ersichtlicher Nachteil entstanden ist, ist ein Zufall. Seine Verletzungen hätten auch derart sein können, daß sie eine Notmaßnahme, einen gewagten Eingriff oder den sofortigen Transport ohne Rücksicht auf die Transportgefahr erforderten, um sein Leben zu erhalten. Dies zu erkennen, war der Angeklagte als erfahrener Arzt unter Umständen eher fähig als ein anderer, aber eben nur durch eine behelfsmäßige Untersuchung, die er unterlassen hat. Dem Landgericht ist hiernach zum Schuldspruch beizutreten.

Nr. 26. BGH Urteil vom 10. Januar 1955 3 StR 575/54 über die Arztpflicht bei Lebensgefahr des Patienten.

Gründe.

Der Angeklagte, der Arzt ist, war zunächst wegen Abtreibung in Tateinheit mit fahrlässiger Tötung zu sechs Monaten Gefängnis verurteilt worden. Dieses Urteil hat der Senat auf die Revision des Angeklagten hin wegen unzureichender Aufklärung aufgehoben. Auf Grund der neuen Verhandlung hat das Landgericht den Angeklagten nunmehr wegen fahrlässiger Tötung an Stelle von 80 Tagen Gefängnis zu einer Geldstrafe von 1600,— DM verurteilt. Hiergegen wendet sich seine Revision mit der Sachrüge. Auf den Antrag des Oberbundesanwalts hin hat der Senat das Verfahren gemäß §§ 1, 2 Abs. 2 Straffreiheitsgesetz 1954 auf Kosten der Staatskasse durch Beschluß eingestellt. Der Beschwerdeführer hat daraufhin gemäß § 17 Abs. 2 dieses Gesetzes die Fortsetzung des Verfahrens mit der Begründung beantragt, er mache seine Unschuld geltend. Die erneute Prüfung in der Hauptverhandlung führt wiederum zur Einstellung des Verfahrens, diesmal jedoch mit der Folge, daß den Beschwerdeführer die durch die Fortsetzung des Verfahrens entstandenen Kosten treffen (§ 17 Abs. 4 Straffreiheitsgesetz 1954).

Das Landgericht hat die Einlassung des Angeklagten für nicht widerlegt erachtet, daß nicht er, sondern seine Ehefrau am 28. April 1950 vormittags in seiner Wohnung in Würzburg in seiner Abwesenheit ohne sein Wissen und gegen seinen Willen bei Frau M. zu Abtreibungszwecken den instrumentalen Eingriff vorgenommen hat, bei dem die Gebärmutterwand durchstoßen und damit die Ursache für die Bauchfellentzündung gesetzt wurde, an deren Folgen Frau M. am 7. Mai 1950 in einer Marburger Klinik gestorben ist. Es nimmt jedoch an, der Angeklagte habe den Tod der Frau M. dadurch schuldhaft verursacht, daß er am 28. April 1950 nachmittags, als er von dem Eingriff erfuhr und auf Grund der nunmehr vorgenommenen Untersuchung eine Durchstoßung der Gebärmutter zur Bauchhöhle vermutete, Frau M. nicht über die bestehende Lebensgefahr aufgeklärt und dadurch zum sofortigen Aufsuchen einer Klinik veranlaßt habe. Hiergegen ist aus Rechtsgründen nichts einzuwenden.

Daß Frau M. am Leben geblieben wäre, wenn sie sich am 28. April 1950 nachmittags sofort nach der Untersuchung durch den Angeklagten in eine Klinik hätte einweisen lassen, hat das Landgericht festgestellt. Es hat weiter festgestellt, daß die ärztliche Sorgfaltspflicht es bereits beim Verdacht einer Durchstoßung der Gebärmutterwand gebietet, die Patientin sofort in eine Klinik einzuweisen und nicht abzuwarten, ob sich die Bauchhöhle infiziert, und daß dem Angeklagten dies auch bekannt war. Es sieht ferner als erwiesen an, daß der Angeklagte aus diesem Grunde Frau M. geraten, eine Klinik aufzusuchen, und sie auf die Möglichkeit, in eine Privatklinik zu gehen, aufmerksam gemacht hat. Jedoch ist es der Meinung, der Angeklagte sei, als Frau M. es ablehnte, in eine Klinik zu gehen, verpflichtet gewesen, sie auf den bei einer Verzögerung unmittelbar drohenden tödlichen Ausgang hinzuweisen. Wenn er dies getan hätte, hätte Frau M. seinen Rat befolgt und wäre gerettet worden.

Die Revision macht hiergegen zunächst geltend, ausweislich der Urteilsausführungen habe das Landgericht überhaupt nicht festgestellt, was der Angeklagte Frau M. im einzelnen gesagt und in welcher Form er ihr seinen Rat erteilt habe. Deshalb müsse davon ausgegangen werden, daß er einen mit völliger Aufklärung verbundenen, eindeutigen Rat erteilt habe, zumal Frau M. selbst in Marburg nach der Einlieferung in die Klinik vor der Operation dem dortigen Arzt Dr. N. auf Befragen berichtet habe, der Arzt, der den Eingriff vorgenommen, habe ihr gesagt, sie müsse

„unbedingt“ eine Klinik aufsuchen. Damit kann die Revision nicht durchdringen. Im Urteil ist ausgeführt, das Landgericht habe die Überzeugung gewonnen, „daß es dem Angeklagten möglich gewesen wäre, unter Hinweis auf die Größe der Gefahr eines tödlichen Ausganges Frau M. dazu zu veranlassen, eine Klinik aufzusuchen“, wie dies ja dem Arzt Dr. O. in Marburg am 30. April durch eindringliche Schilderung der schließlich erkannten Gefahr gelungen sei. Diese Ausführungen sowie der Zusammenhang der Urteilsgründe und der Umstand, daß das Landgericht die Pflichtverletzung des Angeklagten gerade darin erblickt, daß er nicht auf die Möglichkeit einer Durchstoßung der Gebärmutter und die damit verbundene unmittelbare Lebensgefahr eindringlich aufmerksam machte, schließen jeden Zweifel darüber aus, daß der Rat, den der Angeklagte der Frau M. gab, keine Aufklärung hierüber enthielt.

Kein Widerspruch liegt entgegen der Ansicht der Revision darin, daß im Urteil ausgeführt wird, es sei Dr. O. ohne Schwierigkeiten gelungen, Frau M. zu veranlassen, die Frauenklinik aufzusuchen, und andererseits festgestellt wird, daß sie dies bei der ersten Untersuchung am 29. April abends nach Ankunft in Marburg ablehnte. Dr. O. erkannte bei dieser Untersuchung noch nicht, daß die Gebärmutterwand durchstoßen war, sondern nahm an, daß eine durch einen verbotenen Eingriff ausgelöste Fehlgeburt bevorstehe. Er konnte deshalb an diesem Abend Frau M. über die bestehende Lebensgefahr nicht aufklären. Als er es am nächsten Vormittag tat, nachdem er die Perforation erkannt hatte, fügte sich Frau M. sofort.

Zutreffend geht das Landgericht davon aus, daß der Angeklagte mit der Untersuchung und daran anschließenden Behandlung die Verantwortung für die ärztliche Versorgung von Frau M. übernommen hat. Das räumt die Revision selbst ein. Sie meint jedoch, das Landgericht habe den Umfang der dem Beschwerdeführer obliegenden Sorgfaltspflicht verkannt. Dem kann nicht beigepflichtet werden.

Der Arzt, der bei der Untersuchung oder während der Behandlung zu der Erkenntnis kommt oder auch nur besorgt, daß für den Patienten Lebensgefahr besteht, der nur durch klinische Behandlung seitens eines Facharztes mit Erfolg entgegengetreten werden kann, ist verpflichtet, alles, was in seinen Kräften steht, zu unternehmen, um den Patienten dahin zu bringen, sich in eine Klinik einweisen zu lassen. Das gilt vor allem auch dann, wenn er nicht in der Lage ist, mit den ihm zur Verfügung stehenden Mitteln rechtzeitig festzustellen, ob die nach seiner eigenen Auffassung möglicherweise bestehende lebensgefährliche Verletzung oder Erkrankung tatsächlich besteht. Er darf bei Verletzungen oder Erkrankungen, bei denen die Lebensgefahr in demselben Maße steigt, in dem die fachärztliche klinische Versorgung sich verzögert, nicht zuwarten, bis er selbst — ohne Anwendung klinischer Untersuchungsmethoden — durch untrügliche Anzeichen die Gewißheit darüber erlangt, daß die Verletzung oder Erkrankung vorliegt. Vielmehr muß er gerade in solchen Fällen darauf drängen, daß die fachärztliche klinische Untersuchung ohne vermeidbare Verzögerung stattfinde. Zu diesem Zwecke hat er den Patienten über die bestehende Lebensgefahr und ihre Gründe in vollem Umfange wahrheitsgemäß aufzuklären. Es ist in der Rechtsprechung anerkannt, daß selbst bei schweren Erkrankungen wie Krebs der Heilbehandler grundsätzlich verpflichtet ist, den Kranken, der sich ihm anvertraut hat, wahrheitsgemäß über die Natur seines Leidens zu unterrichten, weil er nur dann sich sachgemäß darüber entscheiden kann, ob und welcher Heilbehandlung er sich zu unterziehen hat (RGSt. 66, 181 [182]). Diese Pflicht zur vollen Aufklärung besteht in erhöhtem Maße, wenn die Lebensgefahr akut ist und nur durch alsbaldigen operativen Eingriff beseitigt werden kann.

Im vorliegenden Falle hatte der Angeklagte, als er Frau M. am 28. April nachmittags untersuchte, Anzeichen festgestellt, die auf eine Durchstoßung der Gebärmutter hindeuteten. Er wußte, daß an Frau M. ein instrumentaler Abtreibungseingriff vorgenommen worden war. Es war ihm auch bekannt, daß bei einer Durchstoßung der Gebärmutterwand die Patientin sofort in eine Klinik eingewiesen werden mußte und daß die Lebensgefahr in dem Maße steigt, in dem die Einweisung sich verzögert. Unter diesen Umständen kam alles darauf an, unverzüglich Gewißheit zu erlangen, ob seine Vermutung zutreffe, damit die rettenden ärztlichen Maßnahmen eingeleitet werden konnten. Die hierfür erforderliche weitere Untersuchung konnte der Angeklagte in seiner Wohnung gar nicht durchführen. Das war nur in einer Klinik möglich. Dazu kommt, daß der Angeklagte keine Spezialkenntnisse als Frauenarzt hatte. Er durfte deshalb nicht zuwarten, wie sich der Zustand von Frau M. entwickeln werde. Vielmehr mußte er, als er bei Frau M. mit seinem Rat, eine Klinik aufzusuchen, auf Widerstand stieß, ihr offen seine Vermutung mitteilen und die akute Lebensgefahr, die mit der Durchstoßung der Gebärmutter verbunden ist, in ihrem vollen Ernst vor Augen führen.

Die Revision macht nun geltend, eine Aufklärungspflicht bestehe dort nicht, wo sich die bei einer bestimmten Behandlung in Betracht zu ziehenden Risiken von selbst ergeben. Frau M. habe sich freiwillig einem Eingriff durch einen Laien — nämlich die Ehefrau des Angeklagten — unterzogen. Schon in diesem Zeitpunkt sei sie sich des damit verbundenen Risikos bewußt gewesen. „Sie habe daher nicht erwarten können, daß der Beschwerdeführer mit ihrer Untersuchung und Behandlung vertrags- oder standesmäßig eine soweit gesteigerte Sorgfaltspflicht übernähme, daß er die Patientin über alle technischen Einzelheiten ihrer Behandlung und über alle möglichen Folgen der bisherigen Vorgänge unterrichtete." Diese Auffassung kann nicht gebilligt werden. Von der Erfüllung der Standespflichten und von der Beobachtung der ärztlichen Sorgfaltspflicht ist der Arzt bei der Ausübung seiner Berufstätigkeit niemals, auch nicht unter den von der Revision vorausgestezten Bedingungen befreit. Die Urteilsausführungen enthalten im übrigen keinerlei Anhaltspunkt dafür, daß Frau M. sich am Nachmittag des 28. April oder später ihrer bedrohlichen Lage bewußt gewesen ist oder sich gar die Möglichkeit einer Durchstoßung der Gebärmutterwand und einer Bauchfellentzündung als deren Folge vorgestellt hat.

Man darf der Revision allerdings zugute halten, daß Frau M. sich bewußt gewesen ist, daß mit dem von ihr gewünschten Eingriff, zumal durch einen Laien, Gefahren verbunden sind, insbesondere auch die Gefahr einer Infektion. Es darf aber ebensowenig verkannt werden, daß sie darauf vertraut hat, die Sache werde gut ausgehen. Denn andernfalls hätte sie den Eingriff nicht vornehmen lassen. Selbst wenn sie aber den tödlichen Ausgang in Kauf genommen hätte, würde dies den Angeklagten nicht von seiner Pflicht entbunden haben, seinerseits alles zu tun, um ihr Leben zu retten, nachdem bestimmte Anzeichen für eine akute Lebensgefahr hervorgetreten waren. Daß solche Anzeichen vorhanden waren, wußte Frau M. nicht. Es fehlte ihr auch für deren Erkenntnis und Beurteilung an dem nötigen Wissen und der nötigen Erfahrung. Der Angeklagte war deshalb verpflichtet, sie sofort darüber aufzuklären, daß die Gefahr eines tödlichen Ausgangs bestehe und daß ihm nur durch klinische Behandlung mit Aussicht auf Erfolg entgegengetreten werden könne.

Soweit die Revision darzulegen versucht, auch erhöhte Bemühungen des Angeklagten, Frau M. zum Aufsuchen einer Klinik zu veranlassen, würden „mit einer an Sicherheit grenzenden Wahrscheinlichkeit" nicht zum Erfolge geführt haben, setzt sie sich in Widerspruch zu den gegenteiligen Feststellungen des Tatrichters. Dafür, daß dieser hierbei die Eigenwilligkeit der Frau M. verkannt habe, bietet das Urteil keinerlei Anhaltspunkte. Es ist auch nicht rechtsfehlerhaft, daß das Landgericht für die Beantwortung der Frage, ob Frau M. auf wahrheitsgemäße Aufklärung hin in ein Krankenhaus gegangen wäre, auch die Ansichten der Sachverständigen eingeholt und verwertet hat. Denn Ärzte werden aus ihrer langjährigen Berufserfahrung Aussagen darüber machen können, wie Patienten sich in solchen

Lagen in der Regel verhalten. Das Landgericht hat seinen Schluß im übrigen nicht nur auf Grund der aus der allgemeinen Erfahrung gewonnenen Ansichten der Sachverständigen gezogen, sondern ebenfalls aus dem Verhalten der Frau M. selbst, als sie am 30. April von Dr. O. aufgeklärt wurde.

Keinen rechtlichen Bedenken begegnet ferner die tatrichterliche Annahme, der Angeklagte habe den tödlichen Ausgang voraussehen können. Er wußte, daß im Falle einer Durchstoßung der Gebärmutter akute Lebensgefahr besteht und daß diese Gefahr mit der Verzögerung der klinischen Behandlung wächst. Bei der ersten Untersuchung am 28. April hatte er Anzeichen für eine Durchstoßung der Gebärmutter bemerkt und deshalb selbst den Verdacht einer Durchstoßung geschöpft. Unter diesen Umständen kann kein Zweifel darüber bestehen, daß er bei Beobachtung der ärztlichen Sorgfalt hätte voraussehen können, daß es zu einem tödlichen Ausgang führen werde, wenn seine Vermutung zuträfe und Frau M. nicht sofort eine Klinik aufsuchte. Der Tod der Frau M. ist, wie das Urteil zutreffend bejaht, nicht durch außergewöhnliche Umstände verursacht worden, die der Angeklagte nicht voraussehen konnte, sondern er lag als Folge der Durchstoßung der Gebärmutter innerhalb der Grenzen der ärztlichen Erfahrung. Der Angeklagte kann sich deshalb auch nicht darauf berufen, er habe, nachdem bei der Untersuchung am 29. April mittags eine Spannung der Bauchdecke nicht festzustellen gewesen sei, geglaubt, daß die von ihm befürchtete Durchstoßung der Gebärmutter nicht eingetreten sei. Der Angeklagte durfte hierauf nach dem Befund des Vortages nicht deshalb vertrauen, weil ein weiteres Symptom bisher nicht zu erkennen war. Er mußte — und zwar schon am 28. April — Gewißheit durch eine klinische fachärztliche Untersuchung schaffen lassen.

Dem Zusammenhang des Urteils ist die Überzeugung des Tatrichters zu entnehmen, daß bei einer Einlieferung in die Klinik in Marburg am 29. April abends Frau M. höchstwahrscheinlich nicht mehr hätte gerettet werden können. Selbst wenn aber in diesem Zeitpunkt eine Rettung nicht möglich gewesen wäre, würde dies den Angeklagten nicht entlasten. Denn dadurch würde die Ursächlichkeit seines Unterlassens am 28. April nicht beseitigt.

Die Revision macht schließlich noch geltend, die Verurteilung des Beschwerdeführers verletze den Gleichheitsgrundsatz des Art. 3 Abs. 1 GrundG, weil in der ersten Hauptverhandlung am 2. Februar 1952 Dr. O. von der Anklage der fahrlässigen Tötung freigesprochen worden sei, obwohl die äußeren Umstände und sein Verhalten bei und nach der Untersuchung am Abend des 29. April 1950 gleicher Art gewesen seien wie die Umstände und das Verhalten des Angeklagten am Vortage. Damit kann sie schon deshalb nicht durchdringen, weil die von ihr behauptete Gleichartigkeit des Sachverhalts nicht besteht. Dr. O. hatte keine sichere Kenntnis davon, daß zu Abtreibungszwecken ein instrumentaler Eingriff seitens eines Laien gemacht worden war. Er vermutete, es stehe eine Fehlgeburt auf Grund eines verbotenen Eingriffes bevor. Er hatte aber keinen Verdacht auf Durchstoßung der Gebärmutter.

Nach allem begegnet die Verurteilung des Angeklagten wegen fahrlässiger Tötung keinen durchgreifenden rechtlichen Bedenken. Das Verfahren ist deshalb auf Grund des Straffreiheitsgesetzes 1954 einzustellen. Die Kosten der Fortsetzung des Verfahrens hat der Angeklagte nach § 17 Abs. 4 dieses Gesetzes zu tragen.

Nr. 27. RG Urteil vom 18. März 1941 — 1 D 752/40 — LG Darmstadt RGSt. 75, 160f.

Rechtssatz: *1. Zur Pflicht des Arztes, bei plötzlich auftretenden Schwierigkeiten im Verlaufe einer Entbindung Nothilfe zu leisten.*

2. Zum Tatbestande des § 330c StGB gehört Kenntnis der Pflicht zur Hilfeleistung.

3. Fahrlässige Verletzung der Pflicht zur Hilfeleistung kann die Verurteilung wegen fahrlässiger Körperverletzung begründen, auch wenn sie nur eine Steigerung oder Aufrechterhaltung von Schmerzen des Hilfsbedürftigen herbeiführt.

Gründe.

Frau E. sah am Abend des 3. Januar 1940 in ihrer „sehr beengten und primitiven" Wohnung in einem Orte, der auf der Höhe und von dem Orte B. 6 km entfernt liegt, ihrer Niederkunft entgegen. Um 1—2 Uhr des 4. Januar 1940 stellte die Hebamme fest, daß das erwartete Kind schief lag und daß ein Ärmchen vorgefallen war. Die Hebamme rief zunächst fernmündlich den Hausarzt der Familie E., den Dr. J. in B., an, konnte aber keine Verbindung erreichen, weil sie in dieser Nacht gestört war. Dann rief sie einen Facharzt in W. an, der erklärte, daß er kommen werde, wenn ihm die Frau E. „von den in erster Linie zuständigen Ärzten in B. zugewiesen werde". Darauf rief die Hebamme den Angeklagten an, der neben Dr. J. der weitere Arzt in B. ist. Die Hebamme teilte dem Angeklagten den Namen der Frau E. mit und verständigte ihn, daß ärztliche Hilfe erforderlich sei, da eine Schieflage mit Armvorfall eingetreten sei. Der Angeklagte stellte lediglich fest, um welche Persönlichkeit es sich bei der Frau E. handelte, und erklärte dann kurz, da gehe er nicht hin, weil er nicht der Hausarzt sei, so daß die Hebamme keine Gelegenheit mehr hatte, ihm zu sagen, daß der Hausarzt nicht erreichbar sei.

Da der Hebamme die Herbeiholung eines Arztes immer dringlicher erschien, ließ sie durch eine Nachbarin gegen 4 bis 4.30 Uhr nochmals den Facharzt in W. anrufen, der Bedenken hatte, das Erforderliche in der Wohnung der Frau E. vorzunehmen und ohne Zuweisung der Ärzte in B. in deren Bezirk zu kommen. Er veranlaßte aber, daß „das Sanitätsauto" abging, um Frau E. in das Krankenhaus in W. zu holen. Die Nachbarin rief daraufhin nochmals den Angeklagten an, teilte ihm mit, daß Dr. J. nicht zu erreichen sei und daß ein Krankenwagen bestellt sei. Der Angeklagte lehnte sein Erscheinen erneut ab. Etwa um 5³/₄ Uhr rief die Nachbarin wiederum bei dem Angeklagten an, der abermals ablehnte, mit dem Hinweise, daß nunmehr der Krankenwagen vor ihm an der Wohnung der Frau E. eintreffen werde.

Im Krankenhause gebar Frau E. unter dem Beistande des Facharztes ein lebendes Kind. Das Kind zeigte aber sofort nach der Geburt Erstickungserscheinungen und starb bald darauf. Vermutlich waren dem Kind Fruchtwasser oder sonstige fremde Bestandteile in die Atmungsorgane gedrungen.

Das LG stellt weiter fest, daß bei Schieflage und Armvorfall stets erhebliche Gefahr für das Leben von Mutter und Kind gegeben ist.

I. Gegen die Verurteilung des Angeklagten wegen Unterlassens der Hilfeleistung i. S. des § 330c StGB wendet die Revision zunächst ein, es habe kein Unglücksfall im Sinne dieser Bestimmung vorgelegen.

Zur Bedeutung des Wortes „Unglücksfall" im Rahmen des § 330c StGB hat der II. Strafsenat des RG in seinem Urteil vom 19. Dezember 1940 (RGSt. Bd. 75 S. 68) Stellung genommen. Die Entscheidung geht von der bisherigen allgemeinen Bestimmung des Begriffes „Unglücksfall" aus; sie faßt ihn dahin, daß es sich dabei um ein plötzlich eintretendes Ereignis handele, das erheblichen Schaden an Personen oder Sachen verursache und weiteren Schaden zu verursachen drohe. In der genannten Entscheidung wird ferner die Annahme abgelehnt, daß immer ein äußeres Ereignis den Unfall hervorgerufen haben müsse; es wird ausgesprochen, daß es auch Fälle im Rahmen einer Krankheit geben könne, die gemäß dem § 330c StGB als „Unglücksfall" anzusehen seien. Es werden dabei die Fälle hervorgehoben, in denen die Fortentwicklung einer Krankheit zu einem plötzlichen Ereignis geführt hat, das eine erhebliche Schädigung verursacht und weiteren Schaden zu verursachen droht. Der erkennende Senat tritt der Rechtsauffassung des II. Senats bei und ist weiter der Anschauung, daß dieselben Grundsätze auch gelten müssen, wenn die Fortentwicklung einer Schwangerschaft zu einem plötzlichen Ereignis mit Schadenfolge und Schadendrohung führt. Den Feststellungen des LG ist zu entnehmen, daß bei der Frau E. ein solches Ereignis eingetreten war. Die Schieflage des Kindes und vor allem der Vorfall eines Ärmchens waren ein plötzlich auftretendes Ereignis, das für das Leben der Frau E. und des von ihr erwarteten Kindes eine Gefahr von derselben Schwere und die Notwendigkeit der Abhilfe mit derselben Dringlichkeit hervorgerufen hatte, wie es ein von außen wirkendes Ereignis hätte tun können. Das Vorliegen eines „Unglücksfalles" ist daher zu bejahen. Gegen die Annahme bestehen keine rechtlichen Bedenken, daß der Angeklagte unter den äußeren Umständen, unter denen er um Hilfeleistung angegangen wurde, zur Hilfeleistung verpflichtet gewesen wäre; es kann sich nur darum handeln, ob der Angeklagte alle diese Umstände gekannt hat oder nicht.

II. In dieser Richtung bestehen durchgreifende Bedenken gegen die Annahme des LG. Der Angeklagte hat es zu verschiedenen Malen abgelehnt, der Frau E. zu Hilfe zu kommen. Das LG scheint dem Angeklagten nur den ersten Vorfall zur Last legen zu wollen, in dem er seine Hilfe mit der Begründung abgelehnt hat, er sei nicht der Hausarzt. Da er in diesem Falle das Gespräch plötzlich abgebrochen hat, hat er nicht mehr erfahren können, daß der Hausarzt Dr. J. nicht zu erreichen war. Es muß also nach den bisherigen Feststellungen des LG zugunsten des Angeklagten bei der Beurteilung dieses ersten Vorfalles davon ausgegangen werden, daß der Angeklagte angenommen hat, der zuständige Hausarzt stehe der Frau E. zur ärztlichen Hilfeleistung zur Verfügung, er brauche nur gerufen zu werden. Er hätte dann nicht gewußt, daß er allein es war, der der Frau E. am raschesten Hilfe bringen oder ihr wenigstens raschestens ärztliche Hilfe vermitteln konnte. Bei Prüfung der Frage, ob der Angeklagte verpflichtet war, der Frau E. Hilfe zu leisten, ist von dem Sachverhalt auszugehen, den der Angeklagte gekannt oder sich vorgestellt hat. Wäre die Sachlage so gewesen, daß der Hausarzt der Familie E., der ebenfalls in B. wohnte und dieselben Unbequemlichkeiten wie der Angeklagte zu überwinden hatte, um zu der Frau E. zu kommen, ihr zur Verfügung gestanden hätte und daß er nur hätte angerufen zu werden brauchen, so könnte nicht die Verpflichtung des Angeklagten anerkannt werden, in der Winternacht Frau E. aufzusuchen. Er hätte sie, ohne sich einer Pflichtverletzung schuldig zu machen, an ihren Hausarzt verweisen können. Die Feststellungen des LG lassen nicht erkennen, ob der Angeklagte eine derartige Vorstellung gehabt hat; sie würde ihn von einer Schuld i. S. des § 330c StGB befreien.

Das LG führt allerdings aus, daß er vorsätzlich jede Hilfeleistung verweigert habe und daß er es außerdem zumindest fahrlässig unterlassen habe, sich darüber zu unterrichten, ob der Frau E. von anderer Stelle Hilfe gebracht werden könne. Danach scheint das LG der Meinung zu sein, daß zwar zur Verweigerung der Hilfeleistung Vorsatz erforderlich sei, daß es aber, soweit die Kenntnis des Angeklagten von seiner Pflicht zur Hilfeleistung in Betracht kommt, genügen würde, wenn er die Kenntnis fahrlässig nicht erlangt hätte. Diese Auffassung trifft nicht zu. Der

Täter der Straftat des § 330c StGB muß sich seiner Pflicht, Hilfe zu leisten, bewußt sein. Die Straftat des § 330c StGB kann nur vorsätzlich begangen werden, der Vorsatz muß die Erkenntnis der Pflicht und das Bewußtsein, sie zu verletzen, mit umfassen. Es genügt allerdings zum inneren Tatbestand auch der sog. bedingte Vorsatz. Für die Erkenntnis der Pflicht zur Hilfeleistung würde es daher genügen, wenn der Angeklagte damit gerechnet hätte, daß der Hausarzt nicht zu erreichen sei, und daß er seine Hilfeleistung auch für diesen Fall verweigert hätte. Das LG wird den Sachverhalt in dieser Richtung auf Grund der neuen Hauptverhandlung nochmals zu prüfen haben. Hätte der Angeklagte — vielleicht von anderer Seite — gewußt, daß der Hausarzt in der fraglichen Nacht nicht zu erreichen war, oder hätte er in der bereits ausgeführten Weise mit bedingtem Vorsatze damit gerechnet, so wäre er im Sinne des § 330c StGB schuldig zu sprechen.

Nach den bisherigen Feststellungen des LG erhielt der Angeklagte allerdings bei dem zweiten Anrufe die bestimmte Kenntnis, daß Dr. J. nicht zu erreichen sei. Zu dieser Zeit erfuhr der Angeklagte aber auch, daß der Krankenwagen bereits bestellt oder unterwegs war. Wäre der Angeklagte unter diesen Umständen beim zweiten und dritten Anrufe der Auffassung gewesen, daß er erst nach dem Krankenwagen oder ungefähr gleichzeitig mit ihm bei der Frau E. eintreffen könne und daß er ihr dieserhalb weder Hilfe noch eine wesentliche Erleichterung verschaffen könne, so könnte nicht angenommen werden, daß der Angeklagte verpflichtet gewesen wäre, sich zu Frau E. auf den Weg zu machen.

III. Dadurch, daß der Angeklagte seine Hilfe in der geschilderten Weise ohne weitere Anhörung der die Hilfe fordernden Personen abgelehnt hat, hat er aber jedenfalls grob fahrlässig gehandelt. Könnte die Straftat des § 330c StGB in fahrlässiger Weise begangen werden, so müßte der Angeklagte wegen fahrlässiger Begehung bestraft werden, falls sein Vorsatz nicht festgestellt werden könnte. Es bleibt zu untersuchen, ob diese Fahrlässigkeit nicht in anderer Richtung Wirkungen geäußert hat.

Das LG hat es abgelehnt, den Angeklagten wegen fahrlässiger Tötung des Kindes zu bestrafen. Mit Recht hält es den Nachweis des ursächlichen Zusammenhanges zwischen dem Unterlassen des Angeklagten und dem Tode des Kindes nicht für erbracht. Das LG hat aber eine Untersuchung darüber unterlassen, ob der Angeklagte nicht gegenüber der Frau E. eine fahrlässige Körperverletzung begangen hat. Unter II ist bereits ausgeführt worden, der Angeklagte sei nach dem äußeren Tatbestand i. S. des § 330c StGB zur Hilfeleistung verpflichtet gewesen. Hat der Angeklagte die Erfüllung dieser Pflicht aus Fahrlässigkeit unterlassen — er hat fahrlässig verhindert, daß er den Umfang der Hilfsbedürftigkeit der Frau E. erfahren konnte —, so kann er sich der fahrlässigen Körperverletzung gegenüber der Frau E. schuldig gemacht haben. Das wäre dann möglich, wenn sich nachweisen ließe, daß das fahrlässige Verhalten des Angeklagten die körperlichen Schmerzen der Frau E. gesteigert hätte oder daß sie durch Eingreifen des Angeklagten früher hätten gemindert werden können. Hierzu wird sich das LG zunächst unter Zuziehung eines Sachverständigen Aufklärung darüber verschaffen müssen, was der Angeklagte nach den Regeln der ärztlichen Kunst hätte unternehmen müssen, wenn er auf den ersten Anruf zu der Frau E. gekommen wäre. In Betracht kommt vor allem, ob er das Kind in eine andere für die Frau E. minder schmerzhafte Lage hätte bringen können oder ob nach den Umständen des Falles die Verabreichung eines schmerzstillenden Mittels geboten gewesen wäre. Die Rechtsfrage, ob eine auf pflichtwidrige Unterlassung beruhende Steigerung oder Aufrechterhaltung der Schmerzen als solche schon eine Körperverletzung i. S. der §§ 223, 230 StGB sein kann, bedarf keiner weiteren Erörterung; der Senat hat das bereits in seinem Urteil vom 29. September 1936 I D 508/36 angenommen.

Nr. 28. Urteil der Strafkammer Hamburg vom 6. Dezember 1950 2 Kms 112/50 vom BGH bestätigt. Aus der Zeitschrift „Der Krankenhausarzt" 1952 S. 291.

Rechtssatz: *1. Ein Arzt, der eine Behandlung mit einem stark wirkenden Gift vornimmt und die Dosis aus einer Zeitschrift entnimmt, muß sich selbst durch Rückkontrolle von der Richtigkeit einer nur akustisch aufgenommenen Grundzahl vergewissern.*

2. Diese Verpflichtung ergibt sich besonders für einen selbständig und in eigener Verantwortung handelnden Stationsarzt, der eine direkte Anweisung seines Vorgesetzten nicht mechanisch übernehmen darf, sondern sich von der Richtigkeit überzeugen muß, auch wenn ihm keine Zweifel an der Richtigkeit kommen.

3. Die Voraussehbarkeit eines infolge Pflichtwidrigkeit eingetretenen Erfolges darf nicht völlig außerhalb der Erfahrung des täglichen Lebens liegen. Das Verhalten eines anderen, das außerhalb aller Lebenserfahrung liegt, braucht der Täter nicht in Rechnung zu stellen. Es liegt aber nicht außerhalb der Lebenserfahrung, daß ein Oberarzt sich bei Anweisungen verspricht oder in Eile sich um eine Dezimalstelle verrechnet, oder ein Apotheker eine Rückfrage bei einem ungewöhnlichen Rezept einer ihm bekannten, sonst zuverlässigen Ärztin, unterläßt.

Aus den Gründen:

In einem Kinderkrankenhaus sollten an zwei Kindern zur Bekämpfung einer Mikrosporie kombiniert eine Röntgenepilation und eine Thalliumepilation durchgeführt werden. Die bei letzterer einzugebende Dosis richtet sich nach der Grundmenge von 8 mg Thallium. Bei Thallium handelt es sich um ein außerordentlich starkes Gift, bei dem eine besonders sorgfältige Behandlung notwendig ist, die unter anderem in einem Aufsatz von *Langer* und *Anders* in „Zeitschrift für Haut- und Geschlechtskrankheiten und deren Grenzgebiete" 1948, S. 20 ff. ausführlich dargestellt ist. Die angeklagte Stationsärztin, bestens beurteilt, hatte solche Behandlungen an Hand des Artikels schon durchgeführt. Bei einer Besprechung zwischen Chefarzt, Oberarzt und Stationsärztin, bei der diese Behandlung beschlossen wurde, wurde die Grundzahl nicht erwähnt, da keiner der Beteiligten sie im Kopf hatte. Diese Menge und sonstige Zweifelsfragen sollte die Stationsärztin mit dem Oberarzt klären, der den erwähnten Artikel auf seinem Zimmer hatte. Im Zimmer des Oberarztes setzte dieser sich an den Schreibtisch und überflog den Artikel mit dem Zeigefinger die Zeilen nachfahrend bis zur Zahl der Grunddosis. In der Zeitschrift S. 21 oben steht 8 mg. Der Oberarzt nannte eine Zahl, die nicht mehr festgestellt werden kann. Die Angeklagte, die neben ihm stand und die kleine Schrift nicht lesen konnte, verstand eine Dezimalzahl, in der die Zahl 8 vorkam und schrieb sie auf einen Zettel. Der Oberarzt fragte noch, weil er es sehr eilig hatte, ob alles klar sei, was die Angeklagte, der der Artikel sonst geläufig war und die keinen Zweifel daran hatte, die Zahl richtig verstanden zu haben, bestätigte. Keiner der Beteiligten hatte sich die Zahl wiederholen lassen oder den Artikel ausgehändigt bzw. angefordert. Die Angeklagte errechnete in eingehender mehrfacher Berechnung an Hand des Körpergewichts der Kinder die 10fache Dosis. Diese wurde vom Apotheker des Krankenhauses ohne jede Beanstandung ausgefolgt. Die Kinder starben trotz aufopferungsvoller Pflege durch die Angeklagte.

Das Gericht hat, da der Hergang der Zahlenübermittlung nicht mehr festzustellen war, den der Angeklagten günstigsten Sachverhalt unterstellt, daß sie sich nicht verschrieben, sondern die vom Oberarzt falsch gesagte Dezimalzahl aufgeschrieben und von da an richtig gerechnet hat. Das Gericht hat ferner zugunsten der Angeklagten ein Versagen des Apothekers unterstellt, der das Rezept hätte beanstanden müssen, da ihm die Dosis unbedingt als Einzeldosis und für die Einzelperson überhöht erkennbar hätte sein müssen. Die Strafkammer erblickt aber die Fahrlässigkeit der Angeklagten darin, daß sie bei einer Behandlung mit einem so starken Gift nicht alles getan habe, um eine mögliche Fehlerquelle bei der Dosierung auszuschließen. Die Angeklagte habe sich nicht durch Rückkontrolle von der Richtigkeit der nur akustisch aufgenommenen Grundzahl überzeugt. „Hierzu wäre sie durch Abforderung des Heftes von Dr. E. oder durch Einsichtnahme in dasselbe in der Krankenhausbücherei imstande gewesen. Daß sie dazu auf Grund ihrer persönlichen Fähigkeiten und Kenntnisse in der Lage war, steht außer Zweifel. Ihre Verpflichtung hierzu ergibt sich erst recht aus ihrer Stellung als Stationsärztin, in der sie selbständig und in eigener Verantwortung handelt. Aus dieser selbständigen Verantwortung heraus durfte sie eine direkte Anweisung ihres Vorgesetzten nicht mechanisch übernehmen, sondern mußte sich von der Richtigkeit überzeugen, wenn ihr auch keine Zweifel an der richtigen Übermittlung gekommen waren. Daß eine solche Rückkontrolle geboten war und von dem verantwortlichen Arzt hätte vorgenommen werden müssen, zeigt das gegebene Vorkommnis mit aller Deutlichkeit. Der eingetretene Erfolg war bei pflichtgemäßer Sorgfalt voraussehbar. Diese Voraussehbarkeit erfordert, daß der infolge Pflichtwidrigkeit eingetretene Erfolg nicht völlig außerhalb der Lebenserfahrung des täglichen Lebens lag. Das Verhalten eines andern, das außerhalb aller Lebenserfahrung liegt, braucht der Täter nicht in Rechnung zu stellen. Hier ist von der Möglichkeit auszugehen, daß der Vorgesetzte der Angeklagten die Zahl falsch vorgelesen oder angegeben haben kann. Ferner hat die den Ärzten bewußte und von ihnen bei jeglichen Giftrezepten bei der laufenden Arbeit in Rechnung gestellte Rezeptkontrolle des Apothekers versagt. Überdies ist bei der Aufsichtskontrolle durch Oberarzt und Chefarzt die in der Fieberkurve eingetragene falsche Dosis nicht beanstandet worden, obwohl diese die Dosis bemerkt haben müssen. Wenn nur einer der hier Beteiligten sich so verhalten hätte, wie es normalerweise zu erwarten war, so wäre der Erfolg mit einer an Sicherheit grenzenden Wahrscheinlichkeit nicht eingetreten. Es liegt aber nicht außerhalb jeder Lebenserfahrung, daß ein Oberarzt sich bei Anweisungen verspricht oder besonders, wenn er, wie hier, in Eile ist und den in Betracht kommenden Artikel, was die Angeklagte auch erkannt hat, nur flüchtig liest, sich um eine Dezimalstelle verrechnet, daß ein Apotheker in einem Krankenhausbetrieb von einer Rückfrage absieht, wenn er von einer ihm als zuverlässig bekannten Ärztin ein Rezept erhält, das ihm zwar ungewöhnlich erscheinen muß, aber nicht gegen seine amtlichen Höchstgrenzen verstößt und schließlich, daß bei Aufsichtsvisiten eine Mengenabgabe nicht nachgeprüft wird, wenn es nicht augenfällig ist, daß es sich um eine Überdosis handelt. Es war auch zu prüfen, ob es nicht außerhalb der Lebenserfahrung liegt, daß sämtliche Kontrollen in einem Falle gleichzeitig versagen. Die Wahrscheinlichkeit eines solchen Zusammentreffens unglücklicher Umstände ist zwar erheblich geringer als bei einem einzelnen Auftreten. Wenn aber überhaupt mit solchen Ausfällen gerechnet werden mußte, so kann auch ein unglückliches Zusammentreffen die Voraussehbarkeit nicht ausschließen, denn die Erfahrung lehrt immer wieder, daß die Unglücke bei derartigen Zusammentreffen passieren. Wenn der Arzt auf Grund eigener Verantwortung sich auf die einzelnen Kontrollmöglichkeiten nicht verlassen darf, so darf er dies auch nicht auf diese insgesamt. Diese Kontrollen dienen nicht dem Schutz des Arztes und der Begrenzung seiner Verantwortlichkeit, sondern dem Schutz des Patienten. — Da die Angeklagte den Artikel auch ohne große Mühe zur Kontrolle hätte heranziehen können, war ihr eine solche Kontrolle auch zuzumuten.

Nr. 29. RG Urteil vom 12. Februar 1940 g. W. 3 D 939/39 RGSt 74, 60.

Rechtssatz: *Ist bei einer bestimmten Krankheit ein Mittel als im Verhältnis zu allen anderen besonders wirksam anerkannt, so sind Ärzte und Heilbehandler grundsätzlich verpflichtet, es anzuwenden; auch der Anhänger eines anderen Heilverfahrens darf in solchen Fällen nicht die besseren Erfolge der von der eigenen abweichenden Richtung außer acht lassen.*

Das LG hat den Angeklagten wegen fahrlässiger Tötung der Frau H. verurteilt. Es hat das strafbare Verhalten des Angeklagten darin gesehen, daß er gegenüber der — von ihm richtig erkannten — „perniciösen Anaemie" weder selbst die „Lebertherapie" angewendet noch die Kranke rechtzeitig an einen Arzt verwiesen hat. Es hat festgestellt, der Tod der Frau H. wäre nicht eingetreten, wenn sie die Behandlung mit Leberzubereitungen fortgesetzt oder doch spätestens Anfang März 1938 wieder aufgenommen hätte, die der früher behandelnde Arzt eingeleitet hatte. Hiergegen wendet sich die Revision des Angeklagten. Das RG hat sie als unbegründet verworfen u. a. aus folgenden

Gründen:

Bei der Feststellung des Verschuldens des Angeklagten geht das LG davon aus, der Angeklagte habe einerseits gewußt, daß eine Heilung der Krankheit mit den von ihm verordneten Mitteln nicht möglich sei; andererseits sei ihm bekannt gewesen, daß in der ärztlichen Wissenschaft die Behandlung mit Leberzubereitungen als wirksames und erfolgversprechendes Mittel gelte. Für die Frage, inwieweit ein Heilbehandler verpflichtet ist, ein ihm als das wirksamste bekannte Heilmittel anzuwenden, gelten die Grundsätze, die das RG in den Entscheidungen RGSt. Bd. 64, S. 263, und Bd. 67, S. 12, aufgestellt hat. Wie in dem Urteil des RG vom 19. März 1937 1 D 19/37 = JW 1937, S. 3087, Nr. 14 ausgeführt ist, ist es rechtlich denkbar und tatsächlich möglich, daß bei einer bestimmten Krankheit ein bestimmtes Mittel besonders wirksam ist und infolgedessen im Verhältnisse zu allen anderen Heilmitteln einen solchen Vorrang hat, daß die anderen neben ihm erkennbar weit zurücktreten. In einem solchen Falle sind Ärzte und Heilbehandler grundsätzlich verpflichtet, es anzuwenden. Unter diesem rechtlichen Gesichtspunkte hat das LG den Sachverhalt geprüft. Es ist zu dem Ergebnisse gekommen, die Heilkunde bejahe einhellig die alleinige Wirksamkeit der Leberzubereitungen. Es räumt dem Angeklagten zwar ein, daß er möglicherweise eine Veröffentlichung in der Nr. 26 der Deutschen medizinischen Wochenschrift des Jahres 1932 mißverstanden habe, stellt aber fest, daß er aus späteren Veröffentlichungen erkannt habe, „daß absolute Versager der Lebertherapie nicht beobachtet" worden seien. Der Sinn dieser Ausführungen ist ersichtlich der, daß in den Fällen, in denen keine Heilung erzielt worden sei, wenigstens eine Besserung der Krankheit eingetreten sei. Unter „Heilung" ist dabei nach dem gesamten Inhalt der Urteilsgründe eine so weitgehende Besserung des Zustandes zu verstehen, daß man „praktisch" den erzielten Erfolg „nahezu als Heilung" bezeichnen kann. Aus den Ausführungen des angefochtenen Urteils ergibt sich demnach die auf die Bekundungen der ärztlichen Sachverständigen gestützte Überzeugung des LG, daß es sich bei der „Lebertherapie" um eine Heilart von überragender Bedeutung in dem oben erörterten Sinn handele, und die Feststellung, daß der Angeklagte diese Wertung des Verfahrens durch die ärztliche Wissenschaft auch gekannt habe. Bei dieser Sachlage bestehen keine Bedenken gegen die Annahme, der Angeklagte habe fahrlässig gehandelt, als er nicht wenigstens von dem Zeitpunkt an die „Lebertherapie" anwendete oder die Kranke an den Arzt verwies, in dem er klar erkannt hatte, daß sie mit den in den Schriften des Heilpraktikerverbandes empfohlenen Mitteln nicht mehr zu retten war. Das war nach der Feststellung des

LG spätestens am 6. Januar 1938 der Fall. In einem solchen Falle darf auch der Anhänger eines anderen Heilverfahrens nicht die besseren Erfolge der anderen Richtung außer acht lassen.

Nr. 30. Urteil des RG vom 15. April 1943 — 3 D 14/43 RGSt. 77, 17ff.

Rechtssatz: *Das nicht ärztlich begründete Verschreiben von Arzneien, die Betäubungsmittel enthalten, kann zugleich den Tatbestand der Körperverletzung erfüllen. Doch führt in einem solchen Falle die Feststellung eines vorsätzlichen Vergehens gegen das OpGesetz nicht ohne weiteres auch zur Annahme einer vorsätzlichen Körperverletzung oder Gesundheitsschädigung. Trifft das vorsätzliche Vergehen gegen das OpGesetz mit einer leichten vorsätzlichen oder einer fahrlässigen Körperverletzung rechtlich zusammen, so setzt eine Verurteilung wegen Körperverletzung voraus, daß der Verletzte Strafantrag gestellt hat oder daß die Strafverfolgungsbehörde wegen des besonderen öffentlichen Interesses an der Strafverfolgung von Amts wegen auch unter dem Gesichtspunkt der Körperverletzung eingeschritten ist.*

Der Angeklagte, ein Arzt, hat einer Betäubungsmittelsüchtigen fortlaufend, so oft sie ihn darum anging, Opiate verschrieben, obwohl er ihre Süchtigkeit erkannt hatte. Das LG hat ihn wegen vorsätzlichen Vergehens gegen das OpG in Tateinheit mit fahrlässiger Körperverletzung verurteilt. Die Revision des Angeklagten hat zur Aufhebung des Urteils geführt.

Aus den Gründen.

Der Schuldspruch wegen fahrlässiger Körperverletzung unterliegt rechtlichen Bedenken.

Nicht zu beanstanden ist die Feststellung, daß das fortgesetzte unzulässige Verschreiben von Opiaten erheblichen Schaden für die Gesundheit der Frau H. verursacht hat. Sie ist infolge des Gebrauches der Opiate „derart heruntergekommen und voller Abszesse" gewesen, daß sie „ein wahres Bild des Jammers" bot. Diese Wirkung wäre ohne die unstatthaften Verschreibungen des Angeklagten nicht eingetreten; sie haben der Süchtigen den Bezug der Opiate erst ermöglicht und sind deshalb eine Bedingung, die nicht hinweggedacht werden kann, ohne daß die Wirkung entfiele. Das Verhalten des Angeklagten zeigt mithin auch die *äußeren* Merkmale der Körperverletzung. Der ursächliche Zusammenhang ist nicht etwa deshalb zu bezweifeln, weil sich Frau H. die Opiate selbst beigebracht hat. Denn auch vorsätzliches Handeln des Verletzten schließt den Ursachenzusammenhang nur dann aus, wenn es bewirkt, daß der Erfolg überhaupt nicht auf das Verhalten des Täters zurückzuführen ist (RGUrteil vom 31. August 1940 3 D 374/40 = DR 1940, S. 2061, Nr. 9). Davon kann hier keine Rede sein.

Dagegen sind die Ausführungen des LG zum *inneren* Tatbestande der Körperverletzung von Rechtsirrtum beeinflußt.

Das LG sieht Fahrlässigkeit als gegeben an. Dieser Annahme steht zwar nicht die Feststellung entgegen, der Angeklagte habe vorsätzlich gegen die Verschreibungsverordnung verstoßen. Eine Gesundheitsschädigung, die darauf beruht, daß der Arzt vorsätzlich nicht ärztlich begründete Opiatverschreibungen erteilt, ist ihm nicht ohne weiteres als *vorsätzliche* Körperverletzung zuzurechnen. Hat er das Opiat zu Heil- und Linderungszwecken verschrieben, so kann das den Vorsatz der Gesundheitsschädigung vielmehr auch dann ausschließen, wenn er sich bewußt ist, von den anerkannten Regeln der ärztlichen Wissenschaft abweichen, also eine nicht ärztlich begründete Verschreibung auszustellen. Je nach den Umständen kann eine Körperverletzung, die als Folge eines vorsätzlichen Zuwiderhandelns gegen die Bestimmungen der Verschreibungsverordnung eintritt, vorsätzlich oder fahrlässig verursacht sein.

Doch hat das LG hier das Vorhandensein von Fahrlässigkeit nicht einwandfrei begründet. Nach seiner Feststellung hat der Angeklagte der Frau H. pflichtwidrig „Morphium" verschrieben, „obwohl er wußte und damit rechnen mußte, daß sie damit Mißbrauch trieb und gesundheitlich Schäden davontrug". Darin liegt ein Widerspruch. Wußte der Angeklagte, daß als Folge seiner Opiatverschreibungen ein Gesundheitsschaden bei Frau H. eintreten werde, so ist nach den Umständen des Falles der Schluß unvermeidbar, er habe diese Schädigung in seinen Willen aufgenommen, sie also vorsätzlich verursacht. Mußte er (bei pflichtgemäßer Überlegung) mit der bezeichneten Folge rechnen, hat er also nicht mit ihr gerechnet, so ist Fahrlässigkeit in Betracht zu ziehen. Welcher dieser Fälle hier vorliegt, ist noch zu klären. Die Dauer und der Umfang der unzulässigen Opiatverschreibungen, die das LG festgestellt hat, können den Schluß rechtfertigen, der Angeklagte als Arzt habe die Gesundheitsschädlichkeit des durch seine Verschreibungen ermöglichten Opiatmißbrauches der Frau H. erkannt. Dann bedarf aber die Annahme, er habe die gesundheitlichen Nachteile nicht gewollt, also nicht vorsätzlich gehandelt, näherer Begründung. Nach dem, was im vorhergehenden Absatz ausgeführt worden ist, kann für die Frage der Schuldform von Belang sein, ob der Angeklagte die Verschreibungen zu Heil- oder Linderungszwecken oder etwa aus anderen Gründen, z. B. aus Eigennutz, Nachgiebigkeit, Gleichgültigkeit oder Bequemlichkeit (etwa um die Süchtige loszuwerden) erteilt hat. Auch das ist zu klären. Erörterungsbedürftig ist ferner, ob Frau H., die den Angeklagten ursprünglich wegen Gallenbeschwerden aufgesucht hatte, ihn in der Folgezeit auch weiterhin noch aus diesem Grund oder lediglich wegen ihrer Spritzabszesse und ihres suchtbedingten Opiatbedürfnisses in Anspruch genommen hat.

Für die neue Hauptverhandlung wird noch bemerkt:

Es ist rechtlich möglich, das unzulässige Verschreiben als ein vorsätzliches Vergehen gegen den § 10 Abs. 1 Nr. 6 OpG und zugleich als eine Körperverletzung anzusehen. Nicht jedes Verschreiben von Opiaten, das nicht ärztlich begründet ist, ist eine Körperverletzung; beide Tatbestände können mithin rechtlich zusammentreffen. Das gilt jedenfalls im Verhältnisse des § 10 Abs. 1 OpG, zu einer fahrlässigen oder einer leichten vorsätzlichen Körperverletzung (§§ 230, 233 StGB), beim Vorliegen mildernder Umstände (§ 228 StGB) auch im Verhältnis zu dem Tatbestand des § 223a. In solchen Fällen der Körperverletzung schließt die nur bedingte (hilfsweise) Geltung des § 10 Abs. 1 OpG nicht die gleichzeitige Verurteilung nach dieser Vorschrift aus, da ihre Strafandrohung die schwerere ist.

Ob dann, wenn das unzulässige Verschreiben von Opiaten zugleich den Tatbestand der fahrlässigen (oder der leichten vorsätzlichen) Körperverletzung erfüllt, die Verurteilung auch wegen dieser Gesetzesverletzung auszusprechen ist, hängt davon ab, ob der Verletzte Strafantrag gestellt hat oder ob die Strafverfolgungsbehörde wegen des besonderen öffentlichen Interesses an der Strafverfolgung von Amts wegen unter dem Gesichtspunkte der Körperverletzung eingeschritten ist (§ 232 StGB). Im gegebenen Falle hat der Staatsanwalt die Anklage nachträglich auf Körperverletzung ausgedehnt. Die Gründe hierfür hat das Gericht nicht nachzuprüfen (RGUrt. vom 5. November 1942 3 D 479/52 = DR 1943 S. 139 Nr. 7) — übrigens sind auf sie hier keine Schlüsse daraus zu ziehen, daß das Landgericht rechtsirrig den § 230 StGB nicht in der Fassung der VO vom 2. April 1940 (RGBl. I S. 606) angewandt hat.

Sollte nach dem Ergebnis der neuen Hauptverhandlung vorsätzliche Körperverletzung in Frage kommen, so ist der Einwand des Verteidigers zu prüfen, die

Körperverletzung sei nicht rechtswidrig, weil Frau H. in sie eingewilligt habe (§ 226a StGB).

Daß eine solche Einwilligung erteilt worden sei, ist bisher nicht festgestellt und wäre jedenfalls nicht damit zu begründen, daß das Verschreiben der Opiate dem Wunsche der Süchtigen entsprochen habe. Denn sie hat sich über die Folgen, die der Opiatgenuß für ihre Gesundheit haben konnte, möglicherweise überhaupt keine oder doch keine zutreffenden Vorstellungen gemacht. Es könnte auch fraglich sein, ob sie nach ihrer geistigen Verfassung überhaupt in rechtlich beachtlicher Weise hätte einwilligen können. Im übrigen schließt die Einwilligung des Verletzten die Rechtswidrigkeit der Körperverletzung dann nicht aus, wenn die Tat trotz der Einwilligung gegen die guten Sitten verstößt. Das trifft bei Gesundheitsschäden, die durch das Verschreiben von Betäubungsmitteln verursacht werden, jedenfalls dann zu, wenn die Anwendung der Betäubungsmittel nach den anerkannten Regeln der ärztlichen Wissenschaft nicht begründet ist und auch der verordnende Arzt selbst sie nicht aus medizinischen Gründen für notwendig hält (vgl. RGSt. Bd. 74 S. 91, 94, 95). Davon abgesehen kann nicht zweifelhaft sein, daß es der öffentlichen Aufgabe des Arztes (§ 1 Reichsärzteordnung vom 13. Dezember 1935 RGBl. I S. 1433) widerspricht und gegen die guten Sitten verstößt, der Betäubungsmittelsucht eines Menschen durch Verschreiben von Opiaten Vorschub zu leisten.

Nr. 31. BGH Urteil vom 18. Dezember 1954 — II ZR 76/54 — BGHZ 16, 72 f.

Rechtssatz: *Ein Praxistauschvertrag unter Ärzten ist regelmäßig dahin auszulegen, daß ein Vertragsteil innerhalb angemessener Frist nicht berechtigt ist, im Orte seiner früheren ärztlichen Praxis seine ärztliche Tätigkeit wieder aufzunehmen.*

Aus den Gründen.

Nach der neueren Respr. des RG ist die Möglichkeit eines Praxisverkaufs bejaht worden (vgl. RGZ 153, 294 gegenüber RGZ 144, 1). Die grundsätzliche Anerkennung eines Praxistausches ist auch durch die Gesetzgebung anerkannt worden (vgl. § 22 Abs. 2 der ZulassungsO für Ärzte vom 26. November 1953 — GVBl. Bad.-Württ. S. 197). Es kommt daher entscheidend auf die Frage an, ob der als rechtswirksam unterstellte Praxistauschvertrag für die Tauschpartner ein Verbot enthält, in ihren alten Praxisbereich zwecks Wiederaufnahme ärztlicher Tätigkeit zurückzukehren. Das BerGer. hat hierzu keine ausdrückliche Willensübereinstimmung der Parteien feststellen können. Ihm lag es daher ob, das Vorhandensein einer dahingehenden vertraglichen Bindung gegebenenfalls durch Auslegung des Tauschvertrages zu ermitteln. Es ist hierbei zu dem Ergebnis gelangt, daß ein auf ein Rückkehrverbot gerichteter Parteiwille sich auch aus Sinn und Zweck der Tauschvereinbarung nicht ergebe.

Die Rev. rügt mit Recht, daß das BerGer. bei dieser Auslegung des Praxistauschvertrages nicht alle Grundsätze beachtet hat, die für die Auslegung von Verträgen im Anschluß an § 157 BGB von der Rspr. aufgestellt worden sind.

Nach § 157 BGB sind Verträge so auszulegen, wie Treu und Glauben es mit Rücksicht auf die Verkehrssitte erfordern. Die Auslegung hat hiernach zwar unter Berücksichtigung des Vertragszwecks, der Grundsätze von Treu und Glauben und der Verkehrssitte von den erkennbaren Vorstellungen der Parteien bei Vertragsschluß auszugehen. Dem Richter wird durch § 157 BGB jedoch die Aufgabe gestellt, den gesamten Vertragsinhalt nach objektivem Maßstab zu ermitteln. Dieser Aufgabe kann er nur genügen, wenn er den Vertragsinhalt auch in solchen Punkten feststellt, zu denen eine Vereinbarung der Parteien nicht vorliegt, gleichviel, ob sie bewußt auf eine ins einzelne gehende Regelung verzichtet haben, ob die Lücke in den Vereinbarungen von Anfang an bestanden hat oder ob sie sich erst nachträglich als Folge des weiteren Verlaufs der Dinge ergeben hat (RGZ 164, 202). Es ist daher im Wege der ergänzenden Vertragsauslegung gegebenenfalls auch dasjenige zu ermitteln und zu berücksichtigen, was die Parteien zwar nicht erklärt haben, was sie aber in Anbetracht des gesamten Vertragszwecks erklärt haben würden, wenn sie den offengebliebenen Punkt in ihren Vereinbarungen ebenfalls geregelt hätten und hierbei zugleich die Gebote von Treu und Glauben und der Verkehrssitte beachtet hätten. Voraussetzung ist hierbei, daß es sich um eine ausfüllungsbedürftige, d. h. für die Sicherung des Vertragszwecks wesentliche Lücke innerhalb des tatsächlich gegebenen Rahmens des Vertrages handelt (vgl. Urteil des erk. Sen. vom 22. April 1953 — II ZR 143/52 = BGHZ 9, 273 [277/278] = NJW 53, 937).

Die Voraussetzungen für eine ergänzende Vertragsauslegung sind im vorliegenden Fall gegeben. Die Parteien haben nach den Feststellungen des BerGer. bei den Vereinbarungen über den Praxistausch die Möglichkeit der baldigen Rückkehr eines Tauschpartners in seinen bisherigen Praxisbereich nicht ins Auge gefaßt und für diesen Fall auch keine besondere Regelung vorgesehen. Der Sachverhalt erweist sich aber als regelungsbedürftig. Selbst wenn man der Auffassung des BerGer. folgt, daß der eigentliche Zweck des Tauschvertrages sich in der Einräumung der Möglichkeit erschöpfe, die Praxis des Tauschpartners durch Übernahme der Beziehungen zu dem alten Patientenkreis weiterzuführen, kann es keinem ernstlichen Zweifel unterliegen, daß eine solche Möglichkeit durch Rückkehr des ehemaligen Praxisinhabers auch dann erheblich beeinträchtigt würde, wenn er seine Zulassung zur Kassenpraxis nicht oder nicht sofort wiedererlangen könnte. Es kann dahingestellt bleiben, ob, wie der Kl. vorgetragen hat, eine ärztliche Praxis regelmäßig nur dann lebensfähig ist, wenn Einkünfte aus Kassenpraxis mit Einkünften aus Privatpraxis zusammentreffen. Die Parteien haben unstreitig auch Privatpraxis ausgeübt und dementsprechend die Absicht gehabt, eine solche auch weiterhin zu betreiben. Mit der Schmälerung des Einkommens aus der Privatpraxis ist aber ohne weiteres zu rechnen, wenn die Patienten des Praxisbereiches die Gelegenheit wiedererlangen, sich zu dem früheren Praxisinhaber, zu dem sie unter Umständen in einem langjährigen Vertrauensverhältnis stehen, in Behandlung zu begeben. Durch die nur kurze Zeit nach Vollzug des Tauschvertrages erfolgende Rückkehr eines Tauschpartners in seinen ehemaligen Praxisbereich würde somit der ganze Vertragszweck weitgehend gefährdet.

Das BerGer. hätte unter diesen Umständen nicht allein das Fehlen einer Vereinbarung der Parteien zur Frage der Rückkehr eines Tauschpartners in den alten Praxisbereich zum Ausgangspunkt seiner Auslegung wählen dürfen. Es hätte vielmehr weiter prüfen müssen, ob und gegebenenfalls in welchem Umfange die Parteien ein Rückkehrverbot bereits in den Praxisaustauschvertrag aufgenommen haben würden, wenn sie damals schon die Möglichkeit einer solchen Rückkehr bedacht hätten. Die insoweit bestehende Vertragslücke befindet sich innerhalb des tatsächlich gegebenen Rahmens der getroffenen Regelung. Es handelt sich nicht um die Schaffung einer über den wesentlichen Inhalt des Tauschvertrages hinausgehenden zusätzlichen Bindung, sondern lediglich um die Konkretisierung einer mit dem Zweck des Tauschvertrages in engem Zusammenhang stehenden Nebenverpflichtung. Die Ausfüllung dieser Lücke würde daher nicht zu einer unzulässigen Erweiterung des Vertragsinhalts führen.

Eine ergänzende Vertragsauslegung, die zu dem Ergebnis käme, daß der Praxistauschvertrag ein in seinem Umfang noch näher zu bestimmendes Rückkehrverbot enthält, würde sich auch nicht, wie der Rev. entgegnet wird, von vornherein zu Grundprinzipien des geltenden Rechts in Widerspruch setzen. Das RG hat sich allerdings in einer Reihe von Entsch. zu dem Standpunkt bekannt, daß es der sittlichen Würde und der öffentlich-rechtlichen Bedeutung des Arztberufes und dem Interesse der Allgemeinheit an einer guten Gesundheitspflege widerstrebe, die freie Ausübung dieses Berufes durch irgendwie geartete Wettbewerbsverbote zu beschränken. Das eigentümliche und entscheidende Gepräge des Arztberufs liege darin, daß er fundamentale, allgemein-öffentliche Zwecke im Bereich der Gesundheitspflege auf Grund wissenschaftlicher Vorbildung und besonderer Verantwortung zu erfüllen habe. Den Vertretern dieses wissenschaftlichen, staatlich geordneten, den wichtigsten Gemeininteressen dienenden Berufs zieme es nach allgemeiner Anschauung nicht, der Berufsausübung irgendeine Beschränkung, möge sie örtlich, zeitlich oder gegenständlich sein, aufzuerlegen oder auferlegen zu lassen. Der Arztberuf müsse vielmehr im öffentlichen Interesse frei sein. Es verletze das öffentliche Interesse unmittelbar, wenn für die Ausübung des Arztberufes private Monopole irgendwelcher Art geschaffen und die der Allgemeinheit gewidmeten Berufsfunktionen in privatem Interesse und zu privatem Nutzen gehemmt und gebunden würden. Das RG hat mit dieser Begründung Wettbewerbsverbote unter Ärzten grundsätzlich als sittenwidrig bezeichnet (vgl. RGZ 66, 143; 68, 186; 90, 36; RG WarnRspr. 1913 Nr. 217; RG, JW 38, 806). Dieser Standpunkt des RG kann jedoch heute nicht mehr uneingeschränkt aufrechterhalten werden.

Die grundsätzliche Einstellung zum Arztberuf, die in der Rspr. des RG zum Ausdruck kommt, hat sich zwar nicht entscheidend gewandelt. Es ist aber nicht zu verkennen, daß die für die Ausübung des ärztlichen Berufs maßgebenden wirtschaftlichen Verhältnisse und dadurch bedingt auch die allgemeine Organisation des ärztlichen Standes seit Beginn dieser Rspr. tiefgreifende Veränderungen erfahren haben, die es geboten erscheinen lassen, an vertragliche Wettbewerbsbeschränkungen unter Ärzten einen milderen Maßstab anzulegen. Die fortschreitend steigende Zahl der Ärzte sowie die durch zwei Kriege und ihre Folgeerscheinungen hervorgerufene Notlage großer Schichten des Volkes hatte für einen erheblichen Teil der Ärzte eine bedeutende Minderung ihres Einkommens zur Folge und insbesondere für den ärztlichen Nachwuchs eine zunehmende Erschwerung der Existenzgründung. Je schwieriger hierdurch die wirtschaftliche Lage einer größeren Zahl von Ärzten wurde, um so mehr häuften sich die Fälle, in denen nicht charakterlich gefestigte Elemente von der im ärztlichen Stand bisher üblichen, sittlich hochstehenden Berufsauffassung abwichen und den Arztberuf vorwiegend nach materiellen, geschäftlichen Rücksichten ausübten. Diese Entwicklung hat den Gesetzgeber zu zahlreichen im öffentlichen Interesse erlassenen Organisationsvorschriften (betr. Zusammenfassung der Ärzte in Zwangsorganisationen, Übertragung hoheitlicher Befugnisse auf die Berufsvertretung, Einführung der Berufsgerichtsbarkeit, Zulassung zur Kassenpraxis u. a.) veranlaßt.

Wenn der Arztberuf daher auch nach wie vor nicht als Gewerbe zu betrachten ist (§ 1 Abs. 2 RÄrzteO vom 13. Dezember 1935 i. d. F. des Ges. vom 30. Mai 1940; RGZ 153, 302), so kann doch heute weniger denn je an der Tatsache vorbeigegangen werden, daß der Arzt in Erfüllung der ihm obliegenden Aufgaben eine auf Erwerb gerichtete Tätigkeit ausübt. Daher ist in der neueren Rspr. des RG grundsätzlich die Veräußerungsfähigkeit der Praxis anerkannt (RGZ 153, 294 [298]) und deren Schutzwürdigkeit im Rahmen des unter Ärzten grundsätzlich bestehenden freien, aber gerade darum verschärften Wettbewerbs auch im öffentlichen Interesse nicht in Zweifel gezogen worden. Es mag dahingestellt bleiben, ob dieses Schutzbedürfnis es unter den gegenwärtigen Verhältnissen bei bestimmten Voraussetzungen allgemein rechtfertigen kann, daß sich Ärzte gegenseitig in gewissen Grenzen Beschränkungen in der Berufsausübung auferlegen, soweit es sich um Beschränkungen in zeitlicher oder örtlicher Hinsicht handelt, die das Interesse der Öffentlichkeit an einer ausreichenden ärztlichen Betreuung nicht verletzen, jedenfalls können derartige Beschränkungen der ärztlichen Berufsausübung in Sonderfällen gerechtfertigt sein[1].

Solche Beschränkungen sind auch dem geltenden Recht nicht fremd. Es gilt z. B. in Bayern ein Wettbewerbsverbot für Vertreter und Assistenten, eines in der Praxis tätigen Arztes. Solche Vertreter dürfen sich vor Ablauf eines Jahres nach Beendigung ihrer Tätigkeit im gleichen Praxisbereich nur dann niederlassen, wenn der Praxisinhaber einwilligt (§ 15 Abs. 3 Satz 3 Bayer. BerufsO f. Ärzte vom 26. Januar 1950, abgedr. in Kant, Arzt- und ApothekenR 1954 A 7). Eine gleiche Regelung enthielt bereits die auf Grund des § 14 RÄrzteO erlassene BerufsO f. d. dt. Ärzte vom 5. November 1937 in § 15 Abs. 7.

Wenn hiernach bei bestimmten Voraussetzungen sogar eine von einem erst am Beginn seiner freien Berufsausübung stehenden Arzt eingegangene Wettbewerbsbeschränkung als zulässig angesehen wird, dann kann unter den heutigen Verhältnissen erst recht keine Standeswidrigkeit und darum auch kein Verstoß gegen die guten Sitten darin gefunden werden, daß zwei in voller Ausübung ihres Berufs begriffene Ärzte sich anläßlich eines von den zuständigen Zulassungsausschüssen genehmigten Praxistausches eine gegenseitige Rückkehrbeschränkung auferlegen. Bei dem Austausch der Praxis erscheint es vielmehr gerade als Gebot der guten Sitte, sich so zu verhalten, daß die dem Tauschpartner ausdrücklich eingeräumte Möglichkeit der Betreuung der Patienten des übernommenen Praxisbereichs nicht sofort wieder geschmälert und damit der von der Standesvertretung gebilligte Zweck des Tauschvertrages gefährdet wird. Ein vereinbartes Rückkehrverbot würde bei maßvoller örtlicher und zeitlicher Begrenzung auch nicht gegen Art. 12 GG verstoßen, da es sich nicht um eine Berufsbeschränkung handeln würde, durch die das Grundrecht der freien Berufswahl und freien Berufsausübung entgegen Art. 19 Abs. 2 GG in seinem Wesensgehalt angetastet wäre.

Die hiernach mögliche und notwendige ergänzende Vertragsauslegung kann das RevGer. mit Hilfe der in § 157 BGB enthaltenen objektiven Maßstäbe grundsätzlich selbst vornehmen (vgl. Urteil des erk. Sen. vom 24. November 1951 — II ZR 51/51 = LM Nr. 2 zu § 133 (A) BGB). Diese Auslegung führt auf Grund der vorstehenden Darlegungen dazu, daß die Parteien bei verständiger Würdigung des mit dem Praxistausch verfolgten Zwecks dann, wenn sie die Rückkehr eines Vertragsteils in die unmittelbare Nähe seiner früheren Praxis innerhalb einer gewissen Zeit, etwa von 2—3 Jahren seit Vollzug des Praxistausches vorausbedacht hätten, für diesen Fall ein entsprechendes Rückkehrsverbot vereinbart haben würden. Denn während eines solchen Zeitraumes ist es dem Übernehmer einer Praxis regelmäßig nicht möglich, seine Beziehungen zu den bisher von seinem Vorgänger betreuten Patienten so zu festigen, daß er durch dessen Rückkehr keine wesentliche Einbuße mehr erfahren würde. In diesem Umfang ist mithin ein Rückkehrverbot jedenfalls als Vertragsinhalt zu betrachten. Eine abschließende ergänzende Vertragsauslegung in Richtung auf die genaue örtliche und zeitliche Begrenzung des Rückkehrverbots ist dem Senat jedoch nicht möglich, weil es hierzu unerläßlich ist, die vom Kl. behauptete und unter Beweis gestellte Verkehrssitte als Auslegungsfaktor heranzuziehen. Ob und in welchem Umfang eine Verkehrssitte besteht, gehört dem Gebiet der tatrichterlichen Feststellung an (Urteil des BGH vom 12. Dezember 1953 — VI ZR 242/52 = LM Nr. 1 zu § 154 (B) BGB = BB 54, 83). Für die Frage der Verkehrssitte dürfte es in besonderem Maße auf die allgemeinen örtlichen Verhältnisse in K.

[1] Anmerkung der Verfasser des Ärztlichen Haftpflichtrechts: Der Pariser Kassationshof hat im Gegensatz zur Rechtsprechung des RG bereits in einem Urteil aus dem Jahre 1861 die vertragsmäßige Untersagung ärztlicher Praxis innerhalb eines bestimmten Rayons für erlaubt und durch kein Gesetz verboten erklärt (vgl. RGZ 66, 151).

ankommen, auf Zahl und Zusammensetzung der Bevölkerung, auf die Verkehrsverhältnisse, insbesondere in Richtung auf das naheliegende Stuttgart, auf die Zahl der in K. ansässigen Ärzte und die sich daraus ergebenden Betätigungsmöglichkeiten für Ärzte überhaupt. Es dürfte ferner von Wichtigkeit sein, wie sich der Patientenkreis des Bekl. in K. zusammensetzte und welches Verhältnis insbesondere zwischen Kassen- und Privatpraxis bestand. Bei alledem handelt es sich um Gegenstände tatrichterlicher Feststellung. Das BerUrt. mußte daher aufgehoben und die Sache zur anderweiten Verhandlung und Entscheidung zurückverwiesen werden.

Nr. 32. BGH Urteil vom 7. Juni 1951 — III ZR 85/50 (Hamm) Lindenmaier-Möhring Nachschlagewerk des BGH Nr. 1 Fc zu § 831.

Rechtssatz: *Ein sorgfältig ausgewählter leitender Arzt eines Hygienischen Instituts, gegen dessen Zuverlässigkeit keine Bedenken bestehen, braucht grundsätzlich von dem nicht fachkundigen Träger des Instituts in seiner ärztlichen Tätigkeit nicht überwacht zu werden. Der Träger des Instituts ist auch nicht verpflichtet, den leitenden Arzt in der Richtung zu überwachen, ob er die Angestellten des Instituts hinsichtlich ihres Gesundheitszustandes ausreichend überwacht.*

Der Oberarzt Dr. H., der von dem Bekl., einem eingetragenen Verein, angestellt war, hat ein unrichtiges Blutgruppengutachten erstattet, da die Blutproben von der Assistentin H. verwechselt worden waren. Die Haftung des Bekl. aus § 831 BGB wurde verneint.

Aus den Gründen.

1. Mit Recht hat das BerGer. angenommen, daß der Kl. vertragliche Schadensersatzansprüche gegen den Bekl. nicht geltend machen kann. Unmittelbare vertragliche Beziehungen zwischen einer Prozeßpartei und einem Sachverständigen, der vom Gericht bestellt wird, gelangen nicht zur Entstehung. Der Senat schließt sich dem Urteil des OGHBrZ vom 26. November 1948 — I ZR 73/48 —, auszugsweise abgedr. in HEZ 2, 236 ff., an. Ob die im öffentlichen Recht wurzelnden Beziehungen zwischen dem Gericht und dem Sachverständigen als öffentlich-rechtliches Vertragsverhältnis anzusehen sind (MDR 50, 221), oder ob die Gutachtertätigkeit des Sachverständigen vertragliche Beziehungen überhaupt nicht entstehen läßt (Reichel in JW 08, 233), kann dahingestellt bleiben. Der Kl. kann in keinem Fall aus zwischen dem Sachverständigen und dem Gericht etwa entstandenen Vertragsbeziehungen Ansprüche herleiten, da eine Prozeßpartei bei der Beauftragung des Sachverständigen mit der Erstattung eines Gutachtens durch das Gericht kein Recht darauf erwirbt, von dem Sachverständigen unmittelbar eine Leistung zu fordern. Vertragliche oder vertragsähnliche Beziehungen zwischen den Parteien sind auch nicht dadurch hergestellt worden, daß der Bekl. die Gutachtertätigkeit der leitenden Ärzte seines Instituts billigte, sie durch Bereitstellung der Einrichtungen des Instituts förderte und durch das Ansehen seines Instituts die Autorität der als Blutgruppengutachter tätigen Ärzte stärkte.

2. ...

3. Ein Anspruch gegen den Bekl. auf Erstattung des dem Kl. entstandenen Schadens kann nur aus den Vorschriften über unerlaubte Handlungen hergeleitet werden, von denen lediglich § 831 BGB die Haftung für Angestellte und Gehilfen regelt. Als Gehilfen des Bekl. kommen der Oberarzt Dr. H. und die technische Assistentin H. in Frage. Der Fehler, der zu der Erstattung des unrichtigen Gutachtens geführt hat, ist der Angestellten H. bei der vorbereitenden Bearbeitung der Blutproben

unterlaufen. Sie hat bei der Umfüllung das entnommene Blut mit dem Blut eines anderen Mannes verwechselt.

a) Die technische Assistentin H. war zwar Verrichtungsgehilfin des Bekl. Der Bekl. hatte sein Institut einschließlich der darin angestellten Hilfskräfte dem Oberarzt Dr. H. für die Durchführung der zur Vorbereitung des Gutachtens erforderlichen Arbeiten zur Verfügung gestellt. Gemäß § 831 BGB würde er somit für den Schaden haften, den die Angestellte H. in Ausführung derartiger Verrichtungen einem Dritten widerrechtlich zugefügt hat. Daß die schädigende Handlung hier in der Unterlassung oder fehlerhaften Ausführung einer auftrags- oder pflichtgemäß vorzunehmenden Handlung bestanden hat, ist für die Anwendung des § 831 BGB ohne Bedeutung (RG JW 10, 334 Nr. 10; 11, 183 Nr. 9).

Eine Haftung des Geschäftsherrn aus § 831 kommt jedoch nur dann in Frage, wenn der Verrichtungsgehilfe den objektiven Tatbestand einer unerlaubten Handlung verwirklicht hat; denn der Geschäftsführer kann nach dem Sinn des § 831 nur dann für eine Beschädigung fremden Vermögens durch seinen Verrichtungsgehilfen haftbar sein, wenn er, falls er selbst diese Handlung schuldhaft begangen hätte, aus unerlaubter Handlung haftbar wäre (RGZ 76, 48; Staudinger, BGB 9. Aufl., § 831 Anm. 3a).

Der objektive Tatbestand einer unerlaubten Handlung i. S. der §§ 823 ff. BGB ist jedoch von der Angestellten H. nicht erfüllt worden. Eines der in § 823 Abs. 1 BGB aufgezählten Lebensgüter oder ein sonstiges ausschließliches Recht des Geschädigten ist von ihr nicht verletzt worden. Wie das BerGer. mit Recht ausführt, hat sie durch die ihr zur Last fallende Verwechslung der Blutproben kein ausschließliches Recht, sondern lediglich ein Forderungsrecht des Kl. verletzt. Der Kl. verlor durch diesen Fehler einen schuldrechtlichen Anspruch, und es trat dadurch eine Schädigung seines Vermögens ein. Das Vermögen ist aber nach st. Rspr. des RG (RGZ 95, 174; 102, 225 und oft), der der Senat sich anschließt, kein sonstiges Recht im Sinne des § 823 Abs. 1 BGB.

Auch ein Schutzgesetz i. S. des § 823 Abs. 2 BGB ist von der Angestellten H. nicht verletzt worden. Sie hat zwar pflichtwidrig gehandelt, dadurch jedoch nicht gegen ein Gesetz verstoßen. Sie war lediglich Gehilfin des Sachverständigen. Für sie gelten daher nicht die gesetzlichen Bestimmungen, die die Pflichten der Sachverständigen regeln und die nur auf Sachverständige anwendbar sind. Sie konnte deshalb gegen diese Bestimmungen nicht verstoßen.

Da die H. die Blutproben nicht vorsätzlich vertauscht, sondern nur durch ein Versehen verwechselt hat, scheidet auch eine Haftung des Bekl. aus § 831 in Verbindung mit § 826 BGB aus. Ein auch nur objektiver Verstoß eines Verrichtungsgehilfen gegen das Verbot des § 826 BGB ist begrifflich nicht denkbar, ohne daß er vorsätzlich und sittenwidrig handelt, so daß für die Anwendung des § 831 vom Vorsatz des mit der Verrichtung betrauten Täters nicht abgesehen werden kann (BGB RGRK 9. Aufl., § 831 Anm. 4 mit weiteren Nachweisen).

b) Das BerGer. betrachtet auch den Oberarzt Dr. H. als Verrichtungsgehilfen des Bekl. Es nimmt an, dieser habe durch ungenügende Beaufsichtigung der technischen Assistentin H. seine aus § 410 ZPO sich ergebenden Pflichten verletzt und damit gegen ein den Schutz des Kl. als Prozeßpartei bezweckendes Schutzgesetz verstoßen. Eine hierauf gestützte Haftung des Bekl. entfällt, weil er den ihm nach § 831 Abs. 1 Satz 2 BGB offenstehenden Entlastungsbeweis geführt hat. Das BerGer. geht davon aus, daß der Bekl. bei der Auswahl des Oberarztes Dr. H. die im Verkehr erforderliche Sorgfalt beobachtet hat. Nach der st. Rspr. des RG, von der abzugehen keine Veranlassung besteht, reicht allerdings die sorgfältige Auswahl bei der Einstellung nicht aus, sondern es kommt darauf an, ob der Bestellte auch noch im Zeitpunkt der Schadenszufügung als gehörig ausgewählt anzusehen ist. Der

Geschäftsherr muß deshalb fortgesetzt prüfen, ob der Angestellte weiterhin zu der Verrichtung befähigt ist, zu der er bestellt ist. Aber auch insoweit ist der Bekl. seinen Verpflichtungen nachgekommen.

Das BerGer. macht den Entlastungsbeweis des Bekl. weiterhin davon abhängig, daß er den Oberarzt Dr. H. bei der Ausführung der ihm übertragenen Verrichtung mit der im Verkehr erforderlichen Sorgfalt überwacht hat. Es kann dahingestellt bleiben, ob und in welchem Umfang der Bekl. zu einer derartigen Überwachung des Oberarztes Dr. H. gehalten gewesen ist. Soweit es sich um die eigentliche Gutachtertätigkeit handelt, war jedenfalls der Bekl. zu einer Überwachung des Oberarztes Dr. H. weder in der Lage, noch war er dazu verpflichtet. Zwar hat die Rspr. aus guten Gründen die planmäßige und fortdauernde Überwachung von Kraftfahrzeugführern durch den Geschäftsherrn als erforderlich angesehen; diese Rspr. läßt sich aber nicht ohne weiteres auf das Verhältnis zwischen dem Bekl. und dem leitenden Arzt seines Instituts übertragen. Die Stellung eines solchen leitenden Arztes läßt sich mit der eines Kraftwagenführers nicht vergleichen. Eine Kontrolle über seinen leitenden Arzt könnte der Bekl. nur durch einen anderen fachkundigen Arzt führen. Es würde aber eine Überspannung der im Verkehr erforderlichen Sorgfalt bedeuten, wenn der Bekl. zu einer derartigen Überwachung des von ihm angestellten leitenden Arztes, den er sorgfältig ausgewählt hatte, für verpflichtet erachtet würde, ob er keinerlei Anhaltspunkte dafür hatte, daß dieser Arzt bei seiner Tätigkeit in dem Hygienischen Institut sich Pflichtverletzungen zuschulden kommen ließe (BGH Urt. vom 11. April 1951 — II ZR 68/50). Das Versehen, das das BerGer. dem Oberarzt Dr. H. zur Last legt, besteht ausschließlich darin, daß dieser die Assistentin H., die infolge ihres gesundheitlich schlechten Befindens die Blutproben verwechselt hat, nicht hinreichend überwachte. Die Meinung des BerGer., der Bekl. habe sich nicht vollständig entlastet, könnte daher nur dann zutreffen, wenn man annehmen wollte, der Bekl. habe nach § 831 Abs. 1 Satz 2 BGB die Verpflichtung gehabt, den Arzt auch dahin zu überwachen, ob er die Angestellten des Instituts hinsichtlich ihres Gesundheitszustandes ausreichend überwachte. Sollte das BerGer. so weit haben gehen wollen, so läge darin eine Überspannung der Überwachungspflicht. Gerade diese Aufgabe konnte nur von einem fachkundigen Arzt durchgeführt werden. Der Bekl. verletzte daher nicht seine Aufsichtspflicht, wenn er diese Überwachung dem von ihm sorgfältig ausgewählten leitenden Arzt seines Instituts überließ.

Der Bekl. kann deshalb nicht nach § 831 BGB zum Ersatz des dem Kl. entstandenen Schadens herangezogen werden.

Nr. 33. BGH Urteil vom 23. April 1954 — 2 StR 120/53 BGHSt. 6, 90ff.

Rechtssatz: *1. Krankenscheine, die ein Arzt zum Gebrauch bei einer Ortskrankenkasse ausgestellt hat, als unrichtige Gesundheitszeugnisse im Sinne des § 278 StGB.*

2. Die Ortskrankenkasse ist eine Versicherungsgesellschaft im Sinne dieser gesetzlichen Vorschrift.

Aus den Gründen.

Die Strafvorschrift des § 278 StGB ist deswegen gegen die Angeklagte H., eine Ärztin, angewendet worden, weil sie von der Mitangeklagten E. und ihrem Bruder in wenigstens 250 Fällen Krankenscheine entgegennahm und auf diesen auf Grund der Angaben, die die Überbringer machten, Diagnosen vermerkte, ohne die angeblichen Patienten überhaupt jemals gesehen, geschweige denn untersucht zu haben. Die Strafkammer hat hieraus gefolgert, daß die Angeklagte als Ärztin unrichtige Gesundheitszeugnisse im Sinne des § 278 ausgestellt hat, weil Krankenscheine geeignet und gegebenenfalls dazu bestimmt seien, der Krankenkasse gegenüber den Nachweis für eine bestimmte Krankheit zu führen. Die Angeklagte hat nach den Feststellungen auch wider besseres Wissen gehandelt. Sie hat, wie ausgeführt wird, nicht nur die Feststellung einer Erkrankung lediglich auf Grund von Angaben dritter Personen getroffen, sondern durch die Eintragung der Diagnose auch bezeugt, die betreffenden Patienten untersucht, wenigstens aber persönlich gesehen zu haben, obwohl ihr diese tatsächlich niemals zu Gesicht gekommen waren.

Demgegenüber bringt die Revision vor, Krankenscheine seien keine „Gesundheitszeugnisse" im Sinne dieses Strafgesetzes. Sie seien vielmehr nur dazu bestimmt, dem inneren Rechnungsverkehr zwischen Kassenarzt und der Kassenärztlichen Vereinigung als der Abrechnungsstelle zu dienen. Sie hätten den Nachweis einer bestimmten Krankheit des Patienten zum Gegenstande. Sie würden auch honoriert, wenn eine Krankheit nicht festgestellt sei. Die Feststellungen der Strafkammer seien nicht geeignet, den Tatbestand eines Vergehens der Angeklagten gemäß § 278 StGB nach der äußeren und inneren Tatseite nachzuweisen.

Die RVO trifft in § 187b die Bestimmung, daß für die Krankenhilfe der Versicherte einen Krankenschein zu lösen hat. Zur Krankenhilfe zählt nach der RVO insbesondere auch die Gewährung ärztlicher Behandlung und die Versorgung mit Arznei (§ 182, RVO). Die Strafkammer stellt fest, daß der Angeklagten H. die Pflichten eines Kassenarztes wohl vertraut waren. Mithin muß ihr auch der gesetzliche Zweck des Krankenscheins bekannt gewesen sein. Daraus ergab sich für sie zugleich die Gewißheit, daß der Krankenschein als Voraussetzung für die Gewährung der Krankenhilfe zur Vorlage an die Ortskrankenkasse bestimmt war.

Es kann auf sich beruhen, ob die Krankenkasse der RVO eine Behörde ist. In der Entscheidung des Reichsgerichts in (RGSt. 74, 268, 270 bleibt dies dahingestellt). Durch das Gesetz über die Selbstverwaltung und über Änderungen von Vorschriften auf dem Gebiete der Sozialversicherung (Selbstverwaltungsgesetz) in der Fassung vom 13. August 1952, BGBl. I S. 427, ist sogar der Gedanke der genossenschaftlichen Selbsthilfe der Versicherten in der Sozialversicherung durch den Gesetzgeber jetzt wieder stärker betont worden. Danach sind die Krankenkassen Selbstverwaltungskörper und zugleich Versicherungsträger. Die Krankenversicherung der RVO ist so eine auf gesellschaftlicher (genossenschaftlicher) Grundlage geschaffene Einrichtung, bei der die Versicherten selbst an der Leitung der Kasse als ihres Versicherungsträgers beteiligt sind und bei der die eingehenden Beitragsleistungen nach versicherungstechnischen Grundsätzen verwaltet werden. Unter diesen Umständen hat die Krankenkasse der RVO jedenfalls als eine Versicherungsgesellschaft im Sinne der Strafbestimmung des § 278 StGB zu gelten, weil diese nicht auf die Fälle der Vorlegung von Gesundheitszeugnissen bei privaten Versicherungsgesellschaften beschränkt ist. Da der Angeklagten die tatsächlichen Verhältnisse des kassenärztlichen Dienstes nach den Feststellungen bekannt waren, hat sie also die Krankenscheine mit ihrer Weitergabe für die Ortskrankenkasse einer „Versicherungsgesellschaft" im Sinne des § 278 StGB vorgelegt.

Die Revision bezweifelt zu Unrecht, daß die in den Krankenscheinen niedergelegte ärztliche Beurteilung über die festgestellte Krankheit ein Zeugnis über den Gesundheitszustand eines Menschen ist. Denn damit wird der bei dem Patienten angetroffene Gesundheitszustand ärztlich bescheinigt. Mehr bedarf es nicht. In der Entscheidung des Reichsgerichts in RGSt. 74, 229 ist auch die Rechtspflicht zur Untersuchung für den Arzt, der den Krankenschein ausstellt, überzeugend dargelegt, wenn er auf diesem eine Diagnose vermerkt. Mithin ergeben sich auch aus diesem Grunde gegen die Beurteilung der Krankenscheine als unrichtige ärztliche Zeugnisse keine rechtlichen Bedenken.

Nr. 34. BGH Urteil vom 13. Mai 1953 — VI. Zivilsenat — VI ZR 78/52
BGHZ 10, 18ff.

Rechtssatz: *Ein in seinem erlernten Beruf arbeitsunfähig gewordener Verletzter muß eine zur Schadensminderung erforderliche Umschulung beginnen, wenn sie im Einzelfall zumutbar ist.*

Ist diese Umschulung nicht im Heimatort des Verletzten möglich, so muß er sich, soweit keine Umstände dies als unzumutbar erscheinen lassen, in eine Schulungsstätte für Schwerbeschädigte begeben.

Der Kläger wurde bei einem Kraftfahrzeugunfall schwer verletzt. Seinen Beruf als Automonteur kann er nicht mehr ausüben. Die Beklagten sind der Auffassung, der Kläger müsse sich zur Wiederherstellung seiner Arbeitsfähigkeit einer Operation unterziehen, mindestens aber eine Umschulung vornehmen. Der Kläger hält dies für nicht zumutbar. Das Oberlandesgericht hat der Auffassung des Klägers Recht gegeben. Die Revision führte zur Aufhebung und Zurückverweisung.

Aus den Gründen.

I. Das Berufungsgericht folgt in der Frage, unter welchen Voraussetzungen ein Verletzter sich einer Operation unterziehen muß, der von der Revision nicht angegriffenen Rechtsprechung des Reichsgerichts. Auch der erkennende Senat sieht keinen Anlaß, von dieser Rechtsprechung abzugehen. Danach ist dem Kläger eine Operation nur zuzumuten, wenn sie einfach und gefahrlos, nicht mit besonderen Schmerzen verbunden ist und sich weiter die sichere Aussicht auf Heilung oder wesentliche Besserung bietet.

Im vorliegenden Fall hat das Berufungsgericht eine sichere Aussicht auf wesentliche Besserung verneint. Die Beurteilung der Erfolgsaussichten der Operation ist nur in Verbindung mit dem erstrebten Ziele möglich. Die Nachamputation soll hier dazu dienen, dem Kläger eine bessere Gehfähigkeit zu verschaffen, um alsdann durch Erlernen des Berufs als Büromaschinenmechaniker den Verdienstausfall auszugleichen oder zu mindern. Da es aber dem Berufungsgericht mit Rücksicht auf die Handverletzung des Klägers und die Auskunft des Arbeitsamtes fraglich erscheint, ob eine nennenswerte Minderung des Schadens überhaupt möglich ist, so berechtigte diese dem Tatrichter überlassene Würdigung das Berufungsgericht, ohne Rechtsirrtum eine sichere Erfolgsaussicht zu verneinen. Fehlte es aber hieran, so ist eine Oberschenkelamputation, vor allem auch aus den weiteren dargelegten subjektiven Gründen, rechtsirrtumsfrei als nicht zumutbar angesehen worden.

II. Das Berufungsgericht hat aber nicht erwogen, daß die Beklagten dem Kläger nicht nur eine Umschulung nach vorangegangener Operation, sondern auch eine Umschulung ohne ärztlichen Eingriff in der Heil- und Schulungsstätte für Schwerbeschädigte in E., vorgeschlagen haben. Offensichtlich bezog sich das weitere Angebot, dem Kläger nach einer Umschulung das zur Heimarbeit notwendige Werkzeug zur Verfügung zu stellen, um als Büromaschinenmechaniker tätig zu sein, auch auf den Fall einer Umschulung ohne Operation. Soweit die Beklagten von dem unfallverletzten Kläger eine Umschulung ohne Nachamputation verlangen, gelten nicht die gleichen Grundsätze wie bei einem erforderlichen wesentlichen Eingriff in die körperliche Integrität. Ein Verletzter ist grundsätzlich verpflichtet, die ihm mögliche Arbeitskraft nutzbringend zu verwerten. Er kann nicht verlangen, daß der Schädiger ihm auf Grund des Unfalls eine lebenslängliche Rente zahlt, wenn er seine bestehende oder mit zumutbarer Mühe herzustellende Arbeitskraft nicht ausnutzt. Der Verletzte muß sich vielmehr ernstlich bemühen, den eingetretenen Schaden soweit als möglich abzuwenden und hierzu gegebenenfalls einen Berufswechsel mit oder ohne Umschulung vorzunehmen. Diese Pflicht richtet sich nach Treu und Glauben

(BGB RGRK § 254 Anm. 2; Soergel BGB § 254 IV 3), wobei von wesentlicher Bedeutung sein kann, inwieweit der nicht mehr ausübbare Beruf den Verletzten ebenfalls zu erheblicher Anstrengung, Abwesenheit von der Familie usw. gezwungen haben würde. Was dem Verletzten im einzelnen zuzumuten ist, hängt andererseits mit ab von den persönlichen Verhältnissen des Verletzten, der Notwendigkeit einer Pflege durch Familienangehörige und der Aussicht, in dem neuen Beruf wenigstens einen Teil des Schadens mindern zu können (vgl. RGZ 160, 119ff.).

Wesentlich für die Beurteilung einer Pflicht zur Schadensminderung durch Umschulung im Gegensatz zu der Pflicht, sich zu dem gleichen Zwecke einer Operation zu unterziehen, ist, daß die Umschulung bereits dann zuzumuten ist, wenn überhaupt Aussicht auf Erfolg besteht. Aber auch hierbei stehen Erfolgsaussicht und die Anforderungen an den Verletzten in einer gewissen Relation. Je kleiner nach der Art der möglichen Umschulung und der zu erwartenden Lage des Arbeitsmarktes die Aussicht auf eine Schadensminderung ist, desto geringer sind auch die Pflichten des Verletzten, sich auf einen neuen Beruf vorzubereiten. Hierbei kann auch das Alter, der Familienstand und die Art der Verletzung beachtlich sein. Grundsätzlich muß aber von einem Verletzten verlangt werden, daß er sich für kürzere oder längere Zeit von der Familie trennt, um an einer Umschulung, die sonst nicht möglich ist, teilzunehmen. Dies vor allem dann, wenn gelegentliche Familienbesuche nicht unmöglich sind und der Verpflichtete bereit ist, auch diese Kosten zu tragen.

Wenn auch dem Berufungsgericht darin zu folgen ist, daß diese Aussichten nicht hinreichen, um eine Pflicht des Klägers zu einer Nachamputation zu bejahen, so hätte es doch einer Prüfung bedurft, ob nicht eine Verpflichtung besteht, die Umschulung zu versuchen. Die Beklagten haben die Ausbildungs- und Berufsmöglichkeiten durch Hinweis auf die Umschulung in E. dargetan und sich auch bereit erklärt, die erforderlichen Kosten zu tragen. Es ist nunmehr Aufgabe des Klägers, darzutun, aus welchen Gründen ihm diese Umschulung nicht zuzumuten wäre. Diese Frage ist in jedem Einzelfall nach den besonderen Umständen zu entscheiden. Die Notwendigkeit einer vorübergehenden Trennung von der Familie wird für sich allein im allgemeinen kein Weigerungsgrund sein. Auch die Frage, ob der Verletzte in dem vorgeschlagenen oder erwählten neuen Beruf etwas leisten und sonst wesentlich zur Schadensminderung beitragen kann, wird sich oft erst nach einiger Zeit endgültig entscheiden lassen. Soweit diese Aussicht nicht zu verneinen ist, wird der Verletzte jedenfalls nach Treu und Glauben mangels besonderer Umstände mit dem Erlernen eines für ihn aussichtsreichen Berufes beginnen müssen.

Sollte sich ergeben, daß dieser Versuch entweder wegen der Handverletzung des Klägers oder aus anderen Gründen trotz ernstlichen Strebens mißlingt, so hätte der Kläger die ihm insoweit obliegenden Verpflichtungen erfüllt. Ergibt sich aber, daß eine solche Umschulung zum Erfolge führt, so könnte daraus auch auf die Möglichkeit geschlossen werden, daß der Kläger trotz seiner Gehbehinderung wenigstens in gewissem Umfange selbst zur Bestreitung seines Lebensunterhalts und damit zur Minderung des Schadens beitragen könnte. Sollte dann nur noch die Gehbehinderung des Klägers der Ausübung des neuen Berufes hindernd entgegenstehen, so würde auch bei der Entscheidung über die Zumutbarkeit einer Operation nicht mehr davon ausgegangen werden können, daß die wirtschaftlichen Aussichten nicht hinreichen.

Je günstiger die wirtschaftlichen Aussichten einer Operation zu beurteilen sind, desto eher wird sie dem Verletzten zuzumuten sein, und ein desto strengerer Maßstab wird auch an eine bei ihm etwa subjektiv bestehende und verständliche Furcht vor den allgemeinen Gefahren einer Operation anzulegen sein, falls diese Gefahren nach einem zur Überzeugung des Gerichts ausreichenden Gutachten Sachverständiger objektiv zumutbar erscheinen.

Sachverzeichnis.

Absceß, periurethraler 42
—, Spritzen — 70
—, steriler 70
Abtreibung s. Schwangerschaftsunterbrechung
Achillessehnenriß, Behandlung 76
Allgemeinpraxis, Knochenbruchbehandlung in 153
Amtsarzt s. a. Öffentlich-rechtliches Verhältnis
Anaesthesie, Lokal- 56
Anscheinsbeweis bei einer durch Blutspende erfolgten Infektion mit Lues. Anh. Nr. 10, S. 207 f. u. S. 25
Antitoxineinspritzung, prophylaktische 81
Apparate, Anwendung 128
Appendicitis s. a. Wurmfortsatzentzündung, Blinddarmentzündung
Appendicitis, perforierte 89
— nichterkannte 42
Armlähmung nach Narkose 54
Arzneimittel, Regreßansprüche wegen 65
Arzt, öffentlich-rechtliche Stellung 1 ff.
— privatrechtliche Beziehungen 4 ff., Anh. Nr. 1, S. 181
— und Röntgenologe, Abgrenzung der Verantwortlichkeit 145
Arztpraxis, Verkauf oder Tausch 3 und Anh. Nr. 31, S. 276 ff.
Aufklärungspflicht des Arztes 33—37 Anh. Nr. 16, S. 226 ff.
— bei kosmetischer Operation 97
Auge, Blenorrhöe 131
—, Schußverletzung 131
—, Splitterverletzung des 131
Augenerkrankung, nichtdiagnostizierte 130
Augenverletzung bei Narkose 53

Bauchfellentzündung, postoperative 95
Bauchhöhlenschwangerschaft, nicht diagnostizierte 135
Bauchhöhlenschwangerschaft, operierte, Darmfistel nach 124
Bauchoperation, Sorgfaltspflicht des Chirurgen bei 114
—, Zählverfahren bei 106
Behandlung, allgemeine 59
—, physikalische 126
—, Unglücksfall bei 79
—, unsachgemäße 73
Behandlungsart, Entscheidung über 146
Beckenringbruch, nicht erkannter 142
Berufgeheimnis des Arztes 28 ff.
—, Ausnahmen von der Pflicht zur Wahrung des 29 ff.
—, Rechtslage nach dem Tode des Geheimnisträgers 33
Beugesehnenverletzung, operative Behandlung 101
Betäubungsmittel, Überdosierung des, Todesfall nach 57
—, Verschreiben von 65
Betäubungsverfahren, Arten der 53
Beweislast bei vertraglichen Schadensersatzansprüchen gegen den Arzt 24 ff.
— Anscheinsbeweis 25 u. Anh. Nr. 9 u. 10
— Umkehrung der 26 u. Anh. Nr. 6 u. 11
— für Schäden aus unerlaubter Handlung 26
Blasenentleerung, Katheterismus bei 80
Blinddarmentzündung, akute, Behandlung 88
—, nichterkannte 42
Blutgeschwulst, bösartige, Form der 41
Bluttransfusion 173 u. Anh. Nr. 3, 10 u. 12
Bluttransfusion, Haftpflicht bei 173, 174 u. Anh. Nr. 10 u. 12
Brustdrüse, plastische Verkleinerungsoperation 98 vgl. Anh. Nr. 14
Brustdrüsenentzündung, eitrige 139

Chinininjektion, Lähmung nach 72
Chloroformkur bei Bandwurm, Anh. Nr. 23, S. 257/258

Darmfistel, Entstehung durch Fremdkörper 107
—, Ursache 124
Decubitus, Entstehung 171
Desinfektionsmittel, Schädigung durch 101
Diabetes s. a. Zuckerharnruhr
Diabetes, chirurgische Behandlung bei 169
Diagnose des Arztes vor jedem nicht unerheblichen Eingriff notwendig, Anh. Nr. 23, S. 255 ff.
Diagnose, verfehlte 40
Diathermie, Verbrennung bei 156
Diathermiebehandlung durch Gehilfen 164
Dickdarmgeschwulst, Diagnostik 41
Diphtherie, Notwendigkeit von Mandelabstrich bei 43
Diphtherie-Antitoxin und andere als besonders wirksam anerkannte Heilmittel, Anh. Nr. 24, S. 259 ff., u. Anh. Nr. 29, S. 273 ff.
Dosierungsvorschriften bei gefährlichen Medikamenten 16, 17 u. Anh. Nr. 4
Drahtextension, Bohrloch-Infektion bei 149
Drain, zurückgebliebenes 108
Druckgeschwür durch Gipsverband 77
— durch Prothese 128
—, Entstehung 129, 171
Drucknekrose bei Knochenbruch 150
Duldungspflicht, Grundlagen der 84, Anh. Nr. 15

Eierstock, Schädigung durch Röntgenstrahlen 161
Ekzem nach Desinfektionsmittel 101
Elektroschock, Aufklärungspflicht bei 128 u. Anh. Nr. 16, S. 226 ff.
—, Wirbelbruch nach 128
Ellbogengelenk, Verrenkung 156
Ellenbogengelenk, Fraktur des 46
Entbindung, Infektion nach 138
Entlastungspflicht des Arztes gegenüber Anscheinsbeweis 25 f. u. Anh. Nr. 6, S. 196, Abs. 3, Anh. Nr. 9, S. 202, Nr. 10, S. 207 ff. u. Anh. Nr. 11, S. 209 ff.
Entzündung, akute eitrige, Nichterkennung 41
—, eitrige 73
Erysipel s. Wundrose
Evipannarkose, Todesfall bei 53

Facharzt, Zuziehung des 154
Fraktur s. a. Knochenbruch
—, Röntgendiagnostik bei 45
Fremdkörper, zurückgelassene 105 ff., Anh. Nr. 18, S. 235, u. Anh. 19, S. 239 ff.

Gallenblase, Kontrastdarstellung 71
Gallenblasenentzündung, nichterkannte 43
Gallenkolik, Differentialdiagnose 66
Gallensteinleiden, Operation bei 90
Gangrän, diabetische, Behandlung 170
Gastroskopie, Gefahren bei 80
Gazestreifen, zurückgebliebener 109
Gebärmutter, Ausschabung der 66
Gebärmutter-Perforation, instrumentelle 135
Gebärmuttergeschwulst, operierte, Sterilität nach 134
Gebärmutterkrebs, Radikaloperation 94
Geburtshilfe, Fehlerquellen bei 134
Gehilfenverschulden bei der Erfüllung eines Arzt- oder Krankenhausvertrages macht den Arzt oder das Krkhs. in gleicher Weise haftbar wie eigenes Verschulden § 278 BGB 8 u. Anh. Nr. 3, S. 187 f.
Gelegenheitswunde, Behandlung 74
Gelenkmobilisation, Knochenbruch bei 153
Gelenkoperation, Infektion nach 95
Gelenkversteifung nach Infektion 139
— nach Knochenbruch 145
Geschäftsführung ohne Auftrag II, 2, Haftung für Verschulden des Arztes, unter Umständen nur bei grobem Verschulden 6, Anh. Nr. 25, S. 262 ff.
Geschlechtsorgane, weibliche, Geschwülste der 41
— — Tuberkulose der 118
Geschwulst, Differentialdiagnose 41
—, Krebs-, nicht diagnostizierte 41
Gewebsschädigung durch Injektion 68
Gifte, stark wirkende und Vorsichtspflicht des Arztes bei ihrer Anwendung, Anh. Nr. 28, S. 271
Gipsverbandabnahme, Weichteilverletzung bei 130
Gipsverband, Behandlung mit 76
—, circulärer, Anzeige für 147
—, Druckschädigung durch 129

Gipsverband, enger, Kreislaufstörung bei 145
—, Ernährungsschädigung durch 129
—, Hautekzem nach 130
—, Kontrolluntersuchung bei 129
—, Schmerzäußerung im 78
—, ungepolsterter 130
Glassplitterverletzung 172
Glaukom, nichterkanntes 130, 131
Gonorrhoe, Übertragungsmöglichkeit 37
Gynäkologische Operation, Harnleiterverletzung bei 134

Haarausfall, nach Röntgenbestrahlung 126
—, totaler, Entstehung 172
Harnleiterverletzung bei gynäkologischer Operation 94
— bei Operation 134
Harnröhrenverengung, Absceß bei 42
Harnwegsinfektion nach Katheterismus 80
Heilmittel, die als besonders wirksam anerkannt sind. Verpflichtung des Arztes zu ihrer Anwendung, Anh. 29, S. 273 f.
Heilverfahren, Durchführung 65
Heißluftkasten, Verbrennung durch 158
Heizkissen, Verbrennung durch 158
Hernie, Schenkel-, nicht diagnostizierte 133
Hernien-Operation, Hodenatrophie nach 132
Hernienoperation, Rezidiv nach 133
Herzinfarkt, diagnostische Schwierigkeit 40
Hilfsperson, Injektion durch 69
Hilfspflicht des Arztes nach § 330c StGB Die Verletzung dieser Pflicht kann fahrlässige Körperverletzung sein, Anh. Nr. 27, S. 268
Hilfspflicht des Arztes nach § 330c StGB. nicht nur bei einem Unfall. Hierzu gehören auch Fälle im Rahmen einer Krankheit, oder wenn die Entwicklung einer Schwangerschaft zu einem plötzlichen Ereignis mit Schadensdrohung führt, S. 7, Anh. Nr. 27 und Anh. Nr. 25, Seiten 262 u. 268 ff.
Hodenatrophie nach Hernienoperation 132, 133
Höhensonne, Verbrennung durch 159
Höhensonnenbestrahlung, Verbrennung nach 127, 156 f.
Hör- und Schreibfehler beim Diktieren eines Rezepts 14 u. Anh. Nr. 2, S. 183
Hüftgelenksverrenkung, Differentialdiagnose zu Schenkelhalsbruch 44
Hygienisches Institut. Der sorgsam ausgewählte leitende Arzt eines Hyg. Instituts ist nicht Verrichtungsgehilfe des nicht ärztlichen Institutsträgers 280, Anh. Nr. 32

Injektion, Arten der 67
— durch Hilfsperson 69
—, Eiterung nach 69
—, intraarterielle 68
—, intramuskuläre 67
—, intramuskuläre, Nekroseherd nach 69
—, intravenöse 67, 68
—, intravenöse, Gewebsschädigung nach 68
—, mangelnde Sterilität bei 59
—, Schädigung nach, Schuldfrage 73
—, Schmerzempfindung bei 68
—, subcutane 67
—, Nervenschädigung nach 67, 71, 72
Injektionsspritze, Abbrechen der Kanüle 59, 60
—, Sterilisation der 59
Instrumentarium, sorgfältige Pflege des 59
Instrument, zurückgebliebenes 108
Instrument, unsteril, Infektion nach 59
—, Zurücklassen in Operationswunde 125
Ischämische Kontraktur bei Ellenbruch 151

Kanüle, abgebrochene 60, 61
Karbunkel, Pyaemie nach 91
Kassenarzt, Kassenpatient, Krankenkasse und ihre rechtlichen Beziehungen untereinander 4/5, Anh. Nr. 1, S. 181 f.
Krankenhaus, unter Umständen Gewerbebetrieb nach GewO 7
Krankenhäuser, öffentliche, und ihre Haftung für Versehen von Ärzten u. Angestellten, Anh. Nr. 4, S. 189 f.
Krankenhausarzt, Nachprüfungspflicht bezüglich der ihm von einer Schwester vorgelegten Ampullen, Anh. Nr. 2, S. 185